区域法治与地方立法研究文丛

丛书主编　石佑启

U0732534

中国地方立法蓝皮书

中国地方立法发展报告（2017）

ZHONGGUO DIFANG LIFA FAZHAN BAOGAO（2017）

主编　石佑启　潘高峰　朱最新

SPM 南方出版传媒

全国优秀出版社
全国百佳图书出版单位　广东教育出版社

·广州·

图书在版编目（CIP）数据

中国地方立法发展报告.2017/石佑启，潘高峰，朱最新主编. —广州：广东教育出版社，2018.12

（区域法治与地方立法研究文丛/石佑启主编）

ISBN 978-7-5548-2634-8

Ⅰ. ①中… Ⅱ. ①石… ②潘… ③朱… Ⅲ. ①地方法规—立法—研究报告—中国—2017 Ⅳ. ①D927

中国版本图书馆CIP数据核字（2018）第283049号

责任编辑：邓祥俊 蚁思妍
责任技编：杨启承
装帧设计：周 芳

广东教育出版社出版发行
（广州市环市东路472号12—15楼）
邮政编码：510075
网址：http://www.gjs.cn
虎彩印艺股份有限公司印刷
（东莞市虎门镇北栅陈村工业区）
787毫米×1092毫米 16开本 32.25印张 645 000字
2018年12月第1版 2018年12月第1次印刷
ISBN 978-7-5548-2634-8
定价：98.00元
质量监督电话：020-87613102 邮箱：gjs-quality@nfcb.com.cn
购书咨询电话：020-87615809

本书系石佑启教授作为首席专家主持的2016年度国家社会科学基金重大项目"民间规范与地方立法研究"（编号16ZDA069）的部分成果，受广东省高水平大学重点学科建设项目"服务21世纪海上丝绸之路重大战略需求的经管学科融合创新体系建设"资助。

总　　序

　　经济全球化与区域经济一体化是当今世界并行不悖的两大时代潮流，已经深深地影响和制约着各国的经济社会发展进程。在我国，实行区域经济一体化，是推动区域经济协调发展的客观要求，是我国经济发展的一种战略选择。与区域经济一体化的发展要求相适应，需要打破传统"行政区行政"的樊篱，实现区域治理的范式变革，建构一种新的治理模式与制度安排，推进区域治理进入法治化轨道。

　　2010年，为了服务于国家经济发展战略，加强对区域经济一体化中的法治问题研究，在全国政协原副主席罗豪才教授的提议下，广东外语外贸大学成立了校级研究基地——区域一体化法治研究中心。

　　2013年，为了进一步发挥高校在地方立法中思想库和智囊团的作用，推进科学立法、民主立法，创新地方立法机制，提高地方立法质量，为地方立法提供智力支持和专业咨询服务，广东外语外贸大学与广东省人大常委会合作建立了"广东省地方立法研究评估与咨询服务基地"这一省级重点研究基地。

　　2014年，为了加强信访制度研究、促进信访法治、推进国家治理体系和治理能力的现代化，广东外语外贸大学与北京市委市政府信访办联合建立了"中国信访法治与国家治理研究中心"。

　　2017年，为了加强党内法规研究，广东省委、省教育厅在广东外语外贸大学设立了广东省人文社会科学重点研究基地——广东外语外贸大学党内法规研究中心。

　　四个中心（基地）下设学术委员会、地方立法研究所、法治政府研究所、区域能源合作与法制研究所、区域合作与软法研究所、中国自由贸易试验区法治研究所和党内法规研究所。我们以区域一体化法治研究中心、广东省地方立法研究评估与咨询服务基地、中国信访法治与国家治理研究中心、党内法规研究中心为平台，本着"国际视野、服务决策、推进法治"的理念，整合了许多法学资源，聚集了一批学术力量，在区域法治、地方立法、涉外法治和党内法规方面进行了一系列研究，先后承担了教育部重大课题攻关项目2项（首席专家石佑启教授、杨解君教授）、国家社科基金重大项目2项（首席专家石佑启教授、陈小君教授）、国家社科基金重点项目2项（主持人石佑启教授、杨解君教授）、国家社科基金一般项目11项（主持人石佑启教授、杨桦教授、朱最新教授、彭未名教授、邵任薇教授、杨帆教授、程永林副教授、王达梅副教授、杨治坤副教授、吴贤静副教授、周新副教授），省部级项目30余项，其他纵横向项目50余项；先后在人民出版社、商务印书馆、北京大学出版社、中国人民大学出版社、法律出版社、广东教育出版社等出版了《珠三角一体化的政策法律问题研究》（石佑启、朱最新）、《区域合作与软法研究》（石佑启、朱最新）、《"一带一路"法律保障机制研究》（石佑启等）、《珠三角一体化中府际合作的法律问题研究》（石佑启、陈咏梅）、《行政体制改革及其法治化研究》（石佑启、陈咏梅）、《论部门行政职权相对集中》（石佑启、杨治坤）、《我国大部制改革中的行政法问题研究》（石佑启、黄新波）、《国家赔偿法新论》（石佑启、刘嗣元、朱最新、杨桦）、《区域经济一体化中府际合作的法律问题研究》（石佑启等）、《宪法学》（朱最新、杨桦）、《府际合作治理的行政法问题研究》（朱最新）、《欧共体竞争法的国际合作与协调》（袁泉）、《食品安全国际合作法律机制研究》（韩永红）、《区域合作、制度绩效与利益协调》（程永林）、《区域经济一体化中政府合作的法制协调研究》（潘高峰）等著作70余部。通过以问题为导向、以项目为载体，积极开展合作研究，科研创新团队正在形成，研究合力不断增强，影响力日益扩大。

为了进一步推进团队合作，增强协同攻关的能力，促进区域法治、地方立法、涉外法治和党内法规研究的繁荣，我们决定在原来分散出版的基础上组织编写"区域法治与地方立法研究文丛"。本丛书拟采取开放式的出版方式，围绕这一主题陆续出版著作，以此为推进区域经济社会的协调发展以及法治中国与法治广东建设提供法律咨询服务和理论支持，努力将中心（基地）打造成为国内外知名的法学研究、法律咨询、法律服务的新型智库。

石佑启

2018年10月

目　　录

前　言

　　改革开放以来，我国地方立法取得了长足发展。1979年7月，五届全国人大二次会议制定的《中华人民共和国地方各级人民代表大会和地方各级人民政府组织法》（以下简称《地方组织法》），明确规定省级地方人大及其常委会根据具体情况和实际需要，在不与国家法律、政策相抵触的前提下，可以制定和颁布地方性法规，首次赋予了省级地方人大及其常委会立法权。1982年12月，五届全国人大五次会议通过的《中华人民共和国宪法》，以国家根本法的形式对此予以确认。1986年12月，六届全国人大常委会第八次会议通过了《地方组织法》修正案，赋予了省、自治区人民政府所在地的市和经国务院批准的较大的市的人民代表大会常务委员会的立法权。2000年3月，《中华人民共和国立法法》的制定，标志着我国地方立法制度进入了规范化、制度化、法制化的道路。2015年3月，十二届全国人大二次会议对《中华人民共和国立法法》进行了修改。新修改的《中华人民共和国立法法》赋予了设区的市的人民代表大会及其常务委员会、人民政府行使地方立法权，我国地方立法逐步进入法治的快车道。

　　地方立法自恢复以来，全国地方各级人民代表大会和地方各级人民政府依据《中华人民共和国立法法》的授权，在遵循"不抵触、有特色、可操作"原则的基础上，结合本地实际，制定了一系列行之有效、地方特色鲜明的地方性法规、规章，积累了较为丰富的地方立法经验，有效地保障了宪法、法律和行政法规在本行政区域的贯彻执行，促进了各地因地制宜地自主解决本地事务，从而有力地推动了中国特色社会主义法律体系的形成，地方立法也由此成为我国立法体制总体框架中不可或缺的重要组成部分。法律是治国之重器，良法是善治之前提。党的十八届四中全会也明确提出，建设中国特色社会主义法治体系，必须坚持立法先行，发挥立法的引领和推动作用，抓住提高立法质量这个关键。要恪守以民为本、立法为民理念，贯彻社会主义核心价值观，使每一项立法都符合宪法精神、反映人民意志、得到人民拥护。然而，现实中由于各种因素的影响，地方立法仍存在诸多问题，如与上位法相抵触立法，以立法谋取部门利益，借立法卸责扩权，重复立法，法不可依，等等。提高地方立法质量已成为当代中国需要认真对待的一个问题。

　　为深入贯彻党的十九大精神，深入贯彻习近平新时代中国特色社会主义思想，围绕推动"五位一体"总体布局和"四个全面"战略布局，总结2017年全国各地地方立法情况，探讨新形势下进一步完善地方立法制度、提高地方立法质量的有效途径，积极推进地方立法工作的改革创新，充分发挥地方立法的引领和推动作用，广东外语外贸大学区域一体化法治研究中心（广东省地方立法研究评估与咨询服务基地）组织了一批校内外专兼职研究员通过网络等现代传媒，采取实地调研等多种途径收集各地立法文献，开展对中国地方立法发展状况的专门研究，探寻各地地方立法的经验与教训，撰写了《中国地方立法发展报告（2017）》。这是广东外语外贸大学区域一体化法治研究中心组织编写完成的第四部中国地方立法蓝皮书。《中国地方立法发展报告》自2014年出版发行以来，得到了理论界、实务界较多专家、学者的肯定和赞誉，也引起了各地立法机关的关注和重视，这给我们做好《中国地方立法发展报告（2017）》的编撰工作带来了极大的鼓舞。

基于"一国两制"和海峡两岸仍未统一的现实，《中国地方立法发展报告（2017）》没有将港澳台地区的立法状况纳入其中。同时，基于研究便利的需要，《中国地方立法发展报告（2017）》以省级地方人大及其常委会和省级人民政府立法为主，以设区的市人大和政府立法、民族自治地方立法为辅展开对各省、自治区、直辖市立法发展状况的研究。本研究报告的材料大多来源于各地人大、政府网站，报纸、杂志、新闻网页等媒体以及各地人大、政府2017年度工作报告。为便于给读者更清晰、准确的认识，我们在采用相关数据、信息时尽可能做到客观真实、精准详细，但由于某些方面因素的影响，如有些地方立法信息公开不到位、不及时，研究的时间较紧、任务重，加之受作者认识能力、研究水平的局限等，书中难免会出现这样或那样的问题。欢迎社会各界，尤其是全国各地方立法机关对《中国地方立法发展报告（2017）》存在的问题与不足予以批评指正，以便于我们持续改进，不断提高《中国地方立法发展报告》的编写质量。

第一编　总报告

第一章　2017年度中国地方立法发展总报告

石佑启　潘高峰①

摘要：2017年全国各级立法机关深入学习贯彻习近平新时代中国特色社会主义思想和党的十九大精神，切实以习近平新时代中国特色社会主义思想武装头脑、指导实践、推动工作。各级立法机关不断加强党对立法工作的领导，积极开展立法体制机制创新，推进立法决策与改革决策衔接，重点开展了食品安全、饮用水安全、污染防治、自然资源和生态环境保护、扶贫开发等方面法规规章的创制活动，取得了较好的成绩。总体来看，人大和政府立法各具特色和亮点，同时也存在少数立法主体立法积极性、主动性不够，立法公开和社会参与不足，缺乏统一的立法规划，缺乏科学的立法责任追究机制等问题。展望未来，我国地方立法应在加强立法能力和人员队伍建设、推进立法公开和社会参与、围绕立法特色做足文章等方面有新的突破和发展。

关键词：中国地方立法　年度报告　立法特色

一、2017年度中国地方立法发展状况

（一）2017年度我国地方立法的总体评述

2017年，在中共中央和全国人大的领导下，全国立法机关把迎接十九大、学习十九大、贯彻十九大作为全年工作的一条主线，深入学习贯彻习近平新时代中国特色社会主义思想和党的十九大精神，切实以习近平新时代中国特色社会主义思想武装头脑、指导实践、推动工作。在地方党委的决策部署和支持下，各地立法机关积极坚持党的领导、人民当家作主，依法治国有机统一，认真履行宪法和法律赋予的职责，求真务实、审时度势，全面推进科学立法、民主立法、依法立法，为发挥立法在社会发

---

①石佑启，法学博士，广东外语外贸大学校长，教授，博士生导师。研究方向：行政法、地方立法和区域法治。

潘高峰，法学博士，广东外语外贸大学广东省地方立法研究评估与咨询服务基地研究员，副教授。研究方向：行政法、地方立法。

展中的引领和推动作用，进行了积极有效的探索和实践，取得了良好的成绩。

2017年，是我国各地立法机关积极行使立法权、较好推进立法工作的重要一年，也是各级人大和政府五年任期的最后一年。这一年，根据修改后的《立法法》基本精神，所有设区的市人大都得到了所在省、自治区人大常委会的确权，可以依法制定地方性法规。应当说，2017年是我国地方立法主体和立法成果数量较多的一年，也是新增立法主体立法能力大幅提升的一年。这一年，经过前期的准备，新增立法主体基本上都开启了自己的立法之路，出台了相关立法成果。加强立法能力和人员队伍建设，创新立法体制机制，成为各地立法机关的普遍共识，各地立法在数量、质量和社会影响力等方面有了较大提升。

2017年，各地立法机关坚持党委对立法工作的领导，做好立法规划、年度立法计划、重要法规草案、立法中重要问题等请示报告工作，确保党的领导贯穿于立法全过程。如：河北省人大常委会党组严格执行请示报告制度，主动就工作中的重大问题、重大事项向省委请示报告。省人大围绕省委中心工作，聚焦产业转型升级、化解过剩产能和京津冀协同发展、雄安新区规划建设、脱贫攻坚、大气污染治理、优化营商环境等重点任务，深入开展专题调研，积极推进地方立法；内蒙古自治区人大常委会坚持党对人大工作的领导，制定、修改了自治区人大常委会党组会议议事制度、党组重大事项请示报告等制度，近年先后就修改人大立法条例等重大事项向自治区党委请示报告220余次；安徽省人大常委会将立法规划和计划报请省委审定，对立法中的重大问题向省委请示报告；福建省人大常委会进一步完善党组议事决策程序，定期召开党组会议，集体研究决定重大事项，重大问题主动向省委请示报告；云南省人大常委会修订常委会党组工作规则，完善工作机制，建立健全党组织，2017年在委员会和研究室设立分党组，确保人大工作始终在党的领导下不断向前推进；西藏自治区人大常委会坚持重要会议、重大活动、重要工作向区党委请示报告制度，近五年来共向区党委请示报告236件次；甘肃省人大常委会严格执行重要法规草案和立法工作重大问题及时提请省委研究制度，一年间先后将农村扶贫开发条例等3件法规审议修改情况和相关重要事项提请省委研究。

人大在立法中的主导地位继续得到加强。如：天津市人大常委会逐步加大主持起草、牵头起草、联合起草比重，并建立立法说明会制度，有效提高了审议法规案的效率和质量；河北省人大常委会充分发挥立法主导作用，科学制订立法规划计划，着力加强基础性法规的制定工作，注重创制性自主性立法；浙江省人大常委会紧紧抓住提高立法质量这个关键，坚持党管立法、为民立法、创新立法，发挥立法主导作用，着力推进立法的精准化精细化精干化；安徽省人大常委会组织起草综合性、全局性、基础性法规草案，防止立法工作部门化倾向；福建省人大常委会注重发挥常委会组成人员和人大代表在立法中的主体作用，探索建立人大牵头起草、委托起草、联合起草等多元起草机制，建立健全法规解读制度和法制委统一审议制度，加大立法协调力度，及时解决立法中的重点难点问题；江西省人大常委会加大自主起草力度，提前介入法规草案起草，从源头上防止部门利益法制化；山东省人大常委会在法规起草环节，加大自行起草、牵头起草力度，在法规审议环节，提前向常委会组成人员呈送法规草案文本，在舆论宣传环节，建立法规新闻发布制度，制定实施立法项目征集论证、法规实施情况报告等6项制度，保证各项工作规范有序开展；河南省人大常委会加强立法组织协调，对法规草案起草、审议中的重大争议，充分听取起草单位及利益相关方意见，由主任会议研究决定，推动达成共识，委托第三方起草法律关系复杂、社会关注度高的法规，防止部门利益法制化；四川省人大常委会注重在立项、起草、论证、审议等环节发挥主导作用，注重主动牵头组织起草事关全局和人民群众关注度高的法规草案。

立法工作机制创新有了新进展。如：安徽省人大常委会完善开门立法机制，实行立法协商和常委会法律顾问、专委会及工作机构立法专家顾问制度，在全省16个市和安徽大学建立基层立法联系点，对部门间争议较大的事项引入第三方评估；江西省人大常委会改进立法调研，创新运用体验式调研、跟踪典型案例、暗访访谈，掌握第一手材料；河南省人大常委会加强立法调研，制定的每一部法规都围绕立法宗旨、制度安排、核心条款进行充分调查研究，搞好法规起草前的立法调研、草案初审后的联合调研和二审前的专题调研，反复论证法规草案涉及的重点问题；广东省人大常委会坚持在全省建立基层立法联系点、立法基地和评估中心，运用网络、微博、微信等方式广泛征求公众意见，拓宽公民有序参与立法途径；甘肃省人大常委会改进立法计划规划编制，积极完善涉及立项、起草、审议、评估、清理以及公众参与等各环节的制度机制，推行法规文本起草开题会和前置评估制度，完善审次审议程序，充分发挥立法顾问、立法联系点、立法研究咨询基地作用。

2017年，各地创制性立法有了新的突破。天津市人大常委会制定通过的《天津市市场和质量监督管理若干规定》，是全国首部规范大部门市场监管体制改革的地方性法规；上海市人大常委会制定通过的《上海市社会信用条例》构建了信用信息采集、归集、共享、查询和失信联合惩戒等系列运作机制，是全国首部社会信用建设的综合性地方性法规；上海市人大常委会制定通过的《上海市高等教育促进条例》成为全国首部促进高等教育改革发展的地方性法规；江苏省人大常委会制定通过的《江苏省民用航空条例》，是全国首部规范和促进民航事业发展的地方性法规；河南省人大常委会制定通过的《河南省职业培训条例》，对职业培训体系、职业技能鉴定、保障与监督等作出规定，是全国首部省级层面职业培训条例；湖北省人大常委会制定通过的《湖北省社会信用信息管理条例》，是全国首部关于社会信用信息管理的地方性法规，对规范社会信用信息管理、促进社会信用体系建设，营造诚实守信的社会环境，保障社会信用信息安全和信用主体合法权益打下了良好法律基础；甘肃省人大常委会制定通过的《甘肃省鼠疫预防和控制条例》，是全国首部有关鼠疫防控的地方性法规；镇江市人大常委会制定通过的《镇江市非物质文化遗产项目代表性传承人条例》，是全国首部关于非物质文化遗产项目代表性传承人的地方性法规；厦门市人大常委会制定通过的《厦门经济特区促进社会文明若干规定》，是全国首部社会文明地方性法规，其将九项不文明行为列入重点治理清单，同时细化了不文明行为所应承担的法律责任；巴中市人大常委会制定的《巴中市红军文物保护条例》，是全国首部针对革命类文物保护和利用的地方性法规，其从制度上确保了红色文化资源的保护、传承和利用；伊犁哈萨克自治州人大常委会制定的《伊犁河谷新疆黑蜂资源保护条例》，是全国首部蜂业管理条例；广东省人民政府出台的《广东省食品相关产品生产加工监督管理办法》，是全国首部专门针对国内食品相关产品安全监管的省级政府规章；贵州省人民政府出台了《贵州省政府立法第三方起草和评估办法》，是全国首部规范第三方参与政府立法起草和评估的省级政府规章；镇江市人民政府出台通过的《镇江市古籍保护办法》，则是全国首部关于古籍保护的政府规章。

在回应社会热点立法方面，各省市立法多数能够做到积极回应社会热点问题。与2016年度相比，较多省市立法仍然把立法的重点放在食品安全、饮用水安全、污染防治、扶贫开发等民生问题上，同时拓宽了立法的领域和范围。为保障食品安全，规范食品小作坊小经营店小摊点的售卖行为，山西、山东、广西三省区制定了食品小作坊小经营店小摊点管理条例，河南省则修改了《河南省食品小作坊、小经营店和小摊点管理条例》，上海、安徽、福建、贵州四省市制定了食品安全条例，福建、广东、海南三省则以政府规章的形式对涉及食品安全的信息追溯管理、食品生产监督管理等方面的问题进行规制。针对饮用水安全问题，2017年各地继续将之作为立法的重点领域，辽宁、上海、福建、山东、湖南、广东、广西等省区市人大制定了生活饮用水监督管理条例或水资源、水质保护条例。吕梁、葫芦岛、大连、六安、威海、信阳、东莞、钦州、玉林、广安、达州、眉山、中卫等市以及湘西土家族苗族自治州、云南省江城哈尼族彝族自治县等州县制定了水资源或饮用水水源保护条例，体现了各地对饮用水安全的重视。对如何加快贫困地区尽快脱贫，各地立法仍然给予了较多关注。山西、河南两省制定了扶贫开发条例，广西、云南、甘肃三省区修订了扶贫开发条例，福建省则以政府规章的形式制定了农村扶贫开发办法。针对各类污染问题，各地立法机关加强了防治立法，立法内容也从近年的以防治大气污染为主逐步转移到各种污染防治并重上来。辽宁、河南、湖南、重庆、宁夏五省区市制定了大气污染防治条例，上海、陕西两省市修改了大气污染防治条例，海南、贵州两省制定了水污染防治条例，贵州省和秦皇岛市制定了环境噪声污染防治条例，而吕梁、张家界、佛山、海口等市则制定了扬尘污染防治条例，大同、临汾、石嘴山等市则分别针对机动车排气污染防治、燃煤污染防治、固体废物污染防治等进行立法。此外，各地在学前教育、全民健身、医疗纠纷预防与处理、养老保险等方面的社会热点问题立法上都有较多涉及。

在省级人民政府立法方面，2017年各地积极开展立法活动，除一方面起草地方性法规草案外，另一方面则是开展政府规章"立改废"活动。与往年相比，2017年度省级政府立法依然围绕着法治政府建设、简政放权、推进社会治理法治化等几方面开展。综观全国政府立法，一个最显著的特点就是各省区市对接"放管服"改革决策对政府规章普遍进行了大规模的修改、废止。如天津市人民政府一次性修改了16件、废止了3件政府规章，河北省人民政府一次性修改了10件、废止了16件政府规章，山西省人民政府一次性废止了19件政府规章，辽宁省人民政府分两次集中修改了25件、废止了12件政府规章，江西省人民政府一次性修改了11件、废止了13件政府规章，河南省人民政府一次性修改了16件、废止了39件政府规章，湖南省人民政府分两次集中修改了17件、废止了37件政府规章，广东省人民政府一次性修改了13件、废止了59件政府规章，宁夏回族自治区人民政府一次性修改了24件、废止了11件政府规章。应当说，各地政府大规模对政府规章进行修改、废止，并非恰巧赶在2017年度，实际上，如上海市人民政府已经连续三年对政府规章进行大规模的修改和废止，宁夏回族自治区人民政府也是继2016年后再次对规章进行集中修改和废止。这种大规模修改废止规章活动，一方面是简政放权的需要，另一方面也是地方立法变革的需要，这意味着地方立法在内容和形式上已经发生了根本性变化，政府立法的作用在淡化，人大立法的作用在加强，人大立法对地方经济和社会发展的引领和推动作用越来越显现。

在设区的市立法方面，2017年是设区的市全面行使立法权的重要一年。如果说，2015年、2016年是新获得立法权的市小试牛刀进行立法的一年，那么2017年则是各市全面放手立法的一年。2017年，从全国来看，绝大多数设区的市都出台了地方性法规或政府规章。从立法内容来看，各地多围绕着城市市容和环境卫生管理、水资源管理、烟花爆竹管理、污染物防治、非物质文化遗产保护、历史文化古迹保护等进行立法。从立法的质量和创制性来看，不乏立足本地实际、较好反映地方特色的开创性立法成果。如本溪市人大常委会制定的《本溪市人参产业发展条例》、宣城市人大常委会制定的《宣城市宣纸保护和发展条例》、福州市人大常委会制定的《福州市闽菜技艺文化保护规定》、贵阳市人大常委会制定的《贵阳市政府数据共享开放条例》等，都是契合本地实际和立法特色而制定的地方性法规。不过，从全国设区的市整体立法来看，立法雷同性虽然比前两年有所降低，但比例仍然较高。如较多城市把制定城市市容和环境卫生条例、城市管理条例作为全年立法主要工作任务。各市立法之间相互模仿、抄袭的迹象明显。如河南省大多数市全年围绕着制定城市市容和环境卫生管理条例、城市绿化条例两个条例开展全年立法工作。不知是省人人常委会有意统一安排还是各市相互模仿借鉴，各地立法似乎有更多相同之处。

在民族自治地方立法上，由于自治州人大及其常委会经过授权可以制定地方性法规，因此，2017年民族自治地方制定的自治条例和单行条例总体数量与往年相比继续下降。经过甄别确认，全国民族自治地方2017年共制定单行条例10件，其中自治州单行条例3件、自治县单行条例7件，共修改自治条例2件、修改单行条例6件，其中自治州单行条例5件、自治县单行条例1件、自治条例2件，共废止自治州单行条例2件。相对来说，云南省制定、修改的单行条例较多，共8件，其中德宏傣族景颇族自治州、红河哈尼族彝族自治州、西双版纳傣族自治州各制定、修改了1件单行条例，禄劝彝族苗族自治县、孟连傣族拉祜族佤族自治县、景东彝族自治县、江城哈尼族彝族自治县、屏边苗族自治县各制定了1件单行条例。此外，内蒙古自治区鄂伦春自治旗、鄂温克族自治旗、莫力达瓦达斡尔族自治旗各制定了1件单行条例，吉林省延边朝鲜族自治州修改了2件、废止了1件单行条例，四川省甘孜藏族自治州、青海省玉树藏族自治州各制定了1件单行条例，贵州省黔东南苗族侗族自治州修改了1件单行条例，广西壮族自治区大化瑶族自治县、融水苗族自治县各修改了1件自治条例。其他较多的自治州县在2017年度没有行使立法自治权。从单行条例所调整的内容来看，仍然主要集中在民族团结、水资源保护、文化遗产保护、城乡规划建设管理等方面。

（二）2017年度我国地方人大立法发展状况

作为地方人大的一项重要工作，立法工作是我国各级人大立法机关的中心工作。2017年在习近平新时代中国特色社会主义思想和十八大、十九大精神指导下，各级人大立法机关纷纷围绕各地实际，开展立法活动，推动立法工作不断上新台阶。

在人大立法数量上，所有省级人大及其常委会都完成了5件以上地方性法规的制定和修改工作，天津、浙江、福建、山东、广西、贵州六省区市制定通过的地方性法规数量相对较多，都在10件以上。北京、云南、西藏制定的地方性法规相对较少，三地全年新制定地方性法规只有2件，而全年修改的法规也都在4件以下。在设区的市人大立法方面，绝大多数设区的市都制定通过了至少1件地方性法规，但也有不少的市全年没有行使立法权，如河北省的廊坊市、邢台市、沧州市、衡水市，吉林省的松原市、辽源市，福建省的莆田市，江西省的宜春市，四川省的绵阳市、遂宁市、资阳市等，2017年没有发现有地方性法规出台，廊坊市、邢台市、宜春市等市甚至连续两年都没有发现出台地方性法规。

在人大立法涉及的内容上，较多省市选择把立法的重点放在食品安全、饮用水安全、污染防治、扶贫开发等民生问题上，同时又继续拓宽立法的领域和范围。应当说，解决民生问题应是地方立法工作的重要任务。2017年各地人大立法机关紧紧围绕民生问题开展立法工作，取得了较好成效。立法对热点问题、民生问题的解决有助于发挥对地方经济和社会发展的引领和推动作用。除此之外，各地立法也把目光聚焦到本地的改革发展、体制创新、产业促进、文化传承等方面。如在促进科研体制创新方面，天津、山西、上海、福建、山东、贵州六省市人大常委会制定通过了本省市的促进科技成果转化条例，在优化发展体制机制方面，河北省人大常委会制定通过了《河北省优化营商环境条例》，吉林省人大常委会制定通过了《吉林省促进中小企业发展条例》，安徽省人大常委会制定通过了《安徽省促进战略性新兴产业集聚发展条例》，贵州省人大常委会制定通过了《贵州省外来投资服务和保障条例》等。在产业促进方面，本溪市人大常委会制定通过了《本溪市人参产业发展条例》，广东省人大常委会制定通过了《广东省荔枝产业保护条例》。在文化和文明促进方面，贵州、太原、辽阳、厦门、滨州、郑州、荆州、鄂州等省市人大出台了文明行为促进条例。山西、福建两省出台了历史文化名城名镇名村保护条例，苏州、亳州、南昌、潮州等市出台了国家历史文化名城保护条例，吉林省、四川省和吕梁、滁州、河池等市制定通过了非物质文化遗产条例，南平、龙岩、益阳、来宾、吴忠等市则制定通过了相关文化遗址保护条例。应当说，从内容上看，各省区市人大立法既有共性的主题，也有较多个性的特别表现。与往年相比，2017年地方人大立法不仅在数量上有了明显增长，而且涉及的领域也越来越宽，能够凸显地方特色的立法不断出现。

为了提升立法能力，增强立法者素质，2017年，各省加强了立法工作队伍建设和人员培训。吉林省人大常委会推动立法机构同步设置、立法指导分类推进、立法培训有序展开，通过开展实务培训、上挂学习、召开点评会等形式，推动设区的市地方立法工作进一步完善；安徽省人大常委会为提高各市立法能力，在全国率先制定立法程序示范文本、开展专题培训、组织市人大机关立法工作人员到省人大机关"跟法"学习，着力加强业务指导；江西省人大常委会通过召开培训会、组织跟班学习、开展督促检查等方式，促进设区的市健全立法机构、配强工作力量、完善制度建设，加强立法规划、计划编制和法规选项、起草、审议等各环节指导；陕西省人大常委会紧跟形势变化和工作需要，采取专家讲授、集中培训、校地合作、跟班学习等方式，实施了一系列打基础的"大培训"工程。分批次组织省人大代表、设区市立法工作骨干参加全国人大培训班。此外，山西、河南、广东、广西、海南、四川、甘肃等省区也都加强了立法培训工作，并把提升设区的市立法能力建设作为培训的重点内容。

为了做好设区的市立法工作，2017年，各省区人大继续把推进设区的市立法工作作为自身重要工作任务。相当多的省级人大常委会把指导重点放在新获得立法权的设区的市人大如何准确把握立法权限、拟定立法规划和立法计划、报批法规数量和报批时间方面。各省级人大常委会与设区的市人大常委会加强立法重大问题的沟通衔接，提前介入设区的市立法工作，协助各市人大常委会解决立法起草、论证、审议中的重点难点问题。如安徽省人大常委会提前介入各市法规起草阶段相关工作，对法规草案进行全面研究，从合法性、合理性、针对性、可操作性等方面提出意见，促进立法质量提高；福建省人大常委会建立省市人大常委会之间常态化立法沟通协调机制，制定设区市法规报批审查工作若干规定，把好立法质量关；湖北省人大常委会通过推动设立立法机构、充实立法力量、完善立法工作制度，加强对立法规划、起草、审议、报批等环节的工作指导。而各设区的市人大及其常委会也积极开展工作，在地方党委领导下，加强立法机构建设，完善立法体制机制，开展各具特色的立法活动。

不过，需要注意的是，在2017年的人大立法方面，仍然存在着不少地方人大机关立法不积极、不主动的现象，少数设区的市人大立法机关全年没有出台一件地方性法规。而在已经出台的地方性法规中仍然存在着法规内容相似性、模仿性程度高的问题，设区的市整体立法质量不高。如何发挥地方人大在立法工作中的积极性、主动性，提升立法机关的立法效能是今后地方人大立法必须重点解决的问题之一。

2017年度全国省级人大立法数目统计表

省区市	立法数目	省区市	立法数目
北京	制定、修改地方性法规6件	湖北	制定、修改和废止地方性法规53件，批准地方性法规和单行条例18件
天津	制定、修改地方性法规27件	湖南	制定、修改地方性法规12件，批准地方性法规19件
河北	制定、修改和废止地方性法规23件，批准地方性法规10件	广东	制定、修改地方性法规17件，批准地方性法规31件
山西	制定、修改和废止地方性法规12件，批准地方性法规35件	广西	制定、修改地方性法规14件，批准地方性法规和自治条例14件
内蒙古	制定、修改地方性法规7件，批准地方性法规16件	海南	制定、修改地方性法规20件，批准地方性法规6件
辽宁	制定、修改和废止地方性法规34件，批准地方性法规44件	重庆	制定、修改地方性法规8件
吉林	制定、修改和废止地方性法规46件，批准地方性法规和单行条例30件	四川	制定、修改和废止地方性法规12件，批准地方性法规和单行条例31件
黑龙江	制定、修改地方性法规10件，批准地方性法规13件	贵州	制定、修改地方性法规40件，批准地方性法规和单行条例42件
上海	制定、修改地方性法规26件	云南	制定、修改地方性法规6件，批准地方性法规和单行条例23件
江苏	制定、修改地方性法规39件，批准地方性法规47件	西藏	制定、修改地方性法规5件，批准地方性法规5件
浙江	制定、修改和废止地方性法规48件，批准地方性法规26件	陕西	制定、修改和废止地方性法规21件，批准地方性法规59件
安徽	制定、修改和废止地方性法规35件，批准地方性法规32件	甘肃	制定、修改地方性法规11件，批准地方性法规12件
福建	制定、修改地方性法规16件，批准地方性法规10件	青海	制定、修改地方性法规7件，批准地方性法规和单行条例5件
江西	制定、修改地方性法规9件，批准地方性法规13件	宁夏	制定、修改和废止地方性法规19件，批准地方性法规10件
山东	制定、修改和废止地方性法规28件，批准地方性法规42件	新疆	制定、修改地方性法规10件，批准地方性法规11件
河南	制定、修改地方性法规7件，批准地方性法规23件		

（三）2017年度我国地方政府立法发展状况

2017年，我国拥有地方立法权的各级政府积极开展立法工作，在地方性法规草案起草方面和政府规章的制定方面总体上取得了不错的成绩。和2015年、2016年相比，2017年全年各地政府规章的数量依然保持下降的趋势。如前文所讲，地方立法的重心已经放在地方性法规的制定上，规章数量减少正反映出地方立法在质上已经发生了根本性变化。地方性法规正日益发挥出在地方经济和社会发展中的主导作用。

从全年政府立法的数量来看，除北京、天津、黑龙江三省市外，其他省、自治区、直辖市人民政府至少制定了3件政府规章，辽宁、上海、福建、广东、贵州等省市制定了8件以上的政府规章。其中福建、广东两省连续三年都保持了较高的立法数量。北京、天津、黑龙江三省市全年出台的规章较少，北京市人民政府只是修改了2件政府规章，天津市人民政府制定了1件政府规章，一次性修改、废止了19件政府规章，黑龙江省人民政府制定、修改了各1件政府规章。从设区的市政府立法数量来看，不少市全年没有出台1件政府规章，如山西、宁夏、新疆等省区下辖设区的市人民政府较少出台政府规章。山西省仅有阳泉市人民政府出台了《阳泉市禁止燃放烟花爆竹规定》1件政府规章，其他设区的市全年没有政府立法相关活动。宁夏回族自治区仅有银川市人民政府废止了7件政府规章，其他设区的市全年没有政府立法相关活动。新疆维吾尔自治区除乌鲁木齐市人民政府制定3件、修改1件政府规章外，其他设区的市全年没有政府立法相关活动。在开展立法活动的市中，泰州、威海、广州、深圳、珠海、汕头、贵阳、西安、西宁九市全年制定了5件以上的政府规章，其中西安市政府制定的规章最多，有8件；无锡、福州、三明、济南、鄂州五市全年制定了4件政府规章。而一些市，如石家庄、唐山、淮南、银川等市全年只是废止了一些政府规章。其中银川市人民政府连续两年只是开展了立法清理活动，废止了一些政府规章，没有出台新的法律规范性文件。

从政府立法的内容来看，各省市政府规章所涉内容广泛，凡属于政府行政管理范围内的事项都有相应的规章出台。对公众关注较多的社会救助、烟花爆竹管理、养犬管理、不动产登记、供水用水、医疗纠纷、房屋安全管理、危险化学品安全管理、餐厨垃圾管理、消防安全、无人机管理等等，政府立法都有相应的回应和规制。整体来看，全国省级和市级政府立法内容广泛，表面上看似乎没有太多共性可以遵循，但实质上还是有一定脉络的。这个脉络主要体现在：第一，尚未制定规章程序规定的新获得立法权的市仍然把制定规章程序规定作为其第一件政府规章。全年仍有不少设区的市出台了政府规章制定程序规定。第二，各地继续推进法治政府建设立法。应当说自从十八届四中全会后，各地都非常重视法治政府建设立法工作。有些省市政府连续几年都出台了法治政府相关立法。2017年山西、吉林、辽宁、安徽、福建、河南、湖南、广西、四川、云南、西藏、甘肃等省区出台了机关事务管理办法、行政规范性文件管理办法、行政执法人员管理办法等法治政府建设的相关规定。邯郸、无锡、南通、合肥、蚌埠、洛阳、武汉、汕头、贵阳、西安等市也出台了行政调解办法、重大行政决策程序规定、行政执法监督办法等与推进依法行政有关的法律规范性文件。第三，强化社会热点问题的立法解决。比如，针对烟花爆竹安全管理，廊坊、阳泉、蚌埠、岳阳、白银、天水等市制定了烟花爆竹安全管理办法；针对停车场管理，邢台、本溪、聊城、西安、合肥、武汉等市制定或者修改了本市的停车场管理办法。针对餐厨垃圾管理，沈阳、长春、珠海、南昌等市制定或者修改了餐厨垃圾管理办法。

从科学立法、民主立法实现来看，较多省市的政府立法较为重视立法社会参与和立法调研。北京市人民政府把公众参与、专家咨询、风险评估、合法性审查和集体讨论作为政府立法的必经程序，通过听证、函询、座谈、网络问政等方式广泛征求意见，对部门间争议较大的重要立法事项，委托政府法律顾问、科研单位、社会组织进行评估，充分听取各方意见，协调决定；浙江省人民政府修订《浙江省人民政府地方性法规案和规章制定办法》，明确重要规章草案提请省委常委会审议。坚持性别平等咨询评估等立法前评估，将地方性法规草案和政府规章草案全部上网征求意见；山东省人民政府专门组织人员进行深入调查，并同相关领域专家教授反复进行立法研究论证，努力寻求科学解决和妥善协调的办法。鼓励广大人民群众和社会团体参与到规章制定活动中来，积极建言献策，使规章的制定更加符合人民意志；四川省人民政府对新制定项目通过多种方式进行研究论证，采取立法草案公开征求意见、面对面座谈、委托第三方调查等方式，充分听取意见建议，明确所有立法草案都通过互联网公开征求公众意见，到基层召开听证会，方便基层群众直接发表意见；贵州省人民政府出台全国首部规范第三方参与政府立法起草和评估的省级政府规章——《贵州省政府立法第三方起草和评估办法》，规定政府规章立项评估、起草、立法后评估都有特定的主体组织实施，也可以由特定主体委托第三方机构实施。整体来讲，省级政府普遍建立了基层立法联系点制度、重要立法事项第三方评估制度、立法咨询专家制度和立法协商制度等制度，比较重视提高政府立法透明度和公众参与度。对设区的市政府立法而言，由于东部沿海经济发达地区立法需求大，大多数政府立法活动频繁、出台的规章相对较多，而中西部经济相对欠发达地区则可能因为立法需求小、立法意识不足等原因，立法活动相对较少，出台的规章相对不多，有些市甚至存在连续几年鲜有立法成果出台的问题，致使当地政府立法功能被弱化。同时还应当看到，经济发达的市往往较为重视立法工作体制机制创新，科学立法、民主立法、依法立法做得相对规范，而经济不太发达的市对政府立法的功能和价值往往认识不够，立法重视程度不足，立法信息公开和社会参与做得较差，甚至有些政府网站没有立法专栏，有些市制定规章意识淡薄，相关工作仍然依靠制定行政规范性文件来推进。这种立法不作为、懒作为显然与新时代立法工作要求不相适应。

　　整体看来，2017年我国地方政府立法还是取得了相当不错的成绩。政府立法在适应"放管服"改革的同时，也为推进法治政府建设打下了扎实的法律制度基础。不过我们也应当看到，尽管所有设区的市政府都有规章的制定权，但部分设区的市政府存在立法懈怠的问题需要引起特别关注。

2017年度全国省级政府立法数目统计表

省区市	立法数目	省区市	立法数目
北京	修改2件政府规章	湖北	制定5件政府规章
天津	制定1件、修改16件、废止3件政府规章	湖南	制定7件、修改17件、废止37件政府规章
河北	制定3件、修改10件、废止16件政府规章	广东	制定11件、修改15件、废止59件政府规章
山西	制定6件、修改1件、废止19件政府规章	广西	制定4件、废止2件政府规章
内蒙古	制定3件、修改16件、废止17件政府规章	海南	制定5件、修改5件、废止28件政府规章
辽宁	制定8件、修改26件、废止12件政府规章	重庆	制定5件、修改3件、废止16件政府规章
吉林	制定5件政府规章	四川	制定7件、修改13件、废止5件政府规章
黑龙江	制定1件、修改1件政府规章	贵州	制定8件、修改6件、废止1件政府规章
上海	制定9件、修改11件、废止12件政府规章	云南	制定4件、修改2件政府规章
江苏	制定4件政府规章	西藏	制定2件、修改3件政府规章
浙江	制定5件、修改13件、废止5件政府规章	陕西	制定12件、修改3件、废止8件政府规章
安徽	制定7件、修改12件、废止10件政府规章	甘肃	制定6件、修改3件、废止26件政府规章
福建	制定8件、修改8件、废止11件政府规章	青海	制定4件、修改2件、废止4政府规章
江西	制定4件、修改11件、废止13件政府规章	宁夏	制定6件、修改24件、废止11件政府规章
山东	制定4件政府规章	新疆	制定3件政府规章
河南	制定4件、修改16件、废止39件政府规章		

二、2017年度中国地方立法的特色和亮点

（一）地方人大立法中的特色和亮点

　　2017年，全国地方各级人大立法机关围绕本地实际和地方特色，积极履行立法职责，取得了较好成绩。总体来看，全国地方人大立法主要有以下特色和亮点：

1. 重视地方重大决策与立法决策紧密结合

以立法推进重大决策是地方立法的使命，也是地方经济和社会发展的根本需要。2017年，全国地方各级人大立法机关把立法工作与本地经济社会发展中心工作结合起来，以经济和社会发展中的重大、疑难、复杂问题为突破口，开展立法工作，实现地方重大决策与立法决策的紧密结合。如为推进科研体制创新和成果转换，把中央释放科研人员和科技活力的改革精神落到实处，天津、山西、上海、福建、山东、贵州六省市人大常委会制定通过了促进科技成果转化条例，使各地以地方性法规的形式明确促进科技成果转化的相关政策和措施，最大限度地释放科研人员研发热情和制度活力。为深化改革、优化发展体制机制，河北省人大常委会出台《河北省优化营商环境条例》，吉林省人大常委会出台《吉林省促进中小企业发展条例》，安徽省人大常委会出台《安徽省促进战略性新兴产业集聚发展条例》，贵州省人大常委会出台《贵州省外来投资服务和保障条例》，从优化发展体制机制、构建良好营商环境方面进行立法，推进地方形成公平化、宽松化、法治化的营商环境。此外，为增进社会诚信，促进社会文明，各地人大把目光集中于社会信用和文明立法方面，推进国家和社会发展中关键性问题的解决。如上海市人大常委会制定通过的《上海市社会信用条例》，构建了信用信息采集、归集、共享、查询和失信联合惩戒等系列运作机制，是全国首部社会信用建设的综合性地方性法规；湖北省人大常委会制定通过的《湖北省社会信用信息管理条例》，是全国首部关于社会信用信息管理的地方性法规，这些法规为规范社会信用信息管理，促进社会信用体系建设，营造诚实守信的社会环境，保障社会信用信息安全和信用主体合法权益打下了良好法律基础；厦门市人大常委会制定通过的《厦门经济特区促进社会文明若干规定》，是全国首部社会文明地方性法规，对推进社会文明建设，提升民众文明素养、保持良好社会风气，起到较好的促进作用。此外，贵州、太原、辽阳、滨州、郑州、荆州、鄂州等省市人大也出台了文明行为促进条例，以推动本地群众文明素养形成。

2. 继续推进民生立法

以立法推进民生问题解决，是地方人大立法工作的主要内容，也是发挥立法在经济社会发展中引领和推动作用的重要体现。综观2017年全国地方人大立法工作，继续强调民生问题的立法解决是全年人大立法工作突出的特点之一。与往年相比，各省市人大把立法工作的重点继续放在食品安全、饮用水安全、污染防治、扶贫开发等民生问题上，同时在立法的深度和广度上进一步扩展。如为对容易造成食品安全事故的小作坊、小经营店和小摊点进行规范管理，保障食品安全，山西、山东、广西和河南四省区制定或修改了食品小作坊小经营店小摊点管理条例，上海、安徽、福建、贵州四省市制定了食品安全条例。相关省市专门出台食品安全的地方性法规，体现了地方人大立法机关对食品安全问题的重视。为了强化饮用水管理，各地继续将饮用水使用安全作为立法的重点内容，辽宁、上海、福建、山东、湖南、广东、广西等省区市制定了生活饮用水监督管理条例或水资源、水质保护条例。吕梁、葫芦岛、湘西土家族苗族自治州、云南省江城哈尼族彝族自治县等市州县也制定了本市州的水资源或饮用水水源保护条例，体现了各地人大对民生重要问题的特别重视。此外针对农村扶贫这个关系到2020年全国人民能否一起实现小康的大问题，山西、河南、广西、云南、甘肃五省区制定或修改了扶贫开发条例，各地期望通过出台地方性法规来推进本地扶贫开发工作有新的突破和进展。针对环境污染问题，各地立法机关也加强大气污染、水污染、噪声污染、扬尘污染、机动车尾气排放污染、燃煤污染、固体废物污染的防治立法，使污染物治理从过去注重大气污染防治逐步转向各种污染物的防治上来，期望能够通过立法真正解决环境污染问题。对其他社会关注度较高、影响较大的民生问题，如学前教育、全民健身、医疗纠纷预防与处理、养老保险等，各地人大立法都有较多涉及。从连续几年对地方立法的观察来看，无论是省级还是市级人大立法机关都特别重视重大民生问题的立法解决。这一方面说明我国地方人大立法机关对自己的立法定位和立法任务有着越来越清晰的认识，另一方面也意味着只有立法才能解决本地实际问题，法规的生命力才会更长久。

3. 继续重视自然资源和生态环境保护立法

与往年相比，继续重视自然资源和生态环境保护立法仍然是2017年全国地方人大立法的一个突出亮点。除开展大气污染、水污染、噪声污染、扬尘污染防治等针对环境治理的立法外，各省市人大纷纷加强了水资源管理、城乡容貌和环境卫生管理方面的立法。如山西省人大常委会制定通过的《山西省城乡环境综合治理条例》、辽宁省人大常委会修改通过的《辽宁省环境保护条例》、大理白族自治州人大常委会制定通过的《云南省大理白族自治州乡村清洁条例》，是加强城乡环境保护与治理的地方性法规。为促进城市市容和环境卫生管理，全年全国有30多个市出台了城市市容和环境卫生管理条例，如沈阳、朝阳、盘锦、葫芦岛、白山、连云港、绍兴、景德镇、青岛、焦作、鹤壁等市。开展城市市容和环境卫生管理立法成为较多城市进行生态环境保护和城市管理的重要措施。为推进环境美化和自然资源保护工作，各地立法也铆足了劲，沈阳、泰州、淮北、温州、南阳等十几个市人大常委会制定了绿化条例或城镇绿化条例，连云港、郑州、广州等市人大常委会制定了湿地保护条例，锦州市人大常委会制定了《锦州市海岸带保护与利用管理条例》，镇江市人大常委会制定了《镇江市长江岸线资源保护条例》，朝阳市人大常委会制定了《朝阳市矿山生态环境恢复治理条例》，等等，都是从本地自然资源和环境保护最要紧的事项进行立法。

应当说，从全年各地立法来看，从自然资源和生态环境保护源头进行污染防治立法成为人大立法清晰的脉络。自然资源和生态环境保护已不是从重视污染防治的视角进行规范，而是从污染防治源头、保护好青山绿水的角度进行制度建设，同时各地能够根据本地自然资源和生态环境保护的实际状况进行立法，提出有针对性的环境治理和保护措施。这种立法情况的变化，反映出我国地方立法在立法技巧和能力方面已经有了大幅度提高，立法的艺术性、专业性有了明显增强。

4.立法的地方特色明显增强

特色是地方立法的生命。搞好立法的地方特色是地方立法的内在要求和任务所在。2017年，全国地方人大立法在特色上进一步增强，越来越多能够体现地方特色的立法成果产生。首先在创制性立法方面，有较多省市人大出台全国首部地方性法规。如上海市人大常委会制定通过的《上海市社会信用条例》，是全国首部社会信用建设的综合性地方性法规，制定通过的《上海市高等教育促进条例》，是全国首部促进高等教育改革发展的地方性法规；江苏省人大常委会制定通过的《江苏省民用航空条例》，是全国首部规范和促进民航事业发展的地方性法规；河南省人大常委会制定通过的《河南省职业培训条例》，是全国首部省级层面职业培训条例；甘肃省人大常委会制定通过的《甘肃省鼠疫预防和控制条例》，是全国首部有关鼠疫防控的地方性法规。这些法规都是开创性的立法成果，也都是建立在本地实际需要的基础上而出台的成果，地方特色较为鲜明；其次，各地有关产业的立法也多具有鲜明的地方特色。如广东省人大常委会制定通过的《广东省荔枝产业保护条例》，本溪市人大常委会制定通过的《本溪市人参产业发展条例》，宣城市人大常委会制定通过的《宣城市宣纸保护和发展条例》，伊犁哈萨克自治州人大常委会制定通过的《伊犁河谷新疆黑蜂资源保护条例》，都是针对本地产业而出台的地方性法规，立法具有浓郁的本地特色，是其他地方立法不可比拟和复制的；再次，在文化遗产保护中各地立法也在凸显地方特色。尽管较多省市人大制定了非物质文化遗产保护条例，但不少地方在立法中更注重突出本地文化遗产特色，真正契合本地文化遗产的传承和保护来立法。如福州市人大常委会制定的《福州市闽菜技艺文化保护规定》，镇江市人大常委会制定通过的《镇江市非物质文化遗产项目代表性传承人条例》，龙岩市人大常委会制定的《龙岩市红色文化遗存保护条例》，益阳市人大常委会制定通过的《益阳市安化黑茶文化遗产保护条例》等，都充分体现了本地文化遗产保护的立法特色。

（二）地方政府立法中的特色和亮点

2017年，省市两级地方政府积极开展立法活动，立法工作在保持良好成绩的同时，特色明显，亮点突出，体现出政府立法的特点和优势。总体来看，全国地方政府立法主要呈现出以下特色和亮点：

1.继续推进法治政府建设立法

建设法治政府，除法律法规提供依据外，政府立法机关自我立法规制也是推进法治政府建设的重要手段。相比法律法规，政府规章内容针对性强、规定细密，能够为法治政府建设提供更具体的操作规范、行动指南。与往年相比，2017年各省市人民政府继续推进法治政府建设立法，积极从政府行为的程序、管理制度、管理措施方面推进法制建设。应当说，经过多年法治政府建设立法，行政机关行使权力所应有的依据已基本完备，法治政府建设立法在难度、深度和广度上都比以前大大增强，但从另一个视角来看，经过多年法治政府建设立法，法治政府必要的立法已基本完成，相对前几年，2017年法治政府建设立法在数量上已经有较大下降，法治政府建设立法已逐渐趋向完善。

从内容上看，推进法治政府建设的立法主要体现在几个方面：一是规章制定程序规定。不少新获得立法权的市把本市第一件政府规章确定为政府规章制定程序规定。如湖州、泉州、三明、吉安、滨州、日照、威海、菏泽、商丘等市。二是内部行政程序相关规定。如山西、广西、无锡三省区市人民政府出台的机关事务管理办法，四川、云南、洛阳、汕头、甘南州等省市州人民政府制定的行政规范性文件制定和管理相关办法，南通市人民政府制定的《南通市人民政府重大行政决策程序规定》，蚌埠市人民政府制定的《蚌埠市行政程序规定》等。三是行政执法相关规定。如各地政府制定的《安徽省行政执法人员管理办法》《贵阳市综合行政执法办法》《西安市行政执法监督办法》《湖南省行政执法人员和行政执法辅助人员管理办法》《杭州市市场监督管理行政处罚程序规定》《湖南省行政执法人员和行政执法辅助人员管理办法》等规章。四是推进依法行政相关规定。如各地政府制定的《福建省行政应诉办法》《甘肃省行政复议和行政应诉若干规定》《安徽省互联网政务服务办法》《合肥市推进依法行政办法》。

从数量上看，四川、贵州、武汉、贵阳等省市出台的法治政府建设立法成果较多。四川省人民政府全年制定了《四川省行政处罚听证程序规定》《四川省行政机构设置和编制管理规定》《四川省行政规范性文件管理办法》3件政府规章；贵州省人民政府全年制定了《贵州省行政执法监督办法》《贵州省政府立法第三方起草和评估办法》2件政府规章，修改了《贵州省人民政府起草地方性法规草案和制定省政府规章程序规定》1件政府规章；武汉市人民政府出台了《武汉市公共资源交易监督管理办法》《武汉市行政处罚委托办法》《武汉市人民政府规章制定程序规定》《武汉市行政调解暂行办法》4件政府规章；贵阳市人民政府出台了《贵阳市综合行政执法办法》《贵阳市政府数据资源管理办法》《贵阳市政府数据共享开放实施办法》3件政府规章。

法治政府建设立法，为强化依法行政、增强政府依法办事的能力和意识提出了切实可行的操作方案和办法，为早日实现法治政府建设目标奠定了良好的制度基础。以后各地政府应继续在行政权行使自我规制方面开展立法活动，积极推进行政权合法、正当行使，使权力行使不越位、无偏差。

2. 政府立法定位更为明晰

综观2017年全国地方政府立法，立法定位越来越明晰是其突出的亮点之一。2015年修改的《立法法》明确地方政府规章可以就"为执行法律、行政法规、地方性法规的规定需要制定规章的事项和属于本行政区域的具体行政管理事项"作出规定。"没有法律、行政法规、地方性法规的依据，地方政府规章不得设定减损公民、法人和其他组织权利或者增加其义务的规范。"因此，把握好政府立法权力行使的范围和边界是做好政府立法工作的根本保证。2017年省市两级政府立法机关根据《立法法》修改的精神和要求，进一步明确自身定位，积极开展立法活动，努力推进法治政府建设。

政府立法定位更为明晰主要体现在几个方面：一是地方立法需求更多通过地方性法规去实现，行政管理过程中涉及重大利益调整的，由政府部门起草地方性法规草案提交人大审议，不再采用政府规章的形式进行立法。二是对过去已有的政府规章，凡是不符合《立法法》规定的，通过规章清理的方式，对规章进行修改或者废止。需要上升为地方性法规的，制定地方性法规。2017年各省市大规模废止政府规章正体现了这一立法趋势。三是对涉及社会救助、烟花爆竹管理、养犬管理、不动产登记、供水用水、医疗纠纷、房屋安全管理、危险化学品安全管理、餐厨垃圾管理、消防安全、无人机管理等政府行政管理方面的事项，因与群众生产生活息息相关，亟待立法，但短期内难以出台法规或者不需要法规的事项，以规章形式进行立法。

应当说，已经有越来越多的地方政府立法机关认清了自己在法律位阶中的定位，对相关行政管理事项，何时需要通过制定地方性法规予以规制，何时需要出台政府规章予以明确，都有了相对清晰的认识，能够做到心中有数，稳妥把握。但是，也应该注意两个问题，一是少数市立法不积极的问题。表现为应立法而不立，连续几年没有出台新的规章，立法信息和社会参与较差、没有公众参与立法平台等。二是立法能力不足的问题。表现为对政府规章制定程序、技巧把握不准确，制定出来的规范性文件，既不像规章，也不像一般行政规范性文件。有立法权不用，继续采用颁布一般行政规范性文件的方式开展行政管理活动。这两个问题都是对政府立法定位和作用的不正确认识，必须引起特别重视。否则，既处理不好政府立法和人大立法的关系问题，也处理不好政府制定规章与颁布一般性行政规范性文件的关系问题，影响政府立法应有作用的发挥。

3. 根据"放管服"改革需要，对已有规章进行大规模修改和废止

与往年大幅度对已有政府规章进行修改和废止相比，根据"放管服"改革需要，2017年各省市对政府规章进行修改和废止的幅度还要更大一些。数量比较大的政府规章修改、废止活动主要有：省级政府方面，河北省人民政府一次性修改10件、废止16件，山西省人民政府一次性废止19件，辽宁省人民政府分两次集中修改25件、废止12件，江西省人民政府一次性修改11件、废止13件，河南省人民政府一次性修改16件、

废止39件，湖南省人民政府分两次集中修改17件、废止37件，广东省人民政府一次性修改13件、废止59件，宁夏回族自治区人民政府一次性修改24件、废止11件。市级政府方面，石家庄市人民政府一次性废止22件，大连市人民政府一次性修改3件、废止42件，南京市人民政府一次性修改25件、废止29件，宁波市人民政府一次性修改12件、废止16件，南昌市人民政府一次性修改15件、废止16件，济南市人民政府一次性废止27件，青岛市人民政府一次性修改27件、废止63件，武汉市人民政府一次性修改27件、废止14件，广州市人民政府一次性修改17件、废止22件，西安市人民政府一次性修改53件、废止12件。应当说，这种对政府规章进行大规模的修改、废止活动，从数量上讲，是前所未有的。一方面是"放管服"改革的需要，另一方面也是地方政府立法实现重大变革的需要。它既有利于释放社会活力，也有利于政府把主要精力放在立能用、管用之法上。

三、2017年度中国地方立法的不足与未来展望

（一）2017年度我国地方立法中的问题和不足

2017年，各级地方立法机关积极开展立法工作，取得了较好成绩。但我们同时也清醒地看到，我国地方立法工作中还存在不少问题和不足，这些问题和不足一定程度上阻碍了我国地方立法事业的发展和壮大，影响到地方立法功能的实现。问题和不足具体体现为：

1.少数立法主体立法积极性、主动性欠缺

中央赋予地方立法权，一个最重要的考虑因素就是要发挥地方在立法中的积极性、主动性，使所立之法能够与地方实际结合起来，推动地方经济和社会发展。作为地方立法机关，根据本地立法需求积极主动开展立法活动是地方立法权行使的应有之义。应当说，2017年绝大多数地方立法机关积极履行立法职责、主动作为，取得了不错的工作成绩，但仍有不少地方立法机关存在立法积极性不高、主动性不强的问题。

从宏观来看，同一年度某一主题立法特别多，同一省区各市立法主题差别不大、同一省区各市立法数量普遍较少、空间距离紧挨的几市同时制定某一主题的地方性法规或者规章，同一主题法规或者规章条文内容雷同度高，设区的市人大或者政府全年立法只做修改或者废止，这些现象，反映出立法主体工作不主动、不积极的问题。与立法成果较多的省市相比，某些省市在立法数量、主题、内容上表现出来的这些外部特征显然与立法机关实际工作中的积极性、主动性有关。判断立法工作是否主动，立法数量和成果质量尽管不是具有决定性意义的考察指标，但至少可以从数量上、质量上看出某些问题。如果不积极履行立法职责，如何能使立法数量和质量上去？有人说，广东、上海、浙江等省市立法数量多是与当地经济社会发展水平高、立法需求大

有关系，经济欠发达地区因立法需求不大而没有必要出台太多法规规章，但是对经济不太发达而立法成果却较多的贵州省立法我们又该如何解释？笔者认为，立法需求不一定与经济发展程度成正比。经济欠发达地区的立法在数量和质量上仍然可以走在全国或者全省前列，仍然可以通过立法推动地方经济和社会快速发展。

从微观来看，不少省市立法机关并没有把立法工作作为重要的主业来做。具体表现为法规规章的立项、起草、评估、论证程序不规范，衔接不完善，以及立法调研不足、社会参与度不高、立法信息不注重公开、立法纠错机制不健全、责任承担机制未建立等。应当说，无论从宏观来说，还是从微观而言，只要立法机关下定决心解决相关问题，问题就会迎刃而解，但经过较长时间问题仍然存在，如立法主体不设立立法网站、立法网站网页不更新等问题，只能说明立法机关和立法人员在工作积极性、主动性做得不够。

2. 立法公开和社会参与仍有不少差距

立法公开既是展示立法机关工作成效的窗口，也是社会了解立法工作的重要途径。立法工作越强调科学民主，就越需要立法公开。立法信息公开越及时、全面，就越有利于公众参与，越有利于提高立法的科学性、民主性。

综观全国2017年地方立法，尽管各地在立法公开和社会参与方面做出较大努力，相关体制机制也有了进一步完善和发展，但从推进科学立法、民主立法的角度来看，地方立法在公开和社会参与方面还存在较大差距。整体来看，《立法法》修改前已有立法权的省级和较大市立法机关在立法公开和社会参与方面普遍做得较好，长期立法经验和相对完善的工作机制为立法公开和社会参与奠定了较好基础，而《立法法》修改后获得立法权的立法机关在立法公开和立法社会参与方面做得相对较差。一般情况下，省级人大网站立法公开和公众参与的内容较多，省级政府法制办网站提供的信息通常也相对较全，有公众参与立法工作的途径或者相关联系方式介绍。而市级立法主体在立法公开和社会参与立法的途径、制度设计方面做得相对较差。市级立法主体里，政府立法公开和社会参与又比人大立法公开和社会参与做得差。较多新获得立法权的设区的市人大网站通常建立有立法专栏，但发布的信息多是与立法有关的新闻报道、法规文本等，少有较为详细的立法立项、起草、论证、审议等环节信息的介绍，公众通过网络参与立法工作通常不太顺畅，有些网站设置的法规草案征求意见系统成了摆设，相关网页无法打开。在新获得立法权的市级政府立法方面，立法公开和社会参与做得更差，不少市政府网页根本没有设立立法专栏，公开的信息也没有相关立法介绍。即使之前可以通过政府法制办网站查到的信息，在政府法制办和司法局合并后，要么相关信息停止更新，要么相关网站或网页根本无法打开，对于规章起草状况如何、已经出台哪些规章，相关信息往往无法查找。没有足够的立法公开和社会参与，立法机关如何保证立法的科学性、民主性？法律规范的生命力怎样才能保持得更长久?

3. 缺乏统一的立法规划

作为国家最重要的权力，立法权的行使也应该是最谨慎的。就我国而言，地方立法和中央立法一样，都属于国家立法的重要组成部分。构建严密的国家法律规范体系，必然要求所有法律、法规、规章都是相互衔接、协调统一的。为了保持法律规范体系的衔接、协调，除事后对法规、规章进行备案审查外，事前对立法进行统一规划，使各位阶法律规范能够相互协调一致是非常必要的。

综观全国立法，为了保持法律规范体系的完整和严密，《立法法》要求所有的法律规范性文件都要备案，但经过备案并不意味着所有法律规范性文件都能相互一致、合法合理。可能存在不同法规规章与上位法并不冲突，但同位阶或者不同位阶的法规规章规定不一致，甚至冲突打架的问题，可能还存在上位阶法规规章与下位阶法规规章或者法规规章之间重复立法的问题。那么，如何避免不同位阶的法规规章存在重复立法、立法不协调乃至冲突的问题，在法规规章提议、规划阶段以省或者经济区为单位对立法统一进行规划就显得非常重要。立法实际工作中常常存在这样的问题，由于立法规划一般是以省、市立法机关为单位开展，不同省市、上级与下级、人大与政府之间的立法规划是各自分别进行的，由此导致不同省市之间、上级与下级之间、人大与政府之间出现立法规划的不协调问题，进而导致实际出台的法规规章的不协调乃至冲突。如由于缺乏事前立法工作沟通，自治县人大刚起草完毕单行条例草案准备提交审议，市人大却已经着手开始了同类主题立法，使自治县立法陷入左右为难境地。同样，对经济区共性的立法问题，如大气污染防治问题、流域水资源保护问题等，没有事先的立法协调，而靠各自立法进行污染防治和环境保护，则很难实现预期的立法效果。因此，加强各省市之间、人大与政府之间立法规划的协调与统筹安排，是减少地方立法冲突、实现立法协同、提高立法实效的重要路径和方法。但我们看到，全国立法实务界还没有对立法的统一规划和协同引起足够的重视。即便京津冀地区近几年在立法协同方面取得了一些成绩，但还未能做到区域立法的统一规划。

4. 缺乏科学的立法责任追究机制

有权必有责，有责必担当，失责必追究。2016年7月曝光的《甘肃祁连山国家级自然保护区管理条例》立法事件说明，尽管立法活动是非常严肃的工作，但仍然会有违法失职行为出现。对滥用权力、不作为、违法立法的立法机关及其工作人员追究相应责任自然就成为立法监督的必然结果。特别是在强调全面推进依法治国的时代背景下，应当把立法责任追究作为推进立法工作的重要抓手。

随着所有设区的市拥有立法权，参与立法的主体越来越多，立法工作中出现违法失职行为在所难免。从长远来看，建立科学的立法责任追究机制，实现立法责任追究的规范化、法治化和长效化，势在必行。当前，我国对立法责任追究缺乏系统完善的工作制度和工作机制，出现立法过错要不要追究责任、如何追究责任，没有相关规范进行规制。是否追究责任似乎成为可有可无的事情。因此，加快立法责任追究制度建设，构建立法责任追究工作机制，应是提升我国地方立法工作成效的重要举措。

（二）我国地方立法的未来展望

尽管存在诸多不足和问题，但展望未来，我们满怀希望。在今后的立法工作中，各地应在以下几个方面取得工作进展和突破：

1. 大力加强立法能力和人员队伍建设

立法能力和人员队伍建设是立法工作的核心。立法者立法能力如何、立法队伍整体实力怎样，直接决定着地方立法的质量。《立法法》修改以来，所有设区的市都被赋予了立法权力，地方立法机关纷纷加强组织机构和人员队伍建设，积极开展立法培训，提升立法工作机构和人员立法能力。

2017年，全国各地立法机关较为重视立法能力和人员队伍建设，相当多省级人大和政府机关开展了面向全省、自治区的立法人员业务能力培训，有些省市甚至还把立法人员送到政法院校和国家立法培训基地进行培训，这些培训对提升立法人员自身素质、强化立法思维和法治意识具有非常重要的意义。但从培训的覆盖面来看，培训多是在立法工作机构及政府部门里负责法制工作的人员间进行，而对法规规章的表决具有决定权的人大代表、常委会委员，却很难有系统地、高层次的立法专业知识培训。

作为一项讲究立法艺术和技巧的工作，立法质量的高低往往取决于负责立法工作的主要人员的能力和水平，主要人员的工作能力和立法思路往往影响到法规或者规章的进程、质量与效果。因此，从一定意义上说，加强主要人员和立法高层次人才培训将对提升地方立法质量起着决定性作用。立法人员培训和人才培养应分为两个层次，一是面向全体立法工作人员的业务培训，二是面向立法主要人员和高层次人才的技能提升培训。面向全体立法工作人员的培训主要涉及立法基础知识、基本技能及立法新形势、新知识的学习，面向立法主要人员和高层次人才的技能提升培训主要是立法高水平技能训练和前沿理论实践知识的学习。可以说，通过两个层次不同的立法人员培训和技能训练，地方立法在方向把控、立法质量、实践效果方面会有大的提升和发展。

从全国范围来看，各省市立法质量、立法观念、认识差异不小，能够相互学习和借鉴的地方不少。可以通过开展先进和落后地区间立法人才交流、挂职学习等方式对立法主要人员和高层次人才进行专项训练。全国可以考虑由全国人大常委会统一安排各省区市立法人才交流，也可以由经济欠发达和立法落后地区的省市主动联系经济发达和立法先进地区的省市开展人员交流活动。

2. 继续推进立法公开和社会参与

阳光是最好的防腐剂。立法公开是公民实现立法知情权的必然要求，是公众参与立法的前提条件。立法公开包括过程公开、结果公开、信息公开等，立法公开得越多，越透明，越能激起公众参与立法的热情。公众参与立法的程度越深，立法的民意基础才会越牢固，法律规范性文件的生命力才会更长久。

整体来看，我国地方立法在公开方面还有较长的路要走，目前能够做到的是立法信息公开、结果公开，立法过程全面公开还难以做到。随着国家和社会对立法的要求越来越高，在提升立法整体工作水平的同时，推进立法的全面公开和社会参与将是未来立法发展的必然结果。在立法公开方面，各地近期内要重点做好立法的信息公开和结果公开，从法规规章的立项、起草、论证、评估到草案审议、备案监督，能够公开的信息都应公开。对立法过程公开，可以在不影响立法活动开展的前提下尽可能允许社会公众参与立法全过程。同时可以通过网络直播、网络互动平台等形式发挥网络在立法公开和公众参与方面的积极作用，使社会公众能够尽可能多途径、多领域参与立法活动。为了推进立法公开，可以由全国人大常委会或者省级人大常委会制定立法机关立法公开监督考核办法，并组织人员对各地立法公开的情况进行监督检查，推动各地把立法公开落到实处。

立法公众参与的问题实质是与立法公开密切结合在一起的。通过观察各地立法工作发现，凡是立法公开做得较好的省市，立法公众参与往往也开展得较好。未来各地除积极建立立法协商制度，设立基层立法联系点、立法研究基地外，还应鼓励人大代表全程参与立法工作，鼓励普通民众参与立法调研、论证、听证、网络征求意见等，必要时可以尝试开展面向社会的立法公众表决，以公众表决结果作为某一法律规范性文件是否最终有效的依据。为了深入推进公众参与立法工作，使公众参与立法成为持续性、长久性、规范性的工作，省级人大常委会可以制定本省区市公众参与立法的地方性法规或者法规性文件，组织开展所辖范围内公众参与立法的评价评比活动。

3. 继续围绕民生问题开展立法活动

解决实际问题是地方立法的根本任务。而民生问题则是这个实际问题中的最主要问题。从历年地方立法涉及的问题来看，民生问题立法在所有立法项目中占据非常大的比重。对地方立法而言，解决老百姓最关心、与老百姓关系最密切的问题恰恰是地方立法特有的功能。可以预见，未来地方立法仍然会把民生问题立法放在地方立法工作的首位，通过立法的引领和推动作用，真正推动社会民生问题的解决和改善。

针对民生问题立法，今后应注意协调处理好两个问题。一是诸多民生问题里哪些问题应优先立法，二是共性民生问题的立法协调。随着社会的快速发展以及人们对物质文化生活的要求越来越高，民生问题在逐步解决的同时，也会不断出现新的问题。在诸多民生问题里，哪些问题应当优先立法解决，哪些问题应当延后立法解决，需要有个细致的分类，否则眉毛胡子一把抓，该先出台的法律规范没有出台，不该先出台的法律规范却提前出台了，就会影响地方立法的整体成效。根据实际情况，分轻重缓急开展立法活动，有利于减少立法弊端、推进民生问题解决。对共性的民生问题，各省市分别立法，既耗费大量的人力、物力和财力，也不利于法律规范性文件的统一和适用，但如果相关立法机关通过立法协调的方式商议由上一级立法机关来立法，那么看似复杂的立法问题通过提高立法层级就能轻松解决了。

4. 围绕立法特色做足文章

特色是地方立法生命力的根本体现。法规、规章的质量首先应取决于其是否具有地方特色，立法的地方特色应成为评价地方立法质量最关键的指标。应当说，中央赋予地方以立法权，最主要的考虑因素就是根据地方的实际情况、本地特色进行立法。立法的目的在于围绕本地实际和特色做足文章。因此，地方立法的成效不在于多几个或者少几个地方性法规和政府规章，而在于出台的法律规范性文件要管用、有实际价值。量少质精、不重复、有特色应是地方立法所追求的目标。

我们应当看到，2017年尽管全国地方立法机关出台了不少非常有价值、有创制性的地方性法规、规章，但由于部分立法机关立法积极性不高、主动性不强，导致立法雷同性较高。有些立法似乎是依葫芦画瓢，法规、规章的地方特色未能显示出来，使所立之法在实际生活中的作用大打折扣。因此，围绕地方特色做足文章应是未来地方立法工作重点考虑的问题。以后各地可以结合本地实际和地方特色制订立法规划，分轻重缓急逐一开展立法活动，对具有共性特点的立法项目，立法机关应广泛开展立法调研，积极挖掘本地特色，使所立之法尽可能符合本地实际。

审稿：朱最新（广东外语外贸大学）

第二编　华北地区立法发展报告

第二章　北京市2017年度立法发展报告

乔亚南[①]

摘要： 2017年度，北京市人大常委会以立出良法、实现善治为目标，充分发挥人民代表大会制度的优势和作用，审议制定地方性法规2件，修改4件；北京市人民政府修订政府规章2件，成果丰硕。北京市2017年的地方立法，坚持问题导向，不断回应民生关切，致力于完善立法体制，加强和改善人大的监督职能，对维护法制统一、提升城市治理能力、保障和改善民生起到了重要作用，但也存在政府立法职能发挥不够、地方特色突出不足等明显问题。在未来的立法展望中，北京市需要围绕改革发展稳定大局，积极发挥地方立法职能，继续坚持民主立法、科学立法，创新立法机制，加强立法后评估和执法检查，不断提升立法质量。

关键词： 北京市　地方立法　发展报告

一、北京市2017年度立法发展状况

（一）北京市2017年度立法状况总体评述

北京市地方立法主体有北京市人大及其常委会、北京市人民政府。

2017年，北京市人大常委会以"立良法、促善治、求实效"为目标，围绕优化提升首都核心功能、治理"大城市病"等核心问题，努力以立法方式保障和促进改革发展，持续以良法善治保障和改善民生，先后制定了《北京市旅游条例》《北京市人民代表大会常务委员会讨论、决定重大事项的规定》2件地方性法规，修改了《北京市全民健身条例》《北京市审计条例》《北京市制定地方性法规条例》和《北京市烟花爆竹安全管理规定》4件地方性法规。

2017年，北京市人民政府根据新时代改革发展的新形势和新要求，持续关注首都核心功能的优化升级，结合国家最新政策精神，不断完善城市治理，持续回应民生关

[①]乔亚南，法学博士，中国社会科学院法学研究所博士后研究人员，中共广东省委党校（广东行政学院）法学教研部副教授。研究方向：宪法学与行政法学。

切，先后修改了《北京市小客车数量调控暂行规定》和《北京市社会抚养费征收管理办法》2件地方政府规章。

总体而言，北京市2017年度的地方立法工作继续恪守"科学立法、民主立法、以民为本、立法为民"的立法原则，以立法促改革，以良法谋善治，强调立法质量和立法实效，不断提升立法的针对性，立法成果既推动制度优化，又凸显首都特色。在新时代全面深化改革和全面依法治国的背景下，北京市充分发挥北京市人大及其常委会在立法工作中的主导作用，发挥北京市人民政府在立法工作中的基础性作用和社会公众在立法工作中的参与作用，从首都功能定位的优化升级出发，从人民群众切身利益关怀出发，不断提高立法质量，坚持以法治思维和法治方式优化城市治理，保障和改善民生，成绩明显，效果显著。

（二）北京市2017年度人大立法发展状况

2017年，北京市人大常委会审议制定了《北京市旅游条例》《北京市人民代表大会常务委员会讨论、决定重大事项的规定》2件地方性法规，修改了《北京市全民健身条例》《北京市审计条例》《北京市制定地方性法规条例》和《北京市烟花爆竹安全管理规定》4件地方性法规。

近年来，随着经济发展和社会进步，人民群众对美好生活的需要不断增长，外出旅游成为人民群众休闲观光的热门选择。北京作为中华人民共和国的首都，是政治、经济、文化的中心，旅游资源丰富，每年都吸引着大批中外游客前来参观游览。但近年来，北京旅游市场乱象丛生，"非法一日游"等问题经常见诸报端，给广大游客带来了非常不好的体验，也给首都的城市形象带来了负面影响。维护旅游市场秩序，保障旅游者合法权益成为当务之急。2017年，北京市人大及其常委会通过多方调研，把握立法需求，针对旅游乱象，制定通过了《北京市旅游条例》。该条例围绕着"为人民服务"的立法中心思想，对旅游市场主体的权利保障和义务履行进行了制度设计。首先，针对北京市近年游客和媒体曝光最多的"非法一日游"乱象进行了针对性治理，比如对非法经营行为进行集中列举、强化旅游信息和交通服务供给、加强投诉举报机制建设等。其次，该条例的一个突出亮点是，首次对"民宿"的概念进行了清晰界定，加强了旅游市场民宿管理的顶层设计。最后，该条例针对北京市旅游业的长远发展进行了针对性安排，比如对文化旅游线路开发、旅游资源文化内涵的深度挖掘、旅游翻译的标准和质量要求等，都进行了专门规定。整体来看，《北京市旅游条例》共84条，全文贯穿着"服务思维"，既强调旅游的事业性，也顾及了旅游服务的产业性，必将成为北京市旅游产业依法发展、阔步前进的有力法制保障。

2017年1月，中共中央办公厅印发《〈关于健全人大讨论决定重大事项制度、各级政府重大决策出台前向本级人大报告的实施意见〉的通知》，明确阐述了人大依法讨论决定重大事项的重要意义，并对地方立法提出了具体的要求："各级人大及其常委会根据法律法规和国家有关规定，结合地方实际，制定修改地方性法规和具体办法，进一步明确重大事项范围。"北京市人大及其常委会积极贯彻中央精神，第一时间将该项目纳入2017年度的立法计划，在总结自身实践经验的基础上，积极征求各方意见，经过多次修改和审议，最终制定通过了《北京市人民代表大会常务委员会讨论、决定重大事项的规定》，明确了人大常委会讨论决定重大事项的范围，包括城市总体规划的修改和制定、重大民生工程、重大建设项目、关系群众切身利益的重大改革举措等十一类重大事项。并且建立了重大事项议题协调机制，细化了重大事项讨论和决定的程序规定，包括启动程序、讨论决定程序和执行保障程序等。该规定的出台，既是落实中央文件精神的要求，也是实施细化宪法法律规定的需要，更是不断健全和完善北京市重大事项讨论、决定制度的现实需要。该规定通过后，不仅使北京市重大事项的讨论和决定切实做到有法可依，而且也有助于提高人大代表履行职责的能力，对北京市人大及其常委会的专业能力建设来说，意义深远。

近年来，随着人民群众生活水平的提高和健康意识的增强，全民健身日渐成为社会最为关注的民生议题。北京市早在2005年就出台了《北京市全民健身条例》，为推进全民健身事业的发展作出了积极的贡献。但随着社会的飞速发展，原有的条例规定已经出现了许多与现实需求不相适应之处。在新时代面临新形势，北京市人大及其常委会根据实际情况，开启了对《北京市全民健身条例》的修订工作，以切实促进全民健身事业的发展。2017年3月1日，新修订的《北京市全民健身条例》颁布实施，该条例包括总则、政府责任、公共健身场地、设施、社会促进、建设服务业、法律责任和负责等八章内容，倡导全民健身事业在政府主导下的公共治理模式，通过充分发挥社会机制作用，比如支持公民自建健身团队、跨社区组建健身团队等方式，来发挥社会组织的主体作用，从而带动各种组织、团体等形成互助合作和团结奋进的全民健身共同体。另外，针对北京市全民健身设施供给能力不足的问题，该条例也规定了专门的措施，比如规定："区人民政府应当采取措施，推动中小学校在课余时间和节假日向未成年人免费开放体育设施"，有利于整合社会健身设施资源，推动全民健身事业的发展。

2014年全国人大修订了《预算法》，北京市人大在2016年根据《预算法》的最新修订，跟进修订了《北京市预算审查监督条例》。针对当前新形势和新情况，在北京市审计局的建议下，北京市人大及其常委会于2017年修订了《北京市审计条例》，对影响企业施工合同权利和民事活动的相关条款进行了修改。同时根据社会情势的发展变迁，对条例中涉及行政区划的表述做了集中修改。修订《北京市审计条例》，是维护法制统一，实现法律法规有效衔接的客观要求，也是推进北京市审计工作依法开展、深入拓展，强化审计力度，扩张审计广度的必然选择，为持续允分发挥审计监督作用、推动审计工作法制化，促进全面依法行政，提供了有力的法制保障。

2015年《立法法》的修订对地方立法的程序规定有了一定的调整。而《北京市制定地方性法规条例》自2001年通过实施，至今已有16年，原有的制度设计与新时代新形势的要求和《立法法》的规定存在诸多不相适应的地方。因此，北京市人大及其常委会根据《立法法》的最新精神，于2017年完成了对《北京市制定地方性法规条例》的修订，与修订前相比，明确了规章与地方性法规立法程序的衔接性内容，增加了政府规章满两年后制定地方性法规的有关程序安排，同时，对于立法程序的细节规定也进行了丰富，包括要求北京市人大的专门委员会要对相关规章的执行情况适时展开评估、在审议法规案期间由规章设定的行政措施继续有效等内容。本次修订全面总结了北京市地方立法工作中的实践经验，而且经过北京市人大常委会三次审议和修改，无论是各方意见的吸取，还是具体条款的设置，都体现了较高的专业度和科学性，对于促进北京市地方立法的依法开展，具有直接指导意义和深远的积极影响。

近些年，随着雾霾问题的日益严重，加强空气治理，改善空气质量，已经成为全国各地群众的一致呼声。北京市早在1993年就出台了《北京市关于禁止燃放烟花爆竹的规定》，2010年又根据国务院的《烟花爆竹安全管理条例》对原规定进行了适当修正。但近年来，由于燃放烟花爆竹对空气污染的加剧，以及引发火情、伤情，危害公共安全和市民财产的报道屡屡见诸报端，社会舆论不断呼吁调整烟花爆竹的燃放政策，在注重民俗的同时也要注重维护城市健康发展和公众生活环境质量。为此，北京市人大及其常委会及时回应民众立法期盼，在2017年对《北京市烟花爆竹安全管理规定》进行了修订。根据民众呼吁，进一步扩大了禁放、限放的范围，严格要求在空气重污染橙色和红色预警期间停止销售和燃放烟花爆竹等规定。该规定的出台，提高了北京市烟花爆竹安全管理的精细化水平，对于适应首都经济社会发展，保障市民生活环境和财产安全具有重要意义，同时有利于提升北京市城市精细治理水平，推动北京市更加适应首都城市"四个中心"的战略定位和"四个服务"的工作基本职责。

（三）北京市2017年度政府立法发展状况

2017年，北京市人民政府根据新时代改革发展的新形势和新要求，持续关注首都核心功能的优化升级，结合国家最新政策精神，不断完善城市治理，持续回应民生关切，修改了《北京市社会抚养费征收管理办法》和《北京市小客车数量调控暂行规定》2件地方政府规章。

2016年1月中国全面实施"二孩"政策后，全国人大常委会修订了《人口与计划生育法》，该法规定："不符合本法第十八条规定生育子女的公民，应当依法缴纳社会抚养费。"2016年3月24日，北京市人大常委会修订通过了《北京市人口与计划生育条例》，实现了对政策与法制衔接的细化规定。为了贯彻落实上位法，实现国家政策在地方法制上的有效转化，2017年，北京市人大及其常委会经过广泛深入调研，结合本市实际情况，在综合考虑各方意见和利益的基础上，修订了《北京市社会抚养费征收管理办法》。本次修订的主要内容在于立法依据和征收范围，对于不符合规定的婚生或非婚生育子女的征收标准等进行了明确和细化，增强了实践中的针对性和可操作性。该办法的修订出台，有利于北京市人口治理日益走向规范化和法治化，也有助于倡导市民自觉遵守国家规定，对于贯彻国家人口与计划生育政策精神具有重要意义。

北京市的城市通行状况一直是民众关心的焦点问题之一，而拥堵的交通不仅耽误了民众的日常出行，过量的汽车也加剧了大气污染。为此，2017年，北京市人民政府根据本市实际情况，进一步加强对小客车数量指标的管理，适时修订了《北京市小客车数量调控暂行规定》。在加强车辆更新指标管理上，实现了与国家机动车登记规定、机动车强制报废规定的同步衔接，明确规定逾期不办理注销登记、被公安机关交通管理部门依照《中华人民共和国道路交通安全法实施条例》的规定公告机动车登记证书、号牌、行驶证作废的，不予办理更新指标。同时决定将小客车配置指标有效期由6个月修改为12个月，适当延长了指标有效期。这些修改既有从大处着眼的城市交通治理的宏观意义，也有从群众生活出发进行的细节考虑。比如指标有效期的适当延长，放宽了公众购车时间的限制，有利于大家更加理性地做出选择，从而实现市区小客车数量的柔性调控。

二、北京市2017年度地方立法的特色和亮点

（一）地方人大立法中的特色和亮点

1. 完善立法体制，加强人民代表大会制度建设

不断健全和完善立法体制，是科学立法、民主立法的基本前提，加强人民代表大会制度建设，不断提高人大代表履行职责的能力，持续改进组织议事规则，是提高立法质量、确保立法为民的必然要求。2017年，北京市人大及其常委会制定了《北京市人民代表大会常务委员会讨论、决定重大事项的规定》，修订了《北京市制定地方性法规条例》，都是力图完善立法体制，维护法制统一，更好地发挥人大及其常委会在立法过程中主导作用的有力举措。众所周知，人民代表大会制度是我国的根本政治制度，是中国人民当家作主的最高实现形式，是中国社会主义政治文明的重要载体。不断加强和完善人民代表大会制度的组织、程序和能力建设，是始终坚持发挥人大制度优势和特点的必然要求。而人民代表大会重大事项的讨论、决定和地方性法规制定的程序细化，彰显着北京市人大及其常委会作为地方主要的立法机关，严于律己、精益求精的立法态度和立法自觉，也为丰富和完善人民代表大会的制度细节、彰显制度优势贡献了北京市的地方智慧和作为首都城市的应有担当。

2.坚持问题导向，回应民生关切

地方立法应从地方实际出发，立足本市实际，深挖立法需求，考察民众期待，回应立法期盼，这样所立之法才能"站得稳、靠得住"，才能满足立法预期，实现立法目标，在具体实施中也才能获得良好的效果。2017年，北京市人大及其常委会在立法工作中，坚持问题导向，对于民众普遍关心的问题，积极展开立法调研，并主动纳入年度立法计划，根据民众的立法期盼，在听取群众心声和专家意见的基础上，及时制定或修正相应法规，不断保障和改善民生。《北京市旅游条例》的制定、《北京市全民健身条例》和《北京市烟花爆竹安全管理规定》的修订，都带着鲜明的问题意识和真切的民生关怀。无论是旅游产业的规范化管理，还是全民健身设施的制度化规定，以及烟花爆竹燃放的"民俗"与改善空气质量、维护公共安全的"民声"之间的利益考量与制度设计等，都集中且突出地反映在北京市人大及其常委会2017年的地方立法工作中，并且在法规实施中都获得了良好的民生反馈。

3.重视审计监督，突出人大监督职能

政府审计监督和人大财经监督，是我国财政预算监督体系的重要组成部分。二者在规范政府财政收支行为、提高政府财政资金使用效率、促进政府依法行政和保障社会经济健康持续发展等方面发挥着重要作用。2017年，北京市人大及其常委会接续2016年的预算监督职能法制化的努力，修订了《北京市审计条例》。这次修订把贯彻落实中央加强审计监督职能的要求和改进北京市人大自身建设相结合，对于一些具体的审计监督内容如影响企业施工合同权利等进行了与时俱进的修改。这就有力地维护了法制统一，实现了地方法规与国家法律和中央政策精神的有效衔接，为更好地发挥审计监督的作用、强化人大监督职能奠定了法制基础。

（二）地方政府立法中的特色和亮点

1.运用法治思维，推动城市治理精细化

党的十八大以来，习近平总书记多次强调要善于运用法治思维和法治方式来处理改革发展中面临的问题，推进国家治理体系和治理能力的现代化。北京市作为"首善之区"，其地方立法工作面临的主要任务，就是如何运用法治思维和法治方式，搞好公共领域立法，为首都的公共治理提供法制保障，奠定法治基础。北京市作为国家首都，是国家政治、经济和文化中心，天然集聚了巨大的常住人口数量，也吸引着来自中外的关注目光，所有这些，给北京市的城市治理带来了巨大挑战和考验。对此，北京市人民政府一贯拥护中央领导，紧跟中央精神，坚持以法治思维和法治方式来改进和提升城市治理能力，通过建立和健全地方立法，力争形成规范化和常态化的制度体系来推进城市治理的精细化和高效化。2017年，北京市人民政府持续在这一方面发力，修订了《北京市小客车数量调控暂行规定》和《北京市社会抚养费征收管理办法》，通过细化相关民生问题的程序规定、适用范围，来明白告知群众自身的权利义务和相关政府业务的办理流程，既回应了民众关切，也彰显了政府精细治理的能力。

2. 重视听证与公开，强化民主立法

在现代法治社会，民声民意无疑居于重要地位，立法只有充分体现民意，才能真正获得生命力。这既是法治社会的基本要求，也是民主立法的应有之义。而立法过程也恰恰是一个广泛征求民意的过程。任何立法都应该充分尊重、考虑、把握、表达民意，尊重公民知情权和参与权，否则，制定出来的法律无异于"闭门造车"，将难以获得民众的认同与支持，在执法环节面临的管理成本和执法难度也会大大增加。正是在这个意义上，"开门立法"成为法治社会的现实要求。而重视立法听证和立法公开，正是2017年北京市人民政府立法的重要亮点之一。立法听证有利于广集民意，听取专家学者的建议，为政府规章草案的修改和审议提供了充分的基础材料，也是回应民众立法期待，以立法来吸纳和整合异议达成共识的过程。北京市人民政府在年度立法计划的编制、立法草案的起草、立法草案征求意见以及审议的阶段，都注重听证和公开，强调发挥政府在立法过程中的基础性作用和社会公众在立法过程中的参与作用，从而为民主立法、立法为民打下了良好的基础，这使得北京市2017年通过的政府规章在群众中无论是认受度还是满意度都获得很高的评价。

3. 完善立法格局，坚持科学立法

政府立法不是仅有政府职能部门的单一主导就可实现，科学立法天然要求立法过程的多元格局、开放结构和不同利益主体的良性互动。在这一方面，北京市人民政府不断完善立法格局，进行了积极的探索和科学的总结，把公众参与、专家咨询、风险评估、合法性审查和集体讨论作为政府立法的必经程序，通过听证、函询、座谈、网络问政等方式广泛征求意见，对部门间争议较大的重要立法事项，委托政府法律顾问、科研单位、社会组织进行评估，充分听取各方意见，协调决定。除了谨慎确定立法草案的起草单位外，还及时征求利益相关方和专家学者的建议，防止出现所谓的"部门立法"和立法中的部门保护主义，努力做到既利用职能部门的专业性，又善于确保立法结果的科学性和公正性。此外，北京市人民政府还不断完善立项论证、立法后评估、规章预案研究等工作机制，并且及时跟进实践反馈，从而更有针对性地改进和完善具体的立法项目，提高政府规章的公信力和执行力。

三、北京市2017年度地方立法的不足与未来展望

（一）北京市2017年度地方立法的不足

1.政府立法有待继续加强

2017年度，北京市政府立法虽然存在不少亮点，但依然存在一些不足。突出一点就是政府立法仍然有待继续加强。2017年北京市人民政府暂未制定新的政府规章，也未再次进行规章清理活动，而是根据实际需求，修改了《北京市小客车数量调控暂行规定》和《北京市社会抚养费征收管理办法》2件政府规章。应该看到，身处全面深化改革和全面依法治国的新时代，北京作为首都也正处于改革发展的关键时期，如何落实首都城市战略定位，建设国际一流的和谐宜居之都，如何疏解北京市作为国家首都的超大城市病，不断提升精细化治理水平，政府立法仍然"大有可为"。因此，北京市人民政府应积极主动地进行立法调研，开展立法座谈，挖掘立法需求，编制立法计划，真正将政府立法的职能和功能用到实处。

2.地方立法中的地方特色突出不足

如前所述，北京作为国家首都，是首善之区，也是历史文明最悠久的城市之一。在地方立法致力于构建本土制度体系划界城市治理难题时，在城市秩序的维护中应该注重凸显北京市的地方特色。目前看来，2017年的北京市地方立法仍然存在"标准有余"而"特色不足"的问题，如果一味向国际都市治理经验、标准、模式看齐而不顾自身的历史文化传统和人文特色，地方立法的制度转化和具体实施可能会在实践中面临"水土不服"的尴尬处境。所谓"地方立法"，切不可丧失了立法的"地方"之维。

3.地方立法中的系统性和前瞻性有待提高

地方性法规和政府规章，是中国特色社会主义法律体系的重要组成部分，是对国家政策立法的延伸、细化和补充，担负着保障宪法和法律在本行政区域内得到充分实施和推进本地区改革发展与稳定的双重使命。北京市作为国家首都，其地方在全国范围内的示范性和影响力显而易见。但在2017年的地方立法中，还呈现出相当的碎片化态势，一定程度上存在"头疼医头、脚疼医脚"的问题，在立法坚持问题导向、持续回应民生关切的同时，存在忽视改革稳定协同性、系统性、全局性的特征。这就导致地方立法的系统性和前瞻性不足，很多法规和规章因为审议、通过的时间并不一致，因而加大了相互间的互补和呼应难度，呈现出支离破碎的立法生态，不可避免会出现立法重复的现象，造成宝贵立法资源的浪费。这可谓是2017年北京市地方立法中最主要的"盲点"，而提高立法的系统性和前瞻性，更好地发挥立法对改革的引领和规范作用，已是当务之急。

（二）北京市地方立法的未来展望

1.围绕改革发展稳定大局，积极发挥地方立法职能

立法为改革发展和稳定大局服务，改革发展为立法提供实践经验和稳定实施的外部环境，这是长期以来在立法实践中我们探索和积累的宝贵且有效的立法经验。因此，北京市人大及其常委会和北京市人民政府应继续围绕北京市改革发展稳定的大局，在新时代把握新形势，确定新目标，承担新使命，致力于落实北京市作为首都的城市战略定位，发挥地方立法对城市发展的法制护航和法治推动作用，将北京建设成为国际一流的和谐宜居之都。同时，通过高质量的地方立法，也为其他城市树立法治化和精细化治理的学习榜样。要全面加强立法队伍建设，不仅要具备较高的法律专业知识水平，还要深入了解本市的经济、政治、文化、历史传统等实际情况和具体问题，切实提高以立法整合差异，以立法达成共识，以立法解决复杂问题的能力。要制订科学合理的立法计划，加强立法调研，在不断提高立法的针对性和可执行性的基础上，注重提升立法的系统性和前瞻性，充分发挥立法对改革发展的引领和规范作用。

2.坚持民主立法、科学立法，不断创新立法机制

2017年，北京市地方立法在民主立法和科学立法上进行了许多有益的探索，也取得了很多成功的经验。在未来的立法工作中，应及时将成功的实践经验和有益的试验探索及时上升为常态化的制度机制，进一步深化"人大及其常委会主导、政府基础性地位和社会公众的参与作用"这种"三位一体"的立法格局和有效的立法机制，不断扩大立法的公开程度，完善公众参与机制，积极拓展立法听证的深度和广度，用民主立法和科学立法来继续提高立法质量，恪守以民为本和立法为民的根本宗旨。既要抓住改革发展的重要领域和关键环节，深入调查研究，做好制度设计，确保制定通过的法规、规章能够真正获得实施，实现立法预期，又要研究清楚法规、规章在制定和实施过程中所调整的社会关系、主体利益等问题，以最大限度地减少执法成本，增强依法治理的主动性。

3.加强立法后评估和执法检查，不断提升立法质量

立法过程的终止，不仅仅限于法规的通过，其真正的生命反而在于长久的实施历程中。通过开展立法后评估，可以检验和衡量法律法规制度执行效果，及时发现法律法规制度本身存在的问题，从而准确提出法律法规制度修改完善建议。因此，在未来的立法工作中，北京市人大及其常委会和北京市人民政府在把握好民主立法和科学立法的前提下，还应关注立法后的评估和执法检查，通过及时考察、检验立法的实施效果，并适度引入第三方评估机构和科学的分析方法来进行立法后评估，以获得真实的立法实践反馈；同时，还要注重执法检查，确保立法得到充分有效实施，进而根据实践中的反馈，不断发现立法中存在的问题，以及时进行修订。毕竟，在实现了"有法

可依"以后，未来的立法工作其实更多针对的并非是新法的制定，而是"旧法"的清理和修改。从这个意义上来说，立法后的评估和执法检查将是未来立法工作的重心，应逐步走出目前的"被动"局面，日渐走向常态化。因此，做好立法后的评估和执法检查，不断提高立法质量，对深入推进北京市地方立法的科学化、民主化将会产生深远的影响。

审稿：朱最新（广东外语外贸大学）

第三章 天津市2017年度立法发展报告

吴志军[①]

摘要：立法是全面依法治国的基础，是实行法治的前提。2017年是天津市地方立法成绩斐然的一年。天津市人大及其常委会、天津市人民政府全面落实京津冀协同发展重大国家战略，主动适应改革发展需要，围绕经济社会发展和民生重大问题，增强立法的针对性和操作性，深入推进科学立法、民主立法、依法立法，以良法促进发展、保障善治，为京津冀协同发展和美丽天津建设提供坚实的法制保障。天津市立法主体全年共制定法规规章14件，修改法规规章30件，废止规章3件。在肯定立法成绩的同时，也要看到天津市地方立法还存在着立法计划执行效率不高，人大自主立法能力有待提高，京津冀协同立法需要进一步深化等问题，需要予以改进和完善。

关键词：天津市 地方立法 发展报告

一、天津市2017年度立法发展状况

（一）天津市2017年度立法状况总体评述

天津市有市人大及其常委会和市人民政府两个立法主体。

2017年是实施"十三五"规划的重要一年，是供给侧结构性改革的深化之年，也是全面落实京津冀协同发展重大国家战略，加快法治建设的关键一年。天津市立法主体坚持稳中求进的原则，牢固树立和落实新发展理念，以社会主义核心价值观为引领，全面落实中央对立法工作的新要求，主动适应全面深化改革，加强立法协调，突出重点领域立法，提高立法质量，立法工作再上新台阶，为实现"一基地三区"定位和"五个现代化天津"建设，实现中央对天津的战略定位提供坚强的立法保障。

天津市人大及其常委会积极行使地方立法权，注重发挥立法保障作用，着力加快推进供给侧结构性改革、京津冀协同发展、培育和践行社会主义核心价值观、保障和改善民生、加强和创新社会管理、建设"美丽天津"等重点领域立法工作，全年共制定《天津市医院安全秩序管理条例》《天津市人民代表大会代表建议、批评和意见工

[①]吴志军，广东外语外贸大学讲师。研究方向：国际经济法、民商法。

作条例》《天津市人工影响天气管理条例》《天津市见义勇为人员奖励和保护条例》《天津市禁毒条例》《天津市公共电信基础设施建设和保护条例》等13件地方性法规，修改《天津市住房公积金管理条例》《天津市绿化条例》《天津市野生动物保护条例》等14件地方性法规。

天津市政府主动服务经济社会发展，推进"放管服"改革，坚持在法治下推进改革，在改革中完善法治，确保地方立法与上位法的协调和统一，全年共制定政府规章1件，即《天津市建设工程勘察设计管理规定》，修改《天津市墙体材料革新和建筑节能管理规定》《天津市水利工程建设管理办法》《天津市设定与实施行政许可规定》等16件政府规章，废止《天津市矿产资源补偿费征收管理办法》等3件政府规章。

综观天津市2017年度立法，目标清晰，定位准确，成效显著，从数量上看，天津市人大及其常委会共制定、修改地方性法规27件，天津市政府共制定、修改、废止政府规章20件，立法数量多、节奏快。从质量上看，天津市人大及其常委会出台的《天津市促进科技成果转化条例》《天津市见义勇为人员奖励和保护条例》《天津市禁毒条例》等法规紧扣经济社会发展需要，定位准、分量重。从效果上看，天津市立法有的放矢，契合百姓生活，质量高、效果好。

（二）天津市2017年度人大立法发展状况

2017年，天津市人大及其常委会坚持党的领导、人民当家作主、依法治国有机统一，紧紧围绕全市中心任务和工作大局，严格履行宪法和法律赋予的职责，做好地方立法工作，为保障和促进天津改革发展稳定安全作出了积极贡献。

天津市人大及其常委会全年制定地方性法规13件，修改地方性法规14件。制定的法规有《天津市医院安全秩序管理条例》《天津市人民代表大会代表建议、批评和意见工作条例》《天津市人民代表大会关于农作物秸秆综合利用和露天禁烧的决定》《天津市促进科技成果转化条例》《天津市人工影响天气管理条例》《天津市人民代表大会常务委员会执法检查办法》《天津市市场和质量监督管理若干规定》《天津市见义勇为人员奖励和保护条例》《天津市禁毒条例》《天津市公共电信基础设施建设和保护条例》《天津市志愿服务条例》《天津市人民代表大会常务委员会关于禁止燃放烟花爆竹的决定》《天津市人民代表大会常务委员会关于天津市应税大气污染物和水污染物具体适用环境保护税税额的决定》。

修改的法规包括《天津市实施〈中华人民共和国台湾同胞投资保护法〉办法》《天津市住房公积金管理条例》《天津市实施〈中华人民共和国母婴保健法〉办法》《天津市绿化条例》《天津市野生动物保护条例》《天津市道路交通安全管理若干规定》《天津市环境保护条例》《天津市人民代表大会常务委员会人事任免办法》《天津市实施宪法宣誓制度办法》《天津市公路管理条例》《天津市大气污染防治条例》

《天津市水污染防治条例》《天津市清洁生产促进条例》《天津市海洋环境保护条例》。

在加强社会安全管理方面，制定《天津市医院安全秩序管理条例》。《天津市医院安全秩序管理条例》以治安管理处罚法等有关法律、法规为依据，对医院安全界定，医院安全管理职责，患者、家属和其他人员禁止行为，建立警医联动机制以及法律责任等方面内容进行了明确和规范，旨在加强医院安全管理，维护医院正常医疗秩序，保护医患双方合法权益。

在保障和完善人大代表权利方面，《天津市人民代表大会代表建议、批评和意见工作条例》规范工作程序，完善监督机制，明确建议办理的各个环节，提出建议办理与常委会监督工作相结合、代表建议及答复公开等新举措，这既是充分发挥代表主体作用的内在要求，也是人民代表大会制度与时俱进的客观体现。

在维护市场秩序方面，出台了《天津市市场和质量监督管理若干规定》。《天津市市场和质量监督管理若干规定》是全国首部规范大部门市场监管体制改革的地方性法规，对市场监管部门的主体地位、职责范围、执法程序、执法证件、执法监督等作出全面规定，授权市市场监管委依据法律、法规规定，健全市场监管行政执法程序、行政执法文书样式、行政处罚自由裁量规则和基准等制度规范，报送市人民政府备案并向社会公布。

在科技创新方面，针对科技成果转化不畅、自主创新能力不足，制约创新驱动发展战略实施的现状，《天津市促进科技成果转化条例》立足与天津市经济社会发展和科技体制改革的深入相适应，促进科技与经济深度融合，激发全社会创新创业活力，解决促进科技成果转化体制机制不完善、科技成果转化不畅、自主创新能力不足、制约创新驱动发展战略等突出问题。

在促进农业发展方面，天津市人大常委会2017年7月26日审议通过《天津市人工影响天气管理条例》。人工影响天气工作是农业公共服务体系建设的重要内容，也是服务地方经济社会发展需求、服务京津冀协同发展和生态文明建设的重要助力。《天津市人工影响天气管理条例》在上位法的基础上，结合天津实际进行了有针对性的制度设计，对部门职责、站点建设与保护、作业管理、安全管理及法律责任等进行了细化规定，进一步全面规范天津市人工影响天气工作，为统一、科学、安全、审慎地开展人工影响天气工作提供了法制保障。

在保护环境方面，《天津市人民代表大会关于农作物秸秆综合利用和露天禁烧的决定》贯彻落实京津冀协同发展重大国家战略和绿色发展理念，保护京津冀及周边地区生态环境，保护人民群众身体健康，推进农作物秸秆综合利用，禁止露天焚烧农作物秸秆。《天津市人民代表大会常务委员会关于禁止燃放烟花爆竹的决定》把文明、生态理念与时俱进地渗透到民俗文化中，用法规的形式加强对烟花爆竹燃放的管理，减少燃放烟花爆竹对大气环境的危害，保障公共安全和人身、财产安全，将禁放意识"内化于心，外化于行"，为满足人民群众对美好生活的向往提供法治保障。

在践行社会主义核心价值观方面，出台《天津市志愿服务条例》《天津市见义勇为人员奖励和保护条例》《天津市禁毒条例》等法规。志愿服务是现代社会文明进步的重要标志，是加强精神文明建设、培育和践行社会主义核心价值观的重要内容。为推进志愿服务制度化、常态化发展，提高志愿服务整体效能，经过大量的前期调研、多次修改、审议，体现开门立法和集体智慧的《天津市志愿服务条例》正式出台，这是国务院颁布《志愿服务条例》后全国出台的第一个志愿服务地方法规，对志愿者、志愿服务组织、志愿服务活动、志愿服务信息平台以及促进和保障措施等作了全面规定，为志愿服务事业发展提供了法治保障。

天津市通过立法进一步加大对见义勇为人员的奖励和保护力度，倡导见义勇为、尊崇英雄的精神，弘扬社会正能量。《天津市见义勇为人员奖励和保护条例》突出强调了政府在对见义勇为奖励和保护方面的主动作为，保障见义勇为人员的合法权益，切实让见义勇为人员精神上有荣誉、物质上有奖励、生活上有保障，解除见义勇为人员的后顾之忧，对于因见义勇为伤残乃至牺牲的，条例对医疗费用、残疾抚恤保障、牺牲人员家属抚恤都做了明确规定。对于见义勇为人员生活困难的，其就业、住房等保障都做了规定，就业有困难的纳入政府就业援助范围，见义勇为人员本人不具备就业条件的，条例进一步规定其直系亲属有就业困难的也可纳入就业援助范围。

毒品危害不言而喻，禁毒重要性不言自明。《天津市禁毒条例》为有效打击毒品违法犯罪、引导全社会力量共同参与禁毒工作、进一步推动禁毒人民战争提供了更加有力的法制保障，将禁毒工作纳入精神文明建设体系，明确目标责任，加强检查考核，落实奖惩措施，将禁毒宣传教育与公民道德教育、普法教育、健康教育、科普教育、预防艾滋病教育等相结合，建立禁毒教育基地，免费向群众提供禁毒宣传教育服务，实现禁毒宣传教育全覆盖，提高公民自觉抵制毒品的能力，同时明确了国家机关、企业事业单位、社会组织参与禁毒宣传教育的工作职责。

（三）天津市2017年度政府立法发展状况

天津市政府认真落实中共中央、国务院《法治政府建设实施纲要（2015—2020年）》，坚持在法治下推进改革、在改革中完善法治，做到重大改革于法有据，将党的领导贯彻到立法工作全过程，确保立法反映党和国家各项事业发展要求，回应人民群众关切期待，适应改革发展，突出重点领域制度建设，深入推进科学立法，提升法治服务保障水平，加快建设法治政府。

天津市人民政府2017年制定政府规章1件，即《天津市建设工程勘察设计管理规定》，修改政府规章16件，分别是《天津市墙体材料革新和建筑节能管理规定》《天津市水利工程建设管理办法》《天津市设定与实施行政许可规定》《天津市实施〈实验动物管理条例〉的办法》《天津市地热资源管理规定》《天津市殡葬管理条例实施办法》《天津市行业协会管理办法》《天津市发展散装水泥管理办法》《天津市重点建设项目审计规定》《天津市行政审批管理规定》《天津市生活废弃物管理规定》《天津市危险化学品安全管理办法》《天津市以宅基地换房建设示范小城镇管理办法》《天津市城市基础设施投资建设开发企业发展和风险防控规定》《天津市涉案财物价格鉴定管理办法》《天津市控制地面沉降管理办法》；废止地方性法规3件，具体为《天津市矿产资源补偿费征收管理办法》《关于公布本市创设保留和取消的行政许可事项的决定》《天津市组织机构代码管理办法》。

2017年9月13日，天津市人民政府第一百一十一次常务会议通过《天津市建设工程勘察设计管理规定》。《天津市建设工程勘察设计管理规定》共7章34条，根据上位法规定，结合天津市实际，对资质资格管理、勘察设计文件的编制与实施、法律责任等进行了规定，要求建设工程勘察、设计应当与社会经济发展水平相适应，按照适用、经济、绿色、美观的要求，突出建筑使用功能以及节能、节水、节地、节材和环保，做到经济效益、社会效益和环境效益相统一。《天津市建设工程勘察设计管理规定》的颁布，对加强建设工程勘察、设计活动的管理，保证建设工程勘察、设计质量，保护人民生命和财产安全具有重要意义。

天津市政府坚持地方立法工作"立改废"三位一体，在做好"立"法工作的同时，坚持做好"改"和"废"的工作，及时发现地方政府规章中与改革发展决策不一致、不适应，甚至相抵触的规定，启动立法程序予以修改或废止。为深入推进"放管服"改革，确保各项政策措施有效落实，天津市政府对"放管服"改革涉及的规章、规范性文件进行清理。经过建议收集、法律审核、征求意见和专家论证等程序，并提请市政府常务会议审议，对与国务院行政审批制度改革决定不一致的有关规定、与国务院商事制度改革决定不一致的有关规定、与国务院职业资格改革决定不一致的有关规定、与国务院投资体制改革决定不一致的有关规定、与清理规范行政审批中介服务事项改革决定不一致的有关规定、与清理规范政府性基金和行政事业性收费改革决定不一致的有关规定进行了清理。经过清理，天津市政府对16件政府规章作出修改，对3件政府规章予以废止。

二、天津市2017年度地方立法的特色和亮点

天津市立法主体积极行使地方立法权，坚持问题导向和改革方向，紧紧围绕市委市政府工作的重点、经济社会发展的难点和人民群众关注的热点，用法律制度引领改革发展，实现地方立法与改革决策相衔接，为经济社会发展提供了强有力的制度保障。

（一）地方人大立法中的特色和亮点

1.充分发挥人民代表大会立法职能

立法权是宪法和法律赋予市人民代表大会的一项重要职权。法律是治国之重器，法治是国家治理体系和治理能力的重要依托。在统筹推进"五位一体"总体布局和协调推进"四个全面"战略布局的新形势下，坚持和提升人民代表大会立法职能，将会在立良法、立好法上步伐更加扎实，道路更加宽阔，立法的引领和推动作用得到更加充分的发挥。①实践中，囿于多种原因，地方立法职能多由人大常委会行使，淡化甚至虚化了人大的立法职能。天津市人大充分发挥自身的立法职能，积极探索将地方性法规提请人大会议审议，更好地汇集全体市人大代表的智慧和共识，使通过的法规权威性更高、影响力更大、执行力更强。2017年1月20日，天津市第十六届人民代表大会第六次会议高票通过了两件地方性法规，即《天津市人民代表大会关于农作物秸秆综合利用和露天禁烧的决定》和《天津市人民代表大会代表建议、批评和意见工作条例》，这是天津市人大行使地方立法职权的重要体现，也是天津市人大连续四年通过人民代表大会立法的又一重要成果。

2.深入践行社会主义核心价值观

中国特色社会主义理论体系是中国特色社会主义法治建设的应有之义，也是指导地方立法的重要理论武器。天津市人大常委会自觉坚持以中国特色社会主义理论为指导，将社会主义核心价值观融入立法，以法治体现道德理念，强化法律对道德建设的促进作用，对推动社会主义核心价值观深入人心具有重要意义。天津市人大及其常委会出台《天津市人民代表大会常务委员会关于禁止燃放烟花爆竹的决定》《天津市志愿服务条例》《天津市见义勇为人员奖励和保护条例》和《天津市禁毒条例》，是落实中办、国办印发的《关于进一步把社会主义核心价值观融入法治建设的指导意见》和天津市实施意见的具体举措。这些法规体现了鲜明的价值导向，是坚持依法治国和以德治国相结合的必然要求，体现了促进社会主义核心价值观已由"软性要求"向"硬性规范"转变。

3.加强重点领域立法

天津市人大围绕推动供给侧结构性改革、加快实施创新驱动发展战略、推进全面深化改革、推动社会主义核心价值观融入法治建设、保护生态环境、保障和改善民生等，加强重点领域立法。在推进安全天津建设方面，颁布《天津市医院安全秩序管理条例》，提升城市安全保障水平。在加强人大代表行使权利方面，制定《天津市人民代表大会代表建议、批评和意见工作条例》。围绕推动供给侧结构性改革，审议通过《天津市公共电信基础设施建设和保护条例》，为调整优化经济结构，实现高质量发

---

① 高绍林等：《在立良法立好法上迈出坚实步伐——天津充分发挥人民代表大会立法职能纪实》，载《中国人大》2017年第7期。

展提供了法治保障。围绕加快实施创新驱动发展战略，审议通过《天津市促进科技成果转化条例》等法规，促进科技与经济深度融合，激发全社会创新创业活力。围绕推进全面深化改革，审议通过《天津市市场和质量监督管理若干规定》，充分体现了在法治下推进改革，在改革中完善法治，实现立法和改革决策相统一、相衔接，确保重大改革于法有据。围绕推动社会主义核心价值观融入法治建设，审议通过《天津市志愿服务条例》《天津市见义勇为人员奖励和保护条例》《天津市禁毒条例》，体现社会主义核心价值观的硬约束。围绕大力推动改善和保护生态环境，审议通过《天津市人工影响天气管理条例》《天津市人民代表大会关于农作物秸秆综合利用和露天禁烧的决定》《天津市人民代表大会常务委员会关于禁止燃放烟花爆竹的决定》《天津市人民代表大会常务委员会关于天津市应税大气污染物和水污染物具体适用环境保护税税额的决定》，修改《天津市环境保护条例》《天津市大气污染防治条例》《天津市水污染防治条例》《天津市清洁生产促进条例》《天津市海洋环境保护条例》，初步形成环境污染防治地方法规体系，强力推进生态文明建设法治化，为加快建设生态宜居的现代化天津提供法律支撑。围绕保障和改善民生，修改《天津市住房公积金管理条例》《天津市道路交通安全管理若干规定》，切实保障各项社会事业发展，更好地满足人民对美好生活的需要。

4. 加快推进区域协同立法

建立健全常态化的京津冀工作机构联系机制，是推动和保障京津冀立法工作协同顺利实施的重要措施。天津市人大常委会主动服务京津冀协同发展重大国家战略，与北京市和河北省人大常委会召开立法工作联席会议，就深入推进京津冀协同立法工作开展协商，通过《京津冀人大立法项目协同办法》，进行京津冀协同发展立法引领和保障的系统研究，开展立法沟通交流，保障协同立法有序推进。2017年9月召开的京津冀人大常委会第四次协同立法工作会议原则通过《京津冀人大法制工作机构联系办法（草案）》，用制度保障促进三地立法协同，推动京津冀区域协同发展，内容主要包括法制工作机构职责、联席会议制度、立法项目沟通、信息通报制度、走访学习制度等，进一步推进京津冀人大法制工作机构联系制度化。《天津市人工影响天气管理条例》是加强区域协同立法的成功范例。《天津市人工影响天气管理条例》强调，天津将加强与北京、河北等周边地区协作，合作开展空中云水资源开发利用研究，实行区域间的动态监测和联防联控，提高人工影响天气作业效果。《天津市人民代表大会关于农作物秸秆综合利用和露天禁烧的决定》由天津市人大起草，北京市和河北省人大参与，在法律责任方面与河北的规定基本一致，这有利于共同推动环保治理。

5. 规范执法检查推动"法之必行"

"立法往往只意味一个政策的开端而非终结。评定一个地方性政策的质量，关注的不仅仅是立法的水平，更值得重视的是立法之后的执行情况。因此，人大执法检查日益成为保障政策执行的重要方式。执法检查从功能上来说是一种政策评估手段。地方性法规是一种公共政策，地方人大常委会的执法检查作为一种立法后评估，是政策评估。"①天津市人大常委会坚持监督与支持有机统一，坚持真监督、做到真支持，着力增强监督工作针对性、实效性，围绕促进经济发展质量提升和动力变革、改善和保护生态环境、推动民生重点工作、加强安全天津建设、深化司法体制改革，开展法律、法规执行情况检查。创新监督工作方式方法，全面规范执法检查工作，制定《天津市人民代表大会常务委员会执法检查办法》，坚持问题导向，增强监督实效，多渠道全方位掌握法律法规实施的真实情况，落实不到位要接受询问，阻碍检查的要受到处分，推动"法之必行"。

（二）地方政府立法中的特色和亮点

2017年，天津市政府高举习近平新时代中国特色社会主义思想伟大旗帜，全面贯彻落实党的十八大、十九大精神，坚持职能科学、权责法定、执法严明、公开公正、廉洁高效、守法诚信的法治政府目标，加快建设法治政府，为实现"一基地三区"定位和"五个现代化天津"建设提供有力法治保障。

1. 主动服务经济社会发展，推进"放管服"改革

天津市政府认真落实中共中央、国务院印发的《法治政府建设实施纲要（2015—2020年）》和天津市委、市政府《关于贯彻落实〈法治政府建设实施纲要（2015—2020年）〉的实施意见》，坚持在法治下推进改革、在改革中完善法治，做到重大改革于法有据、立法主动适应改革和京津冀协同发展需要。对实践证明行之有效的改革措施，及时上升为地方性法规或政府规章；立法条件还不成熟需要先行先试的，按照法定程序取得或者作出授权；需要为改革决策预留空间的，在立法时留出必要空间。深入推进创新驱动发展和供给侧结构性改革，持续推进简政放权，严把立法草案起草关，严格控制新设行政许可、审批事项。贯彻落实《国务院办公厅关于进一步做好"放管服"改革涉及的规章、规范性文件清理工作的通知》要求，深入推进"放管服"改革，组织开展规章、规范性文件清理工作。对与国务院行政审批制度改革、商事制度改革、职业资格改革、投资体制改革和清理规范行政审批中介服务事项等改革决定不一致的有关规定进行集中清理，并按立法程序进行落实。根据全面深化改革和经济社会发展需要，对与上位法相抵触、不适应京津冀协同发展需要的政府规章，及时启动修改、废止程序，为京津冀协同发展营造良好的制度环境。

2. 突出重点领域立法，注重发挥立法保障作用

天津市政府加强重点领域立法，积极发挥政府立法的引领推动作用，坚持法治与

---

① 刘伟伟、黄科豪：《地方人大立法后评估的实施与效果——以上海市控烟条例执法检查为例》，载《华东理工大学学报》2016年第3期。

改革协同推进，通过立法凝聚社会共识，推动制度创新，引领改革发展，让立法成为发展改革的"试金石"，提请审议《天津市市场和质量监督管理若干规定》，用地方立法对市场和质量监督管理体制改革予以确认和保障；提请审议《天津市人民代表大会常务委员会关于禁止燃放烟花爆竹的决定》，为打造绿水青山的现代化城市环境提供制度保障；提请审议《天津市公路管理条例》，进一步加强了公路建设和管理，为经济社会发展提供运输保障。2017年，天津市政府在加快推进供给侧结构性改革、京津冀协同发展、培育和践行社会主义核心价值观、保障和改善民生、加强和创新社会治理、建设"美丽天津"等重点领域立法工作，共提请市人大常委会审议《天津市禁毒条例》等10件地方性法规。①

3. 以提高立法质量为中心，健全优化立法机制

天津市政府围绕提高立法质量这个中心，坚持科学立法、民主立法、依法立法。一是落实地方性法规、政府规章起草征求人大代表意见制度，广泛征求人大代表意见和建议；二是拓宽各方有序参与政府立法的途径和方式，充分发挥政协委员、民主党派、工商联、无党派人士、人民团体、社会组织在立法协商中的作用，邀请政协委员参与立法项目的论证、意见征集等工作，进一步增强了政府立法的科学性和有效性；三是充分发挥政府法律顾问和智库专家作用；四是问计于民，注重从民意中汲取立法的动力和营养，深入征求基层干部群众的意见，并及时反馈意见采纳情况，广泛凝聚社会共识；五是改进立法调研工作，深入了解立法所涉及的实际情况，使地方立法工作更加贴实情、顺民意、接地气，努力使制定的法规立得住、行得通、切实管用。

三、天津市2017年度地方立法的不足与未来展望

（一）天津市2017年度地方立法的不足

1. 立法计划执行率严重不足

虽然天津市政府对列入立法计划的项目，要求各起草部门制订工作方案，明确进度，落实责任，按时、高质量地完成起草任务，不能按时完成起草任务的，要向市人民政府作出书面说明，并将起草工作完成情况作为重要指标纳入年度依法行政考核和绩效考评范围，但从实际情况来看，效果并不理想。根据天津市政府发布的2017年度立法计划，拟提交审议的政府规章共7项，包括《天津市防治船舶污染海域管理规定》《天津市无障碍环境建设和管理办法》《天津市地方志工作办法》《天津市建设工程勘察设计管理规定》《天津市绿色建筑管理规定》《天津市渣土装运管理办法》《天津市既有建筑玻璃幕墙使用维护管理办法》，但遗憾的是，除《天津市建设工程勘察

① 参见《天津市人民政府2017年法治政府建设情况报告》，天津政务网http://www.tj.gov.cn/xw/tztg/201803/t20180326_3623232.html，访问时间：2018年5月1日。

设计管理规定》外，其余6项规章均未出台，立法计划执行率严重不足。

2. 人大自主立法能力需进一步加强

从立法理论上讲，人大作为立法机关，从立法项目确定到组织起草、论证协调，都应起主导和控制立法进程的作用。近年来，天津市人大进一步加强在制定地方性法规中的主导作用，但不可否认的是，在立法准备阶段，尤其在立项、起草环节，左右法案内容，影响立法进程的主要还是政府及其部门，也就是大家所熟知的政府主导性立法。2017年天津市人大及其常委会审议通过制定的地方性法规13件，其中《天津市促进科技成果转化条例》《天津市人工影响天气管理条例》《天津市市场和质量监督管理若干规定》《天津市禁毒条例》《天津市公共电信基础设施建设和保护条例》《天津市人民代表大会常务委员会关于禁止燃放烟花爆竹的决定》等10项都是由政府部门起草完成，占制度性立法总数的76.9%。虽然天津市人大常委会也部分参与了法规的起草内容，但是与法律赋权的自主起草还是存在着本质的差别。

3. 京津冀协同立法效果还未充分发挥

京津冀协同发展重大国家战略实施以来，围绕重点领域开展的各项改革试点示范措施已经进入到深入推进阶段，有些改革试点工作尚无法律依据，也无行政法规作为依据和支撑，中央重大改革决策与立法决策之间存在一定的空档期，迫切需要发挥立法对京津冀协同发展的引领和推动作用。天津市人大坚决贯彻落实京津冀协同发展重大国家战略，积极推动京津冀立法工作协同，优先安排有关京津冀协同发展的立法项目，组织京津冀协同发展立法引领与保障专题研究，京津冀协同发展的立法引领与保障工作取得较大进展。但是从改革的发展需求和立法期待来看，还存在着很大的努力空间，协同立法数量需要进一步增加，协同立法速度需要进一步加快。

（二）天津市地方立法的未来展望

为更好地开展地方立法工作，提高立法质量，天津市在已有成绩和经验的基础上，应着重做好以下几个方面工作。

1. 科学制订立法计划，提高立法计划执行率

编制立法计划是立法工作的第一个环节，对于加强立法工作统筹、合理配置立法资源、提高立法质量具有重要意义。立法计划一经制订，就应该认真贯彻执行。针对立法计划执行率严重不足的情况，天津市立法主体应该重新审视立法计划，查找其中的问题，提出有效改进的方法。一是做好立项论证，应该广泛征求意见，科学论证，严格把关，确保立法计划具有科学性和可行性。二是做好执行工作，应该加强组织领导、完善工作机制、精细流程管理、严格时限要求、强化责任落实，不断提高立法工作质量和效率，切实保障重点立法项目高质高效推进，更好适应促进经济社会发展和巩固全面深化改革成果的需要。三是做好总结工作，每年年终应对年度立法计划和立

法完成情况进行对比，对立法计划内未完成和未列入计划的进行分析原因、总结规律，以保证立法计划不断完善。

2.加强人大主导，持续提高自主起草法规比重

地方性法规是中国特色社会主义法律体系的重要组成部分。虽然政府有关部门长期在一线从事相关具体工作，在其工作领域对相关业务更为熟悉，在法规起草上有一定优势，但是行政机关受其权限和视角的影响，往往将立法的注意力集中在强化行政管理职能上，而忽视全局利益和社会利益，存在部门利益倾向；一些综合性较强、需要多个部门联合起草，或者社会矛盾比较集中、各方意见分歧较大的项目，部门经常互相推脱，不愿意牵头起草，导致一些重要法规迟迟不能出台。为此，人大要切实加强立法能力建设，深入把握经济社会发展规律和法治建设规律，健全立法工作机构，提高自主起草法规的比重，把握立法工作的主动权，在立法中发挥主导作用。科学选定立法项目，改变政府部门确定立什么法规、什么时候立法的现状，人大通过自身的调查研究、组织确定立法项目和立法计划。改革政府部门是法规草案起草的主体和主渠道的现状，牢牢把握法规草案的起草权。法规案的起草是立法的首要环节和实际步骤，谁起草谁就掌握了立法的主动权。

3.密切开展合作，深入推进京津冀协同立法

京津冀人大立法项目协同机制已经确立，在立法保障方面为三地协同发展提供了支撑，在立法上实现了初步协同。从长远来看，京津冀需要实施紧密型立法协同，在顶层设计和制度安排上实现新的突破，至少需要开展以下几方面的工作：首先，继续深化协同立法。京津冀区域一体化的过程中，不仅有需要各地分别立法的情形，还有一些事项需要从区域整体上来规划、协调的，尤其是涉及环境污染治理、资源共享等具有整体性质的立法事项，这种立法由地方制定显然不符合我国现行的立法体制，也难以取得好的立法效果。对于此类立法，京津冀区域内的地方，通过协商的方式，可以作为共同的起草者，就这些整体性立法事项拟订立法草案。其次，京津冀协同立法应从易到难，循序渐进。就协作立法的对象而言，应以交通、环境保护和产业为重点领域，因为交通一体化、生态环境保护、产业转型升级是京津冀协同发展中需要实现率先突破的三大领域，当然构成京津冀协同立法需要重点关注和规范的重要领域。同时，教育、医疗、社保、文化、体育等也应纳入京津冀协同立法的范畴。因为依法推进京津冀教育合作、医疗卫生联动协作、社会保障衔接、文化体育交流合作等，对于深化相关方面改革，助推京津冀协同发展目标的最终实现具有基础性意义。最后，对京津冀区域内现有的地方立法进行彻底清理。当下，京津冀三地已经制定了不少地方性法规和地方政府规章，其中有许多条款不利于京津冀区域一体化的发展，甚至阻碍了京津冀一体化的深入。对此，按照区域一体化建设的要求，各地要对各自现行地方立法进行逐项清理。

审稿：朱最新（广东外语外贸大学）

第四章 河北省2017年度立法发展报告

余 彦[①]

摘要：2017年度，河北省地方立法工作取得了较好的成绩。其中，河北省人大及其常委会完成立法23件，河北省人民政府完成立法29件，各设区的市人大及其常委会完成地方立法7件，各设区的市人民政府完成地方立法48件。以立法引领和推动改革进程，重点领域重点立法，重视法律清理工作是河北省地方人大及其常委会立法的亮点。有序推进立法工作，服务大局、重点领域重点立法，稳步加强京津冀立法协同是河北省地方政府立法的亮点。但是立法的引领价值尚未充分发挥，人大的主导地位尚待加强，立法特色及进程有待推进。今后需进一步发挥人大的主导作用，落实精准立法，加快推进设区的市立法进程。

关键词：河北省 地方立法 发展报告

一、河北省2017年度立法发展状况

（一）河北省2017年度立法状况总体评述

河北省省级地方立法主体为河北省人大及其常委会、河北省人民政府。有石家庄市、唐山市、邯郸市、秦皇岛市、廊坊市、保定市、邢台市、张家口市、承德市、沧州市、衡水市的人大及其常委会和政府共22个市级立法主体。河北省民族自治地方立法主体有围场满族蒙古族自治县、丰宁满族自治县、宽城满族自治县、孟村回族自治县、大厂回族自治县、青龙满族自治县6个县的人民代表大会。

2017年，河北省各级立法机关深入推进科学立法、民主立法，围绕落实中央和省委决策部署，在协同发展、结构调整、污染治理、脱贫攻坚、社会治理等方面科学选题，不断增强立法的针对性、精准性和实效性。立法工作着力抓好全面深化改革、加强生态文明建设、促进扶贫开发、保障和改善民生、推动京津冀协同发展和规范政府自身建设等方面急需制定或修订的地方性法规、政府规章项目，为建设经济强省、美丽河北提供有效的法制保障。

---

①余彦，法学博士，广东外语外贸大学广州绿色发展法治研究中心助理研究员。研究方向：立法学、环境法。

2017年，河北省人大及其常委会制定了《河北省优化营商环境条例》等7件地方性法规，修改了《河北省食盐加碘消除碘缺乏危害监督管理条例》等13件地方性法规，废止了《河北省减少污染物排放条例》等3件地方性法规。

2017年，河北省人民政府制定了《河北省地图管理办法》等3件政府规章，修改了《河北省盐业管理实施办法》等10件政府规章，废止了《河北省水生野生动物保护办法》等16件政府规章。

在设区的市人大立法方面，石家庄市人大及其常委会制定了2件地方性法规，唐山市人大及其常委会修改1件、废止1件地方性法规，邯郸市人大及其常委会制定了1件地方性法规，秦皇岛市人大及其常委会制定了1件地方性法规，张家口市人大及其常委会制定了1件地方性法规。除此之外，未发现河北省其他设区的市有地方性法规出台、修改或废止。

在设区的市政府立法方面，石家庄市人民政府废止了《石家庄市公产住房售后维修管理暂行办法》等22件政府规章，唐山市人民政府废止了《唐山市调味品生产销售管理实施办法》等8件政府规章，邯郸市人民政府制定了《邯郸市城市河道管理办法》等3件政府规章、修改了《邯郸市规范性文件管理办法》1件政府规章、废止了《邯郸市公路旅客运输管理办法》等7件政府规章，秦皇岛市人民政府制定了《秦皇岛市公共安全技术防范管理办法》等2件政府规章，廊坊市人民政府制定了《廊坊市烟花爆竹安全管理办法》1件政府规章，邢台市人民政府制定了《邢台市停车场管理办法》1件政府规章，张家口市人民政府制定了《张家口市居住证实施办法》等2件政府规章，沧州市人民政府制定了《沧州市节约用水办法》1件政府规章。

在民族自治地方立法方面，河北省围场满族蒙古族自治县、丰宁满族自治县、宽城满族自治县、孟村回族自治县、大厂回族自治县、青龙满族自治县6个县的人民代表大会都没有出台新的自治条例和单行条例，也没有对已经生效的自治条例或单行条例进行修改或废止。

总体而言，2017年河北省立法项目主要涉及市场监管和行业规制、生态环境建设、优化发展环境、扶贫开发、安全生产、产业结构调整、城镇化建设、保障民生等方面，全省地方立法工作为全面深化改革、加强生态文明建设、促进扶贫开发、推动京津冀协同发展、建设经济强省及美丽河北提供有效的法制保障。

（二）河北省2017年度人大立法发展状况

2017年，河北省人大常委会按照省委要求，坚持科学立法、民主立法、依法立法，以良法促发展保善治。河北省人大及其常委会紧跟时代步伐，服务发展大局，弘扬工匠精神，打造精品良法，立法工作呈现出数量多、节奏快、质量优的特点，为全省改革发展提供了有力的法治保障。据统计，河北省人大及其常委会2017年新制定地方性法规7件，分别为《河北省优化营商环境条例》《河北省中医药条例》《河北省地方金融监督管理条例》《河北省社会信用信息条例》《河北省律师执业保障和规范条例》《河北省道路运输条例》《河北省妇女权益保障条例》。修改地方性法规13件，分别为《河北省实施〈中华人民共和国各级人民代表大会常务委员会监督法〉办法》《河北省食盐加碘消除碘缺乏危害监督管理条例》《河北省专利条例》《河北省实施〈中华人民共和国防洪法〉办法》《河北省档案工作条例》《河北省计量监督管理条例》《河北省爱国卫生条例》《河北省城市市容和环境卫生条例》《河北省地震安全性评价管理条例》《河北省国家建设项目审计条例》《河北省消费者权益保护条例》《河北省节约能源条例》《河北省安全生产条例》。废止地方性法规3件，分别为《河北省减少污染物排放条例》《河北省著名商标认定和保护条例》《河北省产品质量监督条例》。

市场监管和行业规制是河北省人大2017年的立法重点。围绕这一重点，河北省人大常委会制定了《河北省优化营商环境条例》，从建设服务型政府、建立企业发展保障机制、规范行政执法等多个方面对河北省营商环境进行规范。通过制定《河北省地方金融监督管理条例》，将小额贷款公司、各类交易场所、地方金融控股企业、地方资产管理公司、融资担保公司、典当行、融资租赁公司、商业保理公司等八类地方金融组织均纳入规范范围。通过制定《河北省社会信用信息条例》，明确了信用信息的含义及范围，对信用信息归集、披露、查询、使用，信用主体权益保障和相关法律责任作出了规定。通过制定《河北省律师执业保障和规范条例》，对律师执业过程中的调查取证权、阅卷权、会见权、知情权等作了全面具体的规定。此外，河北省人大及其常委会还通过修改一系列的地方性法规，为2017年度立法重点工作的完成创造条件。通过修改《河北省食盐加碘消除碘缺乏危害监督管理条例》，对需添加其他物质的碘盐的多方面要求进行了更新。通过修订《河北省计量监督管理条例》，对计量检定人员的要求进行了进一步规定。

2017年度，城市管理相关立法成为河北省设区的市人大立法的关注重点。例如，石家庄市人大常委会制定了《石家庄市城市供水用水管理条例》，为该市保障城市供水用水安全和供水单位、用户的合法权益提供法规支撑。城市供水用水与城市社会经济发展和人民群众生活息息相关，是城市的"生命线工程"。该条例鼓励有条件的地区发展城乡一体化供水。同时，城市供水应当优化水资源配置，优先调度使用地表水，科学利用雨水和再生水，严格控制使用地下水。此外，鼓励和引导社会资本进入城市公共供水领域，参与城市供水建设及经营活动。

流动人口的管理是城市管理的重要方面。2016年1月1日，国务院《居住证暂行条例》正式施行，标志着在全国范围内取消暂住证制度，开始实行居住证制度。《河北省居住证实施办法（试行）》也已经于2016年2月15日印发执行。唐山市人大常委会基于这一客观情况，认为《唐山市暂住人口管理条例》调整的社会关系已经发生重大变化，其主要规定内容已经被国务院行政法规和省、市规范性文件替代，实践中已不再适用，予以废止。

市政设施对城市经济发展和有序运行、居民的生产生活具有重大意义。2017年，邯郸市人大常委会制定了《邯郸市市政设施条例》。该条例对市政设施规划建设、市政设施养护维修、市政设施日常管理、市政设施移交以及相应的法律责任等方面进行了详细规定，对确保邯郸市市政设施的完好和正常运转、提高居民的生产生活质量有着重大意义。

（三）河北省2017年度政府立法发展状况

2017年，河北省有政府规章制定权的各级人民政府深入贯彻党的十九大精神，深入学习贯彻习近平总书记系列重要讲话精神和对河北"四个加快""六个扎实""三个扎扎实实"等重要指示，认真贯彻党中央、国务院和省委的决策部署，坚持以新的发展理念引领政府立法工作，紧紧围绕加快转型、绿色发展、跨越提升的战略部署，精心筛选立法项目，科学编制立法计划，以项目管理的方式推动立法精细化。

2017年，河北省人民政府制定了3件政府规章，分别为《河北省地图管理办法》《河北省自然灾害救助办法》《河北省专业技术人员继续教育规定》；修改了10件政府规章，分别为《河北省盐业管理实施办法》《河北省昌黎黄金海岸国家级海洋类型自然保护区管理办法》《河北省环境监测管理办法》《河北省全民健身活动办法》《河北省防雷减灾管理办法》《河北省河道采砂管理规定》《河北省国家安全机关使用侦察证和车辆特别通行标志规定》《河北省人工影响天气管理规定》《河北省内河交通安全管理规定》《河北省城市园林绿化管理办法》；废止了16件政府规章，分别为《河北省水生野生动物保护办法》《河北省城市临时建设和临时用地规划管理办法》《河北省预算执行情况审计监督实施办法》《河北省大中型水利水电工程水土保持办法》《河北省无线电管理规定》《河北省动物饲养场防疫管理办法》《河北省电影发行放映管理办法》《河北省实施〈农药管理条例〉办法》《河北省动物强制免疫管理办法》《河北省资源综合利用规定》《河北省农村电价管理办法》《河北省国家公务员培训规定》《河北省地籍测绘管理办法》《河北省热力价格管理办法》《河北省食品安全监督管理规定》《河北省湿地保护规定》。

近年来，随着我国地理信息产业的快速发展以及互联网、移动互联网、物联网、大数据等新技术的广泛应用，互联网地图、手机导航定位、实景三维地图、街景地图、影像地图以及附有地图图形的产品等各种地图新业态、新产品不断涌现，在极大丰富人民群众物质文化生活的同时，各种危害国家主权和安全，泄露国家秘密，漏绘、错绘国家版图图形等问题时有发生，有的甚至引发外交争议和涉外事件。中央有关领导多次作出重要批示，国家也曾多次开展专项整治活动，查处地图市场的违法违规行为。为了适应新形势的需要，国务院2015年11月颁布《地图管理条例》，同时废止《中华人民共和国地图编制出版管理条例》，对地图编制和出版进行了规范，并对地图的审核体制进行改革。2017年国家修订《中华人民共和国测绘法》，要求地图的编制、出版、展示、登载及更新应当遵守国家有关地图编制标准、地图内容表示、地图审核的规定。河北省人民政府依据《中华人民共和国测绘法》和《地图管理条例》，制定了《河北省地图管理办法》。

保障受灾之后各项救助工作有法可依，是履行政府职能的重要方面，基于此，河北省政府出台了《河北省自然灾害救助办法》。该办法共7章38条，从救助准备、应急救助、灾后自救、救灾款物管理等方面做了系统规定。该办法规定，自然灾害发生后，受灾地区人民政府在确保安全的前提下，采取就地安置与异地安置、集中安置与分散安置、政府安置与自行安置相结合的方式，对受灾人员进行过渡性安置。该办法规定，自然灾害发生并达到自然灾害救助应急预案启动条件的，减灾委员会应当及时启动自然灾害救助应急响应，协调有关成员单位按照职责分工落实应急救助措施，保障受灾人员应急期间的食品、衣被、干净饮水、临时住所、医疗防疫等基本需求。自然灾害危险消除后，受灾地区人民政府应当组织农业、林业、水利等有关部门帮助受灾群众开展生产自救，恢复生产；统筹研究制定居民住房恢复重建规划和优惠政策，组织修缮或者重建因灾损毁的居民住房，对恢复重建确有困难的家庭予以重点帮扶。

当前社会发展日新月异，确保专业技术人员接受高质量的继续教育，是保障人才竞争力的重要途径，为了实现上述目标，河北省政府制定了《河北省专业技术人员继续教育规定》。该规定共5章31条，主要包括总则、组织管理、服务保障、法律责任、附则五部分。第一章"总则"部分，对继续教育的立法目的、适用范围、管理体制、经费来源等进行了明确界定。第二章"组织管理"部分，对继续教育参与者的权利义务、内容方式、组织管理进行了新的界定。第三章"服务保障"部分，对继续教育管理者在提供公共服务方面做了详细规定。第四章"法律责任"部分，按照权利与义务对等的原则，对专业技术人员本人、用人单位、施教机构、人社部门工作人员等继续教育参与各方违反本规定的行为提出了处罚措施。第五章"附则"部分，主要明确新旧规定的"废立"和时间节点。

2017年度，河北省设区的市人民政府立法基本情况如下：石家庄市人民政府废止了《石家庄市公产住房售后维修管理暂行办法》等22件政府规章，唐山市人民政府废止了《唐山市调味品生产销售管理实施办法》等8件政府规章，邯郸市人民政府制定了《邯郸市城市河道管理办法》等3件政府规章、修改了《邯郸市规范性文件管理办法》1件政府规章、废止了《邯郸市公路旅客运输管理办法》等7件政府规章，秦皇岛市人民政府制定了《秦皇岛市公共安全技术防范管理办法》等2件政府规章，廊坊市人民政府制定了《廊坊市烟花爆竹安全管理办法》1件政府规章，邢台市人民政府制定了《邢台市停车场管理办法》1件政府规章，张家口市人民政府制定了《张家口市居住证实施办法》等2件政府规章，沧州市人民政府制定了《沧州市节约用水办法》1件政府规章。2017年，河北省设区的市人民政府制定的政府规章主要有：《邯郸市城市河道管理办法》《邯郸市民用机场净空和电磁环境保护管理规定》《邯郸市行政调解办法》《秦皇岛市公共安全技术防范管理办法》《秦皇岛市养犬管理办法》《邢台市停车场管理办法》《沧州市节约用水办法》。下面选取三项代表性规章进行重点介绍。

随着邯郸城市建设的快速发展、邯郸机场运量的增加以及无人机等新生事物的出现，机场净空保护难度日益增加，影响机场净空安全的事件时有发生。邯郸机场自2007年通航以来，机场净空保护形势严峻，净空安全多次遭受威胁。机场净空和电磁环境保护涉及面广，情况比较复杂，是一项系统工程，需要相关部门的相互协作和密切配合。为进一步营造安全的净空和电磁环境，保障飞行安全，邯郸市人民政府于2017年出台了《邯郸市民用机场净空和电磁环境保护管理规定》。该规定以法规形式将净空和电磁环境保护工作纳入本地安全生产考核体系，细化了净空违法行为，明确了监管主体，确保净空工作监管全覆盖。该规定实施后，将有利于解决机场净空管理中执法难的问题，形成强有力的净空保护长效机制，进一步夯实净空安全基础。

基于秦皇岛市公共安全视频监控系统的日益完善，为维护社会公共安全，保护公民人身和公私财产安全，运用公共安全技术防范措施预防和打击违法犯罪，秦皇岛市人民政府出台了《秦皇岛市公共安全技术防范管理办法》。该办法规定了行业单位应当建立健全视频监控系统和保障体系，对违规行为制定了认定标准，明确了处罚措施。该办法对秦皇岛市行政区域内公共安全技术防范系统的设计、施工、维护、使用及监督管理和执行标准均予以了明确规定。

水是生命之源、生态之基、生产之要，然而沧州却是一座严重缺水的城市，缺水一直是掣肘沧州发展的瓶颈。多年来，从南水北调到李家岸引黄入沧，从科技节水到严控地下水超采，从海水开发到中水利用，为了战水荒、解水难，沧州人想尽了办法。尽管如此，沧州用水形势依然不容乐观，节约用水、科学用水、实现水资源的持续利用依然任重而道远。沧州市多年人均水资源占有量仅为180立方米，只有全国人均量的8%、河北省的60%，甚至低于国际公认的最低标准，属水资源极度缺乏地区。再加上浅层水苦咸、深层水高氟，可以说面临着水源性和水质性缺水的双重制约。通过制定《沧州市节约用水办法》，对用水管理、用水效率控制、非常规水源利用、保障措施以及法律责任等多方面对节约用水进行了规定，对促进节约用水、合理高效利用水资源、建设节水型社会具有重大推动作用。

二、河北省2017年度地方立法的特色和亮点

（一）地方人大立法中的特色和亮点

1. 以立法引领和推动改革进程

河北省人大常委会2017年的立法工作围绕全局性的重大问题展开，充分发挥立法对经济社会发展的引领和推动作用，坚持在法治框架内推进各项改革。河北省人大常委会从本省客观实际出发，并着眼于长远发展，以《河北省优化营商环境条例》的制定为主要着力点，顺应现实所需，把优化营商环境立法作为重点立法项目。同时，根据国务院关于取消、调整行政审批项目的有关决定，为推进转变政府职能、简政放权的改革措施提供法制保障，河北省人大常委会对《河北省国家建设项目审计条例》等13件地方性法规进行集中修改，使改革措施于法有据，先立后破，有序进行。

2. 京津冀立法工作协同工作稳步加强

2017年2月14日，京津冀协同立法工作会议在石家庄市平山县召开，三地人大常委会就深入推进京津冀协同立法工作开展协商，原则上通过了《京津冀人大立法项目协同办法》。会议明确，2017年京津冀人大立法协同项目将聚焦于道路运输管理方面，为了实现这一目标，河北省人大常委会也于2017年7月28日通过了《河北省道路运输条例》，其中设"京津冀区域协作"专章，对三地的协同机制进行了较为详细的规定。

3. 加强重点领域立法

河北省人大常委会立足解决实际问题，加强行业规制相关立法。一是修改《河北省安全生产条例》，对各行业，尤其是矿山、建筑、化工等重点行业的安全生产进行了详细规定；二是制定《河北省道路运输条例》，加强对道路运输行业的管理，尤其是货物运输车辆超限超载的治理，对货运车辆生产改装、市场准入、路面检测执法等作出规定，明确相关主体的责任；三是制定《河北省律师执业保障和规范条例》，保障律师正常执业的各项权益，规范律师的执业秩序，明确对律师行业的监管及相关违法行为的惩处力度，维护律师和当事人的合法权益；四是制定《河北省地方金融监督管理条例》，将河北省的金融监管纳入法治化轨道，解决河北省地方金融在当前面对的突出问题，保障金融行业有序运行，对防范金融风险具有重大作用。

4. 重视法律清理工作

适时开展法律清理工作，对保障现行适用的法规尽可能符合经济社会发展的需求具有重要作用。为了充分实现这一目标，河北省各级人大常委会及时展开政府规章清理。河北省人大常委会于2017年7月28日对《河北省消费者权益保护条例》进行了修改，并于2017年9月28日通过《河北省人民代表大会常务委员会关于修改部分法规的决定》，修改《河北省专利条例》等10件地方性法规，废止了《河北省产品质量监督条

例》；2017年12月1日，又废止了《河北省减少污染物排放条例》和《河北省著名商标认定和保护条例》2件地方性法规。在设区的市级人大层面，唐山市人民代表大会常务委员会废止了《唐山市暂住人口管理条例》。

（二）地方政府立法中的特色和亮点

1. 民主立法，有序推进立法工作

为了让2017年的政府立法更具及时性、针对性、有效性，2016年10月28日至11月30日，河北省人民政府法制办向社会公开征集2017年政府立法项目建议。与深入贯彻习近平总书记系列重要讲话精神和对河北的重要指示，深入贯彻落实创新、协调、绿色、开放、共享的发展理念相关的立法项目建议都将得到高度重视。在此基础上，省政府法制办紧紧围绕省委、省政府的重大决策部署提出立法项目建议，重点围绕京津冀协同发展、供给侧结构性改革、生态环境治理、民族特色文化建设、扶贫开发、防灾减灾救灾、安全生产、新型城镇化建设、保障改善民生、法治政府建设等方面急需立法解决的问题确定立法项目。

2. 服务大局，加强重点领域立法

在重点领域立法方面，2017年，河北省人民政府突出重点，着力制定了三部具有重要意义的地方政府规章。《河北省地图管理办法》的出台，使河北省的相关规定与上位法实现了无缝对接，有利于加强地图管理，促进地理信息产业健康发展。《河北省自然灾害救助办法》围绕自然灾害救助主题，遵循"以人为本、政府主导、分级管理、社会互助、群众自救"的工作原则，明确了各级减灾委、政府及相关部门的责任，明确了村（居）委会和相关的社会组织依法协助政府开展自然灾害救助工作的责任。《河北省专业技术人员继续教育规定》相较于原有的《河北省专业技术人员继续教育暂行规定》，在框架结构和主要内容方面都有较大变动，在编制体例和现实性要求等方面比原《河北省专业技术人员继续教育暂行规定》更加丰富，更加符合时代要求。

河北省各地级市人民政府在2017年度也在加强重点领域立法，使依法行政制度体系得到进一步完善。以邯郸市为例，该市坚持问题导向，按照突出重点、保证急需、统筹兼顾的原则，认真组织对法规、规章草案进行调研、审修和论证。在此基础上出台的《邯郸市民用机场净空和电磁环境保护管理规定》，标志着邯郸市民用机场净空保护立法工作顺利完成。净空立法是确保民用航空安全、规范机场周边建设和保证机场正常运营发展的需要，对保障民航飞行安全、促进民用航空事业发展起到重要作用。

3. 及时开展政府规章清理

为了落实推进简政放权的要求，河北省多地人民政府及时展开政府规章清理，其中以石家庄市政府、唐山市政府和邯郸市政府的规章清理工作最具代表性。2017年

石家庄市政府废止规章22件；唐山市政府废止规章8件；邯郸市政府修改规章1件，为《邯郸市规范性文件管理办法》，废止规章7件，分别为《邯郸市公路旅客运输管理办法》《邯郸市制止牟取暴利实施办法》《邯郸市城市房地产中介服务机构管理办法》《邯郸市节约能源监察办法》《邯郸市营业性演出管理暂行规定》《邯郸市餐饮服务从业人员健康检查管理办法》《邯郸市建设工程抗震设防要求管理办法》。

三、河北省2017年度地方立法的不足与未来展望

（一）河北省2017年度地方立法的不足

1.人大在地方立法中的主导作用尚待加强

2015年，河北省委就转发了《河北省人大常委会关于加强立法工作组织协调的若干意见》，提出立法工作要坚持党委领导核心作用、人民主体作用、人大主导作用有机统一，进一步健全立法工作机制，增强地方性法规质量，发挥立法对全面深化改革的引领和推动作用。经过近两年的地方立法实践，河北省在党委领导、人大主导和社会参与的立法工作格局已初见成效，但从整体上看，这样的立法工作格局进展依然十分缓慢，有待于今后的立法工作中进一步拓展、完善。河北省人大常委会党组书记范照兵于2018年1月27日在河北省第十三届人民代表大会第一次会议上所做的报告中也明确指出："立法工作的针对性、主导性还不够强。"

2.地方立法的特色不明显

国家层面的立法需要考虑覆盖面的问题，因此不可避免地带有原则性和抽象性，地方立法内容的相对具体、可操作性较强才能体现出地方立法的特色。通过对河北省2017年多部地方立法的法律文本进行考察，可以发现其内容与上位法或其他地区的同类立法大体相同，立法特色的彰显度仍然有待提高。

3.设区的市立法进程有待推进

自2015年《立法法》修订通过后，河北省新获地方立法权的设区的市开始行使地方立法权已两年有余，但廊坊市、邢台市、承德市、沧州市、衡水市的人民代表大会常务委员会仍未通过任何地方性法规，地方立法的进度相对落后。

（二）河北省地方立法的未来展望

1.进一步发挥人大对地方立法的主导作用

对地方人大及其常委会而言，充分发挥在地方立法工作中的主导作用，用好、用足、用实立法权，既是科学立法、民主立法的本质要求，也是坚持和完善人民代表大会制度的应有之义，立法工作与时俱进适应改革发展的迫切需要。地方人大及其常委会在立法的主导作用主要包含以下三个层面：一是在立法总体思路上统筹考虑。在

党委的领导下对立法工作进行通盘考虑、总体设计，突出人大统领立法工作全局的作用，紧紧围绕经济社会发展的大局和改革发展稳定的全局来谋划和组织立法工作，增强立法的针对性、及时性和系统性，发挥立法的引领、推动作用。二是在立法具体环节上统筹协调。在立项、起草、审议、修改等各个环节发挥统筹协调作用，合理配置立法资源，牢牢把握立法进程，既充分调动政府、社会等有关各方的积极性，妥善平衡各方需求，积极回应社会关切，又要防止部门利益干扰，树立立法机关的权威性。三是在法律制度设计上的决策主导。对法规中涉及公民有关权利、义务的确定，执法主体权力、职责的设置，以及具体法律责任条款的设定等内容，在把握合法性、合理性原则和进行科学论证的基础上，敢于决策，善于决策，在矛盾的焦点上彰显协调智慧。

2. 精准立法，彰显地方立法的地方特色

经过30多年的法治建设，中国特色社会主义法律体系已基本形成，国家和社会生活各个方面主要的、基本的法律法规都已经制定，立法工作也从过去的填补空白走向拾遗补阙和日臻完善——不仅要考察立法的数量，更要关注立法的质量和实效；不仅要有纸面上的法律规范，更要有现实中真正发挥作用的法治功能。实施精准立法，是提高地方立法质量的基本路径。要实现精准立法，要求做到"三准""两精"，即立法方向要把准、立法位阶要定准、立法问题要找准；法规内容要精细，立法实务要精密。

要深入把握地方立法的地方特色，首先是"实践出真知"，法律法规来源于实践，又服务于实践，要认真总结实践经验，包括本地方实践经验和别人的经验。其次，地方立法要体现特色和需要，在立法项目上尽量避免综合性、全面性立法，应聚焦具体问题，坚持不从众、突出差异化的思路，凸显本地特点，在对本地情况进行科学分析的基础上，充分了解本地经济、政治、法制、文化、风俗、民情等方面对立法调整的需求程度，切实把地方立法同本地经济社会发展总体战略和改革决策结合起来，把地方立法同解决本地特殊问题结合起来。最后，要紧紧围绕本地区改革发展稳定的大局，及时回应人民群众的需求，通过立法为本地区创新、协调、绿色、开放、共享的发展提供法制保障。要坚持立法与本地改革发展稳定的重大决策相结合，既及时把改革发展中的成功经验以法规形式固定下来，破除体制障碍、推动制度创新，又注意为深化改革预留空间，更加突出本地特色，更好适应客观需要，切实解决本地实际问题。①

3. 加快设区的市立法进程

加快设区的市立法进程，是河北省地方立法在地方立法权"扩容"后面临的一

① 王波：《精准立法：新时期提高地方立法质量的基本路径》，载《地方立法研究》2016年第1期。

项重要任务。"立法活动是专业性强、程序要求高、需要多方合作进行的复杂劳动和集体行为，立法有严格的程序规定和行文规范，立法过程中还需要各部门间的沟通合作，这要求立法人员不仅要具备过硬的法律知识，还要具备充足的立法实践经验。"可见，立法工作的推进需要以充分的立法人才储备为前提，但从目前的情况来看，设区的市立法人才普遍紧缺，新获地方立法权的市更是如此。因此，河北省各设区的市应当加强立法人才队伍建设，一方面要采取有效措施积极引进立法人才，另一方面也要注重自主培养立法人才，积极开展相关的立法技术培训，提高立法机关现有工作人员的立法水平，保障设区的市立法工作顺利开展，加快设区市的立法进程。

审稿：朱最新（广东外语外贸大学）

第五章 山西省2017年度立法发展报告

黄丽萍[①]

摘要： 2017年度，山西省地方立法工作以五大发展理念为指导，坚持立法引领与改革创新的有机统一，深入推进科学立法、民主立法、依法立法，在加快立法进程的同时，注重立法质量的提升。对生态环境、科技创新、扶贫开发等多个重要领域进行深入立法，山西省人大及其常委会制定、修改10件地方性法规，山西省人民政府制定、修改7件政府规章。设区的市的地方立法工作也取得了突破性的进展。2017年山西省地方立法工作在取得较好成绩的同时也存在着地方特色缺乏、设区的市立法能力不足等问题。

关键词： 山西省 地方立法 发展报告

一、山西省2017年度立法发展状况

（一）山西省2017年度立法状况总体评述

2017年是党和国家事业蓬勃发展的一年，也是山西省凝心聚力、锐意进取的一年。山西省始终坚持立法引领与改革创新的有机统一，积极对社会经济发展中亟待立法规范的重大问题作出回应，基本完成了2017年度的立法工作计划。

在立法主体上，山西省形成了包括山西省人大及其常委会、山西省人民政府2个省级立法，太原市、运城市、晋城市等11个设区的市人大及其常委会、市政府的地方立法体系。

2017年，山西省人大及其常委会全面贯彻党的十八大、十九大精神，围绕落实党中央决策部署，立法工作以加强生态文明建设、创新发展理念、促进扶贫开发以及保障和改善民生为着力点，制定了7件地方性法规，修改了3件地方性法规，批准了设区的市地方性法规35件，废止了2件地方性法规，为山西省的改革和发展提供了有力的法治保障。

山西省人民政府制定和修改了《山西省实施〈校车安全管理条例〉办法》《山西

[①] 黄丽萍，法学博士，广东外语外贸大学法学院教授，硕士生导师。研究方向：民商法、地方立法。

省实施〈工伤保险条例〉办法》等7件政府规章。同时，为了加快转变政府职能、优化政府服务，山西省人民政府一次性废止了《山西省开发建设河保偏地区水土保持实施办法》《山西省实施〈退伍义务兵安置条例〉细则》等19件政府规章，随后又颁布《山西省实施〈工伤保险条例〉办法》以替代实施已久的《山西省实施〈工伤保险条例〉试行办法》，充分体现了山西省人民政府在立法工作中坚持与时俱进、及时清理不合时宜的规章的精神，也充分反映了其对政府规章适用性、有效性的足够重视。

在设区的市人大立法方面，太原市人大的立法成果保持省内领先水平。太原市人大常委会制定了《太原市文明行为促进条例》《太原市建筑废弃物管理条例》《太原市电动自行车管理条例》3件地方性法规，修改了《太原市晋祠保护条例》《太原市艾滋病性病防治条例》等5件地方性法规，废止了《太原市价格调节基金管理条例》。大同市人大常委会全年制定通过了《大同市智慧城市促进条例》，修改了《大同市物业管理条例》等3件地方性法规。此外，九个新获地方立法权的设区的市也开始积极行使立法权。其中，临汾市人大常委会制定《临汾市地方立法条例》等5件地方性法规；朔州市人大常委会制定3件地方性法规；忻州市和吕梁市人大常委会各制定2件地方性法规；运城市、晋城市、晋中市、长治市以及阳泉市人大常委会各制定1件地方性法规。

在设区的市政府立法方面，2017年只有阳泉市人民政府制定了《阳泉市禁止燃放烟花爆竹规定》1件政府规章，未发现其他设区的市有政府规章出台。

总体而言，山西省2017年度地方立法以提高立法质量为核心，深入推进科学立法、民主立法，积极回应全面深化改革、经济社会发展的需求，不断增强立法的针对性、及时性和有效性，稳步、有序地推动本省立法工作的发展和进步。

（二）山西省2017年度人大立法发展状况

2017年，山西省人大结合本省实际情况，在重点领域积极补充制定、修改地方性法规，废止不符合当前社会发展规律的地方性法规，依照经济社会发展需要，批准满足法律法规要求的设区的市人大行使地方立法权，通过科学、民主的方式不断提升立法质量。山西省人大及其常委会共制定、修改、批准、废止47件地方性法规，其中，制定了《山西省汾河流域生态修复与保护条例》《山西省无线电管理条例》《山西省城乡环境综合治理条例》《山西省科技创新促进条例》《山西省农村扶贫开发条例》《山西省历史文化名城名镇名村保护条例》《山西省食品小作坊小经营店小摊点管理条例》7件地方性法规；修改了《山西省动物防疫条例》《山西省人民代表大会及其常务委员会讨论决定重大事项的规定》《山西省旅游条例》3件地方性法规；批准了《忻州市地方立法条例》《晋中市地方立法条例》《吕梁市柳林泉域水资源保护条例》《吕梁市城市绿化条例》《太原市物业管理条例》《太原市餐厨废弃物管理条例》《朔州市人民代表大会议事规则》《朔州市人民代表大会常务委员会议事规则》

《长治市地方立法条例》《阳泉市地方立法条例》《临汾市地方立法条例》《运城市人民代表大会及其常务委员会立法条例》《朔州市地方立法条例》《大同市物业管理条例》《大同市机动车排气污染防治条例》《临汾市非物质文化遗产保护管理办法》《临汾市禁止燃放烟花爆竹规定》《吕梁市非物质文化遗产保护条例》《太原市价格调节基金管理条例》《太原市电动自行车管理条例》《太原市文明行为促进条例》《太原市晋祠保护条例》《太原市艾滋病性病防治条例》《太原市晋阳古城遗址保护条例》《太原市流动人口服务管理条例》《太原市客运出租汽车服务管理条例》《太原市建筑废弃物管理条例》《大同市散装水泥和预拌混凝土管理条例》《忻州市电动车管理条例》《忻州市五台山风景名胜区条例》《晋中市电梯安全条例》《晋城市公共交通条例》《吕梁市扬尘污染防治条例》《临汾市旅游资源保护和开发办法》《临汾市燃煤污染防治规定》35件地方性法规；废止了《山西省促进旅游产业发展条例》《山西省食品生产加工小作坊和食品摊贩监督管理办法》2件地方性法规。

2017年，山西省人大常委会十分重视《山西省汾河流域生态修复与保护条例》《山西省无线电管理条例》《山西省科技创新促进条例》和《山西省农村扶贫开发条例》的制定工作，从生态保护、科技创新和扶贫脱贫等多个角度进行立法，切实维护人民群众的基本利益。

汾河是山西省第一大河，也是黄河的第二大支流，流域面积占全省国土总面积的1/4，自然资源极为丰富，生产条件得天独厚。[①]然而，受经济社会迅速发展以及人口数量剧增等影响，汾河流域的生态环境遭受严重破坏，生态修复和保护工作迫在眉睫。为此，山西省第十二届人民代表大会常务委员会第三十四次会议通过了《山西省汾河流域生态修复与保护条例》，从规划与产业发展、生态修复、生态保护、监督检查以及法律责任等方面，对流域内的开发、利用、建设及治理等活动进行明确规定，以期彻底改善汾河流域的生态环境，促进生态保护与经济社会的协调发展。该条例以"统一规划、保护优先、因地制宜、科学修复"为原则，明确了县级以上人民政府的修复与保护责任，积极鼓励、引导社会资本参与汾河流域的生态修复和保护工作，严格限制地下水开采活动，同时还对修复、保护的监督检查工作进行了规定。该条例的出台，为实现汾河流域生态良好的目标提供了可靠的法律依据，为促进山西省经济社会的可持续发展提供了助力。

无线电频谱资源支撑着当代信息通信产业的发展，是一个国家重要的战略性资源。为进一步贯彻全面深化改革、全面依法治国的战略决策，实现对无线电频谱资源的有效利用和保护，山西省第十二届人民代表大会常务委员会第三十八次会议审议通

[①]参见《〈山西省汾河流域生态修复与保护条例（草案）〉立法说明》，山西省人民政府法制办公室http://www.sxfzb.gov.cn/yjzq/201608/t20160820_243768.html，访问时间：2018年3月20日。

过了《山西省无线电管理条例》。这是全国颁布实施的第一部地方性无线电管理法规。该条例首先明确了无线电管理的职责和无线电的有效利用，以及无线电业务活动的规制等内容，重视科学、有效的无线电管理方式，以维护无线电波的秩序，确保无线电业务的有序开展；其次，设立专章突出强调无线电安全管理的重要性，其中明确规定了单位在人口密集区域使用固定无线电台的电磁辐射检测义务，并要求公布检测结果，充分体现了对民生的密切关注，对人民利益的切实维护；最后，强化事中、事后监管，加大对违法犯罪行为的打击和惩罚力度，明确处罚标准，为有效遏制无线电行业业的违法犯罪行为提供了强有力的法律依据。可见，该条例立足于山西省情，遵循无线电管理的新形势，在填补了山西省无线电管理法律空白的同时，对推动无线电管理事业的持续、健康发展，促进全省改革发展目标的实现均具有重要意义。[①]

2017年9月29日，山西省第十二届人大常委会第四十一次会议表决通过了《山西省科技创新促进条例》，于2017年12月1日起实施。该条例经多次专题调研和研讨论证，并经过十几次的修改，最终得以成型，"在突出政府引导功能、强化企业主体作用等方面均提出了新的规定，并且把创新券制度、成果转化引导等具有山西特色的政策措施上升为法规条文"[②]。为了贯彻五大发展理念之首的"创新"，进一步实施创新驱动发展战略，提高山西省科技创新能力，该条例在五个方面进行精细化规定：其一，政府、高校以及社会协同努力，增强科技创新领域的人才供给能力；其二，通过明确科研自主权、建立容错机制、适当减少科研经费使用限制等改革手段，对科技计划项目管理体制进行改革；其三，规范科研成果的权益归属，加大职务科技成果的奖励力度，以此明确科学技术成果转化导向；其四，进一步细化政府在科技创新中的作用和责任，为科技创新提供有力的政治保障；其五，鼓励、引导企业科技创新活动，强化其技术创新的主体地位。科技创新是经济发展新常态背景下的时代要求，更是山西省加快改革与发展进程的重要途径，该条例的出台为山西省科技领域的快速、稳定发展提供了可靠的制度支撑。

作为国家扶贫开发工作的重点省份，截至2017年底，山西省共有144万贫困人口，5633个贫困村，贫困发生率高于全国平均水平。[③]2017年已到了脱贫攻坚战的关键时期，但离农村贫困人口实现脱贫、贫困县全部"摘帽"的目标还有一定距离。为了进一步规范农村扶贫开发工作，加快实现稳定脱贫、促进农村经济发展，山西省组织调

---

① 参见叶荃：《沿着无线电的道路笃定前行》，中国网http://media.china.com.cn/cmgl/2017-09-13/1135077.html，访问时间：2018年3月22日。

② 贠娟绸：《山西：立法保障科技创新——〈山西省科技创新促进条例〉解读》，网易新闻http://news.163.com/17/1128/10/D4AQQKQL000187VI.html，访问时间：2018年3月20日。

③ 参见张晓鹏：《我省为扶贫开发立法》，山西新闻网http://www.sxrb.com/sxxww/xwpd/sx/7229677.shtml，访问时间：2018年3月22日。

研组深入多地贫困乡村进行实地考察，通过现场观摩和座谈交流等方式开展前期立法调研工作。在此基础上，出台《山西省农村扶贫开发条例》，开启了山西省农村扶贫开发工作的新征程。该条例首先明确规定了各级政府及相关部门的具体职责，进而对扶贫对象的范围、各项扶贫措施以及扶贫资金和项目的有关事宜予以确认，最后对扶贫开发工作的监督与考核、法律责任等加以规制。由此可见，山西省将扶贫开发工作的政策措施以及实践中的有益经验上升到地方性法规层面，一方面有利于解决扶贫体制不健全、政策落实不到位等突出问题，另一方面也为山西省的脱贫"摘帽"工作提供了规范、有效的运作机制，从根本上维护了广大人民群众的切身利益。

此外，山西省人大常委会还对《山西省旅游条例》进行了修订，将实施长达12年之久的《山西省促进旅游产业发展条例》予以废止，这为山西省进一步规范旅游资源管理、保障有关人员的合法权益、促进旅游业健康发展提供了有利条件。

在设区的市人大立法方面，太原市人大及其常委会制定了《太原市文明行为促进条例》《太原市建筑废弃物管理条例》《太原市电动自行车管理条例》3件地方性法规；修改了《太原市晋祠保护条例》《太原市艾滋病性病防治条例》《太原市晋阳古城遗址保护条例》《太原市流动人口服务管理条例》《太原市客运出租汽车服务管理条例》5件地方性法规；废止了《太原市价格调节基金管理条例》1件地方性法规。其中《太原市文明行为促进条例》以精神文明建设为指引，将基本道德规范转化为法律规范，以期促进社会道德水平的提高，推进文明城市"美丽太原"建设。《太原市价格调节基金管理条例》在前期实施阶段保持市场价格基本稳定、应对价格异常波动等突发性事件方面发挥了重要作用，但在后续实施期间逐渐滞后于经济社会发展，与本省及国家改革政策脱节，因此，太原市人大常委会适时决定予以废止。大同市人大及其常委会制定了《大同市智慧城市促进条例》1件地方性法规，修改了《大同市物业管理条例》《大同市机动车排气污染防治条例》《大同市散装水泥和预拌混凝土管理条例》3件地方性法规。大同市是国家智慧城市试点之一，在智慧城市建设方面进行了积极探索。《大同市智慧城市促进条例》就是其中一项重要成果，对智慧城市的规划与建设、智慧民生、智慧治理、智慧产业以及法律责任等作出了明确规定，为智慧城市建设提供法律保障的同时突显了山西省以人为本的立法理念。运城市、长治市、阳泉市人大及其常委会分别制定了《运城市人民代表大会及其常务委员会立法条例》《长治市地方立法条例》《阳泉市地方立法条例》，规范立法活动、完善立法程序，对于提高立法质量、全面推进依法治市产生了积极影响。其他享有地方立法权的设区的市都积极行使立法权，充分发挥立法的引领和推动作用。晋城市人大及其常委会制定了《晋城市公共交通条例》1件地方性法规；忻州市人大及其常委会制定了《忻州市电动车管理条例》《忻州市五台山风景名胜区条例》2件地方性法规；吕梁市人大及其常委会制定了《吕梁市非物质文化遗产保护条例》《吕梁市扬尘污染防治条例》2件地方性法规；晋中市人大及其常委会制定了《晋中市电梯安全条例》1件地方性法规；临汾市人大及其常委会制定了《临汾市地方立法条例》《临汾市非物质文化遗产保护管理办法》《临汾市禁止燃放烟花爆竹规定》《临汾市旅游资源保护和开发办法》《临汾市燃煤污染防治规定》5件地方性法规；朔州市人大及其常委会制定了《朔州市人民代表大会常务委员会议事规则》《朔州市地方立法条例》《朔州市人民代表大会议事规则》3件地方性法规。

（三）山西省2017年度政府立法发展状况

2017年，山西省人民政府共制定政府规章6件，具体包括《山西省实施〈校车安全管理条例〉办法》《山西省实施〈工伤保险条例〉办法》《山西省著名商标认定和保护办法》《山西省医疗纠纷预防与处理办法》《山西省机关事务管理办法》《山西省税收保障办法》；修改了《山西省水上交通安全管理办法》1件政府规章；废止了《山西省开发建设河保偏地区水土保持实施办法》《山西省实施〈退伍义务兵安置条例〉细则》《山西省实施〈女职工劳动保护规定〉细则》《山西省农业机械安全监督管理办法》《山西省工程场地地震安全性评价管理规定》《山西省交通安全委员会组织管理办法》《山西省专利管理办法》《山西省人民政府关于向外国企业常驻代表机构提供中国雇员和办公食宿用房服务的管理规定》《山西省邮票和集邮票品管理办法》《山西省农机机械产品质量鉴定和日常监督管理办法》《山西省组织机构代码管理办法》《山西省煤矿安全生产监督管理规定》《山西省信件和具有信件性质的物品寄递管理办法》《山西省国家赔偿费用管理规定》《山西省公路车辆通行费收取办法》《山西省非法违法煤矿行政处罚规定》《山西省危险化学品安全管理办法》《山西省重点工业污染源治理办法》《山西省煤炭产量监控系统管理规定》19件政府规章。

山西省人民政府根据国家政策要求和本省实际需求，制定了《山西省实施〈校车安全管理条例〉办法》。该办法的正式施行为山西省校车管理工作提供了明确的法律依据，有利于规范校车服务标准、加强校车安全管理，为搭乘校车学生的人身安全提供了法律保障。《山西省著名商标认定和保护办法》对著名商标的申请、认定、保护、管理以及法律责任等方面加以规定，进一步维护了著名商标所有人、使用人以及消费者的合法权益。近年来，医患纠纷恶性事件屡屡发生，山西省人民政府为进一步有效预防、妥善处理医疗纠纷，适时出台了《山西省医疗纠纷预防与处理办法》。该办法从三个方面着手解决医疗纠纷的预防和处理问题：其一，在医疗纠纷频发的重点环节明确预防措施；其二，明确可供医患双方选择的纠纷解决途径（包括协商解决、向医调委申请调解、向人民法院提起诉讼、法律法规规章规定的其他途径），引导双方通过合法途径解决纠纷，对医疗纠纷处理的有关内容予以规范；其三，进一步细化政府及有关部门、单位的职责，明确相应法律责任。[1]2018年1月1日起施行的《山西省机关事务管理办法》明确规定了机关运行中的经费、资产和服务等管理事项，突出强调县以上人民政府及有关部门的监督检查职责，对于进一步规范山西省机关事务工作，提高机关事务管理的科学化水平，加快建设法治、创新、廉洁和服务型政府具有重要意义。山西省人民政府除了在规章制定方面取得了较为突出的成果外，还适时根据社会发展变化的需要废止了19件政府规章，对促进政府职能的加快转变，激发市场活力和社会创造力具有积极意义。

在设区的市政府立法方面，阳泉市政府制定了《阳泉市禁止燃放烟花爆竹规定》，明确禁止烟花爆竹燃放的主管部门和监督主体，以非穷尽式列举了禁放区域和重点监管部位，并对违反规定的法律责任予以详细说明，对改善阳泉市的空气质量、提升人民生活幸福指数、维护社会公共安全具有重要作用。

二、山西省2017年度地方立法的特色和亮点

2017年，山西省积极行使地方立法权，根据本省实际情况和社会发展需要不断完善立法机制，加快推进重点领域立法，立法成效显著。山西省地方立法的特色和亮点主要表现在以下方面：

（一）地方人大立法中的特色和亮点

1. 立法与改革决策衔接，坚持立法引领与改革创新的有机统一

党的十八届四中全会精神指出，"坚持立法先行，发挥立法的引领和推动作用""实现立法和改革决策相衔接"。完备的法规体系是构建科技创新良好法治环境的前提条件，《山西省科技创新促进条例》汲取国家最新政策成果，以立法为指引，充分调动社会科技创新的积极性，规范科技改革的诸多环节，符合本省经济发展、科技体制改革的需求，也顺应了国家全面深化改革、创新驱动发展的新趋势。旅游业作为现代服务业的重要组成部分，对于促进经济增长、提高人民生活质量具有重要作用。为了进一步推动旅游业的改革发展，国务院出台《关于促进旅游业改革发展的若干意见》，明确提出创新发展理念、增强旅游发展动力、拓展旅游发展空间等改革意见。旅游业作为山西省的支柱产业，行业的改革与发展都受到了高度的重视。山西省人大常委会结合本省的实际情况对《山西省旅游条例》进行了修改，修改后的条例积极鼓励发展突出地方特色、弘扬优秀传统文化的文化旅游、生态旅游、乡村旅游、红色旅游、工业旅游以及体育旅游等特色项目，倡导积极培育自己的旅游品牌和产品，有助于合理开发、利用和保护旅游资源，推动本省旅游业的健康、稳定发展。

---

[1] 参见何宝国：《山西省出台医疗纠纷预防与处理办法》，太原新闻网http://www.tynews.com.cn/system/2017/09/13/030021720.shtml，访问时间：2018年3月26日。

2. 坚持问题导向，强调立法的针对性、及时性和有效性

中国是一个幅员辽阔、人口众多的多民族国家，每个省份的经济、文化、教育和风俗习惯等方面的差异，必然导致立法工作的侧重点存在差别。立法工作应充分考虑各地区的经济发展水平、自然地理资源，以及历史人文风情等现实因素，树立立法工作中的问题意识，根据实际情况理清立法需要解决的问题，进而更好回应本地区的特殊需求。山西省人大及其常委会立足于本省的实际需要，坚持问题导向，把本省面临的难点问题和突出问题作为立法的切入点，针对重点领域展开法规的制定和修改工作。《山西省汾河流域生态修复与保护条例》就是在此基础上应运而生的。汾河作为山西省的母亲河，对其经济社会发展起着举足轻重的作用。在汾河生态环境受到严重破坏且整治效果不理想的情况下，山西省人大及其常委会决定以立法守护青山绿水，进而避免了该流域生态环境的进一步恶化。在"大众创业，万众创新"的时代背景下，山西省也掀起了万众创业的激情浪潮。山西省人大及其常委会及时制定了《山西省食品小作坊小经营店小摊点管理条例》，本着优化服务、加强监管、方便群众的根本原则，一方面，规划和完善"三小"的基础设施、配套设备，鼓励创业；另一方面，规定了"三小"的监管模式，实行"宽进严管"的政策制度，在激发群众创业热情的情况下通过法规进行合理、有效监管。此外，山西省还及时清理了不能满足社会发展需要的滞后性法规，在保证立法具有针对性和及时性的同时，也确保地方性法规能够被有效地施行。

3. 开门立法，提高社会公众的参与度

建设中国特色社会主义法治体系，深入推进科学立法、民主立法是关键。2017年，山西省制定和修改的10件地方性法规，无论是制定草案还是修订草案，均面向社会公众广泛征求意见。山西省在法制办公室官方网站上开设了"意见征求"栏目，不定时地公开发布一些地方性法规、政府规章草案的征求意见稿，任何单位或者个人输入验证码后即可公开或匿名发表对草案的意见。山西省借助互联网的普及邀请广大人民群众随时参与到立法活动中，参与方式不仅简单、快捷，而且方便、高效，不仅有利于调动人民群众参与立法的积极性，拓宽人民群众参政议政渠道，还将人民参与立法的政策贯彻到实处，切实保障了人民当家作主的主人地位。除此之外，山西省还以立法听证会、立法论证会、座谈会等各种各样的形式使更多的人民群众参与到立法活动当中。以《山西省科技创新促进条例》为例，即是通过向社会公开征集的方式选取研究团队，研究团队深入基层，通过现场观摩、座谈交流等方式与有关人员进行沟通，了解实际情况、听取意见。随后，山西省法制办组织有关专家教授召开了立法论证会，对"条例（草案）"制定的相关内容及其重要问题进行了充分的研讨论证，以此为基础对"条例（草案）"的架构和内容进行修改、完善，在经过多次反反复复的调研、论证后最终定稿。这种开门立法的方式，让更多的法学专家、学者以及普通百

姓参与到立法工作中，极大地提高了公众的立法参与度，在进一步实现民主立法的同时也推动了科学立法的发展。

4.成立立法咨询专家库，为立法的专业化提供智力支持

2014年，山西省人大常委会就开始着手建立立法咨询专家库，专家库的组成人员涉及经济、政治、法律、文化、生态等多个领域。组建立法咨询专家库的目的在于为山西省人大及其常委会的地方立法工作提供专业咨询服务，从而更好地推进科学立法、民主立法，进而不断提高地方立法质量。目前，立法咨询专家库共有41名专家学者，为山西省的立法工作提供了有效的智力支持，进一步加强了立法评估和表决前评估工作，有利于提高山西省地方立法的专业化水平、提高立法质量。[①]

（二）地方政府立法中的特色和亮点

1.坚持以人为本，关注人民普遍关切

以人为本，首先要热爱人民，爱民之核心在于想民之所想，解民之所忧。一直以来，山西省人民政府坚持以人为本的理念，积极关注人民群众的普遍关切。青少年学生是祖国的未来，然而，近几年"黑校车"屡禁不止，给学生的人身安全埋下了巨大隐患，校车安全问题引发社会强烈关注。2012年国务院常务会议通过了《校车安全管理条例》，将校车的安全问题纳入法治轨道。法律的生命力在于实施，2017年，山西省人民政府制定了《山西省实施〈校车安全管理条例〉办法》，细化了校车安全管理的具体规范标准，为相关部门、单位及人员明确划定职责范围，切实维护搭乘校车学生的人身安全。此外，医疗纠纷的预防和解决也是目前社会面临的一个重大难题，《山西省医疗纠纷预防与处理办法》的颁布实施明确了医患双方在纠纷预防和处理阶段的责任承担，有利于缓解医患之间的紧张关系，维持良好的就医秩序，构建和谐的社会环境。

2.坚持政府和市场"两手抓，两手都要硬"

在经济发展新常态下，为了保持经济持续、健康发展，应充分发挥政府和市场的双重优势。山西省人民政府于2017年7月14日通过了《山西省著名商标认定和保护办法》，明确规定著名商标的认定、保护以及法律责任等问题，加强对市场主体行为的规制。随后，在2017年11月、12月相继出台了《山西省机关事务管理办法》《山西省税收保障办法》。《山西省机关事务管理办法》旨在提升山西省机关事务管理规范化、科学化水平，推进法治政府建设，提高政府的服务水平，进而充分发挥政府作用。《山西省税收保障办法》是山西省第一部涉及税收保障的政府规章，明确了人民政府及有关部门的具体职责，优化纳税服务。该办法一方面为税务机关依法征税、营

[①] 参见《山西省人民代表大会常务委员会工作报告》，山西省人民政府官网http://www.shanxigov.cn/yw/sxyw/201802/t20180206_396295.shtml，访问时间：2018年3月28日。

造良好的市场竞争环境做好铺垫；另一方面有利于推进"放管服"改革深度，营造"六最"营商环境。山西省在优化政府服务、发挥政府作用的过程中，用法治来规范市场行为，有利于激发市场活力，推动实现资源配置的效益最大化、效率最优化。

3. 推陈出新，适时废止陈旧规章

法律具有滞后性的特点就要求法律不能是一成不变的，要及时地推陈出新，以适应复杂多变的社会环境。据有关数据显示，截至2016年底，山西省参加工伤保险的职工数量从2004年的48万人增长至576万人。2004年出台的《山西省实施〈工伤保险条例〉试行办法》已无法满足现有的现实需求，工伤保险制度表现出明显的滞后性。为了适应新形势新发展，有力保障职工的合法权益，让职工最大限度地享有工伤保险待遇权利，山西省人民政府颁布了《山西省实施〈工伤保险条例〉办法》，将试行办法予以废止。另外，为加快转变政府职能，优化政府服务，山西省人民政府加大对政府规章的清理力度，于第一百四十三次常务会议通过了《山西省人民政府关于废止部分政府规章的决定》，打包废止19件政府规章，规模之大前所未有，同时也体现了山西省人民政府在法制建设方面推陈出新的决心，力求确保所立之法可行，保障所行之法为民。

三、山西省2017年度地方立法的不足与未来展望

（一）山西省2017年度地方立法的不足

1. 地方立法的特色性仍有待提高

山西省煤炭资源丰富，大部分设区的市均以煤炭产业作为经济支柱，与此同时也陷入了煤炭资源型地区生态失衡的尴尬境地。为此，山西省针对煤炭资源、环境保护和水资源保护制定了一批地方性法规和政府规章。然而，山西省也是一个文化资源大省，转型后的文化产业逐渐成为本省经济的新兴支柱，但有关文化产业的立法却寥寥无几，系统立法规范的缺失成为掣肘山西省文化产业快速发展的绊脚石。此外，截至2016年底，山西省共计拥有319万多件可移动文物，数量位居全国第四。作为一个典型的文物大省，山西省在历史文物保护方面的地方立法也是凤毛麟角，着实为一大憾事。立法特色是地方立法的关键所在，山西省应进一步加强在文化产业和文物保护方面的立法工作，进而构建汇集地方特色的特有法治品牌。

2. 设区的市人大常委会立法能力有待提高

立法能力作为保证立法质量、顺利完成立法工作、发挥立法作用的基础，是有效行使立法权的前提条件。《立法法》修改后，山西省先后共有11个市开始行使地方立法权，加强设区市立法能力建设成为当务之急。"立法行为能力的实现，取决于立法

专门人才队伍建设。"①然而，山西省目前享有立法权城市的立法工作人员水平参差不齐，导致各市立法能力建设水平也参差不齐。其中，新享有立法权的市人大常委会中拥有法律知识背景的人才有限，相关法制工作人员对立法工作的认识浅薄、缺乏实践经验，难以满足地方立法工作的需求，无法为本市的立法工作提供可靠的智力支持。

3. 立法后评估体系有待健全

立法活动通常包括立法计划拟定、法规立项、法规草案调研起草、法规草案审议、修改、表决以及立法后评估等环节，②其中，立法后评估是立法活动的重要一环。从2005年到2013年，山西省人大常委会、太原市人大常委会以及太原市人民政府分别对一些地方性法规、政府规章进行过数次立法后评估活动。结合历年评估实践可知，山西省已初步建立了立法后评估制度，在取得一定成效的同时，也面临一些亟待解决的问题，主要体现在两个方面：其一，尚未建立常态化的立法后评估机制，立法后评估工作开展数量较少，评估时选取的法规、规章覆盖面窄，整体缺少规范化、常态化启动程序；其二，尚未建立科学、完整的立法后评估体系，虽然立法后评估内容比较全面，但缺少科学、系统的评估标准，影响评估结果的全面性和准确性。

（二）山西省地方立法的未来展望

1. 因地制宜，全面突出地方立法特色

立法特色，即是通过立法准确反映本省的政治、经济、文化、民情等客观情况，展现出本省法规调整范围的与众不同，同时，根据本省的实际发展需要解决国家法律不能或不宜解决的突出问题。地方立法权产生的主要原因在于各地区发展不均衡，地方有必要根据本地实际情况，因地制宜地解决地方发展中的特色问题，地方特色也自然而然地应该结合本省实际。③地方立法是否具有特色，主要有两个评判标准：一是地方性。地方性的核心在于立法应从本省实际情况出发，充分斟酌本省的经济发展状况、自然地理条件、历史文化背景以及风俗习惯等，根据自身特点和规律解决本省面临的具体问题。二是差异性。差异性主要体现在地方立法与上位法的关系问题。若上位法在该领域已有规定，地方立法应避免出现大篇幅的重复或抄袭，而应对上位法进行细化和补充，增强地方立法应发挥的作用，突显地方立法特色；若上位法没有相关规定，地方人大及其常委会和人民政府应在法律规定的权限范围内，根据社会需求自主立法、创新立法。

①王燕玲：《设区市地方立法权的取得与行使》，载《中共山西省委党校学报》2015年第6期。
②参见王比学：《地方立法：让法治触角更灵敏》，新华网http://www.xinhuanet.com/legal/2017-09/27/c_1121729255.htm，访问时间：2018年3月28日。
③参见杨晓飞：《论地方政府立法的科学化》，载《山西大同大学学报》2016年第5期。

2. 打造立法专业化队伍，加强立法能力建设

确保地方立法质量，加强立法能力建设，立法人才是关键。对于面临立法人才短缺的设区的市人大及其常委会，应高度重视立法专业化队伍建设，坚持引进和培养人才相结合，合理配备专业立法人才。一方面，应多渠道引进人才，通过公开招录、招聘等方式选配专业立法人才，以法官队伍、律师界、高校等法律人才聚集区为主要引才渠道，结合城市建设、环境保护、文物保护、科技创新等领域的专业人才资源，汇集立法工作力量，努力建设一支政治立场坚定、立法能力突出、纪律作风优良的专业化立法队伍。另一方面，积极开展立法培训工作，选派立法工作人员参加全国人大、省人大立法培训班，推动设区的市人大常委会立法能力的提高。此外，深入开展校地合作，建立地方立法高层次人才培养体系，进一步为地方立法提供人才保障。

3. 完善立法后评估体系，稳步推进地方立法工作

"工欲善其事，必先利其器。"立法后评估体系的建设复杂、耗时，山西省若想充分发挥其在地方立法工作中的作用，需要不断总结实践经验，探索建立符合省情的规范化、常态化立法后评估体系。一方面，应加快构建立法后评估的常态化启动机制，将"日落条款"作为评估主体启动相应法规规章立法后评估工作的时间切入点，避免非常态化、任意启动评估程序。[1]另一方面，进一步量化立法后评估指标，指标应明确具体，具有科学性和可操作性。同时，针对不同性质的评估指标采取不同的测量方式，进而保证评估结果的准确性。此外，应注重加强对立法后评估结果的运用，完善地方立法机制，在规划立法项目时优先考虑经立法后评估确认的需要修改或者制定的项目，使评估与立法工作有机衔接，切实保证立法后评估制度充分发挥效用。

审稿：朱最新（广东外语外贸大学）

---

①参见王华梅：《山西立法后评估的实践与思考》，载《前进论坛》2017年第5期。

第六章 内蒙古自治区2017年度立法发展报告

杨治坤[①]

摘要: 2017年度内蒙古自治区各级人大和人民政府学习贯彻党的十九大精神,以习近平新时代中国特色社会主义思想为指引,不断增强"四个意识",规范机关自身建设,推进着力民生问题解决,加强加快环境保护和生态文明建设,全区地方立法取得一定成就。其中,内蒙古自治区人大及其常委会制定3件、修改4件、批准17件;内蒙古自治区人民政府制定3件、修改16件、废止17件地方政府规章。设区的市人大及其常委会共制定、修改和废止12件地方性法规;民族自治地方人大制定3件单行条例;设区的市制定、修改和废止40件地方政府规章。2017年自治区地方立法在增进民生福祉、生态环境保护、历史文化保护等方面有不少好的举措,同时也存在一些不足,如针对自治区全面发展的立法领域有待拓展,以及立法不均衡等。建议下一步在地方人大与地方政府之间、省级地方立法主体与设区的市地方立法主体之间均衡行使地方立法权,强化地方立法对经济社会民生等全方位的规范引领。

关键词: 内蒙古自治区 地方立法 发展报告

一、内蒙古自治区2017年度立法发展状况

(一)内蒙古自治区2017年度立法状况总体评述

根据2015年修订的《立法法》规定以及内蒙古自治区人大确定设区的市行使地方立法权的进度安排,2016年内蒙古自治区的9个设区的市可全面行使地方立法权。2017年内蒙古自治区的地方立法主体没有发生变化,即有自治区人大及其常委会、自治区人民政府两个省级立法主体可以制定地方性法规、自治条例、单行条例和政府规章;有呼和浩特市、包头市、呼伦贝尔市、通辽市、赤峰市、乌兰察布市、鄂尔多斯市、巴彦淖尔市、乌海市等9个设区的市人大和政府可以行使地方立法权;有鄂伦春自治旗、鄂温克族自治旗、莫力达瓦达斡尔族自治旗3个民族自治地方的人民代表大会可以制定自治条例和单行条例。

[①] 杨治坤,法学博士,广东外语外贸大学区域一体化法治研究中心副研究员。研究方向:行政法、地方立法。

2017年，内蒙古自治区人大以习近平新时代中国特色社会主义思想为指引，不断增强"四个意识"，锐意进取，发挥人大立法主导作用，加强经济、社会领域立法，推进重点民生问题解决和生态文明建设，回应社会普遍关切。2017年，自治区人大常委会共制定《内蒙古自治区非物质文化遗产保护条例》等3件地方性法规，对《内蒙古自治区安全生产条例》等4件地方性法规进行了修订，批准设区的市通过地方性法规《呼和浩特市人民代表大会及其常务委员会立法条例》等16件，为推进内蒙古法治建设、促进经济社会全面协调可持续发展、保障民生发挥了重要作用。

2017年，内蒙古自治区人民政府制定了《内蒙古自治区法治政府建设考评办法》等3件政府规章，修改了《内蒙古自治区矿山地质环境治理办法》等16件政府规章，废止《内蒙古自治区劳动争议处理办法》等17件地方政府规章。

在设区的市人大立法方面，呼和浩特市人大及其常委会修改了《呼和浩特市人民代表大会及其常务委员会立法条例》等3件地方性法规；包头市人大及其常委会制定、修改、废止地方性法规4件；乌兰察布市人大及其常委会制定地方性法规2件；鄂尔多斯市人大及其常委会制定地方性法规1件；巴彦淖尔市人大及其常委会制定地方性法规2件。

在设区的市人民政府立法方面，呼和浩特市人民政府制定《呼和浩特市高层建筑消防安全管理办法》、修改《呼和浩特市经济适用住房管理办法》、废止《呼和浩特市渔政管理办法》等共计18件政府规章；包头市人民政府废止《包头市防汛管理暂行规定》等22件政府规章。其他设区的市人民政府没有新的地方政府规章出台。

在民族自治地方立法方面，鄂伦春自治旗人大、鄂温克族自治旗人大、莫力达瓦达斡尔族自治旗人大各制定1件自治条例。

总体而言，2017年是内蒙古自治区各级立法机关不断调整地方立法供给侧结构的一年，在经济生产与管理、环境治理与资源保护、社会民生和历史文化等方面加大立法调整，着力提高立法质量，积极推进科学立法、民主立法，突显了自治区各级立法机关通过立法来引领、推动经济社会发展的法治路径。其中，自治区人大和人民政府立法数量较多，呼和浩特市、包头市作为传统的较大市，也是设区的市，其地方立法的制定、修改或废止活动也比较活跃；其他设区的市的人大和政府立法在数量上相对较少。

（二）内蒙古自治区2017年度人大立法发展状况

2017年，内蒙古自治区人大新制定地方性法规3件，分别是《内蒙古自治区非物质文化遗产保护条例》《内蒙古自治区电信设施建设和保护条例》《内蒙古自治区饮用水水源保护条例》；修改地方性法规4件，分别是《内蒙古自治区安全生产条例》《内蒙古自治区公共安全技术防范管理条例》《内蒙古自治区统计管理条例》《内蒙古自治区旅游条例》。另外，内蒙古自治区人大批准了上报的16件地方性法规（包括新制定、修改和废止上报）。

自治区人大通过的3件地方性法规主要围绕自治区电信设施建设和保护、环境和文化遗产保护等问题展开。其中，自2017年10月1日起正式施行的《内蒙古自治区电信设施建设和保护条例》，共5章44条，对内蒙古自治区电信设施的规划与建设、安全与保护和法律责任等作了详细规定，体现了六个方面的特点：一是赋予了电信设施的公共属性；二是明确了各级政府在电信设施建设中的职责；三是强调电信设施共建共享应依法进行；四是电信用户自主选择电信业务经营者的权利得到了进一步保证；五是重点项目和公共区域电信覆盖将得到进一步加强；六是电信设施建设行为得到进一步规范。

为继承和弘扬中华优秀传统文化，加强自治区非物质文化遗产保护，2017年7月1日起正式施行《内蒙古自治区非物质文化遗产保护条例》，该条例共7章62条，包括：总则，代表性项目名录，代表性传承人，非物质文化遗产调查、保存、传承、传播，管理与利用，法律责任和附则。该条例规定，旗县级以上人民政府应当建立本级非物质文化遗产代表性项目名录；旗县级以上人民政府文化主管部门对本级人民政府批准公布的非物质文化遗产代表性项目，可以认定代表性传承人；旗县级以上人民政府应当组织对本行政区域内的非物质文化遗产进行调查，并真实、准确、全面记录非物质文化遗产信息，文化主管部门应当建立非物质文化遗产档案及相关数据库，建立健全调查信息共享机制；对非物质文化遗产资源丰富、代表性项目相对集中、形式和内涵保持相对完整、自然环境和人文环境较好的特定区域，文化主管部门可指定专项保护规划。该条例的出台，将为贯彻《中华人民共和国非物质文化遗产法》、进一步推动全区非物质文化遗产的传承与保护提供有力的法制支撑。

为了加强饮用水水源保护，保障饮用水安全，维护公众身体健康，促进经济社会可持续发展，2017年9月29日内蒙古自治区第十二届人民代表大会常务委员会第三十五次会议通过了《内蒙古自治区饮用水水源保护条例》，该条例共6章43条，包括总则、饮用水水源保护区的划定、饮用水水源保护、监督管理、法律责任、附则。该条例对饮用水水源保护补偿制度、饮用水水源保护工程的"三同时"制度、对跨行政区域饮用水水源保护的管理以及法律责任等主要制度做了规定。

新修订的《内蒙古自治区安全生产条例》于2017年7月1日起正式实施，该条例共6章73条，对《安全生产法》的规定予以细化和完善，主要呈现强化安全监管原则、强调全社会宣传教育的普遍义务、细化生产经营单位安全生产主体责任规定、强化生产经营单位安全生产主体责任、突出强化高风险领域的安全管控、对化工及危险化学品单位作出特别规定、进一步理顺政府各部门的安全监管职责、强化安全监管措施形成监管合力、完善事故调查处理机制、强化安全生产责任追究十大亮点。该条例的颁布实施，不仅是自治区党委、人大进一步加强安全生产工作的又一项重大举措，也是自治区安全生产法治体系建设的重要里程碑，是确保全区安全生产形势持续稳定好转的有力保障。

在设区的市人大立法方面，为了规范市人民代表大会及其常务委员会的立法活动，完善立法程序，提高立法质量，发挥立法的引领和推动作用，全面推进依法治市，根据2017年3月30日内蒙古自治区第十二届人民代表大会常务委员会第三十二次会议关于批准《呼和浩特市人民代表大会关于修改〈呼和浩特市人民代表大会及其常务委员会制定地方性法规条例〉的决定》的决议修正。2017年7月22日，内蒙古自治区第十二届人民代表大会常务委员会第三十四次会议批准《呼和浩特市国家建设项目审计办法》，删去第十四条第一款中的"否则不能作为建设项目竣工结算和验收的依据"。2017年9月29日，内蒙古自治区第十二届人民代表大会常务委员会第三十五次会议批准《呼和浩特市地名管理条例》，该条例规定行政区划名称按照国家关于行政区划管理和审批权限办理；山、河、湖等自然地理实体名称，由所在地旗县区人民政府提出申请；道路、桥梁、广场、公园、隧道、地铁等公共设施名称，由主管单位或投资建设单位申请。

为了加强对长城的保护，规范对长城的管理和利用，经过第三次全国文物普查及全国长城资源调查，包头市的长城"家底"已完全摸清，存在的问题和解决问题的思路均已基本清晰，立法条件和时机已经成熟，由此制定的《包头市长城保护条例》自2017年10月1日起施行。该条例是贯彻落实国务院、内蒙古自治区人民政府和包头市人民政府决策部署、围绕进一步加强长城保护这个总目标的重大举措。随着这部地方性法规的实施，包头市境内的长城保护工作将步入法制化轨道。

2017年5月26日，内蒙古自治区第十二届人民代表大会常务委员会第三十三次会议批准乌兰察布市人民代表大会常务委员会报请批准的《乌兰察布市城乡规划管理条例》，共7章54条，包括总则、城乡规划的制定、城乡规划的实施、城乡规划的评估和修改、城乡规划实施的监督检查、法律责任、附则。该条例的出台，必将进一步加强该市城乡规划管理，规范城乡建设行为，巩固该市"五城联创"已取得的成果，充分发挥人大在规划制定、实施、修改过程中的监督作用，为该市城乡社会经济全面协调可持续发展提供最切实、有力的保障。《乌兰察布市岱海黄旗海保护条例》2018年7月1日起正式施行，该条例共5章42条，明确了岱海、黄旗海（以下简称"两湖"）保护范围、保护原则和主管机构及职责，并对规划与保护、监督与管理、法律责任等作出细化。如两湖保护主管机构应当在两湖流域划定禁采区，经乌兰察布市人民政府批准后实施，在禁采区禁止采砂石、取土；任何单位和个人都有权对损害两湖流域环境、资源、生态的行为进行检举和举报，两湖保护主管机构接到检举和举报后，应当及时核查、处理；明确两湖流域禁止擅自开采地下水。

《鄂尔多斯市城市园林绿化条例》经2017年10月24日鄂尔多斯市第三届人民代表大会常务委员会第三十六次会议通过，2017年11月10日内蒙古自治区第十二届人民代表大会常务委员会第三十六次会议批准，于2018年1月1日起施行，该条例共5章43条，分为总则、规划和建设、保护和管理、法律责任、附则。该条例的制定是巩固城市园林绿化成果、推动园林绿化迈上更高层次、创建国家生态园林城市、为人民群众提供更多优质生态产品的客观需要，对于建设大美鄂尔多斯、品质鄂尔多斯、幸福鄂尔多斯具有十分重要的法制保障意义。

2017年内蒙古自治区的民族自治地方立法成果丰硕。鄂伦春自治旗人大制定了《鄂伦春自治旗鄂伦春族人口发展促进条例》、鄂温克族自治旗人大制定了《鄂温克族自治旗湿地保护条例》、莫力达瓦达斡尔族自治旗人大制定了《莫力达瓦达斡尔族自治旗气象灾害防御条例》。其中，为促进鄂伦春族人口发展，提高鄂伦春族人口素质，根据《内蒙古自治区人口与计划生育条例》和《鄂伦春自治旗自治条例》等有关法律、法规，结合自治旗实际，2017年7月22日内蒙古自治区第十二届人民代表大会常务委员会第三十四次会议批准的《鄂伦春自治旗鄂伦春族人口发展促进条例》，从鄂伦春旗鄂伦春族人口发展的实际出发，对立法的目的、适用范围、相关责任、经费保障、特殊政策、法律责任等方面作出了明确的制度规范。该条例的颁布，对鄂伦春族人口发展具有里程碑式的重大意义。2017年5月26日内蒙古自治区第十二届人民代表大会常务委员会第三十三次会议批准鄂温克族自治旗人民代表大会常务委员会报请批准的《鄂温克族自治旗湿地保护条例》，由鄂温克族自治旗人民代表大会常务委员会公布施行。为了防御气象灾害，避免、减轻气象灾害造成的损失，保障人民生命财产和粮食安全，促进莫力达瓦达斡尔族自治旗经济社会可持续发展，根据《中华人民共和国气象法》《气象灾害防御条例》《内蒙古自治区气象灾害防御条例》等有关法律、法规，结合自治旗实际，2017年1月25日莫力达瓦达斡尔族自治旗第十二届人民代表大会第六次会议通过《莫力达瓦达斡尔族自治旗气象灾害防御条例》，2017年5月26日内蒙古自治区第十二届人民代表大会常务委员会第三十三次会议批准该条例，这也是全国首部县级有关气象灾害防御的单行条例，于2017年8月1日正式实施。

（三）内蒙古自治区2017年度政府立法发展状况

2017年，内蒙古自治区人民政府较为重视政府立法工作，坚持问题导向，坚持科学立法、民主立法，加快重点领域立法进程，进一步加强政府自身建设，加强环境治理立法，以立法引导和促进自治区各项管理工作顺利开展。总体来说，2017年自治区人民政府突出了政府自身管理、安全生产管理、环境保护等方面的立法。自治区人民政府制定了《内蒙古自治区法治政府建设考评办法》《内蒙古自治区石油和化工建设工程质量监督管理办法》《内蒙古自治区法治政府建设指标体系》3件政府规章；修改了《内蒙古自治区矿山地质环境治理办法》《内蒙古自治区行政应诉规定》《内蒙古自治区城镇饮食娱乐服务业环境保护管理办法》《内蒙古自治区城镇污水处理厂运行监督管理办法》《内蒙古自治区草原野生植物采集收购管理办法》《内蒙古自治区粮食流通管理办法》《内蒙古自治区价格鉴证管理办法》《内蒙古自治区取水许可和水资源费征收管理实施办法》《内蒙古自治区地下水管理办法》《内蒙古自治区防雷减灾管理办法》《内蒙古自治区人工影响天气管理办法》《内蒙古自治区气候资源开发利用和保护办法》《内蒙古自治区公益林管理办法》《内蒙古自治区民用机场管理办法》《内蒙古自治区房产税实施细则》《内蒙古自治区城镇土地使用税实施办法》16件政府规章；废止《内蒙古自治区劳动争议处理办法》《内蒙古自治区劳动者工资保障规定》《内蒙古自治区土地复垦实施办法》《内蒙古自治区统计违法行为查处办法》《内蒙古自治区促进散装水泥发展办法》《内蒙古自治区组织机构代码管理办法》《内蒙古自治区机动车排气污染防治办法》《内蒙古自治区饲料和饲料添加剂管理办法》《内蒙古自治区建设用地置换办法》《内蒙古自治区内部审计办法》《内蒙古自治区酒类管理办法》《内蒙古自治区烟花爆竹安全管理规定》《内蒙古自治区医疗器械监督管理实施办法》《内蒙古自治区退役士兵安置办法》《内蒙古自治区有线电视管理实施办法》《内蒙古自治区暂住人口管理办法》《内蒙古自治区保安服务管理办法》17件政府规章。

其中，2017年4月1日起施行的《内蒙古自治区法治政府建设考评办法》，把原来行之有效的考评方法与中央提出的最新改革任务相结合加以条款化、规范化，形成一整套较为完备的考核评价体系，成为当前推动法治政府建设的重要抓手和有力保障。为了深入推进依法行政，实现2020年基本建成法治政府的目标，结合内蒙古自治区实际情况，内蒙古自治区政府制定了《内蒙古自治区法治政府建设指标体系》，自2017年6月1日起施行。该指标体系共设7项一级指标，29项二级指标，93项三级指标。

2017年11月29日，内蒙古自治区人民政府第十八次常务会议审议通过《内蒙古自治区石油和化工建设工程质量监督管理办法》，自2018年2月1日起施行。该管理办法正式公布施行后，将进一步加强各部门、各单位对石油化工建设工程质量管理工作的重视，强化石油化工建设工程质量管理工作的法制地位，更好地发挥石油化工建设工程质量监督工作对石油化工建设工程质量的保障作用。

在设区的市政府立法方面，2017年9月18日呼和浩特市人民政府第十一次常务会议审议通过《呼和浩特市高层建筑消防安全管理办法》，以加强高层建筑消防安全管理，预防和减少火灾危害，保护人身、财产安全，维护公共安全，自2017年11月1日起施行，该管理办法共6章40条，对消防职责、消防管理和火灾预防、火灾救援等主要事项做了规定。该管理办法的出台加强了对高层和超高层建筑的消防安全管理，对于进一步提高城市抗御火灾整体能力意义重大。另修改了《呼和浩特市经济适用住房管理办法》，对《呼和浩特市渔政管理办法》等16件政府规章予以废止；包头市政府集中清理政府规章，一次性废止《包头市防汛管理暂行规定》等22件政府规章。其他设区的市人民政府没有制定、修改、废止等立法活动。

二、内蒙古自治区2017年度地方立法的特色和亮点

与2016年立法情况比较，2017年内蒙古自治区各级享有立法权的人大和政府，无论是在新制定地方性法规（政府规章），还是修改法规（规章），抑或废止法规（规章）的立法活动中，依然呈现出人大立法相对活跃、政府立法相对较少；自治区人大和政府立法相对活跃、原来较大的市与2015年《立法法》修订后获得地方立法权的设区的市相比，前者立法比较活跃，立法数量相对较多的情况。

（一）地方人大立法中的特色和亮点

1. 加强经济领域立法，发挥立法的规范引领作用

为了加强电信设施的建设和保护，保障电信设施和信息安全，促进电信业健康发展，维护电信用户和电信业务经营者的合法权益，2017年7月22日内蒙古自治区第十二届人民代表大会常务委员会第三十四次会议通过了《内蒙古自治区电信设施建设和保护条例》。该条例赋予电信设施的公共属性，规定任何单位和个人不得阻碍和破坏依法进行的电信设施建设和维护活动，不得危害电信设施安全。对危害电信设施安全的行为，任何单位和个人有权向当地公安机关、电信管理机构进行检举、控告，从法律层面上赋予了电信设施为公共基础设施的地位。同时，该条例明确了各级政府在电信设施建设中的职责，强调电信设施共建共享应依法进行，进一步保障电信用户自主选择电信业务经营者的权利，对重点项目和公共区域电信覆盖进一步加强，规范电信设施建设行为。该条例是进入21世纪以来规范内蒙古自治区电信行业建设发展的首部地方立法，该条例的施行将对促进内蒙古自治区信息通信业健康发展、深入实施宽带中国战略乃至自治区经济社会进步具有十分重要的意义。

为了加强对本市国家建设项目的审计监督，保证国家建设项目建设资金的安全、合理、有效使用，提高投资效益，2017年4月19日呼和浩特市第十四届人民代表大会常务委员会第三十七次会议通过《呼和浩特市国家建设项目审计办法》；包头市人大及其常委会废止了《包头市商业网点规划建设管理条例》《包头市城市房地产开发经营管理条例》；乌兰察布市人大及其常委会制定了《乌兰察布市城乡规划管理条例》。这些地方性法规的及时修订、废止，对以立法引领当地社会发展具有重大意义。

2. 通过地方立法加大民生与生态环境的双重保护力度

为进一步加强饮用水水源地保护工作，内蒙古自治区先后制定实施了《水污染防治三年攻坚计划》《全区集中式饮用水水源地环境保护专项行动实施方案》等具体工

作措施，做到了目标明确、有的放矢，自治区人大及其常委会t制定了《内蒙古自治区饮用水水源保护条例》，于2018年1月1日起正式施行；巴彦淖尔市人大及其常委会制定了《巴彦淖尔市河套灌区水利工程保护条例》《巴彦淖尔市乌梁素海自治区级湿地水禽自然保护区条例》，既涉及民众生产生活等民生问题，也与自然环境保护息息相关。

根据近年来安全生产形势的发展要求，结合自治区实际，紧扣《中共中央、国务院关于安全生产领域改革发展的意见》和《自治区党委、政府关于进一步加强安全生产工作的决定》的精神和要求，内蒙古自治区第十二届人民代表大会常务委员会第三十三次会议修改通过《内蒙古自治区安全生产条例》。该条例立足于自治区安全生产监管实际和普遍性问题，本着"问题引导立法，立法解决问题"的导向，本着与上位法不重复、不抵触，注重操作性、实效性的原则，结合地方特点对上位法进行了细化，各条款的内容力求细化，设计出了可行的规定动作，是全面规范自治区安全生产工作的综合性地方法规。

另外，2017年8月1日起施行的《乌兰察布市城乡规划管理条例》则对加强该市城乡规划管理，规范城乡建设行为，协调城乡空间布局，改善人居环境，促进全市城乡经济社会全面协调可持续发展发挥作用。受气候变化及人类社会活动等诸多因素影响，岱海、黄旗海出现了湖面萎缩、水体咸化、湿地破坏、水土流失等问题。特别是岱海湖水位快速下降，湖面萎缩加剧；黄旗海也曾一度干涸，成为季节性湖泊。加强岱海、黄旗海保护和管理，防止两湖面积减少和水体污染，保护和改善两湖生态环境，乌兰察布市人大制定了《乌兰察布市岱海黄旗海保护条例》。该条例是乌兰察布市自2015年享有地方立法权以来出台的第三部实体地方性法规，是第一部关于岱海、黄旗海水生态环境保护的地方性法规，从法律层面为岱海、黄旗海的保护和治理提供了依据，划定了红线，将为岱海、黄旗海保护区的规划、保护、管理和执法提供更加有力的法律保障。

鄂尔多斯市从加强城市园林绿化的建设和管理，保护和改善生态环境，建设宜居、生态园林城市三重目的出发，制定了《鄂尔多斯市城市园林绿化条例》，于2018年1月1日起施行。巴彦淖尔市人大及其常委会制定《巴彦淖尔市河套灌区水利工程保护条例》《巴彦淖尔市乌梁素海自治区级湿地水禽自然保护区条例》，鄂温克族自治旗人大制定《鄂温克族自治旗湿地保护条例》，这些有关环境保护的立法，将对民族自治地区环境质量和资源开发利用起到规范、引领、保障的功效。

3. 注重地方文化基因，强化历史文化保护

内蒙古自治区开展非物质文化遗产保护十余年来，取得了显著的工作成效。现有人类非物质文化遗产代表作2项，国家级代表性项目89项，自治区级项目499项，盟市级项目1435项，旗县级项目2958项；有国家级代表性传承人37人，自治区级传承人674

人，盟市级传承人2656人，旗县级传承人4740人。国家级非物质文化遗产生产性保护示范基地1个，重点项目保护传承基地6个。内蒙古自治区十二届人大常委会第三十三次会议审议通过的《内蒙古自治区非物质文化遗产保护条例》将各族人民世代相传并视为其文化遗产组成部分的各种传统文化表现形式，以及与传统文化表现形式相关的实物和场所定为非物质文化遗产，并指出非物质文化遗产保护应贯彻保护为主、抢救第一、合理利用、传承发展的方针。该条例规定旗县级以上人民政府应当将非物质文化遗产保护工作纳入本级国民经济和社会发展规划以及城乡规划；对人口较少民族非物质文化遗产保护工作给予重点扶持；鼓励、支持实施生产性保护，推动非遗融入现代生活；合理利用非物质文化遗产的，依法享受国家规定的税收优惠。该条例立足内蒙古非遗保护工作实际，充分凸显内蒙古的地方立法特色。

在包头市，其境内长城资源丰富，但安全形势严峻，自然因素对长城的破坏是一个缓慢的、渐进的过程，主要包括风蚀、雨水冲刷、洪水、地质灾害等，其间通过人为的科学干涉，有可能得到有效缓解或消除。人为因素对长城的破坏主要表现在长城周边居民生产、生活的破坏及不当生产建设活动的破坏，这些破坏是骤发性的、毁灭性的，并可诱发更大规模自然因素对长城的破坏。因此，从对上位法予以细化和补充和凸显地方特色、具有可操作性方面，《包头市长城保护条例》明确了工作职责分工；规定了自然和人为因素对长城破坏的防护、长城执法巡查、长城保护员管理、长城利用管理等内容；同时规定了对不履行或不认真履行长城保护工作职责的追责要求及在长城保护范围内实施禁止行为的处罚等。地方性长城保护法规的完善，是当前文物保护总体趋势的必然要求。

4. 广泛征询意见，落实科学立法、民主立法

在起草《内蒙古自治区饮用水水源保护条例》草案过程中，先由自治区环保厅代自治区政府起草送审稿，自治区政府法制办会同自治区环保厅，按照立法程序，对送审稿进行了认真修改，形成征求意见稿后，广泛征求各盟市、各委办厅局、各民主党派、专家学者以及部分企业和大专院校的意见，同时在政府法制网上公开征求意见，并借鉴了外省的先进立法经验。在具体征求意见、审查、修改、调研过程中，邀请了自治区政协社会和法制委员会的有关专家、政协委员一同参与。在鄂尔多斯市召开了《内蒙古自治区饮用水水源保护条例》立法前评估会，邀请鄂尔多斯市政协委员、专家学者及包头市环保局、鄂尔多斯市环保局和有关部门的代表，就"条例"的可行性、出台时机以及实施中可能出现的问题进行了论证评估。针对反馈意见和立法前评估会情况，自治区法制办会同自治区环保厅进行了多次讨论、修改，并经自治区政府常务会议讨论通过，形成"条例（草案）"。在地方立法过程中，充分征求各界建议，做到科学立法、民主立法。

包头市在起草《包头市长城保护条例》过程中，从酝酿到实施，历经四年。2013

年11月，该市文化广播电影电视（新闻出版）局向市政府建议制定"条例"的立法项目；2016年3月，包头市人大常委会召开地方立法联席会议，布置了制定"条例"的工作任务；2016年3月25日，该市文化新闻出版广电局制定了"条例"立法起草工作方案，成立了领导小组，以局政策法规科和市文物管理处工作人员为主体成立了起草小组，同时市政府法制办公会同市人大也成立了起草工作小组。该条例经过广泛调研，深入讨论，反复修改，倾注了多方心血，凝结了集体智慧。

乌兰察布市启动《乌兰察布市城乡规划管理条例》立法项目以来，市人大迅速成立"条例"起草小组，制订工作方案，稳步推进立法工作有序开展。乌兰察布市规划局作为"条例"的主要起草人，于2016年6月初开始，按照"有特色、可操作、不重复、不抵触"的立法要求，依据相关法律、法规以及中央关于城乡规划建设管理工作的指导意见和建设部的有关规定，吸收借鉴了区内外部分城市的先进做法和经验，结合乌兰察布市城乡规划工作实践，多次征求广大人民群众、上级领导部门、全市城乡规划系统和专家学者等各方面的意见和建议，经过反复研究论证，反复修改完善，数易其稿，于2016年7月初起草完成"条例（草案）"初稿。后经过市人大、市人民政府多次会议研究讨论，根据各方面的反馈意见、建议，经汇总、梳理、修改后形成了"条例（草案）"修改稿，并提交市人民代表大会审议通过。

5. 加快民族自治立法，促进民族地区社会发展和环境质量改善

鄂伦春自治旗位于呼伦贝尔市东北部，大兴安岭南麓，嫩江西岸，人口以鄂伦春、蒙、汉族为主。鄂伦春族是我国22个人口较少的少数民族之一，全国共有8659人，随着社会的发展，受经济、社会、文化和环境等不同因素的影响，鄂伦春族的适龄生育人群已经改变了原有的生育观念，多数家庭只愿生育一个孩子。自1951年鄂伦春自治旗成立以来，鄂伦春族人口从774人到2015年的2537人，65年间增加1763人，年均增加仅28人。为解决鄂伦春族人口增长极其缓慢问题，增加鄂伦春族人口数量，依法鼓励鄂伦春族家庭生育，通过实施鼓励生育政策，促进鄂伦春族人口长期均衡发展，推动边疆少数民族地区社会繁荣稳定。2017年制定了《鄂伦春自治旗鄂伦春族人口发展促进条例》，经自治旗第十四届人民代表大会第六次会议通过，自治区第十二届人大常委会第三十四次会议批准，自发布会召开当日起正式实施，这是该旗颁布实施的第十一部单行条例，是一部创新内容较多、针对性和操作性较强的地方性法规。《鄂伦春自治旗鄂伦春族人口发展促进条例》的颁布实施是自治旗民主法制建设取得的又一重大成果。

莫力达瓦达斡尔族自治旗人大制定的《莫力达瓦达斡尔族自治旗气象灾害防御条例》共30项内容，从政府部门职责到防御规划、基础设施与监测、预警设施建设，从防御措施到应急预案的制定与应急处置，到建立跨部门、跨行业的预警联动机制，从灾害跟踪与评估、风险转移到气象灾害防御的综合管控，构建起了一整套较为系

统、完整的气象灾害防御体系。该条例还把气象灾害防御纳入考核体系、解决了预警信息发布绿色通道建设问题，提出气象灾害防御要标本兼治，拓宽了应对气象灾害的渠道，提升了主动应对气象灾害的综合能力。该条例还创造性地确定了每年三月的第四周为气象灾害防御宣传周，同时作为民族自治旗单行条例，明确了达斡尔、鄂温克民族乡镇（村屯），双语发布气象灾害预警信息。该条例的审议通过，将为完善莫力达瓦达斡尔族自治旗气象灾害防御工作机制提供法律依据，为完善旗、乡镇（办事处）、村（居民委员会）三级防灾减灾体系、优化气象灾害监测预警机制和气象灾害应急处置措施、强化气象社会管理职能等方面提供法律保障，该条例的实施还将对莫力达瓦达斡尔族自治旗打通气象防灾减灾"最后一公里"提供坚实的法制保障。

（二）地方政府立法中的特色和亮点

2017年，自治区人民政府紧紧围绕"四个全面"战略布局，坚持依法行政，完善行政决策合法性审查和政府法律顾问制度，提请自治区人大常委会审议地方性法规8件，制定、修改和废止政府规章36件。各设区的市人民政府制定、修改和废止政府规章40件。

1. 突出法治政府自身建设

根据中共中央、国务院《法治政府建设实施纲要（2015—2020）》的要求和自治区法治政府建设形势的需要，自治区人民政府制定了《内蒙古自治区法治政府建设考评办法》和《内蒙古自治区法治政府建设指标体系》。其中，《内蒙古自治区法治政府建设考评办法》重点考评各地区、各部门在依法全面履行政府职能、完善依法行政制度体系、推进行政决策科学化民主化法治化、坚持严格规范公正文明执法、强化对行政权力的制约和监督、依法有效化解社会矛盾纠纷、全面提高政府工作人员法治思维和依法行政能力、加强法治政府建设的组织保障等方面的情况。而《内蒙古自治区法治政府建设指标体系》的内容主要包括：首先，加快政务服务大厅升级改造，公共服务事项全部进驻政务服务大厅办理，将部门分设的办事窗口整合为综合窗口，变"多头受理"为"一口受理"，加快推进网上办理。其次，完善公共服务体系。着力促进教育、卫生、文化等社会事业健康发展，强化政府促进就业、调节收入分配和完善社会保障职能，加快形成政府主导、覆盖城乡、可持续的基本公共服务体系。建立健全政府购买公共服务制度，公开政府购买公共服务目录，加强政府购买公共服务质量监管。再次，深入推进简政放权。除法律法规规章明确规定审批层级的事项外，直接面向群众、量大面广、由基层实施更方便有效的行政审批事项，依法下放到旗县级政府及其工作部门管理。盟市以上政府及部门对下放管理层级的事项，要加强对下级机关的培训指导和监督检查，确保事项顺利承接等。7项一级指标的总分值为100分，各项二级指标、三级指标的具体分值，由考评机关按照政府与部门分开的原则，结合改革任务和法治政府建设工作部署，在制订考评指标时予以明确。这两部政府规章通过以评促建的方式，对推进依法行政和建设法治政府具有重要指导意义。

2.强化动态管理，加大政府规章废止力度

自治区人民政府强化动态管理，分两次集中清理不合时宜的地方政府规章，扎实开展法规规章和规范性文件清理。在法规规章清理方面，提请自治区人大常委会修订了《内蒙古自治区公共安全技术防范管理条例》，提请自治区政府废止了《内蒙古自治区劳动争议处理办法》《内蒙古自治区劳动者工资保障规定》等政府规章17件；呼和浩特市人民政府一次性集中清理废止《呼和浩特市渔政管理办法》等16件政府规章；包头市人民政府一次性集中废止《包头市防汛管理暂行规定》《包头市蒙古语文工作暂行规定》《包头市人才流动管理办法》等22件政府规章。

三、内蒙古自治区2017年度地方立法的不足与未来展望

（一）内蒙古自治区2017年度地方立法的不足

1.立法存在两极分化现象，立法不均衡

内蒙古自治区各级人大和政府享有地方立法权的主体包括自治区省级立法主体、9个设区的市地方立法主体和3个民族自治地方的人民代表大会。从2017年自治区实际立法情况看，自治区人大制定、修改、批准共计23件，其他设区的市和3个民族自治地方人大制定、修改、废止共计15件。也就是说，省级人大及其常委会的立法数量比所有其他非省级地方立法主体所立之法的数量之和还要多，占全自治区2017年度地方立法数量的60.5%，自治区省级地方立法主体与设区的市、民族自治地方之间存在立法不均衡现象。另外，从各级人民政府制定政府规章情况来看，也存在类似情况：自治区人民政府制定、修改、废止36件政府规章；而其他设区的市只有呼和浩特市、包头市人民政府制定、修改、废止40件政府规章，尽管省级与设区的市人民政府制定政府规章数量比为0.9，但除省级人民政府和呼和浩特、包头这两个较大的市外，其他设区的市人民政府没有制定、修改或废止政府规章，立法不均衡现象尤为突出。

2.针对自治区经济社会全方位发展的立法有待拓展

从《内蒙古自治区人大常委会2017年立法计划》和2017年内蒙古自治区已有制定和修改的立法规范考察，不难发现2017年内蒙古自治区地方立法领域主要集中在生态环境保护、机关建设、非物质文化遗产等方面，对于经济发展、产业政策、科学技术促进等方面立法显著不足。这与内蒙古自治区的区情息息相关。内蒙古是农业和畜牧业大省，生态环境状况良好，自治区着力于打造农业和畜牧业大省和保障我国西北生态屏障。在这个基本背景和基本定位之下，内蒙古自治区可在注重保护环境的同时，致力于民生工程、科学技术发展以及产业发展政策方面的地方立法，为内蒙古经济社

会全面发展提供持续的动力源泉。

（二）内蒙古自治区地方立法的未来展望

1. 加大设区的市地方立法力度

2017年，内蒙古自治区只有5个设区的市的人大常委会有制定或废止立法活动，其他设区的市，如呼伦贝尔市、通辽市、赤峰市、乌海市，都没有制定或修改地方性法规。从政府制定规章情况看，只有自治区人民政府、呼和浩特市与包头市人民政府有制定政府规章，其他享有地方立法权的人民政府均没有颁布立法资讯。因此，从改进着手，建议结合地方立法主体的立法资源配置，加大设区的市人大和政府立法力度，缩小立法不均衡差距。

2. 发挥地方立法全方位的引领作用

2018年是改革开放40周年，自治区要全面贯彻党的十九大精神和中央经济工作会议、中央农村工作会议精神，按照自治区党委的工作部署，坚持目标导向和问题导向，统筹兼顾、突出重点，有力有序地做好各项工作，促进经济社会持续健康发展，如防范化解重大风险、精准脱贫、污染防治；深化供给侧结构性改革，优化实体经济要素配置，提高供给体系质量；推进建设创新型、绿色发展；实施乡村振兴战略等规划计划，等等，均需要地方立法的有效引领和充分规范。在自治区地方立法领域方面，各层级享有地方立法权主体可以根据《立法法》中规定的立法权限，结合地区特点，在经济发展、民生保障、城市建设、环境保护、历史文化保护等领域，加大地方立法的"立改废"步伐，以立法规范、保障、引领自治区经济社会全面发展。

审稿：朱最新（广东外语外贸大学）

第三编 东北地区立法发展报告

第七章 辽宁省2017年度立法发展报告

黄 喆①

摘要：2017年，辽宁省地方立法工作开展总体良好。辽宁省人大及其常委会制定、修改、废止、批准地方性法规共78件，辽宁省人民政府制定、修改、废止政府规章共46件。此外，辽宁省设区的市立法也稳步推进。展望未来，辽宁省可从三个方面着力推动地方立法的发展：一是健全多元起草机制，提高委托第三方起草的比重；二是加强人才队伍建设，加快设区的市立法进程；三是充分运用民族自治地方立法权，推进民族自治地方立法。

关键词：辽宁省 地方立法 发展报告

一、辽宁省2017年度立法发展状况

（一）辽宁省2017年度立法状况总体评述

辽宁省有省人大及其常委会和省人民政府2个省级立法主体，有沈阳、大连、鞍山、抚顺、本溪、丹东、锦州、营口、阜新、辽阳、铁岭、朝阳、盘锦、葫芦岛14个市的人大及其常委会和人民政府共28个市级立法主体，有本溪满族自治县、阜新蒙古族自治县、喀喇沁左翼蒙古族自治县、宽甸满族自治县、新宾满族自治县、岫岩满族自治县、桓仁满族自治县、清原满族自治县的人民代表大会8个县级立法主体。

2017年，在科学立法、民主立法精神的指引下，辽宁省人大及其常委会做了大量工作，制定、修改《辽宁省学前教育条例》《辽宁省农产品质量安全条例》《辽宁省安全生产条例》等地方性法规31件，废止《辽宁省广告监督管理条例》《辽宁省农业标准化管理条例》等地方性法规3件，批准设区的市的地方性法规和民族自治县的单行条例44件，为辽宁省的改革发展提供了有力的法制保障。

辽宁省人民政府制定了《辽宁省不动产登记办法》《辽宁省森林资源流转办法》

---

① 黄喆，法学博士，广东外语外贸大学广东省地方立法研究评估与咨询服务基地助理研究员。研究方向：行政法学、区域法治、地方立法。

等8件政府规章，修改了《辽宁省公共机构节能管理办法》《辽宁省城市市容和环境卫生管理规定》《辽宁省取水许可和水资源费征收管理实施办法》等27件政府规章，废止了《辽宁省实施〈中华人民共和国保密法〉细则》《辽宁省幼儿园管理实施办法》《辽宁省工程勘察设计市场管理规定》等12件政府规章。

在设区的市人大立法方面，辽宁省多个设区的市的人大及其常委会积极开展地方人大立法工作。其中，沈阳、大连两个原享有较大的市立法权的设区的市人大，分别修改通过《沈阳市制定地方性法规条例》《大连市人民代表大会及其常务委员会立法条例》；2015年《立法法》修改后新获地方立法权的阜新、葫芦岛两个设区的市人大则分别制定了《阜新市人民代表大会及其常务委员会立法条例》《葫芦岛市人民代表大会及其常务委员会立法条例》，从而为完善地方性法规的制定程序提供了地方立法层面的依据，有助于加强对设区的市立法的规范和保障。

在设区的市政府立法方面，辽宁省设区的市人民政府积极推动政府规章的立、改、废工作。例如，大连市人民政府在2017年除制定《中国（辽宁）自由贸易试验区大连片区管理办法》等政府规章以外，还"打包"废止《大连市公益广告管理规定》等42件政府规章；鞍山市人民政府分别"打包"修改6件政府规章、废止9件政府规章；等等。

在民族自治县立法方面，辽宁省民族自治县人大在2017年没有正式通过自治条例和单行条例。

总体而言，辽宁省2017年度地方立法积极回应辽宁省全面深化改革和经济社会跨越式发展的需要，针对社会普遍关注的热点问题，立足科学立法、民主立法的精神，稳步推进立法工作，较好地发挥了立法的引领和推动作用。

（二）辽宁省2017年度人大立法发展状况

2017年，辽宁省人大及其常委会制定了7件地方性法规，分别为《辽宁省学前教育条例》《辽宁省农产品质量安全条例》《辽宁省大气污染防治条例》《辽宁省东水济辽工程管理条例》《辽宁省生活饮用水卫生监督管理条例》《辽宁省志愿服务条例》《辽宁省机构和编制管理条例》；修改出台了24件地方性法规，分别为《辽宁省安全生产条例》《辽宁省实施〈中华人民共和国残疾人保障法〉办法》《辽宁省畜禽屠宰管理条例》《辽宁省机动车污染防治条例》《辽宁省道路运输管理条例》《辽宁省河道管理条例》《辽宁省文化市场管理条例》《辽宁省出版管理规定》《辽宁省全民健身条例》《辽宁省林木种子管理条例》《辽宁省物业管理条例》《辽宁省水文条例》《辽宁省统计管理条例》《辽宁省实施〈中华人民共和国防洪法〉办法》《辽宁省水土保持条例》《辽宁省档案条例》《辽宁省城镇绿化条例》《辽宁省河道管理条例》《辽宁省实施〈中华人民共和国水法〉办法》《辽宁省计量监督条例》《辽宁省旅游条例》《辽宁省煤矿安全生产监督管理条例》《辽宁省物业管理条例》《辽宁省环境保护条例》；废止了3件地方性法规，分别为《辽宁省广告监督管理条例》《辽宁省农业标准化管理条例》《辽宁省城乡集贸市场管理条例》；批准了设区的市地方性法规和民族自治县单行条例共44件，分别为《丹东鸭绿江口湿地国家级自然保护区管理条例》《铁岭市城乡规划条例》《本溪市烟花爆竹燃放管理条例》《沈阳市制定地方性法规条例》《大连市医疗卫生设施规划建设条例》《大连市人民代表大会及其常务委员会立法条例》《大连市燃气管理条例》《抚顺市法治宣传教育条例》《阜新市人民代表大会及其常务委员会立法条例》《盘锦市湿地保护条例》《葫芦岛市饮用水水源保护条例》《葫芦岛市人民代表大会及其常务委员会立法条例》《清原满族自治县城市供水用水条例》《大连市特种海产品资源保护管理条例》《鞍山市城市房屋权属登记条例》（废止）《鞍山市特种设备安全监察条例》（废止）《宽甸满族自治县渔业管理条例》《沈阳市社会保险费征缴条例》（废止）《沈阳市防御雷电灾害条例》《大连市旅游条例》《鞍山市矿产资源保护条例》《朝阳市矿山生态环境恢复治理条例》《沈阳市城市道路管理条例》《沈阳市城市市容和环境卫生管理条例》《沈阳市绿化条例》《沈阳市地铁建设与运营管理条例》《大连市水资源管理条例》《抚顺市城市绿化管理条例》《抚顺市体育市场管理条例》《抚顺市建筑市场管理条例》（废止）《抚顺市城市排水管理条例》（废止）《抚顺市教育督导条例》（废止）《本溪市非税收入管理条例》《本溪市科学技术进步条例》《本溪市法律援助条例》（废止）《本溪市风景名胜资源保护管理条例》（废止）《本溪市产品质量监督条例》（废止）《营口市城市供热条例》《本溪市人参产业发展条例》《辽阳市烟花爆竹销售燃放管理条例》《辽阳市文明行为促进条例》《葫芦岛市城市市容和环境卫生管理条例》《葫芦岛市殡葬管理条例》《桓仁满族自治县物业管理条例》）。

其中，《辽宁省学前教育条例》《辽宁省农产品质量安全条例》《辽宁省大气污染防治条例》等地方性法规的制定，受到了辽宁省人大常委会的重视和社会的广泛关注。

《辽宁省学前教育条例》于2017年1月10日经由辽宁省十二届人大常委会三十一次会议审议通过，并于2017年9月1日正式实施。该条例共7章50条，重点解决了以下七个方面的问题：[1]一是明确学前教育的公益性。针对学前教育公益属性和地位认识模糊等问题，"条例"确立了学前教育为社会提供公益性、普惠性公共服务的原则。二是强调科学规划和建设幼儿园。针对幼儿园数量和布局将面临"二孩"政策和城镇化趋势挑战的问题，"条例"规定有关部门编制幼儿园布局规划并将其纳入控制性详细规划，保障儿童就近入园。同时，城镇小区应当按照国家有关规定配套建设幼儿园，保证每个乡镇至少设置一所公办中心幼儿园。三是加强幼儿园的规范管理。针对一些幼儿园办园不规范、无证幼儿园难以治理等问题，"条例"规定未经依法登记注册或

---

[1] 参见罗英智：《〈辽宁省学前教育条例〉将于9月1日正式实施》，搜狐网http：//www.sohu.com/a/168541790_277866，访问时间：2018年9月4日。

者取得办学许可，任何单位和个人不得举办幼儿园或者其他从事学前教育的机构。而且，中外合作举办学前教育机构，必须由省教育主管部门审批。四是强调维护儿童的合法权益。针对一些幼儿园条件不达标、教育"小学化"、偶有发生伤害幼儿身心健康等问题，"条例"规定，学前教育应当遵循儿童身心发展特点和规律，尊重儿童人格，保护儿童权利，促进儿童身心健康发展。五是强调保障幼儿园教师的合法权益。针对合格幼儿教师数量不足、工资待遇偏低等问题，"条例"规定幼儿园教师在进修培训、表彰奖励和专业技术职称评聘等方面，与中小学教师享有同等权利。尤其对长期在农村基层和贫困地区工作的幼儿园教师，应当在工资待遇、职称评聘和生活等方面给予照顾。六是强调建立学前教育的保障机制。针对学前教育财政投入不足、家长缴费比例较高等问题，"条例"建立政府投入、社会举办者投入、家庭合理分担的学前教育投入保障机制。七是明确了有关违法行为的法律责任。针对无证办园、伤害儿童等违法行为，"条例"第四十二条至第四十七条规定了明确的法律责任。

《辽宁省农产品质量安全条例》于2017年3月31日经由辽宁省十二届人大常委会三十三次会议审议通过，并于2017年6月1日起正式施行。该条例共8章51条，对农产品产地、农业投入品经营、农产品生产、农产品收购、贮存和运输、农产品质量监督检查、法律责任等作出规定。该条例的突出亮点在于通过建立系列农产品相关信息制度，以实现对农产品质量安全的追踪和保障。主要包括：一是建立农产品生产记录制度，规定规模农产品生产者应当建立农产品生产记录，如实记录使用农业投入品的名称、来源、用法、用量和使用、停用日期，以及农产品收获日期等事项，禁止伪造农产品生产记录，且农产品生产记录保存期限不得少于两年。二是建立农产品收购、贮存、运输记录制度，规定农产品收购、贮存、运输单位和个人应当建立农产品收购、贮存、运输记录，如实记录交易时间、品种、数量、产品来源、产品去向、交易单位或者个人姓名、联系方式等，禁止伪造农产品收购、贮存、运输记录，且农产品收购、贮存、运输记录保存期限不得少于两年。三是建立农业投入品信息制度，规定农业投入品经营者应当向农业行政主管部门提供其经营的农业投入品有关信息，向购买者提供产品说明和安全使用指导，不得销售国家和本行政区域禁止使用的农业投入品。对于不遵守上述信息记录的行为，该条例也分别设定了相对应的法律责任和处罚条款，以保证条例所设定的信息制度得以落实。

《辽宁省大气污染防治条例》于2017年5月25日经由辽宁省十二届人大常委会三十四次会议审议通过，并于2017年8月1日起施行。该条例共6章67条，对有关监督管理、防治措施、重污染天气应对、法律责任等作出规定。其中，明确政府责任、突出规划先行理念、落实处罚措施等是该条例显著的特点。①在突出政府责任方面，一是

---

① 参见丁冬：《突出政府责任　加大处罚力度》，中国环境网http://www.cenews.com.cn/fzxw/201706/t20170623_838404.html，访问时间：2018年9月4日。

明确规定政府作为大气污染防治的第一责任主体。即"省、市、县人民政府应当对本行政区域内的环境质量负责"。二是构建起大气污染防治的政府责任体系。该条例首先规定各级环保部门对大气污染防治实施统一监督管理；其次，规定其他有关政府部门也应当依其法定职责对大气污染防治工作实施监督管理；最后，规定乡镇政府和街道办事处应当协助有关部门组织开展大气污染防治工作。在突出规划先行理念方面，"条例"一方面规定，省政府可以制定严于国家标准的地方大气环境质量标准和污染物排放标准；另一方面则规定对国家大气环境质量标准和污染物排放标准中未作规定的项目，可以制定地方标准。在落实处罚措施方面，一是按照上位法的处罚上限进行处罚，加大对严重违法行为的处罚力度；二是细化了上位法中部分行政处罚条款，明确了具体处罚额度，增强了处罚条款的可操作性。[①]

2017年，辽宁省设区的市人大及其常委会也积极开展立法工作。沈阳市人大及其常委会制定了《沈阳市地铁建设与运营管理条例》，修改了《沈阳市制定地方性法规条例》《沈阳市防御雷电灾害条例》《沈阳市城市道路管理条例》《沈阳市城市市容和环境卫生管理条例》《沈阳市绿化条例》，废止了《沈阳市社会保险费征缴条例》；大连市人大及其常委会制定了《大连市旅游条例》，修改了《大连市人民代表大会及其常务委员会立法条例》《大连市燃气管理条例》《大连市安全生产条例》《大连市特种海产品资源保护管理条例》《大连市水资源管理条例》；鞍山市人大及其常委会制定了《鞍山市矿产资源保护条例》，废止了《鞍山市城市房屋权属登记条例》《鞍山市特种设备安全监察条例》；抚顺市人大及其常委会修改了《抚顺市法治宣传教育条例》《抚顺市城市绿化管理条例》《抚顺市体育市场管理条例》，废止了《抚顺市建筑市场管理条例》《抚顺市城市排水管理条例》《抚顺市教育督导条例》；本溪市人大及其常委会制定了《本溪市人参产业发展条例》，修改了《本溪市非税收入管理条例》《本溪市科学技术进步条例》，废止了《本溪市法律援助条例》《本溪市风景名胜资源保护管理条例》《本溪市产品质量监督条例》；丹东市人大及其常委会修改了《丹东鸭绿江口湿地国家级自然保护区管理条例》；锦州市人大及其常委会制定了《锦州市海岸带保护与利用管理条例》《锦州市大气污染防治条例》；营口市人大及其常委会制定了《营口市城市供热条例》；阜新市人大及其常委会制定了《阜新市人民代表大会及其常务委员会立法条例》；辽阳市人大及其常委会制定了《辽阳市烟花爆竹销售燃放管理条例》《辽阳市文明行为促进条例》；朝阳市人大及其常委会制定了《朝阳市矿山生态环境恢复治理条例》；盘锦市人大及其常委会制定了《盘锦市城乡容貌和环境卫生管理条例》；葫芦岛市人大及其常委会制定了《葫芦岛市人民代表大会及其常务委员会立法条例》《葫芦岛市城市市容和环境卫生管理条

[①]丁冬：《突出政府责任 加大处罚力度》，中国环境网http://www.cenews.com.cn/fzxw/201706/t20170623_838404.html，访问时间：2018年9月4日。

例》《葫芦岛市殡葬管理条例》。

《沈阳市地铁建设与运营管理条例》的出台，填补了沈阳市地铁建设与运营管理的立法空白，使相关建设与管理工作有法可依，体现了沈阳市在解决城市建设管理相关问题上对法治手段的运用。针对旅游业新兴的"一日游"经营中的不规范问题，大连市人大常委会出台了《大连市旅游条例》，对大连市"一日游"予以规范，并加大对非法"一日游"的打击力度。此外，本溪、锦州等市人大常委会也结合本市实际，分别出台了《本溪市人参产业发展条例》《锦州市海岸带保护与利用管理条例》等法规，充分表现出设区的市法规的地方特色。

（三）辽宁省2017年度政府立法发展状况

2017年，辽宁省人民政府制定了8件政府规章，分别为《辽宁省不动产登记办法》《辽宁省森林资源流转办法》《辽宁省知识产权保护办法》《辽宁省水路运输管理规定》《辽宁省社会组织管理办法》《辽宁省建设项目安全设施监督管理办法》《辽宁省规范行政审批中介服务办法》《辽阳市渔政管理暂行办法》；修改了26件政府规章，分别为《辽宁省公共机构节能管理办法》《辽宁省取水许可和水资源费征收管理实施办法》《辽宁省海洋环境保护办法》《辽宁省城镇企业职工生育保险规定》《辽宁省城市居民最低生活保障办法》《辽宁省农村居民最低生活保障办法》《辽宁省实验动物管理办法》《辽宁省政府规章制定办法》《辽宁省无障碍环境建设管理规定》《辽宁省发展散装水泥管理规定》《辽宁省安全生产监督管理规定》《辽宁省企业安全生产主体责任规定》《辽宁省地质灾害防治管理办法》《辽宁省建设工程造价管理办法》《辽宁省污水处理厂运行监督管理规定》《辽宁省城市市容和环境卫生管理规定》《辽宁省建设工程抗震设防要求管理办法》《辽宁省农村集体经济审计办法》《辽宁省农业机械安全管理办法》《辽宁省促进普通高等学校毕业生就业规定》《辽宁省种畜禽生产经营管理办法》《辽宁省生态公益林管理办法》《辽宁省森林和野生动物类型自然保护区管理实施细则》《辽宁省草原管理实施办法》《辽宁省工伤保险实施办法》《辽宁省建设项目安全设施监督管理办法》；废止了12件政府规章，分别为《辽宁省实施〈中华人民共和国保密法〉细则》《辽宁省幼儿园管理实施办法》《辽宁省工程勘察设计市场管理规定》《辽宁省城镇个体工商户及其从业人员基本养老保险办法》《辽宁省政府采购管理规定》《辽宁省机动车排气污染防治管理办法》《辽宁省小煤矿安全生产管理规定》《辽宁省法律援助实施办法》《辽宁省政府债务管理办法》《辽宁省工业锅炉节能管理办法》《辽宁省农产品质量安全管理办法》《辽宁省扬尘污染防治管理办法》。

其中，《辽宁省森林资源流转办法》《中国（辽宁）自由贸易试验区大连片区管理办法》是辽宁省人民政府在2017年重点出台的政府规章。

《辽宁省森林资源流转办法》于2017年3月20日经由辽宁省十二届人民政府一百一十三次常务会议审议通过，并于2017年5月1日起施行。该办法的出台，对充分利用森林资源、规范森林资源流转行为、保障当事人合法权益具有重要意义。第一，"办法"规定了森林资源流转原则与范围。"办法"明确了"森林资源流转应当坚持依法、自愿、有偿，保护农村集体和农民利益，不改变林地用途、公益林性质和林地保护等级的原则"，并规定可以流转的森林资源权利范围包括集体商品林、公益林的林地经营权和森林、林木所有权；农户商品林、公益林的林地承包权、经营权和森林、林木所有权；县以上人民政府林地保护利用规划确定的宜林地的承包权、经营权，自留山的林地经营权。第二，"办法"规范了流转期限及程序。根据"办法"规定，集体统一经营的森林资源的流转期限，最长不得超过70年；家庭承包经营的森林资源的流转期限，不得超过承包期的剩余期限；自留山林地的流转期限，由流转双方协商约定，最长不得超过70年；森林资源再次流转的，不得超过上一次流转合同约定期限的剩余期限。同时，"办法"规范了流转程序，分别对集体森林流转和农户森林资源流转作出规定。第三，"办法"提高了对违法行为处罚的下限。例如，"办法"规定，对流入方在生产经营过程中擅自改变林地用途的，由林业行政主管部门责令限期恢复原状，处非法改变用途林地每平方米30元罚款；逾期未恢复原状的，由林业行政主管部门依法确定有关单位或者个人代为恢复林业生产条件，所需费用由违法行为人承担，进一步提高了处罚的下限。①

《辽宁省知识产权保护办法》于2017年12月13日经由辽宁省人民政府十二届一百五十次常务会议审议通过，于2018年2月1日起施行。该办法共26条，摒弃了传统的"大而全"的立法模式，坚持从实际出发，本着需要和可能相结合的原则，及时回应了经营主体对加强知识产权保护的强烈呼声。该办法一方面强调了政府的管理职责，要求相关行政主体建立健全知识产权保护协调工作机制、知识产权评议机制、知识产权行政执法部门工作协调机制和跨区域联动机制、行政执法信息共享和工作通报制度、市场主体知识产权信用档案制度等。另一方面则推动社会参与，鼓励社会公众和新闻媒体对侵犯知识产权的行为开展社会监督，鼓励高等院校、科研院所通过无偿专利许可方式支持单位职工和大学毕业生创新创业，鼓励高等院校、科研院所、大型企业向中小微企业低成本许可专利等。②

2017年，辽宁省设区的市政府立法也取得了良好的进展和成效。沈阳市人民政府制定了《沈阳市餐厨垃圾管理办法》《沈阳市优化营商环境办法》，修改了《沈阳市

---

① 参见《〈辽宁省森林资源流转办法〉2017年5月施行　流转期限是多久？》，土流网https：//www.tuliu.com/read-55009.html，访问时间：2018年9月4日。

② 参见《〈辽宁省知识产权保护办法〉解读》，辽宁省知识产权局官网http：//www.lnipo.gov.cn/zdzwxxgk/zcjd/201801/t20180116_3147793.html，访问时间：2018年9月4日。

政府投资建设项目审计监督办法》；大连市人民政府制定了《大连市居住房屋租赁治安管理规定》《中国（辽宁）自由贸易试验区大连片区管理办法》，修改出台了《大连市居住证暂行办法》《大连市急救医疗管理办法》《大连市人民政府制定地方性法规草案和规章程序规定》，废止了《大连市公益广告管理规定》《大连市合同监督管理办法》《大连市著名商标认定与保护暂行办法》《大连市名牌农产品认定管理办法》《大连市城市中水设施建设管理办法》《大连市道路交通事故车辆、物品损失价格评估规定》《大连市涉案物品估价管理办法》《大连市一日游管理办法》《大连市机关事业单位女工作人员生育保险规定》《大连市民办职业培训机构管理办法》《大连市社会福利企业管理办法》《大连市行业协会管理办法》《大连市农村户口管理规定》《大连市二手手机交易治安管理规定》《大连市关于政府系统消防工作责任制的规定》《大连市职工教育管理规定》《大连市国际集装箱道路运输管理办法》《大连市国际集装箱内陆中转站、货运站管理办法》《大连市高速公路管理办法》《大连市交通工程质量监督管理办法》《大连市汽车租赁管理规定》《大连市道路货运市场管理规定》《大连市粮油饲料仓库进出库计重交接管理规定》《大连市港口岸线管理办法》《大连市环境保护管理处罚细则》《大连市机动车排气污染防治管理办法》《大连市燃气器具管理办法》《大连市液化石油气管理办法》《大连市人民防空设施管理规定》《大连市城镇房屋权属登记管理办法》《大连市城市住宅售后修缮资金计提及使用管理暂行规定》《大连市国有土地使用权出让和转让管理办法》《大连市野生动物保护管理办法》《大连市城市户外广告、牌匾设施管理办法》《大连市市区临时建筑及临时占用道路、空地审批和管理办法》《大连市城市排水设施管理办法》《大连市安全生产监督管理规定》《大连市铁路道口交通安全管理暂行规定》《大连市行政许可统计制度》《大连市行政许可决定申诉检举办法》《大连市按比例分散安置残疾人就业规定》《大连市工程建设场地地震安全性评价管理规定》；鞍山市人民政府修改了《〈鞍山市城市市容和环境卫生管理条例〉实施办法》《鞍山市传染病病人收治管理办法》《鞍山市住宅专项维修资金管理办法》《鞍山市限制燃放烟花爆竹规定》《鞍山市河道管理实施细则》《鞍山市城市房屋设施拆改管理办法》，废止了《鞍山市结核病防治管理办法》《鞍山市旅馆业治安管理实施细则》《鞍山市盐业管理办法》《鞍山市旅游管理规定》《鞍山市酒类管理办法》《鞍山市机动车排气污染综合防治管理办法》《鞍山市副食品价格调节基金征收管理办法》《鞍山市重大危险源安全监督管理办法》《鞍山市生猪产品流通管理办法》；抚顺市人民政府修改了《抚顺市二手车流通管理办法》《抚顺市城镇企业职工生育保险暂行规定》《抚顺市体育市场稽查办法》《抚顺市城镇职工基本医疗保险管理办法》《抚顺市新型墙体材料开发应用和建筑节能管理规定》《抚顺市政府投资建设项目审计监督办法》，废止了《抚顺市工程建设房地产交易及预算外资金管理执法监督暂行办法》《抚顺市公共场所禁止吸烟暂行规定》《抚顺市价格调节基金征管办法》《抚顺市村庄和集镇规划建设管理办法》《抚顺市建设收费集中管理规定》《抚顺市机关事业单位职工养老保险暂行办法》《抚顺市城镇企业职工基本养老保险个人账户实施办法》《抚顺市城市供热收费管理暂行规定》《抚顺市客运出租汽车治安管理规定》；本溪市人民政府制定了《本溪市机动车停车场管理办法》，修改了《本溪市城镇职工生育保险办法》《本溪市城市房屋租赁管理办法》《本溪市机动车维修管理办法》《本溪市城市危险房屋管理办法》《本溪市煤矿安全生产管理办法》《本溪市气瓶安全管理办法》，废止了《本溪市档案管理规定》《本溪市公路管理办法》《本溪市农业工程水费征收和使用管理办法》《本溪市产权交易管理暂行办法》《本溪市出租房屋房产税征收管理办法》《本溪市城市公共客运交通管理办法》《本溪市私营企业档案管理规定》《本溪市商品交易市场管理办法》《本溪市罚款决定与罚款收缴分离规定》《本溪市畜禽屠宰管理办法》《本溪市劳动监察规定》《本溪市再生资源回收利用行业管理办法》《本溪市零工劳务市场管理规定》《本溪市机动车污染防治办法》《本溪市居住证管理办法》《本溪市公证办法》；丹东市人民政府制定了《丹东市人民政府规章制定程序规定》；锦州市人民政府制定了《锦州市森林防火实施办法》《锦州市湿地保护管理办法》《锦州市建筑物配建机动车停车设施规划管理暂行规定》《锦州市城市供水管理办法》；营口市人民政府制定了《营口市地名管理办法》《营口市再生资源回收管理办法》；阜新市人民政府制定了《阜新市政府规章制定程序规定》；辽阳市人民政府制定了《辽阳市水土保持管理办法》《辽阳市渔政管理暂行办法》；铁岭市人民政府制定了《铁岭市人民政府拟定地方性法规草案和制定规章程序规定》；盘锦市人民政府制定了《盘锦市人民政府地方性法规草案拟定和规章制定程序规定》。

《沈阳市餐厨垃圾管理办法》的出台，对餐厨垃圾排放、收集和运输、处置等行为予以规范，从立法上防止和避免"地沟油""垃圾猪"等流回餐桌而造成的食品安全问题。大连市人民政府根据国务院批准的《中国（辽宁）自由贸易试验区总体方案》和有关法律、法规制定并适用于中国（辽宁）自由贸易试验区大连片区，为中国（辽宁）自由贸易试验区大连片区建设提供了立法保障。

二、辽宁省2017年度地方立法的特色和亮点

（一）地方人大立法中的特色和亮点

1. 全面开展地方性法规的"立改废"工作

辽宁省人大常委会2017年的立法工作围绕地方性法规的"立改废"全面展开，努力使经济社会发展的各个方面于法有据。辽宁省人大常委会除了从本省客观实际出发，制定出台相应的地方性法规以外，也根据国务院关于修改部分行政法规、取消相

关行政许可事项、清理规范相关行政审批中介服务事项、取消相关职业资格许可和认定事项等一系列决定，适时对已有的地方性法规进行修改和废止。2017年，辽宁省十二届人大常委会分别于第三十五次和第三十六次会议"打包"修改和废止了两批地方性法规。其中，在7月27日第三十五次会议上，将《辽宁省畜禽屠宰管理条例》《辽宁省机动车污染防治条例》《辽宁省道路运输管理条例》《辽宁省河道管理条例》《辽宁省文化市场管理条例》《辽宁省出版管理规定》《辽宁省全民健身条例》等地方性法规不符合法律和行政法规有关规定的内容删除或进行相应修改；对《辽宁省林木种子管理条例》《辽宁省水文条例》《辽宁省统计管理条例》等地方性法规涉及已取消行政许可项目的有关规定予以删除或作相应修改；对《辽宁省实施〈中华人民共和国防洪法〉办法》《辽宁省水土保持条例》《辽宁省档案条例》等地方性法规涉及已取消备案及中介服务的有关规定予以删除或作相应修改；将《辽宁省广告监督管理条例》《辽宁省农业标准化管理条例》2件地方性法规予以废止。[1]在9月28日第三十六次会议上，对《辽宁省档案条例》等6件地方性法规进行修改，并废止了《辽宁省城乡集贸市场管理条例》。

2. 加强重点领域立法

辽宁省人大常委会立足解决实际问题，加强重点领域立法。一是加强安全领域立法。2017年，辽宁省人大常委会制定了《辽宁省农产品质量安全条例》，修改了《辽宁省安全生产条例》《辽宁省煤矿安全生产监督管理条例》，旨在通过食品安全、生产安全等安全领域立法，强化对涉及公民生命财产安全行为的规范和监管，切实保障公民的生命权、健康权、财产权等。二是推动环境资源保护领域立法。2017年，辽宁省人大常委会制定了《辽宁省大气污染防治条例》，修改了《辽宁省环境保护条例》《辽宁省水土保持条例》《辽宁省实施〈中华人民共和国水法〉办法》等环境资源保护领域的法规，从而根据国家相关法律，结合辽宁省的实际情况，从污染防治、资源保护等方面全面构建地方环境资源保护的法规体系，为坚持绿色发展、建设"美丽辽宁"提供了体系化的保障。

3. 突出地方民生立法

辽宁省人大常委会积极回应社会关切的热点问题，突出地方民生立法。一是制定辽宁省首部关于学前教育的地方性法规《辽宁省学前教育条例》，对学前教育的规划建设、办学管理、保育教育、保障促进、法律责任等作出规定，为构建覆盖城乡、布局合理的学前教育基本公共服务体系，合理配置学前教育资源，加大学前教育经费保障，落实保障儿童教育的责任，促进和保障学前教育健康发展，提高学前教育质量，解决社会普遍关注的"入公办园难""入好园贵"等问题提供了地方立法的依据和保

①参见郭宏颖：《辽宁省将废止和修改17件地方性法规》，沈阳政府网http：//www.shenyang.gov.cn/zwgk/system/2017/07/28/010188861.shtml，访问时间：2018年9月4日。

障，填补了辽宁省地方教育法规体系在学前教育阶段的空白；[①]二是制定《辽宁省生活饮用水卫生监督管理条例》，对本省行政区域内从事集中式供水、二次供水和涉及生活饮用水卫生安全的产品生产经营及其相关活动进行调整，为保障生活饮用水卫生安全，提高人民健康水平提供法规保障；三是修改《辽宁省实施〈中华人民共和国残疾人保障法〉办法》，增加了多项支持、便利残疾人升学、就业、生活等方面的规定，加大了对残疾人权益的保障，反映了地方立法对残疾人的关怀，体现出地方法治所应有的平等和正义理念。

（二）地方政府立法中的特色和亮点

1. 发挥地方立法对改革的引领作用

辽宁省人民政府2017年的立法工作围绕改革的重大问题展开，充分发挥立法对经济社会发展的引领和推动作用，坚持在法治框架内推进各项改革，努力使振兴发展各项措施于法有据。例如，《辽宁省森林资源流转办法》的制定，是辽宁省推进加快林业改革和发展的重要措施，为促进林业改革发展和社会稳定提供了有力的地方立法保障。又如，《中国（辽宁）自由贸易试验区大连片区管理办法》的出台，是落实《中国（辽宁）自由贸易试验区总体方案》相关改革事项的重要举措，为在自贸试验区鼓励先行先试、推进改革措施提供了必要的地方立法依据。

2. 积极推进社会管理和保障立法

2017年，辽宁省各级人民政府积极推进社会管理和保障领域立法，为创新社会治理、维护社会稳定提供了规章依据。在省政府规章方面，辽宁省人民政府制定了《辽宁省社会组织管理办法》，修改了《辽宁省城镇企业职工生育保险规定》《辽宁省城市居民最低生活保障办法》《辽宁省农村居民最低生活保障办法》《辽宁省无障碍环境建设管理规定》《辽宁省工伤保险实施办法》等规章。在设区的市政府规章方面，大连市人民政府制定了《大连市居住房屋租赁治安管理规定》，修改了《大连市居住证暂行办法》；抚顺市人民政府修改了《抚顺市城镇企业职工生育保险暂行规定》《抚顺市城镇职工基本医疗保险管理办法》；本溪市人民政府制定了《本溪市机动车停车场管理办法》，修改了《本溪市城镇职工生育保险办法》；锦州市人民政府制定了《锦州市建筑物配建机动车停车设施规划管理暂行规定》《锦州市城市供水管理办法》；等等。

3. 及时开展政府规章清理

为了落实推进简政放权的要求，辽宁省各级人民政府及时展开政府规章清理。辽宁省人民政府于2017年7月28日通过《辽宁省人民政府关于修改部分省政府规章的

---

① 参见罗英智：《〈辽宁省学前教育条例〉将于9月1日正式实施》，搜狐网http：//www.sohu.com/a/168541790_277866，访问时间：2018年9月4日。

决定》，修改《辽宁省公共机构节能管理办法》等8件政府规章；2017年11月16日通过《辽宁省人民政府关于废止和修改部分省政府规章的决定》，对《辽宁省发展散装水泥管理规定》等16件规章作出修改，对《辽宁省实施〈中华人民共和国保密法〉细则》等12件规章予以废止。在设区的市人民政府方面，大连、鞍山、抚顺、本溪等市的人民政府也进行了政府规章清理。大连市人民政府于2017年11月16日通过《大连市人民政府关于废止42件市政府规章的决定》，废止《大连市公益广告管理规定》等42件政府规章。鞍山市人民政府于2017年10月19日通过《鞍山市人民政府规章修正案》，修改《〈鞍山市城市市容和环境卫生管理条例〉实施办法》等6件政府规章，废止《鞍山市结核病防治管理办法》等9件政府规章。抚顺市人民政府于2017年2月18日通过《抚顺市人民政府关于废止和修改部分市政府规章的决定》，废止《抚顺市工程建设房地产交易及预算外资金管理执法监督暂行办法》等4件政府规章，对《抚顺市二手车流通管理办法》的部分条款予以修改。本溪市人民政府于2017年7月3日通过《关于公布政府规章和规范性文件清理结果的决定》，对不适应经济社会发展需要、不利于企业生产经营和管理活动、与上位法相悖或已被上位法代替的16件政府规章予以废止，对5件政府规章的部分条款予以修改。

三、辽宁省2017年度地方立法的不足与未来展望

（一）辽宁省2017年度地方立法的不足

1. 地方立法起草主体较为单一

现阶段，辽宁省主要由政府部门起草法规规章草案，地方立法起草主体较为单一。根据《辽宁省人民政府2017年立法计划》，无论是力争年内完成的5件项目，还是7件预备项目，均由政府机构或部门起草。例如，在力争年内完成的项目中，《辽宁省水路运输管理规定》由省交通厅起草；《辽宁省规章制定程序规定》由省政府法制办起草；《辽宁省无障碍环境建设规定》由省残工委办公室起草；《辽宁省建设项目安全设施监督管理办法（修正）》由省安全生产监督管理局起草；《辽宁省工伤保险实施办法（修订）》由省人力资源社会保障厅起草。可见，这些规章的起草基本与政府机构和部门的职能一一对应。虽然相关政府机构和部门熟悉相关业务操作，有助于提高起草的效率，但这种做法"常常带来两大问题，一是部门权力'考虑'得多，责任义务则尽量'规避'，二是在涉及多部门责任时，经常出现界限不清、互相扯皮的情况"[①]。

2. 设区的市立法进程有待推进

从辽宁省2017年地方立法的总体情况来看，尽管地方性法规和地方政府规章立、

---

① 《第三方起草，让立法更具公信力》，凤凰网http://news.ifeng.com/a/20150112/42910518_0.shtml，访问时间：2018年9月4日。

改、废的数量较大，但也有个别新获地方立法权的设区的市人大或政府在2017年1月1日至2017年12月31日期间没有制定或修改出台任何一件地方性法规或地方政府规章。这在某种程度上体现出个别新获立法权的设区的市仍未能有效行使2015年《立法法》所赋予的地方立法权，充分开展地方立法工作，辽宁省设区的市的立法进程还有待继续推进。

3.民族自治地方立法权行使不够充分

根据《立法法》第七十五条规定，民族自治地方的人民代表大会有权依照当地民族的政治、经济和文化的特点，制定自治条例和单行条例；自治州、自治县的自治条例和单行条例，报省、自治区、直辖市的人民代表大会常务委员会批准后生效；自治条例和单行条例可以依照当地民族的特点，对法律和行政法规的规定作出变通规定，但不得违背法律或者行政法规的基本原则，不得对宪法和民族区域自治法的规定以及其他有关法律、行政法规专门就民族自治地方所做的规定作出变通规定。可见，《立法法》赋予了民族自治地方相较于一般行政区域更为自主的地方立法权。但从2017年辽宁省民族自治地方的立法情况来看，辽宁省所属8个自治县人大并未通过新的自治条例或单行条例。[1]

（二）辽宁省地方立法的未来展望

2018年，辽宁省地方立法应当贯彻中央的决策部署，贯彻落实党的十九大提出的建设"两个机关"和习近平总书记参加辽宁代表团审议时对人大提出的要求，加强和改进立法工作，提高地方立法质量，为辽宁振兴发展提供法治保障。

1.健全多元起草机制，提高委托第三方起草的比重

委托第三方起草，是指由立法主体委托有关机构、组织或人员，完成草拟法规规章草案的行为。委托第三方起草一方面可在一个相对专业、公正的立场上考虑问题，防止部门利益和地方保护主义的法制化，从而有利于实现立法利益平衡的功能。另一方面，也有利于促进立法的民主化和科学化。通过交由中立的组织与个人进行起草，更容易做到立法不掺杂私利，也更容易听取来自主管部门、其他利害关系人以及社会公众的意见，以一种更加理性的态度对待法规规章的起草。[2]为此，《中共中央关于全面推进依法治国若干重大问题的决定》提出"探索委托第三方起草法律法规草案"。因此，辽宁省有必要进一步健全多元起草机制，提高委托第三方起草法规规章的比重，有效防止政府部门在立法过程中"与民争利"，减少、避免"部门利益法制化"现象的发生。

---

①数据来自司法部"法律法规数据库"。

②参见黄龙云主编：《广东地方立法实践与探索》，广东人民出版社，2015年，第60~62页。

2. 加强人才队伍建设，加快设区的市立法进程

加快设区的市立法进程，是辽宁省地方立法在地方立法权"扩容"后面临的一项重要任务。"立法活动是专业性强、程序要求高、需要多方合作进行的复杂劳动和集体行为，立法有严格的程序规定和行文规范，立法过程中还需要各部门间的沟通合作，这要求立法人员不仅要具备过硬的法律知识，还要具备充足的立法实践经验。"[①] 可见，立法工作的推进需要以充分的立法人才储备为前提，但从目前的情况来看，设区的市立法人才普遍紧缺，新获地方立法权的市更是如此。因此，辽宁省各设区的市应当加强立法人才队伍建设，一方面要采取有效措施积极引进立法人才，另一方面也要注重自主培养立法人才，积极开展相关的立法技术培训，提高立法机关现有工作人员的立法水平，保障设区的市立法工作顺利开展，加快设区的市立法进程。

3. 充分运用民族自治地方立法权，推进民族自治地方立法

民族自治地方立法权是民族自治地方自治权的有机组成部分，辽宁省8个民族自治县应从以下三点着手，充分运用民族自治地方立法权，推进民族自治地方立法：一是坚持正确的立法指导思想。民族自治地方立法权的行使应当与关乎民族自治县改革、发展、稳定的相关决策有机结合，立足少数民族的现实需求，因地制宜，量力而行，又要适度前瞻，逐步将民族自治县各项事务有序纳入法治化轨道。二是强调民族自治地方立法的计划性。制定立法规划是行使民族自治地方立法权不可缺少的环节，其主要任务和目的在于使民族自治地方立法有计划、有步骤地进行，从而使民族自治地方立法有序化、科学化、系统化。立法规划须突出重点、上下结合、适度超前，在确保法制统一和立法质量的前提下，发挥民族自治地方立法的自主性和灵活性。[②] 三是用好民族自治地方立法变通权。民族自治地方立法变通权是自治权中的重要内容，是民族自治法规立法的灵魂。实践立法变通的具体使用，关键在于如何抓住自治权的有效行使，灵活变通法律法规，充分体现民族自治地方立法的民族性、特殊性。辽宁省8个民族自治县应在尊重"三不违背"原则的前提下，合法、合理地变通有关政策和法律法规，从而通过民族自治地方立法解决民族自治县的一些特殊性问题。[③]

审稿：潘高峰（广东外语外贸大学）

① 齐静：《地方立法遇人才难题》，载《大众日报》2015年10月11日。

② 参见吴金龙：《民族区域自治地方立法新议》，延边大学2004年硕士学位论文，第25~26页。

③ 参见丁爱萍：《突出地方特色创新 促进民族区域自治——"一州两县"民族立法工作回眸》，载《楚天主人》2014年第9期。

第八章　吉林省2017年度立法发展报告

李　珊[①]

摘要： 2017年吉林省各级立法机关以党的十八大、十九大精神为指导，坚持科学立法、民主立法、依法立法，取得了较好的成绩，为推进吉林省全面深化改革和法治吉林作出了积极贡献。吉林省人大和各级政府重视经济领域和社会建设与管理领域的立法，加强沟通协调，发挥人大的主导作用，制定、修改、废止、批准共76件地方性法规，制定5件政府规章。设区的市和民族自治地方立法取得了一定的成绩，修改、废止3件自治条例和单行条例，制定、修改、废止31件政府规章。同时吉林省地方立法也存在地方立法工作制度不完善、人大常委会自主起草立法草案的比重不高、公众参与地方立法的制度保障不足等问题。展望未来，吉林省的立法应当继续强调地方立法的特色，持续推进重点领域立法，创新草案起草工作机制，健全立法公众参与制度，加大推进设区的市、自治州地方立法力度，不断提升地方立法的质量。

关键词： 吉林省　地方立法　发展报告

一、吉林省2017年度立法发展状况

（一）吉林省2017年度立法状况总体评述

2017年，吉林省有省人大及其常委会、省政府2个省级立法主体，长春、吉林、四平、辽源、通化、白山、白城、松原等8个市及延边朝鲜族自治州人大和政府等18个市级立法主体，延边朝鲜族自治州、前郭尔罗斯蒙古族自治县、长白山朝鲜族自治县和伊通满族自治县的人民代表大会4个民主自治地方立法主体。

吉林省人大及其常委会牢固树立依法立法、为民立法、科学立法、民主立法的理念，积极发挥人大在立法中的主导作用，突出重点领域、重大改革、重要民生方面立法，总体上取得了一定的成绩。吉林省人大及其常委会全年一共"立改废"地方性法规46件，批准30件，从立法层面为吉林省改革发展提供了有力的法制保障。其中，吉林省地方性法规制定9件、修改31件、废止6件，批准各设区的市及自治州制定9件、修

---

①李珊，法学硕士，中山大学新华学院教师。研究方向：民商法、地方立法。

改13件、废止8件。

吉林省人民政府制定了《吉林省气候资源保护和开发利用办法》《吉林省自然灾害救助办法》《吉林省排污许可管理办法》等5件政府规章。

在设区的市人大立法方面，各市取得了一定的成果，长春市人大及其常委会制定了《长春市节约用水条例》，并对《长春市预防和制止家庭暴力条例》进行了修订；吉林市人大及其常委会修改了《吉林市绿化管理条例》等8件有关城乡建设与管理、环境保护，特别是水资源保护与管理方面的地方性法规，废止了《吉林市技术市场管理条例》等4件地方性法规；此外，白山市人大及其常委会制定了3件地方性法规；四平市和通化市的人大及其常委会各制定1件地方性法规。

在设区的市政府立法方面，长春市人民政府制定了《长春市城市公共交通基础设施管理办法》《长春市餐厨垃圾管理暂行办法》2件政府规章，修改13件、废止3件。吉林市人民政府一次性打包修改政府规章4件、废止5件。此外，四平市和通化市人民政府分别制定政府规章2件和1件。其他设区的市未发现有规章出台。

在民族自治地方立法方面，延边朝鲜族自治州人大及其常委会制定了《延边朝鲜族自治州立法规定》和《延边朝鲜族自治州气候资源开发利用和保护条例》，延边朝鲜族自治州人民代表大会对《延边朝鲜族自治州朝鲜语言文字工作条例》《延边朝鲜族自治州城市饮用水水源环境保护条例》进行了修订，对《延边朝鲜族自治州政府采购条例》进行了废止。未发现前郭尔罗斯蒙古族自治县、长白山朝鲜族自治县和伊通满族自治县出台新的自治条例和单行条例。

从2017年立法工作全局来看，吉林省立法工作在数量上有了很大的提升，注重提高立法质量，充分发挥立法的引领与推动作用，为改革发展提供了有力的法治保障。

（二）吉林省2017年度人大立法发展状况

2017年，吉林省人大认真贯彻党的十八大、十九大精神，认真践行《立法法》相关规定，依法履职，地方立法成绩突出，制定、修改、批准的地方性法规和民族自治地方单行条例共62件，其中制定了《吉林省非物质文化遗产保护条例》《吉林省保健用品管理条例》《吉林省通信设施建设与保护条例》《吉林省实施〈中华人民共和国民族区域自治法〉办法》《吉林省全民阅读促进条例》《吉林省企业工资集体协商条例》《吉林省专利条例》《吉林省促进中小企业发展条例》《吉林省地方立法条例》9件；批量修改了《吉林省安全生产条例》《吉林省森林防火条例》《吉林省自然保护区条例》《吉林省畜禽屠宰管理条例》《吉林省湿地保护条例》《吉林省森林管理条例》《吉林省土地管理条例》《吉林省公证条例》等31件；废止了《吉林省人民政府关于国家行政机关工作人员奖惩暂行办法》《吉林省文化市场管理条例》《吉林省城乡集贸市场管理条例》《吉林省个体工商户条例》《吉林省外商投资企业私营企业工会条例》《吉林省土地登记条例》6件；批准设区的市或民族自治地方制定和修改地方性法规22件，其中批准制定的地方性法规有《延边朝鲜族自治州立法规定》《白山市人民代表大会及其常务委员会立法条例》《延边朝鲜族自治州气候资源开发利用和保护条例》《前郭尔罗斯蒙古族自治县物业管理条例》《白山市西北岔水库饮用水水源保护条例》《长春市节约用水条例》等9件；批准修改了《长春市企业负担监督管理条例》《长春市城市客运出租汽车管理条例》《长春市预防和制止家庭暴力条例》《吉林市绿化管理条例》《吉林市城市节约用水管理条例》等13件；批准废止了《长春市大气污染防治管理办法》《长春市信访工作若干规定》《长春市道路货物运输交易市场管理条例》《延边朝鲜族自治州政府采购条例》《吉林市技术市场管理条例》《吉林市制止价格欺诈和牟取暴利行为的若干规定》《吉林市环境保护条例》《吉林市城市公共客运交通管理条例》8件。

为了规范地方立法活动，推进依法治省，结合吉林省实际，根据修改后的《立法法》相关规定，吉林省人大通过了《吉林省地方立法条例》。为了尽快出台该条例，条例草案经过省人大常委会会议两次审议，广泛征求人民代表意见，数易其稿、反复修改，在吉林省人民代表大会召开前，法制委员会召开专门会议落实相关工作。由于前期准备工作充分，法规草案本身比较成熟，立法质量较高，在人大代表充分了解掌握法规草案有关情况下，经吉林省人民代表大会一次审议通过，提高了审议的时效。

近年来，党和国家高度重视全民阅读工作。从2006年原国家新闻出版总署提出"全民阅读"，到党的十八大报告写入"开展全民阅读活动"后，"全民阅读"从2014年至2017年连续四年写入政府工作报告，表述由原来的"倡导全民阅读"转变为"大力推进全民阅读"。在吉林省委、省政府的大力支持推动下，全省开展了一系列具有地域特色的阅读活动，如"农民阅读"和"书香吉林阅读季"等一系列特色活动，取得了丰硕的成果，积累了宝贵的经验。其中，民生保障类图书作为全国首创，成效显著。2015年初，吉林省人大将"全民阅读"立法纳入工作日程。从起草到通过，历经两年多的调研、论证，在充分尊重民意和立法规律的前提下，《吉林省全民阅读促进条例》前后修改了四十余稿，最终获得吉林省人大常委会的审议通过。该条例对全民阅读活动开展、服务框架、保障体系和法律责任等方面做了详细规定，并通过立法保障公民平等阅读的权利，明确各级人民政府、社会各界在全面阅读促进中的责任和义务，为吉林省持续开展全面阅读工作提供法律保障，有利于在全省范围内营造"爱读书、读好书、善读书"的社会氛围，对吉林省精神文明建设具有重要的促进作用。[1]

为维护企业与职工双方在劳资关系中的合法权益，规范企业集体工资协商行为，

---

[1] 孟凌云、纪洋：《省十二届人大常委会37次会议通过〈吉林省全民阅读促进条例〉》，载《吉林日报》2017年10月1日。

吉林省人大常委会制定了《吉林省企业工资集体协商条例》。该条例的颁布，有利于提高企业管理水平，促进职工工资合理增长，促进人员合理流动，提高企业竞争力，为吉林省深入开展企业工资集体协商提供了法律支持。该条例的主要内容包括三个方面：第一，从法律层面上，规定工资水平、分配制度、形式和标准、支付方式等事项，以避免企业工资集体协商流于形式；第二，在薪酬增长问题上，要有一个合理的标准，应该给予企业一定程度的工资自主性和灵活性，企业盈利能力强，工资可以相应提高，反之则可以合理地降低，确保企业和职工双方的合法权益；第三，明确各级工会组织在企业集体工资协商中的作用，按照不同地域和不同行业的特点来确定工资集体协商的标准，赋予上级工会代表下级基层工会谈判权利，提高协商效率，降低谈判成本，扩大协商范围，维护广大员工合法权益。

多年来，社会各界一直高度关注安全生产工作的开展。2014年全国人大常委会全面修订了《中华人民共和国安全生产法》，针对新时期安全生产问题提出了新的要求和新的任务，2005年制定的《吉林省安全生产条例》的一些条款已经与上位法和2016年《中共中央国务院关于推进安全生产领域改革发展的意见》的要求不一致。为有效解决安全生产中存在的突出问题，吉林省把多年来制定的行之有效的安全生产监督方法与工作办法，总结上升到地方性法规中，进一步细化和补充上位法中的原则内容，完善吉林省安全生产法律制度和工作机制，吉林省人大常委会经过多次审议、修改和再审议后，于2017年12月1日正式出台了新的《吉林省安全生产条例》。修订后的《吉林省安全生产条例》明确规定各级政府和其他21个行业、领域主管部门对安全生产监督管理职责，细致划分了各个部门的责任与义务，规定安全生产第一责任人，并对责任层层细化；明确物业单位承担的安全监管职责，并对其发现事故隐患的处理作出了具体的规定；明确生产经营场所应当遵守的具体规定和建设项目安全距离的要求；明确对重点高危行业安全作出了具体规定；在矿山等8个高度危险行业领域强制规定实施安全生产责任保险制度等。

2016年《中华人民共和国反家庭暴力法》颁布，对预防和制止家庭暴力提出了许多新规定和新要求。为适应新时期预防和制止家庭暴力，增强全社会预防和制止家庭暴力的意识和能力，长春市结合本市具体实际情况，全面修订了《长春市预防和制止家庭暴力条例》。这是2016年颁布《中华人民共和国反家庭暴力法》以来全国最早修订的相关地方性法规。条例不仅对家庭成员的范围采用了列举的方式进行明确界定，还规定了各机构发现家庭暴力事件应及时报案，把家庭暴力报警纳入110出警范围，对人身保护令的协助执行及家庭暴力的法律责任进行了详细的规定，把握公权力介入家庭关系的尺度，把对家暴危害的宣传与家庭暴力解决机制相结合，促进家庭的和睦和社会的稳定。

延边朝鲜族自治州以《立法法》为依据，制定《延边朝鲜族自治州立法规定》，重点对地方立法权限和民主立法加以规范，并对法规草案的提出、审议、表决、报批等方面做出详细规定，为全面依法治州提供了重要的法制保障。此外，随着经济社会的不断发展，为顺应新时期朝鲜语言文字工作的需要，延边朝鲜族自治州人大常委会修订了《延边朝鲜族自治州朝鲜语言文字工作条例》。具体修改如下：第一，明确条例的适用范围；第二，具体规定了资金保障机制；第三，提出了建设朝鲜语言文字信息化的要求；第四，进一步完善有关单位直接责任人员的法律责任，加大行政处罚力度。

（三）吉林省2017年度政府立法发展状况

2017年，吉林省人民政府高度重视生态资源环境保护与社会管理方面政府规章的制定，制定了《吉林省教育督导规定》《吉林省公安机关警务辅助人员管理办法》《吉林省气候资源保护和开发利用办法》《吉林省自然灾害救助办法》《吉林省排污许可管理办法》5件政府规章。

在设区的市政府立法方面，长春市人民政府全面制定、修改、废止政府规章共18件，其中制定了《长春市城市公共交通基础设施管理办法》《长春市餐厨垃圾管理暂行办法》2件，修改了《长春市公有住房提租和住房补贴管理办法》《长春市政府投资建设项目审计监督办法》《长春市城市供热管理办法》《长春市防雷减灾管理办法》《长春市展览业管理办法》《长春市建（构）筑物拆除工程施工管理办法》《长春市除四害管理办法》《长春市城市基础设施配套费征收管理暂行办法》《长春市人民政府关于实施〈中华人民共和国人民防空法〉若干规定》《长春市发展应用新型墙体材料管理规定》《长春市城市清除冰雪管理办法》《长春市商品房预售资金监督管理办法》《长春市科学技术奖励办法》13件，废止了《长春市公有住房售后管理办法》《长春市发放住房补贴和交缴公积金计算基数的暂行规定》《长春市移动通信基站管理办法》3件。

在创建国家"公交都市"示范城市的过程中，长春市坚持以公共交通为龙头，带动城市发展。为突破公交发展瓶颈，长春市制定了《长春市城市公共交通基础设施管理办法》，加快推进现代城市综合公共交通体系建设。该办法明确规定，城市建设应当优先考虑公共交通基础设施的规划和实施，优先保障土地使用权、路权分配等。此外，规定对破坏、侵占公共交通基础设施，覆盖和涂改公交车标志等违法行为，由交通主管部门责令改正，并处以500元以上3000元以下的罚款。[①]

为适应新时期经济与社会的发展，吉林市人民政府一次性修改、废止政府规章9件。其中修改政府规章4件，分别是《吉林市再生资源回收管理办法》《吉林市廉租住房配建管理办法》《吉林市散装水泥和预拌混凝土、预拌砂浆管理办法》《吉林市城

---

①温斯琪：《确保城市公共交通得以优先发展》，载《长春日报》2017年4月20日。

市夜景灯饰建设管理办法》；废止政府规章5件，分别是《吉林市房地产交易和房屋登记管理规定》《吉林市物业管理条例实施细则》《吉林市市政公用事业特许经营办法》《吉林市小汽车号牌竞价发放办法》《吉林市非机动车管理办法》。未发现吉林市出台新的政府规章。

四平市人民政府制定《四平市人民政府规章制定程序规定》《四平市城市市容和环境卫生管理办法》2件。通化市人民政府制定《通化市国有土地上房屋征收与补偿办法》1件。辽源市人民政府修改《辽源市被征地农民基本养老保险实施办法》1件。其余设区市没有新的政府规章出台。

总的来说，2017年吉林省立法工作取得了一定的成绩，特别是吉林省人大及政府和长春市、吉林市人大及政府较为圆满地完成了本年度立法工作，为社会经济发展提供了有效的法律保障，另外其他各市也开始着手规划本市经济发展相应的立法工作，但立法还有待进一步加强。

二、吉林省2017年度地方立法的特色和亮点

（一）地方人大立法中的特色和亮点

1.加强沟通协调，发挥好人大的主导作用

注重发挥人大主导作用，推动各专门委员会与政府密切合作，注意听取各方面的意见，加强协调，推动分歧意见达成一致。《吉林省畜禽屠宰管理条例》从修订议案的提出到修订的完成历时三年多。考虑到畜禽屠宰事关广大人民群众的身体健康，依据《食品安全法》和《动物防疫法》的有关规定，如何做到监管机构、食品药品监督管理部门和动物卫生监督管理部门职责的无缝衔接，以消除监管的模糊领域，在修订过程中一直备受关注，成为条例修订工作的重点与难点。对条例在管理体制、质量安全风险监测、产品召回及法律责任方面的内容，省法制办、省人大农委、省畜牧局有不同意见。吉林省人大法制委员会充分发挥协调作用，结合吉林省实际情况，组织召开协调会，结合自身实际，借鉴其他地方的立法经验，认真研究论证。经过多次协调，准确界定了执法主体责任，科学设定了重要制度框架和处罚标准，统一了各方思想，法规得以顺利通过并有效实施。[1]

2.注重重点领域立法，推动吉林全面振兴发展

在市场经济领域，为促进实体经济发展，制定了《吉林省促进中小企业发展条例》；为创新驱动发展优化法治环境，制定了《吉林省专利条例》；为推进知识产权

---

[1]吉林省十二届人大法制委员会：《法制委员会工作报告》，吉林省人大常委会网 http://www.jlrd.gov.cn/cwhgz/lfdt/201801/t20180129_3680918.html，访问时间：2018年 3月5日。

战略的实施，修订了《吉林省著名商标认定和保护条例》；为适应通信体制改革的需要，制定了《吉林省通信设施建设与保护条例》；为加强安全生产监督管理，强化安全生产主体责任，保障人民群众生命和财产安全，修订了《吉林省安全生产条例》；为促进合作经济发展，开展了《吉林省供销合作社条例》立法调研。

在加强社会建设和管理领域，制定了《吉林省企业工资集体协商条例》《吉林省非物质文化遗产保护条例》；为提高公民思想道德和科学文化素质，促进形成有利于培养和弘扬社会主义核心价值观的良好导向和引导机制，制定了《吉林省全民阅读促进条例》；为适应城镇化发展需求，开展了《吉林省城市地下管廊管理条例》立法调研；为更好地发挥地方志资治教化存史的功能，开展修订《吉林省地方志工作条例》立法调研。

在保障和改善民生方面，为加强保健用品监督管理，维护公众身体健康，规范和促进保健用品行业发展，制定了《吉林省保健用品管理条例》；为促进企业发展、维护企业和职工权益，制定了《吉林省企业工资集体协商条例》；为保障公民健康和公共卫生，开展了《吉林省食品安全条例》《吉林省艾滋病防治条例》等立法调研。

3. 以问题为导向，推动创制性立法

随着经济与社会的发展，人们对于健康保健的需求也大幅度提高，保健用品应运而生，成为市场的新宠。但目前，国家没有出台保健用品方面的法律、行政法规。为加强对保健用品的监督管理，规范和促进保健用品行业的发展，保护公众使用保健品安全和身体健康，吉林省在《吉林省保健品管理办法》的基础上，进一步对保健用品管理进行立法。为稳步推进保健用品管理立法工作，吉林省人大常委会领导带队在吉林省进行了大量调查研究工作，对立法的必要性、立法的可行性以及保健用品的概念界定、行政许可、标准及检测、监督管理等关键性问题进行了深入研究，并在制定《吉林省保健用品管理条例》中做了具体明确的规定。此外，面对防治黑土流失的复杂问题，国家没有关于黑土保护的直接上位法依据，黑土的保护涉及很多部门、多行业和多领域。为此，在2015年初，吉林省将黑土保护条例列入立法研究项目，2016年成立立法工作小组，2016年和2017年分别对《吉林省黑土保护条例（草案）》进行了一审和二审。为使该条例内容与省情相符，在保护黑土方面发挥有效作用，在进入统一审议程序后，吉林省人大常委会在省内进行了立法调研，听取了各方意见，梳理和研究了条例规范的具体内容，对条例草案进行了较为全面的修改，提出了比较完善的草案修改稿。

4. 重视地方性法规清理工作，维护法制统一

法律法规在一定历史时期往往处于相对稳定的状态，但随着社会关系持续不断地发展变化，原来的某些规定会变得越来越不能适应新的现实需要。因此，及时对现行的法规进行清理，不仅可以使地方立法适应社会发展带来的新要求，改变地方性法

规中存在的不合时宜的规定，而且可以通过增加新的内容，消除法律中未考虑的新情况，使地方立法能够与时俱进，发挥其应有的功能与价值。[①]基于此，吉林省对本级现行有效的地方性法规进行梳理后，委托吉林大学、长春理工大学以及有关专家等第三方进行了清理评估。吉林省人大各专门委员会、省政府法制办提出了清理意见，汇总后形成政府议案。吉林省人大常委会分别于2017年3月及12月两次集中打包修改了《吉林省农业机械管理条例》等24部地方性法规，废止了《吉林省个体工商户条例》等6部地方性法规。2017年，吉林省人大及其常委会共修改、废止地方性法规36件，批准设区的市修改、废止21件，其中修改30件，废止6件，批准修改13件，批准废止8件，从立法层面为改革提供了依据，增强地方性法规的实效性与合理性，维护国家法制的内在统一。

（二）地方政府立法中的特色和亮点

1. 及时开展政府规章修改与清理

为深入推进简政放权、放管结合、优化服务改革工作，按照国务院办公厅《关于进一步做好"放管服"改革涉及的规章、规范性文件清理工作的通知》规定，长春市人民政府于2017年10月24日一次性打包对12件政府规章予以修改，对3件政府规章予以废止。为了适应经济社会发展，实现立法与改革决策相衔接，维护法制统一，吉林市人民政府于2017年12月28日一次性打包修改了《吉林市散装水泥和预拌混凝土、预拌砂浆管理办法》等政府规章4件，废止《吉林市非机动车管理办法》等5件政府规章。

2. 高度重视立法协商，坚持开门立法

立法协商是指享有立法权的机关在制定、修改、废止相关法律法规前，按照一定程序，就规范性草案以适当形式与社会各界进行协商，广泛听取意见和建议，力求达成高度共识，协商结束后，由该机关根据协商结果对法律法规草案进行审议和修改完善的民主活动。[②]吉林省各级政府高度重视立法协商，如在《吉林省公安机关警务辅助人员管理办法》制定过程中，由省公安厅负责起草，省法制办按照立法程序对草案进行审核，并将草案发布在省政府法制办网站上，公开向社会征求意见，开门立法。除此之外，为了提高立法质量，在立法过程中，除了广泛征求社会公众意见外，省法制办还征求各市（州）、县（区）政府，以及省直有关部门、省政协、省政法委、省检察院的意见，并对收集的意见进行研究和协调，以问题为导向，会同省公安厅到一些市、县开展立法调研，同时对立法可能面临的风险进行立法评估，组织专家进行充分论证。这些举措，促进了政府科学立法、民主立法的实现，提高了政府立法的

---

① 参见胡戍恩：《中国地方立法研究》，法律出版社，2018年，第235~240页。

② 参见武钦殿：《地方立法专题研究——以我国设区的市地方立法为视角》，中国法制出版社，2018年，第339页。

质量。

3. 重视社会建设与社会管理方面的立法

政府既是行政机关，也是享有国家立法权的立法机关。因此，地方政府的立法工作既要兼顾立法工作的科学性又要兼顾政府工作的行政性。为了更好地提高和增强政府的管理能力与服务意识，吉林省各级政府都非常重视社会建设与管理领域的立法。2017年，为了规范自然灾害救助工作，保障受灾人员基本生活，吉林省政府制定了《吉林省自然灾害救助办法》；为实施排污许可管理制度，加强对排污单位的监督管理，规范排污许可行为，吉林省政府制定了《吉林省排污许可管理办法》；为了有效保护和合理开发利用气候资源，吉林省政府制定了《吉林省气候资源保护和开发利用办法》，突出吉林省农业大省的实情和冬季的气候特点，对气候资源的探测、收集、保护和开采利用都做了具体的规定，具有很强的可操作性。

三、吉林省2017年度地方立法的不足与未来展望

（一）吉林省2017年度地方立法的不足

1. 地方立法工作制度需进一步完善

立法工作制度是指立法活动和立法过程所要遵循的各种规范的总称。立法工作制度是国家法律制度的重要组成部分。虽然《立法法》对我国立法工作制度中立法体制、立法主体、立法权限、立法监督等做出了明确的规定，但其第七十七条规定，地方性法规案的提出、审议和表决程序，参照法律案的相关规定，由本级人民代表大会规定。因此，设区的市地方立法制度建设首先应该从建立健全地方立法运作机制入手，建立自身立法工作制度。吉林省九个设区的市中长春市和吉林市人大和政府已获得地方立法权多年，其地方立法制度已经相对完善。《立法法》修改后，四平、辽源、通化、白山、白城、松原均获得地方立法权，四平市于2016年制定《四平市人民代表大会常务委员会立法条例》，白山市于2017年初出台《白山市人民代表大会及其常务委员会立法条例》，除此以外，其余新获立法权的市至今未颁布相关立法条例，立法制度建设尚处于起步阶段。立法是法治的前提和根基，因此有必要加快各设区的市通过法律来规范地方立法权，让地方立法工作程序有法可依。

2. 人大常委会自主起草立法草案的比重有待提高

2017年，吉林省各级人大常委会自主起草地方性法规草案的比例不高。实践中，吉林省的大部分立法项目都来自政府及其职能部门，各级人大代表提出的议案进入立法程序也较少。此外，在法规草案的起草方面，吉林省地方性法规和规章多数先由相关政府部门起草，也就是说不是由地方人大及其常委会完成，即在政府这一块走完程序后，再交由地方人大及其常委会通过。政府部门负责起草地方性法规规章，在一定

程度上能够发挥其行政管理的长处，调动其参与立法的积极性。但其局限性也十分明显。一是容易产生地方立法的保护主义、部门利益倾向。我国政府部门分工很细，政府职能部门间存在权力的交叉，政府的有关职能部门起草法规草案时，可能不自觉地就将自身利益或者地方利益乃至于地方保护规定加入草案。二是法规质量难保证。政府部门由于自身的局限性，过多从本部门利益出发，没有立足于全局，没有深思熟虑、多方衡量，导致草案的质量不高。三是容易影响立法的公正。政府主导下的地方立法，起草部门和执法部门是同一部门，实际上立法与执法并没有分离，这对地方立法的正义性和科学性具有极大的破坏作用，已经成为制约地方立法质量提高的障碍。

3. 公众参与地方立法的制度保障不足

公众直接参与地方立法不仅能够实现地方法规的正当性，还有助于提升地方法规的权威性，为公众尊重和遵守地方法规创造条件。[1] 公众参与地方立法的做法已有十多年的历史。《立法法》对公众参与立法活动的各种途径与渠道也做了相关规定，各地地方立法条例或政府规章制定办法一般对增强立法民主性、扩大公众参与有所规定。然而，其中很多规定都是原则性的宣示条款，缺乏可操作性的具体规则。在具体的立法实践中，吉林省各级人大及其常委会、政府大多通过公开征求立法意见，开展立法座谈会、论证会，立法公示、立法听证等方式促进公众参与立法，但是这些参与大多徒有形式，流于表面，公众没有标准化参与程序可以遵循，缺乏透明度。制度的不完善和程序的缺乏导致公众参与立法途径受到限制，公众不能有效参与立法，影响了地方立法的效果。

（二）吉林省地方立法的未来展望

1. 加大推进设区的市（州）地方立法力度，提高法治政府建设水平

《立法法》修改以后，吉林省所有设区的市、自治州均获得地方立法权，地方立法工作也取得了一定的成果。但是从总体上说各设区的市和自治州并未充分行使地方立法权，有部分设区的市至今仍未制定本土地方立法条例，其中一些设区的市还未适应如何行使立法权，至今未实现立法零的突破。吉林省人大常委会应当加强对市、自治州地方立法工作的指导，继续开展多种形式的培训工作，指导市、自治州依法行使地方立法权。各市、自治州应加强各自立法队伍建设和完善机构设置，加强交流和借鉴，根据各地自身实际情况挖掘立法需求，合理制订立法计划，编制立法规划，坚持从实际出发，制定符合本地区实际、富有地方特色的地方性法规。

2. 继续强调地方立法的特色，持续推进重点领域立法

2017年，吉林省关注重点领域立法，强调地方立法特色，结合自身情况，突出

---

[1] 参见武钦殿：《地方立法专题研究——以我国设区的市地方立法为视角》，中国法制出版社，2018年，第301页。

实践需要，坚持以问题为导向，制定修改一批契合吉林省经济发展需求的地方性法规和政府规章。如：农业现代化建设方面，修订了《吉林省畜禽屠宰管理条例》；为适应建设农业强省要求，修订了《吉林省农作物种子管理条例》，开展《吉林省农民合作社条例》的立法调研。生态文明建设方面，继续审议《吉林省黑土地保护条例（草案）》，修订了《吉林省森林防火条例》；为加强生态保护、适应保护和改善环境新需要，修订了《长白山国家级自然保护区管理条例》《吉林省环境保护条例》等。总体来说，2017年，吉林省立法成果丰硕，围绕新时期工作重点，有针对性地对地方立法中的热点和难点问题开展专项研究。在今后的立法工作中，吉林省应继续抓住地方立法中的热点和难点问题，有针对性、有重点地开展立法工作。

3. 创新草案起草工作机制，充分发挥人大主导地位

草案的起草是立法工作的关键环节，直接影响立法的质量。但就目前包括吉林省在内的各地地方立法实践看，草案起草工作跟不上是当前制约地方立法质量提高的一个关键因素。一些在起草环节没有把好关的草案，即使后面环节花再多的功夫也无法补救其先天的不足。因此，在最初环节要严格把控地方立法草案，改进地方立法起草机制，防止质量不高的法律草案出现。这是今后地方立法工作要高度重视的地方之一。创新起草工作机制，并非完全否定政府及其主管部门在地方立法中的重要作用，而是在充分调动政府及其主管部门在地方立法草案起草过程中的积极性、能动性的同时，强化地方人大常委会在地方立法中的主导作用，使地方人大常委会的中立地位、全局意识以及兼顾平衡政府主管部门和行政相对人等各方面利益的地位、作用和角色在地方立法中实现。[①]

4. 健全立法公众参与制度，提高立法质量

公众参与立法是公众政治参与在立法领域的重要体现，有利于协调各方利益，对个人利益和集体利益、当前利益和长远利益进行统筹兼顾。面对实践中存在的公众参与地方立法的制度保障不足，可以从建立公众参与地方立法的具体程序性规范和建立地方立法公众参与的反馈机制两方面着手，健全立法公众参与制度。建立公众参与地方立法具体程序性规范方面，地方立法有必要对公众参与的具体程序予以具体设置，将现有的公众参与形式和途径制度化、规范化。首先，加大地方立法信息公开的程度，这是公众有效参与立法活动的前提，通过立法对信息公开的媒介、公开的内容等做具体规定。其次，拓展公众参与渠道，创新公众参与的载体，形成一套常态化、制度化、规范化的法规征求意见工作机制，使公众能够更加便捷地参与到立法过程中。最后，建立责任追究机制，明确规定地方立法机关在保障公众参与立法中的义务和法律责任，对于应该听证不予听证，依法应该公开公告而没有公开公告的，应当按照法

---

① 参见张显伟：《地方立法科学化实践的思考》，法律出版社，2017年，第98页。

律规定追究相关机构和人员的法律责任。在建立地方立法公众参与的反馈机制方面，地方立法机关在公众参与地方立法活动结束后，要对公众参与立法过程中所提出的意见和建议进行整理和研究，并作出合理的说明。

　　　　　　　　　　　审稿：李福林（广东外语外贸大学）

第九章　黑龙江省2017年度立法发展报告

杨治坤[①]

摘要：2017年，黑龙江省人大和省政府结合省情实际，开展了多部地方性法规和政府规章的制定和修改工作，立法内容涵盖了民生建设、污染防治、生态保护、社会治理、人大组织建设和地方立法程序等多个方面，其中，黑龙江省人大制定、修改、批准23件地方性法规，黑龙江省人民政府修改、废止2件地方政府规章。各设区的市人大及其常委会共制定、修改15件地方性法规，各设区的市人民政府制定、修改、废止75件地方政府规章。整体来说，2017年，黑龙江省各级人大和政府立法中修改和废止力度比较大，围绕民生、环保、地方立法程序等领域立法步伐加快，注重地方立法的可操作性、地方性与社会回应性，努力提高立法质量。今后，黑龙江省地方立法应当继续加强对本省重点和特色领域的立法，引导设区的市加快地方立法进度，完善立法工作机制，着力提升立法平衡度和立法质量。

关键词：黑龙江　地方立法　发展报告

一、黑龙江省2017年度立法发展状况

（一）黑龙江省2017年度立法状况总体评述

2017年，黑龙江省有省人大及其常委会、省人民政府2个省级立法主体，哈尔滨市和齐齐哈尔市作为较大的市已经享有地方立法权。根据2015年《立法法》的赋权，结合省人大常委会起草的《黑龙江省人大常委会落实设区的市地方立法权工作方案》，哈尔滨、齐齐哈尔、牡丹江、佳木斯、大庆、鸡西、伊春、黑河、双鸭山、七台河、鹤岗、绥化12个设区的市人大及其常委会、设区的市人民政府已全部拥有地方立法权。杜尔伯特蒙古族自治县人民代表大会可以制定自治条例和单行条例。

2017年是黑龙江省地方立法比较活跃的一年。黑龙江省人大立足民生，围绕改革服务发展，通过加大"立改废"的立法节奏，完善人大主导立法工作的体制机制，根据省情主抓重点领域立法，较好地发挥了地方立法对服务中心大局和改革发展的引领

---

①杨治坤，法学博士，广东外语外贸大学区域一体化法治研究中心副研究员。研究方向：行政法、地方立法。

推动作用。全年主要在大气污染防治、水土保持、气象服务、老年人权益保障、社会矛盾纠纷化解等领域，新制定《黑龙江省大气污染防治条例》等5件，修改了《黑龙江省人民代表大会专门委员会工作条例》等5件，批准了设区的市人大上报的地方性法规如《哈尔滨市人民代表大会及其常务委员会立法条例》等13件。2017年黑龙江省人大制定、修改地方性法规的比重比较大，没有废止地方性法规。

在设区市的人大立法方面，哈尔滨市人大及其常委会制定、修改3件地方性法规，其他设区的市人大及其常委会多数制定、修改1~2件地方性法规。

2017年，黑龙江省人民政府制定1件、修改1件地方政府规章。

在设区的市人民政府立法方面，哈尔滨市人民政府2017年在政府规章的"立改废"方面力度非常大，制定《哈尔滨市城镇垃圾处理费征收办法》等2件，修改《哈尔滨市行政机关培训收费管理办法》等18件，废止《哈尔滨市组织机构代码管理办法》等33件。齐齐哈尔市人民政府的表现也比较突出，制定了《齐齐哈尔市农村消防规定》1件地方政府规章，对《齐齐哈尔市政府投资和以政府投资为主的建设项目审计办法》等16件地方政府规章予以修改，对《齐齐哈尔市按比例安排残疾人就业办法》2件地方政府规章加以废止。

总体而言，2017年黑龙江省人大及其常委会、黑龙江省人民政府积极贯彻落实党中央、国务院对东北振兴的重大决策和工作部署，坚持稳中求进的工作总基调，树立新发展理念，围绕改善民生、优化环境保护、加强社会治理、完善立法程序等领域开展地方立法，以科学立法程序为基础，创新立法内容和立法机制，回应民生热点问题，引领黑龙江省经济社会可持续发展。

（二）黑龙江省2017年度人大立法发展状况

2017年，黑龙江省人大立法根据省情实际，在制定一定数量新地方性法规的同时，对既有立法予以修改，行使对设区的市人大立法的批准权，以提升立法质量。2017年黑龙江省人大制定地方性法规5件，分别是《黑龙江省大气污染防治条例》《黑龙江省税收保障条例》《黑龙江省气象信息服务管理条例》《黑龙江省政府非税收入管理条例》《黑龙江省社会矛盾纠纷多元化解条例》；修改5件地方性法规，分别是《黑龙江省人民代表大会专门委员会工作条例》《黑龙江省村民委员会选举办法》《黑龙江省禁毒条例》《黑龙江省老年人权益保障条例》《黑龙江省水土保持条例》；批准了《哈尔滨市人民代表大会及其常务委员会立法条例》《哈尔滨市电梯安全管理条例》等13件设区的市人大制定的地方性法规。

2017年，黑龙江省人大地方立法加大对环境保护力度，制定了《黑龙江省大气污染防治条例》，修改了《黑龙江省水土保持条例》。其中，《黑龙江省大气污染防治条例》旨在保护和改善环境，防治大气污染，保障公众健康，推进生态文明建设，促进经济社会可持续发展。防治大气污染，应当以改善大气环境质量为目标，坚持源头治理、规划先行、防治结合、突出重点的原则。2017年12月27日修订通过的《黑龙江省水土保持条例》，健全了水土保持工作管理体制，强化了政府水土保持管理职责，规定了建立健全水土流失预防治理和水土保持监督管理沟通协调机制；规定了在水土流失重点预防区和重点治理区，明确各级人民政府应当将水土保持工作纳入生态文明建设目标评价考核体系的内容。

2016年，黑龙江省破获毒品刑事案件2252起，其中千克以上毒品案件45起，抓获犯罪嫌疑人2412人，查获吸毒人员26139人，缴获各类毒品362.76千克。1995年制定施行的《黑龙江省禁毒条例》部分条款已经不适应当前禁毒工作的需要，亟待在国家新的法律法规框架下，重新制定禁毒工作地方性法规。因此，2017年重新制定的《黑龙江省禁毒条例》从5月1日起正式实施，共7章51条，从部门职责、宣传教育、毒品管制、工业用大麻管理、戒毒管理和服务、法律责任等方面作出了规范。该条例规定，媒体、互联网信息服务提供者，电信业务经营者，应当每年定期或不定期刊登、播放、展示禁毒公益广告和节目；规定邮政、快递、物流基地企业应建立健全禁毒管理制度，配置必要的技术检验设备，提高查验技术，防止寄递毒品和非法寄递麻醉药品、精神药品、易制毒化学品。

《黑龙江省税收保障条例》于7月1日起施行，包括总则、信息交换、税收协助、服务监督、法律责任、附则，共6章30条。这是全国第四个以省级地方立法形式出台的税收保障条例，标志着黑龙江省税收法制化建设迈上了一个新台阶，为税收社会共治提供了法律保障。

随着黑龙江省经济社会发展，政府非税收入规模不断增大，已成为支撑该省经济发展的地方财政收入的重要组成部分。同时，也出现了设定权限不明确、监管机制不完善、执收行为不规范、公开力度不够等一系列问题，2017年10月13日黑龙江省第十二届人民代表大会常务委员会第三十六次会议通过《黑龙江省政府非税收入管理条例》，包括总则、征收管理、资金管理、票据管理、服务与监督、法律责任、附则，共7章35条。该条例的颁布使得黑龙江省成为全国第13个出台非税收入管理地方性法规的省份，将推动黑龙江省非税收入管理工作法制化建设迈上新台阶，为未来黑龙江省非税收入管理工作的开展提供有力的法律支撑。

为了规范气象信息服务活动，促进气象信息服务健康、有序发展，满足社会公众对气象信息的多样化需求，2017年10月13日黑龙江省第十二届人民代表大会常务委员会第三十六次会议通过《黑龙江省气象信息服务管理条例》，共34条。该条例是黑龙江省从事气象信息服务工作的行动准则和法律保证，有效规范了全省公众气象信息服务活动，对促进公众气象信息服务发展、开放非公众气象信息服务市场、满足群众生活对气象信息服务需求具有重要意义。该条例是我国首部气象信息服务管理地方性法规。

2017年10月13日黑龙江省第十二届人民代表大会常务委员会第三十六次会议通过《黑龙江省社会矛盾纠纷多元化解条例》，分为总则、职责分工、化解途径、途径引导、效力确认、工作规范、工作保障、责任追究、附则，共9章65条。该条例规定社会矛盾纠纷多元化解坚持政府主导、综合治理部门协调、司法指导、部门联动和社会参与，及时、就地化解矛盾纠纷。坚持属地管理和谁主管谁负责相结合，坚持预防和化解相结合。

在设区的市人大及其常委会立法方面，2017年黑龙江省各设区的市人大及其常委会立法整体情况是：哈尔滨市人大及其常委会制定《哈尔滨市电梯安全管理条例》《哈尔滨市城市道路限制交通若干规定》2件，修改《哈尔滨市人民代表大会及其常务委员会立法条例》1件；齐齐哈尔市人大及其常委会制定《齐齐哈尔市城市供热管理规定》1件，修改《齐齐哈尔市人民代表大会及其常务委员会立法条例》1件；牡丹江市人大及其常委会制定《牡丹江市住宅物业管理条例》1件，修改《牡丹江市人民代表大会及其常务委员会立法条例》1件；佳木斯市人大及其常委会制定《佳木斯市人民代表大会及其常务委员会立法条例》1件；绥化市人大及其常委会制定《绥化市人民代表大会及其常务委员会制定地方性法规条例》1件；大庆市人大及其常委会制定《大庆市人民代表大会及其常务委员会立法条例》1件；黑河市人大及其常委会制定《黑河市市容和环境卫生管理条例》《黑河市人民代表大会及其常务委员会立法条例》2件；双鸭山市人大及其常委会制定《双鸭山市人民代表大会及其常务委员会立法条例》1件；七台河市人大及其常委会制定《七台河市人民代表大会及其常务委员会立法条例》1件；鸡西市人大及其常委会制定《鸡西市人民代表大会及其常务委员会制定地方性法规条例》1件。

设区的市人大及其常委会制定或修改的地方性法规主要集中在设区的市人大常委会立法条例、城市管理与民生领域。各设区的市人大制定立法条例，有利于规范地方人大立法活动，完善地方人大立法程序，提高地方性法规质量。

（三）黑龙江省2017年度政府立法发展状况

黑龙江省人民政府制定的地方政府规章有《黑龙江省行政执法责任制规定》1件；修改《黑龙江省政府规章制定办法》1件。

2017年10月30日，黑龙江省人民政府修订通过的《黑龙江省政府规章制定办法》共8章63条，围绕科学立法、民主立法、依法立法，重点在落实党领导的立法工作要求，明确政府规章制定权限，科学确定政府规章项目，强化起草单位主体责任，发挥政府法制机构审查把关作用，完善政府规章决定和公布程序，规范政府规章备案审查工作等方面作出规定。

2017年11月21日，黑龙江省政府通过《黑龙江省行政执法责任制规定》，提出行政执法部门应当以文字记录和音像记录等方式对行政执法行为进行记录并归档，实现全过程留痕和可回溯管理。该规定指出行政执法人员八种行为将被追责：不按照规定持证上岗执法的；不依法履行岗位职责，玩忽职守、滥用行政执法权的；行政执法行为认定事实不准确、适用依据错误以及违反法定程序的；粗暴、野蛮执法的；对行政相对人吃拿卡要、推诿扯皮、敷衍了事、效率低下以及态度冷漠、语言生硬的；泄露投诉举报公民、法人或者其他组织信息，或者对控告、检举的公民、法人或者其他组织打击报复的；在行政执法过程中，存在侵害国家利益、公共利益或者当事人合法权益的其他行为的；法律、法规和规章规定的其他情形。

设区的市地方政府立法中，哈尔滨市人民政府制定了《哈尔滨市城镇垃圾处理费征收办法》《哈尔滨市道路交通管理规定》2件政府规章，修改了《哈尔滨市烟花爆竹安全管理办法》《哈尔滨市行政机关培训收费管理办法》等18件地方政府规章，废止了《哈尔滨市组织机构代码管理办法》《哈尔滨市建设工程抗震设防和抗震加固管理办法》《哈尔滨市城市道路货物运输服务管理办法》等33件政府规章；齐齐哈尔市人民政府制定了《齐齐哈尔市农村消防规定》1件政府规章，修改了《齐齐哈尔市政府投资和以政府投资为主的建设项目审计办法》《齐齐哈尔市灌区涝区水利工程管理办法》等16件政府规章；废止了《齐齐哈尔市按比例安排残疾人就业办法》《齐齐哈尔市城市房产交易市场管理办法》2件政府规章；大庆市人民政府制定了《大庆市人民政府规章制定办法》1件政府规章；黑河市人民政府制定了《黑河市人民政府立法工作规定》1件政府规章；绥化市人民政府制定了《绥化市政府规章制定办法》1件政府规章。其他设区的市人民政府没有新制定或修改地方政府规章。

其中，《大庆市人民政府规章制定办法》共7章74条，从立项、起草、审查、决定和公布等方面对政府规章制定程序作出了详细规定，于2018年2月1日起正式施行。该办法颁布实施后，将为市政府科学立法、民主立法、依法立法提供制度保障，标志着市政府立法工作进入一个新的阶段。

《黑河市人民政府立法工作规定》包括总则、立项、起草、审查、决定和公布、政府规章备案、解释、修改和废止、附则，共7章47条。第二章第九条至第十七条就编制年度立法计划、立法项目征集时间、征集的方式及程序、立项条件、立法计划批准等内容进行了相应规范；第三章第十八条至第二十五条对起草单位确定、起草程序、起草内容要求、起草质量、征求意见、分歧意见协调、形成送审等内容进行了详细规范；第四章第二十六条至第三十三条对审查责任部门、审查重点、审查程序及方式、审查报告等相关要求进行了具体规定，进一步明确了市政府法制机构的审查责任；第五章第三十四条至第三十八条对法规草案以及政府规章草案提报讨论、会议审议、形成法规草案议案和以政府令公布政府规章作出了规定。

二、黑龙江省2017年度地方立法的特色和亮点

2017年黑龙江省各级享有立法权的人大和政府，无论是在新制定法规（规章），还是修改法规（规章），抑或废止法规（规章）的立法活动中，呈现出省级和原较大市立法相对活跃、其他设区的市立法相对较少的局面，其中省级人大及其常委会新制定地方性法规比重比修订、废止比重高，哈尔滨市人民政府修改、废止地方政府规章的比重比新制定的要高。

（一）地方人大立法中的特色和亮点

1.加快环境保护立法，实现绿色发展

针对黑龙江省区域性、季节性大气环境问题突出，大气污染防治工作面临新压力、新挑战的现实省情，省委、省政府对全省生态建设和环境保护工作作出了一系列重要部署，制定了许多政策措施，这些行之有效的政策、经验和措施有必要通过地方立法予以固化。

2017年1月20日通过的《黑龙江省大气污染防治条例》突出对重点领域的污染防治，如针对全省大气颗粒物源解析结果，其中PM2.5的贡献率排在前四位的分别是：燃煤、机动车、工业和扬尘，秸秆焚烧的贡献率在初冬时期也较高，故在条例第三章中分别对以上重点领域规定了具体的防治措施，强化对重点区域的严格管理。该条例补充细化上位法规定，主要体现在：一是规定了省环保部门约谈市、县人民政府主要负责人的法定情形；二是规定了有关主管部门应当依法公开与大气污染防治有关的七大类信息；三是规定了建立大气环境违法行为通报制度，加强诚信约束机制建设；四是规定了加强对祭祀活动、燃放烟花爆竹、餐饮业油烟扰民、露天烧烤等方面的管理。

《黑龙江省水土保持条例》明确了县级以上人民政府鼓励和支持参与水土流失治理的具体方式，在规定"谁承包治理谁受益"原则基础上，规定县级以上人民政府应当引进、培育和扶持与水土保持密切相关的产业，制定资金补助、项目扶持、技术支持等优惠政策，鼓励、支持单位和个人采取承包、投资入股等方式参与水土流失治理，并依法保护其合法权益。该条例明确了不同分区水土流失防治重点及措施，较上位法增加了城市和矿区水土流失治理的内容。该条例还明确了相关法律责任，加大对违法行为的处罚力度，并在细化上位法规定的行政处罚幅度内进行了细化，进一步区分了违法情形，明确了相应的处罚标准。

2.结合省情，凸显地方立法的针对性

目前初步统计全国汉麻的种植总量大约在50万亩，而黑龙江省孙吴县的种植量就大约在10万亩。2017年5月1日起正式实施的《黑龙江省禁毒条例》在地方立法权限内，创新性地规定了工业用大麻管理与利用的内容。该条例中最大的亮点是工业用大

麻管理的相关规定，这是黑龙江省在制定该条例时最大的独创之处。该条例在制度设计上将其作为单独一章，将工业用大麻和毒品大麻区分开，允许工业用大麻的种植、销售和加工，并做好相关管理工作。一方面，规定各级人民政府应当加强关于毒品原植物的宣传教育，增强从业人员的识毒、知毒和禁毒的知识能力，对工业用大麻品种选育、种植、销售和加工进行规划引导和监督管理；规定了提供含毒量检测技术服务资格主体。另一方面，该条例严格管理工业用大麻的种植、销售和加工，避免工业用大麻被涉毒违法犯罪人员利用，成为毒品原植物。一是在种植的品种上，应当是低毒或者无毒的工业用大麻品种；二是在管理程序上，设定严密的种植、销售、加工及监管程序；三是规定了对含毒量大于工业用大麻认定标准等副产物的无害化处理。在强化吸毒人员戒治环节等方面，该条例完善了自愿戒毒、社区戒毒、强制隔离戒毒、社区康复相互衔接的戒毒工作机制。这些制度设计和条文规定具有比较强的针对性和可操作性。

3. 加强重点领域立法，引领经济高质量发展

2017年，黑龙江省人大加大对税收、非税收的规范力度，通过税收、非税收途径调节经济发展，实现产业转型升级，引领全省经济提升发展质量。

为了营造公平、公正的纳税环境，保护纳税人合法权益，规范税收行为，2017年4月7日黑龙江省第十二届人民代表大会常务委员会第三十三次会议通过了《黑龙江省税收保障条例》。该条例确定了政府对税收保障工作的领导地位，明确了部门间的责任分工，建立起"政府领导、财税牵头、部门配合、齐抓共管"的税收共治格局。该条例规定，由省政府建立全省统一的涉税信息交换平台，实现全省涉税信息交换和共享；有关部门和单位通过涉税信息交换平台提供包括主体资格、专业许可等12项涉税信息，从根本上解决了税务机关涉税数据获取难、相关部门协调难的征管难题。该条例规定不动产登记机构、金融机构和公安机关等单位和部门都有税收协助义务，此外，供电、供水、供气、物流等单位也将依法协助税务机关实现税收征管。部门协税义务的明晰破解了税收征管难题，形成了税收社会共治合力。该条例还突出服务事项，给纳税人更多获得感；明确了法律责任，切实保障纳税人合法权益。

2017年10月13日黑龙江省第十二届人民代表大会第三十六次会议表决通过的《黑龙江省政府非税收入管理条例》，主要明确了行政事业性收费的设立权限，规范了执收单位的执收行为，明确了执收单位的主体资格，要求执收单位应当按照规定征收、上缴政府非税收入，并对票据的管理和使用等作出了具体规定；规定将"公开透明"作为政府非税收入的一项管理原则，省级财政部门应当公布政府非税收入项目的目录、名称、征收依据、征收标准等内容，依法保障社会公众知情权、参与权和监督权，完善了政府非税收入的监管机制。该条例的施行，将有助于规范政府非税收入的管理，保障自然人、法人和非法人组织的合法权益，优化经济发展环境，对维护全省

公平的经济秩序起到积极的作用。

4. 以提升地方立法质量为导向，强化地方立法调研，不断改进立法工作

黑龙江省人大常委会将重新制定《黑龙江省禁毒条例》列入2016年度立法计划，省委将其列为2017年重点立法事项。为重新制定该条例，省人大法制委、法工委、内司委与省政府法制办、公安厅等有关部门做了大量前期调研论证工作。常委会会议初次审议后，法制委、法工委领导亲自带队赶赴广东、广西、云南三省（区）开展调研工作，组织召开了专家论证会和由公安基层单位、快递企业、娱乐行业、酒店住宿、媒体等相关单位参加的座谈会，征求了十三个市（地）部分省人大代表和立法联系点及各相关部门的意见，并通过媒体征求社会各界意见，对条例进行了多次研究和修改，并向常委会党组作了专题汇报，向省委报告了立法情况。

以提高立法质量为中心，不断改进立法工作。各设区的市人大常委会进一步健全完善立法工作向市委请示报告制度，将立法规划和年度立法计划提请市委常委会审议通过，及时向市委报告立法项目变化和立法重点难点问题。同时，健全完善了立法工作组织协调机制。多数设区的市人大制定法规程序规定，常委会还编制了立法技术规范，立法工作的科学化、规范化水平进一步提高。坚持开门立法，立法项目向社会公开征集，法规草案向社会公布，采用多种方式征求意见，拓宽公众参与立法渠道，有效凝聚立法共识。各设区的市人大常委会注重发挥在法规立项、调研论证、重大问题协调中的主导作用，加大人大专门委员会独立起草和联合起草法规的比重，着力解决部门利益法制化和权利义务不平衡等问题，切实保障法规的客观性和公正性。

5. 丰富社会领域立法，彰显民生关切

2018年1月1日起开始实施的《黑龙江省气象信息服务管理条例》对公众气象信息传播中预报结论不一致、内容不完整等气象行业出现的问题，进行规定及规范措施，并在完善的气象信息服务工作体系、加强气象灾害防御等领域彰显五个创新亮点：一是发布主体的唯一性。该条例规定公众气象信息由县级以上气象主管机构所属的气象台站统一发布；二是传播的广泛性。该条例鼓励多渠道传播公众气象信息，以满足社会和公众对气象信息服务的需求，填补了对互联网企业传播气象信息监管的"空白"，鼓励并规范互联网信息服务企业通过网站和移动互联网等渠道从事公众气象预报传播服务。三是评价的可信性。该条例强化了气象信息服务全程监管，规定公众气象信息传播服务实行质量评价制度，由省气象主管机构组织或委托第三方机构定期对传播质量进行评价，并向社会公布评价结果。四是数据的开放性。该条例鼓励非公众气象信息服务单位观测、收集气象信息，并按照国家有关规定汇交给气象主管机构所属的气象台站使用。五是明确了对传播更改公众气象信息内容和结论、传播虚假信息等行为的法律责任。

为促进和规范社会矛盾纠纷多元化解工作，保障当事人合法权益，维护社会和谐

稳定，黑龙江省人大及其常委会制定了《黑龙江省社会矛盾纠纷多元化解条例》。该条例规定了村民委员会、社区居民委员会应当健全人民调解组织；行业协会、商会等社会组织可以设立行业性、专业性调解组织。公民以及公益慈善类、城乡社区服务类社会组织可以参与纠纷化解工作。该条例规定了职责范围内纠纷化解工作较多的行政机关可以建立调解平台和信息库；人民法院应当建立诉讼与非诉讼对接平台，为化解纠纷提供服务；设立无争议事实记载、调解协议效力确认等制度。该条例的出台，为多元化纠纷解决机制改革在法治轨道上健康发展提供了有力的地方立法保障。

2017年10月13日，黑龙江省十二届人大常委会第三十六次会议通过了《黑龙江省老年人权益保障条例》。该条例规定，公共文化场所和公共体育场馆应当为老年人免费或者低收费提供场地；老年人患病住院期间，子女所在单位应当给予其陪护假；失去劳动能力、没有经济来源或者最低生活保障和低收入家庭的失独老人，可以优先入住公立养老机构；老年人遭受家庭暴力或者面临家庭暴力的现实危险，可以向人民法院申请人身安全保护令；政府应当建立失踪老人寻找机制，社会求助服务平台应当为寻找失踪老人提供帮助。这些细化规定，彰显了地方立法对老年人权益保障的深切关怀。

（二）地方政府立法中的特色和亮点

1. 积极落实政府规章清理长效机制，保障政府立法适应改革发展需要

全省各级人民政府积极落实政府规章和规范性文件清理长效机制，努力适应改革发展需要。2017年，黑龙江省各级人民政府加大了政府规章的修改和废止力度，按照国家"放管服"改革、生态文明建设和环境保护有关要求，专门组织开展了全省政府规章和规范性文件清理工作。

2017年度哈尔滨市人民政府对规章清理的力度非常大，分三次集中修订和废止不能适应改革发展形势的政府规章，分别是2017年7月13日决定对《哈尔滨市组织机构代码管理办法》等13件市政府规章予以废止；2017年10月26日哈尔滨市人民政府决定对《哈尔滨市行政机关培训收费管理办法》等17件市政府规章予以修改；2017年10月20日，哈尔滨市人民政府第十二次常务会议通过决定，废止《哈尔滨市建制镇规划建设管理办法》等18件市政府规章。

齐齐哈尔市政府十六届七次常务会议审议通过《齐齐哈尔市人民政府关于公布市政府规章清理结果的决定》，决定保留《齐齐哈尔市人物档案管理规定》等45件市政府规章，修改《齐齐哈尔市灌区涝区水利工程管理办法》等15件市政府规章，废止《齐齐哈尔市按比例安排残疾人就业办法》等2件市政府规章，立、改、废联动，其数量之多、力度之大，在齐齐哈尔市政府立法历程中都是不多见的。

2.完善规章制定立法，实现地方政府科学立法、民主立法、依法立法

为了规范政府规章制定工作，推进科学立法、民主立法、依法立法，提高政府规章质量，贯彻落实党的十九大报告、《中共中央关于全面推进依法治国若干重大问题的决定》《法治政府建设实施纲要（2015—2020年）》，根据《立法法》《规章制定程序条例》和《黑龙江省人民代表大会及其常务委员会立法条例》等法律、行政法规的规定，黑龙江省人民政府于2017年10月30日修改了《黑龙江省政府规章制定办法》，2017年12月14日大庆市人民政府制定了《大庆市人民政府规章制定办法》，2017年12月15日黑河市人民政府制定了《黑河市人民政府立法工作规定》，2017年12月8日绥化市人民政府制定了《绥化市政府规章制定办法》。这4件地方立法在科学立法、民主立法、依法立法等方面做出了更具操作性的规定。如《黑龙江省政府规章制定办法》在科学立法方面，规定了坚持党的领导、完善立项论证制度、改善调查研究、建立重大利益调整论证咨询制度、建立公平竞争审查程序、健全专家论证制度、建立律师参与立法制度；在民主立法方面，规定立项前要广泛征集立法建议项目、起草过程中要广泛征求意见、政府法制机构审查时要广泛征求意见、建立与社会公众沟通机制等制度机制；在依法立法领域，明确维护社会主义法制统一的原则，明确政府规章的制定权限，防止部门利益和地方保护主义法制化，发挥法制机构的审查把关作用。

3.政府立法展现出一定的独创性和细化性，增强立法对现实的回应

黑龙江省各级人民政府立足省情，找准立法领域存在的主要矛盾和突出问题，有针对性地进行制度设计，进一步提高立法的针对性。

《黑龙江省政府规章制定办法》确立了政府规章解读制度，如第四十六条规定，起草单位或者有关实施部门应当自政府规章公布之日起三十日内，在本级人民政府门户网站上对政府规章进行解读，必要时可以采取专题访谈、召开新闻发布会等方式进行解读。该办法确立了建立政府规章数据库制度，如第四十七条规定，省和设区的市人民政府应当建立政府规章数据库，及时将所制定的政府规章纳入数据库，向社会公布。省和设区的市人民政府应当根据政府规章的制定、修改、废止、解释情况及时对政府规章目录和文本作出调整，实现动态化、信息化管理。该办法强调政府规章配套规定的落实，如第五十八条规定，政府规章要求有关人民政府及其部门对专门事项作出配套的具体规定的，有关人民政府和部门应当自该政府规章施行之日起一年内作出规定。该办法确立了律师参与政府立法制度，如第五十九条规定，省和设区的市人民政府有关部门应当邀请律师参与政府规章的起草、论证、修改和评估等工作。

《立法法》赋予了设区的市"城乡建设与管理、环境保护、历史文化保护"三个方面的地方立法权，黑龙江省人大常委会于2016年6月正式赋予大庆市人大地方立法权。但是，国家和黑龙江省没有关于设区的市政府制定规章的程序规定，为此，大

庆市启动了政府立法程序规定制定工作，制定了《大庆市人民政府规章制定办法》。为保障政府立法围绕党委、政府中心工作，把握社会的热点、难点、焦点问题，选准选好立法项目，科学编制切实可行的年度立法计划，突出立法重点，避免立法的盲目性、随意性，为立法工作奠定基础，该办法第二章第九条至第十七条就编制年度立法计划、立法项目征集时间、征集的方式及程序、立项条件、立法计划批准等内容进行了相应规范。该办法对起草程序做了明确规定，重点明确起草单位及责任确认、明确起草程序、规定起草内容的一般性标准等方面内容。该办法是大庆市取得地方立法权后出台的第一部政府规章，也是大庆市建市以来的首部政府规章，揭开了大庆市法治政府建设新的一页。

三、黑龙江省2017年度地方立法的不足与未来展望

（一）黑龙江省2017年度地方立法的不足

与2016年度地方立法数量相比持平，尽管2017年度黑龙江省地方立法取得了不错的成绩，但立法活动本身也反映或暴露出一些共性问题，主要表现在：

1. 地方立法不平衡依然存在

根据《立法法》的规定和黑龙江省十二届人大常委会第三十次会议通过的关于确定双鸭山、七台河、鹤岗、绥化市人民代表大会及其常务委员会行使地方立法权的决定，黑龙江省十二个设区的市人大及其常委会已全部拥有地方立法权。自此，黑龙江省拥有立法权的主体不仅仅包括黑龙江省人大、省人民政府两个省级立法主体，哈尔滨市、齐齐哈尔市、牡丹江市、佳木斯市、大庆市、鸡西市、双鸭山市、伊春市、七台河市、鹤岗市、黑河市、绥化市和大兴安岭地区等设区的市都可以行使地方立法权。与2016年黑龙江省除了省会所在地哈尔滨市和较大市齐齐哈尔市以外，其他十一个设区的市在2016年均没有出台地方性法规和政府规章的情形相比，2017年黑龙江省地方立法依然呈现不平衡现象。除省人大和省人民政府、哈尔滨市、齐齐哈尔市行使立法权制定、修改、废止地方性法规（规章）数量相对较多外，其他设区的市在立法数量上相对偏少，如牡丹江市、佳木斯市、绥化市、大庆市、黑河市、伊春市、七台河市、鸡西市、双鸭山市人大有立法，但鹤岗市、大兴安岭地区人大均无立法；在人民政府立法中只有哈尔滨市、齐齐哈尔市、大庆市、黑河市和绥化市人民政府有制定政府规章，其他设区的市人民政府没有立法。一方面，不能用地方立法有无或多少为标准判断地方立法的作用空间，但另一方面这种情况还是反映出地方改革与发展对地方立法的需求，因为大量地方政策的颁布在发挥着立法的规范和指引功能。

2. 立法工作机制有待进一步完善

完善的立法工作机制是加快地方立法进度、提升立法质量的保障。需要完善立法

评估制度，对关系改革发展稳定大局、群众切身利益、社会各方面普遍关注的重要法规，探索在二审前召开重点内容解读会或风险评估论证会；需要拓展立法信息公开途径，推动法规草案公开征求意见常态化、规范化，在法规案表决通过后召开新闻发布会，对法规进行主旨发布，及时准确解读法规；需要完善立法咨询专家论证制度，发挥基层立法工作联系点的作用，调动和引导有关方面主动参与立法；需要健全人大代表参与立法工作机制，把审议代表议案、办理代表建议同立法工作紧密结合起来，规范代表参与立法工作的程序，邀请相关人大代表参与立法论证、调研、座谈、审议通过前评估等工作，在制定和修改法规中认真研究吸纳代表提出的意见，注重发挥人大代表主体作用。通过完善立法工作机制，聚焦社会立法需求，广聚民智，提升地方立法质量和对社会的回应性。

（二）黑龙江省地方立法的未来展望

1. 推进设区的市地方立法进度和均衡度

尽管2016年黑龙江省人大常委会着手筹划推进设区的市立法工作，加强对设区的市立法人员的培训和工作指导，牡丹江、佳木斯、大庆、鸡西等市积极开展立法前的各项准备工作，草拟了立法条例，进行了制度性准备，并根据本地区特殊立法需求拟定了立法项目，但是，与全国其他同类等级的地方立法权主体相比，2017年黑龙江省各级人大和政府地方立法工作立法力度与不平衡问题依然突出。这也预示了今后黑龙江省地方立法发展的一个重大趋势，即大力推进设区的市地方立法，加强地方立法的平衡性。为此，黑龙江省各享有地方立法权的人大和政府需要加强政府立法和规范性文件审查清理工作，为经济社会发展提供法治保障。一是进一步加强政府立法工作。围绕省委、省政府中心工作，严格落实《立法法》和《黑龙江省政府规章制定办法》等规定，落实党对政府立法工作的领导，坚持科学立法、民主立法、依法立法，科学合理制订年度立法计划，突出地方立法特色，不断提高立法的针对性、持续性、有效性，加快地方立法步伐；根据全面深化改革、经济社会发展需要以及上位法制定、修改、废止情况，建立和完善地方性法规、政府规章和规范性文件清理长效机制，及时清理有关政府规章、规范性文件，并对地方性法规提出废止、修改建议。

2. 落实地方立法条例或规定，完善立法工作机制

2017年，黑龙江省各级人大和政府立法中，最具分量的地方立法就是制定立法条例或立法规定，如黑龙江省人大及其常委会修订了《黑龙江省人民代表大会专门委员会工作条例》、哈尔滨市人大及其常委会修订了《哈尔滨市人民代表大会及其常务委员会立法条例》、齐齐哈尔市人大及其常委会修订了《齐齐哈尔市人民代表大会及其常务委员会立法条例》、牡丹江市人大及其常委会修订了《牡丹江市人民代表大会及其常务委员会立法条例》、佳木斯市人大及其常委会制定了《佳木斯市人民代表大会

及其常务委员会立法条例》、绥化市人大及其常委会制定了《绥化市人民代表大会及其常务委员会制定地方性法规条例》、大庆市人大及其常委会制定了《大庆市人民代表大会及其常务委员会立法条例》、黑河市人大及其常委会制定了《黑河市人民代表大会及其常务委员会立法条例》、双鸭山市人大及其常委会制定了《双鸭山市人民代表大会及其常务委员会立法条例》、七台河市人大及其常委会制定了《七台河市人民代表大会及其常务委员会立法条例》、鸡西市人大及其常委会制定了《鸡西市人民代表大会及其常务委员会制定地方性法规条例》，黑龙江省人民政府修改了《黑龙江省政府规章制定办法》、大庆市人民政府制定了《大庆市人民政府规章制定办法》、黑河市人民政府制定了《黑河市人民政府立法工作规定》、绥化市人民政府制定了《绥化市政府规章制定办法》等。这些条例或规定对立项、起草、审议、决定和公布等涉及地方立法程序的规定，将有助于推进地方科学立法、民主立法、依法立法，提高地方立法质量。下一步各地方人大和人民政府应该根据《立法法》和各自条例或规定，在各自权限范围内积极行使立法权，加强立法规划组织实施工作，健全责任机制，深入开展调查研究，细化立法工作机制，加强地方立法队伍建设，以实际行动落实好、完成好立法规划确定的任务。

3. 加大地方立法力度，强化地方立法对改革发展的引领和推动作用

振兴东北需要法治保障，地方立法的规范与引领更是不可或缺。坚持党对立法工作的全面领导，发挥人大及其常委会在立法工作中的主导作用，紧扣建设法治黑龙江，围绕推动振兴发展、生态环境保护、民生保障等重点领域积极探索和有效推进地方立法工作，推动立法与改革决策相衔接成效明显，不断提高立法质量，这对黑龙江省各级党委、立法机关是一种时代要求和使命。因此，黑龙江省各级地方立法主体应当有新作为，联系黑龙江省全面振兴发展实际，在更好地坚持人民代表大会制度、主导引领立法实践中发挥更大的作用，以良法促进善治，推进科学立法、民主立法、依法立法，切实提高立法质量，更好地服务全省全面振兴大局，更快地推进全省民主法治建设登上一个更高的台阶，开创新的局面。

审稿：李福林（广东外语外贸大学）

第四编 华东地区立法发展报告

第十章 上海市2017年度立法发展报告

陈 俊[①]

摘要： 2017年，上海市人大及其常委会、市政府以科学立法、民主立法、依法立法精神为指引，全面贯彻落实党的十八大、十八届历次全会和党的十九大精神，学习贯彻习近平总书记系列重要讲话精神，在中共上海市委领导下，依法积极履职，立法工作取得新成绩。上海市人大常委会共召开8次市人大常委会会议，制定地方性法规8件，修改地方性法规18件，废止地方性法规1件，通过法律性问题的决定2件。上海市人民政府制定9件、修改11件、废止12件政府规章。总体而言，这些立法服务改革发展大局，突出经济社会重点领域，先行先试，亮点纷呈，成绩突出。

关键词： 上海市 地方立法 发展报告

一、上海市2017年度立法发展状况

（一）上海市2017年度立法状况总体评述

上海市有市人大及其常委会、市政府2个省级立法主体，分别依法行使地方性法规和地方政府规章立法权。2017年，上海市人大及其常委会、市政府在中共上海市委的领导下，全面贯彻落实党的十八大、十八届历次全会和党的十九大精神，学习贯彻习近平总书记系列重要讲话精神，注重推进科学立法、民主立法、依法立法，依法积极履职，立法工作取得新成绩，圆满完成了预期目标和任务。

2017年是上海市第十四届人大及其常委会五年立法工作的收官之年。五年来，"共制定地方性法规30件，修改74件，废止10件，通过法律性问题的决定11件，涵盖

[①] 陈俊，华东师范大学立法与法治战略研究中心主任，法学院教授，博士生导师。研究方向：立法学、法理学、宪法学等。

经济、政治、文化、社会和生态文明各个领域"①。

2017年1月20日，上海市第十四届人民代表大会第五次会议审议通过了《上海市食品安全条例》。2017年，上海市人大常委会共召开8次市人大常委会会议，共制定地方性法规8件，修改地方性法规18件，废止地方性法规1件，通过法律性问题的决定2件，完成了上海市十四届人大四次会议确定的立法任务，立法工作取得新成绩。2017年，上海市人民政府共审议通过9件政府规章草案（制定9件、修改11件、废止12件），立法工作取得新成绩。

总体而言，上海市2017年度地方立法积极贯彻党的十八大和十八届三中、四中、五中、六中全会精神，党的十九大精神及习近平总书记系列重要讲话精神，围绕上海重大改革任务和全市发展大局，突出经济社会发展重点领域，注重提高地方立法质量，服务改革开放、先行先试，地方立法工作获得新进展、取得新成效，可圈可点。

（二）上海市2017年度人大立法发展状况

2017年，上海市人大常委会共召开8次市人大常委会会议，共制定地方性法规8件，修改地方性法规18件，废止地方性法规1件，通过法律性问题的决定2件，完成了上海市十四届人大四次会议确定的立法任务。

2017年度，上海市人大及其常委会审议和表决通过的地方性法规8件，决定2件，具体包括：《上海市食品安全条例》《上海市居民委员会工作条例》《上海市促进科技成果转化条例》《上海市社会信用条例》《上海市预算审查监督条例》《上海市农村集体资产监督管理条例》《上海市水资源管理若干规定》《上海市高等教育促进条例》。

2017年度，上海市人大常委会修改的地方性法规共18件，具体包括：《上海市实施〈中华人民共和国村民委员会组织法〉办法》《上海市职工代表大会条例》《上海市绿化条例》《上海市公园管理条例》《上海市古树名木和古树后续资源保护条例》《上海市计量监督管理条例》《上海市实施〈中华人民共和国防震减灾法〉办法》《上海市档案条例》《上海市市民体育健身管理条例》《上海市防汛条例》《上海市河道管理条例》《上海市拆除违法建筑若干规定》《上海市审计条例》《上海市实施〈中华人民共和国残疾人保障法〉办法》《上海市环境保护条例》《上海市饮用水水源保护条例》《上海市大气污染防治条例》《上海市供水管理条例》。

其中，《上海市促进科技成果转化条例》在科技成果作价投资方式、勤勉尽责制度、收益分配制度等方面作出了创新性规定。促进科技成果转化是一项系统工程，需要多方参与和协调。《上海市促进科技成果转化条例》的出台，将全面推动更多的科

---

① 殷一璀：《上海市人民代表大会常务委员会工作报告——2018年1月25日在上海市第十五届人民代表大会第一次会议上》，载《解放日报》2018年2月2日。

技成果转化为现实生产力。为充分发挥企业在科技成果转化中的主体作用，立法重点作了四个方面规定：一是支持企业加大成果转化经费投入；二是建立健全技术创新市场导向机制；三是为企业开展成果转化提供融资、保险支持；四是加强产学研衔接。

为贯彻落实中央提出的"五位一体"总体布局和"创新、协调、绿色、开放、共享"五大发展理念，贯彻国家实施长江大保护战略，上海市人大常委会表决通过《关于促进和保障崇明世界级生态岛建设的决定》，对崇明生态岛法制化建设提供了指导框架，提出了具体要求。该决定结合崇明生态文明建设实际，提出了努力建成生态环境和谐优美、资源集约节约利用、经济社会协调可持续发展的世界级生态岛的目标。《上海市高等教育促进条例》作为我国第一部促进高等教育改革发展的地方性法规，明确高等教育"应当以立德树人为根本任务"，具体规定了若干政府支持保障措施，在促进高校分类发展、确保高等教育投入与教师收入稳定增长、科学核定地方公办高校绩效工资总量、建立正常增长机制等方面作了引领性规定。

（三）上海市2017年度政府立法发展状况

2017年，上海市人民政府认真贯彻党的十八届历次全会、党的十九大精神和市第十一次党代会精神，围绕"五个中心"建设、城市建设和发展、规范政府依法行政、特定人群权益保护等方面，积极开展政府立法工作，取得了新成绩。

2017年，以上海市人民政府令公布的审议通过的地方政府规章共9件，具体包括：《上海市建设工程招标投标管理办法》《上海市气象灾害防御办法》《上海市政府效能建设管理试行办法》《上海市住宅物业消防安全管理办法》《上海市建筑垃圾处理管理规定》《上海市居住证管理办法》《上海市传染病防治管理办法》《上海市市场监督管理投诉举报处理程序规定》《上海市政府采购实施办法》。

2017年，上海市人民政府修改地方政府规章共11件，具体包括：《上海市流动户外广告设置管理规定》《上海市户外广告设施管理办法》《上海市实有人口服务和管理若干规定》《上海市公墓管理办法》《上海市社会公用计量标准器具管理办法》《上海市印章刻制业治安管理办法》《上海市建设工程抗震设防管理办法》《上海市水闸管理办法》《上海市燃气管道设施保护办法》《上海市水文管理办法》《上海市取水许可和水资源费征收管理实施办法》。

2017年，上海市人民政府废止地方政府规章共12件，具体包括：《上海市微生物菌剂使用环境安全管理办法》《上海市组织机构代码登记管理办法》《上海市散装水泥管理办法》《上海市政府系统非常设机构管理暂行规定》《上海市粉煤灰综合利用管理规定》《上海市城市电网建设和供电用电管理暂行规定》《上海市教育督导规定》《上海市一次性使用无菌医疗器械监督管理若干规定》《上海市个人信用征信管理试行办法》《上海市企业信用征信管理试行办法》《上海市建筑节能管理办法》

《上海市设备监理管理办法》。

以上2017年度上海政府立法的"立改废"工作中，围绕市委市政府中心工作，重点突出了以下事项：

一是围绕上海市委市政府中心工作积极开展政府立法工作。首先是积极配合市人大常委会制订2017年度地方性法规立法计划。其次，在政府规章年度立法计划方面，积极探索立法项目论证制度，在1月初邀请有关部门领导和专家，对部门申报的立法项目是否适当进行论证，围绕市委市政府中心工作制定年度政府立法计划项目。例如，围绕崇明世界级生态岛建设等中心工作，确定"1+X"立法模式，起草了《上海市人民代表大会常务委员会关于促进和保障崇明世界级生态岛建设的决定（草案）》并经市人大常委会审议通过。

二是围绕保障城市安全运行和加强城市精细化管理开展立法工作。提请市人大常委会审议通过了《上海市水资源管理若干规定》、审议《上海市消防条例（修正草案）》；提请市政府常务会议审议通过《上海市建设工程招标投标管理办法》《上海市建筑垃圾处理管理规定》《上海市住宅物业消防安全管理办法》等。这些草案提请审议和通过后，在保障城市安全运行和加强城市精细化管理上发挥了积极作用。例如，《上海市水资源管理若干规定》的出台，积极贯彻体现落实生态文明建设的新理念新思想新战略，严格按照国家上位法有关要求，立足上海实际，紧扣实行最严格水资源管理这条主线，将落实"三条红线""四项制度"、中央环保督察整改以及对本市水资源管理相关地方性法规进行修改三者有机统一起来，通过集中立法资源解决上海水资源管理中的饮用水安全、节约用水、水环境保护等关键问题，为上海经济和社会可持续发展提供法制保障。

三是围绕规范政府自身行为和促进依法行政开展立法工作。近年来，上海聚焦"高度透明、高效服务，少审批、少收费，尊重市场规律、尊重群众"的目标要求，针对行政权力行使、行政服务和公共服务方面存在的突出问题，提请市政府常务会议审议通过了《上海市政府效能建设管理试行办法》《上海市市场监督管理投诉举报处理程序规定》等。这些立法以开展政府效能建设为抓手，加强制度建设，规范行政程序，促进了工作作风改进，强化了责任追究，取得了积极成效。

四是围绕特定群体权益保障和社会事业发展开展立法工作。提请市人大常委会审议通过《上海市农村集体资产监督管理条例》《上海市高等教育促进条例》等；提请市政府常务会议审议通过了《上海市居住证管理办法》《上海市实有人口服务和管理若干规定》等。例如，上海市政府常务会议审议通过的规章，立足上海发展实际，对接国务院《居住证暂行条例》等上位法的精神，加强规范人口服务和管理并保障来沪人员的合法权益，着力提升上海实有人口服务和管理水平。

二、上海市2017年度地方立法的特色和亮点

(一)地方人大立法中的特色和亮点

2017年,上海市人大及其常委会坚持党的领导,积极依法履职,注重把立法与保障落实国家战略和中央对上海的要求结合起来,发挥立法对经济社会发展的引领和保障作用。加强城市管理和社会治理重点领域立法,人大立法中的特色和亮点主要表现为:

1.坚持党的领导,重要立法事项贯彻落实中央和市委精神

2017年,上海市人大及其常委会在立法中坚持党的领导,围绕国家和上海市发展大局,及时将中央和上海市委的精神通过法定程序上升为地方性法规,旗帜鲜明讲政治。

上海市人大及其常委会努力把党的领导贯穿到依法立法履职的过程之中。一是就立法中的重大问题由市人大常委会党组向市委请示报告。例如,《上海市社会信用条例》等重要法规起草修改和立法中的其他重大事项及时向市委请示报告。二是坚持用党的路线方针政策和中央及市委的决策部署统一思想认识,积极凝聚各方立法共识。例如,在《上海市社会信用条例(草案)》第一次审议期间,中央深改组颁布了《关于加强政务诚信建设的指导意见》等文件,市人大常委会相关委员会及时深入学习中央最新文件精神,针对草案中有关公共和市场等信用信息依法有效归集与使用等各方关注的焦点问题,依据文件精神,及时作了修改细化。三是深刻领会精神,努力把党的主张通过法定程序转化为国家意志。例如,在审议《关于促进和保障崇明世界级生态岛建设的决定》时,市人大常委会组织委员认真学习党的十八大以来中央关于生态文明建设系列文件精神,认真研读市委对崇明的定位和战略要求,在草案中有针对性地构建了崇明生态立岛的四个关键环节及其要求。又如,《上海市居民委员会工作条例》的制定也积极体现落实市委有关创新社会治理,加强基层建设"一号课题"等文件精神,将市委提出的理顺居委会和业委会的关系积极转化为地方性法规条文,努力构建各尽其责、协同配合的基层治理法治化框架。

2.注重发挥立法在国家战略和中央重大决策落实中的引领保障作用

为全面落实中央关于食品安全"四个最严"要求,市委提出制定一部"史上最严、百姓拍手叫好的本市食品安全条例,以法治保障推进市民满意的食品安全城市建设"的指导精神并在立法中得到了充分体现。2017年1月20日,上海市第十四届人民代表大会第五次会议审议通过了《上海市食品安全条例》,并于3月20日起实施。该条例体现了落实中央"四个最严"的要求,贯彻了市委的精神,同时汲取了各方面的意见与智慧,建立完善了符合超大型现代化国际大都市特点的食品安全地方性法规保障体

系，被称为"史上最严"的上海市食品安全地方性法规。该条例从以下几个方面贯彻落实中央关于食品安全"四个最严"的要求：一是从严落实"食品安全是产出来的"责任，着力落实食品生产经营各环节、各重点食品和相关业态经营主体责任；二是从严落实"食品安全是管出来的"责任，明确食品安全政府各部门的监管职责；三是从严加强食品安全源头治理，设置最严格的市场准入制度；四是从严解决当前本市食品安全存在的突出问题并加强综合治理；五是从严处罚食品安全违法行为；六是从严落实食品安全各方协同责任；七是推进形成食品安全共享共治格局。

3.注重完善社会主义市场经济所需的地方性法规

上海市人大常委会注重完善社会主义市场经济发展所需的重点领域的地方性法规立法工作，努力通过制定相关地方性法规，实现促进经济发展、加强社会治理等预期目的。例如，出台并实施《上海市社会信用条例》这一全国第一部关于社会信用体系的综合性法规，在全国范围产生了积极正面的示范价值和借鉴意义。

社会信用问题在社会主义市场经济发展和社会治理中具有重要地位。近年来，上海积极贯彻落实《社会信用体系建设规划纲要（2014—2020年）》和市委精神，先行先试，不断探索地方信用立法。上海市人大常委会先后于2014年、2015年开展了社会信用立法调研，为地方立法的先行先试打下前期基础。

2017年6月23日，上海市第十四届人民代表大会常务委员会第三十八次会议通过了《上海市社会信用条例》，自2017年10月1日起施行。《上海市社会信用条例》是完善社会主义市场经济体制、创新社会治理机制的重要地方性法规，在中央和地方立法中具有填补空白、先行先试的积极作用。该条例的调研和起草历时近三年，克服了多个立法难题，社会反响积极。一是界定了"社会信用"的内涵，确立了公共信用归集和使用的基本规则，建立了守信激励、失信惩戒的基本制度。二是对信息主体的权益作出了专门保护规定，积极回应社会长期以来的关切。三是对政府相关部门提出了公共信用信息目录编制和信息归集、严重失信主体名单确定、社会信用信息安全管理等要求，以此保障上海信用体系的有序运转。四是对上海本市各级政府提出坚持依法行政、完善重大行政决策充分听取公众意见的程序和规则、加快政府部门信息公开共享的要求，以期通过政务诚信引领社会诚信的发展。

4.出台全国第一部高等教育地方性法规

2017年12月28日，上海市第十四届人大常委会第四十二次会议表决通过《上海市高等教育促进条例》。这是全国第一部促进高等教育发展的地方性条例。《上海市高等教育促进条例》共6章52条，将近年来上海教育综合改革的有益经验和做法提升到法规的高度，为拓展高等教育改革的广度和深度、推动上海高校"双一流"建设提供了地方性法规的制度保障。

该条例明确，将"立德树人"作为高等学校德育评价的重要内容，注重从教育教学全过程和各环节落实"立德树人"的要求,并对学校教育质量评价、教师职务评聘和考核评价、学生思想品德考核作出细化规定,推动形成"立德树人"的长效机制。该条例还对提高教育教学质量提出要求,明确高等学校应当建立健全教师职业培训和发展、教学岗位职责、教学工作规范、教学奖励、教授为本科生授课等制度,强化教学激励机制,加强教学质量保障体系制度建设。

该条例还融入了上海市高等教育布局结构发展规划、学科布局规划和职业教育规划的内容,明确了规划的核心内容,写入了高校分类发展、地方高水平大学与学科建设、学科专业设置应用型人才培养等规划内容,充分体现了上海教育综合改革的有益经验和成果。此外,还专门规定了"依法自主办学"一章共 13 条内容,这是该条例立法的亮点之一。从保障学校权利和推进政府简政放权两个方面规定了包括人员编制、职称评聘、收入分配等多项自主办学措施,体现出落实办学自主权的指导思想,与此同时,该条例在支持学生创新创业、科研与成果转化、资产处置等方面,也明确赋予高校相应的自主权。

总之,《上海市高等教育促进条例》为推进上海依法治教、推动上海高等教育改革发展提供了框架指引,并且在体现上海特色、注重解决上海市教育发展中较为突出而中央立法一时难以解决的问题上作出了积极而有益的探索,也为今后上海市有关部门制定实施办法提供了框架平台基础。

5. 制定出台全市第一部科技创新地方性法规

2017年4月20日,上海市第十四届人民代表大会常务委员会第三十七次会议通过了《上海市促进科技成果转化条例》,这是全市第一部科技创新地方性法规。该条例第一条开篇明旨:为了促进和规范科技成果转化,加快建设具有全球影响力的科技创新中心,推动经济发展和社会进步,制定本条例。该条例的亮点包括以下几点:

亮点一:明确"自主转化底线"并界定"净收入"。

该条例明确了科技成果自主转化权利的"底线",即涉及国家秘密、国家安全以外的科技成果,都可以自主进行转化。同时在全国范围内首次对"净收入"概念做了法定界定:净收入=收入−转化过程中的直接费用。即只要求扣除相关税费、专利维持费、中介费、评估费等直接费用,而无须扣除前期研发投入成本;这一界定,无论是对"净收入"的计算还是对激励科技成果转化的积极性,都是一个亮点性突破。

亮点二:为高校院所成果转化开辟"第二条路"。

该条例明确了高校院所科技成果转化机构的职责和义务,并且开辟了"第二条路"和"第三条路":即允许高校院所独资设立的负责资产管理的法人开展科技成果作价投资;允许高校院所与科技人员事先对股权分配作出约定,直接以本单位和相关人员的名义作价投资。该条例开辟了成果转化新路径,破解了具体操作中的问题,让高校通过资产公司进行成果转化顺理成章,有理有据。

亮点三：成果转化收益分配以"约定"为先。

该条例确立了"约定优先"原则，奖励标准由职工代表大会予以规定，或者由单位与个人予以约定。在没有约定的情况下，依照"法定"执行，并给出标准指引，高校院所由此获得的转化收益全部留归本单位，并且允许将70%以上的收益奖励给有关人员。

6.《上海"十三五"及更长时期重点领域立法需求》出台

2017年9月25日，经过两年的调研，上海市人大常委会举行《上海"十三五"及更长时期重点领域立法需求》调研成果新闻发布会，提出了涵盖经济、民生、生态、文化、城市管理等六大领域的100项立法需求。这些立法需求项目，研究了过去五年的代表议案和委员提案，收集了上海市法学会、上海市立法研究所的相关课题成果，并在汇集各方面提出287项立法需求的基础上，通过赋予分值的方式，确定了各方面意见比较集中、上海发展需求比较紧迫的立法需求项目。

这是上海市人大首次对未来立法需求进行大规模的课题调研。此次新闻发布会的成果，将对上海市"十三五"及更长时期的立法规划起到指导作用。在100项立法需求项目中，不少立法需求具有一定的前瞻性，一些立法需求还具有填补现有地方立法空白的价值。

7.上海市人大组织广大市民"走进人大"系列活动

为了让社会各界和广大市民对人大制度和上海地方立法工作有所了解，上海市人大在2017年组织"走进人大"系列活动，反响好，评价高。例如，让市民代表走进市人大会议厅，由市人大常委会相关领导为他们讲解人大制度、人大立法职权及立法流程，并就社会各界人士关心的"共享单车的城市管理"等问题进行模拟专题询问。又如，上海市人大常委会法工委与华东师范大学法学院签署实习基地协议，搭建合作平台，建立起全国第一批法学本科生和研究生基层立法联系点志愿者服务队，为法学专业学子参与地方立法实践提供平台。

（二）地方政府立法中的特色和亮点

2017年，上海市人民政府重点围绕"五个中心"建设、城市建设管理和安全运行、规范政府依法行政等方面，加强了政府立法工作。立法工作中的特色和亮点主要是：

1.围绕全市中心工作科学编制年度立法工作计划

首先是积极配合市人大常委会制定2017年度地方性法规立法计划。其次是在市政府规章项目制定方面及早抓论证。2017年1月初，市政府法制办就举行市政府规章立法计划项目专家论证会，邀请有关部门领导和专家召开论证会，对各部门申报列入2017年立法计划的相关项目是否适当进行论证。在听取各方意见基础上，科学编制年度立法工作计划，明确2017年上海市人民政府规章制定计划项目，为服务和保障"五个中心"建设和其他重要工作奠定立法工作基础。

2. 对政府规章立法项目论证制度建章立制

为贯彻落实中共中央、国务院《法治政府建设实施纲要（2015—2020年）》要求，推进上海依法行政工作、率先建成法治政府，需要对政府规章立项工作予以规范。为此，在认真梳理近年来上海市政府规章制定计划完成情况及总结"开门论证"实践经验的基础上，上海市政府法制办研究制定了《政府规章立项论证工作试行办法》，规范先行，制度先行，为上海率先建成法治政府提供政府立法论证制度层面的支持。

3. 突出重点工作依法做好政府立法相关工作

一是围绕崇明世界级生态岛建设等中心工作，确定"1+X"立法模式，起草了《上海市人民代表大会常务委员会关于促进和保障崇明世界级生态岛建设的决定（草案）》，提请市人大常委会审议通过。二是围绕保障城市安全运行和加强城市精细化管理，提请市人大常委会审议通过《上海市水资源管理若干规定》，由市政府常务会议审议通过《上海市建设工程招标投标管理办法》《上海市建筑垃圾处理管理规定》《上海市住宅物业消防安全管理办法》《上海市气象灾害防御办法》等。三是围绕市委市政府其他中心工作，积极开展了《上海张江国家自主创新示范区条例》《中国（上海）自由贸易试验区条例（修改）》《上海崇明禁猎区管理规定》《上海市体育设施管理办法》等法规规章的立法调研工作。

4. 全面开展规章规范性文件清理工作

按照《法治政府建设实施纲要（2015—2020年）》和国务院有关"放管服"改革和生态文明建设等涉及的规章、规范性文件清理工作的要求，全面开展规章、规范性文件清理工作。首先是将不符合"放管服"改革要求及涉及生态文明和环境保护的规章和规范性文件专项清理列为清理重点。例如，涉及"放管服"改革事项的，市政府常务会议审议通过修改27件、废止3件。其次，对所有297件现行有效的规章的清理进行审核，作出分类处理：继续有效的218件，废止10件，"一揽子"简易修改9件，适时修改48件。再次，配合市人大常委会做好12件地方性法规的"一揽子"简易修改工作。这些清理举措，促进了政府科学、民主、依法立法，推进了法治政府建设。

5. 加强规范性文件备案审查监督并建章立制

一是加强对报送备案规范性文件的审查。全年共受理报送备案审查的行政规范性文件322件，审结250件，备案审查纠错率为19.6%，比2016年提高3.2个百分点。二是积极推进与上海市高级人民法院、上海市人民检察院建立行政规范性文件审查衔接机制，形成行政、司法对行政规范性文件的监督审查合力。三是出台并实施《关于认定行政规范性文件的指导意见》，全面提高全市行政规范性文件的制定水平和质量。

三、上海市2017年度地方立法的不足与未来展望

（一）上海市2017年度地方立法的不足

上海市地方立法在2017年度取得了不俗的成绩，呈现出很多亮点，可圈可点。与此同时，也存在一些不足。这些不足，对上海市地方立法机关在今后立法工作中稳中求进，不断提高立法质量和水平，提出了新时代下的新要求。

针对上海市人大及其常委会立法中存在的不足，要求应"进一步提高地方立法质量。坚持科学立法、民主立法、依法立法，坚持立改废释并举……加强改革开放、创新转型需要的法规制度供给"。[①]

针对上海市政府立法中存在的不足，要求"要着力完善立法制度，坚持'开门立法'，提高政府立法公众参与度，使政府立法更好地反映客观规律、凝聚社会共识、体现人民意愿。要善于把实践中的好做法、成熟做法固化、法制化，并及时上升为法规规章。要着力提高立法质量，健全规章和规范性文件清理长效机制，在不折不扣执行国家法律法规的前提下，自我加压，进一步提高地方标准要求"[②]。据此，在政府立法中，围绕政府职能转变，加强政府立法公众参与，健全规章清理等工作机制，今后仍然有待进一步加强。

（二）上海市地方立法的未来展望

回顾和梳理2017年上海市人大及其常委会、市政府的立法成绩，诸如注重发挥立法在保障国家战略和中央重大决策落实中的引领和推动作用、围绕市委市政府中心工作开展立法、注重完善社会主义市场经济需要的地方立法、出台全国第一部高等教育地方性法规、加强规范性文件备案审查监督并建章立制等等，都是2017年上海市地方立法的亮点。

2018年是全面贯彻党的十九大精神的开局之年，是新一届市人大及其常委会、市政府依法履职的第一年。市人大常委会和市政府将坚持稳中求进工作总基调，贯彻落实中央战略部署，紧紧围绕全市工作大局，突出"五个中心"建设对上海地方立法在加强制度供给上的需求，积极作为，开拓创新，继续展现人大和政府地方立法工作新气象。

1. 围绕五年立法规划编制，积极履行人大立法职能

根据上海市人大常委会2018年立法工作计划，市人大常委会将做好以下工作：一是市十五届人大常委会五年立法规划编制工作，着力加强改革开放、创新转型需要的

[①] 殷一璀：《上海市人民代表大会常务委员会工作报告——2018年1月25日在上海市第十五届人民代表大会第一次会议上》，载《解放日报》2018年2月2日。

[②] 应勇：《建设法治政府推进法治上海建设》，载《解放日报》2017年5月3日。

法规制度供给；二是继续审议《消防条例》《单用途预付消费卡管理规定》等法规草案；三是拟围绕科创中心建设和自贸试验区建设两大国家战略、上海历史风貌保护、生态环境保护、社会救助、住宅物业管理、生活垃圾分类管理、宗教事务、职业教育等开展法规制定或修改工作；四是根据全面深化改革需要，及时"打包"修改法规，提高立法效率。

2. 发挥地方立法协同作用，推动长三角一体化发展

促进长江经济带发展，推动长三角一体化发展，是今后包括上海在内的长三角"三省一市"立法工作的着力点之一。在推进长三角一体化发展进程中，加强"三省一市"发展规划对接，推动区域市场统一开放，共建互联互通基础设施，共促区域内大气污染、水污染联防联控，这些对"三省一市"地方立法如何满足长三角一体化发展带来的制度供给需求，提出了时代新需求。就上海地方立法而言，面对长三角区域一体化发展带来的新挑战、新要求和新任务，亟待通过共同谋划长三角区域立法制度的保障性供给。上海、浙江、江苏、安徽三省一市人大此前曾在2014年通过制定各自的《大气污染防治条例》进行了地方立法协作首次实践。今后，这一合作领域将聚焦水污染防治等领域，继续加强制度供给的协调性、系统性。

就长三角"三省一市"的政府法制部门而言，也将在此前建立的合作机制基础上，健全创新工作机制，梳理深化长三角区域合作机制的政府立法制度需求，在更大范围、更广领域积极配合各地人大立法合作，共同推进长三角区域立法协作，以立法积极引领、推动、保障长三角区域继续在改革开放、创新引领、转型升级、绿色发展中走在全国前列。

3. 市政府立法将坚持需求、问题、效果导向，服务"五个中心"建设

在2017年度，上海市人民政府重点围绕 "五个中心"建设、城市建设管理和安全运行、规范政府依法行政等方面，加强了政府立法工作，成绩显见。

2018年是贯彻党的十九大精神的开局之年，是改革开放40周年，是决胜全面建成小康社会、实施"十三五"规划承上启下的关键一年，是贯彻落实中央经济工作会议和十一届市委三次全会精神的重要一年，市政府立法工作将在新时代坐标中坚持需求导向、问题导向、效果导向，强化政府立法在创新驱动转型发展中的制度供给，强化政府立法在推进上海服务、上海制造、上海购物、上海文化品牌中的有效作用，为推动上海高质量发展提供制度保障。同时，上海市政府将继续推进和提升规范性文件的法治化水平，通过加强规范性文件备案审查监督，通过推进落实与上海市高级人民法院、上海市人民检察院建立行政规范性文件审查衔接机制，通过制定实施《关于认定行政规范性文件的指导意见》等规范性文件，通过建章立制的配套工作，努力提高政府立法质量，服务"五个中心"建设。

4.市政府立法将完善政府立法和决策机制

2018年1月23日，上海市市长应勇在上海市第十五届人民代表大会第一次会议上所作的政府工作报告，对今后完善政府立法和决策机制作出了展望："深入推进依法行政。强化法治思维和法治方式，健全政府依法运行机制，推动法治上海建设，使法治成为城市竞争力的核心标志。完善政府立法和决策机制。"①

审稿：杨治坤（广东外语外贸大学）

---

①应勇：《政府工作报告——2018年1月23日在上海市第十五届人民代表大会第一次会议上》，载《文汇报》2018年1月31日。

第十一章 江苏省2017年度立法发展报告

李春燕①

摘要：2017年度，江苏省各立法机关积极依法履职，为推进"两聚一高"新实践，建设"强富美高"新江苏提供了有力的法治保障。其中，江苏省人大及其常委会制定、修改39件地方性法规，批准通过47件地方性法规；江苏省人民政府制定4件政府规章；人大与政府立法过程中，注重立法效益、立法协调性，更加突出服务改革和民生导向立法，以立法推动江苏省法治发展和政府职能转变。但是，立法中也存在些许不足：法律解释在地方立法中的作用尚未显现，个别条款的可操作性有待提高，设区的市立法特色有待加强。江苏省在今后的立法工作中，将更加注重依法履职提高实效，围绕中心服务大局开展立法工作，深化政府法律顾问在立法中的作用。

关键词：江苏省 地方立法 发展报告

一、江苏省2017年度立法发展状况

（一）江苏省2017年度立法状况总体评述

江苏省的省级立法主体是江苏省人大及其常委会、江苏省人民政府。同时，根据2015年修订后的《立法法》和江苏省第十二届人大常委会第二十次会议于2016年1月15日审议通过并公布的《江苏省人民代表大会常务委员会关于确定连云港、淮安、宿迁市人民代表大会及其常务委员会开始制定地方性法规的时间的决定》，自2016年1月15日起，江苏省的13个设区市都拥有了地方立法权。换言之，目前，江苏省总计有28个地方立法主体。

2017年，江苏省人大及其常委会、省人民政府全面落实党的十八大和十八届三中、四中、五中、六中全会精神，以及十九大精神和省第十三次党代会的战略部署，深入学习贯彻习近平总书记系列重要讲话特别是视察江苏重要讲话精神，依法履行职责，为推进"两聚一高"新实践，建设"强富美高"新江苏提供了有力的法治保障。

---

① 李春燕，法学博士，浙江财经大学法学院副教授，硕士生导师。研究方向：行政法学、立法学。

其中，江苏省人大常委会制定、修改了《江苏省民用航空条例》《江苏省预防未成年人犯罪条例》《江苏省医疗纠纷预防与处理条例》《江苏省消费者权益保护条例》等39件地方性法规，批准通过了《南京市清真食品管理条例》《徐州市港口条例》《徐州市市容和环境卫生管理条例》《常州市历史文化名城保护条例》等35件地方性法规，批准修改《南京市公路路政管理条例》《南京市城市道路设施管理条例》《南京市蔬菜基地管理条例》等10件地方性法规，批准废止了《南京市国有企业法定代表人离任经济责任审计条例》《南京市爱国卫生管理条例》2件地方性法规；江苏省人民政府制定了《江苏省内河水上游览经营活动安全管理办法》《江苏省港口岸线管理办法》《江苏省道路交通事故社会救助基金管理办法》《江苏省传统村落保护办法》4件政府规章。①

设区的市人大立法方面，13个设区市的人大及其常委会积极开展立法工作，全年共制定、修改了《南京市院前医疗急救条例》《南京市促进技术转移条例》《无锡市安全生产条例》等53件地方性法规，废止了《南京市国有企业法定代表人离任经济责任审计条例》《南京市爱国卫生管理条例》《苏州市渔业管理条例》3件地方性法规。

设区的市政府立法方面，13个设区市的人民政府共制定、修改了《南京市国有土地上房屋征收与补偿办法》《无锡市居民住宅二次供水管理办法》《南京市统计管理办法》等54件政府规章，废止了《南京市内部审计管理办法》《南京市饮食娱乐服务企业环境保护管理办法》《南京市公共场所禁止吸烟暂行规定》等52件政府规章。

总体来看，2017年江苏省地方立法立足省情、市情，服务于"强富美高"新江苏建设，重点加强经济、民生、生态环境和社会治理等领域立法，立法成效显著。

（二）江苏省2017年度人大立法发展状况

2017年，江苏省人大及其常委会制定了《江苏省民用航空条例》《江苏省预防未成年人犯罪条例》《江苏省医疗纠纷预防与处理条例》《江苏省财政监督条例》《江苏省慈善条例》《江苏省河道管理条例》《江苏省水域治安管理条例》《苏南国家自主创新示范区条例》8件地方性法规，除修改《江苏省实施〈中华人民共和国农业技术推广法〉办法》《江苏省消费者权益保护条例》《江苏省人民代表大会常务委员会讨论、决定重大事项的规定》《江苏省献血条例》《江苏省邮政条例》5件地方性法规外，还一次性打包修改了《江苏省固体废物污染环境防治条例》《江苏省统计条例》《江苏省档案管理条例》《江苏省防震减灾条例》《江苏省实施〈中华人民共和国人民防空法〉办法》《江苏省文物保护条例》《江苏省特种行业治安管理条例》《江苏省发展中医条例》《江苏省行业协会条例》《江苏省实施〈中华人民共和国职业教育

---

① 本数据与《2018年江苏省人民代表大会常务委员会工作报告》及《2018年江苏省人民政府工作报告》有差异，差异主要来自统计方法和标准的不同。

法〉办法》《江苏省药品监督管理条例》《江苏省气候资源保护和开发利用条例》
《江苏省气象灾害防御条例》《江苏省动物防疫条例》《江苏省道路运输条例》《江
苏省机动车维修管理条例》《江苏省内河交通管理条例》《江苏省水利工程管理条
例》《江苏省防洪条例》《江苏省水资源管理条例》《江苏省水库管理条例》《江苏
省水文条例》《江苏省水土保持条例》《江苏省生态公益林条例》《江苏省实施〈中
华人民共和国森林法〉办法》《江苏省野生动物保护条例》26件地方性法规。其中，
《江苏省民用航空条例》《江苏省预防未成年人犯罪条例》《苏南国家自主创新示范
区条例》的制定和《江苏省人民代表大会常务委员会讨论、决定重大事项的规定》
《江苏省消费者权益保护条例》的修改引起社会关注。

　　《江苏省民用航空条例》于2017年1月18日由江苏省第十二届人民代表大会常务
委员会第二十八次会议通过，自2017年7月1日起施行。这是我国首部规范和促进民航
事业发展的地方性法规。该条例致力于促进民用航空发展，加强民用航空管理，保障
民用机场安全和有序运营，维护当事人的合法权益，通过"总则""运输机场规划与
建设""运输机场管理与服务""运输机场安全环境保护""通用航空""保障与促
进""法律责任""附则"8章66条明确了民用航空发展的基本原则、政府及相关部门
的民航管理职责以及本省民用航空发展规划、运输机场建设规划、通用航空专项规划
等的编制要求，并对运输机场的规划建设、运营服务、安全环境保护以及通用航空、
保障和促进民用航空发展的措施等方面作出具体规定。

　　《江苏省预防未成年人犯罪条例》于2017年3月30日由江苏省第十二届人民代表大
会常务委员会第二十九次会议通过，自2017年6月1日起施行。这是2017年度由江苏省
人大常委会牵头起草的唯一一部地方性法规。该条例由"总则""一般预防""重点
预防""特殊预防""法律责任""附则"6章62条构成。其中，无论是有关外来人员
子女和留守儿童的父母应当履行监护职责及预防教育职责等方面的规定，还是关于建
立未成年人观护教育基地的规定，都充分总结吸收了江苏省各地预防未成年人犯罪的
经验，突出对国家立法的补充和江苏特色。

　　《苏南国家自主创新示范区条例》于2017年12月2日由江苏省第十二届人民代表大
会常务委员会第三十三次会议通过，自2018年2月1日起施行。这是"全国首部规范以
城市群为基本单元的自主创新示范区综合性法规，在全国较早将改革容错机制纳入法
规"①。它对苏南国家自主创新示范区建设工作推进机制、规划与建设、创新创业、产
业技术研究开发机构、人才资源、投融资服务、开放合作、服务与管理等事项作出规
定，是把苏南国家自主创新示范区建设成为创新驱动发展引领区、深化科技体制改革

---

　　①　高建新：《深入贯彻落实党的十九大精神，全力为高质量发展营造良好法治环
境》，江苏政府法制网 http://jssrmzffzb.jiangsu.gov.cn/art/2018/2/27/art_30361_7495844.
html，访问时间：2017年4月20日。

试验区、区域创新一体化先行区和具有国际竞争力的创新型经济发展高地的法治保障。

《江苏省人民代表大会常务委员会讨论、决定重大事项的规定》由江苏省第十二届人民代表大会常务委员会第三十一次会议于2017年7月21日修订，自2017年9月1日起施行。修订后的《江苏省人民代表大会常务委员会讨论、决定重大事项的规定》对讨论决定重大事项的原则、范围、相关程序和工作机制、决议决定实施的监督和保障等作出规范，对贯彻落实中央《关于健全人大讨论决定重大事项制度、各级政府重大决策出台前向本级人大报告的实施意见》和江苏省委《关于健全人大讨论决定重大事项制度、各级政府重大决策出台前向本级人大报告的实施办法》等文件的精神具有重要意义。

《江苏省消费者权益保护条例》由江苏省第十二届人民代表大会常务委员会第二十九次会议于2017年3月30日通过，自2017年7月1日起施行。该条例针对消费维权领域出现的新情况，进一步明晰了消费者的权利，强化了经营者的责任，规范了各级政府和消费者组织在保护消费者权益方面的职责。这是江苏省人大常委会适应新形势下消费维权工作的需要，推动供给侧结构性改革和江苏经济转型升级，全面贯彻落实新修订的《消费者权益保护法》的重要举措。

设区的市中，南京市人大常委会制定了《南京市院前医疗急救条例》《南京市法律援助条例》《南京市房屋使用安全管理条例》《南京市人民代表大会常务委员会关于南京江北新区行政管理事项的决定》《南京市献血条例》5件地方性法规，修改了《南京市公路路政管理条例》《南京市城市道路设施管理条例》《南京市水环境保护条例》《南京市蔬菜基地管理条例》《南京市市容管理条例》《南京市促进技术转移条例》《南京市机动车排气污染防治条例》《南京市环境噪声污染防治条例》《南京市城乡规划条例》《南京市商品交易市场管理条例》《南京市旅游条例》《南京市排水条例》12件地方性法规，废止了《南京市国有企业法定代表人离任经济责任审计条例》《南京市爱国卫生管理条例》2件地方性法规；无锡市人大修改了《无锡市制定地方性法规条例》1件地方性法规，其常委会制定了《无锡市安全生产条例》1件地方性法规；苏州市人大修改了《苏州市制定地方性法规条例》1件地方性法规，其常委会制定了《苏州市禁止燃放烟花爆竹条例》《苏州国家历史文化名城保护条例》《苏州市古城墙保护条例》3件地方性法规，修改了《苏州市公共汽车客运管理条例》《苏州市内河交通安全管理条例》《苏州市道路运输条例》《苏州市集贸市场管理条例》《苏州市档案条例》《苏州市禁止猎捕陆生野生动物条例》《苏州市湿地保护条例》《苏州市阳澄湖水源水质保护条例》8件地方性法规，废止了《苏州市渔业管理条例》1件地方性法规；常州市人大常委会制定了《常州市天目湖保护条例》《常州市电梯安全管理条例》2件地方性法规；南通市人大常委会制定了《南通市城市建筑垃圾管理条例》《南通市水利工程管理条例》《南通市人才发展促进条例》3件地方性法规；盐城市人大常委会制定了《盐城市城乡规划条例》《盐城市畜禽养殖污染防治条例》2件地方性法规；扬州市人大常委会制定了《扬州市公园条例》1件地方性法规；镇江市人大常委会制定了《镇江市非物质文化遗产项目代表性传承人条例》《镇江市长江岸线资源保护条例》2件地方性法规；泰州市人大常委会制定了《泰州市绿化条例》《泰州市道路交通安全条例》《泰州市市区烟花爆竹燃放管理条例》3件地方性法规；连云港市人大常委会制定了《连云港市市容和环境卫生管理条例》《连云港市滨海湿地保护条例》2件地方性法规；淮安市人大常委会制定了《淮安市地下管线管理条例》《淮安市文物保护条例》《淮安市周恩来纪念地保护条例》3件地方性法规；宿迁市人大及其常委会制定了《宿迁市制定地方性法规条例》《宿迁市户外广告设施和店招标牌管理条例》《宿迁市住宅物业管理条例》3件地方性法规。前述地方性法规中，以下5件尤具特色：

《南京市献血条例》于2017年10月20日南京市第十五届人民代表大会常务委员会第三十七次会议制定，经2017年12月2日江苏省第十二届人民代表大会常务委员会第三十三次会议批准，自2018年1月1日起施行。该条例立足规范采供血秩序，保障献血和临床用血的安全和需要，对献血动员和组织、采供血和临床用血管理、献血保障和激励措施等事项作出具体规定。其中，关于用血费用便利核销机制、高危献血者筛查和屏蔽制度和具有南京市特色的优待措施（如积分入户等优待）等的规定，受到市民好评。

《南通市人才发展促进条例》于2017年12月25日由南通市第十五届人民代表大会常务委员会第九次会议制定，经2018年1月24日江苏省第十二届人民代表大会常务委员会第三十四次会议批准，自2018年8月1日起施行。它是江苏省首部人才地方性法规，由"总则""人才引进和培养""人才评价和使用""人才激励和保障""附则"5章42条构成，对提升地区人才工作法治化水平具有示范意义。[1]

《扬州市公园条例》于2017年7月26日由扬州市第八届人民代表大会常务委员会第四次会议制定，经2017年9月24日江苏省第十二届人民代表大会常务委员会第三十二次会议批准，自2017年12月1日起施行。它是扬州市首部民生领域的立法，也是国内较早的关于城市空间的立法。它对公园的管理体制、发展公园事业的原则以及公园设计、建设的相关程序和要求等作出明确规定："将（扬州）市委市政府以人民为中心推进公园体系建设的发展理念用法规的形式固化下来，既顺应了民意，也体现了扬州的特色，实现了立法为民、立法惠民。"[2]

《镇江市非物质文化遗产项目代表性传承人条例》于2017年6月30日由镇江市第

① 参见姜萍萍、谢磊：《江苏南通出台〈人才发展促进条例〉》，中国人才网http://rencai.people.com.cn/n1/2018/0427/c244800-29954938.html，访问时间：2017年4月20日。
② 何瑞琳：《〈扬州市公园条例〉今起施行》，载《扬州日报》2017年12月1日。

八届人民代表大会常务委员会第三次会议制定，经2017年7月21日江苏省第十二届人民代表大会常务委员会第三十一次会议批准，自2017年10月1日起实施。这是我国第一部关于非物质文化遗产项目代表性传承人的地方立法，涉及代表性传承人的申报条件、认定程序、认定原则，对代表性传承人进行抢救性保护、调查与建档、评估机制、奖励机制、退出机制等内容。该条例的实施，有助于促进非物质文化遗产项目代表性传承人队伍的建设，鼓励和支持各方力量开展传承、传播活动，让非遗不因"人走"而"技亡"。[①]

《淮安市周恩来纪念地保护条例》于2017年12月19日由淮安市第八届人民代表大会常务委员会第八次会议制定，经2018年1月24日江苏省第十二届人民代表大会常务委员会第三十四次会议批准，自2018年3月5日起施行。该条例将纪念地的保护区域分为保护范围、建设控制地带和风貌协调区，并分别制定不同的保护措施，还专门规定了周恩来精神的传承弘扬，对有关违法行为设定了相应的法律责任。

（三）江苏省2016年度政府立法发展状况

2017年，江苏省人民政府共制定《江苏省内河水上游览经营活动安全管理办法》《江苏省港口岸线管理办法》《江苏省道路交通事故社会救助基金管理办法》《江苏省传统村落保护办法》4件政府规章。

为加强本省行政区域内内河水上游览经营活动的安全管理，保障公民生命与财产安全，江苏省人民政府制定了《江苏省内河水上游览经营活动安全管理办法》。该办法在明确地方人民政府、旅游管理部门、地方海事管理机构、安全生产监督管理部门以及其他相关部门和机构在水上游览经营活动安全生产监督管理工作中的职责的基础上，详细规定了旅游经营者的安全义务和保障生产安全的具体措施，并要求有关部门和机构对从事水上游览经营活动的旅游经营者进行安全监督检查。

为加强港口岸线管理，有效保护和合理利用港口岸线，提高港口岸线利用的综合效益，保障经济和社会可持续发展，江苏省人民政府制定了《江苏省港口岸线管理办法》。根据该办法的规定，港口岸线的利用要坚持统筹规划、合理利用、节约高效的原则，应当优先用于专业化公用码头建设，其开发利用活动不得威胁饮用水水源地安全、影响生态红线区域主导生态功能。

为加强道路交通事故社会救助基金管理，有效救助道路交通事故中的受害人，江苏省人民政府制定了《江苏省道路交通事故社会救助基金管理办法》。该办法第三条规定："救助基金管理坚持公开、公平、便民原则，实行全省统一政策、集中管理，部门分工负责，专业机构运营，实现应垫尽垫、应追尽追，保障救助基金健康高效运

[①] 参见孙霞：《全国首部非遗传承人地方立法落户镇江》，金山网http://www.jsw.com.cn/2017/0701/1404347.shtml，访问时间：2017年4月20日。

行。"在此原则指导之下，设立了省、市、县三级道路交通事故社会救助基金工作协调小组，建立了救助费用争议专家审核制度和救助基金管理人制度，确立了救助基金的追偿保障机制。

为加强传统村落的保护，维护传统村落的历史风貌，促进传统村落的发展，传承优秀的历史文化遗产，江苏省人民政府制定了《江苏省传统村落保护办法》，对传统村落的认定、管理、保护和利用作出明确规定。

在设区的市政府立法方面，除盐城市外，其他12个设区的市都开展了地方政府规章的制定、修改或废止活动。具体来说，南京市人民政府制定了《南京市国有土地上房屋征收与补偿办法》《南京市城市地下综合管廊管理暂行办法》《南京市防洪办法》3件政府规章，一次性打包修改了《南京市统计管理办法》《南京市殡葬管理办法》《南京市价格管理办法》《南京市人口与计划生育规定》《南京市学前教育管理办法》《南京市政府投资项目招投标监督管理办法》《南京市人民政府关于委托行政执法事项的规定》《南京市土地储备办法》《南京市建筑节能与墙体材料革新管理办法》《南京市城镇职工生育保险办法》《南京市城镇社会基本医疗保险办法》《南京市水利工程管理和保护办法》《南京市气象灾害防御管理办法》《南京市城市居民住宅二次供水管理办法》《南京市扬尘污染防治管理办法》《南京市人民防空工程建设管理办法》《南京市建筑市场管理若干规定》《南京市地下水资源保护管理办法》《南京市建设工程施工现场管理办法》《南京市计量监督管理办法》《南京市渣土运输管理办法》《南京市市政设施移交管理办法》《南京市店招标牌设置管理办法》《南京市餐饮具集中消毒监督管理办法》《南京市城市建筑物、公共设施、道路容貌管理规定》25件政府规章，一次性打包废止了《南京市内部审计管理办法》《南京市饮食娱乐服务企业环境保护管理办法》《南京市公共场所禁止吸烟暂行规定》《南京市国家安全机关工作人员使用侦察证暂行办法》《南京市水路运输管理办法》《南京市土地权属争议处理办法》《南京市教育督导暂行规定》《南京市行政处罚听证程序规定》《南京市涉案物品价格鉴定办法》《南京市商品条码管理办法》《南京市城市公厕管理办法》《南京市行政复议案件办理程序规定》《南京市献血办法》《南京市防洪办法》《南京市失业保险办法》《南京市城市管理相对集中行政处罚权试行办法》《南京市财政监督办法》《南京市集体土地登记办法》《南京市锅炉压力容器压力管道安全监察与质量监督办法》《南京市突发公共卫生事件应急办法》《南京市价格监测管理暂行办法》《南京市农业标准化管理办法》《南京市无障碍设施建设管理办法》《南京市生鲜牛奶管理办法》《南京市行业协会管理办法》《南京市道路客货运输站场管理办法》《南京市工伤保险实施办法》《南京市村镇建设管理办法》《南京市促进清洁生产实施办法》29件政府规章。无锡市人民政府制定了《无锡市居民住宅二次供水管理办法》《无锡市特种设备安全管理办法》《无锡市机关事务管理办法》《无锡市民用无人驾驶航空器管理办法》4件政府规章。徐州市人民政府修改了《徐州市计税价格认定办法》1件政府规章，一次性打包废止了《徐州市排放污染物许可证管理办法》《徐州市烟尘控制区管理办法》《徐州市垃圾管理办法》《徐州市中小学教学环境和秩序管理规定》《徐州市农村集体荒地使用权拍卖与租赁办法》《徐州市城市居民最低生活保障办法》《徐州市市区生活垃圾袋装管理办法》《徐州市城市住宅区物业管理暂行办法》《徐州市人事争议仲裁办法》《徐州市社区服务业管理办法》《徐州市城市房地产抵押办法》《徐州市引荐海外和台港澳资金奖励办法》《徐州市行政审批实施规定》《徐州市行政事业性收费管理监督办法》《徐州市城镇退役士兵安置办法》《徐州市城市管理相对集中行政处罚权试行办法》《徐州市户部山商贸城地区和彭城路步行街管理办法》《徐州市城市建筑垃圾和工程渣土管理办法》《徐州市医疗废弃物管理办法》《徐州市实施〈江苏省人口与计划生育条例〉办法》《徐州市城市二次供水管理办法》《徐州市道路货物运输服务业管理办法》22件政府规章。苏州市人民政府制定了《苏州市江南水乡古镇保护办法》1件政府规章，修改了《苏州市地下管线管理办法》《苏州市人口与计划生育办法》2件政府规章，废止了《苏州市政府信息公开规定》1件政府规章。常州市人民政府制定了《常州市非物质文化遗产保护办法》《常州市餐饮业污染防治管理办法》2件政府规章。南通市人民政府制定了《南通市人民政府重大行政决策程序规定》1件政府规章。扬州市人民政府制定了《扬州古城历史建筑修缮管理办法》1件政府规章，修改了《扬州市扬尘污染防治管理暂行办法》1件政府规章。镇江市人民政府制定了《镇江市古籍保护办法》《镇江市海绵城市管理办法》《镇江市内河交通安全管理办法》3件政府规章。泰州市人民政府制定了《泰州市地热资源和浅层地热能管理办法》《泰州市地理信息资源共享管理办法》《泰州市城市治理办法》《泰州市国有建设用地批后服务与监管办法》《〈泰州市房屋安全管理条例〉实施细则》5件政府规章。连云港市人民政府制定了《连云港市餐厨废弃物管理办法》《连云港市文物保护管理办法》2件政府规章。淮安市人民政府制定了《淮安市地下水资源管理办法》《淮安市非物质文化遗产保护实施办法》2件政府规章。宿迁市人民政府制定了《宿迁市人民政府规章制定程序规定》1件政府规章。在前述地方政府立法活动中，以下3件政府规章引起热议：

《南京市城市地下综合管廊管理暂行办法》经2017年4月24日南京市政府第一百二十二次常务会议审议通过，由南京市人民政府于2017年5月3日发布，自2017年6月1日起施行。该办法共6章40条，它的制定和实施，不仅能够规范南京市城市地下综合管廊的规划、建设及其管理，优化城市地下空间利用，而且也有助于落实国务院办公厅《关于推进城市地下综合管廊建设的指导意见》（国办发〔2015〕61号）。

《镇江市古籍保护办法》于2017年4月28日经镇江市政府常务会议审议通过，自7月1日起正式实施。国务院《国民经济和社会发展第十三个五年规划纲要》将中华古籍保护计划列为文化领域的重大工程。镇江是国家历史文化名城，古籍藏量位居江苏全省前列。该办法由"总则""普查与登记""保存与修复""使用与保护""法律责任""附则"6章35条构成，旨在加强对古籍的保护，促进对古籍的研究和利用，落实国家、省、市关于古籍保护工作的精神。这是我国第一部关于古籍保护的政府规章，"其中的许多条文具有启发性，如古籍保护的巡查机制、古籍保护职能的变更等，对于国家图书馆正在起草的《中华人民共和国古籍保护条例》，也具有借鉴意义"①。

《泰州市城市治理办法》于2017年1月22日经市人民政府第一次常务会议审议通过，自2017年5月1日起施行。该办法由"总则""治理权限""治理事项""治理保障""监督和救济""附则"6章47条构成。该办法"突出了泰州市地方特色，内容涉及城市建（构）筑物、市政设施、建筑垃圾、广告店招、建设工地等城市治理的方方面面，填补了现行城市治理相关法律、法规的空白"。其一大亮点是："转变城市管理理念。由传统单一性的行政管理模式转变为社会参与的公共管理模式，旨在实现城市环境秩序全社会共治、共享。"②该办法的实施，将进一步提升泰州市的城市治理水平，改善城市秩序，促进城市和谐，提升城市品质，保障城市健康运行。

二、江苏省2017年度地方立法的特色和亮点

（一）地方人大立法中的特色和亮点

1. "立改废"并举，提高立法实效

《中共中央关于全面推进依法治国若干重大问题的决定》高度关注立法效益，明确提出"完善立法体制机制，坚持立改废释并举，增强法律法规的及时性、系统性、针对性、有效性""对不适应改革要求的法律法规，要及时修改和废止"。2017年，江苏省人大常委会制定8件地方性法规，修改31件地方性法规，批准修改10件地方性法规，批准废止2件地方性法规；13个设区市人大及其常委会共制定30件地方性法规，修改23件地方性法规，废止3件地方性法规。而且，在修改和废止地方性法规时，多采用集中修改和废止的方式，如，2017年6月3日，江苏省第十二届人大常委会第三十次会议一次性修改了《江苏省固体废物污染环境防治条例》等26件地方性法规；2017年6月27日，南京市第十五届人民代表大会常务委员会第三十四次会议一次性修改了《南京市公路路政管理条例》等10件地方性法规，同时废止了《南京市国有企业法定代表人

①笪伟：《〈镇江市古籍保护办法〉政策解读》，金山网http://www.jsw.com.cn/2017/0629/1404069.shtml，访问时间：2017年4月23日。

②《泰州市城市治理办法》5月1日起施行，中国江苏网http://jsnews.jschina.com.cn/tz/a/201703/t20170329_286211.shtml，访问时间：2017年4月23日。

离任经济责任审计条例》《南京市爱国卫生管理条例》2件地方性法规；2017年12月25日，苏州市第十六届人民代表大会常务委员会第八次会议一次性修改了《苏州市公共汽车客运管理条例》等8件地方性法规，同时废止了《苏州市渔业管理条例》。前述立法方式，大大节约了立法资源，提高了立法效益。

2. 以立法推动行政审批制度改革和政府职能转变

"实现立法和改革决策相衔接，做到重大改革于法有据、立法主动适应改革和经济社会发展需要"是《中共中央关于全面推进依法治国若干重大问题的决定》关于处理立法与改革关系的基本要求。为贯彻中央和江苏省委关于行政审批制度改革的决策部署，为经济社会发展营造优质高效的政务环境，江苏省围绕国务院已经取消或者下放的行政权力事项，对部分地方性法规的部分条款进行修改，积极促进立法决策与改革决策的有机衔接，保障行政审批制度改革于法有据、有序进行。具体来说，《江苏省固体废物污染环境防治条例》《江苏省邮政条例》等27件省级地方性法规的修改，以及《南京市公路路政管理条例》《苏州市公共汽车客运管理条例》等18件设区市地方性法规的修改和《苏州市渔业管理条例》1件设区市地方性法规的废止，都旨在以立法推动行政审批制度改革和政府职能转变。

3. 提高立法的协调性

提高立法的协调性是提高立法质量的重要抓手。2017年，江苏人大立法特别关注立法的协调性。如，《江苏省实施〈中华人民共和国消费者权益保护法〉办法》对医疗机构的相关行为规范作出了规定，而《江苏省消费者权益保护条例》对此没有涉及，这主要是因为《江苏省消费者权益保护条例》的立法修订与《江苏省医疗纠纷预防与处理条例》的立法工作同时进行，后经省政府常务会议研究决定，将该事项调整到《江苏省医疗纠纷预防与处理条例》中作出规定。又如，古城墙保护作为苏州国家历史文化名城保护不可缺少的组成部分，为了与《苏州国家历史文化名城保护条例》的相关规定保持一致，《苏州市古城墙保护条例》第二条第一款明确规定"苏州历史城区内古城墙的保护、利用和管理适用本条例"，同时第二十四条规定"苏州历史城区外经考古探明的古城墙的保护、利用和管理，参照本条例执行"。

4. 坚持问题导向，精准立法与精细立法并行

2017年度，江苏人大地方立法坚持问题导向，对社会公众普遍关切的热点问题作出回应，进行精准立法。如，针对消费领域出现的新情况新问题，修改《江苏省消费者权益保护条例》，对七日无理由退货中"商品完好"的认定和预付卡消费等热点问题作出一系列符合民意的规定；针对医疗纠纷呈多发态势，对医疗机构正常秩序和社会和谐稳定构成潜在威胁，制定《江苏省医疗纠纷预防与处理条例》，对医疗纠纷的预防与解决途径以及医疗风险分担规则等作出明确规定；针对近年本省血液供应出现持续性紧缺问题，修订《江苏省献血条例》，进一步扩大无偿献血社会参与面，建立

和完善激励无偿献血措施。

同时，随着中国特色社会主义法律体系的不断完善，地方性法规作为国家立法的重要补充，综合性立法项目必然越来越少，精细化立法必然成为其发展方向。江苏省作为我国地方立法较为发达的省份，立法的精细化已露端倪。如，《淮安市地下管线管理条例》《南通市城市建筑垃圾管理条例》《盐城市畜禽养殖污染防治条例》《镇江市非物质文化遗产项目代表性传承人条例》《苏州市古城墙保护条例》等地方性法规，都是围绕"城乡建设与管理、环境保护、历史文化保护等方面的事项"中的某个点进行精耕细作，切实为实践中的问题提供解决方案。

（二）地方政府立法中的特色和亮点

1. 更加突出服务改革和民生导向

江苏省2017年度地方政府立法工作围绕"两聚一高"的总体目标，更加突出服务改革和民生导向。[①]服务改革，即注重发挥法治对改革的引领与保障作用，强化法治对改革的引领和规范，做到重大改革于法有据。如，为了加强政府规章管理，维护法制统一，南京市人民政府根据国家、省、市关于加强法治政府建设和"放管服"改革的相关要求，对本市现行有效的107件政府规章进行清理，决定修改25件政府规章，废止29件政府规章。[②]民生导向，即要把维护人民群众的根本利益作为地方政府立法工作的出发点和落脚点，切实维护广大人民群众的合法权益。如，《无锡市居民住宅二次供水管理办法》第十七条要求负责二次供水设施运行维护的供水企业和产权人建立健全二次供水管理制度，并且保证二十四小时连续供水，不得擅自停止供水；每半年对二次供水设施进行一次清洗、消毒，并委托有资质的检测机构检测二次供水水质，保证二次供水水质符合国家生活饮用水卫生标准；等等。

2. 注重行政程序法制建设

2017年度，为了规范市政府重大行政决策行为，提高行政决策质量和效率，推进决策科学化、民主化和法治化，南通市人民政府根据《江苏省行政程序规定》等有关规定，制定了《南通市人民政府重大行政决策程序规定》。该规定适用于市政府重大行政决策的制定、执行与监督等活动，但其重点是规制重大行政决策的制定，要求"重大行政决策坚持依法、科学、民主、公开、高效的原则，遵循公众参与、专家论证、风险评估、合法性审查和集体讨论决定相结合的机制"[③]。另外，宿迁市人民政府

---

① 参见于爱荣：《砥砺奋进服务大局 高水平推进全省政府法制工作》，江苏政府法制网http://jssrmzffzb.jiangsu.gov.cn/art/2017/2/22/art_30361_1112994.html，访问时间：2017年4月26日。

②《南京市人民政府关于修改和废止部分政府规章的决定》（南京市人民政府令第321号）。

③《南通市人民政府重大行政决策程序规定》第四条。

制定了《宿迁市人民政府规章制定程序规定》。这是宿迁市人民政府获得地方立法权之后制定的第一部政府规章。将该政府规章作为首个立法项目，足见宿迁市人民政府对政府规章制定程序的重视。

3. 立法评估结论在规章后续修改、废止中的作用逐渐凸显

《法治政府建设实施纲要（2015—2020年）》为2020年基本建成法治政府确定了明确的路线图，明确要求"定期开展法规规章立法后评估，提高政府立法科学性"。江苏的地方立法后评估工作起步较早。2017年，立法评估结论在规章后续修改、废止中的作用逐渐凸显。以苏州市为例，2017年修改的《苏州市人口与计划生育办法》以及废止的《苏州市政府信息公开规定》都是2015年的地方政府规章立法后评估项目。其中，江苏新开利律师事务所承担了《苏州市人口与计划生育办法》的后评估工作，建议对其进行修改；[①]江苏金砖律师事务所对《苏州市政府信息公开规定》的评估建议是废止。[②]

三、江苏省2017年度地方立法的不足与未来展望

（一）江苏省2017年度地方立法的不足

2017年，江苏省地方立法成绩显著，但也存在不足。

1. 法律解释在地方立法中的作用尚未显现

前文已述，《中共中央关于全面推进依法治国若干重大问题的决定》高度关注立法效益，明确提出"完善立法体制机制，坚持立改废释并举，增强法律法规的及时性、系统性、针对性、有效性"。在立法活动中，与法的制定、修改和废止相比，法律解释具有三大优势：一是不改变现有立法的基本框架，对法律体系的冲击小，有助于维护法律法规的权威；二是法律解释多指向特定条款或特定事项，针对性强；三是法律解释的程序较为简单，能够及时回应立法需求。2017年度，江苏省地方立法主要表现为法的制定、修改和废止，法律解释的作用尚未显现。

2. 个别条款的可操作性有待提高

实践中，导致有法不依的原因之一是法律规定的可操作性不强。2017年，江苏省的大部分地方立法都为相关法律关系主体提供了明确的行为模式，具有较强的可操作性，但也有一些条款的可操作性有待提高。如《泰州市市区烟花爆竹燃放管理条例》

①《〈苏州市人口与计划生育办法〉立法后评估报告》，苏州市人民政府法制办公室网站http://www.szfzb.gov.cn/004/004006/004006002/20160819/052afb4f-8d69-4646-b5a6-2f050c4326c5.html，访问时间：2017年4月28日。

②《〈苏州市政府信息公开规定〉立法后评估报告》，苏州市人民政府法制办公室网站http://www.szfzb.gov.cn/004/004006/004006002/20160819/222e0566-3212-4935-854f-b6931ab9672a.html，访问时间：2017年4月28日。

第十六条规定："任何单位和个人发现违反本条例规定销售、燃放烟花爆竹，有权进行劝阻，或者向公安机关、安全生产监督管理等部门举报。公安机关、安全生产监督管理等部门接到举报后，应当及时查处，查证属实的，可以给予举报人奖励。"对公安机关、安全生产监督管理等部门来说，在执行该条时，至少会遇到以下困惑：一是如何判断是否"及时"？二是究竟给不给举报人奖励？三是给予举报的奖励时，奖励多少合适？

3. 设区市立法地方特色有待加强

诚然，各设区市拥有立法权的事项是相同的——城乡建设与管理、环境保护、历史文化保护等方面的事项，但对特定设区市来说，在确定立法项目时，应充分考虑本市的特殊情况，突出地方特色。2017年，总体来说，江苏省地方立法的特色是明显的，如《江苏省民用航空条例》《苏南国家自主创新示范区条例》《镇江市古籍保护办法》等是国内同类事项的首部地方法。与此同时，设区市之间在立法项目上也呈现出趋同迹象。如，关于烟花爆竹燃放管理，《泰州市市区烟花爆竹燃放管理条例》《苏州市禁止燃放烟花爆竹条例》已经出台，淮安市人大常委会将《淮安市城区烟花爆竹燃放管理条例》列入2017年至2021年立法规划，南通市人大常委会将《南通市中心城区燃放烟花爆竹管理规定》列为2017年立法调研项目。事实上，赋予设区的市以立法权，主要是回应各地差异化的立法需求，提高立法的针对性和有效性。在同一省、自治区范围内，当多数的设区市针对同一事项进行立法时，就有必要反思省级地方立法是否出现了"缺位"，或需要进行修改。只有这样，才能将有限的立法资源用在刀刃上，切实提高立法实效。

（二）江苏省地方立法的未来展望

1. 更加注重依法履职提高实效

党的十九大报告提出，要"发挥人大及其常委会在立法工作中的主导作用，健全人大组织制度和工作制度，支持和保证人大依法行使立法权、监督权、决定权、任免权，更好发挥人大代表作用，使各级人大及其常委会成为全面担负起宪法法律赋予的各项职责的工作机关，成为同人民群众保持密切联系的代表机关"。在新的历史时期，江苏省各级人大及其常委会将抓好"两个机关"建设，全面履行宪法法律赋予的各项职责，着力提高人大工作实效。因此，将"加强和改进立法工作，充分发挥人大在立法工作中的主导作用，精心编制新一届五年立法规划和今年立法计划，完善立法起草、论证、咨询、评估、协调、审议等工作机制，扩大社会公众和各方面对立法工作的参与，不断提高地方立法质量，以良法促进发展、保障善治"[1]。

---

[1] 史和平：《江苏省人民代表大会常务委员会工作报告——2018年1月28日在江苏省第十三届人民代表大会第一次会议上》，载《新华日报》2018年2月7日。

2. 更加注重围绕中心服务大局开展立法工作

在新的历史时期，江苏省各级人大及其常委会将认真贯彻落实党的十九大、省委十三次会议和省委十三届三次全会精神，围绕习近平总书记在江苏省视察时强调的坚守实体经济、坚持创新发展、深化国企改革、推动乡村振兴、修复生态环境等重要指示，围绕建设"强富美高"新江苏，推进"两聚一高"新实践，紧扣中央和省委打好防范重大风险、精准脱贫、污染防治"三大攻坚战"的新部署开展立法工作。①正是基于更加注重围绕中心服务大局的理念，《江苏省城乡生活垃圾处理条例》《江苏省农村集体资产管理条例》《江苏省海洋经济促进条例》《江苏省地方金融条例》《江苏省产业技术研究院条例》《江苏省环境监测条例》《江苏省粮食安全保障条例》等被列入《江苏省人大常委会2018年立法计划》。

3. 深化政府法律顾问制度

2017年度，江苏省全面推行政府法律顾问制度。全省县以上政府实现政府法律顾问制度全覆盖，80%的省政府部门、60%的市县政府部门和70%以上的乡镇（街道）建立政府法律顾问制度，明确承担工作的机构，部分地区还将法律顾问工作延伸到村和社区。2018年，江苏省将深化政府法律顾问制度。一是进一步推动普遍建立政府法律顾问制度，完善各项工作规则；二是探索法律顾问发挥作用的有效途径和形式，按照法律顾问的专业特长，分门别类建立咨询专家库，拓展服务工作的广度和深度，充分发挥政府法律顾问在政府立法、重大行政决策、重大改革举措、政府合同和政府重大事项等方面的专业咨询作用。②

审稿：李福林（广东外语外贸大学）

---

① 史和平：《江苏省人民代表大会常务委员会工作报告——2018年1月28日在江苏省第十三届人民代表大会第一次会议上》，载《新华日报》2018年2月7日。

② 参见高建新：《深入贯彻落实党的十九大精神，全力为高质量发展营造良好法治环境》，江苏政府法制网http://jssrmzffzb.jiangsu.gov.cn/art/2018/2/27/art_30361_7495844.html，访问时间：2017年4月20日。

第十二章 浙江省2017年度立法发展报告

石东坡[①]

摘要： 2017年，浙江省地方性法规和规章的创制活动遵循科学立法、民主立法，注重依法立法，浙江省人大及其常委会制定11件、修改34件、批准26件、废止3件，共74件；各设区的市人大及其常委会制定17件、修改6件，共23件；浙江省人民政府制定5件、修改13件、废止5件，共23件；各设区的市人民政府制定9件、修改23件、废止24件，共56件。浙江省地方立法规范和保障改革顺利推进，精准选项、精细设置、精干架构，地方立法的地方特色鲜明。同时存在着一定程度的立法效能有待提高等问题的局限，未来应更加重视人大代表立法职能作用的发挥、立法质量与效益的提升、立法科学化与智能化的提高。

关键词： 浙江省 地方立法 发展报告

一、浙江省2017年度立法发展状况

（一）浙江省2017年度立法状况总体评述

2017年，浙江省地方性法规和规章的创制活动在全面深化改革和全面建设小康社会的进程中切实发挥立法的基础和引领作用。浙江省人大及其常委会遵循科学立法、民主立法，注重依法立法，制定了学前教育、河长制、房屋使用安全、无线电、公共信用信息、气象灾害防御、公共文化服务保障、城市景观风貌、中国（浙江）自由贸易试验区等方面的地方性法规。浙江省政府就公共数据和电子政务管理、女职工劳动保护、企业工资支付、取水许可和水资源费征收、地理国情监测管理等方面制定了政府规章。浙江省人大及其常委会制定11件、修改36件、批准26件、废止3件，共76件，浙江省人民政府制定5件、修改13件、废止5件，共23件。

设区的市人大立法方面，各设区的市人大常委会分别就大江东产业集聚区管理、会展业促进、大运河世界文化遗产保护、危险住宅处置、文明行为促进、饮用水水源

[①] 石东坡，法学博士，浙江工业大学文化与法制研究中心主任，教授。研究方向：立法学、文化法学。

保护、城市绿化、气候资源开发利用和保护等方面制定了地方性法规。各设区的市人大及其常委会制定16件、修改6件，共22件。

设区的市政府立法方面，各设区的市政府制定了地下空间开发利用、城市照明、房屋建筑幕墙、人民防空工程、国有土地上房屋征收与补偿、城市河道、扬尘污染防治、最低生活保障、社会保险费征缴等方面政府规章。各设区的市人民政府制定9件、修改23件、废止24件，共56件。

在2015年《立法法》修改基础上，省人大常委会根据中央和全国人大部署，在严格落实立法标准和条件的基础上，分两批次明确温州等九个设区的市开始行使立法权的时间，促进设区的市立法能力和水平的生成与提高，加强在立法选项、立法起草等各环节的指导监督，保障设区的市立法稳健起步，以及宁波、杭州两地原作为较大的市立法的稳妥转换，重视景宁畲族自治县在民族区域自治中的法治建设，结合加强行政执法监督检查，全面履行人大职权和职责，不断提升全省的治理能力和法治水平。

（二）浙江省2017年度人大立法发展状况

2017年，浙江省人大及其常委会制定了《浙江省学前教育条例》《浙江省河长制规定》《浙江省房屋使用安全管理条例》《浙江省无线电管理条例》《浙江省公共信用信息管理条例》《浙江省工伤保险条例》《浙江省气象灾害防御条例》《浙江省公共文化服务保障条例》《浙江省公益林和森林公园条例》《浙江省城市景观风貌条例》《中国（浙江）自由贸易试验区条例》11件地方性法规；修改了《浙江省钱塘江管理条例》《浙江省台湾同胞投资保障条例》《浙江省水土保持条例》《浙江省河道管理条例》《浙江省固体废物污染环境防治条例》《浙江省城市市容和环境卫生管理条例》《浙江省海洋环境保护条例》《浙江省海域使用管理条例》《浙江省气象条例》9件地方性法规，集中修改了《浙江省促进科技成果转化条例》《浙江省实施〈中华人民共和国消费者权益保护法〉办法》《浙江省社会治安综合治理条例》《浙江省南麂列岛国家级海洋自然保护区管理条例》《浙江省水污染防治条例》《浙江省曹娥江流域水环境保护条例》《浙江省水资源管理条例》《浙江省动物防疫条例》《浙江省农业机械化促进条例》《浙江省公路路政管理条例》《浙江省航道管理条例》《浙江省防震减灾条例》《浙江省实施〈中华人民共和国档案法〉办法》《浙江省旅游条例》《浙江省发展新型墙体材料条例》《浙江省促进散装水泥发展和应用条例》《浙江省审计条例》《浙江省森林管理条例》《浙江省松材线虫病防治条例》《浙江省机动车排气污染防治条例》《浙江省实施〈中华人民共和国节约能源法〉办法》《浙江省绿色建筑条例》《浙江省建设工程勘察设计管理条例》《浙江省建设工程质量管理条例》《浙江省消防条例》25件地方性法规，共修改34件；废止《浙江省核电厂辐射环境保护条例》《浙江省水路运输管理条例》和《浙江省著名商标认定和保护条例》

3件地方性法规。

其中，批准《杭州市大运河世界文化遗产保护条例》《杭州市大江东产业集聚区管理条例》《宁波市文明行为促进条例》《温州市物业管理条例》《嘉兴市南湖保护条例》《宁波市制定地方性法规条例》《宁波市气候资源开发利用和保护条例》《杭州市道路交通安全管理条例》《杭州市会展业促进条例》《湖州市禁止销售燃放烟花爆竹规定》《绍兴市文明行为促进条例》《绍兴市市容和环境卫生管理规定》《金华市电梯安全条例》《台州府城墙保护条例》《杭州市城乡规划条例》《杭州市机动车驾驶员培训管理条例》《宁波市荣誉市民条例》《宁波市城市绿化条例》《宁波市韭山列岛海洋生态自然保护区条例》《温州市城市绿化条例》《温州市危险住宅处置规定》《衢州市城市绿化条例》《衢州市信安湖保护条例》《舟山市文明行为促进条例》《台州市电梯安全管理规定》《丽水市饮用水水源保护条例》26件地方性法规。

浙江省人大及其常委会制定了学前教育、河长制、房屋使用安全管理、城市景观风貌、中国（浙江）自由贸易试验区等方面的地方性法规，还制定了无线电管理、工伤保险、公共文化服务保障、公益林和森林公园、气象灾害防御等条例，修订了台湾同胞投资保障条例，修订了消费者权益保护法实施办法，钱塘江管理条例等地方性法规，废止了核电厂辐射环境保护等地方性法规。在本年度进行省人大表决通过立法事项中，省人大常委会还对电子商务条例等3件法规草案进行了初次审议。[①]这些法规的制定修订，尤其是其中创制性法规的出台，以及有些立法选项和制度设计对深化重点领域改革、保护生态环境、加强和创新社会治理、激发劳动者创造活力、推进治理现代化，具有一定的可复制、可借鉴的意义。从总体上看，浙江省人大及其常委会制定的地方性法规保持和推动浙江"两个高水平"建设具有引领与促进作用。《浙江省台湾同胞投资保障条例》的修订，按照总则、促进投资、优化服务、加强保障、附则五个方面进行布局，共30条。一是增强投资保障的稳定性和强制性。该条例的修订施行，将吸引台湾同胞投资的经验做法和优惠政策升格为地方性法规。比如其中明确了台湾同胞投资企业享受本省民营经济、民营企业或者说社会资本与外商投资企业这样的双方面待遇中更为有利的某一种待遇的享受。这样的"双靠待遇"，通俗地说即哪一方所给予的优惠条件更好更高更充实，就由哪一方来使得台湾同胞的企业得以同等享有或者享受。二是发挥法治保障的引领性和创新性。该条例修订施行，是在国家层面的上位法修正后，在各省（市、区）中率先进行的。其相比采取规范性文件，哪怕采取地方政府规章的方式而言，更具有其保障和保护的宣示性和有效性。三是提升权益保障的程序性和规范性。对于台湾同胞投资权益保障的程序、义务、责任作了进一步明确，扩大了台湾同胞投资认定和保障范围，如增加了"再投资"，在知识产权、

---

①王辉忠：《浙江省人民代表大会常务委员会工作报告》（2018年1月27日在浙江省第十三届人民代表大会第一次会议上），载《浙江日报》2018年2月6日。

征收补偿、用地指标等方面均予以了相对"超前"的规定。[①]

《中国（浙江）自由贸易试验区条例》是第三批自由贸易试验区中通过的首个条例。第一，对自贸试验区发展的目标与定位作出了前瞻性的规定，强调其独特功能定位和差异化的发展道路，由此对自贸港区建设予以全局指引。第二，条例规定自贸试验区实行多证合一、一照一码等商事登记模式和企业名称自主申报制度，推行住所（经营场所）申报承诺制、行政许可告知承诺制、"单一窗口"建设，规定省口岸主管部门负责推进"单一窗口"建设，建立跨部门的综合管理服务平台。第三，规定国际航行船舶保税燃料油经营，并对"一船多供""一库多供"和"跨关区、跨港区直供"等作出了规定，对国际航运产业发展、国际船舶登记便利和优惠制度、国际航行船舶联合登临检查工作机制、沿海捎带制度、国际配矿贸易中心建设以及拓展国际船舶管理服务等也作出了规定。第四，强化落实综合管理，对完善综合监管体系、建立健全国家安全审查机制，加强环境保护和安全监管等内容作了规定。第五，该条例优化高层次人才、急需人才服务保障制度和外籍人才签证服务保障制度，依法保护投资者合法权益，加强社会信用体系建设和知识产权保护，发展专业化、国际化法律服务机构并推进中外律师事务所联营、合作，建立专业化审判机制，提高商事纠纷仲裁与调解的国际化水平，以及法治工作联席会议制度，在关键要素发育发展和持续深度优化发展的社会生态"软环境"上进行制度保障。

在设区的市人大立法层面，2017年浙江省设区的市人大常委会分别就会展业促进、市容和环境卫生管理、物业管理、危险住宅处置、电梯安全（两个设区的市立法选项）、禁止销售燃放烟花爆竹、文明行为促进（三个设区的市立法选项）、饮用水水源保护、城市绿化（两个设区的市立法选项）、气候资源开发利用和保护等方面都制定了地方性法规。

其中杭州市人大及其常委会制定《杭州市会展业促进条例》1件地方性法规，修改《杭州市道路交通安全管理条例》《杭州市城乡规划条例》《杭州市机动车驾驶员培训管理条例》3件地方性法规。宁波市人大及其常委会制定《宁波市文明行为促进条例》《宁波市气候资源开发利用和保护条例》《宁波市荣誉市民条例》3件地方性法规，修改《宁波市城市绿化条例》《宁波市制定地方性法规条例》《宁波市韭山列岛海洋生态自然保护区条例》3件地方性法规。温州市人大及其常委会制定《温州市城市绿化条例》《温州市危险住宅处置规定》2件地方性法规。嘉兴市人大及其常委会制定《嘉兴市南湖保护条例》1件地方性法规。湖州市人大及其常委会制定《湖州市禁止销售燃放烟花爆竹规定》1件地方性法规。绍兴市人大及其常委会制定《绍兴市文明行为

[①]《〈浙江省台湾同胞投资保障条例〉解读》，中评网http：//www.crntt.com/doc/1048/9/7/8/104897838.html?coluid=239&kindid=13430&docid=104897838，访问时间：2018年10月7日。

促进条例》《绍兴市市容和环境卫生管理规定》2件地方性法规。金华市人大及其常委会制定《金华市电梯安全条例》1件地方性法规。衢州市人大及其常委会制定《衢州市城市绿化条例》《衢州市信安湖保护条例》2件地方性法规。舟山市人大及其常委会制定《舟山市文明行为促进条例》1件地方性法规。台州市人大及其常委会制定《台州府城墙保护条例》《台州市电梯安全管理规定》2件地方性法规。丽水市人大及其常委会制定《丽水市饮用水水源保护条例》1件地方性法规。

2017年宁波市人大常委会制定并获批的地方性法规在数量上名列浙江省设区的市之首。《宁波市文明行为促进条例》由总则、基本行为规范、鼓励与支持、实施与监督、法律责任、附则等6章构成，共44条。在公共管理中，不仅要维护基本秩序，而且要内在地促进公众文明素养的提升，将城乡运行的秩序、社会公共利益的维护与保障建立在更加自觉的公众主体意识和能动行为基础上。因此，宁波市人大常委会制定并获批地方性法规不仅是深化文明城市创建的一个目标导引下的具体举措，而且是维护和实现新时代美好生活的必要保障。由此观之，《宁波市文明行为促进条例》的出台，体现了条例不限于对个体行为选择的任意自由与社会公共的利益、秩序之间关系的个体本位化的偏狭固守，而是在尽最大可能的社会共识度基础上，明确一定行为的非正当性，进而以其非法性进行标示，并予以规训、劝导、警示、训诫、处罚以及矫治。因此，文明行为促进的立法，尤其是地方立法，即使并不是依托某种创建活动，也应当是一种持久更新的社会共同体健康协调发展之必要和必需。宁波市着眼于对已有文明创建的经验做法的制度化，对其五连冠的现实目标的保障强化，将文明行为促进作为立法选项，切实探索城乡社会公共秩序管理的法律化体制机制，有一定的尝试性和创新性。

（三）浙江省2017年度政府立法发展状况

浙江省人民政府制定《浙江省取水许可和水资源费征收管理办法》《浙江省公共数据和电子政务管理办法》《浙江省古树名木保护办法》《浙江省地理国情监测管理办法》《浙江省体育赛事管理办法》5件政府规章，修改《浙江省企业工资支付管理办法》《浙江省女职工劳动保护办法》《浙江省最低生活保障办法》《浙江省农业废弃物处理与利用促进办法》《浙江省无居民海岛开发利用管理办法》《浙江省自然保护区管理办法》《浙江省实施〈公共机构节能条例〉办法》《浙江省印章刻制治安管理办法》《浙江省地图管理办法》《浙江省基础测绘管理办法》《浙江省城市绿化管理办法》《浙江省收费公路管理办法》《浙江省实验动物管理办法》13件政府规章，废止《浙江省国家建设项目审计办法》等5件政府规章。

《浙江省公共数据和电子政务管理办法》于2017 年5月1日起施行。该办法是浙江省利用信息技术和互联网技术深入推进各项政务服务改革制定的第一部省级政府规章，同时也为国家持续深化"最多跑一次"的行政审批制度改革与建设服务政府、实施大数据和电子政务战略提供了"浙江方案"。第一，建立统一的管理体制，破解多头管理、数据壁垒、服务碎片、安全脆弱等痛点。该办法规定由省政府办公厅负责指导、监督全省公共数据和电子政务管理工作，就电子申请、电子签名、电子证照、电子归档的效力等内容作出了明确的规定。比如，电子签名与本人到场签名具有同等效力；电子印章、电子证照与纸质证照具有同等法律效力；可以单独采用电子文件归档形式。第二，明确公共数据统一编目、逐级归集的要求，形成公共数据资源目录，并将目录中的数据归集到公共数据平台，实施人口、法人单位、公共信用等综合数据信息资源库建设。以公共数据共享为原则，不共享为例外，按无条件共享、受限共享和非共享三类情况分别确定数据属性及共享实现方式。第三，该办法强调统筹建设一体化网上政务服务平台，全面推动政务服务在线办理，促进网上网下平台融合和流程再造。该规章聚焦政府自身改革和政府自觉履责，而不为社会和相对人增加义务和负担，从而为浙江省的简政放权、电子政务改革深化提供了更加坚实的制度基础。

在设区的市政府立法层面，杭州市人民政府制定《杭州市地下空间开发利用管理办法》《杭州市市场监督管理行政处罚程序规定》2件政府规章，修改《杭州市国家建设项目审计办法》《杭州市人民防空工程管理规定》《杭州市城市照明管理办法》《杭州市城市绿化管理条例实施细则》《杭州市商品混凝土管理办法》《杭州市建设工程渣土管理办法》《杭州市钱塘江防潮安全管理办法》《杭州市社会保险费征缴办法》8件政府规章，废止《杭州市有害固体废物管理暂行办法》《杭州市客运出租汽车经营权有偿使用管理办法》《杭州市强制性清洁生产实施办法》《杭州市组织机构代码管理办法》《杭州市户外广告管理办法》《杭州市个体私营经济权益保护办法》《杭州市建设工程质量监督管理办法》《杭州市区国有土地上房屋登记办法》8件政府规章，共18件。宁波市人民政府制定《宁波市城市房屋建筑幕墙安全管理办法》《宁波市人民防空工程管理办法》2件政府规章，修改《宁波市最低生活保障办法》《宁波市市区城市河道管理办法》《宁波市政府投资项目审计监督办法》《宁波市政府投资项目管理办法》《宁波市政府核准投资项目管理办法》《宁波市消火栓管理办法》《宁波市物业专项维修资金管理办法》《宁波市危险化学品道路运输安全管理规定》《宁波市生猪屠宰管理办法》《宁波市建设工程文明施工管理规定》《宁波市户外广告设施设置管理办法》《宁波市公共机构节能办法》《宁波市电梯安全管理办法》《宁波市大运河遗产保护办法》《宁波市城乡规划实施规定》15件政府规章；废止《宁波市全民所有制小型零售商业、饮食服务企业租赁经营管理规定》《宁波市农村集体资产管理暂行规定》《宁波市建筑施工工地治安管理暂行办法》《宁波市饮食娱乐服务企业环境保护管理办法》《宁波市城市建设档案管理规定》《宁波市培训机构管理办法》《宁波市政府信息资源共享管理办法》《宁波市小型客车特殊号牌号码有偿使用管理试行办法》《宁波市社会福利企业管理办法》《宁波市三轮非机动车、手拉车管理办法》《宁波市古树名木保护管理办法》《宁波市除四害工作管理规定》《宁波市预拌混凝土管理规定》《宁波市损害经济发展环境行为处分处理试行办法》《宁波市重大安全事故行政责任追究规定（试行）》《宁波市行政电子监察管理办法》16件政府规章。温州市人民政府制定《温州市区国有土地上房屋征收与补偿办法》1件政府规章。湖州市人民政府制定《湖州市人民政府规章制定程序规定》1件政府规章。金华市人民政府制定《金华市扬尘污染防治管理办法》1件政府规章。舟山市人民政府制定《舟山市国家级海洋特别保护区海钓管理暂行办法》1件政府规章。台州市人民政府制定《台州市公共汽车客运管理办法》1件政府规章。

《温州市区国有土地上房屋征收与补偿办法》聚焦在城市化进程中易发高发矛盾纠纷、关系公共利益与个人利益、发展效益与保障权益的拆迁征收安置补偿等关键问题，做出一系列衡量标准、操作规程的规定，体现制度设计的公正性、均衡性和有效性，增强制度规范的可接受性、利益分配的获得感与社会发展的低风险性。第一，该办法设置了一系列公正、公开、公平的房屋征收制度。包括房屋征收范围公示制度、旧城区改建意见建议征询制度、调查结果公示反馈制度、房屋征收决定公告制度。第二，该办法立足利益相关人实质参与，规定了向被征收人公开和参与决策的程序，其中因旧城区改建征收房屋的，需征得90%以上的被征收人同意，方可实施征收；在规定的签约期限内未达到80%签约比例的，补偿协议不生效，房屋征收决定效力终止。第三，规定对被征收房屋建筑面积小于最低补偿建筑面积且被征收人属于低收入住房困难家庭的，优先给予住房保障以及有关补偿。第四，对评估的基本要求、评估机构选择、评估方法和评估报告异议程序等作了规定。对评估机构选定方法、评估结果公示、异议处理机制等进行了完善，并规定加强监督指导，主管部门建立房地产价格评估机构信用记录、公示制度，成立评估专家委员会。第五，细化列举被征收人权利义务。规定被征收人享有知情权、选择权、参与权、救济权；履行配合入户调查登记、及时签订补偿安置协议、在规定期限内完成搬迁、腾空、办理或者委托办理权属证书注销登记手续以及不得在征收范围内实施不当增加补偿费用的活动等义务。[①]但是有关义务的规定过于笼统，规定义务的列举尽管并非加重或增设，但在方式和顺序上有待周延，内容和履行的规定有欠细密。

---

① 《温州市区国有土地上房屋征收与补偿办法》，温州市人民政府网mhttp://www.wenzhou.gov.cn/art/2017/3/22/art_1217576_6065393.html，访问时间：2018年10月7日。

二、浙江省2017年度地方立法的特色和亮点

（一）地方人大立法中的特色和亮点

1.立法决策与改革决策深度融合

浙江省人大常委会在立法中贯穿"最多跑一次"重大改革方案，贯彻落实国务院"放管服"改革，保障改革于法有据，及时修改完善29件地方性法规，作出关于推进和保障桐庐县深化"最多跑一次"的改革决定。[①]这在省级人大及其常委会的职权活动中是鲜见的。与之相结合的，浙江省政府规章《浙江省公共数据和电子政务管理办法》（省政府令354号）将实现"最多跑一次"改革的体制保障、技术保证予以了法律化的"点穴式"疏浚和贯通性建构。

2.植根特色化发展锤炼立法特色

尽管直接来自特色化、创新性的立法规范设计，但在实践中，地方的首创精神和成效检验上，来自地方的特色化发展是立法项目、立法内容甚至立法表达的特色本源。如《浙江省城市景观风貌条例》是全国首部城市规划领域中强化城市景观风貌保护专项立法，该条例强调政府实施旧城区改建不得破坏历史文化街区的传统格局、整体风貌和历史文脉，不得擅自迁移、拆除或改建历史建筑。将文物保护、城乡规划、市政建设和文明传承结合起来，明确市、县、镇人民政府应当通过编制和实施总体城市设计和详细城市设计，加强对城市景观风貌的规划设计和控制引导。明确规定市、县人民政府因地制宜规划建设城市地下综合管廊。已建成地下综合管廊的，新建管线应当统一纳入地下综合管廊；尚未建成地下综合管廊的，新建管线应当采取地埋的方式。

3.充实民生权益保障的立法供给

地方立法不求全、求体系，而是有的放矢、持续发力，增强立法的针对性。[②]法律法规制度建设注重解决制约地方经济社会发展的基础性、特有性问题，因此始终坚持问题导向、民生导向，突出阶段性发展的重点问题破解和持续性发展的基础制度短板，通过立法促进改革尤其是促进社会利益资源配置的制度结构、制度规范和制度约束的改革，是地方立法所应确认和遵循的价值理念与应用思维。2017年，浙江省人大常委会积极回应民生关切，紧盯群众最关心、最直接、最现实的利益问题，以立法在制度上的供给维护人民群众在社会发展收益上的参与分配权和实际受益权，全面落实

---

① 王辉忠：《浙江省人民代表大会常务委员会工作报告》，载《浙江日报》2018年2月6日。

② 《在第二十四次全国地方立法工作座谈会上的小结讲话》，中国人大网http://www.npc.gov.cn/npc/lfzt/rlyw/2018-09/20/content_2061462.html，访问时间：2018年10月7日。

宪法确认的政府制度性保障的义务与职责，制定学前教育条例、公共文化服务保障条例等以人民为中心体现共享改革发展成果。

制定学前教育条例，适应人口政策重大调整，及早谋划，健全国民教育体系，适应学前教育的特点与规律，加大政府教育职能保障力度，明确每个乡镇应当至少设置一所公办幼儿园等内容，在全国率先就学前教育配比标准、学前教育保障条件与学前教育管理体制作出明确的规定，满足民生需求。在学前教育纳入国民经济和社会发展计划上进行了法律的明确规定，对县级人民政府的财政、师资、建设以及管理等方面的职责进行了强化，对农村幼儿园规划布局和师资配备以及质量监控，对弱势群体的幼儿学前教育保障都进行了严格的量化规定。

4. 加快补强生态文明的法制基础

2017年，浙江省市两级地方性法规、规章创制中，对水源、气候、节能、绿化、海洋以及空气等进行了一系列的制度设计，在生态文明体制的健全与补足上进一步夯实法制基础。如在全国出台首个河长制规定。《浙江省河长制规定》以"两山理论"[1]为指引，健全水污染治理和水体保护的监督协调机制，依托落实党政同责、一岗双责和领导干部责任制，基于政府层级监督体制，强化社会参与和部门响应，明确河长的主要职责、具体定位，设置了五级河长体系，进一步厘清了河长职责与职能部门的法定职责，发挥河长的督导协调、靠前指挥和问责监督功能。该法规2003年发端自长兴县，[2]业已健全为"五级联动"的河长制进行专兼结合的党政组织体制的创造性确认，细化、差异化地规定各级河长职责，拓宽了问题反映渠道，增加河长对部门的评价和制约，规范了河长履职与部门执法的联动机制，增强部门协同管水治水能力。再如，《丽水市饮用水水源保护条例》未设章，共34条。水源保护，就是一个十分重要的在水法、水污染防治法、林业法等多个法律部门之间进行整合并凸显其特有的法律制度集成化构建的"特别法"[3]。该条例的创制，其意义和挑战均在于此。

（二）地方政府立法中的特色和亮点

1. 加强规章评估与规章清理，提高规章适应性和有效性

在法律容许的前提下着眼政府自身变革的规章清理中，浙江省政府规章一次性打包修改11件、废止5件。[4]杭州市对92件市地方性法规、103件市政府规章、2000余件

---

①李君：《践行"两山"理论需求真务实》，载《中国环境报》2018年9月11日。

②《浙江探索实行河长制调查》，浙江政务服务网http：//www.wzsl.gov.cn/art/2018/2/7/art_1324817_15478048.html，访问时间：2018年10月7日。

③《泄漏事故反思：饮用水安全缘何脆弱》，法制日报网http：//epaper.legaldaily.com.cn/fzrb/content/20140520/Articel04005GN.htm，访问时间：2018年10月7日。

④数据见《浙江省2017年法治政府建设情况报告》，浙江省人民政府网http：//www.zj.gov.cn/art/2018/4/13/art_7406_2274480.html，访问时间：2018年10月18日。

市政府行政规范性文件进行全面清理，其中修改市政府规章8件，废止市政府规章8件。[1]宁波市清理现行有效的政府规章108件，修改15件，废止16件。[2]杭州市政府以自行评估、执法部门评估和委托第三方评估等方式对《杭州市残疾人机动轮椅车管理办法》《杭州市网络交易管理暂行办法》等4件规章进行立法后评估，就规章实施成效、制度设计不足以及后续存废或提升等给出科学合理的判断，并在合法性、可操作性等方面予以评价，并探索评估成果综合运用机制。宁波市政府开展《宁波市户外广告设施设置管理办法》等4件规章立法后评估；实行政府规章、规范性文件目录和文本动态化、信息化管理并同步向社会公布，从而避免因失效规章给行政相对人带来的困扰。

2. 贯彻落实"最多跑一次"改革，以治道变革改善营商环境

《浙江省公共数据和电子政务管理办法》为借助规章创制保障和引领改革落地落实的典型代表。该规章以数据归集和共享为突破口，以"智治"深度推动"善治"，保障和推进"最多跑一次"改革的持续深化。该办法规定符合条件的电子证照与纸质证照具有同等法律效力；可以通过公共数据平台提取的证明材料，不再要求服务对象提供。该办法以"公共数据资源目录"推动各类数据向公共数据平台的归集，减少数据共享使用限制。明确由公共数据和电子政务主管部门统一对电子政务项目建设实施初审，初审结论作为政府投资主管部门审批立项、财政主管部门批复预算的条件，由此克服多部门针对同一行政事项、当事人"一件事"的重复、反复的核查验证等的许可前期诸多成本。这样使得一张网集约化、强制性、平台式地构筑政府整合性治理、一体化运行能力，使得浙江省级政府及其所属职能部门、各级政府在法律上成为单一政府的法律形象来行使职权，使"最多跑一次"改革依托网络、数据的物质技术保证，凭借省级政府（及其规章）的权威力度，在法律上可能并且有效。

3. 立足地方全面协调发展重心，突出立法重点

杭州市制定了国内首部《城市国际化促进条例》。[3]舟山市制定了具有舟山特色的《舟山市国家级海洋特别保护区海钓管理暂行办法》《舟山市国家级海洋特别保护区机动车管理办法》等政府规章2部，起草完成《中国（浙江）自由贸易试验区条例

---

① 《杭州市人民政府关于杭州市2017年度法治政府建设情况的报告》，杭州市人民政府网http：//www.hangzhou.gov.cn/art/2018/4/8/art_1256300_17080719.html，访问时间：2018年10月7日。

② 《宁波市人民政府政府建设宁波市2017年度法治政府建设情况报告》，宁波市人民政府网http：//zfxx.ningbo.gov.cn/art/2018/3/19/art_2470_1893172.html，访问时间：2018年10月7日。

③ 《杭州市人民政府关于杭州市2017年度法治政府建设情况的报告》，杭州市人民政府网http：//www.hangzhou.gov.cn/art/2018/4/8/art_1256300_17080719.html，访问时间：2018年10月7日。

（草案）》等地方性法规草案3件。①作为全国第一部国家级海洋特别保护区的地方法规《舟山市国家级海洋特别保护区管理条例》着眼最为严格地保护脆弱的海洋生态系统，比较全面系统地规定了海洋以及近海地区的环境保护与监督管理，第一个在全国实行贝藻类捕捞许可、第一个创设海钓许可制。由此，在配套制度上就需要地方政府规章的执行性规定。针对多发易发且具有不利影响的海上活动加强管控，细化落实政府海洋环境保护职责，切实担负起海洋经济示范区的制度探索与经验累积的职能，2017年，《舟山市国家级海洋特别保护区海钓管理暂行办法》规定在海洋特别保护区的海钓经营许可证和个人海钓证就许可行为流程及其法定条件，事后监管涉及的禁止性海钓行为种类，以及海钓船舶安全运行要求、海钓船舶航次报备和查验等方面进行了具体规定。尽管地方政府规章有设定警告、罚款的权限，但究其所设定的对违反规章的相关行为所采取的警告、罚款等处罚措施，是不是折射出在该地方性法规的法律责任设定上不够周延、缺乏预见性和具体化？值得结合起来进行比较分析。

4. 政府立法全周期运行机制不断健全

2017年，浙江省人民政府起草修订了《浙江省人民政府地方性法规案和规章制定办法》，明确重要规章草案提请省委常委会审议。坚持性别平等咨询评估等立法前评估，将地方性法规草案和政府规章草案全部上网征求意见。浙江省设区的市政府规章按规定报送备案，未发生因违法或不当被纠错情形。还应看到，在新时代作为地方治理法治化的重要途径和新型职责，设区的市政府规章创制作为法治基础的制度供给，与行政规范性文件在其立项、设定与实施上的主要区别和实质差异是规章能够具有法律的性质、地位和效力。由此，必须依赖设区的市政府立法能力建设。杭州市制定的重大立法事项向市委报告的实施办法，健全政府分管领导立法项目牵头负责和市政府领导专题协调的工作机制。②宁波市全面公开规章解读稿和公众意见采纳情况说明。《丽水市人民政府立法工作年度计划编制和实施规定》《专家参与政府立法工作规定》等多项制度在借鉴和吸收外地立法有效经验之上建立和运行。③舟山市实施《舟山市人民政府年度立法计划编制和实施办法》《舟山市人民政府关于加强政府立法工作的意见》。2017年浙江省设区的市继续注重规章创制的体制机制和制度建设。如2017年《湖州市人民政府规章制定程序规定》经市人民政府第十三次常务会议审议通过，

---

① 《舟山市人民政府2017年度法治政府建设工作情况报告》，舟山市人民政府网http：//zsfz.zhoushan.gov.cn/art/2018/7/4/art_1298352_19126479.html，访问时间：2018年10月7日。

② 《杭州市人民政府关于杭州市2017年度法治政府建设情况的报告》，杭州市人民政府网http：//www.hangzhou.gov.cn/art/2018/4/8/art_1256300_17080719.html，访问时间：2018年10月7日。

③ 丽水市政府门户http：//www.lishui.gov.cn/zwgk/zwxxgk/002645662/4/2/201805/t20180530_3210970.html，访问时间：2018年10月7日。

自2018年2月1日起施行。作为执行性规章，进一步细化了有关政府规章立法制度，并在提高规章制定的规范性含量上有进一步的明确。如第十九条"起草规章涉及管理体制、职能调整等应当由市人民政府决策的重大事项的，起草单位应当先行报请市人民政府决定"。再如就规章的解释、修改、废止和清理进行了规定，强调规章本身的内容应当充实、具体，以操作性为地方政府规章的重要尺度，在第四十四条规定，"规章一般不授权制定配套行政规范性文件，确有必要作出授权规定的，有关单位应当自规章施行之日起一年内制定"。

三、 浙江省2017年度地方立法的不足与未来展望

（一）浙江省2017年度地方立法的不足

1. 立法效能有待提高

如《台州府城墙保护条例》，该条例未分章，共25条。综观该条例，总体上"眼睛向下"的瞩目与固化成分尚可，但是就新形势下文物保护的社会参与机制创新、技术保障创新等的规定相对薄弱。比较注重文物的静态保护、修复保护和存续保护，并有对宣传、文化、教育活动安排等的规定，以求满足人民群众在精神文化生活层面的需要。但是，在文物形象载体、文化表征符号等的产权化、活化保护、衍生品开发等文化创意产业，在文物保护资金筹措、文化资产有益开发、文物保护多重效益良性发挥等方面的创新思维与制度规定尚嫌不足，在文物保护区域的有关公益活动、文化社团以及文化产业等布局与引进等方面的规定尚属缺失。

2. 设区的市立法作用发挥不足

《宁波市制定地方性法规条例》或可作为管窥设区的市立法规程的制度设计质量问题的一个剪影。第一，该条例第三条第二款规定中载明"推进立法精细化，加强与社会公众的联系，拓宽公民有序参与立法途径"。其中不仅"加强与社会公众的联系"之表述累赘，而且因其实质在于保障公众（公民）参与立法，因此没有必要。其中立法精细化是浙江省人大常委会所倡导的新时代地方立法的精干、精细与精准的理念或导向之一，核心是立法中的制度规范设计在权利义务上更加精密、细致地直接构建、精准施策，这是立法的针对性、操作性所必需的，但是若缺乏与立法项目选择上的精干、立法调整对象上的精准，则精细化要求能否成立，是一个值得反思的问题。第二，在人大与人大常委会的立法职权关系上，这是一个普遍问题。人大常委会作为国家权力机关的常设机关，并非其替代机构，因此，必须明确按照人民代表大会制度，根据《组织法》《立法法》《监督法》，人大常委会受人大监督、对人大负责、向人大报告工作。因此，地方国家权力机关的立法权应当得到尊重保障和充分实现，而遗憾的是在《立法法》本身以及《组织法》上并未有地方国家权力机关即人大的立

法权限的明确规定。第三，该条例第八条规定立法建议项目的主体类型列举为国家机关、社会团体、企业事业组织、人大代表和公民，存在不妥：人大代表的立法项目建议权不是基于国家机关的行使自身职责所必要的、保证宪法和法律实施基本职责所延伸的"权利"，不是混同于公民的政治权利、民主权利，而是作为人大代表的国家权力机关组成人员的代表职权（职责）。因此，其提出立法建议尽管属"建议"，但包含着利益倾向的主张的职权意味，依据是《代表法》《组织法》《选举法》，因此，不宜与其他类型主体及其立法建议的提出相并列地规定。[①]

3. 更加重视法规设计的合法性

设区的市规章创制中若干市政府规章为零，有的规定内容的合法性存疑。如《宁波市文明行为促进条例》的有关规定在其合法性上有待考究。如第四十一条规定：有下列情形之一的，作出行政处罚决定的有关行政主管部门除依照《中华人民共和国行政处罚法》的有关规定进行处理外，还应当将行政处罚决定作为当事人个人信用信息予以记录。那么，个人信用信息记录的载入，是构成一种行政处罚，还是一种行政处罚的加重情节，还是对行政处罚的被处罚人的一种再剥夺和限制？在地方立法中这一应用日渐广泛的措施是否属于其立法权限的范围？值得分析。

4. 法技术、语言有待规范化

如《台州府城墙保护条例》在立法语言上有待规范化。如第二十条规定"城墙管理单位应当制定城墙安全事故防范预案，落实安全防护措施，加强日常巡查、养护和保洁等工作，每年及时清理危害城墙安全的植物"，"每年"与"及时"同时使用，略显累赘且在实践中缺乏约束力和时效性。

再如，《丽水市饮用水水源保护条例》立法技术与语言的疏失。如第十四条、第十五条等多个条文在县一级政府的表述上，县、县（市、区）、县市等均有出现，体例上不尽一致。第十八条中的主文及其列举行为兜底规定为了周延反而出现的重复等。

（二）浙江省地方立法的未来展望

1. 畅通公众立法参与和发挥人大代表立法职能并重

近年来共建立法基层联系点27个、代表联络站2600多个、网上代表联络站940多个；率先建立人大代表分专业有重点参与立法机制。[②]截至2017年底，浙江省已有7个

[①] 类似问题还出现在该条例的第四十一条。该条中"开展立法协商，听取国家机关、人民团体、社会组织、人大代表、政协委员、社会公众等各方面对立法工作的意见和建议"更属不宜。究其原因，不仅如以上所述，而且在已有立法协商之明确表述之后，仍将政协委员单独列出，似乎与立法协商政策文件的有关原则精神有出入。

[②] 《以高质量地方立法引领和推动浙江高质量发展》，中国人大网http://www.npc.gov.cn/npc/lfzt/rlyw/2018-09/18/content_2061383.htm，访问时间：2018年10月7日。

设区的市、一半以上的县（市、区）和乡镇实施了民生实事项目人大代表票决制的工作机制。要认真贯彻中央和浙江省委相关文件精神，全面推开市、县、乡三级人大民生实事项目人大代表票决制，推动各级人大讨论决定重大事项机制的完善。同时，根据《宪法》《组织法》和《立法法》，积极稳妥地探索人大的立法事项及程序，使民生票决中的人大代表主体作用同样在立法职权中得到发挥。

还要在创新"一库两机制"的专家参与立法"浙江模式"之上，继续改善参与立法的途径和方式。以律师参与立法为例，应当重视和发挥律师执业群体独特的法治思维、权利思维以及程序思维，在法规的规范设计科学性、中立性与操作性尤其是其程序要素的补足，以及立法语言的规范严谨上，在立法前评估、立法决策量化论证与立法听证等环节和阶段，使律师能够尽可能无偏私地予以支持，使之与立法专家库、组建代表专业小组等方式融合起来，通过提高律师参与度充实社会公众参与的实质贡献度。①

2. 增强设区的市人大主导立法的基础能力

在加强设区的市地方性法规以及规章创制起始阶段的指导的同时，更要增强设区的市立法的自主性、内生性、能动性，增强实现设区的市人大主导立法的基础能力。不断加强对设区的市立法工作的指导，是浙江省自针对杭州、宁波作为较大的市立法确立的一个重要经验。当前和未来，还将通过提前参与共同研究、立法资源共享等形式，引导设区的市在立法权限范围内突出重点、提高效益；坚持合法性审查，并注重在合宪性审查的高度进行审视和评判，促使设区的市依法立法。为此，2018年浙江省人大常委会主任会议通过了《关于推进设区的市完善立法工作机制提高依法立法水平的指导意见》②，强化对设区市立法的指导和监督，附有《设区的市地方性法规合法性审查的参考标准》，严格保障设区的市地方性法规同宪法、法律、行政法规和本省的地方性法规"不抵触"原则在设区的市立法的全过程予以落实。

3. 促进数据化、智能化立法

在继续有效运用传统立法调查研究方法的同时，敢于和善于掌握运用现代网络科学技术和实证分析方法深化对社会运行机理、行为反应形态的认知与评价，促进数据化、智能化立法。浙江省人大常委会加强"智慧人大"建设，制定了2018年至2022年浙江人大信息化应用发展指导意见，确立了立法计划智能化——利用大数据技术精准寻找立法议题；立法设计智能化——利用大数据技术收集民意、构建制度框架；立法

① 《省律协举办全省暨京沪粤苏浙五地律师参政议政培训交流活动》，浙江省政务服务网http://www.zjsft.gov.cn/art/2018/4/16/art_1371202_17373368.html，访问时间：2018年10月7日。

② 刘立可、赵晓思：《省人大出台设区的市立法指导意见》，载《浙江人大》2018年第6期。

评估智能化——利用大数据技术分析法律制度实施情况等三个具体目标。同时，成立浙江立法研究院，加强立法智库制度建设，以规范分析、比较分析、社科法学分析、大数据分析等为方法，提升立法技艺。①这些走在前列的探索尝试值得期待。

在新时代的坐标系中，浙江省作为中国革命红船的起航地、改革开放的先行地、习近平新时代中国特色社会主义思想的重要萌发地，在习近平新时代中国特色社会主义思想的指引下，在地方性法规方面，按照浙江省人大常委会工作报告的部署，坚持立法决策与改革决策相统一、相衔接，围绕中心大局加强重点领域立法，统筹立法资源与立法需求，侧重形成创制性立法成果，出台一批引领经济高质量发展的法规、一批支撑实施乡村振兴战略的法规、一批加强社会主义民主法治的法规、一批回应民生关切的法规、一批加强和创新社会治理的法规、一批保障"两山"理念落地生根的法规，特别要突出完成保障"最多跑一次"改革规定等若干探索性、标志性、引领性的地方立法项目。②简言之，立法要形成以"六个一批"为重点的法规体系，要推动大湾区建设、产业转型发展、乡村振兴、民生改善和生态文明，要将社会主义核心价值观贯穿立法环节；在完善立法规划、健全立法体制机制、提升立法质量效益上面临着新挑战。

审稿：李福林（广东外语外贸大学）

---

① 《充分发挥地方立法引领推动作用》，湖州在线 http://www.hz66.com/2017/1210/282879.shtml，访问时间：2018年10月7日。

② 《袁家军主持全省立法工作会议》，浙江省人民政府网 http://zhejiang.gov.cn/art/2018/7/13/art_34912_2283706.html，访问时间：2018年10月7日。

第十三章　安徽省2017年度立法发展报告

朱　晔[①]

摘要： 2017年，安徽省各级立法主体秉着"科学立法、民主立法"的宗旨，坚持与时俱进，制定、修改了《安徽省促进战略性新兴产业集聚发展条例》《安徽省非税收入管理条例》等99件地方性法规和政府规章，为全面推进依法治省、建设法治安徽提供了强有力的法制保障。安徽省地方立法在取得骄人成绩的同时，也存在地方性法规和地方政府规章的权限划分不清、行政机关主导地方立法现象、地方立法质量评估机制不够成熟等问题。展望未来，安徽省各地方立法机关应继续突出特色，打造地方立法的"安徽风格"，明确地方性法规和地方政府规章的立法边界，避免立法越位，合理布局各领域立法规划，加强地方立法后的评估工作，坚持"立改废"并举。

关键词： 安徽省　地方立法　发展报告

一、安徽省2017年度立法发展状况

（一）安徽省2017年度立法状况总体评述

安徽省有省人大及其常委会、省政府2个省级立法主体，有合肥、淮南、宿州、蚌埠、阜阳、宣城、池州、安庆、滁州、芜湖、铜陵、淮北、亳州、六安、马鞍山、黄山等16个市的人大和政府等32个市级立法主体。

2017年，安徽省各级立法主体秉着"科学立法、民主立法"的宗旨，坚持立法先行，发挥立法的引领和推动作用，积极履行立法职能，取得了丰硕的立法成果。

安徽省人大及其常委会坚持以"良法促善治"为统领，与时俱进，突出特色打造安徽立法风格，推动法治全面深化改革，先后制定和修改地方性法规32件，废止地方性法规3件，审查批准设区的市报批的地方性法规32件。其中制定了《安徽省促进战略性新兴产业集聚发展条例》等6件地方性法规，修改了《安徽省拥军优属条例》等26件地方性法规，为安徽省的改革发展提供了有力的法制保障。

[①]朱晔，广东外语外贸大学法学院教授，硕士生导师。研究方向：经济法、民商法。

安徽省人民政府制定、修改和废止政府规章29件，其中，制定了《安徽省互联网政务服务办法》等7件地方性政府规章，修改了《安徽省行政机关规范性文件制定程序规定》等12件地方性政府规章，废止了《安徽省矿产资源补偿费征收管理实施办法》等10件地方性政府规章。

设区的市人大立法方面，合肥市人大及其常委会制定了《合肥市绿色建筑发展条例》1件地方性法规，修改了《合肥市烟花爆竹管理条例》等2件地方性法规；淮南市人大及其常委会制定了《淮南市公园管理条例》等2件地方性法规，废止了《淮南市煤炭市场管理条例》等3件地方性法规。黄山市人大及其常委会制定了3件地方性法规，宿州、蚌埠、宣城、安庆、滁州、芜湖、铜陵、六安八市人大及其常委会分别制定了2件地方性法规；阜阳、池州、淮北、亳州、马鞍山五市人大及其常委会分别制定了1件地方性法规。

设区的市政府立法方面，合肥市人民政府统筹考虑立法的"立改废"问题，制定了《合肥市活禽交易管理办法》等2件政府规章，修改了《合肥市建筑垃圾管理办法》等5件政府规章，废止了《合肥市城市居民最低生活保障暂行办法》等4件政府规章；淮南市人民政府全年没有制定新的政府规章，废止了《淮南市劳动监察规定》等12件政府规章。安徽省其他设区市的人民政府在获得立法权后，在2017年也取得了不错的成绩，各市人民政府大都将立法的侧重点聚焦在城市环境保护和民生保障方面，蚌埠市人民政府制定了3件政府规章，宿州、阜阳、滁州、黄山四市人民政府分别制定了2件地方政府规章，安庆市人民政府制定了1件政府规章。

总体而言，"良立法、立良法"始终贯穿安徽省2017年地方立法的全过程，为全面推进依法治省、建设法治安徽提供了强有力的保障。此外，2017年安徽省立法工作特别体现环境和文化保护，因地制宜，打造出了安徽特色。《安徽省湖泊管理保护条例》等地方性法规的出台，对改善安徽生态环境有着重要的引领作用。《安徽省历史文化名城名镇名村保护办法》等政府规章的出台，对保护地方文化遗产，让文化遗产惠及人民群众发挥了重要作用。

（二）安徽省2017年度人大立法发展状况

2017年度安徽省两级人大及其常委会高度重视地方立法在完善中国特色社会主义法律体系、引领推动事业发展中的重要作用，依照全面深化改革和全面依法治省对立法工作的新要求，坚持以良法促进发展、保障法治的原则，紧密联系实际，与时俱进，开拓创新，推动安徽省立法工作不断迈上新台阶。

2017年，安徽省人大及其常委会制定了《安徽省促进战略性新兴产业集聚发展条例》《安徽省食品安全条例》《安徽省湖泊管理保护条例》《安徽省林业有害生物防治条例》《安徽省非税收入管理条例》《安徽省司法鉴定管理条例》6件地方性法规，修改了《安徽省拥军优属条例》《安徽省旅游条例》《安徽省禁毒条例》《安徽省水路运输条例》《安徽省实施〈中华人民共和国森林法〉办法》《安徽省实施〈中华人民共和国烟草专卖法〉办法》《安徽省气象管理条例》《安徽省水文条例》《安徽省计量监督管理条例》《安徽省农作物种子管理条例》《安徽省农产品质量安全条例》《安徽省畜产品质量安全管理条例》《安徽省审计监督条例》《安徽省人民代表大会常务委员会讨论、决定重大事项的规定》《安徽省乡镇人民代表大会工作条例》《安徽省各级人民代表大会常务委员会实行规范性文件备案审查的规定》《安徽省安全生产条例》《安徽省人民代表大会常务委员会议事规则》《安徽省各级人民代表大会常务委员会监督条例》《安徽省办理人民代表大会代表建议、批评和意见的规定》《安徽省人民代表大会常务委员会组成人员守则》《安徽省环境保护条例》《安徽省档案条例》《安徽省广播电视管理条例》《安徽省特种行业治安管理条例》《安徽省实施〈中华人民共和国义务教育法〉办法》26件地方性法规，废止了《安徽省人民代表大会常务委员会工作条例》《安徽省人民代表大会常务委员会关于加强同省人民代表大会代表联系的办法》《安徽省城乡集市贸易市场管理条例》3件地方性法规，审查批准了《安庆市城市管理条例》《宿州市人民代表大会及其常务委员会立法程序规定》《淮南市文明行为促进条例》《马鞍山市人民代表大会及其常务委员会立法程序规定》《马鞍山市非物质文化遗产条例》《六安市人民代表大会及其常务委员会立法程序规定》《黄山市人民代表大会及其常务委员会立法程序规定》《滁州市琅琊山风景名胜区条例》《合肥市绿色建筑发展条例》《安庆市燃放烟花爆竹管理条例》《宣城市青弋江灌区管理条例》《蚌埠市城市管理条例》《合肥市烟花爆竹管理条例》《合肥市文物保护办法》《铜陵市住宅电梯安全管理条例》《铜陵市工业遗产保护与利用条例》《宿州市采石场修复条例》《滁州市非物质文化遗产保护条例》《齐云山风景名胜区保护管理条例》《淮南市公园管理条例》《淮南市寿州古城保护条例》《淮南市煤炭市场管理条例》《淮南市淮河水域保护条例》《淮南市预防小煤矿生产安全事故规定》《阜阳市城市排水与污水处理条例》《淮北市绿化条例》《芜湖市城市管理条例》《芜湖市建筑垃圾管理条例》《亳州国家历史文化名城保护条例》《六安市饮用水水源环境保护条例》《蚌埠市城市管理执法条例》《黄山市徽州古建筑保护条例》32件设区的市人大报批的地方性法规。

2017年，安徽省人大及其常委会特别关注生态文明领域立法，自觉践行"绿水青山就是金山银山"的理念，把党的十九大作出的坚持人与自然和谐共生、实行最严格的生态环境保护制度等战略决策贯彻到法规中，并将"河长制""林长制"写入法规。《安徽省林业有害生物防治条例》的颁布实施是用法治思维和法治手段加强安徽省林业有害生物防治的重大举措，是该省打造"生态强省"的一件大事，对保护森林资源、维护生态安全、推进生态文明、建设美好安徽具有重要意义。

在经济社会领域，安徽省人大及其常委会一如既往地重视经济领域的立法，着眼于推动经济发展质量和效益的提高，《安徽省促进战略性新兴产业集聚发展条例》是全国省级人大层面率先开展的此类专门立法。

在市场管理和社会生活领域，食品安全一直关系到人民群众身体健康和生命安全，《安徽省食品安全条例》的出台，要求"全省食品药品监管系统严格落实'四个最严'"，全面推进监管规范化、信息化、网格化、痕迹化建设，创新实施风险分级监管，不断提升食品安全监管水平。《安徽省水路运输条例》立足于"放管服"改革大背景，突出服务发展的理念，并紧紧围绕习近平总书记关于长江经济带"共抓大保护"的指示要求，是贯彻深化"放管服"改革要求的重要举措，满足了水路运输事业发展的现实需要。

在社会主义民主政治领域，安徽省人大及其常委会着力推进发展社会主义民主政治的立法，促进权力规范运行，把贯彻习近平新时代中国特色社会主义思想、维护党中央集中统一领导等部署要求明确为首要行为规范，促进常委会组成人员更加坚定自觉地贯彻党的主张和中央决策。《安徽省司法鉴定管理条例》的出台，将近年来党和国家对司法鉴定管理的政策要求以及安徽省司法鉴定管理工作创新做法用法律条文的形式固定下来，为健全和完善统一司法鉴定管理体制、进一步提升司法鉴定管理能力提供了重要依据，为全省司法鉴定管理工作的健康发展提供了制度保障。

在设区的市人大立法方面，合肥市人大及其常委会制定了《合肥市绿色建筑发展条例》1件地方性法规，修改了《合肥市烟花爆竹管理条例》《合肥市文物保护办法》2件地方性法规；淮南市人大及其常委会制定了《淮南市公园管理条例》《淮南市寿州古城保护条例》2件地方性法规，废止了《淮南市煤炭市场管理条例》《淮南市淮河水域保护条例》《淮南市预防小煤矿生产安全事故规定》3件地方性法规；宿州市人大及其常委会制定了《宿州市人民代表大会及其常务委员会立法程序规定》《宿州市采石场修复条例》2件地方性法规；蚌埠市人大及其常委会制定了《蚌埠市城市管理条例》《蚌埠市城市管理执法条例》2件地方性法规；阜阳市人大及其常委会制定了《阜阳市城市排水与污水处理条例》1件地方性法规；宣城市人大及其常委会制定了《宣城市青弋江灌区管理条例》《宣纸保护和发展条例》2件地方性法规；池州市人大及其常委会制定了《池州市河道采砂管理条例》1件地方性法规；安庆市人大及其常委会制定了《安庆市城市管理条例》《安庆市燃放烟花爆竹管理条例》2件地方性法规；滁州市人大及其常委会制定了《滁州市琅琊山风景名胜区条例》《滁州市非物质文化遗产保护条例》2件地方性法规；芜湖市人大及其常委会制定了《芜湖市城市管理条例》《芜湖市建筑垃圾管理条例》2件地方性法规；铜陵市人大及其常委会制定了《铜陵市住宅电梯安全管理条例》《铜陵市工业遗产保护与利用条例》2件地方性法规；淮北市人大及其常委会制定了《淮北市绿化条例》1件地方性法规；亳州市人大及其常委会制定了

《亳州国家历史文化名城保护条例》1件地方性法规；六安市人大及其常委会制定了《六安市人民代表大会及其常务委员会立法程序规定》《六安市饮用水水源环境保护条例》2件地方性法规；马鞍山市人大及其常委会制定了《马鞍山市人民代表大会及其常务委员会立法程序规定》1件地方性法规；黄山市人大及其常委会制定了《黄山市人民代表大会及其常务委员会立法程序规定》《齐云山风景名胜区保护管理条例》《黄山市徽州古建筑保护条例》3件地方性法规。

合肥市适应人民美好生活的需要，着力加强生态文明领域立法，率先制定了《合肥市绿色建筑发展条例》。在欧美国家纷纷将绿色建筑作为新一轮科技创新主要方向的大背景下，该市充分吸收当前在绿色建筑工作实践中成功的经验和做法，将绿色建筑的创新实践成果上升为地方性法规，从绿色建筑的规划与建设、运营与改造、技术与应用、引导与激励、法律责任等方面作出规定，为有效提高资源利用效率，达到节能减排、减少污染、保护环境、改善人居环境，推动美好合肥建设提供了强有力的法制保障。淮南市立法工作的重心在人文环境的保护方面。淮南寿县是1986年国务院公布的第二批国家历史文化名城，3000年的悠久历史沉淀了丰厚的文化遗产，素有"地下博物馆"之称。作为国家历史文化名城的核心区域，寿州古城的保护、管理和利用矛盾日益突出，立法保护势在必行。《淮南市寿州古城保护条例》划定了寿州古城的保护范围，规定了保护范围内的禁止行为、行政执法主体和处罚标准，以及对古城保护、管理和修缮提供必要的人力和资金保障等内容。

宿州市人大及其常委会注重规范立法程序，提高立法水平，牢牢把握法治精髓，在加快宿州市法治建设上取得了骄人的成绩。《宿州市人民代表大会及其常务委员会立法程序规定》的出台，将有效规范立法活动，提高立法质量和效率，同时为推进科学立法、民主立法提供了法制保障。另外，宿州市人大还制定了《宿州市采石场修复条例》，填补了此前国内无专门地方性法规规范采石场修复的立法空白，独创之处较多，地方特色鲜明，对巩固非煤矿山整顿治理成果起到了积极的推动作用。

安徽其他设区的市人大及其常委会都十分关注和聚焦民生、生态文明、城市管理和非物质文化保护领域。宣城市人大及其常委会制定了反映灌区特点、符合灌区需要的《宣城市青弋江灌区管理条例》，为长江流域的生态保护、城市的可持续发展保驾护航。宣城市人大制定了《宣纸保护和发展条例》，此举为加强非物质文化遗产宣纸传统制作技艺的传承、促进宣纸创新和发展、保护区域文化特色、继承和弘扬优秀传统文化提供了法律依据，确保宣纸文化规范步入法制轨道。《滁州市非物质文化遗产保护条例》将滁州市多年的非遗保护经验上升为法律制度，有利于健全滁州市非遗保护体系，该条例出台对滁州市文化建设无疑具有里程碑式的意义。《铜陵市住宅电梯安全管理条例》的出台，为解决因电梯故障造成的困人、伤人事故提供了法律依据。《铜陵市工业遗产保护与利用条例》有利于加强对工业遗产的保护与利用，传承和展示铜陵工业文明，弘扬历史文化。《淮北市绿化条例》将相山森林公园、南湖公园等重要生态区域划定为永久保护绿地，为促进"中国碳谷·绿金淮北"建设提供了有力的法制保障。前后修改30余稿的《亳州国家历史文化名城保护条例》是亳州市取得地方立法权后制定的第一部地方性实体法规，为亳州历史文化遗产撑起了"保护伞"。《黄山市徽州古建筑保护条例》首次明确了可通过合法流转取得古民居所有权或使用权，此举将整合全市古民居产权集中交易平台，促进古民居产权依法有序流转。

（三）安徽省2017年度政府立法发展状况

2017年，安徽省两级政府踏实稳步推进法治政府建设，立法工作取得了巨大的成绩。

在省级政府规章制定方面，2017年安徽省人民政府制定了《安徽省行政执法人员管理办法》《安徽省电信设施建设和保护办法》《安徽省历史文化名城名镇名村保护办法》《安徽省医疗纠纷预防与处置办法》《安徽省互联网政务服务办法》《安徽省税收保障办法》《安徽省消防安全责任制规定》7件政府规章，修改了《安徽省政府投资建设项目审计监督办法》《安徽省实施〈中华人民共和国河道管理条例〉办法》《安徽省殡葬管理办法》《安徽省实施〈医疗机构管理条例〉办法》《安徽省计算机信息系统安全保护办法》《安徽省建筑工程招标投标管理办法》《安徽省小型快速客船交通安全管理暂行办法》《安徽省行政机关规范性文件制定程序规定》《安徽省防雷减灾管理办法》《安徽省取水许可和水资源费征收管理实施办法》《安徽省河道采砂管理办法》《安徽省生产安全事故报告和调查处理办法》12件政府规章，废止了《安徽省长江岸线资源开发利用管理办法》《安徽省职业技能培训管理办法》《安徽省矿产资源补偿费征收管理实施办法》《安徽省户外广告监督管理办法》《安徽省组织机构代码管理办法》《安徽省经纪人管理暂行办法》《安徽省经营性服务收费管理办法》《安徽省邮政管理办法》《安徽省城市公共客运交通管理办法》《安徽省体育经营监督管理办法》10件政府规章。

为巩固执法人员管理现行制度成果，解决执法人员管理的现实问题，安徽省政府未雨绸缪，制定了《安徽省行政执法人员管理办法》，对行政执法人员资格准入、教育培训、行为规范、考核监督进行了全面规范，该办法促进了行政执法人员执法水平的提高，有利于塑造政府的形象，促进严格规范公正文明执法。

近年来，安徽省医疗纠纷频发，冲击了医疗秩序，对医患双方造成严重侵害。党中央、国务院高度重视构建和谐医患关系工作，然而国家未对医疗纠纷与处置统一立法，相关管理规范散见于诸多法律法规中。在此背景下，安徽省政府身先士卒，针对现实医患矛盾激烈的问题，制定了《安徽省医疗纠纷预防与处置办法》，对预防处置职责工作体制等方面作了详细规定。该举措有效地预防和减少了医疗纠纷，保护了医患双方合法权益，依法公平处置医疗纠纷，维护正常的医疗秩序，构建和谐医患关系。该办法也是全国出台的第一部针对医疗纠纷的地方政府规章。

《安徽省互联网政务服务办法》的颁布，意味着安徽省人民政府的服务能力和水平即将迈向一个新台阶。《安徽省互联网政务服务办法》明确了互联网政务服务管理体制、电子材料的法律效力以及网上政务服务平台安全保障职责，建立了政务服务事项清单制度。该办法将以立法保障互联网与政务服务深度融合，再造政务服务，促进部门间信息共享，变"群众跑腿"为"信息跑路"，变"群众来回路"为"部门协同办"，变被动服务为主动服务，实现市场主体"最多跑一次"或者"一次不跑"，从而营造稳定、公平、透明、可预期的营商环境和政府服务。

在设区的市政府立法方面，合肥市人民政府制定了《合肥市活禽交易管理办法》《合肥市推进依法行政办法》2件政府规章，修改了《合肥市建筑垃圾管理办法》《合肥市机动车停车场管理办法》《合肥市居住证管理办法》《合肥市专业技术人员继续教育暂行规定》《合肥市殡葬管理办法》5件政府规章，废止了《合肥市城市居民最低生活保障暂行办法》《合肥市城镇职工社会保险费征缴暂行规定》《合肥市促进民办教育发展若干规定》《合肥市机关事业单位工作人员基本养老保险规定》4件政府规章；淮南市人民政府一次性打包废止了《淮南市劳动监察规定》《淮南市城市建设档案管理办法》《淮南市城市户外广告管理办法》《淮南市土地利用总体规划实施办法》《淮南市动物防疫管理办法》《淮南市产品质量监督检查规定》《淮南市医疗机构医疗器械监督管理办法》《淮南市房地产权属登记办法》《淮南市闲置土地处置办法》《淮南市城市公园管理办法》《淮南市机动车排气污染防治办法》《淮南市畜禽养殖污染防治管理办法》12件政府规章；安庆市人民政府制定了《安庆市政府规章制定程序规定》1件政府规章；宿州市人民政府制定了《宿州市城乡规划管理办法》《宿州市新汴河风景区管理办法》2件政府规章；蚌埠市人民政府制定了《蚌埠市爱国卫生工作管理办法》《蚌埠市烟花爆竹燃放管理规定》《蚌埠市行政程序规定》3件政府规章；阜阳市人民政府制定了《阜阳市房屋建筑和市政基础设施工程质量管理办法》《阜阳市人民政府规章制定程序规定》2件政府规章；滁州市人民政府制定了《滁州市人民政府规章制定程序规定》《滁州市城镇排水管理办法》2件政府规章；黄山市人民政府制定了《黄山市城市市容和环境卫生管理规定》《黄山市实施〈黄山风景名胜区管理条例〉办法》2件政府规章。

合肥市人民政府在立法工作中统筹兼顾，综合运用政府规章的"立改废"制度，有效解决规章间的协调和衔接问题。淮南市人民政府2017年立法工作的重心是规范清理历年颁布的已不适应经济社会发展或与上位法相冲突的政府规章，通过规范清理，对与国务院"放管服"改革涉及的行政审批制度改革、商事制度改革等改革决定不一致的有关规定，以及与因改革而修改的法律、行政法规不一致的有关规定进行了清理，有效维护了政府规章的权威性、严肃性，很好地解决了淮南市因立法滞后或冲突给社会带来的负面影响。

安徽省其他设区市人民政府2017年的立法大都聚焦在完善政府立法工作机制、卫生环保、社会管理、旅游等问题上。如蚌埠市人民政府制定的《蚌埠市行政程序规定》开创了安徽省内行政程序立法的先河，标志着蚌埠市行政机关行使权力有了更加完善的制度约束，是法治政府建设的有益实践；黄山市人民政府制定的《黄山市实施〈黄山风景名胜区管理条例〉办法》对于贯彻落实《黄山风景名胜区管理条例》、进一步推进依法治山、提升景区管理水平具有重要意义。

二、安徽省2017年度地方立法的特色和亮点

（一）地方人大立法中的特色和亮点

2017年，安徽省人大及其常委会高度重视地方立法在完善中国特色社会主义法律体系、引领推动事业发展中的重要作用，稳步实施年度立法计划，统筹法规的立改废和审查批准，加强重点领域立法，坚持以良法促进发展，为美好安徽建设提供了法治保障。其立法中的特色和亮点表现为：

1.着力加强生态文明和地方文化领域立法，适应人民美好生活需要

在工业化、城镇化进程快速推进的背景下，有序开展湖泊流域防洪治理，科学开发利用现有的湖泊资源，加强湖泊水资源管理与经济社会发展之间依然存在诸多矛盾，湖泊保护工作依然面临严峻挑战。《安徽省湖泊管理保护条例》的制定，对于依法加强湖泊管理和保护，规范湖泊开发利用活动，防治水污染，改善水环境，修复水生态，促进经济社会可持续发展具有十分重要的意义。

此外，安徽省其他设区市的各级人大及其常委会在地方文化保护领域方面的立法工作也颇有建树。合肥市修改了《合肥市文物保护办法》，新增水下文物保护范围，明确对非国有博物馆的扶持，鼓励文物资源合法利用。淮南市出台了《淮南市寿州古城保护条例》，为寿州古城的保护和管理提供了强有力的保障。

2.与时俱进，加强经济领域立法，力求"务实""管用"

"判断一部法规立得好不好，标准其实很简单，那就是务实管用。" 2017年，安徽省人大常委会围绕促进战略性新兴产业集聚发展、引领传统产业转型升级、建设创新型现代产业体系、推动经济保持中高速增长、产业迈向中高端水平，与时俱进做好立法工作。为适应安徽新发展的需要，在国家和其他地方人大尚无专门立法情况下，安徽省结合地方实际，捷足先登，着眼于优化区域布局，发挥比较优势，力求形成各具特色、优势互补、结构合理的战略性新兴产业协调发展格局，对战略性新兴产业集聚发展作了具有创新性、针对性、可操作性的规定，率先制定了《安徽省促进战略性

新兴产业集聚发展条例》，这也是全国省级人大层面率先开展的此类专门立法。

3. 着力健全地方立法工作机制，推进科学民主决策

为认真落实中央及省委推动人大工作完善发展的部署，2017年，安徽省人大及其常委会制定和修改了相关法规7件。立足于健全地方人大组织制度和工作制度、规范常委会职权行使，制定听取审议专项工作报告、专题询问、任前审查和任后监督等法规，修改立法条例、监督条例、选举实施细则、实施代表法办法、讨论决定重大事项的规定、常委会议事规则及乡镇人大工作条例等。党的十九大后，及时修改常委会组成人员守则，把贯彻习近平新时代中国特色社会主义思想、维护党中央集中统一领导等部署要求明确为首要行为规范，促进常委会组成人员更加坚定自觉地贯彻党的主张和中央决策。

此外，安徽省人大及其常委会着力提高设区市地方立法整体水平，在全国率先制定立法程序示范文本，开展专题培训，组织设区的市人大机关立法工作人员到省人大机关"跟法"学习，着力加强业务指导。同时，提前介入各设区的市法规起草阶段相关工作，对法规草案进行全面研究，从合法性、合理性、针对性、可操作性等方面提出意见，促进立法质量提高。

（二）地方政府立法中的特色和亮点

1. 着重市场经济领域立法，完善政府管理和服务职能

2017年，安徽省坚定不移贯彻新发展理念，深入推进供给侧结构性改革，发展质量和效益不断提升，经济发展取得重大成就，经济结构不断优化，基础设施体系显著改善。这些成绩的取得与安徽省政府在市场经济领域立法工作取得的进步息息相关。在过去的一年里，安徽省政府制定和修改了多件事关国民经济发展和市场管理的政府规章。其中，《安徽省政府投资建设项目审计监督办法》加重了对建设单位的追责力度，不再直接干预政府投资建设项目工程中多计工程价款问题，代之以民事仲裁或诉讼等方式适用合同法相关规定予以解决。

2. 与时俱进，从实际出发创新立法

2017年，安徽省各级政府特别注重结合地方实际情况，大胆先行，创新立法，不断提高立法水平，充分发挥立法在深化改革中的引领和推动作用，不断完善立法规划，提高立法的针对性、及时性、系统性和可执行性。针对少数地方政府及部门的消防安全责任不够明确，监管不够到位，企事业单位消防安全意识和火灾应急处置能力有待提升，城市高层建筑、大型综合体、城乡接合部小商业的快速发展带来新的火灾隐患等问题，安徽省制定《安徽省消防安全责任制规定》对此予以明确和规范。

此外，安徽省其他设区的市人民政府也坚持"依法行政，立法为民"的理念，在不断深化改革的过程中，针对新情况、新问题，积极总结经验教训，深入调研，以政

府规章的形式解决有关问题，满足社会经济发展的需要。例如《合肥市机动车停车场管理办法》的适时修改，以政府引导、多方参与、需求调节、高效管理、方便群众为原则，逐步推进停车产业化，缓解停车矛盾，改善城市交通秩序。

3. 聚焦弱势群体，关注民生

2017年，安徽省各级人民政府制定的政府规章有一部分集中在保护弱势群体和保障民生问题上，反映了安徽省各级人民政府坚持以人为本、立法为民、立法惠民的作风。随着安徽经济社会的发展，人民生活水平日益提高，因就业、税收政策、医疗卫生、城市管理和社会保障滞后而引发的经济和社会发展不协调状况也日益凸显，民生问题始终是社会热点问题。为此，安徽省人民政府制定了《安徽省税收保障办法》，修改了《安徽省实施〈医疗机构管理条例〉办法》等多件政府规章，力求缩小贫富差距，加强城市管理，大幅度提升人民生活水平。安徽省其他设区的市人民政府也围绕民生问题出台多部政府规章，如合肥市修改了《合肥市居住证管理办法》和《合肥市专业技术人员继续教育暂行规定》。

4. 注重文化和环保领域立法，彰显地方特色

近年来，城乡地区各类建设量大面广，历史文化遗产面临着巨大的建设冲击，安徽省人民政府制定出台了《安徽省历史文化名城名镇名村保护办法》，进一步明确历史文化遗产保护的禁止性规定，指导建立城镇乡村全域保护管理制度，明确各级政府及部门保护职责，对于科学处理好历史文化遗产保护与发展的关系，及时解决城镇化快速发展时期的历史文化遗产保护中出现的诸多问题，促进全省城乡经济社会的健康发展具有重要意义。在环境保护方面，制定了《安徽省河道采砂管理办法》，对存在多年的盗采河砂现象建立长效管理机制，通过疏堵结合，标本兼治，彻底解决这一顽疾。

三、安徽省2017年度地方立法的不足与未来展望

（一）安徽省2017年度地方立法的不足

2017年，安徽省各立法主体基本上能紧紧围绕科学立法、民主立法这个中心，不断提高立法质量，以良法促善治，推进了安徽省各项事业的全面进步和发展，取得了不俗的成绩，但客观上仍然存在一些不足和差距，其不足主要表现为：

1. 地方各层级重复立法现象较多

地方立法在我国法律体系中特有的价值是地方立法机关结合本地实际情况，作出更接近于本地现状的规定，弥补法律规定过于原则、缺少可操作性的弊端。然而，模糊的地方立法权限边界给创新带来了不少风险，与尝试创新相伴的是"越界""试

错"的不断出现。^①有些立法的重复是难以避免的，例如关于某个行为的认定有可能需要参照其他法律的规定，这就容易在内容上产生重合，但部分关于地方管理事项的立法就不应该出现太多重复立法的现象。然而各级立法主体为了打造形象立法工程，争相在这类问题上立法"邀功"，因此产生了大量标题、结构和内容等方面都大体相同的法规，造成整个法律系统的累赘和烦琐。如2017年安徽省多市出台了关于烟花爆竹管理规定的法规或政府规章，容易在内容上产生重复。此外还有多市对城市绿化问题进行立法，这种标题、体系和内容都大体相同的法律法规，会造成整个法律系统的沉冗。

2.行政机关主导地方立法现象依然存在

安徽省各市人大在被赋予立法权后，虽然在这两年来，立法工作取得不错的成绩，然而跟同级政府相比，安徽省地方人大特别是各人大常委会，在立法工作方面，仍然属于被动的地位，在安徽省各市的立法工作中，地方政府仍占据主导地位。如滁州市人大制定的《滁州市琅琊山风景名胜区条例》和《滁州市非物质文化遗产保护条例》均主要由滁州市人民政府法制办公室起草、修改完成。显然，这种由行政机关主导立法起草的模式势必导致地方人大在地方立法工作中的主导作用不能有效发挥，在全面推进依法治国、建设法治中国的时代背景下，必须予以改进和转变。

3.地方性法规和地方政府规章的权限依然划分不清

地方性法规和地方政府规章的权限不清，不仅仅是安徽省地方立法的弊端，同时也是其他许多地方立法的通病。哪些事项必须由人大立法？哪些事项由政府制定规范性文件？如何科学界分地方性法规与政府规章的权限，是理论和实践中长期未能解决的问题。2015年的《立法法》虽然在这方面做了一些原则性规定，但未能科学理顺两者之间的界限。有的时候存在一些必须制定地方性法规的事项，但地方政府在没有人大授权的情况下，自行制定了规范性文件，规避了人大立法程序；有的不是必须制定地方性法规，通过制定规范性文件就可以满足实际管理需要的事项，最后却进入了人大立法程序，立法资源被过度使用导致"繁法扰民"。^②

4.地方立法质量评估机制不够成熟

地方立法机关在制定地方性法规、政府规章后，制定机关、实施机关应定期对其实施情况进行评估，实施机关应将评估意见报告制定机关，而制定机关要定期对规章、规范性文件进行清理。一个立法项目效果如何，是否实现了预期目标，必须通过

①参见向立力：《地方立法发展的权限困境与出路试探》，载《政治与法律》2015年第1期。
②参见武汉市人大法制委员会：《新形势下地方立法需要把握的几个问题》，中国人大网http://www.npc.gov.cn/npc/lfzt/rlyw/2016-09/18/content_1997661.htm，访问时间：2016年9月18日。

立法后的评估标准来衡量。可以说，立法后的评估环节对立法机关未来的立法实践有着重要的指导意义。2017年，安徽省及各市立法主体虽然对立法权限的规范以及立法修法的程序等方面作出了详尽规定，各级地方市人大也制定通过了一系列相关法规，但是涉及立法后质量评估工作方面的规定却比较匮乏，虽然有个别市在这方面做得较好，但总体而言，安徽省地方在立法质量评估工作方面还是不够到位。

（二）安徽省地方立法的未来展望

1.彰显特色，打造地方立法的"安徽风格"

安徽省2017年的地方立法工作虽然一定程度上体现了安徽特色，能从安徽省的实际省情出发制定法规、规章，但也存在安徽特色不明显、重复立法较多的现象，该问题在各市立法主体的工作中尤为突出。在未来的立法工作中，安徽省应继续坚定不移地打造"安徽特色"，在坚持法制统一的原则下，使地方性法规、规章和国家法律相衔接，尽可能地将国家法律中的原则性规定具体化、明确化。建议从省情民意出发，重点围绕本省经济社会发展的重大问题制定法规、规章，形成具有鲜明"安徽风格"的地方立法体系。对安徽省特有的地方性事务，以自主性立法求创新，力求形成自己的特色；对深化改革过程中急需解决的突出问题，以先试先行立法求示范；对社会普遍关注的重大问题，以实施性立法求细化，因地制宜地解决上位法的适用问题，形成地方经验。在立法体例上，不求"大而全"，突出"小而精"，抓住关键问题精雕细琢，力求精准管用，重在解决实际问题，使立法工作真正反映安徽实际，体现安徽人民意愿。

2.进一步发挥地方人大及其常委会在地方立法中的主导作用

加强对立法工作的统筹协调，坚持从改革发展稳定大局出发，在法规起草、修改、论证、统一审议中，加大沟通协调力度，充分发挥人大及其常委会在立法中的主导作用。积极发挥代表在立法中的作用，认真研究采纳代表议案提出的相关立法建议，拓宽代表参与立法工作渠道，更多吸收人大代表参与立法调研、修改、论证活动，探索人大代表参与立法工作制度化。科学安排好立法项目，加强重点领域立法，实现立法与改革相衔接。积极探索研究建立立法计划执行管理和立法前评估制度，巩固立法后评估成果。建立健全科学的立法起草、论证、协调、审议机制，完善立法前论证、立法中调研、立法后评估等各个环节的工作机制，并抓好各项制度机制的落实。继续做好地方性法规立项办法、清理办法、后评估办法的修改论证工作，适时提请主任会议讨论通过。同时做好立法条例修订相关准备工作，努力实现立法工作规范化、制度化、精细化。

3.明确地方性法规和地方政府规章的立法边界，避免立法越位

针对地方性法规和地方政府规章的立法边界不清问题，安徽省各立法主体应当以

推进国家治理体系和治理能力的现代化为指导思想，遵循《立法法》的规定，防止立法部门越权立法，避免重复立法、粗糙立法。具体而言，法律、行政法规、地方性法规已经对地方性法规和地方政府规章的立法内容和权限作出具体规定的，制定机构一般应按照上位法的具体规定执行。对涉及选举、代表等民主权利问题，未成年人、老弱病残孕等特殊群体权益保障问题，基层民主建设或人大常委会自身建设等问题，一般应当制定地方性法规。而涉及行政规范性文件管理、行政程序、行政机关自身活动和具体行政管理事项方面，一般制定地方政府规章。在立法条件尚不成熟的情况下，也可以先制定地方政府规章，等条件成熟之后，地方政府规章再上升为地方性法规。如此，可以大量避免重复立法，提高立法的质量和效率。

4. 加强地方立法后的评估工作，坚持"立改废"并举

立法的效果要靠实践来检验。强化立法后的评估工作，对提高立法的科学化、民主化水平具有重要意义。在未来的立法实践中，安徽省各级立法主体应当引入科学的评估方法和技术，立法后的评估要科学地运用定性分析和定量分析等评估办法对评估对象进行评估，以得出客观、科学的评估结论。除此之外，还应大力发展民间评估机构。出于评估工作的专业性考虑，没有相当的专业知识的人员来进行评估，很难得出准确、专业的结论。因此，应当大力发展民间评估机构，更多地发挥民间评估机构的作用，以促进政府的工作。立法后的评估工作也体现在立法的"立改废"的统筹考虑上。对已经落后的法规和规章，要废止；对有必要进行立法的事项，要及时立法；对不完善又不符合实际的法规和规章，要及时修改。坚持"立改废"并举，确保制定的法规规章顺应经济社会的发展。

审稿：李福林（广东外语外贸大学）

第十四章　福建省2017年度立法发展报告

朱　晔[①]

摘要：福建省2017年度各级地方立法主体为适应"四个全面"战略布局的新要求，牢固树立创新、协调、绿色、开放、共享的发展理念，加强重点领域立法，积极履行立法职能。福建省人大及其常委会全年共制定和修改地方性法规16件，福建省人民政府全年制定、修改、废止政府规章29件，设区的市地方立法主体的立法工作更是硕果累累。福建省地方立法在取得骄人成绩的同时，也存在地方人大主导性较弱、地方特色不浓、公众参与度较低等问题。展望未来，福建省各级立法主体要积极发挥地方人大主导作用，增强地方立法的地方特色，拓宽公众参与立法的途径，着力提高立法质量。

关键词：福建省　地方立法　发展报告

一、福建省2017年度立法发展状况

（一）福建省2017年度立法状况总体评述

福建省有省人大及其常委会、省人民政府2个省级立法主体，有福州、厦门、漳州、泉州、三明、莆田、南平、龙岩、宁德等9个市的人大和政府共18个市级立法主体。

2017年，福建省人大及其常委会坚持"用法治力量引领改革发展"的立法理念，以创新、协调、绿色、开放、共享的发展理念为中心，紧扣社会聚焦，积极回应社会关切，加强重点领域立法，不断提高立法质量，积极发挥人大在立法领域的引领和推动作用。全年共制定了《福建省老年人权益保障条例》《福建省历史文化名城名镇名村和传统村落保护条例》等13件地方性法规，修改了《福建省人口与计划生育条例》等3件地方性法规，审查批准了设区的市报批的10件地方性法规。

2017年，福建省人民政府立足民意，回应社会关切，加强社会民生保障，主动适

[①]朱晔，广东外语外贸大学法学院教授，硕士生导师。研究方向：经济法、民商法。

应改革发展和法治建设。全年共制定和修改了《福建省散装汽油购销安全管理办法》等16件政府规章，废止了《福建省矿产资源补偿费征收管理实施办法》等11件涉及"放管服"改革的政府规章。

在设区的市人大立法方面，福州市人大及其常委会全年制定了《福州市闽菜技艺文化保护规定》，并对《福州市闽江河口湿地自然保护区管理办法》进行了修订；厦门市人大及其常委会全年制定了《厦门经济特区城市地下综合管廊管理办法》等3件地方性法规，修改了《厦门市海上交通安全条例》等2件地方性法规；漳州市人大及其常委会制定了《漳州市市容和环境卫生"门前三包"责任区管理若干规定》，泉州市人大及其常委会制定了《泉州市市区内沟河保护管理条例》，三明市人大及其常委会制定了《三明市万寿岩遗址保护条例》，南平市人大及其常委会制定了《南平市朱子文化遗存保护条例》和《南平市市容和环境卫生管理办法》，龙岩市人大及其常委会制定了《龙岩市红色文化遗存保护条例》，宁德市人大及其常委会制定了《宁德市畲族文化保护条例》。

在设区的市政府立法方面，福州市人民政府制定了《"海上丝绸之路·福州史迹"文化遗产保护管理办法》等4件政府规章；厦门市人民政府制定了《厦门市流动人口信息采集暂行办法》等2件政府规章，修改了《厦门市商品条码管理办法》等5件政府规章，废止了《厦门市水政监察规定》等3件政府规章；泉州市人民政府制定了《泉州市人民政府法规草案和政府规章制定程序规定》1件政府规章；三明市人民政府制定了《三明市人民政府拟定法规草案和制定规章程序规定》等4件政府规章；宁德市人民政府制定了《宁德市中心城区建筑垃圾管理办法》1件政府规章。

总体而言，2017年在"急需先立、精准立法、质量至上"的理念引导下，福建省各级立法主体着重改革领域立法、加强经济领域立法、加快社会领域立法、突出生态领域立法，坚持党的领导、人民当家作主、依法治国三者有机统一，突显地方需求，追求特色，紧紧围绕社会救助、民生保障、历史文化遗产和生态环境保护等事项开展立法工作，既强调历史文化遗产和生态环境的严格保护，完善相应的惩罚机制，同时兼顾其他领域立法，做到"突出重点领域立法，完善立法体制机制"，为全省经济社会发展提供坚实有力的法制保障。

（二）福建省2017年度人大立法发展状况

2017年，福建省人大及其常委会积极发挥常委会在立法工作中的主导作用，突出地方特色，强调科学立法、民主立法、法治立法，使立法质量得到进一步提升。

福建省人大及其常委会制定了《福建省老年人权益保障条例》《福建省历史文化名城名镇名村和传统村落保护条例》《福建省教育督导条例》《福建省水资源条例》《福建省食品安全条例》《福建省城乡供水条例》《福建省工会劳动法律监督条例》

《福建省海岸带保护与利用管理条例》《福建省行政事业性收费管理条例》《福建省违法建设处置若干规定》《福建省法治宣传教育条例》《福建省多元化解纠纷条例》《武夷山国家公园条例（试行）》13件地方性法规；修改了《福建省森林和野生动物类型自然保护区管理条例》《福建省人口与计划生育条例》《福建省促进科技成果转化条例》3件地方性法规，审查批准了《漳州市市容和环境卫生"门前三包"责任区管理若干规定》《宁德市畲族文化保护条例》《南平市朱子文化遗存保护条例》《泉州市市区内沟河保护管理条例》《南平市市容和环境卫生管理办法》《三明市万寿岩遗址保护条例》《福州市闽菜技艺文化保护规定》《福州市闽江河口湿地自然保护区管理办法》《厦门市海上交通安全条例》《龙岩市红色文化遗存保护条例》10件设区的市人大报批的地方性法规。

为应对人口老龄化的严峻形势，福建省人大大胆制度创新，制定了《福建省老年人权益保障条例》，首次为独生子女作出"年满60周岁的父母患病住院治疗期间，用人单位应当给予每年累计不超过10天的护理时间"的规定。该条例创造性地提出设立"长期照护保险"制度，有望在一定程度上缓解现实生活中"久病床前无孝子"的现象。

《福建省工会劳动法律监督条例》的出台，是福建省依法治省进程中推动工会工作法治化取得的新成果，也是以法治思维凝聚共识，用法治方式化解矛盾，构建和谐劳动关系的重要体现。其亮点在于突出了劳动争议的"协商处理"，将"一函两书"制度写入其中。

为推动城乡供水统筹发展，满足居民生活、生产用水以及其他用水需求，保障居民的饮用水安全与合法权益，福建省人大及其常委会适时出台了《福建省城乡供水条例》。该条例对推动福建省乡镇农村供水事业发展和破解老旧小区供水设施维护难题有着重要的意义。为使省内水资源得到有效管理和保护，《福建省水资源条例》将"河长制"提升至地方立法的层面。

福建是海洋大省，有漫长的海岸线，《福建省海岸带保护与利用管理条例》从福建省海岸带保护与利用管理的实际出发，明确了海岸带范围，确立了海洋与渔业行政主管部门牵头的海岸带综合管理体制，并对当前海岸带保护与利用管理面临的突出问题进行了规范，对着力推进福建省海洋事业和海洋经济科学发展、为福建省国家级生态文明试验区建设提供了有力的法律依据。

福建拥有8个历史文化名城，20个历史文化街区，163个历史文化名镇名村以及498个传统村落，其中中国历史文化名镇名村和传统村落的数量分别位居全国第二位和第六位，为保护历史文化名城名镇名村，传承传统文化，实现"居民看得见山、望得见水、记得住乡愁"，福建省人大常委会制定了《福建省历史文化名城名镇名村和传统村落保护条例》，为进一步推进福建省优秀历史文化的传承发展提供了有力的法制保障。

面对教育督导工作的新形势，为使教育督导工作全面走上法制化轨道，福建省人大及其常委会在总结多年来在教育督导理论和实践方面的成功经验和做法的基础上，适时出台《福建省教育督导条例》。该条例完善了教育督导体系，强化教育行政管理中决策、执行和监督三大机制运行的有机结合，同时明细了督导机构、督导形式和程序，加大社会参与性，为福建省教育督导工作新局面的开创提供了法律保障。

在设区的市人大立法方面，福州市人大及其常委会制定了《福州市闽菜技艺文化保护规定》1件地方性法规，修改了《福州市闽江河口湿地自然保护区管理办法》1件地方性法规；厦门市人大及其常委会制定了《厦门经济特区城市地下综合管廊管理办法》《厦门经济特区生活垃圾分类管理办法》《厦门经济特区促进社会文明若干规定》3件地方性法规，修改了《厦门市海上交通安全条例》《厦门大屿岛白鹭自然保护区管理办法》2件地方性法规；漳州市人大及其常委会制定了《漳州市市容和环境卫生"门前三包"责任区管理若干规定》1件地方性法规；泉州市人大及其常委会制定了《泉州市市区内沟河保护管理条例》1件地方性法规；三明市人大及其常委会制定了《三明市万寿岩遗址保护条例》1件地方性法规；南平市人大及其常委会制定了《南平市朱子文化遗存保护条例》《南平市市容和环境卫生管理办法》2件地方性法规；龙岩市人大及其常委会制定了《龙岩市红色文化遗存保护条例》1件地方性法规；宁德市人大及其常委会制定了《宁德市畲族文化保护条例》1件地方性法规。

福州市人大及其常委会制定的《福州市闽菜技艺文化保护规定》是全国首例为保护某一菜系技艺文化而专门的立法。该规定对闽菜技艺文化概念作了开创性的界定，并就技艺文化调查工作、技艺保护名录、代表性传承人和工作室、技艺文化的传承与创新等作了明确规定，做到保护与发展并重，传承与创新相结合，在弘扬优秀传统饮食文化的同时，也加强闽菜技艺文化的保护，对促进福州市的闽菜产业健康发展有着十分重要的意义。

厦门市人大及其常委会着眼于服务发展大局，紧盯民生大事，增强监督实效，充分发挥代表主体作用。《厦门经济特区城市地下综合管廊管理办法》提出了组织编制全市管廊专项规划，并与"多规合一"相融合，充分考虑区域开发与改造时公用设施容量的预期需要，结合地下交通轨道建设、旧城更新、道路整治、河道治理、棚户区改造、地下空间开发等要求对管廊建设进行统筹安排，要求建立永久性标牌，确立终身责任制度。《厦门经济特区促进社会文明若干规定》作为全国首部社会文明法规，将九项不文明行为列入重点治理清单，同时细化了不文明行为所应承担的法律责任。《厦门经济特区生活垃圾分类管理办法》坚持惩罚与激励并举，尝试推动首次违规人员参与社区垃圾分类志愿活动，将多次违规被处罚的单位和个人依法列为重点执法监督对象，这标志着厦门市的市容市貌维持工作迎来了法制化、规范化的全新阶段。

另外，为了满足厦门市海上交通安全管理的现实需要和发展趋势，平衡厦门市以港立市的商港发展及滨海旅游城市的海上休闲旅游发展之间的利益，厦门市人大常委会对《厦门市海上交通安全条例》进行了重新修订，取消、调整部分行政审批事项，进一步理清相关单位的职责，强化重点监管措施，规范海上休闲活动交通安全管理。

漳州、泉州、三明、南平、龙岩、宁德等6个设区的市人民代表大会及其常务委员会立足城市发展需要和文明城市特色，着重加强环境保护、历史文化保护等重点领域立法。内沟河作为泉州人的"生命之源"，为解决内沟河污染、环境质量等问题，泉州市人大及其常委会出台了《泉州市市区内沟河保护管理条例》，明确"市区内沟河"的概念，确立单位与个人保护环境的义务。该条例对反映建设成就、体现文明水平、彰显地方特色、完善优化城市景观系统以及保护内河资源、沿河景观，保留闽南特色建筑、文物、历史遗迹等人文历史风貌都有着重要意义。

三明市人大及其常委会制定的《三明市万寿岩遗址保护条例》，在遵循地方立法"不抵触、有特色、可操作性"原则的基础上，注重突出简洁性和针对性，为保护三明市万寿岩遗址、传承优秀历史文化，让文化遗产惠及人民群众，提供更有力的法制保障。

龙岩市人大出台的《龙岩市红色文化遗存保护条例》是龙岩市首部在文化保护方面的实体法规，对以歪曲、贬损等方式使用红色文化遗存的行为作出了规定并严格处罚，拓展了"红色文化遗存"的保护范围，将重大历史事件、革命活动和机构的旧址、遗址，重要革命历史人物的故居、旧居、活动地、墓地，革命历史人物形象、遗物、音像资料等，反映革命历史和革命精神的文字、图片、舞蹈、词曲、标语、口号，以及其他包括物质和非物质的红色文化表现形式全部纳入"红色文化遗存"进行保护。

另外，漳州市、南平市、宁德市2017年均出台了首部地方性法规。漳州市人大出台的《漳州市市容和环境卫生"门前三包"责任区管理若干规定》对进一步改善群众生活环境、加强城市管理、提升城市品质发挥了重要作用。南平市人大颁布的《南平市朱子文化遗存保护条例》赋予了朱子文化新的时代内涵和现代化表达方式，对推动朱子文化品牌建设，促进朱子文化的传播、传承和发展，为朱子文化遗存保护提供了法律支撑和制度保障。宁德市人大结合本市实际，发挥立法引领推动作用，制定了《宁德市畲族文化保护条例》，这对抢救、保护、传承和发展优秀的畲族文化，打造宁德市畲族文化品牌，培育民族特色文化产业，凝聚民族文化自信具有重要意义。

（三）福建省2017年度政府立法发展状况

2017年，福建省人民政府立法工作聚焦民生保障、行政管理、公共服务、信息共享、市场监管、生态保护等重点领域的立法项目。

2017年，福建省人民政府制定了《福建省散装汽油购销安全管理办法》《福建省行政应诉办法》《福建省农村扶贫开发办法》《福建省射钉器射钉弹安全管理暂行规定》《福建省自然灾害防范与救助管理办法》《福建省国有林场管理办法》《福建省数字档案共享管理办法》《福建省食品安全信息追溯管理办法》8件政府规章；修改了《福建省科学技术奖励办法》《福建省促进快递行业发展办法》《福建武夷山国家级自然保护区管理办法》《福建省殡葬管理办法》《福建省粮食流通管理办法》《福建省森林公园管理办法》《福建省无障碍设施建设和使用管理办法》《福建省公共游泳场所管理办法》8件政府规章；废止了《福建省矿产资源补偿费征收管理实施办法》《福建省计算机信息系统安全管理办法》《福建省风景名胜区管理规定》《福建省预算外资金管理办法》《福建省农药管理办法》《福建省城市居民最低生活保障实施办法》《福建省"福建土楼"文化遗产保护管理办法》《福建省地震安全性评价管理办法》《福建省食品生产加工小作坊监督管理办法》《福建省信息系统工程建设市场监督管理办法》《平潭综合实验区商事登记管理办法》11件涉及"放管服"改革的政府规章。

为贯彻落实党的十九大报告关于建设数字中国、加快建设创新型国家的要求，发挥数字档案在福建省经济社会发展中的重要作用，福建省人民政府颁布了《福建省数字档案共享管理办法》。该办法作为福建省政府推动数字档案共享的管理规章，对数字档案共享体系、共享服务、共享安全保障、法律责任等方面作出了详细的规定，加强了福建省数字档案有效利用和促进数字档案共享，是推动大力提升福建省数字档案服务水平的有力抓手。

简政放权、放管结合、优化服务。2017年，福建省人民政府遵循对接"放管服"改革决策，维护法制统一的原则，区分不同情况，根据轻重缓急，对历年颁布的省政府规章进行了清理。对部分条款内容或个别规定与"放管服"改革以及与上位法明显不适应、不协调、不一致的，且可以即时修改的4件省政府规章，作了一揽子修改。对主要内容与"放管服"改革不一致以及与上位法相抵触的11件省政府规章，予以废止。通过法规规章规范性文件清理，将不适应当前经济社会发展要求的体制机制性障碍消除，从而推动"放管服"改革向纵深发展。

政府规章制定方面，福州市人民政府制定了《"海上丝绸之路·福州史迹"文化遗产保护管理办法》《福州市户外临时性广告设置管理办法》《福州市建筑垃圾处置管理办法》《福州市公共信用信息管理暂行办法》4件政府规章；厦门市人民政府制定了《厦门市流动人口信息采集暂行办法》《厦门市城乡建设档案管理办法》2件政府规章，修改了《厦门市商品条码管理办法》《厦门市建筑市场管理若干暂行规定》《厦门市水利工程建设与管理若干规定》《厦门市建设工程材料使用管理办法》《厦门市非税收入管理办法》5件政府规章，废止了《厦门市水政监察规定》《厦门市计算机信息系统安全保护暂行办法》《厦门市城市综合管廊管理办法》3件政府规章；泉州市人民政府制定了《泉州市人民政府法规草案和政府规章制定程序规定》1件政府规章；三明市人民政府制定了《三明市人民政府拟定法规草案和制定规章程序规定》《三明市红色文化遗址保护管理办法》《三明市市区文明行为促进办法》《三明市建筑工程施工扬尘防治管理办法》4件政府规章；宁德市人民政府制定了《宁德市中心城区建筑垃圾管理办法》1件政府规章。

随着福州市经济的快速发展和城市建设规模的不断扩大，为解决建筑垃圾乱卸倒、运输车辆未净车出场、沿途滴洒漏等问题，推进建筑垃圾综合利用，健全福州市建筑垃圾处置管理长效机制，《福州市建筑垃圾处置管理办法》从建筑垃圾处置管理体制、运输许可条件、运输企业管理、建筑垃圾消纳调剂和管理以及资源化利用等方面对福州市建筑垃圾处置管理作了相应的规定。同样，宁德市人民政府根据地方实际情况与特点，颁布了《宁德市中心城区建筑垃圾管理办法》，对宁德市建筑垃圾处置管理作了具体的规定。

《福州市公共信用信息管理暂行办法》的颁布，使信用信息征集、查询、应用、互联互通、信用信息安全、主体权益保护等有法可依，同时确保信用监管、联合惩戒工作得到法治化的保障，推动了福州市信用监管创新社会治理的过程，为福州市公共信用信息征集共享和应用提供法律依据。

针对城乡建设档案管理实践中存在的"条块分割"情况，《厦门市城乡建设档案管理办法》以统一管理、集中收存、信息共享为原则，从纵向和横向两个方面构建城乡建设档案管理体制，具体从收集整理、保管利用、监督责任等方面，明确了市、区城乡建设档案管理机构及相关单位的职责分工和管理体制。

泉州市人民政府为了进一步提高政府立法质量和效率，加快海峡两岸经济区建设，规范泉州市政府立法工作，出台了《泉州市人民政府法规草案和政府规章制定程序规定》，为政府立法工作定规矩。三明市人民政府则着重行政管理、公共服务、非物质文化遗产和生态保护等重点领域的立法项目，开创了三明市政府立法新纪元。

二、福建省2017年度地方立法的特色和亮点

（一）地方人大立法中的特色和亮点

2017年，福建省各级人大常委会紧紧围绕福建省及各地方的中心任务和工作大局，从完善立法机制、提高立法质量、增强立法科学性与民主性等方面出发，按照"急需先立、精准立法、质量至上"的要求，狠抓重点领域立法，较好地发挥了人大的立法主导作用和立法对改革发展的引领推动作用。福建省人大立法中的特色和亮点主要有：

1.注重改革和经济领域立法，服务新福建建设

推进全面深化改革，是"一盘棋"，是"整体战"。为推动中央和福建省委重

大决策部署的贯彻落实，确保重大改革于法有据，福建省各级人大常委会紧密配合全面深化改革和全面推进依法治国战略部署开展立法工作，紧紧围绕新福建建设，坚持立法与改革决策相结合，坚持在法治下推进改革、在改革中完善法治。为加快推动福建省政府职能转变和简政放权，适应新形势下福建行政事业性收费管理工作的需要，福建省人大常委会适时出台了《福建省行政事业性收费管理条例》，该条例在吸收借鉴国家部委有关文件精神的基础上，根据实践操作中出现的各类收费行为易混淆等问题，从正、反两个方面明确行政事业性收费范畴，从严设立收费项目和收费标准，从源头上严控收费行为，为科学、合理收费，将减负减压落到实处提供了法制保障。此外，福建省人大常委会按照行政审批制度改革及不动产统一登记要求，修改了《福建省森林和野生动物类型自然保护区管理条例》，将审批制改为核准备案制，将海域使用权改为不动产权属，规定权利人向不动产登记机构办理相关手续，统一登记机关，在推动简政放权的同时，又有利于提高政府的工作效率。

2. 坚持立法为民的理念，加快社会立法

民众有所呼，立法有所应。福建省各级人大常委会围绕群众最关切、最现实的热点、难点、焦点问题，加快社会领域立法，以立法推动问题的解决。

在保障民生事业方面。食品安全是重大的民生问题，民以食为天，"舌尖上的安全"可以说是人民群众生活的头等大事。针对各地频繁曝出食品质量问题的现象，《福建省食品安全条例》在全面贯彻落实中央食品安全"四个最严"要求前提下，建立电子信息追溯制度、加强网购消费模式监管，将监管对象涵盖了从农田到餐桌的所有食品领域和各种业态，为推进治理"餐桌污染"、建设"食品放心工程"和开展食品安全示范省建设，保障公众饮食安全提供了更加完善的法制保障。

在提升社会治理水平方面，福建省人大及其常委会制定了《福建省多元化解纠纷条例》和《福建省法治宣传教育条例》。《福建省多元化解纠纷条例》列举了福建省内目前容易产生纠纷的领域和焦点，要求政府建设网络纠纷化解平台，加强信息化建设，此举为公民化解纠纷提供了多种途径，有利于增强公民的维权积极性。《福建省法治宣传教育条例》是福建省人大常委会在提炼固化30多年普法行之有效的工作机制和经验做法上制定的，是福建省法治宣传教育工作发展史上的一件大事，具有里程碑意义，标志着福建省法治宣传教育工作步入法制化、规范化轨道。

3. 关注生态、历史文化保护立法，建设美丽福建

作为全国首个生态文明先行示范区和生态文明试验区，生态资源是福建省最宝贵的资源，生态优势是福建省最具竞争力的优势。2017年，福建省人大常委会先后制定了《福建省水资源条例》《福建省海岸带保护与利用管理条例》《武夷山国家公园条例（试行）》等地方性法规，泉州市人大常委会也出台了《泉州市市区内沟河保护管理条例》。福建省各级人大在立法中注重构建条块结合、责任明确的科学管理体制，

将河长制、生态补偿机制、绿色发展绩效考核等福建省生态领域的改革成果以法规形式固定下来，并坚持生态保护优先理念，实行最严格的保护制度，特别在《武夷山国家公园条例（试行）》中，明确规定禁止性条款、限制性条款和惩罚性措施，妥善处理保护资源与保障发展的关系，促进生态资源全面节约和循环利用。

古树、建筑、文人墨迹等承载着城市的历史，而要延续、保护好城市的历史文化，需要法律的完善。福建省各级人大为传承优秀历史文化，让历史文化惠及人民群众，结合自身地方需求与地方特色，出台了相应的历史文化保护地方性法规。《三明市万寿岩遗址保护条例》的颁布，推动了三明市历史文化保护走向法制化、规范化，为万寿岩遗址文物保护利用提供了坚实的法制保障。朱熹作为一代理学宗师的代表人物，在闽北留下了许多珍贵的文化遗产，南平市人大出于传承文化基因、延续中华文脉等因素考虑，将首部实体性地方法规的立法范围锁定为朱子文化遗存的保护。

4. 完善立法体制，提高立法质量

福建省各级人大常委会把发挥人大主导作用作为加强和改进立法工作的一个重要着力点，在提高立法质量，完善立法工作机制上进行了积极探索。一是坚持党对立法工作的领导。福建省各级人大常委会紧紧围绕中央和省委重大决策部署开展立法工作，坚持立法规划、立法计划、重要法规等重要事项及时向省市委请示报告，起草进一步加强和改进地方立法工作的意见报请省市委转发实施，保证地方立法工作始终在党委的领导下进行。二是健全人大主导立法工作机制。各级常委会出台立法规划和年度立法计划编制与实施工作规定、代表大会立法工作规程等，初步形成了覆盖立法各个环节的制度规范，对全年的立法工作制定了明确的目标和详尽的计划。三是建立立项评估和通知制度。将社会广泛关注的立法建议项目交由第三方机构开展立项评估论证，及时向法规起草部门发送立项通知书，明确起草重点和要求。建立人大牵头起草、委托起草、联合起草等多元起草机制，建立健全法规解读制度和法制委统一审议制度，加大立法协调力度，及时解决立法中的重点难点问题。四是建立省市人大常委会之间常态化立法沟通协调机制，制定设区市法规报批审查工作若干规定，把好立法质量关。五是完善科学民主立法机制。福建省人大注重发挥常委会组成人员和人大代表在立法中的主体作用，建立立法咨询专家顾问制度，建立完善高校立法服务基地和基层立法联系点工作机制，让其参与立法调研、论证，收集并反映基层群众和组织对立法工作的意见和建议；建立公民有序参与立法机制，所有法规草案在一审后在福建省人大门户网站公开并向社会征集意见，不断扩大社会参与立法的深度与广度。

2017年，福建省各级人大在中共福建省委领导下，全面贯彻落实党的十八大、十九大和福建省第九次、第十次党代会精神，统筹推进"五位一体"总体布局和协调推进"四个全面"战略布局，围绕中心、服务大局，推进科学民主，依法立法，为"再上新台阶，建设新福建"提供了法治保障。

（二）地方政府立法中的特色和亮点

2017年，福建省、市两级人民政府着力建设法治政府，努力发挥立法的引领和推动作用，加强重点领域立法，推进行政决策科学化、民主化、法治化，提高立法质量，完善化解纠纷机制，为建设"机制活、产业优、百姓富、生态美"的新福建提供有力的法治保障。政府在立法中的特色和亮点体现为：

1. 坚持党对立法工作的领导

福建省各级政府在立法中牢固树立政治意识、大局意识、核心意识、看齐意识，在思想上政治上行动上坚决与以习近平同志为核心的党中央保持高度一致，使党的领导贯穿于立法工作的全过程，保持立法工作政治方向的正确。福建省各级人民政府深入贯彻落实《中共中央关于加强党领导立法工作的意见》和《福建省委印发〈关于加强党领导立法工作的实施意见〉的通知》，对涉及政治方面配套政府规章草案，以及重大体制机制和重大政策调整的政府规章草案，均按照规定及时报告，推进了福建省法治建设的进程。

2. 主动适应经济社会改革发展需要，加强重点领域立法

按照"机制活、产业优、百姓富、生态美"的要求，福建省各级政府充分发挥立法对改革发展的引领推动和保障作用，加强重点领域立法。

一是着力创新驱动和供给侧结构性改革的制度建设，持续推进简政放权，加快形成有利于创新发展的法制环境。福建省人民政府为配合中央简政放权、放管结合、优化服务改革，及时作出了《福建省人民政府关于废止部分涉及"放管服"改革规章的决定》《福建省人民政府关于修改部分涉及"放管服"改革规章的决定》，废止和修改了15件涉及"放管服"改革的政府规章，为经济发展提供了良好的法制环境。

二是着力改善民生和创新社会治理的制度建设，从人民群众反映强烈的突出问题入手，用法制惠民生。为缓解和消除贫困，最终实现共同富裕，《福建省农村扶贫开发办法》坚持以贫困标准来确定扶贫对象，规定严格的认定、退出程序，对扶贫对象实行动态管理。该办法是扶贫开发工作的一项重要制度创新，也是贯彻落实中央从"扶贫"到"脱贫"重大决策部署的具体体现，对于建设"机制活、产业优、百姓富、生态美"的新福建具有十分重要的意义。

三是着力加强生态文明和环境保护的制度建设，推动绿色发展，用制度保障生态文明试验区建设。为了贯彻中央、国务院和福建省委、省政府的国有林场改革方案，保障国有林场经营区的稳定和发展，保护培育森林资源、维护生态安全，《福建省国有林场管理办法》明确列出六类禁止事项及其法律责任，其中包括禁止在国有林场开发或者变相开发房地产，鼓励社会资本通过承包、租赁、合作等多种方式，参与国有林场特色产业的发展。为进一步构建宜居生态环境，整顿城市面貌，改善环境卫生，福州市政府

出台了《福州市建筑垃圾处置管理办法》，宁德市政府出台了《宁德市中心城区建筑垃圾管理办法》，推动建筑垃圾减量化、资源化、无害化，加大对建筑垃圾运输企业违法行为的惩处力度，为建设福建省文明省市提供了良好的环境。

四是坚持"立改废释"并举，对与上位法相抵触的、不适应福建省经济社会改革发展形势的法规规章，及时启动修改、废止程序。为了深入推进"放管服"改革，及时清理涉及生态文明建设、产权保护的市政府规章，做到"立改废释"的有效衔接，厦门市人民政府对《厦门市商品条码管理办法》《厦门市建筑市场管理若干暂行规定》等5件政府规章进行修改，同时废除了《厦门市水政监察规定》等3件政府规章。

3. 坚持推进立法工作科学化、民主化，提高政府立法质量

福建省各级政府在立法中认真贯彻落实《福建省人民政府法规草案和政府规章制定程序规定》，严格依照法定程序作出行政决策。福建省政府对事关经济社会发展全局和涉及群众切身利益的决策事项，包括重大项目建设、生态文明建设、文化教育、医疗卫生等严格遵循公众参与、专家论证、风险评估、合法性审查、集体讨论决定等重大行政决策法定程序。强化决策法定程序的刚性约束，依法决策水平不断提高。全省各级各部门均相应出台决策程序规定。

强化行政决策合法性审查。建立健全重大行政决策合法性审查机制，未经合法性审查或经审查不合格的，不得提交上会讨论。注重完善和创新立法工作机制。开展专家全程参与立法和直接委托专家立法等多元立法形式，积极发挥省政府立法咨询专家、立法基层联系点在立法中的作用。着力提升设区市立法能力，完善公众有序参与立法机制，健全立法座谈会、论证会、听证会、专题调研、网上征集、问卷调查等制度，健全听取和采纳意见反馈说明机制，切实提高立法质量和效率。

三、福建省2017年度地方立法的不足与未来展望

（一）福建省2017年度地方立法的不足

2017年，福建地方立法在取得骄人成绩的同时，客观上仍然存在一些不足。具体表现为：

1. 地方人大立法主导性较弱

在地方立法工作中，由于种种原因，一般地方性法规和政府规章的制定往往先由政府部门根据自己的执法工作需要提出要求，纳入本省市政府立法工作年度计划，然后由本省市政府法制部门根据情况安排起草和审议。尽管政府法制部门注意到要面向社会征求年度立法的意见、建议，但整体上纳入政府年度立法工作计划的项目还是以政府部门提出为主。此外，大部门地方性法规的起草工作也是由政府部门负责，客观上降低了地方人大介入立法的主导性，容易造成地方人大的有限性表面审查与修改，

降低地方性法规草案的质量。在2017年的地方立法工作中，福建省人大虽然加强了人大主导立法工作，但大部分地方性法规是由政府部门起草的。显然，这种以行政机关主导立法的模式已不能适应社会发展的客观需要，必须予以改进和转变。

2. 地方立法特色不浓

地方特色是地方立法的生命。地方立法要求个性化，需要根据地方实际情况，围绕地方经济社会发展的实际需要，制定比上位法更有针对性、可操作性的法规、规章。简而言之，地方立法是根据地方实际情况对上位法进行"细化"和"补充"。2017年，福建省地方立法机关在地方性法规、规章的拟制过程中也注意到了立法要体现地方特色，如福州市人大常委会制定的《福州市闽菜技艺文化保护规定》，是全国首例为保护某一菜系技艺文化而专门的立法，体现了地方特色。但也有部分立法特色不明显，如福州市政府为解决建筑垃圾市场乱象严重，建筑垃圾随处乱卸倒、沿途滴洒漏等问题，出台了《福州市建筑垃圾处置管理办法》，但截至2017年，全国已有上海市、武汉市、宜昌市、鄂州市等多个地方通过了地方建筑垃圾处理管理立法，这些地方性法规虽然都结合本市实际，具有地方特点，各具特色，但在管理部门、责任分担、建筑垃圾运输许可等方面大体相同，缺乏新意。这种立法看似体现地方特色，实则缺少新意和本地特质，不能真正反映地方实际。而真正反映地方实际，针对性强、实用好用的地方性法规、规章却相对较少。因此，增强地方立法的地方特色，是地方立法工作必须重视的方面。

3. 公众对地方立法参与度较低

地方立法机关在制定地方性法规、规章过程中，大都能较好地听取部分专家学者和相关部门的意见，但往往忽视社会公众的参与。福建省公民参与立法的途径和方式主要是在立法草案公布后对草案提出意见。实践中，因地方立法公开度、透明度不够，公众参与意识不强，或受法律素养的限制、能力不足等原因，公众参与地方立法的广度和深度还很有限。其结果是：一方面，地方立法无法反映出广大人民群众的意愿，难以平衡协调各方的利益诉求；另一方面也使地方立法缺乏坚实的民意基础，难以得到民众更广泛的支持和拥护。

（二）福建省地方立法的未来展望

2018年是贯彻党的十九大精神的开局之年，是改革开放40周年，是决胜全面建成小康社会、实施"十三五"规划承上启下的关键一年。福建省各级立法主体应牢固树立和贯彻落实新发展理念，统筹推进"五位一体"总体布局和协调推进"四个全面"战略布局，进一步推进立法的科学化、民主化、法制化，以良法"促发展、保善治"，为"再上新台阶，建设新福建"做出新贡献。

1. 积极发挥人大在地方立法的主导作用

党的十八届四中全会通过的《中共中央关于全面推进依法治国若干重大问题的决定》要求人大及其常委会在立法工作中积极发挥主导作用，明确立法权力边界，从体制机制和工作程序上有效防止部门利益和地方保护主义法律化。对福建而言，建议福建省各级人大及其常委会对本市立法情况进行深入细致的调研，在党委领导下，由人大常委会主导年度立法工作计划，也可由人大常委会法制工作部门同政府法制部门共同协商、拟定年度立法工作计划，再交人大常委会或政府常务会议通过实施。建立法规多元起草机制，形成人大牵头起草、委托立法基地起草、组织相关部门专家联合起草等多种方式。

2. 进一步增强立法的地方特色

地方立法能够实用、管用、好用，关键就在于它的地方特色。只有植根于社会生活实际，具有地方特色，地方立法也才能发挥出更大作用。只有尽可能地与当地社会实际相结合，尽可能地彰显地方特色，才能使制定出来的地方性法规、规章更具有生命力，更具有时代气息，更接地气。具体而言，首先，地方立法工作者需要充分了解本地经济水平、政治文化、地理资源、历史传统、法治环境等对立法调整的需求程度，懂得如何运用立法有针对性地解决地方特殊问题；其次，立法机关要善于抓住地方特殊性，分清本地地区立法的轻重缓急，把地方立法与有战略性、全局性的东西结合起来，将地方立法跟城市发展定位结合起来，发挥自主性，注重解决地方特殊社会问题，从而避免"管制性立法""盲目性立法""重复性立法"。

3. 完善立法机制和程序，着力提高立法质量

好的机制是做好统一规划工作、提高立法质量的有力保障，要深入推进科学立法、民主立法，遵循和把握立法规律，着力提高立法质量，努力使每一项立法都符合宪法精神、反映人民意志、得到人民拥护。

完善立法机制和程序。首先，地方立法机关应及时向社会公布法规草案，广泛征求公众的意见。在每件法规草案提请市人大常委会第一次审议后，及时通过地方人大网站、地方政府网站、报纸等将法规草案向社会予以公布，或者通过邮寄或电子邮件方式向各政府部门、各人大常委会、各专家学者等征求意见，引起社会公众对地方立法的关注。其次，要注重听取利益相关方的意见。可以通过召开座谈会的方式邀请利益相关方前来发表其对法规、规章的建议或意见，及时对利益相关方的意见做笔录，在审查法规、规章时考虑其意见。最后，进一步完善立法基地和立法联系点运行机制体制，充分发挥立法专家、高校立法基地的"智库"作用，完善立法咨询专家制度，充分发挥专家学者丰富的法律实践经验和专业特长，使立法工作更具科学性，有效提高地方立法的质量。

审稿：潘高峰（广东外语外贸大学）

第十五章　江西省2017年度立法发展报告

朱　晔[①]

摘要： 2017年，江西省各级立法主体始终围绕全省工作大局，深入推进科学立法、民主立法，主动适应经济社会发展需求，加强和改进立法工作，发挥立法的引领和推动作用，加强重点领域立法，江西省人大及其常委会制定或修改地方性法规9件、批准设区的市人大制定的地方性法规13件。江西省人民政府制定或修改政府规章15件，废止政府规章13件。其他设区的市地方立法主体的立法工作也取得不俗的成绩。在取得骄人成绩的同时，也存在地方特色不明显、科技创新类立法较为匮乏、创制性立法相对较少等问题。展望未来，江西省应科学确定立法规划，凸显地方立法特色，关注社会公共安全，加大人才培养和科技创新类立法力度，进一步完善民主立法、科学立法机制。

关键词： 江西省　地方立法　发展报告

一、江西省2017年度立法发展状况

（一）江西省2017年度立法状况总体评述

江西省有省人大、省政府2个省级立法主体，有南昌、九江、景德镇、赣州、宜春、上饶、吉安、抚州、萍乡、新余、鹰潭市等11个设区的市的人大和政府共22个市级立法主体。

2017年，江西省各级立法主体认真贯彻习近平总书记系列重要讲话和治国理政新理念新思想新战略，坚持需求和质量导向，完善立法机制，突出提高立法质量，加强和改进地方立法，取得较好成效。各级立法主体共制定、修改、废止地方性法规21件、政府规章64件，审查批准设区的市报批的地方性法规13件。

2017年，江西省人大及其常委会紧紧围绕提高立法质量这个关键，深入推进科学立法、民主立法，加强重点领域立法，进一步发挥立法在改革发展中的引领和推动作

---

①朱晔，广东外语外贸大学法学院教授，硕士生导师。研究方向：经济法、民商法。

用，因地制宜地解决江西省经济社会发展中的重大问题，为建设富裕美丽幸福江西提供有力法制保障。全年制定了《江西省社会科学普及条例》等5件地方性法规，修订了《江西省林木种子条例》等4件地方性法规，审查批准了设区的市人大报批的地方性法规共13件。其中上饶市报批的地方性法规3件，赣州、吉安、南昌、九江、景德镇、抚州、萍乡、新余及鹰潭市报批的地方性法规各1件。在制定或修改的这些地方性法规中，涉及公共安全方面的立法4件，科技、农业及环境资源方面的立法5件。

江西省人民政府全年共制定了《江西省地理信息数据管理办法》等4件政府规章，修订了《江西省植物检疫办法》《江西省粮食收购资格许可管理办法》等11件政府规章，废止了《江西省生活饮用水水源污染防治办法》《江西省组织机构代码管理办法》等13件政府规章。

在设区的市人大立法方面，南昌市人大及其常委会制定了《南昌市历史文化名城保护条例》1件地方性法规。该条例是江西省第一部关于历史文化名城保护管理的地方性法规，条例的出台为建设美丽江西有很好的引领与示范作用。

另外，上饶市人大及其常委会制定3件地方性法规，九江、赣州、景德镇、吉安、抚州、萍乡、新余、鹰潭八市人大及其常委会各制定1件地方性法规。到2017年底，新取得立法权的设区的市中，仅宜春市人大及其常委会无制定地方性法规。

在设区的市政府立法方面，南昌市人民政府制定了《南昌市城市道路交通安全设施管理办法》1件政府规章，修改了《南昌市病媒生物预防控制管理办法》《南昌市城市绿化管理规定实施细则》《南昌市土地储备管理办法》等15件政府规章，废除了《南昌市实施义务教育若干规定》《南昌市市区四湖管理规定》《南昌市沙石管理规定》等17件政府规章。其他设区的市人民政府，仅赣州、吉安两市分别制定了《赣州市农村村民住房建设管理办法》《吉安市人民政府规章制定程序规定》2件政府规章。

总体而言，2017年是江西省各级立法机关不断提高立法质量、积极推进科学立法、民主立法的重要一年，江西省立法工作呈现出蓬勃发展的良好态势。各级立法主体将深化改革、促进发展同完善立法有机结合起来，紧紧围绕公共安全、制度建设、城市管理、科技、农业及环境资源等方面事项开展立法工作，既强调了民生问题的解决和相关权利保障，也突出了立法的地方特色和社会适应性，为发挥立法在地方经济社会发展中的引领和推动作用打下了坚实的基础。

（二）江西省2017年度人大立法发展状况

2017年，江西省两级人大紧紧围绕改善生态环境、安全生产、促进社会和谐等方面，着眼于解决民生热点问题，积极回应社会关切。

江西省人大常委会制定了《江西省社会科学普及条例》《江西省特种设备安全条例》《江西省工会劳动法律监督条例》《江西省交通建设工程质量与安全生产监督管

理条例》《江西省农业生态环境保护条例》5件地方性法规，修改了《江西省林木种子条例》《江西省道路运输条例》《江西省安全生产条例》《江西省征兵工作条例》4件地方性法规，审查批准了《南昌市历史文化名城保护条例》《九江市城市市容管理条例》《景德镇市市容和环境卫生管理条例》《赣州市城市管理条例》《赣州市立法条例》《上饶市城市管理条例》《上饶市立法条例》《吉安市立法条例》《吉安市城市市容和环境卫生管理条例》《抚州市立法条例》《萍乡市立法条例》《新余市立法条例》《鹰潭市立法条例》13件设区的市人大报批的地方性法规。

江西是农业大省，有着丰富的农业资源，被誉为全国最绿的省份之一，是全国唯一一个"绿色有机农产品示范基地试点省"。然而，随着经济社会快速发展，农业外源性污染和内源性污染交织叠加，农业面源性、区域性污染日益突出，成为制约农业可持续发展的重大瓶颈。数据显示，农业在江西全省COD排放总量中的比重超过30%，化肥、农药施用量虽然有所下降，但施用总量大和强度偏高的态势没有得到根本扭转。江西省人大聚焦农业生态保护法制化，适时出台了《江西省农业生态环境保护条例》，将散见于有关法律法规的农业生态保护规定择要归类，作了细化、补充和完善，为探索创新农业生态保护制度、逐步构建具有江西特色的农业生态环境治理体系、助推国家生态文明试验区建设起到了基础性支撑作用。

针对社会反映强烈的安全问题，江西省人大主动回应社会关切，制定了《江西省特种设备安全条例》和《江西省交通建设工程质量与安全生产监督管理条例》，修订了《江西省安全生产条例》。《江西省特种设备安全条例》对备受社会关注的电梯事故频发问题，专门设置了"电梯的特别规定"章节，对电梯设计安装、更新、改造、重大修理、日常维护保养等多个环节进行了规范。《江西省安全生产条例》的修订取得了丰硕的成果，实现了"五个突破"：一是将安全生产与职业卫生一体化监管首次纳入立法；二是对主体责任的落实提出了条件量化、具体化的要求，创新了安全生产标准化要求；三是将安全风险管控提在事故隐患之前，将事故隐患排查治理提在事故之前，安全风险管控与事故隐患排查治理双管齐下，更加注重安全生产双重预防机制建设；四是部门职责界定清晰，尤其是解决企业主管部门职责、旅游行业安全管理职责缺位的问题；五是建立了一系列新的法律制度。如安全生产责任保险制度、建设工程工期管理制度等。

促进社会和谐方面，省人大针对劳动关系的发展呈多样化、复杂化态势，职工工资报酬、休息休假、劳动安全卫生、社会保险等权益时有受到侵犯以及一些用人单位拒绝、阻挠工会开展劳动法律监督的现象，为有效推动劳动争议的解决，制定了《江西省工会劳动法律监督条例》。该条例创造性地将工会的"柔性监督"与政府有关行政主管部门的"刚性监督"衔接起来，在用人单位内部协商解决，工会可向用人单位发出《工会劳动法律监督意见书》，县级以上地方总工会或产业工会还可向有管辖权的县级以上人社等政府有关部门提出《工会劳动法律监督建议书》，由其依法进行处理。

鉴于江西省社会科学普及工作还不能很好地适应新形势发展需要，还存在一些亟待解决的突出问题，江西省人大适时出台了《江西省社会科学普及条例》。该条例的实施对加强和规范社会科学普及工作，提高全体公民的社会科学文化素质，促进人与社会的全面发展，将社科普及工作纳入法制化轨道，推动社会科学普及工作具有重要意义。

为助力打造美丽中国"江西样板"，江西省人大推动了《江西省林木种子条例》的修改工作。该条例的修订既是对《国家生态文明试验区（江西）实施方案》的具体贯彻，也是生态建设机制创新的一次先行先试。

为贯彻落实国务院深化简政放权放管结合优化服务改革电视电话会议精神，加快推进江西省"放管服"改革工作，省人大常委会修订了《江西省道路运输条例》。该条例突出转变政府职能，破除制约企业和群众办事创业的体制机制障碍。取消两项许可，不再对城市公交驾驶员实施从业资格考试，将汽车租赁经营许可改为汽车租赁经营备案；减少一项道路运输相关业务，机动车综合性能检测经营活动不再纳入条例的调整范围。

在设区的市人大立法方面，南昌市人大及其常委会制定了《南昌市历史文化名城保护条例》1件地方性法规，九江市人大及其常委会制定了《九江市城市市容管理条例》1件地方性法规，景德镇市人大及其常委会制定了《景德镇市市容和环境卫生管理条例》1件地方性法规，赣州市人大及其常委会制定了《赣州市城市管理条例》1件地方性法规，上饶市人大及其常委会制定了《上饶市农村居民住房建设管理条例》《上饶市城市管理条例》《上饶市立法条例》3件地方性法规，吉安市人大及其常委会制定了《吉安市城市市容和环境卫生管理条例》1件地方性法规，抚州市人大及其常委会制定了《抚州市立法条例》1件地方性法规，萍乡市人大及其常委会制定了《萍乡市立法条例》1件地方性法规，新余市人大及其常委会制定了《新余市立法条例》1件地方性法规，鹰潭市人大及其常委会制定了《鹰潭市立法条例》1件地方性法规。

南昌市人大及其常委会制定了《南昌市历史文化名城保护条例》，这是江西省第一部关于历史文化名城保护管理的地方性法规。上饶、抚州、萍乡、新余、鹰潭五市人大及其常委会在取得立法权后，均将开篇之作定位于规范地方立法活动方面，分别制定了本市的立法条例，为地方立法"定规矩"。其他各市主要聚焦于城市管理，不约而同地选择立法为"城市病"开药方。九江、赣州、景德镇、上饶四市人大及其常委会分别制定了《九江市城市市容管理条例》《赣州市城市管理条例》《景德镇市市容和环境卫生管理条例》《上饶市城市管理条例》。需特别说明的是，上饶市人大及其常委会立法开局成效明显，积极发挥人大立法主导作用，提前介入法规起草，从源头上防止部门利益法制化。除制定了《上饶市立法条例》《上饶市城市管理条例》外，还制定了《上饶市农村居民住房建设管理条例》。该条例是全国第一部规范农民建房的地方性法规，凸显了地方立法的首创精神。

（三）江西省2017年度政府立法发展状况

2017年，江西省市两级人民政府重点加强经济发展、社会治理、民生保障、生态文明、政府自身建设等领域的立法。

在省级政府规章制定方面，2017年江西省人民政府制定了《江西省地理信息数据管理办法》《江西省货物运输车辆超限超载治理办法》《江西省无障碍环境建设办法》《江西省女职工劳动保护特别规定》4件政府规章，修改了《江西省植物检疫办法》《江西省粮食收购资格许可管理办法》《江西省木材运输监督管理办法》《江西省民用机场净空和民用航空电磁环境保护办法》《江西省船舶建造、监督检验管理规定》《江西省雷电灾害防御办法》《江西省国防信息动员办法》《江西省残疾人就业办法》《江西省取水许可和水资源费征收管理办法》《江西省烟花爆竹安全管理办法》《江西省工资支付规定》11件政府规章，一次性打包废止了《江西省生活饮用水水源污染防治办法》《江西省组织机构代码管理办法》《江西省水路运输管理办法》《江西省菜地、精养鱼塘开发基金使用管理办法》《江西省矿产资源补偿费征收管理实施办法》《江西省重点建设项目招标投标管理办法》《江西省基础设施建设项目质量管理规定》《江西省企业投资项目核准暂行办法》《江西省企业投资项目备案办法》《江西省合理化建议和技术改进活动组织办法》《江西省犬类管理试行办法》《江西省平垸行洪退田还湖移民建镇若干规定》《江西省九江开放开发区管理办法》13件政府规章。

针对地理信息数据重复采集、重复建设，财政资金浪费严重；地理信息系统采用不同的数据格式、空间基准，产生的地理信息数据形成相互隔离的"数据鸿沟"，不便有效整合；缺乏统一的地理信息公共服务平台，限制了地理信息资源的开发利用等问题，江西省人民政府适时制定了《江西省地理信息数据管理办法》，该办法制定的原则，一是依据上位法，从立法层面确定地理信息数据汇集共享制度。二是以问题为导向，破解地理信息数据管理中存在的突出问题。该办法的出台为加大数据共享、开发和保密力度，便利群众生产生活，加快发展数字经济，提供了有力的法治保障。

建设好、维护好安全、适用、便利的无障碍环境，是残疾人、老年人等社会成员平等参与社会生活的重要保障，也是社会文明进步的标志。《江西省无障碍环境建设办法》在审查制定过程中，省法制办会同省住建厅、省残联有关同志赴鹰潭市开展立法调研，与当地法制、残联、建设、财政、公安、民政、交通等部门单位负责人以及残疾人和老年人代表进行深入交流，广泛听取意见和建议。为增强政府立法的科学性、民主性，充分听取社会各界的意见和建议，提高政府立法质量，省法制办通过江西省人民政府法制办网站向社会各界征求意见。该办法既为残疾人、老年人平等参与社会生活提供了保障，又符合江西省经济社会发展水平，获得社会广泛好评。

简政放权、放管结合、优化服务，2017年江西省人民政府遵循对接"放管服"改革决策，服从生态文明建设需求，维护法制统一的原则，区分不同情况，根据轻重缓急，对历年颁布的省政府规章进行了清理。对部分条款内容或个别规定与"放管服"改革和生态文明建设以及上位法明显不适应、不协调、不一致的，且可以即时修改的11件省政府规章，作一揽子修改。如《江西省植物检疫办法》中"因教学、科研等特殊需要，确需在非疫区进行对植物检疫对象的研究，必须事先征得省植物检疫机构的同意，报经省农业、林业行政主管部门批准"这一条款，既不符合生态文明建设的要求，也不符合国务院关于修改部分行政法规决定中明确"应当执行国务院农业主管部门、林业主管部门的规定"的要求，故予以修改。再如《江西省船舶建造、监督检验管理规定》中"申请检验的单位，应按《船舶检验计费规定》交付检验费"这一条款，与财政部、国家发改委《关于清理规范一批行政事业性收费有关政策的通知》（财税〔2017〕20号）中要求停止收取船舶及船用产品设施检验费用的决定不一致，也予以修改。对主要内容与"放管服"改革和生态文明建设不一致，以及与上位法相抵触的13件省政府规章，予以废止。如《江西省生活饮用水水源污染防治办法》，该规章中的很多规定与修订后的《中华人民共和国水污染防治法》不统一，不适应生态文明建设新要求，并且江西省的生活饮用水水源污染防治可以直接适用《中华人民共和国水污染防治法》和《饮用水源保护区划分技术规范》，故予以废止。又如《江西省组织机构代码管理办法》，因简政放权，实行多证合一，不再单独核发组织机构代码证，故这一规章也予以废止。通过法规规章规范性文件清理，将那些不适应当前经济社会发展要求的体制机制性障碍消除，从而推动"放管服"改革向纵深发展。

在市级政府规章制定方面，南昌市人民政府全年没有制定新的政府规章，但对历年颁布的不适应当前经济社会发展要求的政府规章进行了较全面的清理，修改了《南昌市病媒生物预防控制管理办法》《南昌市城市绿化管理规定实施细则》《南昌市土地储备管理办法》《南昌市建设工程文明施工管理办法》《南昌市专利促进和保护办法》《南昌市市政公用设施配套费征收管理办法》《南昌市城市地下空间开发利用管理办法》《南昌市无障碍设施建设管理办法》《南昌市八一广场管理规定》《南昌市城市公厕管理办法》《南昌市餐厨垃圾管理办法》《南昌市机动车交通噪声污染防治办法》《南昌市非机动车交通管理办法》《南昌市行政执法办法》《南昌市开发区行政执法若干规定》《南昌市城市道路交通安全设施管理办法》16件政府规章；废止了《南昌市实施义务教育若干规定》《南昌市市区四湖管理规定》《南昌市沙石管理规定》《南昌市农村社会养老保险暂行办法》《南昌市家畜违禁药物监督管理小法》

《南昌市城市房屋白蚁防治管理办法》《南昌市固定资产投资项目节能评估和审查办法》《南昌市港口管理规定》《南昌市水库管理若干规定》《南昌市河道堤防管理若干规定》《南昌市预算外资金管理办法》《南昌市行政事业性收费管理办法》《南昌市价格调节基金征集管理办法》《南昌市实施〈民兵工作条例〉细则》《南昌市城市污水处理费征收管理办法》《南昌市重大行政执法决定备案办法》《南昌市科学技术奖励办法》17件政府规章。江西省其他设区的市，仅赣州和吉安两市分别制定了《赣州市农村村民住房建设管理办法》和《吉安市人民政府规章制定程序规定》，其余各市均无制定政府规章的记录。

南昌市人民政府修改的《南昌市城市道路交通安全设施管理办法》要求新建、改建、扩建城市道路时，建设单位应按照国家标准将交通安全设施与城市道路同时设计、同时施工、同时投入使用。城市道路投入使用前，建设单位还应通知公安机关交通管理、安全生产监督管理等部门参与交通安全设施竣工验收，未经验收或者验收不合格的，不得投入使用。该办法的修改对进一步加强城市道路交通设施的建设和管理、充分发挥城市道路交通设施的功能、保障交通安全和畅通具有重要意义。

赣州市人民政府制定的《赣州市农村村民住房建设管理办法》，本着规划先行、有序建设的原则，提出按照城市规划区内和城市规划区外对村民建房实行分类管理。该办法的施行为改善村民的住房条件和村容村貌、推进和谐美丽乡村建设提供了有力的法治保障。

二、江西省2017年度地方立法的特色和亮点

（一）地方人大立法中的特色和亮点

2017年，江西省人大立法取得较好成绩。各级立法主体始终以提高立法质量为重点，坚持科学立法、民主立法、依法立法，进一步加强重点领域立法，加大法规草案自主起草力度，提前介入法规草案起草，改进立法调研，创新运用体验式调研、跟踪典型案例、暗访访谈，掌握第一手材料，把立法评估与开展监督结合起来，推动改进立法，因地制宜地解决江西省经济社会发展中的重大问题，促进法规实施。其立法中的特色和亮点具体表现为：

1. 关注热点，科学编制立法规划

江西省人大的立法工作紧紧围绕省委、省人民政府的核心工作和人民群众关心的热点问题展开，依托江西省自身发展特点，围绕科学立法、民主立法的法治观念选定立法目标，真正秉持发展为了人民、发展服务人民的立法宗旨，坚持发展与环境并重，经济与民生并重，从本省经济发展阶段需求出发，充分把握立法时机，科学民主地编制《江西省人大常委会2017年立法计划》，做到立法决策与改革决策相统一，立

法进程与改革进程相适应。修改后的《江西省立法条例》明确规定了各设区的市地方性法规立法程序，要求设区的市的人大常委会编制立法规划和立法计划时，应当征求省人大常委会的意见，从而防止各设区的市立法伊始出现"井喷"现象，省人大常委会提前介入审查，对适宜用法规调整的事项列入立法计划，保障各设区的市科学编制立法计划，做到"循序渐进、量力而行、宁缺毋滥"。

2.聚焦公共安全，立法推进安全江西建设

2017年"7·2"九江之江化工有限公司反应釜爆炸事故，一次死亡3人，影响恶劣。这起事故反映出江西省安全生产存在的突出问题，江西省委、省人大、省人民政府深刻吸取教训，痛定思痛，举一反三，全力推进安全江西建设，确保人民群众生命财产和城市运行安全。为了维护社会公共安全，推进安全江西建设，江西省人大常委会先后出台了《江西省特种设备安全条例》《江西省交通建设工程质量与安全生产监督管理条例》，修改了《江西省安全生产条例》《江西省道路运输条例》，以立法来引导维护社会公共安全工作的实践。

特种设备，是指对人身和财产安全有较大危险性的锅炉、压力容器（含气瓶）、压力管道、电梯、起重机械、客运索道、大型游乐设施和场（厂）内专用机动车辆。《江西省特种设备安全条例》可以概括为"五个突破、六大亮点"。"五个突破"体现在：一是突破了特种设备安全监管"单打独斗"的困局；二是突破了2014年江西省特种设备安全监管部门取消省以下垂管后工作经费无预算的困局；三是突破了电梯"困人"后维保企业救援和"119"救援协调难的困局；四是突破了特种设备安全监管手段单一化、简单化的困局；五是突破了特种设备事故死伤人员救助和安置资金及时到位难的困局。"六大亮点"表现为：一是进一步完善了地方政府和相关单位的安全监管职责；二是进一步落实了特种设备生产、经营、使用单位的安全主体责任；三是进一步健全了省特种设备安全监督管理制度；四是关注民生保障，着力解决人民群众关心的电梯安全问题；五是明确了房地产开发建设单位对电梯安全的相关责任和义务；六是明确了住宅小区"老旧"电梯修理、改造、更新的制度要求和费用筹集规定。

《江西省交通建设工程质量与安全生产监督管理条例》共8章54条，围绕确立监管体制、明确主体责任、创新管理方式、强化法律责任等方面进行了大量的探索，是一部富有江西特色的交通建设工程质量与安全生产监管法规。[1]该条例的颁布实施对加强江西省交通建设工程质量与安全生产的管理、保障人民生命财产安全、提升交通建设工程质量、促进交通运输事业科学健康发展具有十分重要的意义。

3.完善立法体制，提升设区的市立法质量

依法治国，立法先行。2017年，江西省人大常委会法工委为提高设区的市立法工

①赵静波：《地方立法特色的缺失及其规制——以地方立法"抄袭"为视角》，载《地方立法研究》2017年第6期。

作能力，尽快适应立法工作需要，分批组织设区的市立法工作人员参加培训或跟班学习，派员赴有关设区的市对人大代表和常委会组成人员进行立法培训，指导设区的市科学制定立法规划和年度立法计划，合理确定立法项目。

新取得立法权的各设区的市为弥补立法经验的不足，提高立法质量，也"各显神通"建"智库"，选聘人员组建立法专家库；借"外脑"，利用高校和科研院所建立立法研究咨询基地；设"触角"，选取多个基层单位作为立法联系点，充实立法力量。例如：九江市建立立法立项制度和法规起草协调机制，出台了《关于加强市人大专门委员会和常委会工作机构立法沟通协调配合的若干意见》和《关于加强立法沟通协调改进立法工作的若干意见》，实行人大、政府立法工作联席会议制度；建立立法论证、听证、评估制度，出台了《九江市人大常委会立法论证工作规则》《九江市地方性法规评估工作规则》；建立立法协商制度，通过电视电台、网络微信、邮件寄送等形式，公开征集意见，及时反馈公众意见采纳情况，引导公众有序参与立法。再如，赣州市人大积极借助"外脑"，与江西理工大学合建赣州地方立法研究基地，建立市委领导下的人大主导立法工作机制，建立立法专家库，与基层法院建立市人大常委会基层立法联系点。

（二）地方政府立法中的特色和亮点

2017年，江西省设区的市两级人民政府努力适应全面深化改革、推进科学发展的需要，积极推进立法决策与改革决策相衔接，努力发挥立法的引领和推动作用，加强重点领域立法，科学合理配置立法资源。加强对规章的立改废释，加大对规范性文件合法性审查和备案审查力度，对超越权限、内容违法、程序违法的，及时作出处理，着力提高立法质量，在政府规章订立方面取得了可喜成绩，其特色和亮点体现为：

1. "立改废"并举，健全规章规范性文件清理机制

"放管服"改革，进一步把简政放权、放管结合、优化服务改革向纵深推进，通过对规章、规范性文件的清理和"立改废"工作，将那些不适应当前经济社会发展要求的体制机制性障碍消除，为"放管服"改革向纵深推进提供法制保障。2017年，江西省对涉及"放管服"改革的规章规范性文件进行全面清理，修改政府规章27件，废止政府规章30件，废止规范性文件183件，拟修改规范性文件52件。为切实做好这次清理工作，江西省政府办公厅印发了《江西省"放管服"改革涉及的规章、规范性文件清理工作方案》（赣府厅字〔2017〕74号）和《关于确保做好法规、规章、规范性文件清理工作的通知》（赣府厅字〔2017〕86号）。清理的范围是江西省现行有效的省市政府规章以及县级以上人民政府及其所属部门制定的规范性文件，按照"谁起草谁清理、谁实施谁清理"的原则有序进行。列入清理范围的规章和规范性文件，按照予以废止、作出修改、继续有效三种方式处理。对规章、规范性文件，有变相设立行政

审批、违法增设审批条件、增加审批流程等规定的，要坚决清理；对设定影响公民个人利益、影响企业发展、有碍市场活力的各类证明的规定，要重点进行清理；对不符合生态文明建设和环境保护要求的地方政府规章、规范性文件进行专项清理，与生态文明建设和环境保护有关法律、行政法规不一致的，要一揽子予以修改废止，对拟进行全面修订的，要明确修改时间进度。坚决杜绝地方政府规章和规范性文件"故意放水"、降低标准、管控不严等问题。

2. 坚持科学民主立法，不断提升政府立法质量

江西省人民政府法制办从全省实际和现实需要出发，科学精准制定江西省人民政府2017年立法工作计划。对申请列入的年度立法项目，认真开展立项论证，避免立法过程中出现"部门利益化"倾向。省政府起草和通过的所有立法项目草案全部通过省政府法制信息网向社会公开征求意见，并通过座谈会、专家论证会等方式，最大范围集中民智，反映民意。在立法过程中注重发挥人大代表、政协委员和专家学者在政府立法中的作用，加强立法协商，充分听取社会各界有关立法的建议意见。同时积极引入社会力量参与政府立法工作，协调第三方机构草拟法规规章草案，委托第三方机构实施开展立法后评估，积极探索立法工作新模式。同时，为加强立法与社会沟通，启动了政府立法联系点工作。

3. 坚持问题导向，凸显立法的针对性

在立法实践中，江西省人民政府坚持问题导向，强化质量保证，提高立法的针对性。坚持问题导向，是地方立法成效和质量的一个重要评价指标，是地方立法的生命力所在，地方立法工作越到基层越要具体，越要坚持问题导向，从解决具体问题入手，提出具体的规定，切实收到效果。

针对实践中比较突出的无障碍环境"重建设轻管理"问题，《江西省无障碍环境建设办法》结合国家有关规定从四个方面对无障碍环境建设的监督和管理作出了补充：一是政府要发挥领导作用；二是住房和城乡建设等有关主管部门要履行监管职责；三是无障碍设施所有权人和管理人要承担维护管理义务；四是残联、老龄工作机构要发挥监督作用。针对无障碍环境建设社会的共同参与不足问题，该办法规定有三：其一，鼓励支持高等院校、科研单位、企业或者个人开展无障碍服务领域的科技研究、应用和创新；其二，要求政府及其有关部门普及无障碍环境知识，增强全民无障碍环境意识；其三，明确了残疾人家庭无障碍改造的申请程序和补助措施。

针对货运车辆超限超载难治问题，《江西省货物运输车辆超限超载治理办法》从部门职责、对源头单位监管、科技治超等方面进行了具体规定。该办法的实施对加大治超力度、保护公民生命财产安全、保障公路完好畅通具有十分重要的意义。

三、江西省2017年度地方立法的不足与未来展望

（一）江西省2017年度地方立法的不足

2017年，江西省各级立法主体紧紧围绕中央和省委的重大决策部署开展立法工作，取得了骄人的成绩。但仍然存在着一些不足和差距，主要表现为：

1. 立法的地方特色有待进一步挖掘

突出地方特色，是地方立法的生命。地方立法要求具有个性化，需要根据地方实际情况，围绕地方经济社会发展的实际需要，制定比上位法更具针对性、可操作性的地方性法规和地方政府规章。简而言之，地方立法是根据地方实际情况对上位法进行"细化"和"补充"。近年来，江西省地方立法机关在地方性法规、规章的拟制过程中也注意到了立法要体现地方特色。如《江西省社会科学普及条例》按照"为何普及、普及什么、谁来普及、怎么普及、普及责任"的逻辑顺序对社会科学普及的目标和定义、性质与原则、主要内容和形式、政府及有关部门的职责、社会责任、保障激励、法律责任及相关处罚措施等作出规定。该条例将"江西地方特色文化"纳入社会科学普及内容，将工作实践中一些比较成熟的如基层宣讲、道德讲堂、特色讲坛等做法提炼上升为法律规范，凸显了江西特色。但我们也看到2017年江西省地方性法规的地方特色不明显，与其他省区市立法相比，雷同的立法项目较多，未能体现江西省立法的特色。如九江、赣州、景德镇、上饶四市人大及其常委会分别制定了《九江市城市市容管理条例》《赣州市城市管理条例》《景德镇市市容和环境卫生管理条例》《上饶市城市管理条例》。这些地方性法规虽然都结合本市实际与地方特点各具特色，但在管理部门、责任分担、建筑垃圾运输许可等方面大体相同，缺乏新意。这种立法看似体现地方特色，实则缺少新意和本地特质，不能真正反映地方实际。而真正反映地方实际，针对性强、实用好用的地方性法规、规章却相对较少。因此，增强地方立法的地方特色，是地方立法工作必须重视的方面。

2. 行政主导立法依旧比较严重

对比《江西省人大常委会2017年立法计划》与《江西省人民政府2017年立法工作计划》不难发现，江西省制定的地方性法规和政府规章多数是由政府牵头、主导或委托有关政府部门开展调研、起草，然后交由江西省人大常委会审议通过。政府部门主导立法势必引发部门利益恶性竞争的法律化倾向。一般而言，参与立法活动的主体极有可能为自己所代表的部门争取最大利益化，如果缺乏有效的监管机制，就容易造成所制定出来的地方性法规和政府规章与大众利益相背离，与整个制度也相背离。此外，大部分地方性法规的起草工作由政府部门负责，客观上降低了地方人大介入立法的主导性，容易造成地方人大的有限性表面审查与修改，降低地方性法规草案的质

量。显然，这种以行政机关主导立法的模式已不能适应社会发展的客观需要，必须予以改进和转变。

3.地方立法对资源和生态环境的保障功能仍显不足

习近平总书记视察江西时指出，江西生态秀美、名胜其多，绿色生态是最大财富、最大优势、最大品牌，一定要保护好，做好治山理水、显山露水的文章，走出一条经济发展和生态文明水平提高相辅相成、相得益彰的路子。打造美丽中国"江西样板"，建设国家生态文明试验区，围绕国家生态文明试验区的建设，江西省环境资源立法工作在资源保护、污染防治、生态保育等方面取得了长足的发展，推动了江西省特色环境资源法律体系的建立。但就生态江西的法治保障体系而言，依然存在立法滞后、创新不足、特点不鲜明等问题。

（二）江西省地方立法的未来展望

在依法治国的方略下，一切改革都应当在法律法规允许的框架内进行，都要有法可依。坚持立法先行，深入分析科学发展、跨越发展对地方立法的需求，把立法决策和改革决策结合起来，使立法适应改革，为改革服务。在此背景下，进一步完善立法工作机制和程序，深入推进科学立法、民主立法，努力使制定的法规符合实际需要、反映人民意愿。对江西省地方立法，我们期待：

1.进一步凸显地方立法特色

所谓地方立法特色，就是地方立法能够反映本地的特殊性。一是地方立法能充分反映并适应本地实际情况；二是地方立法要具有较强的针对性，解决本地突出而中央立法没有或比较不宜解决的问题。[1]地方立法能够实用、管用、好用，关键就在于它的地方特色。只有植根于社会生活实际，具有地方特色，地方立法才能发挥出更大作用。"抄袭"和"雷同"是典型的缺少地方立法特色的现象。江西省地方立法机关在制定地方性法规和地方政府规章中应当突出抓好重点领域立法，坚持从当地实际需要出发，突出地方特色，使出台的每一项法规规章既有别于国家法律、行政法规，又有别于其他地区制定的地方性法规，具有自己的鲜明特色，能充分反映本行政区域的特殊情况和实际需要，具有较强的针对性和特色性。

2.发挥人大及其常委会在立法中的主导作用

党的十九大报告指出，要发挥人大及其常委会在立法工作中的主导作用，这是第一次高规格正式以党的报告形式就人大立法发挥主导作出的明确规定。发挥人大及其常委会在立法工作中的主导作用，一要有主体意识，完善立法工作程序制度；二要在

---

[1]赵静波：《地方立法特色的缺失及其规制——以地方立法"抄袭"为视角》，载《地方立法研究》2017年第6期。

确定立法项目中发挥主导作用；三要在法规草案起草过程中发挥主导作用。[①]江西省地方立法应当明确江西省人大及其常委会的立法主导地位。江西省的立法项目和年度立法工作计划，应由省人大常委会会同省人民政府及有关部门共同拟定，而不能由省人民政府单独草拟。加强人大在地方立法工作中的主导作用，有利于立法者从更客观、更全面的角度开展立法活动，减少由于部门利益倾向导致的法律重叠、遗漏、矛盾问题，从而提高立法的科学性。此外，要拓宽法规起草渠道，着力建立人大相关专门委员会、工作委员会和各有关部门参与起草综合性、全局性、基础性等重要地方性法规草案的制度，加强法规案起草环节的组织协调，从源头上遏制部门利益倾向。人大有关工作机构可以提前参与有关方面的法规起草工作，综合性、全局性、基础性的法规由人大组织起草，专业性较强的法规可以委托专家起草。

3. 继续加强生态环境保护立法，推动建立"美丽江西"的法治保障体系

完善的法律制度体系建设是环境法治的前提和基础。因此，中央与地方的立法权限在分工协作的基础上，既要通过全国性法律明确共同的环境目标和任务，也要地方性法规考虑各个行政区域自身环境、经济建设和民众诉求的差异。[②]江西省立法过程中，应立足于省情和现实的环境资源状况，更新环境资源保护法律理念，协调立法事项，填补立法领域空白，健全和完善有江西省特色的环境保护法律规范体系。[③]在精准把握上位法的精神下，创新性地推动法律措施的精细化，平衡经济发展与环境保护的需求，推动江西生态文明建设和环境资源保护更上新台阶，是当前江西省地方环境立法的重点内容。

审稿：潘高峰（广东外语外贸大学）

① 金达人：《发挥人大及其常委会在立法工作中的主导作用，推进科学立法、民主立法、依法立法》，载《伊春日报》2017年11月17日。
② 刘长兴：《环境保护地方立法立什么？》，载《中国环境报》2015年3月20日。
③ 孟春阳、肖洪珠：《江西省环境立法的探微与思考》，载《江西理工大学学报》2017年第6期。

第十六章 山东省2017年度立法发展报告

于家富[①]

摘要： 2017年，山东省各级立法主体坚持立法与改革决策相衔接，主动适应全面深化改革和法治山东建设需要，坚持科学立法、民主立法，加强了对食品安全、消费者权益保障、节能环保、文化遗产保护等领域立法，先后制定、修改、废止、批准共117件地方性法规，制定、修改、废止共167件地方政府规章。山东省各级地方立法主体释放立法新活力，既注重发挥人大在立法中的主导作用，规范立法程序，又重视生态、文化、民生等领域立法，进一步彰显地方立法的包容性、开放性和专业性；但也存在部分设区的市立法权行使不够充分、立法后评估机制尚有欠缺、相关网络平台建设不健全等不足。

关键词： 山东省 地方立法 发展报告

一、山东省2017年度立法发展状况

（一）山东省2017年度立法状况总体评述

山东省有省人大及其常委会和省人民政府2个省级立法主体，有济南、青岛、烟台、淄博、潍坊、济宁、临沂、泰安、威海、滨州、德州、东营、枣庄、日照、聊城、菏泽、莱芜17个设区的市的人大和政府等34个市级立法主体。2015年《立法法》的修改，地方立法权由原"较大的市"扩充到所有"设区的市"，山东全省所有17个设区的市都有了地方立法权。

2017年是山东省地方立法比较活跃的一年。山东省各级立法主体都积极行使职权，坚持立法与改革决策相统一、相衔接，主动适应全面深化改革和法治山东建设需要，为社会建设提供法治保障，充分发挥立法的引导和推动作用，先后制定、修改、废止地方性法规共75件、批准设区的市地方性法规42件，共计117件。同时，先后制定、修改、废止地方政府规章共计167件。其中，2017年山东省人大及其常委会制定、

[①] 于家富，山东政法学院监察法研究中心副主任，研究员，法学博士后。研究方向：行政法、环境法。

修改了《山东省食品小作坊小餐饮和食品摊点管理条例》《山东省消费者权益保护条例》《山东省文物保护条例》等27件地方性法规，废止了《山东省城乡集贸市场管理条例》1件地方性法规，批准了《烟台市饮用水水源保护条例》《烟台市燃放烟花爆竹管理条例》《济宁市智慧城市促进条例》《聊城市道路交通安全条例》等42件设区的市的地方性法规。总体而言，2017年山东省人大新制定的地方性法规以及修改、废止地方性法规的数量都是可观的。

2017年，山东省人民政府制定了《山东省工程建设标准化管理办法》《山东省房屋建筑和市政工程质量监督管理办法》等4件政府规章。

在设区的市人大立法方面，济南市人大及其常委会2017年制定了《济南市山体保护办法》1件地方性法规，修改了《济南市城乡规划条例》《济南市名泉保护条例》《济南市禁止燃放烟花爆竹的规定》3件地方性法规，废止了《济南市科学技术进步条例》1件地方性法规；青岛市人大及其常委会制定了《青岛市突发事件应对条例》《青岛市市容和环境卫生管理条例》2件地方性法规，修改了《青岛市国有土地上房屋征收与补偿条例》《青岛市审计监督条例》《青岛市古树名木保护管理办法》《青岛市市政工程设施管理办法》《青岛市实施〈中华人民共和国水法〉若干规定》《青岛市出租汽车客运管理条例》《青岛市城市供水条例》《青岛市实施〈中华人民共和国民办教育促进法〉办法》《青岛市森林公园管理条例》《青岛市城市排水条例》《青岛市城乡规划条例》《青岛市城市绿化条例》《青岛市建筑废弃物资源化利用条例》《青岛市供热条例》14件地方性法规；淄博市人大及其常委会制定了《淄博市煤炭清洁利用监督管理条例》《淄博市制定地方性法规条例》《淄博市房地产开发经营管理条例》3件地方性法规，废止了《淄博市城市房地产交易管理办法》1件地方性法规。除了济南、青岛、淄博外，东营、威海、聊城、滨州、临沂、日照、枣庄、德州、济宁、莱芜、菏泽等11个设区的市的人大及其常委会也制定了相应的地方性法规。其中东营市人大及其常委会制定了《山东黄河三角洲国家级自然保护区条例》《东营市养犬管理条例》《东营市城乡规划条例》3件地方性法规，修订了《山东黄河三角洲国家级自然保护区条例》1件地方性法规；威海市人大及其常委会制定了《威海市节约用水条例》《威海市饮用水水源地保护条例》2件地方性法规。

在设区的市政府立法方面，济南市人民政府制定了《济南市房屋安全鉴定管理办法》《济南市生活饮用水卫生监督管理办法》等4件政府规章，废止了《济南市关于在市区实行义务植树登记制度的规定》《济南市矿产资源管理办法》等27件政府规章；青岛市人民政府制定了《青岛市轨道交通保护区施工作业管理办法》1件政府规章，修改了《青岛市电梯安全监督管理办法》《青岛市平时使用人防工程管理和收费的实施办法》《青岛市旅馆业治安管理细则》等28件政府规章；淄博市人民政府制定了《淄博市快递网点管理办法》《淄博市煤炭安全生产管理办法》2件政府规章。除济南、青岛、淄博这三个原来就有地方立法权的城市外，滨州、威海、烟台、东营、枣庄、日照、聊城、济宁、临沂、菏泽等10个设区的市也制定了地方政府规章。其中，威海市人民政府制定了《威海市饮食业油烟污染防治办法》《威海市户外广告设置管理办法》等5件政府规章；聊城市人民政府制定了《聊城市停车场建设和管理办法》《聊城市城市供水管理办法》《聊城市燃气管理办法》3件政府规章。

总体而言，2017年山东省各级立法主体都能积极履行职能，各地都在积极行使地方立法权，释放着地方立法新活力。在制定新的地方性法规和政府规章的同时，也对一些地方性法规和政府规章进行了及时修改和废止。在生态环境保护方面的立法表现突出，进一步加强了对环境的保护，例如分别制定和修改了《山东省水资源条例》《山东省风景名胜区条例》；在消费者权益保护和食品安全方面也有相关立法，例如制定了《山东省食品小作坊小餐饮和食品摊点管理条例》，修改了《山东省消费者权益保护条例》；在安全生产监督管理方面，修改了《山东省安全生产条例》；在知识产权保护方面，制定了《山东省企业技术改造条例》，修改了《山东省促进科技成果转化条例》。

（二）山东省2017年度人大立法发展状况

在山东省人大立法方面，2017年山东省人大及其常委会制定了11件地方性法规，修改了16件地方性法规，废止了1件地方性法规，批准设区的市地方性法规42件。其中，制定了《山东省食品小作坊小餐饮和食品摊点管理条例》《山东省地方立法条例》《山东省地方政府规章设定罚款限额规定》《山东省劳动人事争议调解仲裁条例》《山东省建设工程抗震设防条例》《山东省水资源条例》《山东省法治宣传教育条例》《山东省禁毒条例》《山东省全民健身条例》《山东省企业技术改造条例》《山东省青岛西海岸新区条例》。

2017年9月30日，山东省人大常委会发布了《关于修改〈山东省节约能源条例〉等八件地方性法规的决定》，修改了《山东省实施〈中华人民共和国煤炭法〉办法》《山东省节约能源条例》《山东省农业机械化促进条例》《山东省文物保护条例》《山东省统计管理条例》《山东省审计监督条例》《山东省实施〈中华人民共和国防洪法〉办法》《山东省水土保持条例》等8件地方性法规，除此之外，也对《山东省实施〈中华人民共和国残疾人保障法〉办法》《山东省人民代表大会代表建议、批评和意见办理工作条例》《山东省各级人民代表大会常务委员会规范性文件备案审查规定》《山东省促进科技成果转化条例》《山东省动物防疫条例》《山东省安全生产条例》《山东省消费者权益保护条例》《山东省风景名胜区条例》进行了修改，共计修改16件地方性法规。废止了《山东省城乡集贸市场管理条例》1件地方性法规。

2017年2月11日，山东省第十二届人民代表大会第六次会议通过了《山东省地方立法条例》，共8章78条。该条例对于进一步深入推进科学立法、民主立法和依法立法，把公正、公平、公开原则贯穿立法全过程，增强立法针对性，推进立法精细化，着力保障和改善民生，维护社会公平正义有着重要意义。[1]根据该条例的相关规定，常委会审议地方性法规草案应当征求省人大代表的意见，专业性较强的地方性法规草案，可以吸收相关领域的专家参与起草工作，或者委托有关专家、教学科研单位、社会组织起草，这样的规定进一步展示立法的包容性、开放性和专业性。该条例也规定了法规实施情况报告制度，即第七十五条规定："负责地方性法规实施的单位，应当于制定、修改的地方性法规实施满一年之日起三十日内，向省人民代表大会常务委员会书面报告地方性法规实施情况。"

2017年12月1日，山东省第十二届人民代表大会常务委员会第三十三次会议通过《山东省青岛西海岸新区条例》，共8章55条。结合西海岸新区实际，有很多制度创新，分别从管理体制、规划建设、产业发展、军民融合、生态保护和保障措施等方面作了规定。青岛西海岸新区是国务院批复的山东省第一个新区，也是全国第九个国家级新区，承载着国家赋予的全面落实国家海洋战略、创新军民融合机制、深化海洋管理体制改革等使命。为明确权限范围，提高行政效率，该条例规定了下放权限实行清单管理，并规定："省人民政府、青岛市人民政府应当自本条例实施之日起一年内公布西海岸新区管理委员会及其工作机构行使的行政管理权力清单和服务事项清单。"[2]

2017年3月29日，山东省第十二届人民代表大会常务委员会第二十七次会议对《山东省消费者权益保护条例》进行了修改，共8章82条。在贯彻《中华人民共和国消费者权益保护法》立法精神的同时，山东省根据实际情况，作出更加翔实的规定。主要有以下十一个亮点：一是消费者权利更清楚，明确了消费者的异议权。在个人信息保护方面，第三十二条规定：消费者要求经营者删除个人信息的，经营者应当及时删除。二是平台提供者须尽责。第十九条和第二十五条有相关规定。三是各主要行业都有特别规范。集中体现在第三十五条到第五十八条。四是认定经营行为、争议解决依据要严格。五是规范计量行为，倡导诚信经营。六是"退、换、修"要质量、求效率。七是预付款方式消费保障更有力。第三十条对经营者违约后如何退还消费者预付款及利息作出规定，明确采取预收款方式的卖方义务。八是未成年人、老年人消费者受特别保护。九是政府责任更明确。在消费者权益保护领域，政府部门将发挥更大作用。十

---

[1] 参见陈文进：《〈山东省地方立法条例〉3月1日起施行》，人民网http：//legal.people.com.cn/n1/2017/0223/c42510-29102666.html，访问时间：2018年4月21日。

[2] 张晨、赵君：《山东省青岛西海岸新区条例：明确免责条款，鼓励先试先行》，凤凰网资讯http：//news.ifeng.com/a/20171202/53783677_0.shtml，访问时间：2018年4月21日。

是省消协能提起民事公益诉讼。十一是细化了违法行为处罚额度。①

在设区的市人大立法方面，济南市人大及其常委会2017年制定了《济南市山体保护办法》1件地方性法规，修改了《济南市名泉保护条例》《济南市城乡规划条例》《济南市禁止燃放烟花爆竹的规定》3件地方性法规，废止了《济南市科学技术进步条例》1件地方性法规。其中，《济南市禁止燃放烟花爆竹的规定》是济南市首个关于"禁鞭令"的规定，对济南市的环境保护和生态文明建设起到引领、推动和保障作用，降低了环境污染程度，让市民能够享受幸福生活，为城市未来的发展和进步作出了有益探索。

青岛市人大及其常委会2017年制定了《青岛市突发事件应对条例》《青岛市市容和环境卫生管理条例》2件地方性法规；2017年10月27日，青岛市人大常委会作出了《关于修改〈青岛市古树名木保护管理办法〉等十二件地方性法规的决定》，共修改了《青岛市古树名木保护管理办法》《青岛市市政工程设施管理办法》《青岛市实施〈中华人民共和国水法〉若干规定》《青岛市出租汽车客运管理条例》《青岛市城市供水条例》《青岛市实施〈中华人民共和国民办教育促进法〉办法》《青岛市森林公园管理条例》《青岛市城市排水条例》《青岛市城乡规划条例》《青岛市城市绿化条例》《青岛市建筑废弃物资源化利用条例》《青岛市供热条例》12件地方性法规，除此之外还对《青岛市国有土地上房屋征收与补偿条例》《青岛市审计监督条例》2件地方性法规进行了修改，共修改14件地方性法规。其中，《青岛市市容和环境卫生管理条例》共6章64条，主要是对青岛市市容和环境卫生责任区制度、市容管理、环境卫生管理、监督管理进行了明确性规定。

淄博市人大及其常委会2017年制定了《淄博市制定地方性法规条例》《淄博市煤炭清洁利用监督管理条例》《淄博市房地产开发经营管理条例》3件地方性法规，废止了《淄博市城市房地产交易管理办法》1件地方性法规。

东营市人大及其常委会制定了《东营市城乡规划条例》《山东黄河三角洲国家级自然保护区条例》《东营市养犬管理条例》3件地方性法规，于2017年10月24日又对《山东黄河三角洲国家级自然保护区条例》进行了修改。其中，《山东黄河三角洲国家级自然保护区条例》主要规定了自然保护区的保护、管理和法律责任，在法律责任部分处罚力度较大，规定了不同违法程度下的罚款数额；构成犯罪的，依法追究刑事责任。

威海市人大及其常委会制定了《威海市节约用水条例》《威海市饮用水水源地保护条例》2件地方性法规。其中，《威海市节约用水条例》的相关规定对于解决威海市水资源不足、城市供水压力大有重要意义。这部法规的出台，对于加强节约用水管

① 《〈山东省消费者保护条例〉解读》，安丘市人民政府网http://xxgk.anqiu.gov.cn/html/site_gov/articles/201707/16325.html，访问时间：2018年4月21日。

理、提高水资源利用、促进威海市经济社会可持续发展具有重大的现实利益和深远历史意义。

除了以上几个城市之外，聊城市人大及其常委会制定了《聊城市制定地方性法规条例》1件地方性法规。滨州市人大及其常委会制定了《滨州市文明行为促进条例》《滨州市城乡规划条例》《滨州市渤海老区革命遗址遗迹保护条例》3件地方性法规。临沂市人大及其常委会制定了《临沂市供热条例》1件地方性法规。日照市人大及其常委会制定了《日照市制定地方性法规条例》《日照市城市管理条例》《日照市物业管理条例》3件地方性法规。枣庄市人大及其常委会制定了《枣庄市制定地方性法规条例》《枣庄市山体保护条例》2件地方性法规。德州市人大及其常委会制定了《德州市制定地方性法规条例》1件地方性法规。济宁市人大及其常委会制定了《济宁市烟花爆竹燃放管理条例》1件地方性法规。莱芜市人大及其常委会制定了《莱芜市既有多层住宅增设电梯规定》《莱芜市文物保护与利用条例》2件地方性法规。菏泽市人大及其常委会制定了《菏泽市供热条例》《菏泽市物业管理条例》2件地方性法规。

（三）山东省2017年度政府立法发展状况

在省级政府规章制定上，山东省政府非常重视政府立法工作。2017年4月11日，《山东省人民政府办公厅关于印发山东省人民政府2017年立法工作计划的通知》要求着力抓好完善市场经济秩序、创新社会治理、保障和改善民生、保护生态环境、推进城乡建设、加强公共安全和政府自身建设等重点领域亟待制定或者修订的地方性法规、省政府规章项目。

山东省围绕经济转型升级问题、民生问题、生态文明建设问题以及社会治理等问题进行政府规章的规范，山东省人民政府2017年共制定《山东省工程建设标准化管理办法》《山东省房屋建筑和市政工程质量监督管理办法》《山东省危险化学品安全管理办法》《山东省自然灾害救助办法》4件政府规章。

《山东省工程建设标准化管理办法》共26条。主要包括：立法目的、适用范围、管理体制、经费保障、工程建设地方标准的制定、团体标准和企业标准的管理、工程建设标准的贯彻实施、监督检查和法律责任等方面。其具体内容：一是界定了适用范围和管理职责。二是规范了工程建设地方标准的编制管理。三是首次明确地方标准项目的分类和发起。四是突出团体和企业标准制定的主体和要求。五是强化工程建设标准的贯彻实施。同时，在组织领导、宣传普及、监督检查等方面，《山东省工程建设标准化管理办法》也明确了具体的保障措施。

《山东省房屋建筑和市政工程质量监督管理办法》共7章56条。分为总则、监督手续办理、施工过程监管、竣工验收备案、质量保修与投诉、法律责任和附则。其具体内容：一是扩大适用范围，调整监管模式。二是推行政府购买服务，试行监理报告制度。三是强化建设单位首要责任，增加新的质量责任主体。四是推行制度机制创新，加大民生工程监管力度。新办法的出台进一步保障了房屋质量，体现了"以人为本"的立法理念。

为了加强危险化学品安全管理，预防和减少危险化学品事故，保障人民群众生命财产安全，保护环境，山东省人民政府制定了《山东省危险化学品安全管理办法》，共8章47条。包括总则，生产、储存和使用安全，经营安全，管道输送安全，运输安全，监督管理，法律责任，附则等内容。地方立法在危险化学品安全监管中发挥的作用尚不明显，山东省制定该办法，主要是多年来在危险化学品安全监管方面积累的一些行之有效监管方法、具体规定和工作措施，并通过地方立法予以明确，具有一定现实意义和创新作用。

为规范自然灾害救助工作，保障受灾群众基本生活，山东省人民政府制定了《山东省自然灾害救助办法》，共7章44条。对自然灾害救助工作体制、救助准备、应急救助、灾后救助、救助资金和物资管理等内容进行了规定。该办法规定，自然灾害救助工作实行各级人民政府行政领导负责制。县级以上人民政府应当将自然灾害救助资金和工作经费纳入财政预算，组织制定自然灾害救助标准，建立自然灾害救助资金和物资保障机制。①

在设区的市政府立法方面，山东省享有地方立法权的市政府都能积极制定属于自身权限范围内的政府规章。济南市人民政府制定了《济南市房屋安全鉴定管理办法》《济南市生活饮用水卫生监督管理办法》《济南市人民政府关于委托市南部山区管委会行使有关行政执法权的决定》《济南市气象灾害预警信号发布与传播管理办法》4件政府规章；废止了《济南市人民政府关于公布政府规章清理结果的决定》《济南市关于在市区实行义务植树登记制度的规定》《济南市矿产资源管理办法》等27件政府规章。青岛市人民政府制定了《青岛市轨道交通保护区施工作业管理办法》1件政府规章；修改了《青岛市电梯安全监督管理办法》《青岛市平时使用人防工程管理和收费的实施办法》《青岛市旅馆业治安管理细则》等28件政府规章；废止了《青岛市城市供水设施管理办法》《青岛市城市建设档案管理办法》《青岛市淡水渔业管理规定》《青岛市城市房屋互换管理暂行办法》《青岛市农村机械维修点管理办法》《青岛市崂山风景区管理暂行办法》等63件政府规章；淄博市人民政府制定了《淄博市快递网点管理办法》《淄博市煤炭安全生产管理办法》2件政府规章；修改了《淄博市政府投资建设项目审计办法》《淄博市重大行政决策程序规定》等6件政府规章；废止了《淄博市预算外资金管理办法》《淄博市机关事业单位工作人员社会养老保险暂行办法》等10件政府规章。东营市人民政府制定了《东营市建筑垃圾管理办法》《东营市城市

① 《〈山东省自然灾害救助办法〉开始施行》，中华人民共和国民政部官网http://www.mca.gov.cn/article/zwgk/dfxx/201801/20180100007685.shtml，访问时间：2018年4月21日。

绿化管理办法》2件政府规章。威海市人民政府制定了《威海市人民政府规章制定程序规定》《威海市建筑垃圾管理办法》等5件政府规章；烟台市人民政府制定了《烟台市房屋使用安全管理规定》等3件政府规章；聊城市人民政府制定了《聊城市停车场建设和管理办法》《聊城市城市供水管理办法》《聊城市燃气管理办法》3件政府规章；滨州市人民政府制定了《滨州市政府规章制定程序规定》《滨州市户外广告设置管理办法》2件政府规章；日照市人民政府制定了《日照市政府规章制定程序规定》1件政府规章；枣庄市人民政府制定了《枣庄市城市地下管线管理办法》《枣庄市文物保护管理办法》2件政府规章；济宁市人民政府制定了《济宁市餐厨废弃物管理办法》《济宁市城市河道管理办法》2件政府规章；临沂市人民政府制定了《临沂市城市停车设施管理办法》1件政府规章；菏泽市人民政府制定了《菏泽市政府规章制定程序规定》1件政府规章。

《济南市生活饮用水卫生监督管理办法》共35条，对济南市集中式供水、二次供水、现制现售饮用水的卫生监督管理作了详尽规定，与国家《生活饮用水卫生监督管理办法》相比，增加了"现制现售饮用水"的相关内容。现制现售饮用水是最近几年出现在社会上的一种供水形式，该办法的出台，便于全面加强生活饮用水的卫生监督管理，维护人民群众的生命和健康。[1]东营市和威海市分别出台了《东营市建筑垃圾管理办法》和《威海市建筑垃圾管理办法》。其中《东营市建筑垃圾管理办法》主要包括总则、处置管理、资源化利用、综合监管、法律责任、附则6章共41条。建筑垃圾管理涉及城市市容、环境保护等多个层面，是城市管理工作中的重点、难点问题。[2]东营市出台该办法为以后改变市容市貌、继续推进建筑垃圾综合利用、推动城市建筑垃圾管理工作有序开展提供了良好指导。《威海市建筑垃圾管理办法》共5章28条，主要规定了建筑垃圾的管理机制、处置核准、综合利用、施工和运输管理、消纳场运营和法律责任等内容。随着威海城市建设的快速发展，市区拆迁、建设及公共建筑和居民装饰装修产生了大量的建筑垃圾，造成了扬尘、污染市政道路等情况。该办法建立了消纳场设置制度、管理人制度、消纳场运行制度以及消纳容量管理制度；而且对于该办法中新提出的违法行为明确了法律责任。[3]总体而言，该办法的出台对加强城市建筑垃圾管理，维护市容环境卫生起了重要作用。威海市、滨州市和日照市分别出台了《威海市人民政府规章制定程序规定》《滨州市政府规章制定程序规定》以及《日照市政府规章制定程序规定》。其中，《威海市人民政府规章制定程序规定》共7章38条，

[1]《我市出台饮用水卫生监督办法 槐荫区卫生监督所组织学习培训》，网易新闻网 http://news.163.com/17/0301/11/CEEJ6VBH00018AOP.html，访问时间：2018年4月21日。
[2]《〈东营市建筑垃圾管理办法〉新闻发布会发布词》，东营宣传网 http://www.dyxcb.org/Item/8178.aspx，访问时间：2018年4月21日。
[3]《威海市政府出台〈威海市建筑垃圾管理办法〉》，鲁网·威海 http://weihai.sdnews.com.cn/whxw/201712/t20171218_2327731.html，访问时间：2018年4月21日。

包括总则、立项、起草、审查、决定公布备案、修改废止解释和附则。该规定确立了规章制定原则，政府法制机构、起草部门和实施部门的责任分工和职责要求，保障了社会公众的参与权，确立了先协商后报送审查、先协调后报请决定的意见分歧协调机制，规范了各部门意见反馈和材料报送的要求。[①]《滨州市政府规章制定程序规定》共7章38条。主要内容包括制定规章应当遵循的原则，明确了规章的制定范围，详细规定了规章的制定程序。《日照市政府规章制定程序规定》共7章43条，分别为总则、立项、起草、审查、公布和备案、修改废止和解释、附则。该规定是日照市首部政府规章，主要规定了政府规章的制定程序，明确了政府法制机构在政府规章制定过程中的主导和协调作用，确立并细化了公众参与政府立法和立法项目论证机制，并对委托起草规章草案、第三方论证咨询、立法后评估等制度作出规定。[②]总体来说，该规定为未来日照市下步制定政府规章提供了法律遵循，也为未来提高政府立法水平、促进依法行政工作全面开展提供了重要保障。

二、山东省2017年度地方立法的特色和亮点

（一）地方人大立法中的特色和亮点

1. 坚持党的领导，以新的地方立法条例规范地方立法行为

2017年2月11日，山东省人大及其常委会以党中央依法治国基本方略为指导，深入学习习近平总书记关于依法治国系列重要讲话精神，为提高立法质量，发挥立法在依法治国中的引领和推动作用，以《地方各级人民代表大会和地方各级人民政府组织法》《立法法》为基础，结合山东省实际情况制定了《山东省地方立法条例》。该条例的制定为规范指导山东省及各地市的立法活动，实现地方立法的科学化和系统化，充分调动山东省内各地市人大立法的积极性发挥了重要作用。该条例结合山东省立法现状，在《立法法》的框架下，尊重山东省地方法治实践，使其更好地贯彻落实党中央的法治思想，更好地解决山东省地方法治建设中遇到的问题。

2. 立法更加注重人权保障，切实保护公民权益

2017年，山东省制定或修改并颁布实施了《山东省劳动人事争议解决仲裁条例》《山东省禁毒条例》《山东省全民健身条例》《山东省安全生产条例》等多部地方性法规。从这几部地方性法规中可看出，山东省不断强化对公民权利的保护，既注重保障公民的人身安全、财产安全，也注重对公民健康权等新兴权利的保障。地方立法充

[①]《〈威海市人民政府规章制定程序规定〉8月1日起施行》，鲁网·威海 http：//weihai.sdnews.com.cn/whxw/201707/t20170712_2266533.html，访问时间：201年4月21日。

[②]《市政府常务会议审议通过〈日照市政府规章制定程序规定〉》，日照市人民政府法制办公室网http：//www.rzfzb.gov.cn/ctnshow.php/aid/5140，访问时间：2018年4月21日。

分保障公民的各类合法权益，符合我国法治社会建设的基本要求，有利于国家宪法法律的具体实施，增强社会公众对国家宪法法律的认同感；有利于营造良好的法治氛围，这是我国实施依法治国方略的内在要求，也是建设社会主义法治国家的应有之义。

3. 加强生态环境领域立法，切实落实国家环保政策

山东省作为中国东部地区经济大省，有较庞大完整的工业产业链，其铝、钢铁、石化产能在全国占有重要地位。这些重化工业的迅速发展在创造巨大产值、带动山东经济迅速发展的同时，也给山东省生态环境保护带来了巨大压力。以山东省省会济南为例，由于济南市工业较为发达，近年来工业污染严重，加之该市特殊的地理环境，庞大的人口规模，致使雾霾天气尤为突出。时任山东省省长的郭树清同志曾形容济南"一城雾霾半城堵"。虽然济南市近年来大力治理生态环境，创建成为国家卫生城市，但改善生态环境绝非一朝之功，也不是一夕就能见效的。事实上，这也是山东省生态环境面临的普遍性问题。山东省人大及其常委会针对这类突出问题及时制定或修改了《山东省水资源条例》《山东省企业技术改造条例》《山东省风景名胜区条例》和《山东省节约能源条例》等多件地方性法规。这些法规多与生态环境建设与资源保护利用有密切关系，为山东省生态环境保护提供了有力的法律保障，也是对中央环保政策在地方立法层面的贯彻落实；有利于推动山东省产业结构升级，真正实现科学发展、绿色发展和可持续发展，促进山东省新旧动能转换和生态文明建设。

4. 规范市场秩序，维护消费者合法权益

山东省拥有1亿多庞大的消费群体，近年来消费市场不断繁荣扩大。随着电子商务的发展，新型消费方式也不断涌现，所以规范市场经济秩序，维护消费者合法权益是时代提出的重要法律命题。山东省人大及其常委会针对市场运行和监管中出现的小作坊食品安全、路边摊点食品安全等问题，制定了《山东省食品小作坊小餐饮和食品摊点管理条例》，并及时修改了《山东省消费者权益保护条例》，专门用于规范餐饮市场和保护消费者权益。山东省还以此次立法为契机，加强整顿山东省消费市场，促进消费市场向高品质、高端化发展，极大地维护了公正合理的市场新秩序，促进了消费市场的健康有序发展。

5. 结合各设区的市实际情况，调动各设区的市地方立法的积极性

山东省各设区的市都有着各自的发展目标，也面临着不同的发展问题。山东省各设区的市针对自身发展情况进行深入调查研究，在严格遵守国家上位法原则和精神基础上，及时制定切合自身发展实际的地方性法规。例如，济南市人大及其常委会于2017年制定了《济南市山体保护办法》，及时修改了《济南市禁止燃放烟花爆竹的规定》，目的无疑是要加强济南市的环境保护和生态环境建设；2017年12月1日，山东省人大常委会批准了青岛市人大及其常委会制定的《青岛市突发事件应对条例》《青岛市市容和环境卫生管理条例》，目的是提高青岛市的公共安全能力和市容环境建设；

淄博市人大及其常委会制定了《淄博市制定地方性法规条例》，用以规范该市地方立法行为；东营市人大及其常委会制定并及时修订了《山东黄河三角洲国家级自然保护区条例》，目的是加强对特殊地区生态环境的保护工作；山东省人大及其常委会根据青岛西海岸新区建设实际情况制定了《山东省青岛西海岸新区条例》，目的是保障和促进西海岸新区的经济建设。山东省和设区的市两级人大及其常委会在立法过程中着眼自身实际，在制定和修改地方性法规中，充分体现了自身发展需要与地域特色，有力地推动了山东省经济逐步走向高端和多元化的发展，促进了各设区的市之间的科学协调发展。

（二）地方政府立法中的特色和亮点

1. 以人为本，立法切合人民群众的根本利益

山东省人民政府2017年制定了《山东省自然灾害救助办法》，济南市人民政府制定了《济南市房屋安全鉴定管理办法》《济南市生活饮用水卫生监督管理办法》，淄博市人民政府修改了《淄博市重大行政决策程序规定》，聊城市人民政府制定了《聊城市停车场建设和管理办法》《聊城市城市供水管理办法》《聊城市燃气管理办法》等地方政府规章。这些规章的出发点和落脚点都是基于广大人民群众的根本利益，体现人民群众的实际需要。改革开放40年来，山东省紧紧把握时代机遇，经济得以迅速发展，人民生活水平日益提高，法治意识不断增强，人民寄希望于政府在不断推动经济发展的同时，维护改革开放取得的成果，这就对地方法治政府的建设提出了更高要求。在此背景下，山东省市两级政府积极制定上述切合人民群众实际利益的政府规章，是加快地方法治政府建设的内在保证，也有利于树立地方政府的权威和公信力。

2. 针对社会突出问题，精确化立法

习近平总书记在十九大报告中强调："中国特色社会主义进入新时代，我国社会主义主要矛盾已经转化为人民日益增长的美好生活需要和不平衡不充分的发展之间的矛盾。"[①]山东省区位条件特殊，自然资源相对匮乏，却是我国的产业经济大省，由此各种矛盾显得更为突出。人民对更高生活质量的追求，使得社会各界对政府公共服务职能的要求越来越高。山东省市两级政府针对社会生活中的实际问题，及时制定相应的政府规章，使处理各类突出问题时依规有据可循。例如，2017年山东省人民政府制定了《山东省房屋建筑和市政工程质量监督管理办法》《山东省危险化学品安全管理办法》《山东省自然灾害救助办法》，济南市人民政府制定了《济南市气象灾害预警信号发布与传播管理办法》，青岛市人民政府修改了《青岛市电梯安全监督管理办法》，聊城市人民政府制定了《聊城市停车场建设和管理办法》《聊城市城市供水管

[①]习近平：在中国共产党第十九次全国代表大会上的报告，中国共产党新闻网http://cpc.people.com.cn/n1/2017/1028/c64094-29613660.html，访问时间：2017年10月18日。

理办法》《聊城市燃气管理办法》，威海市人民政府制定了《威海市建筑垃圾管理办法》《威海市饮食业油烟污染防治方法》《威海市户外广告设置管理办法》等，目标就是要深入公众生活实际，针对社会突出问题进行精确化立法，有效规范地方政府的公共服务行为。这是解决社会矛盾和发挥政府职能的重要保证，也对完善山东省依法行政法治体系发挥着无可替代的作用。

3. 严格规范政府规章制定程序，使政府规章更加符合法治原则

2017年，山东省人民政府及各设区的市人民政府为制定合法合理的地方政府规章进行了多方面探索和实践。政府规章的制定需要严格的立法程序，只有法定程序才能使制定的规章更加符合公平正义的法治精神。为此，淄博市人民政府修改了《淄博市重大行政决策程序规定》，威海市人民政府制定了《威海市人民政府规章制定程序规定》，滨州市人民政府制定了《滨州市政府规章制定程序规定》，日照市人民政府制定了《日照市政府规章制定程序规定》。在国家法律体系框架下，各设区的市结合自身需要，根据我国立法精神和基本原则着重提升了规章制定程序的严格性和程序性。这就为山东省及各设区的市政府规章的制定提供了更为严格的立法遵循；同时也对地方政府在制定规章时需要规章具体解决什么问题、规章适用的程序和规章的具体内容都做了细致严格的规定。这是对政府公权力的科学性规范，也是对习近平总书记"把权力关进制度的笼子里"指示的切实贯彻落实。2017年，山东省各级政府规章的制定程序更为严格，内容更加丰富，对提升各级政府公共服务水平和提高社会突发事件的应急处置能力发挥了特殊作用。

4. 始终坚持科学立法、民主立法，树立政府权威

2017年，山东省市两级政府规章的制定，切实针对社会上的突出问题，真正做到了立法为了人民群众的根本利益。为了保证立法活动顺利进行，山东省各级人民政府专门组织人员进行深入调查，并同相关领域专家教授反复进行立法研究论证，努力寻求科学解决和妥善协调的办法。山东省各级政府鼓励广大人民群众和社会团体参与到规章制定活动中来，积极建言献策，使规章的制定更加符合人民的意志，这是对我国科学立法、民主立法原则最为直观有效的应用。山东省市政府规章的制定程序做到了严格、公正、合理，既有效规制了政府公权力的运行，避免权力滥用，又最大限度保障了人民群众的合法权益，还促使社会公众更为认可和支持政府立法工作，自觉维护政府形象，树立政府威信。

三、山东省2017年度地方立法的不足与未来展望

（一）山东省2017年度地方立法的不足

2017年，山东省各级人大及政府对立法权进行了较为充分的行使，立法范围涉及

多个方面，主要有城市建设、居民生活和历史文化等领域。但由于新获得立法权的地方立法机关立法经验缺乏，以及缺少立法人才等多方面原因，山东省的立法活动也存在如下不足：

1. 设区的市政府立法权行使不够充分，立法进程滞后

设区的市政府制定的地方政府规章是我国法律的渊源之一，其数量相对较多，覆盖范围也较广，不仅可弥补现行法律未作规定的漏洞，还可为制定地方性法规奠定基础。目前，山东省各设区的市人大及政府均已获得立法权，但部分设区的市立法进程仍较缓慢，立法主动性不高，有的甚至仍未启动相关立法计划，缺乏自主立法意识。例如，德州、潍坊两市在2017年都未制定地方政府规章。习近平总书记在十九大报告中说："明确全面推进依法治国总目标是建设中国特色社会主义法治体系、建设社会主义法治国家。"[1]因此，在我国提倡依法治国、建设社会主义法治国家这一大前提下，山东省各设区的市的地方立法活动如果存在缺位或不积极行使地方立法权的情况，就会使依法治国这一治国理念在山东省得不到全面实施，从而影响依法治国在全国的全面推进。国家之所以赋予地方政府一定范围内的立法权，一方面是因为地方政府制定的政府规章能直接且明确地将关系公民切身利益的事项加以规定；另一方面因为赋予地方立法权是推动地方经济发展、深化改革以及推动治理体系和治理能力现代化的重要举措。所以，如果地方对立法权的行使不充分，就可能导致地方经济发展以及各项改革具体举措出现于法无据的情形。基于此，山东省作为近年来经济高速发展的东部经济大省，更应该让新获得地方立法权的立法机关充分利用好这一权力，从而更好地为自身经济社会发展服务。

2. 立法后评估工作尚有欠缺，亟待加强

立法后评估机制是在法律制定后得以实施一段时间内对其民主性、科学性进行评估的一项制度。有资料显示："山东省人大常委会自2000年开始，逐渐有意识地对业已颁行的多个地方性法规进行了评估，针对评估中发现的问题，提出针对性的措施。"[2]早在2015年，山东省人大常委会首次召开立法评估工作座谈会时，就探讨了《山东省消费者权益保护条例》立法后评估工作的相关情况。目前，山东省各立法主体已制定了多项地方性法规和地方政府规章，但是对立法后的评估工作仍有疏漏。例如，山东省至今尚未制定与立法后评估相关的地方性法规或地方政府规章，且山东省新获得立法权的设区的市人大及政府并未将这一工作提上日程，该实施机制的欠缺会逐渐带来诸多弊端。首先，缺乏立法后评估机制会不利于发现地方立法在当前阶段以

---

①习近平：在中国共产党第十九次全国代表大会上的报告，中国共产党新闻网http://cpc.people.com.cn/n1/2017/1028/c64094-29613660.html，访问时间：2018年5月18日。

②参见杜承秀、朱云生：《地方立法评估的实践审视与制度完善》，载《地方立法研究》2018年第1期。

及今后实施过程中存在的问题，从而影响地方立法适应社会的能力。其次，缺乏立法后评估机制意味着公众无法获取地方立法的执行情况信息，依据相关地方性法规和政府规章办事且发现问题的公众也难以找到合适的反映问题途径。最后，缺乏立法后评估机制会影响科学立法、民主立法进程，不利于法律体系的完备和发展。总之，山东省立法后评估工作还处在初步阶段，没有形成相应的评价体系，缺乏行之有效的评估机制。

3. 相关网络平台不健全，影响立法信息的公示

在撰写本报告过程中，主要查询了山东省各级人民代表大会的网站、人民政府的网站以及政府法制办的网站，其中济南和青岛等市的相关网站就能将相关立法信息及时、准确地予以公布，但有部分设区的市的相关网站并没有发挥出其应有的作用。例如，有的设区的市人民代表大会没有单独的网站，而是与政府网站合二为一；还有的政府法制办将网页挂在该市人民政府办公室的网站上；再有的政府网站上对于地方政府规章与规范性文件并没有加以分类，而是将其与政府文件、政策解读方面的文章等混杂在一起。当前，各级人大和政府网站仍是公众了解立法信息、参与立法活动的重要渠道之一。网站建设的不完备会有如下几个弊端：一是使公众在有需求时无法从网上获取相应信息，影响其正常的生产生活；二是立法信息不及时、准确地发布，就会有违背诚实信用原则的可能，公众的信赖利益也会因为信息缺失而遭受潜在的损害；三是立法过程中的相关事宜是公众行使监督权的对象，公众获取信息困难或不及时就会导致公众不能及时对立法部门及其立法活动实施有效监督。因此，山东省在提高立法能力与立法积极性的同时，还应注重地方立法信息公开方面相关网站的建设。

（二）山东省地方立法的未来展望

1. 增强设区的市政府行使立法权的积极性

地方政府不积极行使地方立法权主要有以下原因：第一，立法者的自身素质直接影响地方立法的积极性。第二，缺乏一个良好可行的立法规划也会对地方政府立法的积极性造成影响。基于以上原因，山东省在2018年可以通过采取相关措施提高地方政府立法的积极性。例如，通过引进专业化人才、加强对现有人才的培训等方式来提高地方立法者的素质，建立地方立法专家库，最终形成一个官方和专家群体良性互动的循环。再如，立法者应发挥人民在立法过程中的积极作用。"人民的力量是无穷的，整合社会资源，完善社会各方参与立法工作机制，能大大提高立法的水平和效率，同时体现立法民主性。"[1]此外，地方政府在积极行使立法权过程中还应注意以下问题：首先，地方政府立法应结合当地实际情况，按需立法，使各个地方的特色能够在

---

[1]倪士根：《设区的市行使立法权的启示及建议》，载《湘南学院学报》2017年第6期。

所立之法中得以体现。山东省各设区的市政府在未来的立法中，应在国家基本立法基础上，根据各设区的市不同的角色定位制定各具针对性的地方政府规章。其次，法律的生命和权威在于实施，地方政府应注意所立之法在实际适用过程中的操作性问题。山东省各设区的市政府制定地方政府规章时，都应求真务实、明确规章的具体指引作用，使各类市场主体在依据法律从事生产的实践中，能够便利易懂地明白相关权利义务关系以及相应责任的承担问题。

2. 做好立法后评估工作，为地方立法活动创造良好条件

"立法后评估本质上需要主观与客观相结合，定性与定量相结合，以构成一个有机的良性循环系统。"[1]首先，立法后评估得出的结论是立法机关对法律进行制定、修改和废止的重要根据，这一结论也是对现行法律不足和漏洞的真实反映，即依此结论对现行立法所做的"立改废"在一定程度上能提高法律适应社会的能力，提高主观与客观的一致性。其次，"因为地方立法具有强烈的本土特色与自主属性，这就需要借助立法后评估来为地方立法权之行使保驾护航，以确保和提升地方立法的质量，地方立法质量事关国家整个法律体系的质量，甚至法治的质量"[2]。山东省在2017年的立法中，能做到在立法前积极征求各方意见，在立法后也能根据需要制定相关配套措施，但对立法后评估工作仍需加紧予以制度化完善。一方面，要加强理论学习与研究，及时制定立法后评估的相关地方立法，确定评估目的、评估主体以及评估程序等细节，为立法后评估工作提供具体法律依据和制度支持，从而形成一个更加完备的立法程序。另一方面，在立法后评估具体实践中，还要避免一些可能出现的问题。例如，评估主体单一、由内部机构来进行评估、评估工作形式化、评估标准不统一、评估方式不科学以及对评估结论利用不充分等。因此，山东省立法机关在对立法后评估机制进行立法时，要注意优化评估主体，使其实现多元化，确立科学的评价标准，使评估落到实处，科学充分地分析评估所得出的结论，为之后的地方立法工作提供导向指引。

3. 做好网络平台建设，使相关立法信息得到及时充分公开

立法机关及时公开立法信息是其应尽的义务和职责，也是公众参与立法的前提条件之一，而且网络平台目前仍是公众知悉相关立法信息的重要途径，即网络平台建设的好坏直接关系到公众参与立法的过程能否顺利进行。基于山东省相关地方立法网络平台不健全的实情，立法机关可通过以下方式推进这方面的工作：第一，聘用网络技术领域的相关专业人才，做好网络平台建设与维护，确保立法信息及时与准确公开的硬件条件保障；第二，立法信息公开的内容要全面，既应包括立项、起草的信息，也应包括座谈会、论证会、听证会的信息，还应包括审查、公布的信息，这些也是这类

---

①陈俊荣、魏红征：《地方立法后评估框架性体系探析》，载《地方立法研究》2018年第1期。

②邹仰松：《地方立法后评估刍议》，载《法制与经济》2017年第4期。

网络平台建设的必备软件条件。此外，立法信息的充分公开，除了可确保公众积极行使监督权外，还能使地方立法的普遍性与适应性得到提高。"最主要的问题还是在于立法机关与普通公众看待问题的角度是不一样的。"[1]因此，立法者应该倾听公众的真实想法与合理建议，将能够在立法中加以体现的部分规定下来，从而拉近立法与公众之间的距离，使地方立法的权威性和可信度得到提升。

审稿：杨治坤（广东外语外贸大学）

---

[1]王子正、赵佳丽：《地方立法的公众参与问题研究》，载《河北法学》2018年第3期。

第五编　中南地区立法发展报告

第十七章　河南省2017年度立法发展报告

乔亚南[①]

摘要：2017年，河南省各级立法机关坚持党的领导，地方立法工作卓有成效，共制定和修改或废止省级地方性法规7件、省级地方政府规章59件、设区的市地方性法规24件、设区的市地方政府规章17件，为促进新时代河南省现代化建设和谱写中原发展新篇章提供了有力的法制保障。河南省2017年的地方立法，坚持立法为民，回应民众关切，注重凸显地方特色，以立法保障和促进改革。但在发挥人大主导作用、设区的市立法能力的提升等方面还存在不足，需要进一步加以完善。

关键词：河南省　地方立法　发展报告

一、河南省2017年度立法发展状况

（一）河南省2017年度立法状况总体评述

河南省有河南省人大及其常委会和河南省人民政府2个省级立法主体，有郑州市、洛阳市、南阳市、焦作市、平顶山市、开封市、安阳市、鹤壁市、驻马店市、漯河市、新乡市、濮阳市、许昌市、三门峡市、商丘市、周口市、信阳市等17个设区的市的人大及其常委会和人民政府，共34个设区的市立法主体，行使地方性法规或地方政府规章立法权，无民族自治地方立法主体。

2017年，河南省人大及其常委会高举习近平新时代中国特色社会主义思想伟大旗帜，坚持党的领导和人大主导的立法理念，地方立法工作卓有成效，制定、修改地方性法规7件，为新时代河南省现代化建设征程提供了有力的法制保障。其中，制定了《河南省扶贫开发条例》《河南省见义勇为人员奖励和保障条例》《河南省职业培训条例》《河南省大气污染防治条例》4件地方性法规，修订了《河南省节约能源条例》

---

①乔亚南，法学博士，中国社会科学院法学研究所博士后研究人员，中共广东省委党校（广东行政学院）法学教研室副教授。研究方向：宪法学、行政法学。

《河南省物业管理条例》（全面修订）和《河南省食品小作坊、小经营店和小摊点管理条例》3件地方性法规，批准了《郑州市湿地保护条例》等设区的市的地方性法规23件。

河南省人民政府制定了《河南省集中供热管理试行办法》《河南省实施〈中华人民共和国石油天然气管道保护法〉办法》《河南省行政执法证件管理办法》《中国（河南）自由贸易试验区管理试行办法》4件地方政府规章，一次性修改了《河南省征收教育费附加实施办法》等16件地方政府规章，一次性废止了《河南省〈水路运输管理条例〉实施办法》等地方政府规章39件。

在设区的市人大立法方面，郑州市人大及其常委会制定了《郑州市文明行为促进条例》《郑州市户外广告和招牌设置管理条例》和《郑州市湿地保护条例》3件地方性法规；洛阳市人大及其常委会制定了《洛阳市城市绿线管理条例》1件地方性法规，修订了《洛阳市洛浦公园管理条例》1件地方性法规；鹤壁市、安阳市、漯河市、新乡市、濮阳市、信阳市等6个设区的市的人大及其常委会分别制定通过了2件地方性法规；焦作市、开封市、南阳市、驻马店市、三门峡市、商丘市、周口市等7个设区的市的人大及其常委会分别制定了1件地方性法规；2017年，许昌市和平顶山市的人大及其常委会暂未制定地方性法规。

在设区的市政府立法方面，郑州市人民政府制定了《郑州市餐厨废弃物管理办法》《郑州市城市雕塑管理办法》《郑州市地方志工作规定》3件地方政府规章；安阳市人民政府制定了《安阳市燃煤污染防治办法》和《安阳市南海泉域水资源保护办法》2件地方政府规章；洛阳市人民政府制定了《洛阳市行政规范性文件管理办法》1件、修改了《洛阳市房屋专项维修资金管理办法》1件，并一次性废止了《洛阳市房屋租赁管理办法》等8件地方政府规章；开封市人民政府和商丘市人民政府各制定了1件地方政府规章。2017年，河南省其他设区的市的人民政府暂未制定地方政府规章。

总体来看，河南省2017年的地方立法工作继续坚持省委领导和人大主导，在民主立法和科学立法的基本要求下，既紧跟党中央全面依法治国的总体布局，又立足省情突出特色，在"立改废释"的过程中，充分回应了地方改革发展建设的需求和人民群众美好生活需要对地方立法工作的期待，将中央政策安排、地方立法转化和法治引领推动发展融为一体，为新时代河南省现代化建设和谱写中原发展新篇章提供了有力的法制保障和充沛的法治动力。

（二）河南省2017年度人大立法发展状况

2017年，河南省人大及其常委会制定地方性法规4件，修改地方性法规3件，批准设区的市新制定的地方性法规23件。其中，制定的地方性法规有《河南省扶贫开发条例》《河南省见义勇为人员奖励和保障条例》《河南省职业培训条例》《河南省大气污染防治条例》等4件，修订的地方性法规有《河南省节约能源条例》《河南省物业管理条例》（全面修订）和《河南省食品小作坊、小经营店和小摊点管理条例》3件。批准了《南阳市白河水系水环境保护条例》《濮阳市地方立法条例》《郑州市湿地保护条例》《漯河市沙澧河风景名胜区条例》《安阳市城市管理综合执法条例》《郑州市户外广告和招牌设置管理条例》《濮阳市戚城遗址保护条例》《信阳市鲇鱼山水库饮用水水源保护条例》《洛阳市洛浦公园管理条例》《南阳市城市绿化条例》《焦作市城市市容和环境卫生管理条例》《开封市城市绿化条例》《驻马店市城市市容和环境卫生管理条例》《漯河市城市市容和环境卫生管理条例》《新乡市中小学校幼儿园规划建设条例》《三门峡市白天鹅及其栖息地保护条例》《商丘市城市市容和环境卫生管理条例》《周口市城市市容和环境卫生管理条例》《信阳市城市市容和环境卫生管理条例》等23件。

党的十八大以来，扶贫攻坚是全面建成小康社会的重要任务。河南省人大及其常委会尤其注重以法治方式来推进脱贫攻坚这一重大的民生工程。为此，在深入学习中央扶贫政策精神的基础上，河南省人大常委会根据省情民意，对扶贫工作进行了深入调研，制定了《河南省扶贫开发条例》，对扶贫开发的适用范围、扶贫对象、扶贫项目、政府责任、资金管理、建立健全社会参与机制等作出了明确规定。其中，特别对于精准脱贫的主要措施和扶贫开发过程中的违纪违法问题如何处理作出了相应规定。这不仅是河南省落实党的十九大精神的具体举措，也为精准扶贫和精准脱贫提供了法治保障，有利于推进河南省脱贫工作的规范化和制度化运行。

见义勇为是中华民族的传统美德，在全社会大力弘扬见义勇为精神，是培育和践行社会主义核心价值体系的重要内容。而对见义勇为者及其家属的权益进行保障和奖励，则直接有利于实现社会风气的好转，对于构建与文明社会相适应的道德规范具有重要的现实意义。为此，河南省人大常委会经过两次审议、多次征求社会各界意见，几易其稿，制定通过了《河南省见义勇为人员奖励和保障条例》。该条例明确要求，任何单位和个人对于正在实施见义勇为的人员，应当及时予以援助；对于受伤人员，应当及时护送至医疗机构。此外，对于见义勇为者的医疗救治、医疗费用的垫付以及对侵权人的追偿权等，该条例都作出了详细的规定。这是河南省人大常委会将社会主义核心价值观融入立法的重要措施，对于激发广大人民群众协助维护社会治安的积极性和主动性，更好地营造良好的社会治安环境和弘扬新时代社会主义核心价值观，具有重要意义。

近年来，河南省高度重视职业培训工作，稳步推进河南全民技能振兴工程，在职业人才培训等方面积累了不少成功的经验。因此，在省人社厅的建议下，河南省在职业培训立法上开展了"先行先试"，由河南省人大常委会制定出台了《河南省职业培训条例》。这是全国首部省级层面的职业培训条例，对职业培训体系、职业技能鉴定等方面作出了规定。这既是河南省贯彻落实党的十九大精神的重要举措，也是深入实施人才强省战略的现实需要，对于促进就业创业保障改善民生具有重大的标志性意义，也为其他省份的省级立法和全国层面的统一立法提供了宝贵的经验。

目前，**雾霾天气**已成为各地广大人民群众反映最为强烈的热点环境问题，加强大气污染防治、改善环境空气质量成为人民的强烈愿望。河南省人大常委会根据新修订的《中华人民共和国大气污染防治法》，结合本省在大气污染防治中遇到的主要问题和成熟经验，制定通过了《河南省大气污染防治条例》，着力推进"依法治霾"。该条例对大气污染防治的监督管理、重污染天气的应对等进行了规定，有利于推进生态文明建设，促进绿色发展，推动河南省防治和改善大气环境，打赢污染防治攻坚战，守卫人民群众的白云蓝天。

节约能源是实现可持续发展的必然选择，同时也是缓解能源供需矛盾、保护生态环境的重要举措。为深入贯彻和落实可持续发展战略，完成"十三五"规划的节能目标，2017年，河南省人大常委会适时对《河南省节约能源条例》进行了修订。针对广大人民群众关注的供热计量问题，该条例明确集中供热建筑实行供热分户计量、按用量计费，可谓回应了民众关切。此外，鼓励开发利用新能源和可再生能源，明确节能监管由发展和改革部门负责也是本次修订的主要亮点，对调整能源利用结构，促进经济转型具有重要意义。

物业问题可谓是民生关切的重点和难点，物业管理不仅关联着千家万户的日常生活，更考验地方政府的治理能力。2017年河南省人大常委会广泛征集意见，历经三次审议，对实施了15年的《河南省物业管理条例》进行了全面修订，通过了新版的《河南省物业管理条例》。针对日常生活中暴露出来的业主大会成立难、物业收费乱、服务差等问题，该条例进行了集中回应。不仅规定了超三百户可以成立业主大会，还规定了物业公司应在显著位置公布收支情况等维护业主权利的内容，此外，对物业公司的权利和义务也进行了相应规定。这对推进河南省物业管理体系的规范化发展具有重要的制度导向意义，而且填补了地方物业管理的立法空白，为积攒多年的物业管理难题提供了法治化解决方式。

自2015年新版《食品安全法》实施以来，河南省对食品小作坊、小经营店和小摊点等小规模食品生产经营业态的监管还存在着一定的法律空白，因此，加强对"三小"食品生产经营业态的监管立法就成了河南省人大及其常委会的重点立法计划。2017年，河南省人大常委会审议修订了《河南省食品小作坊、小经营店和小摊点管理条例》，对何谓"三小"食品生产经营行为进行了明确，规定实行登记制管理，也对食品网络经营监管等作出了规定。这对于深化"放管服"改革，规范"三小"食品生产经营行为、防控食品安全风险、方便人民生活、确保饮食安全等具有重要意义。

2017年，河南省设区的市的人大及其常委会在河南省委、省人大的正确指导下，充分发挥地方立法的积极性和主动性，一共制定了地方性法规24件，修订1件。其中，郑州市人大及其常委会立足于郑州市城市治理的重点和热点问题，制定了《郑州市户外广告和招牌设置管理条例》，对郑州市户外广告和招牌设置进行了统一规范，有利于郑州市市容市貌的改善，凸显城市法治化治理水平。同时，郑州市人大及其常委会还制定了《郑州市湿地保护条例》和《郑州市文明行为促进条例》，分别对湿地保护和促进文明行为进行了专门立法，填补了立法空白，推动了社会文明建设；洛阳市人大及其常委会修订了《洛阳市洛浦公园管理条例》，明确了洛浦公园的最新范围，规范了公园游览行为。制定了《洛阳市人民代表大会代表履职档案管理办法》和《洛阳市城市绿线管理条例》，前者对于推进洛阳市人大代表履职档案建设具有重要意义，后者则对洛阳市城市绿线管理进行了详细的规定，有助于促进城市治理的规范化。

城市的绿化问题是近年河南省设区的市的人大及其常委会立法的重点关注。2017年，河南省先后有4个设区的市制定了城市绿化方面的地方性法规，分别是《南阳市城市绿化条例》《安阳市城市绿化条例》《新乡市城市绿化条例》和《开封市城市绿化条例》。分别根据本市的具体情况，对城市绿化的养护、管理等进行了规定。此外，南阳市人大及其常委会还制定了《南阳市白河水系水环境保护条例》，为落实"河长制"，推进南阳市白河水系的水环境保护提供了法制保障；安阳市人大及其常委会还制定了《安阳市城市管理综合执法条例》，为安阳市城市管理综合执法提供了规范依据，有利于依法行政工作的开展；新乡市人大及其常委会还制定了《新乡市中小学校幼儿园规划建设条例》，回应民众关切，实现了新乡市中小学校幼儿园规划和建设工作的制度化和规范化。

随着民众对城市治理水平期待和要求的提高，市容市貌和环境卫生已经成为民生关切的重要问题。2017年，河南省设区的市的人大及其常委会继续在这个领域上开展立法工作，先后有7个设区的市制定了相应的地方性法规，分别是《焦作市城市市容和环境卫生管理条例》《鹤壁市城市市容和环境卫生管理条例》《驻马店市城市市容和环境卫生管理条例》《商丘市城市市容和环境卫生管理条例》《周口市城市市容和环境卫生管理条例》《信阳市城市市容和环境卫生管理条例》以及《漯河市城市市容和环境卫生管理条例》。分别根据城市的具体情况进行了针对性的处理，虽然名称"看似一致"，实则"内有不同"。

除此之外，作为2015年《立法法》赋予设区的市的立法权限的重要内容，濮阳市、信阳市、漯河市和三门峡市的人大及其常委会还分别针对各自城市的文物遗迹、环境保护等制定了地方性法规。濮阳市人大及其常委会制定了《濮阳市戚城遗址保护条例》，信阳市人大及其常委会制定了《信阳市鲇鱼山水库饮用水水源保护条例》，漯河市人大及其常委会制定了《漯河市沙澧河风景名胜区条例》，三门峡市人大及其常委会制定了《三门峡市白天鹅及其栖息地保护条例》。上述地方性法规对于河南省设区的市的物质文化遗产、历史文化和生态环境保护等具有重要的意义。值得一提的是，2017年濮阳市人大及其常委会还制定了《濮阳市地方立法条例》，为濮阳市地方立法的程序化和科学化提供了统一规范化的明确规定，有利于提高濮阳市地方立法的质量。

（三）河南省2017年度政府立法发展状况

2017年，按照《中共中央国务院关于印发〈法治政府建设实施纲要（2015—2020年）〉的通知》中"各级政府及其部门要结合本地区本部门实际，每年部署法治政府建设年度重点工作"的要求，河南省法治政府建设领导小组印发了《河南省2017年度法治政府建设工作安排》。该安排结合河南省法治政府建设工作实际，包含建立健全依法决策机制、建立健全法治政府建设落实机制等十个方面的共计37项年度重点工作，为扎实做好河南省2017年度法治政府建设工作打下了坚实基础。在政府立法工作方面，河南省人民政府充分发挥自身的积极性和主动性，深入考察本省立法实际需求，摸底本省已有立法的实施状况，结合新时代河南省现代化建设的新要求和建设法治政府的新任务，统一安排部署，制定了《河南省集中供热管理试行办法》《河南省实施〈中华人民共和国石油天然气管道保护法〉办法》《河南省行政执法证件管理办法》和《中国（河南）自由贸易试验区管理试行办法》4件地方政府规章，一次性修改了《河南省征收教育费附加实施办法》《河南省森林和野生动物类型自然保护区管理细则》《河南省农村宅基地用地管理办法》《河南省〈河道管理条例〉实施办法》《河南省城市供水管理办法》《河南省城市绿化实施办法》《河南省铝粘土生产经营行业管理办法》《河南省市政设施管理办法》《河南省建筑消防设施管理规定》《河南省实施〈粮食流通管理条例〉办法》《河南省〈耕地占用税暂行条例〉实施办法》《河南省气象设施和气象探测环境保护办法》《河南省浮桥管理办法》《河南省环境污染防治设施监督管理办法》《河南省城镇燃气管理办法》《河南省〈民用爆炸物品安全管理条例〉实施办法》16件地方政府规章，一次性废止了《河南省〈水路运输管理条例〉实施办法》《河南省国家储备物资仓库安全管理暂行规定》《河南省〈扫除文盲工作条例〉实施办法》《河南省油气田保护暂行规定》《河南省〈女职工劳动保护规定〉实施办法》《郑州机场口岸管理试行办法》《河南省性病防治暂行办法》《河南省统计报表管理办法》《河南省治安联防工作暂行规定》《河南省鼓励出国留学人员来我省工作的暂行规定》《河南省外商投资有形资产鉴定试行办法》《河南省〈土地复垦规定〉实施办法》《河南省行政事业性收费许可证管理办法》《河南省污染源限期治理管理办法》《河南省人民政府奖励有突出贡献科技人员暂行规定》《河南省减免占用基本农田保护区耕地造地费暂行办法》《河南省道路旅客运输管理办法》《河南省社会保安服务管理办法》《河南省乡镇企业负担监督管理办法》《河南省建设工程监理管理规定》《河南省农药管理办法》《河南省人事争议处理暂行办法》《河南省人民政府关于〈河南省人事争议仲裁委员会组织规则（试行）〉的批复》《河南省公路路政管理规定》《河南省〈生猪屠宰管理条例〉实施办法》《河南省含金物料经营管理办法》《河南省社会福利机构管理规定》《河南省政府采购管理暂行办法》《河南省环境监测管理办法》《河南省组织机构代码管理办法》《河南省安全技术防范管理规定》《河南省人民政府关于切实加强非典型肺炎防治工作的通告》《河南省人口与计划生育条例实施细则》《河南省流通环节食品质量安全监督管理办法》《河南省企业国有产权转让监督管理办法》《河南省重大危险源监督管理办法》《河南省发展应用新型墙体材料管理办法》《河南省行政效能监察办法》《河南省流动人口计划生育工作规定》39件地方政府规章。

2017年，河南省17个设区的市人民政府共计制定地方政府规章8件，修改1件，废止8件。其中，郑州市人民政府制定3件，分别是《郑州市餐厨废弃物管理办法》《郑州市城市雕塑管理办法》和《郑州市地方志工作规定》，为推进郑州市餐厨废弃物的规范化处理、城市雕塑的管理养护以及地方志工作建设等提供了行政立法依据；洛阳市人民政府根据本市行政规范性文件的实际情况，制定了《洛阳市行政规范性文件管理办法》，对行政规范性文件的制定、发布等进行了专门规定，有利于维护法制统一，提升洛阳市规范性文件监督管理水平。同时，洛阳市人民政府还修改了《洛阳市房屋专项维修资金管理办法》，并废止了《洛阳市房屋租赁管理办法》《洛阳市公共场所禁止吸烟规定》《洛阳市暂住人口管理办法》《洛阳市建设工程施工现场管理规定》《洛阳市城市古树名木保护管理办法》《洛阳市财政监督检查办法》《洛阳市行政事业性收费管理办法》《洛阳市城市绿线及绿地建设管理办法》等8件地方政府规章；安阳市人民政府制定了《安阳市燃煤污染防治办法》和《安阳市南海泉域水资源保护办法》，分别对燃煤污染防治和南海泉域水资源保护进行了详细规定，对于打好蓝天白云保卫战，加强生态环境保护具有重要意义；商丘市人民政府制定了《商丘市人民政府拟定地方性法规草案和制定政府规章程序规定》，对于由商丘市人民政府作为地方性法规草案起草主体和制定地方政府规章的相关程序进行了明确，有利于更好地发挥商丘市人民政府在地方性法规起草和政府规章拟定中的作用，有利于地方立法的进一步展开。

加强行政执法人员资格管理，是强化执法监督、规范执法行为、建设法治政府的重要举措。党的十八届四中全会明确提出，要严格实行行政执法人员持证上岗和资格管理制度，未经执法资格考试合格，不得授予执法资格，不得从事执法活动。但长期以来，河南省对行政执法证件的管理主要是以文件方式进行具体的工作布置，缺少长效稳定的管理机制，已不能满足当前国家对行政执法人员实行严格管理的要求。同时，在执法实践中，行政执法证件的申领、发放和使用也存在不规范的现象。为深入贯彻党的十八届四中全会精神和《河南省行政执法条例》，2017年河南省人民政府在总结多年实践经验的基础上，制定了《河南省行政执法证件管理办法》，对行政执法证件的申领、核发、使用、管理等作了详细规定。主要包括申领行政执法证件人员的条件、办理行政执法证件的程序、行政执法机关和政府法制机构的管理职责以及相关法律责任等四个方面的内容。这是河南省严格实行行政执法人员持证上岗和资格管理制度的一项重要举措，对加强河南省行政执法证件管理、规范行政执法行为、促进依法行政具有重要意义。

建立河南自由贸易试验区是党中央、国务院作出的重大决策，是在新形势下紧紧围绕统筹推进"五位一体"总体布局和协调推进"四个全面"战略布局，全面深化改革、扩大开放和深入推进"一带一路"建设的重大举措。这为河南实施更加积极主动的开放战略、培育面向全球的竞争新优势、加快建设内陆开放高地带来重大发展机遇。严密的法律法规保障是自贸区健康发展的前提，只有基于相对完备、有效的法制环境，自贸区才能体现最大限度的自由和便捷。2017年，河南省人民政府立足设立河南省自由贸易试验区的总体方案，按照立法体例，制定了《中国（河南）自由贸易试验区管理试行办法》，包括建设"现代交通物流体系"、拓宽投资领域开放、服务"一带一路"建设、推动贸易转型升级、深化金融领域开放创新、营造法治化国际化便利化营商环境等方面的详细规定，为河南自贸试验区的建设提供了行政立法保障，既推动了制度创新，也彰显了河南特色，并为以后的正式立法积累了有益的经验。

集中供暖是事关民生的重要问题。2017年，河南省人民政府在多方征求意见进行公开听证后，制定通过了《河南省集中供热管理试行办法》，对供热时间、供热价格、供热温度等老百姓关注的问题进行了规定，回应民众关切，切实做到了立法为民。该办法还规定了对不执行政府制定的供热价格的行为将依法进行处罚，进一步明确了法律责任，为规范集中供暖市场、保障冬季供热秩序稳定提供了有力的法制保障。

随着城乡建设的不断加快，城市管道安全运行的外部环境安全等已成为不容忽视的问题，2017年，河南省人民政府依据《中华人民共和国石油天热气管道保护法》，结合本省实际，制定了《河南省实施〈中华人民共和国石油天然气管道保护法〉办法》，明确了石油、天然气管道安全的权责部门、工程要求与监督体系等，强化了对河南省石油、天然气管道的法制保护力度，有利于保障石油、天然气输送安全，维护能源安全和公共安全。

2017年，河南省人民政府进一步推进简政放权、放管结合、优化服务改革等工作，对现行有效的省政府规章进行集中清理，经过清理，河南省人民政府对《河南省征收教育费附加实施办法》《河南省森林和野生动物类型自然保护区管理细则》《河南省农村宅基地用地管理办法》《河南省〈河道管理条例〉实施办法》《河南省城市供水管理办法》《河南省城市绿化实施办法》《河南省铝粘土生产经营行业管理办法》《河南省市政设施管理办法》《河南省建筑消防设施管理规定》《河南省实施〈粮食流通管理条例〉办法》《河南省〈耕地占用税暂行条例〉实施办法》《河南省气象设施和气象探测环境保护办法》《河南省浮桥管理办法》《河南省环境污染防治设施监督管理办法》《河南省城镇燃气管理办法》《河南省〈民用爆炸物品安全管理条例〉实施办法》16件省政府规章进行了相应的修改，删除了其中不合时宜的条款，适当增补了与时俱进的内容，为更好地发挥省政府规章的效力打下了基础。同时，根据本省实际和社会形势，河南省人民政府一次性废止了《河南省〈水路运输管理条例〉实施办法》《河南省国家储备物资仓库安全管理暂行规定》《河南省〈扫除文盲工作条例〉实施办法》《河南省油气田保护暂行规定》等39件省政府规章。这次清理对激活市场活力和社会创造力，转变政府职能，加快法治政府建设，维护法制统一具有重要的推动作用。

2017年，河南省设区的市的政府立法继续结合本土实际，回应本土需求，在完善生态环境与历史文化保护上下功夫。比如郑州市人民政府制定了《郑州市餐厨废弃物管理办法》，安阳市人民政府制定了《安阳市燃煤污染防治办法》和《安阳市南海泉域水资源保护办法》，立足市民对美好生态环境和优美城市生活环境的需要，力图以法治思维和法治方式推进城市治理的精细化。《郑州市餐厨废弃物管理办法》详细规定了郑州市餐厨废弃物的运输和处置流程及权责部门，为厘清权责主体，加大餐厨垃圾整治的规范化提供了规章依据。整体看来，2017年，河南省设区的市的政府立法，经过两年的积累，已初步实现了体系化，为城市发展和民生保障奠定了必备的法制基础。

二、河南省2017年度地方立法的特色和亮点

（一）地方人大立法中的特色和亮点

1.坚持立法为民，主动回应群众立法关切

党的十九大报告明确指出："必须坚持以人民为中心的发展思想。"坚持立法为了人民、立法服务人民是加强和改进立法工作的必由之路。2017年，河南省人大及其常委会和设区的市的人大及其常委会继续坚定不移地坚持党中央的集中统一领导，认真学习贯彻习近平总书记系列讲话重要精神，根据河南省经济社会发展的实际情况，始终围绕人民关切，回应人民期盼，同时努力做到围绕中心，服务大局，在遵循立法规律的基础上，努力将国家政策、本省实际和人民关切统一到具体的立法过程中，制定了一批科学的、民主的、高质量的地方性法规。比如全面修订的《河南省物业管理条例》，为广大业主维护自身权利、解决物业管理难题提供了法制支持；《河南省职

业培训条例》的出台，则对于促进职业人才培养、拓宽就业渠道具有重要意义；郑州市人大及其常委会制定的《郑州市文明行为促进条例》、新乡市制定的《新乡市中小学校幼儿园规划建设条例》等都是回应人民群众颇为急切的立法期盼，坚持立法为民的具体表现，并且以地方立法的方式有力地推进了民生状况的改善。

2. 立足本省实际，注重彰显地方特色

自2015年《立法法》修订赋予设区的市以地方立法权，地方立法一时呈现出井喷之势。面对众多的地方性法规，如何彰显地方特色，而不是"千法一面"，就成了评判地方立法质量的重要标志之一。2017年，河南省人大及其常委会和设区的市的人大及其常委会坚持立法从本省、本市实际出发，在借鉴其他省市有益经验的基础上，注重挖掘本地的立法需求，在以立法推动制度创新的同时，始终注重彰显地方特色。其中，河南省人大及其常委会在制定和审议相关法规时，始终注意避免出现"后法"抄"前法"和"小法"抄"大法"的情况，力求从实际出发，制定符合本省发展需求的地方性法规。比如在制定《河南省职业培训条例》时，既注意到了河南省高层次人才缺失的现状和职业技能培训需求之间的差距，又观察到了一般职业人才的培育与河南省经济结构转型和供给侧改革之间的互补作用，从而适当调和了二者之间的矛盾，同时又立足于本省的经济发展实际，凸显了河南特色。

3. 多方征求意见，不断完善立法机制

一件地方性法规的出台要经过立项、起草、审查、决定、公布等阶段。立法工作不能片面追求速度和效率，而置立法质量于不顾。因此，立法过程必须多方征求意见，听取人民群众的心声和专家学者的建议。2017年，河南省人大及其常委会和设区的市的人大及其常委会不断完善立法机制，在地方性法规的制定过程中往往历经超过一次的审议，以确保科学立法和民主立法。比如《河南省物业管理条例》的修订，因为涉及主体较多，包括物业公司、业主、开发商等多个主体，权利义务等法律关系比较复杂，就曾八易其稿，先后历经三审，反复修改多达100余处。这在整个河南省地方立法史上都是不多见的。正因此，该条例出台后，被评论者视为"一件充满正能量和时代精神的物业管理良法"。

4. 强化省级指导，妥善推进设区的市立法工作

2017年，针对河南省一些设区的市地方立法经验不足的实际情况，河南省人大及其常委会积极加强省级指导，主动举办立法工作培训会议、研讨等课程，组织各市人大进行及时学习；在设区的市的人大及其常委会制定地方性法规时，河南省人大及其常委会努力做到全面参与和全程跟踪，在法规名称、立法权限、立法体系、立法技术等方面提供了有益和有效指导，从而大大加强了设区的市的立法队伍建设，提高了设区的市的立法能力。此外，河南省人大及其常委会还强化对设区的市的人大及其常委会制定的地方性法规的合法性审查，加大了审查的力度和反馈的速度，为确保法制统

一和立法质量筑牢了"审查屏障"。

（二）地方政府立法中的特色和亮点

1. 集中进行地方立法清理，确保法制统一、与时俱进

对既有地方立法进行清理是后来立法的必要前提。只有对既有立法的状况进行全面的摸排和掌握，才能真正明晰立法需求。2017年，河南省人民政府在政府规章清理的基础上，一共废除了省级政府规章39件，修改了16件，设区市人民政府废止了地方政府规章8件，修改了1件。既废除了不合时宜或存在立法冲突的政府规章，又根据社会形势的发展和实际的立法需要，修订了政府规章的相应内容，从而为加快法治政府建设、促进依法行政奠定了必要的法制基础。

2. 重视行政执法法治化，全面推进法治政府建设

依法行政是各级政府行使职权必须遵循的基本原则，推进法治政府建设，必须深入推进依法行政。2017年，河南省人民政府制定了《河南省行政执法证件管理办法》，这是推进行政执法法治化、提高执法人员队伍素质、规范管理执法证件、促进依法行政的重要举措，也是落实十八届四中全会决定精神的关键措施，亦是全面推进法治政府建设的应有之义。此外，郑州市制定了《郑州市餐厨废弃物管理办法》和《郑州市城市雕塑管理办法》，试图以法治方式来统筹推进餐厨废弃物的处理和城市雕塑的管理，实现城市治理能力的转型升级，这些举措必将对设区的市的法治政府建设产生积极的影响。初步看来，经过两年的积累，河南省设区的市的政府立法已经在河南省人民政府的统筹和带领下初步形成了一个完整、规范的政府立法体系，城市治理的各个方面、民生关切的重点难点，基本上都可以纳入法制轨道处理，实现了有法可依和有法必依。这就为全面推进法治政府建设，如期完成2020年全面建成法治政府的目标打下了坚实的法制基础。

3. 坚持立法与改革相结合，以立法保障和促进改革

习近平总书记曾深刻地指出，全面深化改革与全面依法治国，是"鸟之两翼、车之双轮"，共同推动全面建成小康社会的目标如期实现。因此，在新时代全面深化改革与全面推进依法治国的进程中，处理好立法与改革的关系十分重要。而将立法与改革相结合，根据改革经验和制度需求来设置与调整立法重点，有利于实现以有效的立法来保障和促进改革进程。2017年，河南省地方政府立法的一个突出亮点，就在于《中国（河南）自由贸易试验区管理试行办法》的制定实施。这可谓是立法与改革相结合，以立法保障和促进改革的典范。河南省人民政府在自贸区建设之初，就考虑到为自贸区建设提供必备的法制保障的问题，希求以完备的法制体系来为自贸区改革铸就法治动力。为此，在总结实践经验和学习其他省份先进案例的基础上，河南省人民政府采用立法体例，结合改革方案，制定了试行办法。这为接下来航空港经济综合试

验区、郑州跨境电子商务综合试验区等的改革建设，提供了可资借鉴的有益示范。

三、河南省2017年度地方立法的不足与未来展望

（一）河南省2017年度地方立法的不足

1. 人大主导立法的作用仍有待加强

2017年，河南省地方立法制定或修改的7件省级地方性法规和设区的市制定的23件地方性法规皆出自人大常委会。不可否认，由于人民代表大会本身议程、次数的限制等原因，人大立法显然无法回应多元速变的社会发展对地方立法的需求，于是《立法法》中规定的"人大主导"在实践中往往被"人大常委会"主导所代替，甚至具体的立法过程往往被"人大常委会工作机构"所主导。而在一些设区的市的地方性法规的制定过程中，由人大常委会自主起草法规草案的比例更是很小，基本上都交由政府及其职能部门来完成。严格来说，无论是法律还是地方性法规，立法只有真正出自人民代表大会才是民主立法的真谛。而对于民众普遍关切的民生问题，应该由人大常委会牵头起草后，交由人民代表大会审议通过，这样才会更加凸显立法过程中"人大主导"的地位和重要作用，确保立法的民主基础，以使法规通过后"站得住""立得稳"。

2. 设区的市的立法能力和立法积极性有待提升

2017年，河南省17个设区的市共制定地方性法规24件，修订1件，共制定地方政府规章8件，修订1件。从立法内容上看，主要涉及市容市貌卫生管理、水环境保护和历史文化保护等方面。但与2016年相比，存在12个设区的市暂未制定政府规章的情况，而已经制定的地方性法规中，存在6件立法名称、领域、事项相同或相近的情形。一些设区的市在起草具体地方性法规时，因为其他省市立法步伐较快，于是存在侥幸和偷懒的情形，对本市的立法实际需求不做深入调研就"草草起草"，盲目借鉴，而在具体的审议和通过后的上级审批中，又出现汇报不清、立法意图不明的问题，导致地方立法过分依赖省级指导，"等、靠、要"的问题比较明显。这无形中加大了省级人大常委会的工作量，带来立法资源的无谓消耗，不利于地方立法的长远发展。

3. 重大改革之间的立法协同能力仍有待提高

2017年，全面深化改革和全面依法治国持续推进，河南省也面临着重大的改革与发展机遇。河南省自由贸易试验区建设全面启动，郑州航空港经济综合试验区稳步推进，郑州跨境电子商务综合试验区加快发展等等，这些重要的改革项目和重点建设工程，除了传统的财政、资金、人才与技术的储备与支持外，完善的法规制度体系也是实现改革发展稳定前进的有力保障。因此，河南省的地方立法发展，不能割裂重大改革之间的内在联系与潜在互动，而应该从立法着手，强化重大改革之间的立法协同，

不仅加强重点领域的立法，也要以重点领域的立法辐射和带动其他领域的立法发展，以立法上的团结协作带动重大改革之间的协调推进，同时避免可能的立法冲突，整合立法资源优势，推动协同发展。

（二）河南省地方立法的未来展望

1.强化人大在地方立法中的主导地位

每一年度立法规划的制定和实施是科学立法的前提。河南省人大及其常委会应科学编制立法规划，制定年度立法任务，把事关全省经济社会发展大局、存在迫切立法需求的项目编入规划，做好立项安排，进而积极落实立法计划。诚然，不可能所有的立法草案都由人大及其常委会起草，但人大及其常委会要开展好立法组织协调工作，促进人大相关专工委与政府法制办等具体法规起草单位的沟通和研究，做好法规论证和立法调研工作，解决好立法工作中遇到的突出问题，力争在关键条款上达成一致性意见。在法规起草后，要做好法规审议工作，对于涉及重大问题或存在意见分歧的地方，积极主动与有关部门开展沟通，深入研究，提出修改完善法规草案的意见建议。在法规通过后，还要积极开展立法后评估工作，拓宽公众参与途径，让地方立法更能体现人民意志和群众利益，更好地服务于改革决策的发展需要。

2.提升地方立法能力，提高地方立法质量

在地方立法工作的开展中，要紧紧围绕省委中心工作开展立法，以确保地方立法的正确方向，突出立法工作的地方特色。在编制立法规划和起草立法草案时，要主动学习党的报告，善于把握党的政策精神，结合本地实际，实现向地方立法的科学转化。同时，要强化对地方人大及立法起草单位、职能部门等的立法培训，提高其立法素养，增强立法调研、立法研究等的积极性和主动性，解决立法能力的组织保障问题。要坚持开门立法，广泛听取各方意见，要建立和健全立法机关与社会公众、专家学者就立法草案征求意见的沟通和反馈机制，充分利用互联网平台的便利优势，积极引导公众力量参与立法，确保民主立法和科学立法。而且还要注重立法的精细化，根据地方实际，缺什么立什么，做到地方立法的"查漏补缺"，具体可操作，以高质量的地方立法，切实服务于河南省改革发展建设。

3.加强重大改革之间的立法协同

重大改革的协同发展，需要改革立法的协同作业。党的十八届四中全会提出要确保"重大改革于法有据"，而重大改革之间加强立法的协同作业，做好框架性立法的协调一致，首先在法制层面上取得共识，有利于具体改革的协同推进。2017年，我国经济发展与改革建设已进入新时代，对河南而言，无论是防控化解风险、促进经济协调发展，推进改革项目建设，还是践行新发展理念，强化生态环境保护，打好防止污染攻坚战，或从满足人民美好生活需要，解决不平衡不充分发展的问题上来看，中原

都处于一个大有可为的历史时期。

　　展望未来，2018年是贯彻党的十九大精神的开局之年，是改革开放40周年，也是实施"十三五"规划承上启下的关键一年，更是决胜全面建成小康社会、开启新时代河南全面建设社会主义现代化新征程的重要一年，河南地方立法应继续发挥积极性和主动性，深入研究和精心谋划具体的立法作业，继续为改革发展稳定大局提供强有力的法治保障。

　　　　　　　　　　　　　　　　　　　审稿：杨治坤（广东外语外贸大学）

第十八章　湖北省2017年度立法发展报告

孙　琳[1]

摘要：2017年，湖北省地方立法认真贯彻落实省委重大决策部署，坚持战略导向、目标导向，积极开展地方立法，切实提高立法质量。湖北省人大及其常委会全年通过3件地方性法规、修改了48件地方性法规，废止2件地方性法规，批准18件地方性法规；湖北省人民政府制定了5件地方政府规章；11个设区的市和3个民族自治地方扎实行使市州地方立法权。2017年，湖北省地方立法坚持以良法促改革，全面推进依法行政，注重立法制度基础建设，注重保障和改善民生，突显了湖北省地方立法特色。但存在重点领域和关键环节改革立法仍需深化，立法促进科技与经济深度融合不强，区域立法合作欠缺等不足。

关键词：湖北省　地方立法　发展报告

一、湖北省2017年度立法发展状况

（一）湖北省2017年度立法状况总体评述

2017年，湖北省拥有地方立法权的主体有省人大和省人民政府2个省级立法主体，武汉市人大和武汉市人民政府两个省会城市立法主体，黄石市、十堰市、襄阳市、宜昌市、荆州市、荆门市、鄂州市、孝感市、黄冈市、咸宁市、随州市11个设区的市立法主体，以及恩施土家族苗族自治州、长阳土家族自治县、五峰土家族自治县3个民族自治地方立法主体。

2017年，湖北省各级立法机关认真贯彻落实省委重大决策部署，坚持战略导向、目标导向，积极开展地方立法，切实提高立法质量。湖北省人大常委会全年"立改废"地方性法规71件，其中制定3件地方性法规、修改48件地方性法规、废止2件地方性法规、批准18件地方性法规。

湖北省人民政府制定了《湖北省国家安全技术保卫办法》《中国（湖北）自由贸

① 孙琳，广东技术师范学院天河学院讲师，法学硕士。研究方向：诉讼法学、民商法学。

易试验区建设管理办法》等5件地方政府规章。

在设区的市人大立法方面，武汉市人大常委会制定了3件地方性法规，修改1件地方性法规；黄石市、十堰市、襄阳市、宜昌市、荆州市、荆门市、鄂州市、咸宁市人大常委会各制定1件地方性法规；孝感市、黄冈市人大常委会各制定2件地方性法规。

在设区的市政府立法方面，武汉市人民政府制定4件、修改27件、废止14件政府规章；十堰市、孝感市、黄冈市、咸宁市人民政府各制定1件政府规章；襄阳市、宜昌市人民政府各制定2件政府规章；鄂州市人民政府制定4件政府规章。

在民族自治地方立法方面，恩施土家族苗族自治州人民代表大会废止了1件单行条例，恩施土家族苗族自治州人民政府制定了2件单行条例。

总体而言，2017年，湖北省地方立法呈现出蓬勃发展的良好局面，重点关注保障公民权利、环境生态保护等领域，从具体的立法工作来看，立法工作格局不断完善，立法工作机制持续创新。

（二）湖北省2017年度人大立法发展状况

2017年，湖北省人大及其常委会积极落实全面依法治国的要求，紧紧抓住提高立法质量这个关键，遵循和把握立法规律，不断提高地方立法水平，努力实现以良法促发展保善治，共制定、修改、批准通过的地方性法规和民族自治地方单行条例共71件，其中制定了《湖北省社会信用信息管理条例》《湖北省专利条例》《神农架国家公园保护条例》3件地方性法规，修改了《湖北省公路路政管理条例》《湖北省安全生产条例》《湖北省实施〈中华人民共和国老年人权益保障法〉办法》《湖北省各级人民代表大会常务委员会讨论、决定重大事项的规定》4件地方性法规，集中修改了《湖北省劳动力市场管理条例》《湖北省实施〈中华人民共和国道路交通安全法〉办法》《湖北省城市商业网点建设管理条例》《湖北省实施〈中华人民共和国广告法〉办法》《湖北省实施〈中华人民共和国节约能源法〉办法》等44件地方性法规，废止了《湖北省集贸市场管理条例》《湖北省著名商标认定和促进条例》2件地方性法规，批准制定《武汉市促进革命老区发展办法》《武汉市爱国卫生促进条例》《武汉市城市桥梁隧道安全管理条例》《武汉市禁止生产销售使用含磷洗涤用品规定》《武汉市未成年人保护条例》《黄石市商业网点规划建设管理条例》《十堰市武当山古建筑群保护条例》《襄阳市农村生活垃圾治理条例》《宜昌市城区建筑物外立面管理条例》《宜昌市黄柏河流域保护条例》《荆州古城保护条例》《荆州市文明行为促进条例》《荆门市生态环境保护条例》《孝感市城乡规划条例》《孝感市城市综合管理条例》《黄冈市革命遗址遗迹保护条例》《咸宁市禁止燃放烟花爆竹条例》17件地方性法规，批准废止《恩施土家族苗族自治州人口与计划生育条例》1件单行条例。

在设区的市人大立法方面，武汉市人大常委会制定了《武汉市城市桥梁隧道安全管理条例》《武汉市爱国卫生促进条例》《武汉市禁止生产销售使用含磷洗涤用品规定》3件地方性法规，修改了《武汉市未成年人保护条例》1件地方性法规；黄石市人大常委会制定了《黄石市房屋安全管理条例》1件地方性法规；十堰市人大常委会制定了《十堰市武当山古建筑群保护条例》1件地方性法规；襄阳市人大常委会制定了《襄阳市农村生活垃圾治理条例》1件地方性法规；宜昌市人大常委会制定了《宜昌市黄柏河流域保护条例》1件地方性法规；荆州市人大常委会制定了《荆州市文明行为促进条例》1件地方性法规；荆门市人大常委会制定了《荆门市生态环境保护条例》1件地方性法规；鄂州市人大常委会制定了《鄂州市文明行为促进条例》1件地方性法规；孝感市人大常委会制定了《孝感市城市综合管理条例》《孝感市城市绿化条例》2件地方性法规；黄冈市人大常委会制定了《黄冈市革命遗址遗迹保护条例》《黄冈市违法建设治理条例》2件地方性法规；咸宁市人大及其常委会制定了《咸宁市禁止燃放烟花爆竹条例》1件地方性法规。

在民族自治地方立法方面，恩施土家族苗族自治州废止了《恩施土家族苗族自治州人口与计划生育条例》1件单行条例。

为了规范社会信用信息管理，促进社会信用体系建设，营造诚实守信的社会环境，保障社会信用信息安全和信用主体合法权益，实现社会信用信息共享，湖北省人大常委会在认真总结省内外社会信用体系建设经验的基础上，广泛吸收融汇各方面意见，制定了《湖北省社会信用信息管理条例》，该条例是全国首部社会信用信息管理条例，包括总则、信息归集、信息披露、信息应用、信息安全与权益保障、法律责任、附则，共7章44条，该条例确立了推进社会信用体系建设的湖北范式，具有前瞻性、创新性、指导性和可操作性。

随着时代发展和科技进步，为了鼓励发明创造，保护专利权人的合法权益，推动专利运用，促进科学技术进步和经济社会发展，推进知识产权强省建设，湖北省人大常委会根据《中华人民共和国专利法》制定了《湖北省专利条例》。该条例明确由湖北省人民政府设立湖北专利奖，对为国家和湖北省经济社会发展做出突出贡献的专利项目的单位或者发明人、设计人给予奖励；获得湖北专利奖的，可以优先推荐申报相关技术职称；县级以上人民政府应当设立专项资金，用于发明创造和专利申请的资助、专利奖励、专利运用和产业化引导、专利保护和服务、专利人才培养和引进等方面。

党的十九大报告明确提出："构建国土空间开发保护制度，完善主体功能区配套政策，建立以国家公园为主体的自然保护地体系。"在此改革背景下，神农架国家公园是全国首批十个试点地区中第二个获批的体制试点，是以习近平同志为核心的党中央确定国家公园体制改革的重大实践。湖北省人大常委会强力推进体制机制创新，健全完善政策制度体系，制定《神农架国家公园保护条例》。该条例作了一系列重要制度设计，省政府负责神农架国家公园的组织领导，神农架国家公园管理机构负责统一履行神农架国家公园内生态保护、自然资源资产管理、特许经营管理、社会参与管理、宣传推介等行政管理职责；建立国家公园生态保护绩效考核制度，实行领导干部自然资源资产离任审计和生态环境损害责任追究制。

随着武汉城市桥梁隧道的发展，1981年11月24日通过的《武汉市城市道路桥梁管理办法》已不能适应桥梁隧道安全管理的需求，2017年4月18日经武汉市第十四届人民代表大会常务委员会第二次会议通过《武汉市城市桥梁隧道安全管理条例》。该条例进一步加强了武汉市城市桥梁、隧道的管理，是为确保武汉市城市桥梁、隧道完好、安全、畅通而制定的以城市桥梁、隧道安全管理为核心的专门性法规。该条例规定武汉市城市桥梁、隧道安全管理遵循安全第一、预防为主、管理与养护并重的原则，对城市桥梁隧道的管理部门进行了责任划分，并分别就建设移交管理、安全使用管理、检测维护管理三个方面进行明确的规定。该条例的施行对于促进武汉市安全、高效运行，完善全市城市管理法规体系具有重要的意义。

（三）湖北省2017年度政府立法发展状况

2017年，湖北省人民政府制定了《湖北省国家安全技术保卫办法》《中国（湖北）自由贸易试验区建设管理办法》《湖北省铁路安全管理办法》《湖北省社会保险基金监督办法》《湖北省文物安全管理办法》等5件政府规章。

在设区的市政府立法方面，武汉市人民政府制定了《武汉市公共资源交易监督管理办法》《武汉市行政处罚委托办法》《武汉市人民政府规章制定程序规定》《武汉市行政调解暂行办法》4件政府规章；十堰市人民政府制定了《十堰市政府规章制定程序规定》1件政府规章；襄阳市人民政府制定了《襄阳市市区公共租赁住房管理办法》《襄阳市防控和查处违法建设办法》2件政府规章；宜昌市人民政府制定了《宜昌市市容环境卫生责任区管理办法》《宜昌市城区建筑垃圾管理办法》2件政府规章；鄂州市人民政府制定了《鄂州市农贸市场管理办法》《鄂州市养犬管理办法》《鄂州市建筑垃圾管理办法》《鄂州市污水处理管理暂行办法》4件政府规章；孝感市人民政府制定了《孝感市扬尘污染防治管理办法》1件政府规章；黄冈市人民政府制定了《黄冈市天然林保护办法》1件政府规章；咸宁市人民政府制定了《咸宁市城乡个人住宅规划建设管理办法》1件政府规章。恩施土家族苗族自治州人民政府制定了《恩施土家族苗族自治州地名管理办法》《恩施土家族苗族自治州城市规划管理技术规定》2件政府规章。

国家安全技术保卫工作是党中央、国务院赋予国家安全机关的一项重要职责和行政执法任务，自2015年7月1日《国家安全法》颁布实施后，湖北省人民政府制定了《湖北省国家安全技术保卫办法》。该办法是湖北省第一部全面规范和保障国家安全技术保卫工作的专门规章，有五大亮点：一是妥善处理了中央事权与地方立法的关系，地方立法对国家相关规定进行了具体化，有力地确保了国家法律的贯彻实施；二是妥善处理了行政许可与优化投资环境的关系，通过明晰投资规则，推动营商环境法治化；三是妥善处理了依法行使职权与尊重保障人权的关系，以保障国家安全和保障人民群众根本利益作为出发点；四是妥善处理了积极防御与科学防范的关系；五是妥善处理了专门机关与齐抓共管的关系。

为了保障和推进中国（湖北）自由贸易试验区建设，充分发挥其引领、带动、示范作用，湖北省人民政府根据自由贸易试验区建设与管理工作的实际要求，借鉴自由贸易试验区运作的实践经验，着力解决市场体系不完善、政府干预过多和监管不到位等问题，制定《中国（湖北）自由贸易试验区建设管理办法》，在自由贸易试验区内大力推进简政放权、放管结合、优化服务改革，做到放得更活、管得更好、服务更优。打造自由贸易试验区法制升级版，确保自由贸易试验区建设在法治轨道上稳健运行。

建立健全社会保险制度，是发展社会主义市场经济、保护广大社会保险对象合法权益、维护社会稳定的需要。《中华人民共和国社会保险法》第六条明确规定，国务院和省、自治区、直辖市人民政府建立健全社会保险基金监督管理制度，保障社会保险基金安全、有效运行。《人力资源和社会保险事业发展"十三五"规划纲要》也明确提出，加快推进社会保险基金监督管理立法，强化基金收支、管理和投资运营全过程监督检查。湖北省人民政府制定了《湖北省社会保险费征缴管理办法》《湖北省社会保险基金收支管理暂行办法》《湖北省关于社会保险工作若干事项的规定》等规章。为加强社会保险基金监督管理、确保基金安全完整和保值增值的重要性、紧迫性，2017年制定了《湖北省社会保险基金监督办法》，对各级政府及有关部门深刻认识加强社会保险基金监督管理制度，规范社会保险基金监督行为，切实防范和化解基金管理风险，推动湖北省社会保险事业健康有序发展十分必要。

二、湖北省2017年度地方立法的特色和亮点

（一）地方人大立法中的特色和亮点

2017年，湖北省人大常委会加强重点领域立法，坚持突出湖北特色，注重可操作性，切实增强与发展省情的适应性，较好地完成了年度立法工作。湖北省人大立法的特色与亮点具体表现在以下几个方面：

1.完善专利法治保障，培育创新发展新动能

专利制度是知识产权制度的核心，是促进经济转型升级的强大动力，是"中部崛起"和"一带一路"倡议的重要支撑。湖北省人大常委会制定《湖北省专利条例》，对湖北省建立健全专利创造、运用、保护、管理和服务等制度，深入实施知识产权战

略起到积极的推动作用：一是完善了专利混合所有制、奖励激励机制激励研发人员发明创造；二是对专利创造运用过程中的不同主体，建立区别化引导机制，鼓励、支持其进行专利运营；三是以专利信息资源利用和专利分析为基础，把专利分析与产业运行决策深度融合；四是军民融合深度发展，推动科技协同创新，实现国防专利、民用专利的信息共享和双向转化；五是加强互联网经济的专利保护。

2. 开展网上听证制度，深入推进科学民主立法

坚持科学立法，一是人大提前参与法规调研起草工作，涉及综合性、全局性、基础性的法规草案由人大主导起草，把握立项、起草、协调、审议等重要环节，加强对法规重点问题的协调。二是广开立法言路，充分听取人大代表、社会各界和有关专家、基层联系点的意见。依据《湖北省人大常委会立法听证规则》建立立法网上听证、委托第三方听证、立法听证简易程序工作制度。2017年10月下旬，就《湖北省消费者权益保护条例（草案）》举行立法网上听证，网上点击量达到27.5万人次，提出意见建议1243条。这些制度拓宽了社会公众参与立法听证、表达意见的渠道，突破了传统单一听证会形式，吸引社会各方面广泛关注和参与，使立法机关的立法工作更加透明，提高了地方立法科学化民主化水平。三是分层建立立法专家智库，对意见分歧大、社会关注度高的法规实行"三审四通过"，建立重要法规向全国人大汇报、与国家有关部委沟通制度，对法规核心条款的科学性、合理性、廉洁性和社会效果开展论证评估，注重增强法规实施效果。

3. 认真贯彻《立法法》，扎实推进市州行使地方立法权

贯彻党中央、全国人大的重大决策和省委的要求，决定设区的市、自治州人大及其常委会自2016年1月起开始制定地方性法规。通过推动设立立法机构、充实立法力量、完善立法工作制度，加强对立法规划、起草、审议、报批等环节的指导，推进市州立法工作顺利开展。2017年，黄石市等9个设区的市人大常委会制定了《黄石市房屋安全管理条例》等11件地方性法规，十堰市等7个市人民政府制定了12件政府规章。

（二）地方政府立法中的特色和亮点

2017年，湖北省政府规章的制定任务圆满完成，各级政府不断加强立法的科学性和实效性，以做好保障民生、促进经济增长方式转变和社会管理创新为立法工作的宗旨。立法工作各具特色和亮点，主要有以下几个方面：

1. 坚持以良法促改革，推动自贸区改革

深入推进湖北自贸区建设，制定《中国（湖北）自由贸易试验区建设管理办法》，全面落实自贸区建设总体方案，主动对标国际投资贸易规则体系，突出制度创新，加快推进贸易便利化、投资自由化、监管法治化，探索更多可复制的成功经验。强化产业支撑，加速发展战略性新兴产业和高技术产业，以产业集聚度和市场活跃度

检验自贸区建设成效。加快形成全面开放新格局。深度融入"一带一路"建设，加快建设大通道、大通关、大平台。推动中欧班列、江海直达航线、多式联运发展。加快国际贸易"单一窗口"建设，落实"一次申报、一次检查、一次放行""无纸化通关"，提升口岸服务功能。支持襄阳、宜昌申报综合保税区，深化国际产能合作，推进境外投资"双重工程"。

2. 全面推进依法行政，规范行政执法

湖北省政府认真贯彻党中央全面推进依法治国决策部署，依法执政、依法行政一体推进，法治政府、法治社会共同建设，让权力不任性，制定了《武汉市行政处罚委托办法》《武汉市行政调解暂行办法》。法治是治理体系和治理能力现代化的基石和标志，全面推进依法治省，按照务实重行的要求，坚持问题导向，夯实法治建设根基，积极主动服务改革和经济发展。

3. 注重立法制度基础建设，为地方立法提供保障

武汉市、十堰市人民政府为规范起草、制定政府规章程序，保证政府规章质量，根据《立法法》《规章制定程序条例》等法律法规和规章的规定，制定了本市的人民政府起草和制定政府规章程序规定，明确了政府立法职责分工、立法范围、立法原则、立法规范等政府立法的制度基础；明确和规范了政府规章制订计划的拟定程序、原则和要求；明确和规范了政府规章草案的起草、审查、审议程序以及政府规章的公布、备案、解释、修改、废止、评估、清理程序。

4. 注重保障和改善民生，增强人民群众获得感

紧紧抓住老百姓最关注的问题，制定《湖北省社会保险基金监督办法》《襄阳市市区公共租赁住房管理办法》《宜昌市市容环境卫生责任区管理办法》《鄂州市农贸市场管理办法》《孝感市扬尘污染防治管理办法》等政府规章为群众谋福祉，让群众享公平。《湖北省社会保险基金监督办法》从加强社会保险基金监督管理，保障社会保险基金安全、有效运行的角度维护社会保险参保人员的合法权益；《襄阳市市区公共租赁住房管理办法》面向符合规定条件的城镇中等偏下收入住房困难家庭、新就业无房职工和在城镇稳定就业的外来务工人员提供租赁保障性住房；《宜昌市市容环境卫生责任区管理办法》为加强市容环境卫生管理，维护整洁优美的城市环境，建立了市容环境卫生责任区制度，将城市管理纳入法制化轨道；《鄂州市农贸市场管理办法》规范了农贸市场监督管理，维护市场交易秩序，保护了市场开办者、管理者、经营者和消费者的合法权益；《孝感市扬尘污染防治管理办法》为保护和改善环境，防治扬尘污染，建立了扬尘污染防治与管理制度。

三、湖北省2017年度地方立法的不足与未来展望

（一）湖北省2017年度地方立法的不足

2017年度湖北省地方立法尽管取得了不错的成绩，但仍然存在一些不足和差距，主要有：

1. 重点领域和关键环节改革立法仍需深化

2017年，湖北省根据全面深化改革重大战略部署开展立法工作，取得了一定的成效。但是，随着全面深化改革的推进，对立法工作提出了更高的要求和挑战。从一定意义上说，就是要着力实现制度创新，不断完善和发展各项制度，将改革的重点领域和关键环节落实到立法上，通过法律制度的制定完善来引领改革方向、推动改革进程、保障改革成果，推进中国特色社会主义制度完善发展，推进国家治理体系和治理能力现代化。

2. 科技创新类立法需进一步丰富

科学技术是第一生产力，科技创新立法是鼓励创新、创业，推动科技成果转化的重要法制保障。2017年，湖北省地方立法中除制定了《湖北省专利条例》外，没有其他科技创新类立法记录。目前的科技立法现状还不能最大化地推动科学技术的创新，不利于科技创新和地方经济的发展。

3. 区域立法合作欠缺

伴随着城镇化进程的推进，区域协同与城市可持续发展的要求愈来愈强烈，过去以政府规章、行政性文件和法定规划为主体的区域和城市管控体系已经不能适应社会治理现代化的需要。在区域层面，经济产业协同发展、环境保护和污染治理等问题面临制度瓶颈，亟待立法保障和支持体制机制创新。在城市层面，针对突出问题，加强地方立法，是依法治市的迫切需求。但由于行政区划分割，地方立法局部利益倾向突出，且各地立法主体的立法理念、立法工作能力水平、立法工作模式等方面存在差异，湖北省区域立法合作尚待加强。

（二）湖北省地方立法的未来展望

1. 深化重要领域和关键环节立法

在全面深化改革的关键时期，改革举措必然涉及现行法律制度的调整。中央明确要求改革不能牺牲法制尊严和权威，指出凡属重大改革要于法有据；重要改革措施需要法律授权的，要按照法定程序进行。因此，在推进改革的过程中，要充分利用法治凝聚改革共识，以法治引领改革方向，以法治规范改革程序，以法治确认、巩固和扩大改革成果。深化投融资体制改革，规范政府和社会资本合作模式；加快建立现代财政制度，继续推动财力下移，提高市县财力保障水平；深化行政体制和事业单位改

革；推进价格机制改革等重要领域和关键环节。

2.立法促进科技与经济深度融合

随着近现代科技的迅猛发展，科技对经济和社会的巨大推动作用日渐凸显，科技立法的步伐逐渐加快。科技立法是以调整科技社会关系为对象的，其目的在于对科学技术工作实行法治，促进科技领域秩序的建立，最终实现科技发展的效益最大化。通过立法发挥重大平台体系牵引作用，发挥东湖国家自主创新示范区龙头作用，加快武汉光电国家研究中心等重大创新平台建设，实施一批重大科技专项，攻克一批关键领域核心技术。健全协同创新机制，整合创新资源，推动产学研深度合作。瞄准科技前沿，加强基础研究，支持在应用性基础研究、前瞻性基础研究、引领性原创成果方面取得明显进展。

3.推进区域立法发展

根据我国现行法律体系与行政体制，在区域协作中，地方政府或区域内其他主体之间的协同力和约束力十分有限。目前，通常采用区域内人大和政府对立法事项进行协调的方式来推进区域内地方立法机构开展同步立法，以此解决区域协同中的一些难题。湖北省可以有效对接国家区域发展战略，积极融入长江经济带发展，发挥核心城市龙头作用和交通网络疏解功能，加快把武汉城市圈打造成长江中游城市群最重要的增长极，推动武（汉）鄂（州）黄（石）黄（冈）等相邻城市联动发展，协同推进汉江生态经济带、三峡生态经济合作区、洞庭湖生态经济区建设。

审稿：杨治坤（广东外语外贸大学）

第十九章　湖南省2017年度立法发展报告

邓　骞[①]

摘要： 2017年度湖南省地方立法工作在科学立法、民主立法精神与立法先行政策的指引下，取得了较好的成绩。湖南省人大及其常委会和省人民政府加强了在科技、环境保护、城市管理、事业单位、医疗保险等领域立法，制定、修改地方性法规12件，批准地方性法规19件，制定、修改政府规章24件。湖南省地方立法既有注重发挥人大在立法中的主导作用、更加重视民生立法领域、增强社会主体的责任意识、强化重点领域立法等亮点，但也存在立法工作机制不够完善、立法的质量有待提升等问题。

关键词： 湖南省　地方立法　发展报告

一、湖南省2017年度立法发展状况

（一）湖南省2017年度立法状况总体评述

截至2017年底，湖南省共有35个立法主体，具体包括：湖南省人大及其常委会和省人民政府；长沙、衡阳、株洲、湘潭、岳阳、常德、益阳、郴州、张家界、永州、怀化、娄底市人大及其常委会和市人民政府；湘西土家族苗族自治州人大及其常委会和州人民政府；怀化市新晃侗族自治县、怀化市芷江侗族自治县、怀化市靖州苗族侗族自治县、怀化市麻阳苗族自治县、怀化市通道侗族自治县、邵阳市城步苗族自治县、永州市江华瑶族自治县的人民代表大会。与2016年相对比，湖南省地方立法主体及其体制较为稳固。

2017年，在科学立法、民主立法精神与立法先行政策的指引下，湖南省人大及其常委会做了卓有成效的立法工作，共制定、修改、批准地方性法规31件，为湖南改革与发展提供了有力的法制保障。其中，制定和修改地方性法规12件，批准长沙市、岳阳市、常德市、永州市、湘西土家族苗族自治州等地制定和修改设区的市地方性法规

---

① 邓骞，法学博士，广东海洋大学法政学院讲师。研究方向：行政法学、地方立法学。

19件。①与上年相比，在地方人大及其常委会立法方面，立法数量总体有所减少。

湖南省人民政府制定、修改了《湖南省地理空间数据管理办法》等24件政府规章。与上年相比，在省级人民政府立法方面，立法数量增长了4倍。

在设区的市人大立法方面，长沙市人大及其常委会制定《长沙市沩山风景名胜区条例》《长沙市大围山区域生态和人文资源保护条例》2件地方性法规；湘西土家族苗族自治州人大及其常委会制定《湘西土家族苗族自治州酉水河保护条例》《湘西土家族苗族自治州浦市历史文化名镇保护管理条例》2件地方性法规；郴州市人大及其常委会制定《郴州市房屋安全管理条例》1件地方性法规；湘潭市人大及其常委会制定《湘潭市历史建筑和历史文化街区保护条例》1件地方性法规；株洲市人大及其常委会制定《株洲市城市综合管理条例》1件地方性法规；衡阳市人大及其常委会制定《衡阳市城市市容和环境卫生管理条例》1件地方性法规；益阳市人大及其常委会制定《益阳市安化黑茶文化遗产保护条例》1件地方性法规；常德市人大及其常委会制定《常德市城市河湖环境保护条例》《常德市人民代表大会及其常务委员会制定地方性法规条例》2件地方性法规；岳阳市人大及其常委会制定《岳阳市城市规划区山体水体保护条例》《岳阳历史文化名城保护条例》2件地方性法规；永州市人大及其常委会制定《永州市历史文化名城保护条例》《永州市城市市容和环境卫生管理条例》2件地方性法规；怀化市人大及其常委会制定《怀化市城市市容和环境卫生管理条例》1件地方性法规；娄底市人大及其常委会制定《娄底市孙水河保护条例》1件地方性法规；张家界市人大及其常委会制定《张家界市扬尘污染防治条例》1件地方性法规；邵阳市人大及其常委会制定《邵阳市城市公园广场管理条例》1件地方性法规。设区的市人大立法总体上较为平稳，其中永州市人大立法成绩较为突出。

在设区的市政府立法方面，2017年度长沙市人民政府制定《长沙市人民政府关于下放市级经济管理权限的决定》《长沙市人民政府关于赋予湖南湘江新区市级经济管理权限的决定》《长沙市2018年度在职职工医疗互助活动实施办法》《长沙市人民政府拟定地方性法规草案和制定规章办法》4件政府规章；益阳市人民政府制定《益阳市不可移动文物保护办法》1件政府规章；常德市人民政府制定《城头山遗址保护办法》1件政府规章；郴州市人民政府制定《郴州市古民居保护办法》1件政府规章；株洲市人民政府制定《株洲市农村村庄规划建设管理条例实施细则》1件政府规章；岳阳市人民政府制定《岳阳市城区禁止燃放烟花爆竹管理办法》1件政府规章。据此，各设区政府的政府规章数量相差不大，长沙市政府的立法持续关注民生问题。2017年民族自治地方没有制定自治条例和单行条例。

总体而言，湖南省2017年度地方立法彰显了湖南省积极适应全面深化改革和生态

---

① 本数据与《湖南省人民代表大会常务委员会工作报告（2018）》有差异，差异主要来自统计方法和标准不同。

文明建设的需要，本着具体问题具体分析、实事求是的法治精神稳步推进立法工作，发挥立法的引领、推动和保障作用，引领和推动湖南生态环境建设、文明社会健康发展，尤其是在环境保护、城市管理、事业单位、医疗保险方面特别突出。

（二）湖南省2017年度人大立法发展状况

2017年，湖南省人大及其常委会以问题为导向，全面分析全省立法工作中存在的问题，进一步厘清立法工作思路，加大生态文明建设，制定了《湖南省大气污染防治条例》《湖南省饮用水水源保护条例》《湖南省城市管理综合条例》《湖南省水上交通安全条例》《湖南省森林公园条例》5件地方性法规。

湖南省首次就大气污染防治进行地方立法，出台了《湖南省大气污染防治条例》，对于改善全省的空气质量、保障人民群众身体健康将发挥重要作用。该条例草案从提出议案、组织调研到4次审议，历时三年多的酝酿和修改，终于在2017年3月湖南省十二届人大常委会第二十九次会议上得到常委会组成人员一致认可，以全票通过。[①]该条例立足目前湖南省大气污染的实际情况，构建了相关管理体制机制，针对燃煤、工业废气、餐饮油烟、车船尾气、扬尘等不同类别的污染制定了不同的防治措施，设计了不同的法律条文。此外，根据大气污染管理中的现存问题，结合上位法的相关规定，湖南省还对国家机关工作人员的渎职等违法违纪行为设置了不同的法律责任及其追究机制。

2017年11月30日下午，湖南省十二届人大常委会第三十三次会议表决通过了《湖南省饮用水水源保护条例》。为确保饮用水安全的实际需要，按照国家饮用水水源保护区划分的技术规范要求，该条例根据饮用水水源地的地理位置、地质特征、水量需求、环境状况等现实情况，科学地划定了饮用水水源保护区的范围。在该条例的第四章，立法者较为系统地设计了饮用水水源的安全保护措施，并按照不同的饮用水类别作出了分级、分层次的禁止性规定。饮用水水源保护立法有利于提高群众饮水安全保障。

为保证立法与改革的协调，对现有地方性法规予以清理与修改是2017年度湖南省人大立法中心工作，先后修改了地方性法规7件，具体为：《湖南省学校人身伤害事故预防和处理条例》《湖南省实施〈中华人民共和国残疾人保障法〉办法》《湖南省电力设施保护和供用电秩序维护条例》《湖南省统计管理条例》《湖南省消费者权益保护条例》《湖南省散居少数民族工作条例》《湖南省通信条例》。

为加强对残疾人的保障，湖南省人大常委会对《湖南省对残疾人保障法实施办法》进行了修订，改名为《湖南省实施〈中华人民共和国残疾人保障法〉办法》。修订草案分为总则、康复、教育、劳动就业、文化生活、社会保障、无障碍环境、监督

[①] 参见《湖南省大气污染防治条例》，湖南省人民政府网http://www.hunan.gov.cn/xxgk/jd/zcjd/bm/201705/t20170523_4868895.html，访问时间：2018年9月22日。

管理和法律责任、附则，共9章48条。其中，重点对残疾人特殊权益和优惠政策进行了细化和补充。该条例分别从康复、教育、就业、文化生活、社会保障五个方面着重加强了对残疾人的保障。

为预防和处理学校人身伤害事故，加强对学校学生人身安全的保护，湖南省人大常委会对《湖南省学校人身伤害事故预防和处理条例》进行了修订。修订草案扩大了适用范围，将幼儿园、高等学校的学生纳入其中；完善了各类主体学生人身伤害事故预防职责，针对实际中存在的职责不清以及推诿、扯皮现象，强化了学校安全管理职责，明确了学生和学生家长的义务，并规定保险公司负有帮助学校降低学生人身伤害事故风险的义务；完善了学生人身伤害事故处理机制，规定学校应当成立事故纠纷处理小组或指派专人负责事故纠纷处理工作，学生、学生家长有权了解事故调查处理情况，引入人民调解制度，提高保险理赔效率，加强对"校闹"的打击力度；加强法律责任的追究。

2017年度长沙市人大及其常委会制定了《长沙市沩山风景名胜区条例》《长沙市大围山区域生态和人文资源保护条例》2件地方性法规。《长沙市沩山风景名胜区条例》共6章43条，分为总则、规划、保护、利用和管理、法律责任、附则6个部分，该条例三个方面特色较为明显：一是坚持问题导向。着重解决沩山风景名胜区在村民违规建房、环境资源破坏、管理体制运行不畅、各部门执法难以协同、行政处罚依据不足等方面严重制约景区发展的问题。二是注重实践操作。进一步细化和明确沩山风景名胜区在规划编制、补偿机制、保护措施、审批程序、行政执法等方面的内容，将上位法的相关规定具体化。三是突出地方特色。从地方实际出发，明确风景名胜区地域范围，突出景区独特的自然和人文资源，建立统一的管理体制和信息共享平台等。《长沙市大围山区域生态和人文资源保护条例》立足大围山区域生态和人文资源保护现状以及长沙市、浏阳市经济社会发展总体布局，对大围山国家森林公园及紧邻的四个乡镇，总面积为1041.5平方公里地域范围内的生态和人文资源的保护和利用作出了统一规划、统一保护和管理的制度安排。

在设区的市人大立法方面，2017年度湘西土家族苗族自治州人大及其常委会制定《湘西土家族苗族自治州酉水河保护条例》《湘西土家族苗族自治州浦市历史文化名镇保护管理条例》；郴州市人大及其常委会制定《郴州市房屋安全管理条例》；湘潭市人大及其常委会制定《湘潭市历史建筑和历史文化街区保护条例》；株洲市人大及其常委会制定《株洲市城市综合管理条例》；衡阳市人大及其常委会制定《衡阳市城市市容和环境卫生管理条例》；益阳市人大及其常委会制定《益阳市安化黑茶文化遗产保护条例》；常德市人大及其常委会制定《常德市城市河湖环境保护条例》《常德市人民代表大会及其常务委员会制定地方性法规条例》《常德市饮用水水源环境保护条例》；岳阳市人大及其常委会制定《岳阳市城市规划区山体水体保护条例》《岳阳历史文化名城保护条例》；永州市人大及其常委会制定《永州市历史文化名城保护条例》《永州市城市市容和环境卫生管理条例》《永州市人民代表大会及其常务委员会立法条例》；怀化市人大及其常委会制定《怀化市城市市容和环境卫生管理条例》；娄底市人大及其常委会制定《娄底市孙水河保护条例》；张家界市人大及其常委会制定《张家界市扬尘污染防治条例》；邵阳市人大及其常委会制定《邵阳市城市公园广场管理条例》。

为了全民的身心的健康、城市的整洁，张家界市人大及其常委会制定了《张家界市扬尘污染防治条例》，注重城市的污染问题，对道路污染、园林绿化施工以及扬尘的污染进行了立法。该条例较系统、全面地规范了扬尘污染，对生态文明的建设有重要意义。

针对文化遗产的保护，益阳市制定了《益阳市安化黑茶文化遗产保护条例》，湘西土家族苗族自治州制定了《湘西土家族苗族自治州浦市历史文化名镇保护管理条例》。湘西的古镇分布广，数量多，较为罕见。该条例结合当地的实际，为历史文化名镇制定地方立法，有利于古镇的保护和开发。

为全面贯彻《立法法》关于在设区的市开展地方立法的精神，2017年度永州市人大及其常委会制定了《永州市人民代表大会及其常务委员会立法条例》，就地方性法规草案的制定程序和规章的制定程序作了明确的规定。其中，地方性法规草案的制定程序包括立项、调研、起草、审查及提交市人民代表大会或市人民代表大会常务委员会审议等，规章的制定程序包括立项、调研、起草、审查、决定、公布、备案、解释、修改和废止等。这将有助于地方性法规草案和政府规章制定的规范化和科学化。

（三）湖南省2017年度政府立法发展状况

2017年度湖南省人民政府依靠全省干部群众，在党中央、国务院的坚强领导下，按照省委决策部署，坚持稳中求进工作总基调，着力推进供给侧结构性改革，着力加强保障和改善民生工作，着力推进农业现代化。湖南省人民政府制定了《湖南省行政执法人员和行政执法辅助人员管理办法》《湖南省地理空间数据管理办法》《湖南省事业单位登记管理服务规定》《湖南省电梯安全监督管理办法》《湖南省重点建设项目管理规定》《湖南省生产经营单位安全生产主体责任规定》《湖南省基本医疗保险监督管理办法》7件地方政府规章。长沙市人民政府制定了《长沙市2018年度在职职工医疗互助活动实施办法》《长沙市人民政府关于下放市级经济管理权限的决定》《长沙市人民政府关于赋予湖南湘江新区市级经济管理权限的决定》《长沙市人民政府拟定地方性法规草案和制定规章办法》4件地方政府规章。益阳市人民政府制定《益阳市不可移动文物保护办法》1件地方政府规章。常德市人民政府制定《城头山遗址保护办法》1件政府规章。郴州市人民政府制定《郴州市古民居保护办法》1件政府规章。株洲市人民政府制定《株洲市农村村庄规划建设管理条例实施细则》1件政府规章。岳阳市人民政府制定《岳阳市城区禁止燃放烟花爆竹管理办法》1件政府规章。

《湖南省地理空间数据管理办法》共7章38条，包括总则、采集和生产、汇集和整理、共享使用、安全保障、监督管理、附则，内容涵盖地理空间数据获取、生产、汇集、共享和应用各个环节，并呈现两大亮点：一是《湖南省地理空间数据管理办法》规定湖南省人民政府测绘地理信息行政主管部门负责全省航空航天遥感影像数据的统一获取、处理、提供，会同有关部门和单位制定生产或者采购计划并组织实施，既实现了真正意义上的大统筹，横向跨越了部门，纵向连接了市（州）、县（市/区），又利用政府规章确定了航空航天遥感影像的统筹工作。此举在节约财政资金方面有着巨大潜力，有助于实现财政资金的优化配置，提升财政资金的使用效益，特别是通过航空航天遥感影像数据统筹共享使用，将更多地节约财政资金。二是明确了对共享数据知识产权的保护，《湖南省地理空间数据管理办法》规定地理空间数据知识产权依法受到保护。有关主体在使用共享获取的地理空间数据时，应当尊重原权属单位的知识产权，注明数据来源，不得损害数据原权属单位的合法权益；未经原权属单位同意，不得擅自发布和公开所获取的共享数据，不得利用免费获取的地理空间数据从事经营性、营利性活动。

湖南省人民政府积极贯彻党的十九大对事业单位的改革精神，制定了《湖南省事业单位登记管理服务规定》。《湖南省事业单位登记管理服务规定》共35条，主要对几个方面的内容进行规定：一是进一步明确了事业单位登记管理机关的职责。为避免因职责不清导致推诿扯皮情况的发生，该规定对登记管理机关的具体管理职责及其登记管辖对象采取列举的方式予以明确。为适应工作需要，参考外省市做法，规定乡镇、街道办事处举办的事业单位由县级登记管理机关进行登记。二是优化事业单位登记管理服务。为贯彻落实国家"放管服"改革的要求，该规定作了以下规定：首先，规定实行登记管理服务标准化建设。要求登记管理机关推进登记管理服务标准化建设，优化办事流程。其次，大力推行网上办事。要求登记管理机关建立和完善网络服务系统，通过网络开展事业单位登记、发布登记公告、报送和公示年度报告、提供信息服务等工作。再次，明确规定办理事业单位登记不得收费。最后，压缩登记时限。所有登记工作的办理时限均在国家规定时限的基础上压缩了三分之一。三是规范事业单位登记事项与登记程序。为给事业单位登记工作提供更加明确的指引，该规定对事业单位的登记事项与登记程序进行了明确。第一，规定了六项需要登记的事项，并对每项事项提出了具体要求。第二，明确了事业单位的设立、变更、注销登记的条件、需要提交的资料和登记管理机关的办理程序。第三，规范公告程序。对登记管理机关核准有关登记后发布公告的时间和公告内容进行了规定。四是加强事业单位监督管理。为提高对事业单位的监督管理水平，该规定按照国家有关加强事中事后监管的改革要求作了以下规定：其一，提高事业单位自身管理水平。要求事业单位建立健全决策层、管理层、监督层等多种形式的法人治理结构。其二，加强监督检查。要求登记管理机关通过审查年度报告、抽查公示信息、实地核查等方式对事业单位10个方面的情况进行监督检查；发现违法的依法予以处理，并纳入事业单位信用信息。其三，规定了信息公示制度。要求登记管理机关及时向社会公示事业单位的登记信息、年度报告以及公示信息抽查、实地核查、被处理情况等信用信息，接受社会监督。

为规范社会保险行政部门、医疗保险经办机构和协议医疗机构、协议零售药店的行为，保障基本医疗保险基金安全，维护基本医疗保险参保人员、参保单位合法权益，建立统一的基本医疗保险监督管理机制，湖南省政府法制办审查修改了省人社厅起草的《湖南省基本医疗保险监督管理办法（草案）》送审稿。这次审议通过的《湖南省基本医疗保险监督管理办法》以问题为导向，对湖南省基本医疗保险参保与缴费、协议机构申请与确定、就医与购药及其监督管理等作出了全面规范。

二、湖南省2017年度地方立法的特色和亮点

（一）地方人大立法中的特色和亮点

2017年，湖南省各级立法机关积极推进科学立法、民主立法精神与立法先行政策，着力提高立法质量，为全面深化改革、推进经济社会发展、生态文明建设提供强有力的制度保障。立法呈现出以下特色和亮点。

1. 重视生态环境领域立法工作

为适应人民日益增长的优美生态环境需要，在改善民生提供有力法治保障方面，湖南省人大常委会相继通过《湖南省大气污染防治条例》《湖南省饮用水水源保护条例》，地方人大全面制订河湖保护条例、环境保护条例，建立生态环境和资源保护公益诉讼制度，构建了严格的生态环境保护法律制度。

湖南省人大常委会表决通过了《湖南省饮用水水源保护条例》，将防治饮用水污染纳入法治化的轨道，保障了居民的饮水安全，促进经济社会的可持续发展。

湘西土家族苗族自治州人大及其常委会制定了《湘西土家族苗族自治州酉水河保护条例》，娄底市人大常委会制定了《娄底市孙水河保护条例》，保护和改善水体环境，建立健全河湖管理、水功能区管理等法律法规。常德市人大常委会制定了《常德市城市河湖环境保护条例》，保护城市河湖的环境，促进人与自然的和谐。

2. 深化保护历史文化遗产和非物质文化遗产的立法工作

2017年度湖南省人大立法加强了对历史文化遗产的保护。《湘潭市历史建筑和历史文化街区保护条例（草案）》（后改名为《湘潭市历史建筑保护条例》）先后经过了湘潭市十五届人大常委会的三次审议，于9月26日在市十五届人大常委会第五次会

议上获表决通过。针对湘潭历史建筑的认定、保护、利用、管理等方面存在的突出问题，具体包括政府、部门职责分工，保护资金的来源，预先保护制度的设立等作出了较为具体的规定，明确了相应的法律责任，针对性、可操作性强。此外，益阳市人大常委会制定了《益阳市安化黑茶文化遗产保护条例》，立法不仅加强了建筑的保护，同样也保护了非物质文化遗产。《岳阳历史文化名城保护条例》也明确了历史名城保护的法律责任，真正管理好、保护好这座历史文化悠久的城市。

3. 加强城市管理、市容卫生管理的立法工作

随着城市化的推进和经济社会的发展，湖南省城镇化率不断提高，实行城市化管理的区域增多，市民对市容环境卫生的要求也在不断提高，城市管理的立法应运而生。株洲市人大常委会制定了《株洲市城市综合管理条例》，加快推动了城市管理建设和执法体系的改革。另外，郴州市人大常委会通过了《郴州市房屋安全管理条例》，保障了居民生活场所的安全，促进了社会的和谐。怀化市人大常委会制定了《怀化市城市市容和环境卫生管理条例》，通过实行统一领导、分级负责、公众参与和社会监督相结合的原则，通过规定各部门的职能以及责任来优化怀化市的城市市容和环境卫生，让各部门执法时有法可依，不断提高市民的素质，打造宜居的美丽的怀化。

4. 推动地方人大立法工作本身走向规范化

为全面贯彻《立法法》关于在设区的市开展地方立法的精神，2017年，湖南省各地方人大积极进行立法工作并修改了一些已出台的地方性法规，使这些条例更加规范、更符合当地的发展情况。如常德市制定了《常德市人民代表大会及其常务委员会制定地方性法规条例》，规范了立法的标准，提高了立法的质量。立法质量的好坏影响着一个地方的经济发展，通过推动地方人大立法工作的规范化，制定地方"立法法"，不断推动地方立法的发展，同时也促进地方经济的发展。永州市人大及其常委会制定了《永州市人民代表大会及其常务委员会立法条例》，贯彻落实党的十九大关于"深化依法治国实践"战略，标志着永州市地方立法全面步入法制化、制度化和规范化轨道，着力推进法治永州建设迈上新高度。

（二）地方政府立法中的特色和亮点

2017年度，湖南省地方政府立法主体积极创新立法工作，努力适应全面深化改革，推进可持续发展的需要，积极推进立法决策与改革决策相衔接，努力发挥立法的引领和推动作用，加强重点领域立法，着力提高立法质量，其特色和亮点表现为：

1. 立法回应与重视民生问题

解决民生问题，建设和谐社会，需要依靠法律手段。立法机关应根据新形势、新情况及时制定、修改法律，进一步将民生问题的解决置于法律的框架之下。湖南省

政府通过的《湖南省基本医疗保险监督管理办法》，对湖南省基本医疗保险参保与缴费、协议机构申请与确定、就医与购药及其监督管理等作出了全面规范，从参保与缴费、就医与购药、监督管理、法律责任等多个方面保护公民的人身安全以及在得到医护之后的后续保障。《湖南省电梯安全监督管理办法》对生产销售单位、使用单位、维护保养单位、检验检测单位四个单位的安全责任进行了规定，并且该办法中明确规定了监督责任，建立全省统一的电梯安全动态监管信息系统。因此，电梯相关行业协会加强了行业自律，积极实施该办法，推进行业诚信体系建设，促进行业有序竞争和规范运作。

2. 加强对行政主体的限制以及增强社会主体的责任意识

为进一步贯彻落实党中央国务院关于社会主体责任意识的一系列重要指示精神，切实增强社会主体的责任意识，加强关于社会主体责任意识的立法工作有序地推进，湖南省人民政府制定了《湖南省行政执法人员和行政执法辅助人员管理办法》，对行政执法人员的行为进行了规范，使行政人员的行为能够得到规章的限制以及规范，人民的利益能够得到更全面的保障。湖南省人民政府制定的《湖南省生产经营单位安全生产主体责任规定》，明确了生产经营单位的生产主体的范围以及主体的责任，对违反该规定的主体给予明确的处罚，切实预防和减少生产安全事故，提升生产水平，保障人民群众的生命财产安全，保障经济的健康、可持续发展。

3. 加大对文化遗产以及文物的保护力度

文化遗产是人类文明的象征。为继承优秀历史文化遗产，弘扬地域文化特色，益阳市地方人民政府制定了《益阳市不可移动文物保护办法》，该办法规定了不可移动文物的范围和种类以及对于不可移动文物保护的原则，较为全面地制定了文物的保护以及对保护部门的监督，进行有效的保护和监督工作。为加强城头山遗址保护，继承和弘扬历史文化，常德市人民政府制定了《城头山遗址保护办法》，结合当地实际以及相关的文化保护法律法规，对违反该办法的各种行为的处罚进行了详细的阐述。

三、湖南省2017年度地方立法的不足与未来展望

（一）湖南省2017年度地方立法的不足

2017年，湖南省地方立法机关在取得了骄人的立法成绩的同时，也存在一些问题和不足。湖南省地方立法应始终坚持以最广大人民群众的根本利益为出发点，把立法的着力点放到对公民、法人和其他组织合法权益的保护上，放到对公权力的规范、制约和监督上，这样才有利于湖南省地方立法工作迈向新的台阶。不足之处体现在：

1. 立法工作机制不够健全

由于《立法法》对地方立法程序并没有作出统一的、具体的规定，因此各地立法

程序也存在一定程度的差异。《立法法》的颁布使湖南省除长沙市外，共有11个市、1个州、7个民族自治县获得了制定地方性法规和规章的权力。各个设区的市在经济、社会的发展状况不同的情况下，立法机关在拥有了立法权后盲目立法，立法工作机制不够健全，没有坚持科学立法、民主立法的精神，公众参与立法的渠道单一，没有进一步畅通、完善公众参与立法的机制。所有地方性法规、规章草案都应通过座谈会、听证会、网络、报刊等多种方式或途径向社会公开征求意见。专家学者的作用发挥得不够充分，通过专家学者论证会等形式充分听取专家学者意见的情形较少。起草单位或者委托第三方没有对地方性法规、规章草案开展风险评估，风险评估制度不完善。

2. 立法质量不够高

在2017年立法的过程中，立法质量和效率还存在不足，立法的引领保障推动作用发挥不够。就目前来看，湖南省立法工作在完成党的十九大要求、回应人民群众的新期待上还需要努力，应以落实立法工作新格局为抓手，进一步推进科学立法、民主立法、依法立法。新一届常委会制定立法规划的科学性不足，年度立法计划未推进落实，立法与改革决策相衔接促进不够统一，法治与改革发展未协同推进。应加强对市州人大和民族自治地方立法工作的指导，提升全省立法工作的整体水平。

3. 人大及其常委会立法工作效能有待提高

目前，湖南省人大及其常委会的立法工作情况离新时代中国特色社会主义建设的要求，离广大人民群众的期望还有较大差距。代表的作用发挥不足，没有坚持从群众中来、到群众中去的路线，对立法工作提出的建议不够理想，建设性和针对性不够，能最终转化为立法规划计划的代表议案和建议非常少。加之人大代表是兼职而非专职，都有自己的本职工作需要完成，同时他们并非法律专才，不够专业化，参与立法工作，心有余而力不足。人大代表履职服务还需要进一步精准和优化。人大代表参与立法项目确定、法规草案审议和协调等工作机制还不够完善。

（二）湖南省地方立法的未来展望

随着政治、经济的发展，各地的立法需求也随之变化。地方在获得立法权之后，在省人大、省政府的积极引导下，不断提高立法质量，制定更符合本地区经济发展和人民需求、促进社会和谐和生态和谐的法规规章。

1. 推动立法更加符合当地实际的发展

地方立法的目的在于对国家立法的大框架下的地方事项进行补充和细化，使之与当地的实际情况相符合，能够切实反映当地人民的实际需要，体现立法的质量以及立法的意图，增强法律的可操作性。地方立法要深刻学习《立法法》并遵守立法的原则、程序和方法，要充分结合各辖区内经济社会发展对立法的实际需求和客观状况，在做到地方立法符合法律的前提下，做到地方立法有用、有质量，而不是一纸空文。

对于不符合实际需要的法规规章应予以废除，对一些成熟的、符合人民所需的条文，应增加到法规规章中，结合当地的发展情况，充分发挥国家权力机关的职能优势，不断焕发地方人大工作的新的生机与活力。

2. 强化地方立法人才队伍的建设

地方性法规规章的制定、修改、废止要求立法工作人员不仅要有立法的责任心，还要有相应的立法能力，而且需要丰富的法律知识和较高的立法技术水平。立法者素质的高低直接影响法规规章的质量和水平，为此需要加强对人才的引进和培养。短期内，强化立法人才队伍的建设，可以组织地方立法人员参加法律专业知识的讲座，鼓励立法工作人员不断进修，不断巩固所学知识，学习新的知识，提高立法水平。人才队伍素质提高了，地方立法的质量也会随之提高，更加符合当地的发展，促进整个社会的进步。长期方面，应考虑通过高等院校设立相关立法学专业或学科建设来培养地方立法人才，以满足地方立法人才的长期需求。

3. 创新多元化的地方立法机制

地方立法机制的多元化包括立法主体和立法信息公开的方式。地方立法征求意见主体的多元化，应广泛征求各界人士的意见，邀请人大代表、政府人员积极参与立法活动，加强对法规草案的论证。拓宽社会公众参与立法的途径以及立法信息公开的渠道，通过报刊、网络、广播、电视等传媒，公布法规草案、开展问卷调查，广泛听取社会各界意见，在更广阔的领域通达民情、反映民意，以更加有效地整合立法资源、降低立法成本、提高立法质量。

4. 完善备案审查制度促使规范立法

针对湖南省规范性文件备案审查情况不明的缺陷，人大和政府要根据工作的实际要求，加大其备案审查的重视力度，投入相关人力物力。学习其他省、市建设统一审查、统一编号、统一公布制度，从而加强对立法文件的审查监督，完善对立法文件的公开，增强地方立法的科学性和民主性。认真学习《立法法》，提高立法质量，规范立法。

5. 重视制定生态环境保护的相关立法

湖南省在2017年度的立法中较少涉及生态环境的立法。生态环境是关系着人类生存和经济发展的复合生态系统，是现今国家以及各省市的重点关注的问题。湖南省以及各设区市应当更积极地对生态保护、生态建设以及与经济发展相适应的方面进行立法，重视并加强对生态环境保护的立法。

审稿：李杰（广东外语外贸大学）

第二十章　广东省2017年度立法发展报告

黄　喆[①]

摘要：2017年，广东省各级立法机关坚持科学立法、民主立法，取得了较为丰硕的成果。广东省人大及其常委会突出重点领域立法，彰显地方特色，制定、修改、批准48件地方性法规，广东省人民政府重视程序立法，加快社会领域立法，制定、修改、废止85件政府规章。同时，广东省设区的市的立法工作也有序展开，表现出不少特色和亮点。展望未来，广东省还需要以地方立法引领推动改革，全面推进设区的市立法工作，充分行使民族自治地方立法权，进一步提升地方立法水平，助推法治广东建设。

关键词：广东省　地方立法　发展报告

一、广东省2017年度立法发展状况

（一）广东省2017年度立法状况总体评述

广东省有省人大及其常委会和省人民政府两个省级立法主体，有广州、深圳、珠海、汕头、佛山、韶关、梅州、惠州、东莞、中山、江门、湛江、潮州、河源、阳江、茂名、肇庆、清远、揭阳、汕尾、云浮21个市的人大及其常委会和人民政府共42个市级立法主体，有乳源瑶族自治县、连山壮族瑶族自治县、连南瑶族自治县的人民代表大会3个县级立法主体。

2017年，广东省人大及其常委会制定、修改、批准地方性法规48件，为广东改革发展提供了有力的法制保障。其中，制定了《广东省西江水系水质保护条例》《广东省荔枝产业保护条例》等9件地方性法规，修改了《广东省流动人口服务管理条例》《广东省港口管理条例》等8件地方性法规，批准了《梅州市森林火源管理条例》《连南瑶族自治县民族文化遗产保护条例》等设区的市地方性法规和民族自治县单行条例共31件。

[①]黄喆，法学博士，广东外语外贸大学广东省地方立法研究评估与咨询服务基地助理研究员。研究方向：行政法学、区域法治、地方立法。

广东省人民政府全面展开政府规章的"立改废"工作，制定了《广东省食品相关产品生产加工监督管理办法》《广东省森林和陆生野生动物类型自然保护区管理办法》等11件政府规章，修改了《广东省民办社会福利机构管理规定》《广东省群众治安联防组织的规定》等15件政府规章，废止了《广东省发展小水电暂行办法》等59项政府规章。①

在设区的市人大立法方面，广东省各设区的市②的人大及其常委会积极开展地方人大立法工作。例如，广州市人大常委会制定了《广州市非机动车和摩托车管理规定》《广州市博物馆规定》等5件法规，废止了《广州市义务兵征集优待和退伍安置规定》《广州市涉案物价格鉴定管理条例》等3件法规；深圳市人大常委会制定了《深圳经济特区质量条例》《深圳经济特区警务辅助人员条例》等3件法规，修改了《深圳市节约用水条例》《深圳市燃气条例》等16件法规，废止了《深圳经济特区人口与计划生育条例》；等等。

在设区的市政府立法方面，广州市人民政府全面推进政府规章的"立改废"工作，制定了《广州市建筑玻璃幕墙管理办法》等6件规章，修改了《广州市门楼号牌管理规定》等20件规章，并根据2017年10月18日通过的《广州市人民政府关于废止和宣布失效部分政府规章的决定》，一次性打包废止了《广州市除四害管理规定》等22件规章，规章"立改废"总数居全省设区的市之首。

在民族自治县立法方面，连山壮族瑶族自治县积极推动《连山壮族瑶族自治县村容镇貌管理条例》的起草工作，但广东省民族自治县人大在2017年并没有正式通过自治条例和单行条例。

总体而言，广东省2017年度地方立法积极回应广东全面深化改革和经济社会跨越式发展的需要，针对社会关注的重点问题，立足科学立法、民主立法的精神，稳步推进立法工作，为广东省经济社会建设提供了良好的法治保障。

（二）广东省2017年度人大立法发展状况

2017年，广东省人大及其常委会制定了9件地方性法规，分别为《广东省西江水系水质保护条例》《广东省荔枝产业保护条例》《广东省供用电条例》《广东省水产品质量安全条例》《广东省森林防火条例》《广东省旅游条例》《广东省实施〈中华人民共和国律师法〉办法》《广东省社会救助条例》《广东省气瓶安全条例》；修改了8件地方性法规，分别为《广东省流动人口服务管理条例》《广东省港口管理条例》

---

① 本数据与《广东省人民政府关于废止和修改部分省政府规章的决定（粤府令第242号）》有差异，差异主要来自统计方法和标准不同。
② 根据《关于〈中华人民共和国立法法修正案（草案）〉的说明》，本文所称"设区的市"包括东莞市和中山市，下同。

《广东省建设工程质量管理条例》《广东省企业和企业经营者权益保护条例》《广东省防震减灾条例》《广东省老年人权益保障条例》《广东省乡镇人民代表大会工作条例》《广东省安全生产条例》；批准了设区的市地方性法规和民族自治县单行条例共31件，分别为《梅州市森林火源管理条例》《潮州市韩江流域水环境保护条例》《揭阳市扬尘污染防治条例》《广州市生态公益林条例》《深圳市会计条例》《珠海市环境保护条例》《佛山市治理货物运输车辆超限超载条例》《河源市制定地方性法规条例》《汕尾市制定地方性法规条例》《江门市市区山体保护条例》《茂名市制定地方性法规条例》《肇庆古城墙保护条例》《广州市非机动车和摩托车管理规定》《广州市博物馆规定》《湛江市城区市容和环境卫生管理条例》《连南瑶族自治县村镇规划建设管理条例》《广州市义务兵征集优待和退伍安置规定》《广州市涉案物价格鉴定管理条例》《广州市水路货物运输管理规定》《汕尾市品清湖环境保护条例》《中山市电力设施保护条例》《江门市城市市容和环境卫生管理条例》《潮州市历史文化名城保护条例》《广州市湿地保护规定》《深圳市节约用水条例》《深圳市燃气条例》《深圳市排水条例》《佛山市扬尘污染防治条例》《梅州市客家围龙屋保护条例》《清远市城市市容与环境卫生管理条例》《连南瑶族自治县民族文化遗产保护条例》。

其中，《广东省西江水系水质保护条例》《广东省荔枝产业保护条例》《广东省供用电条例》《广东省水产品质量安全条例》等法规的制定，在较大程度上凸显了广东特色。

《广东省西江水系水质保护条例》于2017年1月13日经由广东省十二届人大常委会三十一次会议审议通过，并于2017年5月1日起施行。由于西江水系上游流经云南、贵州、广西三省区，至梧州汇合桂江后才进入广东省肇庆市，因此，加强与上游省份的合作对于保护西江水质非常重要。针对这一情况，该条例的一大亮点即是专设"区域协作"一章，并从四个方面对区域协作予以规范：[①]一是建立合作协调制度，明确规定"省人民政府应当加强省际水质保护的协调、合作"，并对有关政府部门之间和流域内市、县政府之间合作作出具体规定。二是明确河流交接断面水质达标责任，规定流域内市、县两级人民政府应当保证河流交接断面水质达到控制目标，并对有关共有河段水质保护的协商、报批等问题作出规定。三是建立健全跨行政区域水环境保护联动机制，包括广东省环保部门与上游相关省环保部门的联动工作机制，流域内市、县政府间的水质保护联动机制和跨行政区域突发水环境事件应急联动机制等。四是健全多元化生态保护补偿机制，明确规定"省人民政府应当建立健全多元化生态保护补偿机制，完善基础性补偿与激励性补偿相结合的生态补偿方式"。

①参见袁峻：《探索广东特色水质保护新思路——〈广东省西江水系水质保护条例〉解读》，载《人民之声》2017年第5期。

广东作为中国荔枝种植第一大省，目前省内荔枝种植面积大、分布广，荔枝产业融合发展势头良好，并已成为不少地区水果产业中的优势特色产业，甚至是支柱产业。然而，实践中仍存在诸多制约广东省荔枝产业发展的因素，使得广东省荔枝产业在品牌打造、品质保证、深加工、产品流通及提升市场竞争力等方面均存在不少问题。为此，广东省十二届人大常委会三十一次会议于2017年1月13日通过《广东省荔枝产业保护条例》。该条例不仅从相对宏观的层面对荔枝产业发展原则、荔枝产业发展工作的领导和协调、荔枝产业发展规划、荔枝产业发展的优惠政策、荔枝种植政策性保险制度、荔枝种质资源保护和利用、荔枝果树新品种引进和选育、古荔枝植株的保护管理等作了规定，也从相对微观的层面对荔枝种植、生产和深加工、贮藏、运输、营销、品牌创建、地理标志保护等相关活动予以规范，由此对荔枝产业、产品的保护、管理等予以规范，从而通过地方性法规的制定，有效助推广东省荔枝产业的可持续发展。

《广东省供用电条例》于2017年3月29日经由广东省十二届人大常委会三十二次会议高票通过，并于2017年7月1日起施行。该条例具有以下四个方面的亮点：[①]一是在立法原则上，规定"供用电应当遵循安全可靠、高效有序、保障民生、节能减排的原则，促进经济社会的发展"，从而使供电用电与社会民生紧密结合，体现了以人为本的立法精神。二是在电力行政监督管理方面，规定电力行政主管部门监督检查的具体程序及其委托相关组织执法等问题，明确了行政机关的职权职责。三是在供电设施管理和保护方面对涉及电力设施安全的行为加以详细规范，具有良好的可操作性。四是在法律责任方面，加大对相关违法行为的处罚力度，保障有关禁止性规范得以落实。

《广东省水产品质量安全条例》于2017年6月2日经由广东省十二届人大常委会三十三次会议通过，并于2017年9月1日起施行。该条例主要有以下亮点：[②]一是设定了关于水产品行业协会、渔民专业合作经济组织的规定和有关水产品质量安全社会监督的规定，体现出社会共治理念。二是规定县级以上渔业部门应当依法提出水产品禁止生产区域并报批、公布，在全国首提"水产品禁养区"。三是规定了省渔业、食品药品部门与其他省有关部门的合作机制，建立了跨省联动机制。四是明确了水产品生产经营者的主体责任，确定了县级以上政府的属地管理责任，厘清了渔业、食品药品等部门的监管职责，形成了多方联动的监管体制。五是要求有关渔业、食品药品部门和水产品生产经营者应当建立健全追溯制度，构建起水产品质量安全追溯体系。六是规定了贮存、运输监管的要求和法律责任，填补了执法监管空白。

---

① 参见《〈广东省供用电条例〉重点解读》，搜狐网 https：//www.sohu.com/a/157929744_726398，访问时间：2018年9月4日。

② 参见《粤保卫"舌尖上的水产安全"〈广东省水产品质量安全条例〉今起施行》，搜狐网 https：//www.sohu.com/a/169004113_309591，访问时间：2018年9月4日。

2017年，广东省各设区的市人大及其常委会也积极开展立法工作。广州市人大及其常委会制定了《广州市非机动车和摩托车管理规定》《广州市博物馆规定》《广州市湿地保护规定》《广州市生活垃圾分类管理条例》《广州市停车场条例》，废止了《广州市义务兵征集优待和退伍安置规定》《广州市涉案物价格鉴定管理条例》《广州市水路货物运输管理规定》；深圳市人大及其常委会制定了《深圳经济特区质量条例》《深圳经济特区警务辅助人员条例》《深圳经济特区人才工作条例》，修改了《深圳市节约用水条例》《深圳市燃气条例》《深圳市排水条例》《深圳经济特区规划土地监察条例》《深圳经济特区人才市场条例》《深圳经济特区水资源管理条例》《深圳经济特区注册会计师条例》《深圳经济特区档案与文件收集利用条例》《深圳经济特区公证条例》《深圳经济特区机动车排气污染防治条例》《深圳经济特区建筑节能条例》《深圳经济特区环境保护条例》《深圳经济特区城市供水用水条例》《深圳经济特区建设项目环境保护条例》《深圳经济特区水土保持条例》《深圳经济特区消防条例》，废止了《深圳经济特区人口与计划生育条例》；珠海市人大及其常委会制定了《珠海经济特区物业管理条例》，修改了《珠海经济特区政府投资项目管理条例》，废止了《珠海市物业管理条例》；汕头市人大及其常委会制定了《汕头经济特区征地补偿条例》《汕头经济特区政府投资项目管理条例》，废止了《汕头经济特区旅游业条例》；佛山市人大及其常委会制定了《佛山市扬尘污染防治条例》；河源市人大及其常委会制定了《河源市制定地方性法规条例》；梅州市人大及其常委会制定了《梅州市客家围龙屋保护条例》；惠州市人大及其常委会制定了《惠州市罗浮山风景名胜区条例》；汕尾市人大及其常委会制定了《汕尾市制定地方性法规条例》《汕尾市品清湖环境保护条例》；东莞市人大及其常委会制定了《东莞市饮用水源水质保护条例》；中山市人大及其常委会制定了《中山市电力设施保护条例》；江门市人大及其常委会制定了《江门市城市市容和环境卫生管理条例》；湛江市人大及其常委会制定了《湛江市城区市容和环境卫生管理条例》；茂名市人大及其常委会制定了《茂名市制定地方性法规条例》；清远市人大及其常委会制定了《清远市城市市容与环境卫生管理条例》；潮州市人大及其常委会制定了《潮州市历史文化名城保护条例》。

《广州市生活垃圾分类管理条例》的出台，是广州多年垃圾分类实践经验的总结，该条例对生活垃圾的全程管理作出了明确具体的规定，形成统一完整、协同高效的生活垃圾分类处理全过程运行系统，为全国其他城市解决垃圾治理这个大难题提供了生动的"广州样本"。[①]《深圳经济特区人才工作条例》在人才的培养、引进与流动、评价激励、服务与保障等方面具有不少突破和亮点，有助于推进深圳"十大人才工程"及其"全球创新人才高地"的建设进程。

———————————

[①] 参见卢文洁：《〈广州市生活垃圾分类管理条例〉通过树"广州样本"》，金羊网 http://news.ycwb.com/2018-01/02/content_25842812.htm，访问时间：2018年9月4日。

（三）广东省2017年度政府立法发展状况

2017年，广东省人民政府制定了11件政府规章，分别为《广东省食品相关产品生产加工监督管理办法》《广东省森林和陆生野生动物类型自然保护区管理办法》《广东省劳动人事争议处理办法》《广东省粤剧保护传承规定》《广东省节约用水办法》《广东省安全技术防范管理实施办法》《广东省实施〈中华人民共和国献血法〉办法》《广东省林地林木流转办法》《广东省出租汽车经营管理办法》《广东省自然灾害救助办法》《广东省侨批档案保护管理办法》；修改了15件政府规章，分别为《广东省民办社会福利机构管理规定》《广东省群众治安联防组织的规定》《广东省医疗卫生计量器具管理办法》《广东省水库大坝安全管理实施细则》《广东省禁止电、炸、毒鱼规定》《广东省地震重点监视防御区防震减灾工作管理办法》《广东省植物检疫实施办法》《广东省进出境货运车辆检查场管理规定》《广东省政府规章立法后评估规定》《广东省政府规章清理工作规定》《广东省外国人管理服务暂行规定》《广东省东江流域新丰江枫树坝白盆珠水库库区水资源保护办法》《广东省医疗纠纷预防与处理办法》《广东省快递市场管理办法》《广东省教育督导规定》；废止了59件政府规章，分别为《广东省发展小水电暂行办法》《广东省公路渡口管理办法》《广东省耕地占用税征收管理实施办法》《广东省乡（镇）运输船舶安全管理规定》《广东省水路运输管理实施办法》《广东省能源利用监测管理办法》《广东省林业基金管理办法》《广东省维护水库移民土地山林房产权属的若干规定》《广东省退伍义务兵安置实施细则》《广东省工人技术业务培训管理办法》《广东省工人技术业务考核办法》《广东省建筑安装企业跨地区施工管理办法》《广东省义务消防队组织办法》《广东省水路运输服务业管理办法》《广东省城镇国有土地使用权出让和转让实施办法》《广东省水利工程水费核订、计收和管理办法》《广东省军队离休退休干部安置建房工作暂行规定》《广东省社会性、群众性自然保护小区暂行规定》《广东省文物商业管理办法》《广东省社会团体登记管理实施细则》《广东省城市房屋拆迁管理规定》《广东省医疗收费管理办法》《广东省劳动合同管理规定》《广东省取水许可制度与水资源费征收管理办法》《广东省土地增值税征收管理办法》《广东省飞来峡水利工程移民安置办法》《广东省工程建设场地地震安全性评价工作管理规定》《广东省邮电通信管理条例实施细则》《广东省海域使用管理规定》《广东省水文管理办法》《广东省机关、事业单位工资基金管理实施细则》《广东省爆破工程劳动安全管理规定》《广东省县级旅游行业管理暂行规定》《广东省核电厂环境保护管理规定》《广东省体育市场管理暂行规定》《广东省旅游事故处理暂行规定》《广东省国家公务员培训暂行办法》《广东省经营服务性收费管理规定》《广东省实施〈水产品批发市场管理办法〉细则》《广东省国有企业财务监督办法》《广东省海滨游泳场安全管理规定》《广东省见义勇为人员奖励和保障规定》《广东省地价管理规定》《广东省预算外资金管理办法》《广东省船舶、排筏过闸费征收和使用办法》《广东省城市市容和环境卫生管理规定》《广东省组织机构代码管理办法》《广东省保安服务管理条例实施细则》《广东省资源综合利用管理办法》《广东省注册安全主任管理规定》《广东省机动车安全技术检验机构行政许可实施办法》《广东省森林林木林地权属争议调解处理办法》《广东省实施〈信访条例〉办法》《广东省民用机场电磁环境保护规定》《广东省行政审批管理监督办法》《广东省著名商标认定和管理规定》《广东省严控废物处理行政许可实施办法》《广东省食用农产品标识管理规定》《广东省反走私综合治理工作规定》。

《广东省食品相关产品生产加工监督管理办法》是全国首部专门针对国内食品相关产品安全监管的省政府规章，标志着广东省食品相关产品生产加工监督管理工作在加强制度化和规范化的道路上，率先迈出了重要一步，为广东省食品相关产品生产经营和监督管理提供了有力的法律支撑和保障。[1]该办法的亮点之一即是实施"承诺许可"制度。根据规定，对列入目录的产品，许可部门可以根据实际情况，决定部分产品生产许可实施承诺许可，申请人书面承诺其符合发证条件的，许可部门即核发生产许可证。对产品生产许可实施承诺许可且其申请材料符合要求的，由许可部门自受理之日起10个工作日内作出准予生产许可的决定；对其他产品生产许可申请，其申请材料符合要求的，由许可部门依法组织实地核查，并自受理之日起30个工作日内根据核查结果作出是否准予生产许可的决定。通过许可模式的改革，实现了遵循便民、高效的原则，提高了行政效率。

《广东省粤剧保护传承规定》是广东省首次为单一剧种制定的政府规章。《规定》具有以下亮点：一是加强粤剧保护传承措施。如根据该规定第八条规定，省政府文化部门应当根据粤剧资源调查情况建立公布全省粤剧资源保护清单，相关市、县政府文化部门可以根据实际情况建立公布本行政区域内的粤剧资源保护清单等。二是推动专业人才培养和理论研究。该规定第十四条规定各级政府及其文化部门应当加强粤剧保护传承工作队伍的建设，通过培养、培训、引进等多种方式，完善粤剧保护、传承、传播等各类专业人才的培养和保障机制；第十五条规定各级政府文化部门可以认定粤剧研究基地，鼓励支持粤剧研究基地与粤剧保护单位和代表性传承人合作开展学术交流和理论研究。三是鼓励通过政府购买开展粤剧保护传承相关活动。根据该规定第十八条规定，各级政府文化部门可以采取政府购买的方式征集、购买优秀粤剧剧本，组织粤剧优秀传统剧目惠民演出，扶持粤剧社会组织、粤剧演出团体或者群众性粤剧团体的公益性演出，开展粤剧理论研究和粤剧保护传承的其他公益性活动。

2017年，广东省设区的市政府立法也取得了良好的进展和成效。广州市人民政

---

[1]参见《〈广东省食品相关产品生产加工监督管理办法〉解读》，食品伙伴网http://news.foodmate.net/2017/08/4382/2.html，访问时间：2018年9月4日。

府制定了《广州市建筑玻璃幕墙管理办法》《广州市危险化学品安全管理规定》《广州市南沙新区产业园区开发建设管理局设立和运行规定》《广州市南沙新区明珠湾开发建设管理局设立和运行规定》《广州市民用运输机场管理办法》《广州市地下管线管理办法》，修改了《广州市门楼号牌管理规定》《广州空港经济区管理试行办法》《广州市人口与计划生育服务和管理规定》《广州市公共安全视频系统管理规定》《广州市城市道路临时占用管理办法》《广州市城市道路挖掘管理办法》《广州市保守工作秘密规定》《广州市发展应用新型墙体材料管理规定》《广州市公共安全视频系统管理规定》《广州市机动车维修管理规定》《广州市政府投资项目审计办法》《广州市建设工程文明施工管理规定》《广州市户外广告和招牌设置管理办法》《广州市物业管理暂行办法》《广州市职业卫生监督管理规定》《广州市供电与用电管理规定》《广州市最低生活保障办法》《广州市居住区配套公共服务设施管理暂行规定》《广州市城乡规划技术规定》《广州市餐饮场所污染防治管理办法》，废止了《广州市除四害管理规定》《广州市村镇渡口安全管理办法》《广州市优抚对象入学入托和升学优待办法》《广州市劳动争议仲裁办法》《广州市人民防空警报设施建设管理规定》《广州市按比例安排残疾人就业办法实施细则》《广州市村镇建设管理规定》《广州市农村村民住宅建设用地管理规定》《广州市残疾人专用机动车管理办法》《广州市摩托车报废管理规定》《广州市清真食品管理办法》《广州市行政复议规定》《广州市小型客运船舶运输管理办法》《广州市依申请公开政府信息办法》《广州市流动人员管理规定》《广州市接受华侨港澳同胞捐赠兴办公益事业规定》《广州市新菜地开发建设基金征收办法》《广州市专利奖励办法》《关于明确中新广州知识城管理委员会管理权限的决定》《广州市扩大区县级市管理权限规定》《广州市城市路桥隧道车辆通行费年票制办法》《广州市科学技术奖励办法》；深圳市人民政府制定了《深圳市地下综合管廊管理办法（试行）》《深圳市公共信用信息管理办法》《深圳仲裁委员会管理办法》《深圳市龙华现代有轨电车运营暂行办法》《深圳市计划生育若干规定》《深圳市大鹏新区管理规定》，修改了《深圳市房地产市场监管办法》《深圳经济特区城市雕塑管理规定》《深圳经济特区生活饮用水二次供水管理规定》《深圳市计划用水办法》《深圳经济特区在用机动车排气污染检测与强制维护实施办法》《深圳市绿色建筑促进办法》《深圳市实施〈校车安全管理条例〉若干规定》，废止了《深圳市坪山新区管理暂行规定》《〈深圳经济特区房屋租赁条例〉实施细则》《深圳经济特区维修行业管理办法》《深圳经济特区服务行业环境保护管理办法》；珠海市人民政府制定了《珠海经济特区餐厨垃圾管理办法》《珠海经济特区促进横琴休闲旅游业发展办法》《珠海经济特区牛羊定点屠宰管理办法》《珠海经济特区建设工程招标投标管理办法》《珠海经济特区绿色建筑管理办法》，废止了《珠海市小型客运船舶管理规定》；汕头市人民政府制定了《汕头经济特区储备土地管护和临时利用办法》《汕头市污水处理费征收使用管理办法》《汕头经济特区现代产业用地供应办法》《汕头经济特区城镇公租房保障办法》《汕头经济特区行政机关规范性文件管理规定》《汕头经济特区社会组织登记管理办法》《汕头市规范涉企行政执法检查行为规定》，废止了《汕头经济特区机动车辆路桥通行费征收管理规定》；佛山市人民政府制定了《佛山市寄递物流安全管理办法》《佛山市违法建设查处暂行办法》；韶关市人民政府制定了《韶关市历史文化名城保护办法》《韶关市人民政府起草地方性法规草案和制定政府规章程序规定》；河源市人民政府制定了《河源市政府规章制定程序规定》；梅州市人民政府制定了《梅州市房屋使用安全管理办法》；惠州市政府制定了《惠州市人民政府拟定地方性法规草案和制定政府规章程序规定》《惠州市非物质文化遗产保护管理办法》；东莞市人民政府制定了《东莞市燃气管理办法》《东莞市新建改建居住区配套教育设施规划建设管理办法》；中山市人民政府制定了《中山市群众自发性聚集活动安全管理规定》；江门市人民政府制定了《江门市消防水源管理办法》；湛江市人民政府制定了《广东湛江红树林国家级自然保护区管理办法》《湛江市专职消防队建设管理规定》；茂名市人民政府制定了《茂名市户外广告设施和招牌设置管理规定》；肇庆市人民政府制定了《肇庆市人民政府起草地方性法规草案和制定政府规章程序规定》《肇庆市消防安全管理规定》；清远市人民政府制定了《清远市教育设施规划建设管理规定》；潮州市人民政府制定了《潮州市人民政府拟定地方性法规草案和制定政府规章程序规定》《潮州市古城区消防安全管理办法》；云浮市人民政府制定了《云浮市城市公园和广场管理办法》。

《广州市南沙新区产业园区开发建设管理局设立和运行规定》和《广州市南沙新区明珠湾开发建设管理局设立和运行规定》两部规章的出台，使南沙新区两个管理机构的设立具有立法依据，并明确规定为两个机构设定了"容错免责"条款，有助于推动和鼓励创新。《深圳市实施〈校车安全管理条例〉若干规定》在修订方式上采用废旧立新的立法模式，对上位法已有的内容不再作过多重复性规定，而是侧重于对校车安全管理制度予以贯彻、补充和细化。[①]

二、广东省2017年度地方立法的特色和亮点

（一）地方人大立法中的特色和亮点

1. 立法计划执行率高

立法计划有助于使地方立法工作有计划、有步骤、有目的地开展，以实现地方

[①] 参见朱晓曼：《〈深圳市实施《校车安全管理条例》若干规定〉将于4月1日起正式施行》，深圳政府法制信息网http://www.fzb.sz.gov.cn/ztzl/xzlf/lfdt/201703/t20170317_60/3963.htm，访问时间：2018年9月4日。

立法工作的科学化、系统化。①根据广东省人大常委会2017年立法工作计划，继续安排审议的有《广东省社会救助条例（草案）》《广东省水产品质量安全管理条例（草案）》《广东省森林防火条例（草案）》《广东省旅游条例（草案）》《广东省供用电条例（草案）》《广东省实施〈中华人民共和国律师法〉办法（草案）》《广东省流动人口服务管理条例（修订草案）》《广东省人民代表大会常务委员会关于深化平安广东建设的决定（草案）》《广东省计算机信息系统安全保护条例（修订草案）》《广东省气瓶安全条例（草案）》10件法规案。从立法工作计划的执行情况来看，除《广东省计算机信息系统安全保护条例》没有在2017年修订通过以外，其他法规案均按计划制定或修订出台。可见，广东省人大常委会有关审议工作基本能够严格依照立法计划进行，立法计划的执行率高，由此反映出立法计划的拟定具有科学性、合理性。

2. 突出重点领域立法

2017年，广东省各级人大及其常委会全面贯彻落实党的十九大精神，围绕统筹推进"五位一体"总体布局和协调推进"四个全面"战略布局，将中央和广东省委的重大决策部署放在突出位置，突出重点领域立法，积极发挥地方人大立法的引领和推动作用。在省级人大立法方面，制定了《广东省西江水系水质保护条例》《广东省供用电条例》《广东省水产品质量安全条例》等法规，涉及环境保护、社会民生、食品安全等重点领域。在设区的市人大立法方面，多个设区的市均围绕城市市容和环境卫生管理问题展开立法，如《江门市城市市容和环境卫生管理条例》《湛江市城区市容和环境卫生管理条例》《清远市城市市容与环境卫生管理条例》等，体现了设区的市人大立法对《立法法》规定的城乡建设与管理、环境保护等重点领域立法的高度关注。

3. 彰显立法的地方特色

"地方特色是地方立法存在的价值所在，没有特色的地方立法犹如没有灵魂的躯壳。坚持地方立法的地方特色既具有客观必然性，也具有重大的现实意义，需要不断地探索与挖掘。"②广东省各级人大常委会在2017年的立法工作中很好地遵循了地方立法的有特色原则，省、市多部地方性法规都体现出鲜明的地方特色，充分发挥了地方立法在解决地方问题上的特有优势。在省的地方性法规方面，广东省人大常委会制定的《广东省荔枝产业保护条例》凸显广东特色，及时、有效地回应了当前广东省荔枝产业化和产品转型升级的现实需求；在设区的市的地方性法规方面，梅州市人大常委会制定的《梅州市客家围龙屋保护条例》、惠州市人大常委会制定的《惠州市罗浮山风景名胜区条例》、汕尾市人大常委会制定的《汕尾市品清湖环境保护条例》、潮州市人大常委会制定的《潮州市历史文化名城保护条例》等地方性法规，均充分地表

---

① 参见胡雪清：《论我国地方立法计划》，湘潭大学2004年硕士学位论文，第16页。

② 石佑启：《论地方特色：地方立法的永恒主题》，载《学术研究》2017年第9期。

现出各设区的市立法的地方特色，使设区的市立法能够真正地契合地方实际而"接地气"，从而有效发挥设区的市立法的功用，并在一定程度上避免了设区的市立法对法律法规照搬照抄而造成重复立法。

（二）地方政府立法中的特色和亮点

1. 及时修改和废止不合时宜的政府规章

随着经济社会的发展，部分政府规章已不合时宜甚至严重滞后，对此，广东省各级人民政府及时展开对规章的修改和废止活动。在广东省人民政府方面，根据2017年5月17日通过的《广东省人民政府关于废止和修改部分省政府规章的决定》，一次性打包对《广东省群众治安联防组织的规定》等13项政府规章的部分条款予以修改，对《广东省发展小水电暂行办法》等59项政府规章予以废止①，使省政府规章更好地适应经济社会发展的需要，也维护了社会主义法制的统一。在设区的市人民政府方面，作为原较大的市的广州和作为经济特区所在地的深圳、珠海、汕头四市人民政府，均与时俱进，修改或废止了原有部分规章。例如，广州市人民政府于2017年10月18日通过《广州市人民政府关于修改〈广州市城市道路临时占用管理办法〉等16件政府规章的决定》和《广州市人民政府关于废止和宣布失效部分政府规章的决定》，一次性打包修改和废止了38件规章。又如，深圳市人民政府于2017年12月28日通过《深圳市人民政府关于废止部分规章的决定》，一次性打包废止了《〈深圳经济特区房屋租赁条例〉实施细则》等3件规章。通过对政府规章的及时修改或废止，有助于促使广东省地方政府规章更好地适应经济社会改革的需要，充分发挥地方政府立法对改革的积极推动作用。

2. 重视程序立法

"现代法治与传统法治的最重要的区别在于：传统法治主要着眼于控制授予政府权力的范围，而现代法治则更注重于规范政府权力的行使。……就控权方式而言，传统法治注重的是组织法控权，现代法治则更注重程序法控权……"②可见，程序立法对于规范行政权力意义重大。从2017年广东省地方政府立法来看，广东省各级人民政府普遍重视程序立法。在省政府规章方面，广东省人民政府修改了《广东省政府规章立法后评估规定》《广东省政府规章清理工作规定》。在设区的市政府规章方面，汕头市人民政府制定了《汕头经济特区行政机关规范性文件管理规定》，韶关市人民政府制定了《韶关市人民政府起草地方性法规草案和制定政府规章程序规定》，河源市人民政府制定了《河源市政府规章制定程序规定》，惠州市人民政府制定了《惠州市人

---

① 本数据与《广东省人民政府关于废止和修改部分省政府规章的决定（粤府令第242号）》有差异，差异主要来自统计方法和标准不同。

② 姜明安主编：《行政程序研究》，北京大学出版社，2006年，第1页。

民政府拟定地方性法规草案和制定政府规章程序规定》，肇庆市人民政府制定了《肇庆市人民政府起草地方性法规草案和制定政府规章程序规定》，潮州市人民政府制定了《潮州市人民政府拟定地方性法规草案和制定政府规章程序规定》。

3.加快社会领域立法

加快社会领域立法，回应社会关注的热点问题是地方政府立法的重要任务之一。2017年，广东省地方政府立法高度关注社会领域问题，主要表现在两个方面：一是重视社会安全管理问题。例如，广州市人民政府制定了《广州市危险化学品安全管理规定》；深圳市人民政府修改了《深圳市实施〈校车安全管理条例〉若干规定》；佛山市人民政府制定了《佛山市寄递物流安全管理办法》；梅州市人民政府制定了《梅州市房屋使用安全管理办法》；中山市人民政府制定了《中山市群众自发性聚集活动安全管理规定》；肇庆市人民政府制定了《肇庆市消防安全管理规定》；潮州市人民政府制定了《潮州市古城区消防安全管理办法》。二是关注地方社会需求问题。2017年，广东省、市两级政府立法结合地方社会需求，出台了不少符合地方实际、凸显地方特色的政府规章。在省政府规章方面，广东省人民政府制定了《广东省粤剧保护传承规定》；在设区的市规章方面，珠海市人民政府制定了《珠海经济特区促进横琴休闲旅游业发展办法》，韶关市人民政府制定了《韶关市历史文化名城保护办法》，惠州市人民政府制定了《惠州市非物质文化遗产保护管理办法》，湛江市人民政府制定了《广东湛江红树林国家级自然保护区管理办法》等。

三、广东省2017年度地方立法的不足与未来展望

（一）广东省2017年度地方立法的不足

1.立法助推改革的力度需要加大

全面深化改革，必须在法治轨道上推进。习近平总书记强调，凡属重大改革都要于法有据。人大作为立法机关，用立法引领改革，要求提高立法的针对性与及时性。改革是需要勇气的，立法更是如此。可以说，每一次高质量的立法都是对现有利益格局的重新调整，如何修改、是否废止、谁主导立法，必然涉及不少的利益博弈、诉求平衡。[1]如果说过去的改革更多是靠"摸着石头过河"的勇气和"杀开一条血路"的闯劲，那么在中国特色社会主义法律体系已经形成的今天，在有法可依的新时代，深水区的"拦路虎"、攻坚期的"硬骨头"，更需要用法治思维去破除；各类改革方案、

---

[1]南方日报评论员：《以高质量立法力推深化改革》，载《南方日报》2014年3月12日。

各项改革措施，更需要我们用法治方式来落实。^①从广东省2017年度地方人大立法的总体情况来看，立法大都就常规事项予以规范而鲜有涉足改革深水区，对于如何通过科学、民主立法来助推经济社会改革，仍缺乏深入的研究和充分的实践。

2. 设区的市立法工作有待推进

从广东省2017年地方立法的总体情况来看，尽管地方性法规和地方政府规章"立改废"的总数较大，但也有相当一部分新获地方立法权的设区的市人大和政府在2017年1月1日至2017年12月31日期间，没有制定、修改出台任何一件地方性法规或地方政府规章。这在某种程度上体现出新获立法权的设区的市仍未能有效行使2015年《立法法》所赋予的地方立法权，充分开展地方立法工作，广东省设区的市的立法进程还有待继续推进。

3. 民族自治地方立法权行使不够充分

根据《立法法》第七十五条规定，民族自治地方的人民代表大会有权依照当地民族的政治、经济和文化的特点，制定自治条例和单行条例；自治州、自治县的自治条例和单行条例，报省、自治区、直辖市的人民代表大会常务委员会批准后生效；自治条例和单行条例可以依照当地民族的特点，对法律和行政法规的规定作出变通规定，但不得违背法律或者行政法规的基本原则，不得对宪法和民族区域自治法的规定以及其他有关法律、行政法规专门就民族自治地方所做的规定作出变通规定。可见，《立法法》赋予了民族自治地方相较于一般行政区域更为自主的地方立法权。但从2017年广东省民族自治地方的立法情况来看，广东省所属的3个自治县人大均没有通过新的自治条例或单行条例，反映出民族自治地方立法权的行使不够充分。^②

（二）广东省地方立法的未来展望

2018年，广东省应当贯彻党的十九大精神，贯彻落实习近平总书记对广东工作的重要指示批示精神，全面落实广东省第十二次党代会和省委十二届二次、三次全会的部署，持续推进民主立法、科学立法，为推进法治广东建设作出更大贡献。

1. 以地方立法引领推动改革

"法律是治国之重器，良法是善治之前提。"广东省应当努力构建党委领导、人大主导、政府协同、公众参与的地方立法工作格局，深化立法理论研究，遵循和把握立法规律，深入推进科学立法、民主立法，积极推进立法决策和改革决策相衔接，以立法推动改革发展稳定中突出矛盾和问题的解决。一方面，要加强立法项目论证，科学、精准确定立法项目。既做到"有所为而有所不为"，也要敢蹚"深水区"、敢啃

---

①《实现立法和改革决策相衔接——六论学习贯彻十八届四中全会精神推动法治惠州建设取得更大成效》，载《惠州日报》2014年11月10日。

②数据来自司法部"法律法规数据库"。

"硬骨头"、敢打"攻坚战"，尤其应加强保障全面深化改革、促进经济转型升级、创新社会治理、改善民生等重点领域立法，提升立法的前瞻性，以立法推动制度创新和引领改革发展，确保各项经济社会改革于法有据。另一方面，要推进精细化立法，着力提高地方立法质量。在立法模式和体例上，提倡性、号召性、宣示性的条款，尽量少写，不求大而全，贵在专而精，重在管用，重在可行。在规范设计上，力求具体、明确，立法调整的对象和范围要界定清楚，不能模糊或者产生歧义；执法主体的权责要明晰，不能交叉或者重复；行政处罚的情形要规范、细化，自由裁量权不能太大。对于立法中的焦点和难点问题，积极建立多层次、多方面的立法矛盾协调机制，切实把矛盾和争议解决在各方普遍接受和法律允许的框架内。法规规章条文的表述要准确、规范、严谨、简练、通俗，力争做到字斟句酌，精益求精。[1]

2. 全面推进设区的市立法工作

全面推进设区的市立法工作，是地方立法权"扩容"后广东省地方立法面临的一项重要任务。一方面，要重视设区的市立法人才队伍建设。各市不仅要结合自身实际引进立法人才，更要积极开展相关的立法技术培训，提高立法机关现有工作人员的立法水平，自主培养立法人才。另一方面，要重视设区的市立法工作机制的完善。设区的市立法工作应当坚持"立改废"并重的原则，积极探索完善各项立法工作机制。重点建立健全立法起草、调研、论证、公众参与、评估等长效工作机制，推动形成法规规章多元主体起草模式，强化立法调研，重视立法论证，拓宽公众参与立法的途径，落实法规规章立法前和立法后评估工作，努力实现立法工作的规范化和制度化。

3. 充分行使民族自治地方立法权

民族自治地方立法权是民族自治地方自治权的有机组成部分，广东省3个民族自治县应从以下三点着手，充分行使民族自治地方立法权：一是坚持正确的立法指导思想。民族自治地方立法权的行使应当与关乎民族自治县改革、发展、稳定的相关决策有机结合，立足少数民族的现实需求，因地制宜，量力而行，又要适度前瞻，逐步将民族自治县各项事务有序纳入法治化轨道。二是强调民族自治地方立法的计划性。制定立法规划是行使民族自治地方立法权不可缺少的环节，其主要任务和目的在于使民族自治地方立法有计划、有步骤地进行，从而使民族自治地方立法有序化、科学化、系统化。立法规划须突出重点、上下结合、适度超前，在确保法制统一和立法质量的前提下，发挥民族自治地方立法的自主性和灵活性。[2]三是用好民族自治地方立法变通权。民族自治地方立法变通权是自治权中的重要内容，是民族自治法规立法的灵魂。实践立法变通的具体使用，关键在于如何抓住自治权的有效行使，灵活变通法律

---

① 参见赵迎辉：《走向立法精细化》，载《学习时报》2016年3月3日。
② 参见吴金龙：《民族区域自治地方立法新议》，延边大学2004年硕士学位论文，第25~26页。

法规，充分体现民族自治地方立法的民族性、特殊性。广东省3个民族自治县应在尊重"三不违背"原则的前提下，合法、合理地变通有关政策和法律法规，从而通过民族自治地方立法解决民族自治县的一些特殊性问题。[①]

审稿：李杰（广东外语外贸大学）

---

①参见丁爱萍：《突出地方特色创新　促进民族区域自治——"一州两县"民族立法工作回眸》，载《楚天主人》2014年第9期。

第二十一章

广西壮族自治区2017年度立法发展报告

廖 原[①]

摘要： 2017年，广西壮族自治区地方立法以促进和推动经济发展为导向，以促进地方生态环境与历史文化保护为指针，全年自治区人大及其常委会制定、修改、批准地方性法规及自治县自治条例28件，自治区人民政府制定、废止政府规章6件，南宁市人民政府制定、修改、废止政府规章9件，大化瑶族自治县人大修改自治条例1件，融水苗族自治县修改自治条例1件，其余11个设区的市人大、政府分别制定地方性法规12件，政府规章10件。人大在立法工作中更加注重地方性法规的科学性、民主性及可行性，强化立法对改革的引领和保障作用是本年度立法工作的突出亮点，自治区与设区的市、自治县之间立法联动性不够，地方政府规章立法数量少是广西地方立法存在的主要不足。今后，广西地方立法应当更关注立法的时效性及联动性，加强对广西地方立法研究的力度，在强化理论与实践的结合上下功夫。

关键词： 广西壮族自治区　地方立法　发展报告

一、广西壮族自治区2017年度立法发展状况

（一）广西壮族自治区2017年度立法状况总体评述

2017年广西立法主体没有变化，广西有自治区人大及其常委会、自治区人民政府2个自治区一级的立法主体，有南宁、柳州、桂林、梧州、北海、钦州、玉林、防城港、贵港、百色、贺州、河池、来宾、崇左14个市的人大及其常委会、市人民政府共28个设区的市一级的立法主体，有融水苗族自治县、三江侗族自治县、龙胜各族自治县、恭城瑶族自治县、隆林各族自治县、富川瑶族自治县、都安瑶族自治县、罗城仫佬族自治县、巴马瑶族自治县、环江毛南族自治县、大化瑶族自治县、金秀瑶族自治

[①] 廖原，法学博士，广西政法管理干部学院教授，广西同望应用法学研究院理事。研究方向：宪法、行政法、地方立法。

县人民代表大会等12个民族自治地方立法主体。

2017年，广西各级立法主体在广西壮族自治区党委的坚强领导下，紧紧围绕广西构建"三大生态"实现两个建成的工作大局，根植于广西具体的政治、经济以及社会发展情况，积极稳妥地开展地方各级立法工作。

2017年，为依法保障饮用水水源地及水质的安全，自治区人大制定了《广西壮族自治区饮用水水源保护条例》；根据广西保护生态环境、传播普及优秀社会科学文化、促进社会经济发展和保障人民生活健康有序的现实需要制定了《广西壮族自治区古树名木保护条例》等地方性法规。依据经济社会的不断发展及上位法的调整，自治区人大常委会分别对《广西壮族自治区实施〈中华人民共和国未成年人保护法〉办法》等4件地方性法规进行了修订。自治区人大常委会对设区的市报请批准的12件地方性法规进行合法性审查并批准，审查批准了自治县人大修改的《大化瑶族自治县自治条例》和《融水苗族自治县自治条例》。

广西壮族自治区人民政府2017年针对全区各级行政机关的办公运行保障、公共医疗卫生资源的服务、配置与公共资源配置问题以及退伍军人安置等涉及国防及民生保障制定了《广西壮族自治区机关事务管理办法》《广西壮族自治区乡村医生从业管理办法》《广西壮族自治区消防水源管理规定》《广西壮族自治区退役士兵安置办法》4件自治区政府规章，废止了《广西壮族自治区组织机构代码管理办法》《广西壮族自治区新建住宅区供配电设施建设维护管理办法》2件自治区政府规章。

在设区的市人大立法方面，北海市等11个设区的市人大常委会分别依据《宪法》《立法法》所赋予的立法权限制定了实体性地方性法规。桂林市、北海市、贵港市、梧州市、玉林市、贺州市、来宾市、河池市、防城港市、钦州市、百色市制定的12件地方性法规覆盖了城市管理与建设、环境保护与历史文化三个方面的内容。

在设区的市政府立法方面，南宁市人民政府对规范人民防空、安全生产与保障公共租赁住房分配等事项分别出台了《南宁市人民防空管理办法》《南宁市安全生产监督管理办法》《南宁市公共租赁住房保障办法》3件政府规章。为了强化规章制定的民主性、科学性，规范易购公房的上市出售，修订了《南宁市规章制定办法》《南宁市已购公有住房上市出售管理办法》2件政府规章，对已有政府规章清理，废止了《南宁市建设工程地震安全性评价管理规定》等4件规章。桂林、梧州、百色3个市的人民政府分别制定了本市政府规章立法后评估及政府规章制定程序办法。

在民族自治立法方面，只有大化瑶族自治县人大和融水苗族自治县人大分别根据本自治县政治、经济、社会发展的需要修订了《大化瑶族自治县自治条例》和《融水苗族自治县自治条例》，其他10个自治县均无自治条例和单行条例出台。

总体来看，2017年度广西整体的地方立法数量明显比2016年度要少。广西各级立法主体更为注重地方立法的可操作性和质量保障，在地方立法工作中保持着积极、主动的态度。南宁、梧州、百色3个市的政府制定了规范政府立法及立法后评估程序的规章，体现了对良法善治理念的追求。

（二）广西壮族自治区2017年度人大立法发展状况

2017年是广西各设区的市人大换届之年，也是自治区十二届人大及其常委会履职的最后一年，是实施自治区人大及其常委会五年立法规划的收官之年，承接着广西各级人大机关新旧交替，承前启后的重要阶段，随着中央层面全面推进改革的不断深入，社会经济情况变化较大，因此，广西各地人大立法既需要适应改革的需求，又要切合地方治理的需要。

2017年，广西人大及其常委会围绕党中央和自治区党委决策部署，立法工作紧紧围绕着关系广西发展全局的生态环境保护、乡村建设、产业园区发展、产业转型升级、食品安全、社会治理创新、社会稳定维护、民生保障、民主法治建设等领域，全年制定地方性法规10件，并通过了自治区一级法规案和法规性决定14件，顺利完成全年及本届自治区人大的立法工作任务，并将五年立法规划的完成率提升至80%以上。

2017年度广西壮族自治区人大制定通过了《广西壮族自治区饮用水水源保护条例》《广西壮族自治区农业机械化促进条例》《广西壮族自治区食品小作坊小餐饮和食品摊贩管理条例》《广西壮族自治区古树名木保护条例》《广西壮族自治区抗旱条例》《广西壮族自治区边防治安管理条例》《广西壮族自治区实施〈中华人民共和国老年人权益保障法〉办法》《广西壮族自治区税收保障条例》《广西壮族自治区社会科学普及条例》《中国—马来西亚钦州产业园区条例》10件地方性法规，修订了《广西壮族自治区扶贫开发条例》《广西壮族自治区消费者权益保护条例》《广西壮族自治区各级人民代表大会常务委员会讨论决定重大事项的规定》《广西壮族自治区实施〈中华人民共和国未成年人保护法〉办法》4件地方性法规。

广西虽然整体上不属于缺水地区，但是由于近年商业及工矿业、农业、林业的发展，水污染的风险加剧，水污染事件时有发生，为保护江河、湖泊、山塘等地表及地下水源，广西壮族自治区人大常委会制定了《广西壮族自治区饮用水水源保护条例》。该条例注重于产业结构对饮用水水源保护的关联性，将饮用水水源保护工作纳入政府政绩考核评价体系之中。对饮用水水源的保护难免会对水源地周边居民生产、生活行为进行限制，因此该条例要求政府在进行饮用水水源保护规划时，应当公开征求水源所在地单位组织及居民的意见，并建立饮用水水源保护生态补偿法律制度。对于轮伐期不足10年的，如速生桉之类的用材林种植做出了全面禁止的规定，并加大了对污染水源违法行为的处罚力度。如违反条例规定在水源保护区内有设置化工原料等有毒有害矿产品及其废物存放场所和转运站的最高罚款额度高达50万元。

广西壮族自治区人大常委会表决通过的《广西壮族自治区食品小作坊小餐饮和

食品摊贩管理条例》对于居民生活密切相关的小餐饮和食品摊贩等管理难点问题通过立法进行了规范。该条例并非以传统管理的禁止和打击为模式，而是采取保护合法经营，规范经营秩序的理念。该条例对食品小作坊、小餐饮、食品摊贩做了立法界定，确立了统一监管的模式，要求由县级以上人民政府对于食品小作坊、小餐饮和食品摊贩的经营活动进行统筹规划集中经营。该条例还设置了对食品小作坊、小餐饮的登记证管理制度，为了对食品摊贩的管理，建立了备案管理制度，通过备案采集食品摊贩的个人身份信息及经营信息，规定无论是办理登记证还是备案都不收取任何费用。

《广西壮族自治区各级人民代表大会常务委员会讨论决定重大事项的规定》是依据2017年中共中央办公厅印发的《关于健全人大讨论决定重大事项制度各级政府重大决策出台前向本级人大报告的实施意见》的基本精神、原则与规定，对原来的规定进行了14处修改。修改内容中强调了坚持人民主体地位，加强与完善讨论、决定重大事项的协调机制，强调了人民代表大会及其常务委员会有关工作机构与"一府两院"工作机构应当加强及时沟通协商，在每年人大会议结束之后特定时间内向人大常委会提出需要决定的重大事项的议题，经人大常务委员会主任会议决定，列入常务委员会年度工作安排。该意见还增加了对人大常委会作出的决议、决定执行情况的监督措施：对有关部门不按照决议、决定要求内容处理的，人大常委会可以责令限期改正，造成严重后果的，人大常委会可以通过开展专题询问、质询、组织特定问题调查等方式进行监督。对《广西壮族自治区各级人民代表大会常务委员会讨论决定重大事项的规定》的修订强化了广西各级人大常委会作为权力机关常设机构的功能定位。

2017年是广西13个设区的市全面行使地方立法权的第二年，根据《立法法》的规定，自治区人大常委会主要对设区的市的人大及其常委会报批的地方性法规的合法性进行审查，不与上位法相抵触的应当在四个月内予以批准。2017年，广西壮族自治区人大常委会办理批准《钦州市坭兴陶土资源保护条例》《梧州市城市市容和环境卫生管理条例》《北海市城市市容和环境卫生管理条例》《贺州市黄姚古镇保护条例》《玉林市九洲江流域水质保护条例》《河池市非物质文化遗产保护条例》《贵港市太平天国金田起义遗址保护条例》《桂林市城市市容和环境卫生管理条例》《来宾市忻城土司文化遗产保护条例》《防城港市城市市容和环境卫生管理条例》《百色市澄碧河水库水质保护条例》《百色市农贸市场管理条例》12件富有当地特色的实体法规。自治区人大常委会在工作中注重指导、沟通，积极稳妥推进设区的市行使立法权。

2017年度各设区的市所制定的地方性法规都是实体性立法，其中桂林、北海、防城港市人大常委会分别制定了《桂林市城市市容和环境卫生管理条例》《北海市城市市容和环境卫生管理条例》《防城港市城市市容和环境卫生管理条例》，对市容环境卫生进行立法规范。梧州、百色两市人大常委会分别制定了属于城乡管理内容的《梧州市停车场建设和管理条例》《百色市农贸市场管理条例》。玉林、钦州、百色市人大常委会制定的《玉林市九洲江流域水质保护条例》《钦州市饮用水水源保护条例》《百色市澄碧河水库水质保护条例》同属于对水源水质保护的立法。贵港、贺州、来宾、河池市人大常委会制定的《贵港市太平天国金田起义遗址保护条例》《贺州市黄姚古镇保护条例》《来宾市忻城土司文化遗产保护条例》《河池市非物质文化遗产保护条例》同属于对物质文化遗产与非物质文化遗产保护的立法。

（三）广西壮族自治区2017年度政府立法发展状况

广西壮族自治区人民政府2017年制定了《广西壮族自治区机关事务管理办法》《广西壮族自治区乡村医生从业管理办法》《广西壮族自治区消防水源管理规定》《广西壮族自治区退役士兵安置办法》4件政府规章，废止了《广西壮族自治区组织机构代码管理办法》《广西壮族自治区新建住宅区供配电设施建设维护管理办法》2件政府规章。

《广西壮族自治区机关事务管理办法》是广西首部针对各级行政机关的办公保障所制定的政府规章，要求各级机关力行节约成本，控制办公经费，对机关办公运转的后勤保障事项作出了规范，对包括机关办公用地用房等确定了统一管理的制度，保障了机关后勤事务有规可循。

《广西壮族自治区乡村医生从业管理办法》主要通过进一步的制度化保障，加强乡村医生从业管理，从而通过立法破解因农村医疗卫生资源配置的不平衡不充分而导致的农民看病贵、看病难问题，用法律手段解决乡村医生从业及管理中比较突出的乡村医生的待遇、医疗风险以及如何考核等现实问题。

《广西壮族自治区消防水源管理规定》主要立足于解决火灾营救中水源的有效获取，未雨绸缪，对消防水源进行的规划、建设、维护、使用以及监督管理活动作出法定规范。对城市及乡村的消防水源建设设置提出法定要求，明确消防水源的建设维护主体及其责任，为公共安全及人民生命财产提供有效消防安全保障。

《广西壮族自治区退役士兵安置办法》主要规范了五个方面的问题：一是规定了安置退役士兵工作的政府和社会职责的分配；二是规定了退役士兵的接受地；三是规定了退役士兵的退役金发放；四是对退役士兵工作安置做了规定，要求相关部门和组织优先录用退役士兵；五是规定了退役士兵的社会保险关系的接续问题。该办法对于广西做好国防建设，让士兵安心服役保家卫国提供了法治的预期。

南宁市人民政府出台的3件政府规章中，《南宁市人民防空管理办法》立足于居安思危的理念，要求新建的城市民用建筑应当同时建设战时能用的防空地下室，并且规定特殊情况下新建的城市民用建筑无法修建防空地下室的应缴纳异地建设费，防空地下室的管理责任以谁使用，谁负责为原则。《南宁市安全生产监督管理办法》对于生产经营单位出现生产责任事故的后续监管提出了具体要求，生产经营单位在安全生产中出现一年内造成2人以上死亡事故的，应当委托有资质的机构对生产经营单位进行安全状况的检测检验。安全生产领域建立诚信体系，纳入社会信用体系之中。

2017年度的政府规章制定数量较少，其他设区的市只有桂林、梧州、百色3个市分别制定了政府规章，并且都是规范政府立法程序的规章，桂林市人民政府制定了《桂林市人民政府规章立法后评估办法》，梧州市人民政府制定了《梧州市人民政府拟定地方性法规草案和制定政府规章程序规定》，百色市人民政府制定了《百色市人民政府规章制定办法》。

规章立法权授予设区的市人民政府之后，如何用好立法权，保障规章的制定程序与质量就成了设区的市人民政府所关注的问题。桂林市人民政府在2016年制定了规章制定程序之后，2017年又制定出台《桂林市人民政府规章立法后评估办法》可谓未雨绸缪，在实体性的规章出台之前先通过制定程序规范和立法后评估规范来力求规章质量，而且这是广西首部对立法后评估进行规范的政府规章。该办法强调了评估主体的专业性、公正性和调查对象的广泛性，桂林市政府所制定的规章除了具体负责实施规章的行政机关、政府法制机构之外，还可以委托高校、科研院所、社会专业机构进行立法后评估，并且要求立法后评估调查对象中社会公众要有一定的比例。该办法还规定了立法后评估的简易程序，体现了评估的针对性和效率性。

二、广西壮族自治区2017年度地方立法的特色和亮点

（一）地方人大立法中的特色和亮点

1. 坚持立法与改革决策相衔接

广西壮族自治区人大常委会发挥立法的引领推动作用，主动适应改革发展需要，确保在法治轨道上推进改革。根据中央关于打赢脱贫攻坚战，确保到2020年农村贫困人口实现脱贫的决策部署，及时开展对《广西壮族自治区扶贫开发条例》的全面修订，确保条例与中央和自治区党委精准扶贫精准脱贫的方针政策相衔接。为贯彻党的十九大关于发展哲学社会科学的精神，开展《广西壮族自治区社会科学普及条例》的立法工作，将中央和自治区关于加强哲学社会科学宣传和普及的重要政策措施用法律形式固定下来。根据中央税收征管体制改革关于依法治税和协同共治等改革要求，开展税收保障立法，将自治区人民政府有关税收保障的规章上升为地方性法规，提升并确立税收保障的法律地位，制定《广西壮族自治区税收保障条例》确保中央关于税收征管的重大改革决策部署在广西顺利落地。开展《中国—马来西亚钦州产业园区条例》立法，根据国务院转变政府职能深化行政审批制度改革的精神，将自治区党委关于园区改革的重大决策法制化，对园区管理体制、开放开发、产业发展、人事人才等方面进行创新，特别是规定了土地收储、净地征收、商事登记、法定机构雇员制度等

多方面创新制度，以立法引领改革，以改革推动创新，实现立法决策和改革决策无缝衔接，为中国—东盟合作示范区提供重要法制保障。

2. 加强地方立法经验交流与总结

2017年9月6日至7日，第二十三次全国地方立法工作座谈会在南宁召开，这次会议由全国人大常委会法工委主办，自治区人大常委会承办，是广西人大历史上首次承办如此重大的全国性会议。全国人大常委会高度重视，中共中央政治局常委、全国人大常委会委员长张德江同志出席会议并发表重要讲话。全国人大10位部级领导和31个省（市、区）人大常委会负责同志以及人大法制（工作）委员会的主要负责同志，其他省、自治区部分设区的市、自治州人大常委会或人大法制工作机构的负责同志共280多人出席会议。广西14个设区的市和12个民族自治县人大常委会负责同志以及自治区人大机关有关负责同志共80多人参加会议。会议规格高、规模大，广泛地讨论了地方立法中遇到的难点问题，为进一步做好广西地方立法工作提供了丰富的理论指引与实践经验，对广西近年来地方立法取得的成效进行了全方位深度总结，也为全国各地推广了广西地方立法的成果。

3. 加强民生领域立法，依法保障和改善民生

自治区人大常委会将社会民生领域作为2017年立法的重点，完成了《广西壮族自治区食品小作坊小餐饮和食品摊贩管理条例》《广西壮族自治区抗旱条例》《广西壮族自治区消费者权益保护条例》《广西壮族自治区实施〈中华人民共和国老年人权益保障法〉办法》《广西壮族自治区实施〈中华人民共和国未成年人保护法〉办法》《广西壮族自治区扶贫开发条例》等6件民生领域立法，在列入自治区人大常委会会议审议的17件地方性法规中所占比例超过三分之一。紧紧围绕人民群众关注关心的热点、难点和事关群众切身利益的重大民生问题进行地方立法，充分体现民有所呼、法有所应。立法注重增强人民群众获得感，以法制保障发展成果由人民共享的要求。比如，《广西壮族自治区实施〈中华人民共和国老年人权益保障法〉办法》中，将享受高龄津贴的对象由80周岁以上低收入老年人扩大到所有80周岁以上老年人；完善独生子女家庭老年人扶助制度，对符合条件的独生子女伤残、死亡家庭的老年人给予特别扶助，规定独生子女父母年满60周岁的，患病住院期间，用人单位应当给予其子女每年累计不超过15天的护理假。在《广西壮族自治区实施〈中华人民共和国未成年人保护法〉办法》中，进一步明确科技馆等免费开放场所范围，鼓励有条件的单位在寒暑假为单位职工未成年子女提供临时集中照管服务。

4. 立足于对历史文化遗产的立法保护

2017年设区的市的人大常委会中有4个市的人大常委会都制定了保护本地历史文化遗产的地方性法规，占了全年度设区的市制定并通过的地方性法规的三分之一。《贵港市太平天国金田起义遗址保护条例》是广西第一部针对太平天国遗址进行立法保护的地方性法规。《贺州市黄姚古镇保护条例》是广西第一部针对古镇保护而制定的地方性法规。《来宾市忻城土司文化遗产保护条例》强调了对莫土司衙署等古建筑和与土司文化相关的非物质文化遗产的保护。《河池市非物质文化遗产保护条例》针对河池蕴藏着的丰富的民族特色非物质文化遗产的特点，通过设立民族民间文化生态保护区、民间文化艺术之乡、民俗文化村等方式保护和传扬民族文化精髓。以上4部地方性法规分别对历史遗址、历史建筑和非物质文化遗产进行立法保护，值得一提的是，这4部地方性法规均是这4个市获立法权后制定的第一部实体性法规，充分体现了广西各级地方对于历史文化遗产保护的重视程度和为子孙后代留下历史遗产的决心。

（二）地方政府立法中的特色和亮点

1.为政府精细化立法建规立范

《南宁市规章制定办法》为保证政府立法的必要性和可行性，对南宁市的政府规章制定前、制定中、制定后的重要环节全过程设立了相关保障性制度。在立项环节规定了应向社会公开征集立法项目建议的做法，形成开门立法的良好格局。破除行政主管部门主导立法的固有做法，规定了政府规章可以委托具有立法和评估能力的第三方参与规章的起草和评估。另外，就立法中常见的对涉及的焦点、重点问题以回避的态度虚化或模糊处理的弊端，作出了"规章内容涉及经济社会发展重大问题和管理体制、职能调整等重大事项的，起草单位应当先行报请市人民政府决定"的规定。设立了立法前评估制度，对规章的合法可行可用等问题进行评价。桂林市人民政府制定的规章《桂林市人民政府规章立法后评估办法》是广西首部规范政府规章立法后评估的立法，该办法强调了立法后评估的专业性和公正性，规定了对规章可委托科研院所等具有专业实力的第三方进行立法后评估。为了让评估更切合实际，作出了在立法后评估中应当选择一定比例的社会公众作为调查对象的具体要求。

2.通过立法保障制度的公平正义和公民获得感

《南宁市公共租赁住房保障办法》通过优化申请审批的流程、放宽申请条件，增加货币补贴规定，对公共租赁住房面积、建设标准提出要求等措施提升需要租住公共租赁住房人员的获得感。新修订的《南宁市已购公有住房上市出售管理办法》对已享受了住房改革优惠政策及经济适用房政策的房产所有人的行为进行了规范，如果房产所有人将已购公有住房出售的，不能再次购买和租用享受政策优惠的公有住房以及参加全额集资建房，体现了资源分配的正义及平等原则。

总体来看，2017年广西各级地方人大与政府立法工作都将保障民生、促进生态文明、保护历史传统文化作为重要的工作目标。

三、广西壮族自治区2017年度地方立法的不足与未来展望

（一）广西壮族自治区2017年度地方立法的不足

1. 自治区层面的立法与设区的市的立法统筹兼顾不足

地方立法必须把握地方的特殊性来进行，目前从自治区人大层面和设区的市人大及自治县人大在立法项目的选择上时常会发生立法选题同一的情况，如自治区人大常委会有制定水源地保护条例、红树林保护条例、传统村落保护条例的规划，而不少设区的市也在对水源地、红树林、传统村落开展地方立法的制定工作。有一些立法项目到底是自治区层面先制定还是设区的市先行制定，目前存在着一定的意见分歧。如果由地方先行订立，自治区人大常委会对立法规定的内容存在不同意见，有可能会影响设区的市及自治县的立法。如果自治区人大常委会对设区的市地方性法规或自治县制定的单行条例给予批准，但之后自治区人大常委会制定的法规内容与设区的市、自治县条例不一致，又会让作为下位法的法规和条例存在违反上位法之嫌。因此，为了节约立法资源，自治区层面应当与设区的市以及自治县在立法项目上进行充分的协商，避免重复或者立法打架的现象，应确定能够由自治区一级统一立法的，就不要由设区的市进行立法，设区的市的立法在自治区人大已经立法的基础上，着力进行细化，落实操作性。

2. 政府规章的数量较少

2017年，广西壮族自治区人民政府制定了4件政府规章，南宁市人民政府制定了3件政府规章、修订了2件政府规章，南宁市人民政府修订的1件规章以及其他设区的市出台的3件政府规章都是政府规章制定程序的规范，类型过于单一。与地方人大的立法相比，广西各级政府立法显得不够积极，从自治区到设区的市的立法力量和关注点主要集中于地方性法规的制定上，出台的规章数量少。尤其是除南宁市之外的其他13个设区的市人民政府所制定的规章数量少，而且至今未有一部实体性的立法。尽管地方政府规章在立法权限和可设定的法治手段上与地方性法规的确有着较大差距，但设区的市政府规章与设区的市人大立法相比，有着立法效率上的独特程序性优势，无须向上级人大常委会上报审批，因此在急需立法规范的领域，更应及时制定出地方政府立法，也可以为地方性法规的制定提供较好的实践素材。对于地方性法规需要进一步细化的地方，地方政府规章可以作出更为明确的规定，为贯彻地方性法规起到较好的辅助作用。

（二）广西壮族自治区地方立法的未来展望

1. 科学规划立法工作

2018年是广西壮族自治区十三届人大及其常委会履职的开端之年，对2018年至2022年立法工作作出科学规划事关广西法治建设的长远发展，自治区人大及其常委会

在认真分析和准确把握未来五年广西经济建设、政治建设、文化建设、社会建设、生态文明建设等方面的立法需求，广泛征集立法项目建议的基础上，科学论证评估，按照突出重点、区分轻重缓急、积极而为、量力而为的原则编制好广西未来五年立法规划，为广西的地方法治体系建设做好指引。

2. 推进对设区的市立法工作的指导

认真贯彻落实党的十九大关于依法立法的精神，在立什么法、如何立法等重要环节把好关，加强立法项目统筹协调，准确把握设区的市立法权限；加强对立法重大问题的沟通衔接，通过实地考察调研、组织召开专家论证会、书面审稿等形式指导帮助设区的市开展立法活动。广西拥有一批生态环境良好的市县，从目前的立法动态观察，广西大部分设区的市目前主要围绕生态及环境保护立法下功夫，从自治区层面应加强对设区的市立法项目的指导工作。加强立法能力和制度建设指导，组织设区的市人大立法工作人员专题培训班，提高地方立法工作水平。

3. 推进立法工作制度化建设

积极推进科学立法、民主立法、依法立法，进一步健全立法起草、论证、咨询、评估、协调、审议等工作机制，更加注重立法中涉及的重大利益调整论证咨询和争议较大的重要立法事项引入第三方评估的工作规范，更好发挥立法机关在平衡、调整社会利益方面的重要作用，努力使每一项立法都符合宪法精神、反映人民意志、得到人民拥护。

4. 加强立法服务基地及立法人才库建设

2014年12月，广西壮族自治区人大常委会先期授予了中共广西区委党校、广西大学、广西师范大学和广西民族大学4所学校为广西地方立法研究评估与咨询服务基地，它们积极参与地方立法工作，为提高地方立法质量做了大量工作，发挥了不可或缺的作用。新一届的自治区人大常委会在原有的4所高校的基础上，计划将广西同望律师事务所和广西政法管理干部学院新增为广西地方立法研究评估与咨询服务基地，这是广西地方立法建设具有深远的意义事情。地方立法是推进地方治理体系与治理能力现代化的重要法治方式，是一项系统性的工程，要立足于广西的实际，要体现广西的民情，汇聚民意，尊重和保障人权。因此需要一批既具有理论性又具有实践能力的专家群体来为广西地方立法的建设服务，为充分挖掘和发挥地方高校作为地方立法的特色新型智库作用，与地方高校进行合作，坚持科学立法，为锻造有广西特色的、操作性强的良法提供有力的理论和实践数据支撑。在地方高校建立地方立法研究评估与咨询服务基地，有助于提升广西地方立法工作水平，提高地方性法规的针对性，在更好地引领和保障广西经济发展的同时，推进保障群众的合法权益，促进地方民主法治的建设。

审稿：李杰（广东外语外贸大学）

第二十二章　海南省2017年度立法发展报告

邓　謇①

摘要：2017年度海南省各级立法机关围绕海南发展大局依法积极行使职权，坚持走科学、民主的立法道路，积极开展工作，取得了较好的成绩。海南省人大及其常委会和省人民政府加强了在城市管理、生态环境保护、社会保障等领域立法，制定、修改、批准26件地方性法规，制定、修改10件政府规章。设区的市也有较为突出的表现。海南省地方立法既有充分利用经济特区立法权助力海南改革发展、立法联系点建设、推进重点领域立法等亮点，也存在特区立法权作用发挥不够、旅游业立法有待加强、民主立法机制缺乏广度与深度、群众参与度较小、立法资源投入不足等问题。

关键词：海南省　地方立法　发展报告

一、海南省2017年度立法发展状况

（一）海南省2017年度立法状况总体评述

截至2017年底，海南省有地方立法权的主体共14个，具体包括：海南省人大及其常委会和省人民政府、海口市人大及其常委会和市人民政府、三亚市人大及其常委会和市人民政府、三沙市人大及其常委会和市人民政府、陵水黎族自治县人民代表大会、乐东黎族自治县人民代表大会、白沙黎族自治县人民代表大会、昌江黎族自治县人民代表大会、保亭黎族苗族自治县人民代表大会、琼中黎族苗族自治县人民代表大会。与2016年相比，海南省地方立法主体的数量没有发生变化，其地方立法体制较为稳固。

2017年，在科学立法、民主立法精神与立法先行政策的指引下，海南省人大及其常委会做了大量卓有成效的立法工作，共制定、修改地方性法规20件，为海南改革发展提供有力法制保障。海南省人大及其常委会批准海口市、三亚市制定和修改的地方

---

①邓謇，法学博士，广东海洋大学法政学院讲师。研究方向：行政法学、地方立法学。

性法规6件。①与上年同时期相比，在地方人大及其常委会立法方面，立法数量上总体略微减少。

2017年度海南省人民政府制定、修改《海南省食品摊贩监督管理办法（试行）》《海南省重点项目管理办法》《琼州海峡轮渡运输管理规定》《海南省基础测绘管理办法》《海南省消防安全责任制规定》《海南省植物检疫实施办法》《海南省社会保险费征缴若干规定》《海南省海洋渔船安全生产管理规定》《海南省木材管理办法》《海南省城镇饮用水卫生监督管理规定》10件政府规章。与上一年同时期相比，在省级人民政府立法方面，立法数量上增长了数倍，立法事项涉及各行各业。可见，海南省人民政府法制建设能力大幅度提升，法治政府建设全面推进。

在设区的市人大立法方面，海口市人大及其常委会制定和修改了《海口市制定地方性法规条例》《海口市扬尘污染防治办法》《海口市美舍河保护管理规定》《海口市城市黄线管理办法》4件地方性法规。三亚市人大及其常委会制定了《三亚市制定地方性法规条例》1件地方性法规。

在设区的市政府立法方面，海口市人民政府修改了《海口市规章制定程序规定》《海口市旅行社开发客源市场奖励办法》2件政府规章，三亚市人民政府制定了《三亚市政府规章制定程序规定》《三亚市洗涤业管理规定》2件政府规章。

在民族自治地方的单行条例方面，白沙黎族自治县、昌江黎族自治县、乐东黎族自治县、陵水黎族自治县、保亭黎族苗族自治县、琼中黎族苗族自治县五个民族自治地方没有出台新的自治条例和单行条例，也没有对已经生效的自治条例或单行条例进行修改或废止。

总体而言，2017年度海南省地方立法工作稳中进取，各行各业的立法工作全面推进。无论是人大的立法还是政府的立法，无论是省级立法还是设区的市一级立法，无论是一般性立法还是民族自治地方立法，较2016年度的立法而言，海南省地方立法在2017年都呈现出良好发展态势，特别是在生态环境保护、城市管理、规范地方立法行为等领域的立法取得了突出表现，成为海南地方立法工作的闪光点。

（二）海南省2017年度人大立法发展状况

2017年度海南省人大及其常委会制定和修改了地方性法规20件，批准海口市、三亚市制定地方性法规5件。其中，制定的地方性法规有3件，具体包括：《海南省实施〈中华人民共和国人民调解法〉办法》《海南省水污染防治条例》《海南省人民代表大会常务委员会任免海南省监察委员会副主任、委员暂行办法》；修改地方性法规17件，具体包括：《海南省实施〈中华人民共和国老年人权益保障法〉若干规定》《海

---

①本数据与《海南省人民代表大会常务委员会工作报告（2018）》有差异，差异主要来自统计方法和标准不同。

南省劳动保障监察若干规定》《海南省环境保护条例》《海南省松涛水库生态环境保护规定》《海南经济特区水条例》《海南省万泉河流域生态环境保护规定》《海南省南渡江生态环境保护规定》《海南省审计监督条例》《海南省城乡容貌和环境卫生管理条例》《海南省饮用水水源保护条例》《海南省无规定动物疫病区管理条例》《海南省实施〈中华人民共和国水土保持法〉办法》《海南省节约能源条例》《海南省环境保护条例》《海南省红树林保护规定》《海南省城镇园林绿化条例》《海南经济特区农药管理若干规定》。

2017年度海南省人大常委会与上年相比，更重视对经济特区立法权的行使，并且积极推动经济特区立法权的行使。海南被列为全国首个省域"多规合一"改革试点，为海南省深化规划体制改革、打造发展新优势带来了重大机遇。为保障这项改革顺利推进，常委会运用特区立法权作出专项决定，制定了《海南省人民代表大会常务委员会关于在海南经济特区暂时变通实施"五网"建设项目涉及部分法律法规规定的行政审批的决定》；推动特色产业领域的立法，制定和修改了《海南省红树林保护规定》等3件地方性法规；推动生态环境保障领域的立法，制定了《海南省水污染防治条例》以及修改、批准了《海南省环境保护条例》等10件地方法规；推动社会保障领域的立法，修改通过了《海南省实施〈中华人民共和国老年人权益保障法〉若干规定》《海南省劳动保障监察若干规定》；推动城市市容市貌领域的立法，修改了《海南省城乡容貌和环境卫生管理条例》《海南省城镇园林绿化条例》；推动城市管理领域的立法，批准了《海口市城市黄线管理办法》。

为完善产业发展的体制机制，海南省人大及其常委会重视特色产业领域的立法工作，先后修改了《海南省无规定动物疫病区管理条例》《海南经济特区农药管理若干规定》《海南省红树林保护规定》。

为坚持生态立省不动摇，牢记习近平总书记的关于青山绿水、碧海蓝天是建设国际旅游岛的最强优势和本钱，在生态环境立法领域方面，于2017年11月30日海南省第五届人民代表大会常务委员会第三十三次会议通过《海南省水污染防治条例》，目的在于保护和改善环境、防治水污染、维护水生态、保障饮用水安全、维护公众健康、推进生态文明建设、促进经济社会可持续发展。同时，会议又通过《海南省人民代表大会常务委员会关于海南省大气污染物和水污染物环境保护税适用税额的决定》，而且在2017年7月21日通过修改《海南省环境保护条例》、2017年9月27日通过修改《海南省松涛水库生态环境保护规定》等多部关于保护生态环境的法律、法规、实施办法等，这些均表明海南省人大常委会强化环境保护重点领域的立法工作。

在社会保障领域的立法方面，海南省人民代表大会常务委员会关于修改《海南省实施〈中华人民共和国老年人权益保障法〉若干规定》的决定已由海南省第五届人民代表大会常务委员会第三十一次会议于2017年7月21日通过，该规定指出，建立和完善以居家养老为基础、以社区为依托、以机构为补充、医养结合的养老服务体系，更加注重养老服务问题。为了规范和加强劳动保障监察工作，保护劳动者的合法权益，在2017年7月21日修改了《海南省劳动保障监察若干规定》。

在城乡容貌以及卫生环境领域的立法方面，海南省第五届人民代表大会常务委员会第三十二次会议于2017年9月27日通过《海南省人民代表大会常务委员会关于修改〈海南省城乡容貌和环境卫生管理条例〉的决定》。为了规范城镇园林绿化规划、建设、保护和管理，改善城镇生态环境，促进经济和社会可持续发展，在2017年11月30日修改了《海南省城镇园林绿化条例》。

在城市管理领域的立法，为了提高海口城管队伍执法水平和效率，规范执法行为，在2017年1月19日批准了《海口市城市管理综合行政执法条例》；在2017年9月27日，为了保证城市黄线的科学规划和划定以及保证划定落到实处，批准了《海口市城市黄线管理办法》。

海口市人大及其常委会积极发挥地方立法的引领和推动作用，坚持科学立法、民主立法，按照时间的先后顺序，分别制定了《海口市制定地方性法规条例》《海口市扬尘污染防治办法》《海口市美舍河保护管理规定》《海口市城市黄线管理办法》，加强了对城市的管理、对城市环境的保护，推进生态文明建设，促进经济社会可持续发展，与海南省深化规划体制改革的政策相得益彰。

2017年1月20日，三亚市人大及其常委会制定了《三亚市制定地方性法规条例》，规范了地方立法活动，为地方立法构建了法定的程序标准，从实际出发，科学合理地规定公民、法人和其他组织的权利与义务、国家机关的权力与责任，并突出地方特色。

（三）海南省2017年度政府立法发展状况

海南省人民政府在立法方面坚持将人民利益放在首位，贯彻从群众中来、到群众中去的方针，问计于民，集思广益，在提高公众的立法参与度的同时也注重科学立法，严格按照《立法法》《规章制定程序条例》《海南省人民政府拟定地方性法规草案和制定规章程序规定》等相关规定，不断推进立法工作，提高立法质量。

2017年12月7日第六届海南省人民政府第九十六次常务会议审议通过《海南省消防安全责任制规定》，明确消防安全责任，规范消防安全管理。其亮点在于，一是确立了消防安全责任制的总体原则，二是完善了各级政府消防工作职责，三是强化了社会单位的消防管理和严格了消防安全责任追究机制。[1]在同年的2月23日也制定了《海南省公共消防设施建设管理规定》。

---

[1] 参见《海南省消防安全责任制规定亮点解读》，海南省人民政府网http://www.hainan.gov.cn/hn/zwgk/zcjd/201801/t20180130_2540444.html，访问时间：2018年4月25日。

在关于食品安全与其他的产业安全的监督管理办法方面，政府也制定和修改了大量法律法规。如2017年9月20日《海南省基础测绘管理办法》经六届海南省人民政府第90次常务会议审议通过；2017年7月3日，制定的《琼州海峡轮渡运输管理规定》；还有2017年10月30日，修改的《海南省植物检疫实施办法》《海南省社会保险费征缴若干规定》等。

三亚市人民政府先后审议通过了《三亚市河道治导线管理办法（试行）》《三亚市综合治税工作管理规定》《三亚市城市生活饮用水二次供水管理办法》《关于规范我市国有建设用地使用权招标拍卖挂牌出让工作管理办法》《三亚市国有土地作价出资管理暂行办法》明确了相关部门的职责分工和保护、治理、修复、法律责任等方面，为河道治导线管理、三亚城市生活饮用水二次供水的管理提供了法律依据和法制的保障。

二、海南省2017年度地方立法的特色和亮点

（一）地方人大立法中的特色和亮点

作为经济特区，海南省各级地方立法主体一直以来坚定不移地把特色立法作为其立法的一项重要原则。地方立法的特色主要体现在它能充分反映本地经济、政治、文化、法制等立法调整的需求程度，把本地发展水平的差别化作为切入点，注重解决本地突出问题。所以，具有特色的地方立法往往也更符合社会现实的需要，更能发挥出法律应有的功能。2017年度海南省各级人大及其常委会从本省、本地区的具体情况和实际需要出发，深入强化立法的针对性和可操作性，使审议通过的各项法规都达到下面四点要求：问题找得准不准、解决得怎么样、立法管不管用、群众满不满意。

1. 强化环境保护重点领域立法工作

保护环境是中国长期稳定发展的根本利益和基本目标之一，实现可持续发展依然是中国面临的严峻挑战。2017年度海南省人大立法将环境保护纳入重点工作，如海南省人大常委会启动对《海南省水污染防治条例》的制定工作，并且发布了《关于海南省大气污染物和水污染物环境保护税适用税额的决定》，通过调整税额来保护和改善环境，减少污染物排放，推进生态文明建设。环境保护的立法侧重点放在水资源的保护上，2017年度海南省人大立法修改的关于环境保护的13件地方性法规中，保护水资源的法规多达6件。又如海口市人大常委会通过制定《海口市扬尘污染防治办法》以及《海口市美舍河保护管理规定》，有效防治扬尘污染，保护和改善大气环境质量，保障公众健康，并且将海口市美舍河及其两岸绿线以内的区域的动植物及其生存环境的保护管理以及对沙坡水库、玉龙泉等水源地的污染防治纳入法治化的轨道，保护和改善水体环境，保障了居民的饮水安全，促进人与自然的和谐，促进经济社会的可持续

发展。

2. 注重对本市社会热点问题作出立法回应

海南省人大常委会关注社会热点问题，听取人民群众的呼声，牢记以人民的根本利益为出发点，在社会保障领域，先后修改了《海南省实施〈中华人民共和国老年人权益保障法〉若干规定》和《海南省劳动保障监察若干规定》。

为了保障老年人合法权益，发展老龄事业，弘扬中华民族敬老、养老、助老的美德，构建和谐海南，根据《中华人民共和国老年人权益保障法》和有关法律、法规，结合本省实际，2017年7月21日，海南省第五届人大常委会第三十一次会议修改通过了《海南省实施〈中华人民共和国老年人权益保障法〉若干规定》，修改后的规定加强了对老年人权益保护，赋予老年人更多的权利以及更多的便利，2017年7月21日海南省第五届人大第三十一次会议修订通过了《海南省劳动保障监察若干规定》，修改后的若干规定针对海南省劳动保障监察中的突出问题，尤其是在工程建设领域，紧紧围绕保护农民工劳动所得，坚持标本兼治、综合治理的原则增加了相关规定，完善了劳动保障监察管辖权，完善用工信息采集和严格用工档案管理，建立用人单位劳动保障守法诚信管理制度以及健全工程建设领域农民工工资支付监控和保障制度。2017年，海南省人大的立法活动，紧紧围绕着如何维护公民权益，如何增进民生福祉来进行，有针对性地解决时下人民群众热切关注的民生问题。

3. 设区的市、自治县地方立法工作稳步推进

2017年度是海南省设区的市、自治县全面启动地方立法工作的第二年。全面设区的市制定地方性法规5件、地方政府规章3件。其中《海口市制定地方性法规条例》《三亚市制定地方性法规条例》的出台，在规范地方立法权的行使、调整地方立法关系、推动地方立法法治化发展方面作出了贡献，促进地方立法朝向规范化、制度化和法治化方向发展。海南省人大常委会特别重视对设区的市、自治县地方立法工作的指导，先后组织多名多批次的立法工作培训班、学习班，指导人大编制立法计划和规划，帮助解决地方立法工作中的困难和问题。

4. 创制性地方立法工作质量有所提升

在2017年的立法活动中，海南省人大及其常委会的一大亮点是立法的创制性。海南省人大根据上位法规定，深入贯彻十八届四中全会精神，总结海南省人民调解工作以往的实践经验和成熟做法，对海南省的人民调解工作发展所涉及的重大问题进行了系统的制度设计和安排，结合海南省实际情况，制定了《海南省实施〈中华人民共和国人民调解法〉办法》。

2017年7月21日，海南省第五届人大常委会第三十一次会议审议通过了《海南省实施〈中华人民共和国人民调解法〉办法》。为健全人民调解组织网络，实现人民调解工作对矛盾纠纷的全覆盖，该办法从多个方面对上位法的规定作了细化和延伸，进一

步细化了人民调解的组织形式，明确了人民调解工作的政府责任、社会责任和设立单位责任的划分以及明确了人民调解的经费保障。[①]

（二）地方政府立法中的特色和亮点

2017年度海南省各级地方人民政府以深化改革、以人为本、依法治省、生态优化为立法工作的宗旨，使立法工作更科学、更民主、更具实效，较好地完成了年度立法计划工作。

1. 充分利用经济特区立法权，助力海南发展稳步前行

海南省人民政府积极利用经济特区立法权，为重点项目和中小企业发展建设保驾护航。2017年2月23日，海南省政府第六届第七十九次常务会议审议通过《海南省重点项目管理办法》，该办法中的重点项目主要是指十二个重点产业、"五网"基础设施、美丽海南百镇千村、社会民生工程、军民融合发展。政府通过对重点项目实行全过程管理，包括前期工作、行政审批、资金计划、建设工期、工程招标、工程建设、工程质量、竣工验收，以及督促检查、考核奖惩等方面来确保海南省经济社会可持续发展。该办法的出台，标志着省政府利用海南经济特区立法权为重点项目提速、简化行政审批提供了法律保障，为海南省经济建设的发展起到了保驾护航作用，意义重大。

2. 政府立法工作"新常态"得到全面落实

根据2015年《立法法》和海南省人大常委会的决定，海南省各设区的市、自治县人民政府近两年成为海南省的地方立法机关，其中，三亚市人民政府共制定政府规章2件。2017年度三亚市人民政府以当地社会的真实需求为切入点，正确处理改革发展需求与立法前瞻引领的关系，在国家专属立法权以外且国家尚未立法的情况下，先试先行，为国家立法提供经验，这也是地方立法特色存在价值的体现。

3. 公共安全、食品安全、生态保护三大领域立法成果显著

2017年度海南省地方政府立法工作将公共安全、食品安全和生态保护领域的立法放在突出位置，海南省人民政府制定了《海南省消防安全责任制规定》和《海南省食品摊贩监督管理办法（试行）》，并且修改了《海南省木材管理办法》。

2017年12月7日，海南省人民政府第九十六次常务会议审议通过《海南省消防安全责任制规定》，该规定进一步加强了对公共消防设施的建设管理，助力海南经济建设的健康发展。《海南省食品摊贩监督管理办法（试行）》明确了食品摊贩的法律概念，对食品摊贩的食品经营活动进行划定区域和确定时段的监督管理，且明确了违反该办法的法律责任。有助于加强政府部门对食品安全监督管理，保障公众身体健康和

[①] 参见《解读〈海南省实施《中华人民共和国人民调解法》办法〉》，海南司法行政网站http://justice.hainan.gov.cn/read.jsp?id=5347，访问时间：2018年4月25日。

生命安全。修改后的《海南省木材管理办法》加强了政府对木材运输和木材经营加工的监督管理工作，促进生态省建设，坚持把生态环境保护放在最优先位置。

三、海南省2017年度地方立法的不足与未来展望

（一）海南省2017年度地方立法的不足

2017年度海南省地方立法工作虽然取得了一定的成绩，但在具体的工作中也暴露出了一些不足。这些不足的存在，也是今后立法工作中的难点和要点，需要结合有关经验，找准今后的工作方向。存在的不足主要有：

1. 经济特区立法权作用发挥不够，旅游业立法有待加强

习近平总书记在海南省考察时强调，青山绿水、碧海蓝天是建设国际旅游岛的最强优势和最大本钱。海南省在生态环境方面的立法可以说是相当完善，但在旅游业的立法中却有待进一步完善。2017年无论是人大立法，还是政府立法，都少有旅游业方面的立法。没能充分运用经济特区立法权和地方立法权，突出海南特色，一些国际旅游岛建设发展急需的法规亟待研究制定。建设国际旅游岛是海南独特的发展道路，必然会面临许多新情况和新问题，在没有上位法的情况下，海南省要进一步解放思想，发扬敢为人先、勇于开拓、务实创新的特区精神，充分运用经济特区立法权的创制、变通、填缺功能，敢于冲破一切不合理的、包括那些在其他地方也许合理，而在海南却不尽合理的条条框框，不要作茧自缚，以至于束手束脚。就目前来看，海南省立法工作的进程距离人民群众对于国际旅游岛的新期待还有一定的差距。

2. 民主立法机制中群众参与度不足

地方立法的重要价值之一就是地方特色，而地方特色体现在对本地经济、政治、法制等立法的需求程度的调整上，以及是否有针对性解决本地突出问题，而对于这些问题，群众的意见、呼声往往就是提高民主立法机制广度和深度的重点。海南省在开展向社会公众公开征求意见的活动时，常常出现参与的公众人数少、意见不具体、比较分散等原因导致活动不能达到预期的效果，又如在确定具体立法项目，需要进一步对立法起草工作进行探讨准备时，人大代表、专家学者、行业协会和有关管理部门被采纳的建议数量较少，导致出现了"行政机关主导地方立法"的嫌疑，这归咎于民主立法机制没有得到较好完善与执行。虽然地方政府会组织一些听证会，但是对听证会的程序规范不够，没有定期的举办时间，没能实现对公众意见反馈的制度化。同时，缺乏对征求意见的有关主体、征求方式、采纳意见的标准和数量明确固定的衡量尺度。虽然行政机关可以通过报刊、网络等渠道收集民意，协调利益分配，但没有关于公民参与立法的明确规定，公众能否参与到立法中来实际是由行政机关决定的，不利于民众对立法活动的广泛参与。

3.需增加立法资源的投入，完善立法工作和法制环境

经济基础决定上层建筑，海南省经济发展基础还比较薄弱，这一定程度上导致了立法资源的欠缺，而立法资源欠缺将导致地方立法特色缺乏，针对性和可操作性不强，创新性不突出。在人大立法工作中，因为政治体制、编制配额及相关经费等方面的制约，海南省人大在开展地方性法规立项和调研工作时缺少足够的资源可以调配，于是就出现了立法工作中常有的情形：地方立法简单移植中央立法的内容，盲目追求体例上的完整性而却缺乏针对性，凸显不出地方问题，体现不出地方特色。特别是一些法规需要专业性的知识，而人大缺乏资源和力量，会导致在拟定地方性法规草案的专业性上根本无法与相关职能部门相比较。因此，完善人大现行的立法体制，一定要加强人大立法资源的整合，可以聘请各行业专家，根据工作的需求，加大经费的划拨。

（二）海南省地方立法的未来展望

1.继续为深化改革、重点领域的改革服务

海南省地方立法应当更加注重立法与省委改革发展决策的衔接，坚持改革方向、问题导向，紧贴发展所需、人民关切，扎实推进科学立法、民主立法、依法立法，立法的地方特色和人民性更加突出，推动和保障海南省经济、政治、文化、社会和生态文明建设。海南省已被列为全国首个省域"多规合一"改革试点，为海南省深化规划体制改革、打造发展新优势带来了重大机遇，故科学安排好立法项目，加强重点领域立法，实现立法与改革相衔接，做到在深化改革、重点领域改革中有法可依。

2.推动生态文明建设，促进特色产业加快发展

海南特殊的地理位置以及优越的地理环境，决定了海南拥有着独特的生态系统和自身的特色产业。要保证海南省经济的持续增长并且长盛不衰，就要发展和保护好自身的特色。同时，为深入贯彻落实以习近平同志为核心的党中央关于加强生态文明建设的系列决策部署，充分发挥全国最好的生态环境、全国最大的经济特区、全国唯一的省域国际旅游岛"三大优势"，加快建设经济繁荣、社会文明、生态宜居、人民幸福的美好新海南，最好的方式就是在立法上完善对生态文明的建设保护和促进特色产业的加快发展。

过去的五年，是海南建省以来生态立法力度最大、管控最严、成效最显著的五年。但仍然要始终牢记习近平总书记关于生态文明建设的思想和讲话精神，更加完善生态文明建设的立法，保护农村生态、合理开发矿产资源、建设保护海防林、治理城镇内河（湖）水污染，加强和改进生态环境保护，促进特色产业的加快发展。

3.秉持以人民为本位、以人民利益为中心的立法思想

紧紧围绕保障和改善民生开展立法活动，人大常委会要始终把维护人民利益、增

进人民福祉作为立法的出发点和落脚点，聚焦群众关切、社会关注的问题依法开展立法活动，保障人民的利益。要高度重视听民声、察民情、纾民困工作，对社保基金监督管理、残疾人权益保障、"五保"供养、民族地区教育、禁毒工作等攸关群众利益的问题深入开展专题调研，形成一系列助推民生改善的调研成果，并进行相关立法。

虽然海南省在2017年度制定、修改了一些关于民生的法律，但是秉持以人民为本位、以人民利益为中心的立法思想不能丢，在立法的各个方面都要深刻渗透这个思想，真正为人民谋福利，为人民服务，切实用好地方立法权和经济特区立法权，抓住美好新海南建设所需所急，推进立法工作，立"管用的法"，立"人民的法"。[1]

审稿：李杰（广东外语外贸大学）

---

[1] 参考《海南省人民代表大会常务委员会工作报告（2018）》和《2018海南省政府工作报告》。

第六编　西南地区立法发展报告
第二十三章　重庆市2017年度立法发展报告

肖扬宇[①]

摘要： 2017年重庆市地方立法主体重点关注生态环境、房产税征收、民用无人驾驶航空器管理等领域的立法工作，加强立法的针对性、创新性和实效性，为解决重庆市民关注的热点问题、突出问题提供立法依据。2017年，重庆市人大及其常委会制定、修改了8件地方性法规，重庆市人民政府制定、修改、废止了24件地方政府规章。但是，还存在民族自治地区立法活动缺失、立法规划科学性有待提高、地方性法规清理不及时等不足。展望未来，重庆市民族自治地区要进一步发挥民族自治地区立法权在地区发展中的作用；提高重庆市人大常委会的立法主导作用，推进立法精细化工作；深入开展地方性法规评估工作，完善地方性法规清理机制。

关键词： 重庆市　地方立法　发展报告

一、重庆市2017年度立法发展状况

（一）重庆市2017年度立法状况总体评述

重庆市有市人大、市人民政府2个省级立法主体，有石柱土家族自治县人民代表大会、秀山土家族苗族自治县人民代表大会、酉阳土家族苗族自治县人民代表大会、彭水苗族土家族自治县人民代表大会4个民族自治地方立法主体。

2017年，重庆市人大及其常委会坚持党对立法工作的领导，注重发挥人大及其常委会在立法工作中的主导作用，抓住提高立法质量这个关键，针对社会热点、民生问题开展立法活动，坚持立法与改革决策相衔接，注重立法的实效性和创新性，制定了《重庆市大足石刻保护条例》等3件地方性法规，修改了《重庆市地方立法条例》等5件地方性法规。重庆市人大及其常委会在立法活动中，坚持"立改废释"并举，在注重开展新的立法活动的同时，通过修改现存地方性法规让旧法焕发出新的生命力、适

---

　　①肖扬宇，法学博士，广东技术师范学院法学与知识产权学院副教授。研究方向：刑法学、地方法制建设。

应新的社会形势的需求。

2017年，重庆市人民政府根据立法计划，及时回应社会热点问题，着力解决民生、社会治理等重点领域的问题，制定了《重庆市公益林管理办法》等5件地方政府规章，修改了《重庆市个人住房房产税征收管理实施细则》等3件地方政府规章，废止了《重庆市控制燃煤二氧化硫污染管理办法》等16件地方政府规章。

2017年，重庆市民族自治立法主体没有新制定、修改、废止地方自治条例和单行条例。

总体而言，2017年，重庆市继续深入推进地方立法工作，围绕地方突出问题、立法空白、群众关注的热点问题等开展立法工作。重庆市人大及其常委会、市人民政府科学制订立法计划，继续深入推动科学民主决策，扎实开展立法调研论证、加强统一审议工作，不断提高立法质量。

（二）重庆市2017年度人大立法发展状况

2017年，重庆市人大及其常委会根据立法计划，为解决突出问题、提高办理实效，坚持法制统一、坚持问题导向、坚持继承创新的原则，根据问题立法、立法解决问题的理念，在继承以前的好经验、好做法基础上制定新法规、修改旧法规，有序推进各项立法工作。

2017年，重庆市人大及其常委会全年共制定了3件地方性法规，分别为《重庆市大足石刻保护条例》《重庆市大气污染防治条例》《重庆市人民代表大会代表建议批评和意见工作条例》；重庆市人大常委会修改了5件地方性法规，分别为《重庆市地方立法条例》《重庆市气象灾害防御条例》《重庆市环境保护条例》《重庆市老年人权益保障条例》《重庆市献血条例》。

2017年，重庆市地方性法规的立法工作坚持以立法推动改革，着力填补立法空白，通过立法工作解决民众重点关心、突出的社会治理问题。在生态环境保护方面，重庆市坚持绿色生态发展理念，制定了《重庆市大气污染防治条例》、修改了《重庆市环境保护条例》。《重庆市大气污染防治条例》的出台既是执行国家空气质量标准新要求，协同防治多种大气污染物的新需要，同时也回应了市民对良好空气质量的新期待。《重庆市大气污染防治条例》针对民众投诉较多、反映强烈的居民小区等地开设餐饮、加工维修、施工扬尘、工业及能源空气污染、机动车船空气污染等问题制定了规范措施，实现了解决民众诉求与大气污染防治重点相衔接。一方面，《重庆市大气污染防治条例》第六十三条中明确规定，居民住宅楼、未配套设立专用烟道的商住综合楼、商住综合楼内与居住层相邻的商业楼层禁止新建、改建、扩建产生油烟、异味、废气的餐饮服务、加工服务、服装干洗、机动车维修等项目；另一方面，《重庆市大气污染防治条例》重点对影响空气质量的空气污染源进行治理。《重庆市大气污染防治条例》分别在第三至五章规定了工业及能源污染、机动车船污染、扬尘污染的防治措施，此外还明确了政府及部门的职责和企业的环保职责，积极构建社会监督制度，制定了实名举报和奖励制度。

在历史文化遗产保护方面，重庆市人大常委会制定了《重庆市大足石刻保护条例》。为保护列入《世界遗产名录》和全国重点文物保护单位的北山摩崖造像、宝顶山摩崖造像、南山摩崖造像、石篆山摩崖造像和石门山摩崖造像，及其附属的其他造像、古建筑、古遗址和附属文物等，重庆市人大常委会坚持统筹规划、科学保护、深化研究、注重传承的原则，正确处理文物保护与合理利用、经济社会发展与文化传承的关系，确保大足石刻的安全、真实和完整，制定了《重庆市大足石刻保护条例》。该条例明确了大足石刻保护管理的部门职责、大足石刻的保护范围、大足石刻的保护措施以及违反条例的法律责任等。

在发挥人民代表大会代表职能方面，重庆市人大常委会制定了《重庆市人民代表大会代表建议批评和意见工作条例》。重庆市人大常委会针对重庆市人民代表大会代表建议工作的地方性法规尚为空白的问题，以《中华人民共和国全国人民代表大会和地方各级人民代表大会代表法》为基本依据，在2005年《重庆市人民代表大会代表建议、批评和意见办理办法》的基础上，制定了《重庆市人民代表大会代表建议批评和意见工作条例》。该条例为保障重庆市人民代表大会代表依法行使提出建议、批评和意见的权利，做好代表建议、批评和意见工作，提供了法规依据。根据代表建议质量有待提高、办理实效有待加强、评价监督手段刚性不足等突出问题，该条例进一步明确了重庆市人民代表大会代表提出建议、批评和意见的权利，明确了代表提出建议、批评和意见的方式、内容等，制定了代表提出建议、批评和意见的保障程序，最后还建立了代表建议、批评和意见办理工作的监督机制。

2017年，重庆市地方性法规的立法工作在坚持填补空白的同时，注重"盘活存量"，及时对不适时、不合乎实际的地方性法规进行修改，使旧法焕发新的生命力。1998年制定的《重庆市献血条例》中有些规定与重庆市当前的献血工作实际严重脱节，如向公民收取用血补偿金的有关规定缺乏上位法依据，增加了民众的用血负担，存在落实国家无偿献血制度的具体制度安排不具体、操作性不强等问题。2017年11月30日，重庆市人大常委会针对这些问题对《重庆市献血条例》进行了修订，规定了公民临床用血时，只交付用于血液的采集、储存、分离、检验等费用即可；献血者临床用血，免交前款规定的费用。献血者的配偶、父母、子女临床用血，按照献血者献血量等量免交前款规定的费用。并对献血者及其配偶、父母、子女免交的采供血成本费用的核销途径进行了规范。

（三）重庆市2017年度政府立法发展状况

2017年，重庆市人民政府以贯彻落实中央《法治政府建设实施纲要（2015—2020年）》和《重庆法治政府建设实施方案（2016—2020年）》为主线，深化法制工作建设、积极开展立法工作，取得了新的成效，为全面深化改革、促进重庆市经济平稳健康发展和社会和谐稳定提供了坚强的法治保障。

2017年，重庆市人民政府制定了5件地方政府规章，分别为《重庆市公益林管理办法》《重庆市民用无人驾驶航空器管理暂行办法》《重庆市税收征管保障办法》《重庆市地方标准管理办法》《重庆市公共投资建设项目审计办法》；修改了3件地方政府规章，分别为《重庆市个人住房房产税征收管理实施细则》《重庆市关于开展对部分个人住房征收房产税改革试点的暂行办法》《重庆市城市规划管理技术规定》；废止了16件地方政府规章，分别为《重庆市控制燃煤二氧化硫污染管理办法》《重庆市城市维护建设税征收管理办法》《重庆市耕地开垦费、耕地闲置费、土地复垦费收取与使用管理办法》《重庆市资产评估机构管理办法》《重庆市营业性演出管理办法》《重庆市统一代码管理办法》《重庆市教育督导规定》《重庆市建设用地监管若干规定》《重庆市事业单位工作人员申诉控告暂行办法》《重庆市无规定动物疫病区管理办法》《重庆市消防安全责任制实施办法》《重庆市出租汽车顶灯和计价器使用暂行规定》《重庆市出租汽车客运管理暂行办法》《重庆市企业国有产权转让管理办法》《重庆市食品安全管理办法》《重庆市主城区路桥通行费征收管理办法》。

2017年，重庆市人民政府在制定地方政府规章中着力解决新问题，注重填补社会治理领域的立法空白，发挥地方政府规章的规制、引导作用。近年来，重庆市民用无人驾驶航空器市场增长迅速，广泛普及的无人机为经济社会发展带来了活力和变革，但无人机带来的安全隐患也不容忽视。重庆市人民政府针对新出现的无人机问题，及时制定了《重庆市民用无人驾驶航空器管理暂行办法》，对无人机的生产、销售、使用及管理进行了全面规定。该办法在制定过程中注重治理模式创新性和前瞻性，如无人机采取实名制管理，民用无人机生产企业、销售者、购买者、物流、寄递企业都应当按照民用无人机实名制登记，对企业及产品信息、民用无人机购买者姓名、移动电话等信息进行登记，并在登记后把登记标志粘贴在无人机上。另外，该办法考虑到民用无人机本身的属性，对飞行空域进行分类治理。将飞行空域分为自飞空域、报备空域和管控空域。自飞空域和报备空域无须飞行任务审批、临时飞行空域审批、飞行计划申请或者报备手续，但不得超出规定的范围。在管控空域内开展民用无人机飞行活动，应当依法取得必要的飞行任务、临时飞行空域审批，提出飞行计划申请，经批准后实施。

生态环境保护仍然是2017年重庆市人民政府的立法重点。2017年，重庆市人民政府制定了《重庆市公益林管理办法》，为重庆市国土生态安全、生物多样性保护和经济社会可持续发展提供保障。《重庆市公益林管理办法》以公益林的保护和可持续发展为目的，创新公益林保护措施，如根据本地实际情况对公益林的划定、调整和生态效益补偿做出了明确规定；改变了以往经常采取简单粗放的罚款处罚手段，对经营活动造成公益林毁坏的行为，先处罚行为人补种毁坏的公益株数1倍以上3倍以下的树木；对拒不补种树木或者补种不符合国家有关规定的，采取代执行措施，由区、县（自治县）林业主管部门代为补种，所需费用由违法者承担。

2017年，重庆市人民政府在贯彻中央精神、回应热点、难点问题时，注重运用法治手段进行社会治理，注重长效机制的建设。如重庆市人民政府为维护房地产市场平稳健康发展，在贯彻中共中央关于"房子是用来住的，不是用来炒的"的房地产市场定位时，进一步对房地产市场进行政策调控，决定将原来的《重庆市关于开展对部分个人住房征收房产税改革试点的暂行办法》和《重庆市个人住房房产税征收管理实施细则》中关于"征收对象"和"税率"中的"在重庆市同时无户籍、无企业、无工作的个人新购的第二套（含第二套）以上的普通住房"修改为"在重庆市同时无户籍、无企业、无工作的个人新购的首套及以上的普通住房"。

二、重庆市2017年度地方立法的特色和亮点

（一）地方人大立法中的特色和亮点

1. 填补立法空白，完善地方性法规体系

重庆市人大常委会在地方立法活动中，主动找差距、寻不足，积极改变目前存在的一些滞后的立法情况，扫除立法空白和盲点。2017年11月30日，重庆市第四届人大常委会第四十二次会议表决通过了《重庆市人民代表大会代表建议批评和意见工作条例》。该条例将重庆市代表建议工作的经验和做法上升为地方性法规，进一步规范了代表建议的提出、交办、办理、评价、监督等全流程工作，增强了建议办理评价监督手段的刚性。但在重庆市制定《重庆市人民代表大会代表建议批评和意见工作条例》之前，全国已经有28个省、自治区和直辖市制定了代表建议办理工作地方法规，重庆市人民代表大会代表建议批评和意见办理工作的规范化和法治化建设一直处于比较滞后的地位，建议办理工作存在部分建议质量不高、承办单位重视不够、办理效果不理想、落实情况不尽如人意、评价不够客观真实、法律法规不够完善等问题。该条例的出台，为健全重庆市人民代表大会代表建议办理机制，促使代表建议办理工作的规范化、程序化、制度化提供了法规依据。

2. 加强重点领域立法，推动社会事业发展和民生改善

为满足人民日益增长的美好生活需要，增进民生福祉，重庆市人大及其常委会在

2017年进一步加强社会事业和民生领域的立法活动。在生态环境保护方面，认真落实"把重庆建设成为山清水秀美丽之地"要求，加强环保领域立法和监督，制定了《重庆市大气污染防治条例》，修改了《重庆市环境保护条例》。立法工作筑牢了环境基石，完善了生态环境保护的地方性法规体系，为建设美好家园提供了依据。《重庆市环境保护条例》明确了环境保护行政审批条件和程序、排污权有偿使用和交易、污染物排放总量控制等规定，推动最严格的环保制度落地落实。《重庆市环境保护条例》在修改过程中，进一步明确了政府及部门职责，并针对不同污染源设置了相应的防治规范，还特别对生活噪声扰民行为做出了界定，对噪音污染源的管理设置了相应的防治规范。

在民生领域，重庆市人大常委会修改了《重庆市老年人权益保障条例》《重庆市献血条例》等地方性法规。《重庆市老年人权益保障条例》增加了老年人社会服务、社会优待和老年人宜居环境建设等内容，就独生子女护理假、养老机构保证金的收取和管理等做出了规定。《重庆市献血条例》明确了采血用血安全、献血服务保障和激励等内容，为进一步规范重庆市献血工作、推动重庆市献血事业持续健康发展做出了指引。

在文化遗产保护方面，重庆市人大常委会制定了《重庆市大足石刻保护条例》，该条例明确了景区管理体制及与文物相关的环境保护措施，为保护好重庆市唯一的世界文化遗产发挥重要作用。

3. 将立法活动与改革决策相融合和衔接

重庆市人大常委会在立法过程中，将立法活动与改革决策相结合，努力实现立法活动与改革决策的融合和衔接。一方面，以需要改革的问题作为立法的起点，使立法活动具有针对性和生命力。2017年，重庆市人大常委会针对生态环境保护的现实形势和立法情况，制定了《重庆市大气污染防治条例》，修改了《重庆市环境保护条例》，为生态环境保护提供了制度保障；另一方面，又通过立法活动来解决改革决策问题。例如《重庆市大气污染防治条例》在对工业及能源、机动车船、扬尘等其他污染源进行规范治理时，明确了市、区县（自治县）环境保护主管部门对本行政区域的大气污染防治的统一监督管理职责，对大气污染防治工作进行了新的部署和改革。

此外，根据环保部、公安部、国家认证委《关于进一步规范排放检验加强机动车环境监督管理工作的通知》规定，省级环保部门不再委托在用车排放检验机构，对检测机构的数量和布局也不再控制，环保部门也不再核发机动车环保检验合格标志。因此，《重庆市大气污染防治条例》在机动车排放检验方面也进行了相应的改革，简化了检测和监督的环节和手续。《重庆市大气污染防治条例》规定，在用机动车所有人定期将机动车交由机动车排放检验机构进行检验即可，环境保护主管部门在不影响正常通行的情况下，通过现场检测、遥感监测等方式对在道路上行驶的机动车的大气污染物排放状况进行事后监督检查。

（二）地方政府立法中的特色和亮点

1. 重视地方政府规章清理，"立改废释"并举

2017年，重庆市人民政府在立法过程中坚持"立改废释"并举的原则，特别加大了对地方政府规章的清理力度，制定了5件地方政府规章，修改了3件地方政府规章，废止了16件地方政府规章。

重庆市人民政府从合法性、适当性、实效性、技术性等角度，对重庆市全部地方政府规章进行了集中清理，摸清了家底，对需要继续实施的政府规章予以列表明确，将不符合现实情况、影响经济社会发展以及在现实生活中已不再发挥作用的政府规章予以废止。其中，2017年1月5日废止了《重庆市控制燃煤二氧化硫污染管理办法》等15件地方政府规章，2017年10月9日废止了《重庆市主城区路桥通行费征收管理办法》1件地方政府规章。重庆市人民政府在一年之内先后两次废止地方政府规章，将地方政府规章的梳理工作常态化，使得地方政府规章体系更趋于合理，规章制度结构更加完善。

2017年，重庆市人民政府还加强了行政规范性文件动态管理。按照《国务院办公厅关于进一步做好"放管服"改革涉及的规章、规范性文件清理工作的通知》（国办发〔2017〕40号）《国务院法制办公室关于做好法规清理工作的函》（国法函〔2017〕84号）《关于报送做好生态文明建设和环境保护法规、规章、规范性文件清理工作的函》（国发秘协函〔2017〕742号）要求，积极组织开展政府规章清理工作，重庆市人民政府法制办公室指导各个制定机关废止了262件行政规范性文件，修改了245件行政规范性文件。

2. 推进民主立法，规范立法程序

重庆市人民政府在地方政府规章制定中，不断推进科学民主依法决策，认真落实重大行政决策公众参与、专家论证、风险评估、合法性审查、集体讨论决定等法定程序。例如《重庆市公益林管理办法》在制定过程中，从提出立法计划开始，经过一年多时间，先后开展了专题调研、初步起草、专题研讨、专家论证、征求基层立法联系点意见、征求区县意见、征求部门意见、征求行政相对人意见、面向社会网络征求公众意见等30余次会议（工作环节）。[①]根据科学民主依法决策的原则，在充分听取各方建议和意见之后予以通过，确保制定的地方政府规章符合当地的实际情况和需要。

在地方政府规章制定中，注重立法程序的规范性建设，不断提高制度质量。在立法过程中，重庆市人民政府除了规范政府规章制定程序之外，还对规章制定中的实施

---

①参见《〈重庆市公益林管理办法〉通过市政府常务会议审议》，中国林业网http://trlbh.forestry.gov.cn/portal/trlbh/s/1856/content-938641.html，访问时间：2018年5月5日。

过程以及规章等规范性文件的登记、存档、发布行为进行规范。在2017年4月24日重庆市人民政府法制工作会议上，重庆市人民政府要求在立法过程中立法审议项目要做到"领导、人员、经费、时间、责任、任务"六落实，全面实施规范性文件统一登记、统一编号、统一发布的"三统一"制度。

3. 注重制度创新和治理模式变革

重庆市人民政府在地方政府规章制定中，注重制度创新和治理模式变革，将立法和政府治理制度创新相融合。《重庆市民用无人驾驶航空器管理暂行办法》在对无人机管理方面，针对无人机产品的流动性较强、同类化严重的特点，明确了无人机在生产、销售、使用环节的实名制制度，通过实名制来规范无人机管理，弥补无人机管理的漏洞。再如，《重庆市公益林管理办法》在公益林保护方面不再采取以前简单的罚款处罚手段，而是以维护生态公益林的可持续发展为主要目的，规定了代执行处罚制度。对毁坏公益林的行为，先处罚行为人补种毁坏的公益株数1倍以上3倍以下的树木；对拒不补种树木或者补种不符合国家有关规定的，采取代执行措施，由区县（自治县）林业主管部门代为补种，由违法者承担补种的费用。

三、重庆市2017年度地方立法的不足与未来展望

（一）重庆市2017年度地方立法的不足

1. 民族自治地区的立法权没有得到充分发挥

重庆市有石柱土家族自治县、秀山土家族苗族自治县、酉阳土家族苗族自治县、彭水苗族土家族自治县的人民代表大会四个民族自治地方立法主体，在2016年和2017年期间四个民族自治地方立法主体都没有制定新的自治条例和单行条例。

绿水青山就是金山银山。重庆市四个少数民族自治地区处于群山环抱、风景秀丽的地区，自然环境、文化生态资源都十分丰富，但重庆市少数民族自治地区在立法项目规划和立法推进方面的经验还不足，自治条例和单行条例的制定权没有得到充分发挥。在人们日益增长的美好生活需求下，少数民族自治地区会有更大的吸引力和发展空间。少数民族自治地区应充分发挥民族自治制度的优势，通过制定自治条例和单行条例发挥民族自治地区的文化、自然生态等资源优势。重庆市人大常委会应当主动指导和支持民族自治县立法工作，推动民族自治县发挥自治立法权作用。

2. 立法规划的科学性有待提高

2017年，重庆市人大常委会科学编制立法规划和计划。根据立法计划，重庆市人大常委会计划结转2016年审议项目3件（制定2件，修改1件），初次审议项目4件（制定2件，修改2件），预备项目12件（制定6件，修改6件），审查批准项目1件。2017年，重庆市人大常委会明确思路举措，加强组织协调，全部完成结转项目，未完成初

次审议项目1件，提前完成预备项目1件和未列入立法计划的审议项目1件。2017年，重庆市人大常委会根据立法规划，稳步推进，基本完成立法计划。但是也可以看到，重庆市人大常委会在立法工作中存在超出立法计划和未完成立法计划的情况。因此，在未来的立法活动中，立法计划等工作的精细化还可以进一步提高。

3. 地方性法规清理工作还有提升空间

党的十九大以来，我国各项改革措施加快推进，与实际情况不符、失效的法规规章需要及时地修改和废止。2017年，国务院办公厅等部门分别发布了《国务院办公厅关于进一步做好"放管服"改革涉及的规章、规范性文件清理工作的通知》（国办发〔2017〕40号）、《国务院法制办公室关于做好法规清理工作的函》（国法函〔2017〕84号）、《关于报送做好生态文明建设和环境保护法规、规章、规范性文件清理工作的函》（国发秘协函〔2017〕742号），其中对生态文明建设、"放管服"改革等特定领域的地方性法规清理工作做出了要求和安排。

2015年以来，重庆市人大及其常委会一直在推进地方性法规的制定和修改工作，但对地方性法规的清理梳理工作关注较少，成效不明显，没有废止1件地方性法规。因此，重庆市地方性法规的清理梳理工作还存在很大提升空间，在今后的立法工作中应当进一步贯彻"立改废"相结合的原则，全面、及时地清理地方性法规，及时废止过期失效、与实际情况不符、与上位法冲突的地方性法规。

4. 重庆市人大常委会在立法中的主导作用有待加强

根据2017年重庆市人大常委会的立法规划情况，《重庆市大气污染防治条例》的提案机关是重庆市人大常委会城环委，《重庆市人民代表大会代表建议批评和意见工作条例》的起草机关是重庆市人大常委会人代工委，提案机关是重庆市人大常委会主任会议，而立法计划中的其他18件项目都是由政府部门负责起草和提案。可见，重庆市人大常委会在早期的立法活动中参与较少，这就使得人大常委会在立法活动中的主导作用无法充分发挥。因此，在未来的立法中，重庆市人大常委会在立法中的主导作用还有待加强。

（二）重庆市地方立法的未来展望

1. 进一步发挥自治立法权在民族自治地区发展中的作用

民族自治地区的自治立法权是特有的权力，立法权不但要在保护民族文化、传统风俗、民间艺术等方面发挥作用，而且要在推动民族地方发展和资源优势方面发挥作用。在未来的立法工作中，少数民族自治地区人大及其常委会可以充分发挥立法积极性，通过立法推动地区资源优势发挥。可以围绕乡村振兴、文化、资源优势发挥、保障和改善民生、加强和创新社会管理等重点开展立法，充分发挥立法对经济社会发展的引领、规范和保障作用。同时，可以进一步加强立法的组织工作，确保计划项目推进及时有序；加强立法工作协调，形成工作合力，制定出一批能保护和发挥民族自治地区的文化和自然资源优势、改善民生、优化社会治理的自治条例和单行条例。

2.进一步提高人大常委会的立法主导作用，推进立法精细化

重庆市人大常委会在今后立法工作中应当健全法规起草、论证、协调、审议、清理等机制，更进一步发挥立法主导作用。[①]重庆市人大常委会应当积极参与地方性法规的起草、论证、征求意见等环节，根据人大常委会在政府社会治理中立场中立的特点，提前在重大利益和争议较大的重要立法事项方面发表意见，保证立法的公平性、公正性。

此外，重庆市人大常委会还需要进一步提高立法计划的科学性，稳步推进立法活动的精细化。"凡事预则立，不预则废"，科学的立法规划是立法活动顺利开展的前提和保障。在贯彻和落实立法计划时，也要稳步推进，避免重复上位法、同一问题分别立法等现象，力争做到"立一件，管用一件"，解决重庆实际问题。

3.深入推进地方性法规评估工作，完善地方性法规清理机制

随着简政放权的深入开展，重庆市的地方立法权将不断扩大，地方立法活动将随之增加。加强地方性法规的动态管理，保证地方性法规之间的有效衔接、避免地方性法规的冲突是立法工作的基本要求。在未来的立法工作中，建议重庆市人大及其常委会完善地方性法规的定期清理评估机制。重庆市人大常委会应该明确清理标准，将列入清理范围的法规、规章、规范性文件按照予以废止、修改、继续有效三种方式处理。对存在与上位法相冲突、与本地实际情况不符、过期失效等情况的地方性法规应予以废止。

审稿：李杰（广东外语外贸大学）

[①]参见《重庆市人民代表大会常务委员会工作报告——2018年1月28日在重庆市第五届人民代表大会第一次会议上》，人民网http://cq.people.com.cn/n2/2018/0208/c365402-31233133.html，访问时间：2018年5月5日。

第二十四章　四川省2017年度立法发展报告

吴志军[①]

摘要：2017年，四川省紧紧围绕全面推进依法治国总目标，坚持"治蜀兴川重在厉行法治"，坚持维护法制统一和体现地方特色相结合，着力提高立法精细化水平，切实加强立法能力和立法队伍建设，提高立法质量，为建设美丽繁荣和谐四川提供了有力的立法保障。四川省各立法主体全年共制定、修改、废止地方性法规40件，政府规章41件，成果丰硕。但也存在着市（州）政府立法迟缓、立法技术欠缺、立法参与度不高等问题，需要继续坚持问题导向，进一步完善立法工作体制机制，提高立法质量，突出地方特色，切实发挥立法各发展的引领、推动和保障作用。

关键词：四川省　地方立法　发展报告

一、四川省2017年度立法发展概况

（一）四川省2017年度立法状况总体评述

四川省有三类立法主体，一是省级立法主体，包括省人大及其常委会、省人民政府，可以制定地方性法规、政府规章；二是设区的市（州）人大、政府，全省21个市（州）全部享有地方立法权，可以在"城乡建设与管理、环境保护、历史文化保护"三个重点领域立法制定地方性法规、政府规章；三是民族自治地方人大及其常委会，阿坝藏族羌族自治州、甘孜藏族自治州、凉山彝族自治州、北川羌族自治县、峨边彝族自治县和马边彝族自治县等民族自治地方有权制定自治条例和单行条例。

2017年，四川省各立法主体积极行使地方立法权，提升立法质量，增加立法数量，体现地方特色，取得了丰硕的成果。四川省人大常委会全年共制定法规4件，修改法规7件，废止法规1件，批准法规31件，审议了《国有资产管理监督试行办法》《四川省促进科技成果转化条例》《四川省电信设施建设和保护条例》等地方性法规的制定或修改草案，检查监督了《四川省村镇供水条例》《四川省〈中华人民共和国人民防空法〉实施办法》《四川省农村扶贫开发条例》《四川省宗教事务条例》等法规的

[①] 吴志军，广东外语外贸大学讲师。研究方向：国际经济法、民商法。

实施情况。开展立法调研，就《四川省促进科技成果转化条例》《四川省航道条例》《四川省中医药条例》《四川省教育督导条例》《四川省多元化解纠纷促进条例》等草案或征求意见稿的制定、修改做好立法服务工作。

四川省政府坚持立法先行，积极行使地方立法权，制定政府规章；贯彻落实国务院"放管服"改革措施，确保政府规章与法律、法规保持一致，与国务院"放管服"改革保持一致，维护法制的统一。四川省政府全年共制定省政府规章7件，修改13件，废止5件。

设区的市人大立法方面，共制定地方性法规25件，修改3件，其中，成都市人大常委会制定《成都市历史建筑和历史文化街区保护条例》等2件，修改《成都市燃气管理条例》等3件，达州市人大常委会制定《达州市集中式饮用水水源保护条例》等4件，泸州市人大常委会制定《泸州市物业管理条例》等2件，宜宾市人大常委会制定《宜宾市地方立法条例》等2件，广安市人大常委会制定《广安市制定地方性法规条例》等2件，巴中市人大常委会制定《巴中市城市道路交通秩序管理条例》等2件，自贡、攀枝花、德阳、广元、内江、乐山、南充、雅安、眉山、凉山彝族自治州、甘孜藏族自治州等市州人大常委会各制定1件。

设区的市政府立法方面，各设区的市政府坚持优先解决经济社会发展中的突出问题、关键问题，8个市（州）共制定政府规章11件，修改1件，废止4件。其中，成都市人民政府制定《成都市机动车和非道路移动机械排气污染防治办法》等3件，修改1件，废止《成都市国家建设项目审计办法》等4件，巴中市人民政府制定《巴中市社会稳定风险评估实施细则》等2件，德阳市、广元市、南充市、广安市、资阳市人民政府分别制定了本市政府制定政府规章程序规定。

民族自治地方立法方面，阿坝藏族羌族自治州政府制定《阿坝藏族羌族自治州政府规章制定程序规定》政府规章1件。

总体来看，四川省2017年地方立法数量多、质量高，成果显著，建立健全立法体制机制，逐步构建党委领导、人大主导、政府依托、各方参与的科学立法格局，健全立法起草、立法论证、立法协调、立法审议"四位一体"立法机制，推进地方立法从侧重经济立法向经济和社会立法并重转变，从管理型立法向服务型立法转变，从侧重实体立法向实体、程序立法并重转变。[①]

（二）四川省2017年度人大立法发展状况

四川省人大常委会坚决维护社会主义法制的统一和尊严，严格依照法定的权限和程序开展工作，坚持从深化改革和经济社会发展的实际出发，贯彻创新、协调、绿

[①] 参见李林、杨天宗、田禾主编：《法治蓝皮书：四川依法治省年度报告No.4（2018）》，社会科学文献出版社，2018年。

色、开放、共享的发展理念，积极适应地方立法体制变革，进一步推进依法立法、科学立法、民主立法，加强脱贫攻坚、绿色发展、深化改革和社会治理等重点领域立法，突出四川特色，努力提高立法质量，推动全省人大立法工作再上新台阶。

四川省人大及其常委会制定法规4件，分别为《四川省散装水泥管理条例》《四川省非物质文化遗产条例》《四川省农村公路条例》《四川省就业创业促进条例》；修改法规7件，分别为《四川省水利工程管理条例》《四川省农村能源条例》《四川省人民代表大会常务委员会关于政府规章设定罚款限额的规定》《四川省环境保护条例》《四川省计量监督管理条例》《四川省人民代表大会常务委员会讨论决定重大事项的规定》《四川省政府投资建设项目审计条例》；废止法规1件，即《四川省专业技术人员继续教育条例》；批准设区的市（州）地方性法规31件，包括《德阳市地方立法条例》《广元市人民代表大会及其常务委员会立法条例》《乐山市人民代表大会及其常务委员会立法条例》《宜宾市地方立法条例》《广安市制定地方性法规条例》《成都市城市轨道交通管理条例》《成都市市容和环境卫生管理条例》《泸州市违法建设治理条例》《雅安市新村聚居点管理条例》《成都市燃气管理条例》《成都市城乡规划条例》《成都市历史建筑和历史文化街区保护条例》《达州市集中式饮用水水源保护管理条例》《凉山彝族自治州立法条例》《成都市科学技术进步条例》《南充市城镇环境卫生管理条例》《广安市集中式饮用水安全管理条例》《达州市城市公共汽车客运条例》《成都市城市管理综合行政执法条例》《乐山市中心城区绿心保护条例》《自贡市物业管理条例》《泸州市物业管理条例》《泸州市市容和环境卫生管理条例》《甘孜藏族自治州生态环境保护条例》《巴中市红军文物保护条例》《巴中市城市道路交通秩序管理条例》《攀枝花市城市绿化条例》《达州市传统村落保护与利用条例》《宜宾市翠屏山保护条例》《眉山市集中式饮用水水源地保护条例》《内江市甜城湖保护条例》。

四川省人大及其常委会找准问题，聚焦目标，精准立法，有的放矢。

在促进就业创业方面，出台《四川省就业创业促进条例》，解决劳动力供大于求、就业结构性矛盾突出、就业稳定性不高、创业环境有待改善、人力资源市场需进一步规范和完善、公共就业服务体系比较薄弱等问题。这是四川省第一部关于促进就业创业的地方性法规。该条例的实施，为培育完善人力资源市场、全面提高劳动者就业能力和创业能力、建立健全公共就业服务体系、实施就业援助制度、创造良好的就业环境奠定了良好的基础。

在促进农业农村发展方面，制定《四川省农村公路条例》，修改《四川省农村能源条例》。农村公路作为农村重要的基础设施，是服务"三农"、发展农村经济、支撑农业供给侧结构性改革和脱贫攻坚、推动全面建成小康社会的重要前提和保障。为促进农村公路"建管养运"协调发展，满足农民群众出行需求，更好地服务全面小康社会进程，制定出台了《四川省农村公路条例》。该条例从农村公路管理主体、建设资金来源和筹措渠道等方面进行了规定，促进农村公路"建管养运"协调发展，推动全省农村公路事业的健康有序发展，填补了四川省农村公路管理中的法律空白。

在加强非物质文化遗产保护、保存方面，《四川省非物质文化遗产条例》为非物质文化遗产的传承与保护提供有力的法制支撑。该条例注重与相关法规衔接，重点在项目目录认定、遗产调查范围、传承传播机制、保障监督和合理利用等方面，将上位法中一些较为原则的规定具体化，增强了针对性和可操作性，体现了四川的特色和亮点。

设区的市（州）人大立法成绩斐然。成都市人大常委会制定地方性法规2件，分别为《成都市历史建筑和历史文化街区保护条例》《成都市城市管理综合行政执法条例》，修改地方性法规3件，分别为《成都市燃气管理条例》《成都市城乡规划条例》《成都市科学技术进步条例》。自贡市人大常委会制定《自贡市物业管理条例》。攀枝花市人大常委会制定《攀枝花市城市绿化条例》。泸州市人大常委会制定《泸州市物业管理条例》《泸州市市容和环境卫生管理条例》。德阳市人大常委会制定《德阳市地方立法条例》。广元市人大常委会制定《广元市人民代表大会及其常务委员会立法条例》。内江市人大常委会制定《内江市甜城湖保护条例》。乐山市人大常委会制定《乐山市中心城区绿心保护条例》。南充市人大常委会制定《南充市城镇环境卫生管理条例》。宜宾市人大常委会制定《宜宾市地方立法条例》《宜宾市翠屏山保护条例》。广安市人大常委会制定《广安市制定地方性法规条例》《广安市集中式饮用水安全管理条例》。达州市人大常委会制定《达州市集中式饮用水水源保护管理条例》《达州市城市公共汽车客运条例》《达州市人民代表大会常务委员会讨论决定重大事项的规定》《达州市传统村落保护与利用条例》。巴中市人大常委会制定《巴中市城市道路交通秩序管理条例》《巴中市红军文物保护条例》。雅安市人大常委会制定《雅安市新村聚居点管理条例》。眉山市人大常委会制定《眉山市集中式饮用水水源地保护条例》。

凉山彝族自治州人大常委会制定《凉山彝族自治州立法条例》，甘孜藏族自治州人大常委会制定《甘孜藏族自治州生态环境保护条例》。

《攀枝花市城市绿化条例》是攀枝花市获得地方立法权后制定的首部实体地方性法规，主要针对规划和建设、管理和保护、法律责任等方面的问题进行立法，通篇贯彻绿色发展理念，标志着攀枝花市城镇园林绿化工作步入了规范化、法制化的新轨道。

《内江市甜城湖保护条例》既是内江市第一部实体性地方法规，也是第一部对沱江流域加强环境保护和管理的地方性法规。该条例以法护航，加强对甜城湖绿色生态系统的保护与管理，改善生态环境，促进可持续发展，彰显了内江市绿色发展的决心。

《宜宾市翠屏山保护条例》完成了宜宾市实体性地方法规从无到有的飞跃，实现了对翠屏山的管理从制度治理到依法治理的转变，开启了宜宾市通过地方立法进行社会治理的先河，贯彻生态文明建设的要求，促进人与自然和谐发展，进一步推动宜宾市依法治市进程。

（三）四川省2017年度政府立法发展状况

四川省人民政府以贯彻落实《法治政府建设实施纲要（2015—2020年）》为主线，统筹落实《四川省法治政府建设实施方案（2016—2020年）》，加快建设法治政府，立法成效显著。

2017年，四川省人民政府制定规章7件，分别为《四川省农村住房建设管理办法》《四川省行政处罚听证程序规定》《四川省地理信息交换共享管理办法》《中国（四川）自由贸易试验区管理办法》《四川省民用无人驾驶航空器安全管理暂行规定》《四川省行政机构设置和编制管理规定》《四川省行政规范性文件管理办法》；修改13件，分别为《四川省公共场所卫生管理办法》《四川省娱乐场所管理办法》《四川省道路旅客运输管理办法》《四川省压缩天然气汽车安全管理办法》《四川省防伪技术产品管理办法》《四川省升空气球和系留气球灌充施放安全管理办法》《四川省雷电灾害防御管理规定》《四川省城市房屋白蚁防治办法》《四川省旅馆业治安管理办法》《四川省取水许可和水资源费征收管理办法》《四川省工程建设场地地震安全性评价管理规定》《四川省粮食流通管理条例实施办法》《四川省机动车驾驶员培训管理办法》；废止5件，分别为《四川省企业产品标准备案与执行标准登记管理办法》《四川省建设项目安全设施监督管理办法》《四川省城市住宅物业管理暂行办法》《四川省结核病防治管理办法》《四川省放射性污染防治管理办法》。

《中国（四川）自由贸易试验区管理办法》正式发布，标志着四川自贸试验区建设在有法可依上迈向新阶段。该管理办法从管理体制、投资管理和贸易便利、金融创新和风险防范、协同开放和创新创业以及综合服务与管理等几个方面进行了规范，特别是对鼓励改革创新、允许试错、宽容失败的机制进行了制度安排，建立完善了以支持改革创新为导向的考核评价体系。

针对民用无人驾驶航空器（民用无人机）无序飞行、扰航等问题，为加强民用无人驾驶航空器安全管理，维护公共安全和飞行安全，制定《四川省民用无人驾驶航空器安全管理暂行规定》。该规定立足于地方政府落实主体责任，主要从民用无人驾驶航空器的日常管理、飞行管理、应急处置和法律责任等环节上进行了规范，回应了广大爱好者对合法飞行的热切期待，同时为低空空域开放改革奠定基础，对于将民用无人机安全管理纳入法制化、规范化轨道，维护公共安全和飞行安全具有重要意义。

在省级政府开展立法的同时，各市（州）政府也积极推动本地地方立法。成都市政府制定政府规章3件，分别为《成都市机动车和非道路移动机械排气污染防治办法》《成都市住宅专项维修资金管理办法》《成都市检查井盖管理办法》，修改《成都市科学技术奖励办法》，废止《成都市国家建设项目审计办法》《成都市工程建设场地地震安全性评价管理规定》《成都市组织机构代码管理办法》《成都市城乡规划监督规定》。德阳市政府制定《德阳市人民政府拟定地方性法规草案和制定规章程序规定》。广元市政府制定《广元市人民政府拟定地方性法规草案和制定规章程序规定》。南充市政府制定《南充市人民政府拟定地方性法规草案和制定规章程序规定》。广安市政府制定《广安市人民政府规章制定程序规定》。巴中市政府制定《巴中市人民政府拟定地方性法规草案和制定政府规章程序规定》《巴中市社会稳定风险评估实施细则》。资阳市政府制定《资阳市人民政府拟定地方性法规草案和制定规章程序规定》。阿坝藏族羌族自治州政府制定《阿坝藏族羌族自治州政府规章制定程序规定》。

成都市中心城区城市道路上井盖近120万个，井盖类型复杂，管理部门分散，管护单位众多，管理标准不一。近年来因检查井盖沉降、破损、缺失影响行人、车辆通行安全的现象仍有发生，主要原因是井盖监管责任落实不到位。成都市建立了全国首个城市道路检查井盖监督中心，形成了"联席会议—监督中心—应急机制"等有效监管模式，确立了"行业部门监管，权属单位负责，指定机构应急"的管理原则，积累了很多好的经验和做法，制定规章的条件已基本成熟。成都市政府制定了《成都市检查井盖管理办法》，在全国首创井盖监管模式，明确全市检查井盖监督工作的主管部门，确保各方管理主体职责清晰。

巴中市政府根据省政府规章，结合本市实际，制定《巴中市社会稳定风险评估实施细则》，对评估范围和内容、评估责任主体和工作保障、评估程序、评估结果运用和决策实施跟踪、责任追究等内容作出规定，规范重大行政决策社会稳定风险评估工作，保障人民群众根本利益，预防和减少社会矛盾，维护社会稳定。

二、四川省2017年度地方立法的特色和亮点

四川省各级立法主体积极行使立法权，坚持民主立法、开门立法，用法律制度引领改革发展，为经济社会发展提供强有力的制度保障。

（一）地方大人立法中的特色和亮点

1.坚持党委领导，落实人大主导

中共四川省委贯彻落实中央关于依法治国的重大战略部署，鲜明提出治蜀兴川重在厉行法治的重大理念，把领导立法作为依法执政的重要内容，把地方立法作为法治建设的全局性战略任务，先后出台了《四川省依法治省纲要》《中共四川省委关于进

一步加强人大工作和建设的意见》《中共四川省委关于加强党领导立法工作的实施意见》《关于健全和落实人大讨论决定重大事项制度、各级政府重大决策出台前向本级人大报告的实施意见》，制定科学立法指标体系和考核办法，进一步完善并细化党委领导立法的程序、方法、措施，切实加强对立法工作的领导。

各市（州）在地方性法规立法过程中，自始至终做到了由市（州）的人大及其常委会主导立法。人大主导立法体现在三个方面，一是坚持问题导向，加强"人大导向性"的针对性，紧紧围绕解决本地城乡建设管理中的突出问题，建立和完善相关立法选项机制；二是将人大主导立法与坚持实际需要、广泛集中民智、充分反映民意、瞄准填补相关上位法的空白点或其有关条款的空白点的立法实际需求和实效性、可操作性有机结合起来；三是将人大主导立法与坚持改革创新和加快完善城乡建设与管理的法规体系的特色立法有机结合起来。[1]

2. 彰显实际需求，体现四川特色

四川省人大常委会着力加强立法创新，突出四川特色。四川省是全国非遗保护大省，代表性名录项目多，代表性传承人多，非遗保护的类型丰富。《四川省非物质文化遗产条例》立足于四川非遗保护工作实际，充分总结全省非遗保护工作开展的经验与教训，既注重在基本概念、保护原则、工作程序上与上位法和上级主管部门的法规对接，又立足本省保护工作实际，注重全民参与，注重可操作性，具有很强的针对性。《四川省就业创业促进条例》将本省实践证明行之有效的就业创业政策提炼上升为地方性法规，确立了就业工作在经济社会发展中的重要地位，将就业创业政策措施法制化、制度化，为建立促进就业创业的长效机制，促进城乡劳动者实现更加充分、更高质量的就业提供了法制保障，为不断丰富、完善和实施更加积极的就业创业政策提供了法律依据。

各市（州）注重地方立法特色性，体现地方立法有特色、真管用，逐步实现从"大而全"立法向"小而特""小而精"立法转变。成都市政府制定《成都市历史建筑和历史文化街区保护条例》，传承历史文脉，继承和弘扬优秀历史文化，促进城乡建设与传统文化协调发展。《雅安市新村聚居点管理条例》将"4·20"芦山地震灾后重建取得的有益经验上升为地方性法规，调整范围小、内容具体、可操作性强，很有地方特色。《乐山市中心城区绿心保护条例》是对位于乐山市主城区中心位置，需要实行特殊保护的绿色空间予以立法保护的专项法规，具有针对性和可操作性，是深刻践行"绿水青山就是金山银山"的工作体现。

3. 立法选题广泛，内容丰富

2017年，享有地方立法权的四川省各市（州）围绕"城乡建设与管理、环境保护、历史文化保护"等内容在三个方面开展地方性立法，立法选项广泛，内容丰富，

---

[1] 翟峰：《四川设区的市两年来"城乡建设与管理"地方立法概览》，立法网http://www.lifawang.cn/show-70-5461-1.html，访问时间：2018年4月30日。

涵盖了生活多方面内容。在城乡建设与管理方面，属于"农村建设与管理"的立法有《雅安市新村聚居点管理条例》；属于"城市交通管理"的立法有《巴中市城市道路交通秩序管理条例》；属于"城市执法管理"的立法有《成都市城市管理综合行政执法条例》，属于"城市园林绿化建设与管理"的立法有《乐山市中心城区绿心保护条例》《攀枝花市城市绿化条例》；属于"市政建设管理"的立法有《自贡市物业管理条例》《泸州市物业管理条例》《泸州市市容和环境卫生管理条例》《南充市城镇环境卫生管理条例》。在环境保护方面，属于"水源保护"的立法有《达州市集中式饮用水水源保护管理条例》《眉山市集中式饮用水水源地保护条例》；属于"保护生态环境"的立法有《内江市甜城湖保护条例》《宜宾市翠屏山保护条例》《甘孜藏族自治州生态环境保护条例》。在历史文化保护方面，有《成都市历史建筑和历史文化街区保护条例》《达州市传统村落保护与利用条例》《巴中市红军文物保护条例》。这些地方性实体法规，不仅包括城乡规划、基础设施建设、市政管理等方面，而且包括城市建设、村镇建设、公共建筑、环境保护、历史文化保护，充分表现出了其立法选项的广泛性。

4. 坚持创新理念，开展创制立法

创新是地方立法活力的源泉。从某种程度上说，创新性是衡量地方立法质量的重要标志。雅安市灾后重建新村聚居点管理属于城乡建设与管理的范畴，但当前的法律法规对此没有全面的规定。《雅安市新村聚居点管理条例》在与有关上位法、同位法进行衔接的基础上，理清了新村聚居点所在地乡镇政府、村民委员会、村民小组与新村聚居点的关系，着重从物业层面加强对新村聚居点的管理。《雅安市新村聚居点管理条例》是地方创制性立法，制度设计科学，可操作性强，具有鲜明的灾后重建雅安特色，对四川省新村规划与建设，特别是灾区新村规划与建设，甚至是农业供给侧结构性改革具有立法引领和法治推动作用，具有里程碑的意义[①]，弥补了四川乃至全国各地新村聚居点管理立法的地方法规之空白，为今后国家层面制定新村聚居点管理的相关法律提供了参照蓝本。

巴中市是第二次国内革命战争时期川陕革命根据地的中心，在中国红色革命历史中具有十分重要的地位。据文物普查数据显示，巴中市区域内的红军文物占了四川省的60%，这些文物都是不可再生的。尽管巴中市红军文物保护工作力度大，成效明显，但也面临权属不清导致保护难度增大、自然风化和损毁问题突出、红军文物保护人才缺乏、技术落后、红军文物保护资金紧缺等问题。《巴中市红军文物保护条例》从制度上确保红色文化资源的保护、传承、利用将得到强有力的保障，开启了巴中市地方性历史文化保护类法规的里程碑。这也是全国首部针对革命类文物保护和利用的

①康君：《重建新村管理从此有法可依——〈雅安市新村聚居点管理条例〉出台系列报道（三）》，载《雅安日报》2017年4月12日。

地方性法规。

（二）地方政府立法中的特色和亮点

四川省政府紧紧围绕省委省政府中心工作，从全省经济社会发展实际需要出发，完善立法机制，改进立法方式，坚持科学、民主、开放立法，加强重点领域立法，注重规章清理工作，立法工作展开新篇章。

1. 完善立法体制机制，推进科学民主立法

四川省进一步完善立法计划工作，省政府法制办委托《四川日报》、省政府网站发布了《公开征集2017年立法项目公告》，同时向省级部门、各市（州）政府征集立法项目，对新制定项目通过多种方式进行研究论证，一是开展网上投票，省政府法制办将汇总后的立法项目建议在四川省政府网站公开进行投票，将《四川省航道管理条例》《四川省重大建设项目稽察条例》等得票较高的项目纳入年度立法计划；二是书面征求省政府法律顾问的意见建议；三是书面征求省人大法制委（法工委）的意见；四是书面征求省政协办公厅的意见。在此基础上，省政府法制办邀请省人大法工委、省政协社法委有关负责同志，部分省政府法律顾问、部分省级部门法制机构负责人，参加立法项目论证会。

四川省政府进一步完善政府立法公开征求意见程序。严格遵守立法程序，改进工作方法，立法过程注重听取各方意见，采取立法草案公开征求意见、面对面座谈、委托第三方调查等方式，充分听取意见建议；扩大立法征求意见范围，所有的立法草案都通过互联网公开征求公众意见，到基层召开听证会，方便基层群众直接发表意见。2017年就《四川省农村能源条例（修正草案代拟稿）》等12件立法项目公开征求意见，通过征求意见，让社会公众参与政府立法。

2. 抓住关键问题，加强重点领域立法

强化自由贸易试验区、生态环境保护、招标投标等重点领域立法，突出创新驱动、农业农村发展、生态安全环保等方面立法。住房是百姓的安身立命之所，解决好住房问题意义重大。《四川省农村住房建设管理办法》从规划选址、勘察设计、建设施工等方面对农村住房建设进行规范，提高农村住房建设质量，增强农村住房抗震设防和抵御自然灾害的能力，切实改善农村人居环境。建立中国（四川）自由贸易试验区是党中央、国务院作出的重大决策，《中国（四川）自由贸易试验区管理办法》意味着四川自贸试验区建设有了政府规章保障，为成都天府新区片区、成都青白江铁路港片区、川南临港片区量身定制了详细的管理制度。

3. 改进政府立法，推动能力建设

四川省政府进一步加强和改进政府立法，在做好自身立法工作的同时，指导21个市（州）政府建立完善政府立法工作机制，推动市（州）政府加强立法能力建设，其

中，雅安等市增配了政府立法工作人员，攀枝花、广安、达州等市建立政府立法程序制度，泸州、德阳、内江等市开展了立法培训，甘孜、阿坝、凉山三州积极推进民族地区立法。《青衣江流域（雅安段）水环境保护条例（草案）》等25部地方性法规草案提交市（州）人大常委会审议，《阿坝藏族羌族自治州政府规章制定程序规定》等14部市（州）政府规章发布实施。①

四川省各地方政府注重加强自身立法能力建设。以成都市为例，成都市持续推动政府立法公众参与，落实政府立法座谈会、听证会、论证会和公布规章草案征求意见制度，创新公众参与方式，健全公众意见采纳情况反馈机制，每件地方性法规草案和政府规章草案公开征求意见，广泛汇聚民智、凝聚共识，全年通过门户网站向社会各界公开征求《成都市检查井盖管理办法》《成都市活禽交易和宰杀管理办法》等意见建议12件次，集中公开反馈公众意见106条。建立立法基层联系机制，在街道、村（社区）确定了立法联系点，所有法规规章草案至少有2个社区直接听取基层群众的意见。加强政府立法征求人大代表意见工作，深入推进政府立法协商工作，切实提高立法质量。

4. 落实"放管服"精神，积极开展规章和规范性文件清理工作

为深入推进"放管服"改革，加快推进法治政府建设，确保各项改革措施有效衔接落地，根据《国务院办公厅关于进一步做好"放管服"改革涉及的规章、规范性文件清理工作的通知》，四川省政府和各市（州）政府对现行有效的规章、规范性文件进行清理，有效维护法制统一。四川省政府明确清理范围，统一清理标准，规范清理程序，对涉及生态文明、环境保护、"放管服"改革的地方性法规、规章和规范性文件进行了专项清理，修改和废止不适应改革和发展的政府规章11件、规范性文件2970件。②成都市深入推进"放管服"所涉政府立法制规的清理工作，积极探索建立清理长效工作机制，促进各项改革措施落地生效。开展涉及以审计结果作为政府投资建设项目竣工结算依据的行政规范性文件专项清理，废止政府规章1件、规范性文件3件。开展全市"放管服"改革涉及的规章和规范性文件清理工作，废止规章3件，废止规范性文件862件，修改250件。开展涉及生态文明建设和环境保护的规章、规范性文件集中专项清理工作，废止规范性文件308件，修改55件。③

---

① 参见《四川省人民政府2017年度法治政府建设工作情况》，四川省人民政府网站http：//www.sc.gov.cn/10462/10464/10797/2018/3/27/10447833.shtml，访问时间：2018年5月3日。本数据与前文统计不同，主要在于统计方法与口径不同。

② 参见《四川省人民政府2017年度法治政府建设工作情况》，四川省人民政府网站http：//www.sc.gov.cn/10462/10464/10797/2018/3/27/10447833.shtml，访问时间：2018年5月3日。本数据与前文统计不同，主要在于统计方法与口径不同。

③ 参见《成都市人民政府关于2017年度法治政府建设情况的报告》，成都市人民政府法制办公室网站http：//www.cdlao.chengdu.gov.cn/outp/commoncontent/content.jsp?id=401&infold=29921b41987a45d1a59f923daf210bd4&type=4，访问时间：2018年4月20日。

三、四川省2017年度地方立法的不足与未来展望

（一）四川省2017年度地方立法的不足

四川省2017年度地方立法数量多、质量高、内容丰富，但也存在需要继续改进和完善的空间，主要表现在以下几个方面。

1. 市（州）人大立法活跃，政府立法相对缓慢

地方立法的目的和用意是赋权各地能结合本地实际情况，制定更接地气、具有特色、解决问题的法规规章，有效解决当地经济社会发展的特殊矛盾和特定问题，地方立法的主要功能在于实施性、地方性和先行性。诚然，地方立法要贯彻落实全国人大"立法进度服从立法质量，不急于求成，不搞数量攀比"的精神，但从实际来看，2017年四川省各市（州）政府立法较为滞后也是实际情况。从立法主体来看，17个市（州）人大常委会制定法规，所占比例高达四川省各市（州）总数的81%，8个市（州）政府制定规章，所占比例仅为四川省市州总数的38%。从立法总数来看，市（州）共制定地方性法规24件，修改3件；共制定政府规章11件，修改1件，废止4件，人大立法的数量是政府立法的两倍。从具体市（州）来看，要么是人大立法数量多于政府立法数量，要么是政府未出台任何规章。

2. 立法人才不足，立法技术欠缺

地方立法主体进一步扩容面临的一个挑战是设区的市能否担当立法的重任。设区的市不仅大多没有专司立法的专门委员会或工作机构，而且常委会组成人员中法律专家的比例极低，缺乏熟悉立法理论与实践的人才。[1]四川省绝大多数市（州）刚刚取得地方立法权不久，立法是一项全新的工作，既没有前期的立法人才培养储备，也没有经验做法学习借鉴，可以说是新兵直接上"战场"，而且打的是"硬仗"。虽然四川省人大常委会先后组织了几次学习培训，使各市（州）对立法工作大的原则、方向有所把握，但具体操作中的立法技术问题仍然掌握得不够。比如，如何把握"不抵触""不重复"上位法的尺度，更好体现法规地方特色问题；禁止性条款对上位法已有的规定怎样处理才能既避免立法"放水"嫌疑，又符合本地实际需要问题；怎样根据当前本地经济社会发展需要找准立法切口问题等，都有待在立法实践中继续摸索。

3. 立法参与度不高，调动积极性不充分

立法必须充分集中民智、反映民情、体现民意。社会各方对立法工作的积极参与是加强地方立法工作的力量源泉。从实践来看，公众参与地方立法的广度和深度不够。在法规草案修改的过程中，无论社会公众意见，还是专家学者意见，对法规草案

---

[1] 秦前红：《地方立法主体扩容利弊》，财新网http://opinion.caixin.com/2014-12-29/100768890.html，访问时间：2018年4月25日。

实体内容的直接影响都还十分有限。这既有社会公众、专家学者参与立法经验不足，所提意见针对性或准确率不高的问题，也有立法机关听取、采纳意见的行为不规范、不公开，标准不明确的问题。以达州为例，县（市、区）人大法制委和市级相关部门对市人大常委会的征求意见函较多时候没有提出实质性的修改意见。部分立法咨询专家参与了法规的起草、修改工作，但是大部分专家的参与热情也还没有充分调动起来。原因是多方面的，发动工作做得不够是一个主要方面。[①]

（二）四川省地方立法的未来展望

为更好地开展政府立法工作，提高立法质量，四川省在已有成绩和经验的基础上，应着重做好以下几个方面工作。

1.结合发展实际，做好政府立法工作

各市（州）政府对需要立法的事项应进行认真研究，科学论证，区别轻重缓急，提出立法项目。政府立法项目立项要坚持少而精，符合实际，并具有前瞻性，既要解决改革发展稳定中面临的现实问题，又要为深化改革、加快发展留有空间和余地。对国家和省法律、法规、规章已有原则规定，但需明确具体执行做法的，可以立项；对国家和省已经立项正在制订或者修订的，暂缓立项；对国家和省未做规定，本市（州）发展急需、有地方特色的，作为重点立项；对一些急需解决的问题需要立法，但短时间内难以准确设定的，可以立项，制定的法规、规章以暂行、试行方式出台，为修改完善留有空间，避免朝令夕改，以维护政府立法的严肃性。

2.加强立法能力建设，提高地方立法质量

立法是一项重要的政治活动，坚持正确政治方向，是做好立法工作的根本保证。必须坚持党的领导，不断健全立法工作体制机制，加强立法能力建设，有效提升科学立法、民主立法的水平，为提高地方立法质量提供坚实保障。立法能力是行使立法权的前提，是保证立法质量、正确有效发挥立法作用的基础条件，也是设区的市行使好地方立法权的核心和关键因素。立法能力涉及立法工作机构建设、人员配备、立法技术、立法工作制度、经费保障等多个方面。加强立法能力建设，需要在党委的支持下，以人大为主导，齐心协力、多管齐下，配备好立法人员，组织业务培训，加强经费保障，建立健全立法工作制度，强化立法研究能力，提高立法质量。提高立法质量，是立法工作的永恒主题。四川省各立法主体应不断探索和总结新形势下提高地方立法质量的做法经验，提高立法技术，在立法工作中着重把握立法的合法性、人民性、合理性、可行性，并在立法实践中一以贯之。

---

① 李莉：《关于市（州）立法工作的几点思考》，四川省人民代表大会常务委员会网站http://www.scspc.gov.cn/gdll/201805/t20180517_34423.html，访问时间：2018年5月20日。

3. 继续坚持开门立法，解决实际问题

各立法主体必须坚持"从群众中来，到群众中去"的工作方法，开门立法，让立法成为汇聚民意、汲取民智、维护民利的过程，广纳民意，拓宽民意渠道，采用让百姓和各界人士广泛参与立法的诸如立法选项、立法调研、立法听证等多种互补形式，推动立法与民意互动，不仅做到通过对参与立法的基层群众积极进行普法宣传和教育，使其在参与立法的过程中因相应提高了对立法的认知素质而使其能够真正参与到立法工作中来，而且还通过完善的立法程序，使其立法的过程既科学又民主。注重地方立法的民主性，向社会即时公布立法动态、法规草案等信息，采取调查研究、论证会、座谈会等多种形式，广泛征求常委会组成人员、人大代表、地方人大、政府部门、专家学者、人民群众及利益相关方的意见，以此确保立法的过程既科学严谨又公开透明。

4. 激发调动热情，保证有效参与

四川省各市（州）地方立法工作要提高立法质量，确保立法"接地气"，科学、管用，若仅仅要求各方停留在"参与"层面是不够的，必须激发调动各个方面参与热情。针对县（市、区）人大、政府对立法草案已读不回、无修改意见等现状，要求相关部门认真研究并回复实质性修改意见。针对人民群众参与度不高的现状，应当利用电视、报纸、网络等各种媒体扩大宣传，注重改进征求意见的方式方法，借助更容易被群众知晓的平台和方式强化开门立法，让更多群众真正关心关注立法工作，认识到立法与自身利益紧密相关，真正把立法工作植根于人民，问需于民，问计于民，凝聚各方面有益共识。针对专家学者在立法工作中发挥作用不充分的现状，应当积极建立激励机制，引导立法咨询专家热爱热心立法咨询工作，合理安排时间经常参与立法活动，提出更多具有前瞻性、建设性的咨询意见，当好立法机关的高参和智囊。

5. 加强统筹协调，协作开展立法

目前，四川省各立法主体，特别是市（州）开展立法还处于初级阶段，协作立法机制尚未建立。鉴于很多自然保护区、水源地保护区、江河流域保护区跨经几个市（州），甚至几个省份，各市（州）制定的相关法规在一些保护措施和法律责任的规定上可能出现法制不统一、合法不合理的情况。在今后的立法工作中，各立法主体须加强统筹协调，建立地方立法的区域交流协作机制，开展协同立法。比如，岷江是长江上游的重要支流，自北向南贯穿四川省中部，流经四川省阿坝州、成都、眉山、乐山、宜宾等多个市（州），单个市（州）地方只能对某一段或者在本行政区域内开展立法，在保护效果上当然不如流经区域开展协作立法更加有效。

审稿：潘高峰（广东外语外贸大学）

第二十五章 贵州省2017年度立法发展报告

余 彦[①]

摘要： 2017年，贵州省地方立法主体围绕地区中心工作，创新立法机制，取得了明显的成效。其中，贵州省人大及其常委会完成立法40件，贵州省人民政府完成立法15件，各设区的市人大及其常委会完成地方立法5件，各设区的市人民政府完成地方立法7件。在民族自治地方立法方面，仅有黔东南苗族侗族自治州人大及其常委会完成立法1件。贵州省地方立法主体坚持立法与修法并举，在狠抓关键领域精准立法、生态保护和传统物质文化遗产保护以及第三方评估等领域取得了较为突出的立法成果，但也存在立法主动性有待提高、立法科学性仍需加强、民族自治地方立法权行使不充分等问题。在今后的立法中，需进一步提高立法主动性，加强立法科学性，进一步发挥地方立法的智库资源。

关键词： 贵州省 地方立法 发展报告

一、贵州省2017年度立法发展状况

（一）贵州省2017年度立法状况总体评述

《立法法》修改之后，贵州省地方立法主体增多。目前，贵州省有省人大及其常委会、省政府2个省级立法主体，有贵阳市、遵义市、六盘水市、安顺市、毕节市、铜仁市、黔南布依族苗族自治州、黔西南布依族苗族自治州、黔东南苗族侗族自治州的人大及其常委会和政府共18个市级立法主体；同时还有威宁彝族回族苗族自治县、松桃苗族自治县、三都水族自治县、镇宁布依族苗族自治县、紫云苗族布依族自治县、关岭布依族苗族自治县、玉屏侗族自治县、印江土家族苗族自治县、沿河土家族自治县、务川仡佬族苗族自治县、道真仡佬族苗族自治县11个民族自治地方的人民代表大会可以制定自治条例和单行条例。

2017年，贵州省人大及其常委会全年紧紧围绕全省经济社会发展中的突出问题和民生热点，有序选择确定立法项目，围绕环境保护、旅游服务、传统文化保护等重

[①] 余彦，法学博士，广东外语外贸大学广州绿色发展法治研究中心助理研究员。研究方向：立法学、环境法。

点领域开展立法工作，制定了《贵州省水污染防治条例》等14件地方性法规，修改了《贵州省风景名胜区条例》等26件地方性法规。

2017年，贵州省人民政府制定了《贵州省行政执法监督办法》等8件地方政府规章，修改了《贵州省城市绿化管理办法》等6件地方政府规章，废止了《贵州省水能资源使用权有偿出让办法》1件地方政府规章。

在设区的市人大立法方面，贵阳市人大及其常委会制定了《贵阳市政府数据共享开放条例》《贵阳市大气污染防治办法》2件地方性法规，安顺市人大及其常委会制定了《安顺市虹山湖公园管理条例》1件地方性法规，铜仁市人大及其常委会制定了《铜仁市锦江流域保护条例》1件地方性法规，黔东南苗族侗族自治州人大及其常委会制定了《黔东南苗族侗族自治州立法条例》1件地方性法规。

在设区的市政府立法方面，贵阳市人民政府制定了《贵阳市政府数据共享开放实施办法》等5件地方政府规章，遵义市人民政府制定了《遵义市装饰装修管理办法》1件地方政府规章，安顺市人民政府制定了《安顺市人民政府起草地方性法规草案和制定市政府规章程序规定》1件地方政府规章。除此之外，未发现贵州省其他设区的市有地方政府规章出台、修改或废止。

在民族自治地方立法方面，2017年除黔东南苗族侗族自治州人大及其常委会修改了《黔东南苗族侗族自治州农村消防条例》1件地方性法规外，黔南布依族苗族自治州人大及其常委会、黔西南布依族苗族自治州人大及其常委会，以及威宁彝族回族苗族自治县、松桃苗族自治县、三都水族自治县、镇宁布依族苗族自治县、紫云苗族布依族自治县、关岭布依族苗族自治县、玉屏侗族自治县、印江土家族苗族自治县、沿河土家族自治县、务川仡佬族苗族自治县、道真仡佬族苗族自治县11个县的人民代表大会，共13个民族自治地方的立法机关均未出台新的自治条例和单行条例，也没有对已经生效的自治条例或单行条例进行修改或废止。

总体来看，2017年，贵州省地方立法主体紧紧围绕地区发展中心，贯彻五大发展理念，创新立法工作的体制机制，狠抓重点领域立法，努力构建生态文明地方性法规规章体系，较好地发挥了立法的主导作用和对改革发展的引领推动作用。

（二）贵州省2017年度人大立法发展状况

2017年，贵州省人大及其常委会按照省委要求，深入推进立法工作。贵州省人大及其常委会紧紧抓住提高立法质量这个关键，坚持党委领导、人大主导、政府依托、各方参与的科学立法工作格局，切实加强和改进立法工作。围绕全省改革发展大局，努力实现立法和改革决策相衔接，保证重大改革于法有据，为改革和经济社会发展营造良好法制环境，为全省改革开放和社会主义现代化建设提供了有力的法制保障。据统计，贵州省人大及其常委会2017年新制定地方性法规14件，分别为《贵州省食品安全条例》《贵州省预算审查监督条例》《贵州省统计管理条例》《贵州省民族乡保护和发展条例》《贵州省未成年人家庭教育促进条例》《贵州省古茶树保护条例》《贵州省文明行为促进条例》《贵州省传统村落保护和发展条例》《贵州省环境噪声污染防治条例》《贵州省人工影响天气条例》《贵州省安全生产条例》《贵州省促进科技成果转化条例》《贵州省水污染防治条例》《贵州省动物防疫条例》；修改地方性法规26件，分别为《贵州省外来投资服务和保障条例》《贵州省建筑市场管理条例》《贵州省风景名胜区条例》《贵州省城乡规划条例》《贵州省合同监督条例》《贵州省信息化条例》《贵州省水路交通管理条例》《贵州省节约能源条例》《贵州省政府投资建设项目审计监督条例》《贵州省食盐管理条例》《贵州省人民防空条例》《贵州省殡葬管理条例》《贵州省安全技术防范管理条例》《贵州省文物保护条例》《贵州省体育条例》《贵州省档案条例》《贵州省森林条例》《贵州省森林公园管理条例》《贵州省土地整治条例》《贵州省地质环境管理条例》《贵州省土地管理条例》《贵州省防震减灾条例》《贵州省防洪条例》《贵州省实施〈中华人民共和国水法〉办法》《贵州省农产品质量安全条例》《贵州省气候资源开发利用和保护条例》；批准地方性法规43件，分别为《毕节市饮用水水源保护条例》《黔东南苗族侗族自治州立法条例》《六盘水市水城河保护条例》《贵阳市预防职务犯罪工作规定》《贵阳市城镇养犬规定》《贵阳市烟花爆竹安全管理办法》《贵阳市市政设施管理办法》《贵阳市环境噪声污染防治规定》《贵阳市水污染防治规定》《贵阳市城市市容和环境卫生管理办法》《贵阳市城乡规划条例》《贵阳市房屋使用安全管理条例》《贵阳市保护中学小学教育用地规定》《贵阳市捐献遗体和角膜办法》《贵阳市档案管理规定》《贵阳市禁止选择性终止妊娠规定》《贵阳市住宅小区人口和计划生育管理服务规定》《贵阳市水库管理办法》《贵阳市南明河保护管理办法》《贵阳市阿哈水库水资源环境保护条例》《贵阳市绿化条例》《贵阳市环城林带建设保护办法》《贵阳市产品质量监督管理办法》《贵阳市价格监督检查条例》《贵阳市促进非公有制经济发展办法》《贵阳市企业国有产权交易管理办法》《贵阳市建设循环经济生态城市条例》《贵阳市城市房地产管理办法》《贵阳市建筑市场管理办法》《贵阳市村镇规划建设管理办法》《贵阳市房屋拆迁管理办法》《贵阳市房屋登记条例》《贵阳市职业教育规定》《贵阳市科技成果作价出资与提成办法》《贵阳市中小学生人身伤害事故预防与处理条例》《贵阳市道路货物运输管理办法》《贵阳市防雷减灾办法》《贵阳市劳动力市场管理规定》《黔东南苗族侗族自治州农村消防条例》《安顺市虹山湖公园管理条例》《铜仁市锦江流域保护条例》《黔西南布依族苗族自治州古茶树资源保护条例》。

生态环境保护是贵州省人大及其常委会2017年的立法重点。围绕这一重点，贵州省人大及其常委会制定了《贵州省水污染防治条例》，不仅明确了实行政府行政首长负责制、目标责任制和水环境损害责任追究制，将水污染防治信息共享和信息公开纳入常态化管理，突出规划的推动和引领作用，实行区域限批制度，推行水污染防治第三方治理，提高饮用水水源地的保护标准，而且执法措施可操作性强，重点关注地下水污染防治工作，还对农村水污染防治和工业污水、城镇污水、医疗污水的处理作了详细的规定。通过制定《贵州省环境噪声污染防治条例》，规定了各级政府及其相关部门的主体责任和监管职责，细化了对社会生活噪声、交通运输噪声、建筑施工噪声、工业噪声四个方面的噪声源防治措施。针对广受市民关注的"健身扰民"问题，《贵州省环境噪声污染防治条例》进行了特别的规定，明确禁止在22时至次日8时期间，在噪声敏感建筑物集中区域（医疗区、文教科研区和以机关或者居民住宅为主的区域）及其附近的街道、广场、公园等地，使用大音量音响、抽打陀螺、甩响鞭等方式进行文化娱乐、体育健身活动。在其他时间进行上述活动的，所产生的环境噪声不得超过区域环境噪声排放标准。但重大节庆或者经公安机关等部门依据有关规定批准的文艺演出等活动除外。通过制定《贵州省人工影响天气条例》，旨在加强对人工影响天气工作的管理，防御和减轻气象灾害，科学开发利用空中云水资源，促进生态文明建设。根据该条例，人工影响天气是指通过科技手段对局部大气的物理、化学过程进行人工影响，开展防雹、增雨、消（减）雨、消雾、防霜以及改善空气质量等活动。该条例规定，单位和个人不得侵占人工影响天气作业场地，不得擅自移动或损毁人工影响天气专用设备、设施，不得挤占、干扰人工影响天气作业通信频段。违者尚未构成犯罪的，由县级以上气象主管机构责令停止违法行为，限期恢复原状或采取其他补救措施，可处以5万元以下罚款；造成损失的，依法承担赔偿责任。通过修改《贵州省森林公园管理条例》，对森林公园进行了重新界定的同时，对设置森林公园应当达到的条件也进行了更新。

2017年度，生态环境保护相关立法同样成为贵州省设区的市人大常委会立法的关注重点。例如，贵阳市人大常委会制定了《贵阳市大气污染防治办法》，明确划定大气环境质量功能区和大气污染防治重点区域，同时分类梳理全市现存的大气污染源，并就不同污染源的防治办法作出细致规定。其中，对推广使用清洁燃料、限制或禁止使用燃煤及其他高污染燃料等方面的措施进行相应规范，并对工程施工、运输及堆放物料等应采取的扬尘污染防治措施等进行详细规范。在机动车、非道路移动机械排气污染防治方面，明确市政府根据大气环境质量、重污染天气应急需要，可对机动车采取限制通行或临时交通管制等措施。针对餐饮油烟，该办法规定，未安装与其经营规模相匹配的油烟净化设施或者未定期清洗的，未记录油烟净化设施运转和维护情况的，未通过专用烟道排放油烟或者向城市地下管道排放油烟的，油烟排放未达标的，由环境保护行政主管部门责令改正，处5000元以上5万元以下罚款；拒不改正的，责令停业整治。

安顺市人大常委会制定的《安顺市虹山湖公园管理条例》，是该市获得地方立法权以来制定的第一部实体法，对虹山湖公园在科学规划、有效保护、严格管理及法律责任等方面作出了详细规定，对安顺市加快生态文明建设、推进可持续发展、建设法治安顺具有里程碑式的意义。该条例共5章31条，分别为总则、规划与建设、保护与管理、法律责任、附则。该条例的制定出台是地方立法贯彻落实中央、省委、市委重大决策部署，坚持创新、协调、绿色、开放、共享五大发展理念，服务地方经济社会发展大局的重要体现，是适应安顺"守底线、走新路、奔小康"的客观需要，及时地为政府及有关部门开展相关工作提供了法律遵循。赵贡桥表示，市人大及其常委会将继续结合五大"立法因素"，深入研究"三大领域"的立法重点难点问题，及时从立法上提出解决问题的路径和办法，灵活运用"立改废释"等立法形式，为建设富美新安顺提供法制保障。

铜仁市人大常委会制定的《铜仁市锦江流域保护条例》，旨在进一步加强锦江流域生态环境保护，保障饮用水水源安全，促进宜居宜业宜游生态铜仁建设。该条例施行标志着铜仁市锦江河流域生态环境保护有了更具体的法律保障。该条例明确，锦江流域实行市人民政府统一管理、县乡人民政府属地分段负责的管理体制，行政区域管理应当服从流域管理。市人民政府水行政主管部门负责锦江流域水资源、河道的统一管理和监督工作。铜仁市人民政府环境保护行政主管部门负责锦江流域环境保护统一监督管理，会同市人民政府水行政主管部门和锦江流域县级人民政府划定行政区域出入境断面，分解落实水污染物排放总量和水质控制目标。市人民政府发展改革、国土资源、城乡规划、城市管理、交通运输、农业、林业、住房和城乡建设、卫生、工信、公安等行政主管部门应当按照各自职责，做好锦江流域保护管理工作。

（三）贵州省2017年度政府立法发展状况

2017年，贵州省有政府规章制定权的各级人民政府深入贯彻党的十九大精神，深入学习贯彻习近平总书记系列重要讲话精神和"团结奋进、拼搏创新、苦干实干、后发赶超"的新时代贵州精神，认真贯彻落实中央和省委决策部署，统筹推进"五位一体"总体布局，协调推进"四个全面"战略布局，落实新发展理念，守好发展和生态两条底线，大力实施主基调主战略，强力推进大扶贫、大数据、大生态三大战略行动，通过精准立法、科学立法主动适应新常态，积极应对新挑战，有效化解新矛盾。

2017年，贵州省人民政府制定了8件政府规章，分别为《贵州省人民政府起草地方性法规草案和制定省政府规章程序规定》《贵州省石油天然气管道建设和保护办法》《贵州省新建住宅区供配电设施建设维护管理办法》《贵州省高速铁路安全管理规定》《贵州省行政执法监督办法》《贵州省消防设施管理规定》《贵州省政府立法第三方起草和评估办法》《贵州省通航设施管理办法》；修改政府规章6件，分别为《贵州省人民政府起草地方性法规草案和制定省政府规章程序规定》《贵州省城市绿化管理办法》《贵州省无线电管理办法》《贵州省电力设施保护办法》《贵州省污染物排放申报登记及污染物排放许可证管理办法》《贵州省新建住宅区供配电设施建设维护管理办法》；废止政府规章1件，即《贵州省水能资源使用权有偿出让办法》。

近年来，贵州省城镇化、工业化步伐不断加快，各类城镇新区、工业园区、新建道路大量涌现，但与之配套的消防供水、消防车道、消防队（站）等公共消防设施建设却相对滞后，消防安全管理与构建完善的消防基础设施体系要求不相适应。同时，随着全省城市高层建筑、地下建筑、大型城市综合体、超大型住宅小区迅速增多，这类建筑体量庞大、业态复杂、人员高度密集，极易诱发火灾，加之产权关系和使用权属复杂，对建筑消防设施维护管理责任界定不清，大量消防设施得不到有效的保养和维护，长期处于故障状态。这些问题给消防安全管理和火灾扑救带来严峻挑战，严重威胁人民群众的生命财产安全。《贵州省消防设施管理规定》的颁布实施从立法层面上对消防设施的建设、维护、管理责任进行明确，强化了消防安全源头管控，规范了消防设施日常管理，进一步增强火灾抵御能力。标志着全省消防设施管理工作进入规范化、制度化、法制化的新阶段，为全面依法做好社会消防安全工作提供了有力的依据和法律保障，对全省构建完善的现代化消防基础设施体系和保障人民群众生命财产安全具有重要意义。

贵州高速铁路位于云贵高原东侧，地质情况复杂，桥隧比重高，沿线自然灾害频发，加之高铁点多线长，动车组高速度、大密度开行，复杂的运行环境和高铁本身的技术要求对高铁的安全运行提出了严峻考验，维护良好的高铁运营秩序和外部安全环境显得尤为重要。《贵州省高速铁路安全管理规定》共34条，明确了高铁安全监管主体和范围，明确执法监管职责和法律责任，完善高铁安全防控体系，对确保高铁安全有序运行、促进贵州经济社会发展意义重大。

管道运输作为与公路、铁路、水运和航空并列的五大运输方式之一，具有高效、经济、安全、环保的特点。尽管贵州省在管道保护工作方面取得显著成效，但是管道建设和保护面临的形势依然十分严峻，主要表现在管道保护任务日趋艰巨、相关配套政策标准出台滞后等方面。《贵州省石油天然气管道建设和保护办法》共25条，内容涉及立法宗旨，适用范围，工作职责，管道规划编制、协调、修改，管道用地管理、复垦、补偿，管道运行巡护、隐患排除、举报受理、应急管理和附则等。作为一部政府规章，《贵州省石油天然气管道建设和保护办法》既注重与上位法的衔接，体现法制精神，维护法制统一；又要立足省情，统筹考虑经济社会发展现状，彰显地方特色。《贵州省石油天然气管道建设和保护办法》的出台旨在将近年来贵州省管道保护工作中行之有效的做法，通过立法形式固定下来。同时，在上位法的基本精神和框架基础上，以实施性立法求细化，因地制宜地解决上位法的适用问题，形成地方经验。

2017年度，贵州省设区的市人民政府立法基本情况如下：贵阳市人民政府制定了《贵阳市政府数据共享开放实施办法》《贵阳市新建小区污水处理设施建设维护管理办法》《贵阳市综合行政执法办法》《贵阳市政府数据资源管理办法》《贵阳市禽类交易管理办法》5件政府规章，遵义市人民政府制定了《遵义市装饰装修管理办法》1件政府规章，安顺市人民政府制定了《安顺市人民政府起草地方性法规草案和制定市政府规章程序规定》1件政府规章。

为深入推进行政执法体制改革，规范综合行政执法行为和程序，提高执法效能和水平，维护社会管理秩序，保护公民、法人和其他组织的合法权益，结合国家、省、市的新要求，贵阳市人民政府对综合行政执法进行政府立法。《贵阳市综合行政执法办法》共5章40条，从立法目的、适用范围、执法范围、执法规范、执法保障与责任追究等方面对综合行政执法进行了详细规定。

2017年之前，贵阳市出台施行了全国首部设区市的大数据地方性法规——《贵阳市政府数据共享开放条例》，解决了贵阳市政府数据共享开放顶层设计不完善、部门壁垒、条块分割、供给与需求脱节、安全保障欠缺等问题。为补充细化《贵阳市政府数据共享开放条例》的相关规定，贵阳市启动《贵阳市政府数据资源管理办法》制定工作。该办法包括总则、数据目录管理、数据采集汇聚、监督保障与责任追究及附则5个部分，进一步对各级行政机关政府数据共享开放的职责、范围、分类、程序、方式及其他相关要求、监督管理等进行补充、细化及规范，使之更加具有针对性、可操作性和实效性。

禽类交易的立法规制，对防范多种人禽间传播疾病具有重大意义。《贵阳市禽类交易管理办法》对贵阳市行政区域内的禽类交易、屠宰及禽产品经营等相关活动进行了规范，划定了贵阳市禁止活禽交易的区域。根据该办法，农贸市场、超市开办者在其经营活动中应当遵守四项规定：禁止活禽入场交易；设置禽产品销售区域，该区域不得和熟食、面点等直接入口食品区域混杂；建立禽产品监督管理制度，开展禽产品巡查，附有检疫检验合格证明的禽产品方可入场销售；配合有关部门做好禽产品市场的监督管理及防疫工作，发现问题，及时向有关部门报告。

为切实加强对装饰装修活动的监督管理，规范装饰装修市场秩序，保障装饰装修工程的质量和安全，维护公共利益和装饰装修活动当事人、利害关系人的合法权益。遵义市人民政府根据《中华人民共和国建筑法》《建设工程质量管理条例》和《住宅室内装饰装修管理办法》等有关法律、法规和规章的规定，结合本市实际制定了《遵义市装饰装修管理办法》。该办法对装饰装修实行质量保修制度、信息公示制度以及住宅、公共建筑装饰装修等内容进行了明确。任何单位和个人都有举报、投诉的权利，可举报违反本办法规定的行为，各类违法行为的单位或个人将受到严处。该办法指出，住房和城乡建设行政主管部门应当对装饰装修行业协会进行指导，支持和帮助装饰装修行业协会有序开展工作。装饰装修行业协会应当充分发挥行业协会的自律作用，引导装饰装修企业规范行业服务及行业行为，推动装饰装修行业健康发展。装饰装修活动应当遵守城乡规划、环境保护、城市管理和安全生产、消防管理等有关规定，不得损害国家利益、社会公共利益和他人的合法权益。该办法明确，在装饰装修活动中，禁止下列行为：擅自变动建筑主体、承重结构；擅自修建建（构）筑物或者改变建筑物使用功能、原设计立面、色彩、外观格式；将没有防水要求的房间、阳台改为卫生间、厨房；损坏建筑物原有节能设施或者无障碍设施；擅自拆卸、改装燃气管道或者设施；将生活污水管道接入雨水管道和改装、迁移、拆除公共供水、排水设施；擅自拆除与消防安全有关的建筑设施、构配件，改变建筑物防火间距、耐火等级、防火分区、消防安全疏散条件；侵占公共空间或者损害公共部位和设施；乱堆乱放建筑材料，占用城市道路或者基础设施；随意倾倒建筑垃圾；其他影响建筑物、构筑物结构安全或者使用安全的行为。

二、贵州省2017年度地方立法的特色和亮点

（一）地方人大立法中的特色和亮点

1. 制定新法和修改旧法并举，立法成果丰硕

2017年，贵州省人大及其常委会立法贯彻问题导向意识，针对具体问题进行精准立法。全年制定地方性法规14项，修改的地方性法规总数达26项，全年完成立法总数多达40项。对经济、政治、文化、社会和生态文明建设等各个重点领域中的重点问题较为充分地提供了制度供给，为实现"凡属重大改革都要于法有据"奠定了坚实基础。

2. 关键领域精准立法

贵州省为保护好生态环境，一直重视环境生态领域的立法。2017年，贵州省各级立法机关深入贯彻五大发展理念，努力构建贵州省生态文明地方性法规规章体系，继续秉承注重地方环境保护的传统，加大对地方生态环境的保护工作。一方面，设区的市、自治州在立法权限内进一步明确生态保护职责，如《贵阳市大气污染防治办法》《安顺市虹山湖公园管理条例》《铜仁市锦江流域保护条例》都是为保护生态环境而制定的立法成果；另一方面，针对近年来民众反映比较强烈的环境问题以及具有地方特性的问题，如水资源保护等问题，制定了《贵州省水资源防治条例》。

3. 注重对传统物质文化遗产的传承和保护

贵州省有独特的地理位置和少数民族特色，是我国传统物质文化遗产丰富的大省。近年来，传统物质文化遗产的灭失速度加剧，如何保护传统物质文化遗产是贵州省各地需要面临的问题。2017年，贵州省人大及其常委会加强了传统物质文化遗产的保护，通过制定《贵州省传统村落保护和发展条例》，进一步明确了各地保护物质文

化遗址的规章制度，为保护传统村落、守护传统文化和民族特色提供了制度支持。

（二）地方政府立法中的特色和亮点

1. 强化政府立法对行政权力的制约

2017年，贵州省人民政府出台了《贵州省行政执法监督办法》，该办法共6章36条，从监督主体与资格、监督范围和方式、监督程序和措施以及监督处理和责任追究等方面对行政执法监督进行了详细规定，有利于加强和规范行政执法监督，防止和纠正违法或者不当的行政执法行为，促进依法行政。

2. 重视第三方起草和评估

2017年，贵州省人民政府出台了《贵州省政府立法第三方起草和评估办法》，该办法是全国首部规范第三方参与政府立法起草和评估的省级政府规章，也是首次通过立法来建立和规范政府立法第三方起草和评估制度。该办法共34条，对政府立法第三方起草和评估的相关内容作出了细致规定，主要包括地方性法规、政府规章立项评估、起草、立法后评估等方面的内容。该办法规定，政府规章立项评估、起草、立法后评估都有特定的主体组织实施，也可以由特定主体委托第三方机构实施。该办法的出台，不仅为贵州省开展政府立法第三方起草和评估工作提供了坚实的法制保障，也有利于将目前被动式、突击性的法规规章清理工作转化为主动性、常态化的立法评估工作，对于加强和改进政府立法工作，完善政府立法体制机制，深入推进依法行政，加快建设法治政府意义重大。

3. 落实民主立法，保障立法过程中的民主性

为了让2017年的政府立法更加民主，提高立法的公众参与度，增强政府立法透明度，2016年8月20日至2016年9月5日，贵州省人民政府法制办向社会公开征集2017年政府立法项目建议。与深入贯彻习近平总书记系列重要讲话精神和对贵州的重要指示，深入贯彻落实创新、协调、绿色、开放、共享的发展理念相关的立法项目建议都将得到高度重视。在此基础上，省政府法制办紧紧围绕省委、省政府的重大决策部署提出立法项目建议，重点围绕生态环境治理、扶贫开发、防灾减灾救灾、安全生产、新型城镇化建设、保障改善民生、法治政府建设等方面急需立法解决的问题确定立法项目。

三、贵州省2017年度地方立法的不足与未来展望

2017年，贵州各级地方立法主体围绕中央和国务院改革和发展重心，根据省情及地方实际，在生态环境保护、简政放权、传统文化保护、热点社会问题等方面取得了较好立法成果，创新了一些制度。但仍存在一些不足，需要在未来立法工作中予以改进。

（一）贵州省2017年度地方立法的不足

1. 立法主动性不够

尽管2017年贵州省人大及其常委会完成了40件地方立法、贵州省政府完成了14件地方立法，成果较为丰硕。但是设区的市人大及其常委会仅制定了6部地方性法规，设区的市人民政府仅制定了7部地方政府规章。尤其是毕节市政府、黔南布依族苗族自治州政府和黔西南布依族苗族自治州政府在2016年和2017年两年时间内，均无一部地方政府行政规章出台。

2. 立法工作需要进一步提高科学性

近年来，贵州省地方立法经验不断丰富，地方立法水平不断提高。但在法规规章不断增多的情况下，法规规章制定的科学性思考还需要提高，有些立法过于追求某一目标的实现，实则可能对公民的权利和自由造成影响。例如《遵义市装饰装修管理办法》提倡逐步减少毛坯房供应，鼓励房地产开发企业销售已进行装饰装修的成品房，这一条款原意或许在于最大限度地保障商品房装修的最低标准以及减少商品房装修过程中产生的噪音、装修垃圾对其他住户正常生活的影响。但是楼盘是否装修销售属于开发商的自主选项，房屋如何装修也属于个人自由，该条款在变相剥夺房屋购买人装修自由选择可能的同时，也存在增加个人房屋装修成本、个别房屋购买人重新装修带来更大的资源浪费等问题，对这些可能后果应当引起足够重视。

3. 民族自治地方的自治立法权行使不足

贵州省行政区域内的民族自治地方众多，除了黔南布依族苗族自治州、黔西南布依族苗族自治州、黔东南苗族侗族自治州之外，还有威宁彝族回族苗族自治县等11个民族自治县。除黔东南苗族侗族自治州人大及其常委会完成民族自治地方立法1件以外，其余13个民族自治立法主体在2017年均未出台任何一部单行条例或自治条例。既然《宪法》《民族区域自治法》《立法法》都赋予了民族自治地方自治权以发展本民族和本地方的经济，那就应该努力争取将这项权力用足用好。

（二）贵州省地方立法的未来展望

1. 提高立法主体的立法主动性，切实做到"立改废"并举

重制定、轻修改、少废止一直是地方立法工作的基本格局，也是制约立法工作水平提高的一大障碍。贵州省各级立法主体在今后的地方立法工作中，要维护社会主义法制的统一，就要对当前的法规进行全面梳理，对那些不符合上位法规定以及与形势发展不相符的法规及条文进行修改或废止。从促进发展、利民惠民出发，构建和谐社会，紧跟经济社会发展大局，稳步推进地方立法工作，努力基本形成"立改废"并举的局面，做到"制定不松懈、修改有成效、废止更科学"。

2. 提高立法的科学性

立法的科学性指立法应当符合客观规律的要求。这些规律既包括法律构成的理性规律，也包括社会活动和社会发展规律。保障地方立法的科学性应当注意到几个方面：地方立法必须符合法律体系的构成规律，由此才能保证地方立法的内容和效力与整个国家法律体系的和谐一致；立法必须符合社会需要和社会发展规律，由此地方立法才能有效回应地方建设和发展的要求；立法必须选择适当的法律调整方式，由此，地方立法才能建立起影响社会关系的有效法律机制；必须根据法律调整的需要做资源投入，由此才能保证法律的有效实现。[①]

3. 充分利用地方立法智库资源

目前，贵州省内外很多高校、科研机构、律师事务所等法律服务和中介机构已经积极参与政府立法第三方起草和评估工作中。例如，贵州省政府法制办委托北京城市学院对《贵州省新建住宅区供配电设施建设维护管理办法》（即省政府150号令）进行立法后评估，该学院作为独立的第三方机构，客观评估了省政府150号令的实施效果，准确地发现其制度设计上存在的问题，为贵州省修订省政府150号令提供了科学依据，其评估成果发挥了重要价值；国浩（贵阳）律师事务所接受委托，组织起草了《贵州省非物质文化遗产保护条例》《贵州省航道设施管理办法》等6部法规、规章的草案，开展了《贵州省赤水河流域保护条例》等5部地方性法规的立法后评估工作；贵州大学、贵州师范大学、贵州民族大学等教学科研机构也开展了多部地方性法规、政府规章的委托起草工作。此外，贵州富迪律师事务所、贵州法治时代律师事务所等律师事务所、有关行业协会等第三方机构也接受委托开展了起草法规规章的工作，北京大成（贵阳）律师事务所还专门成立了地方立法服务中心。今后贵州省应当进一步激发第三方机构参与地方立法工作的积极性和主动性，努力使立法智库参与地方立法呈现出百花齐放的局面。

审稿：李杰（广东外语外贸大学）

[①] 黄建武：《地方立法科学性诸因素之探析》，载《中山大学法律评论》2014年第4期。

第二十六章　云南省2017年度立法发展报告

陈　军[①]

摘要：2017年，在科学立法、民主立法、依法立法精神的指引下，云南省人大及其常委会和云南省人民政府加强了经济、社会、环保等重点领域立法。云南省人大及其常委会制定了2件地方性法规、修改了4件地方性法规，云南省人民政府制定了4件政府规章、修改了2件政府规章，为云南省改革与发展提供有力的法制保障。设区的市和民族自治地方立法都有突出的表现，地方立法的地方性和民族性特色有所加强。云南省地方立法既有注重发挥人大在立法中的主导作用、重视民生领域立法等亮点，也有自治州和设区的市地方立法主体立法能力还有待提高、立法项目选题和立项还不够科学、立法人才短缺等不足。展望未来，云南省应加强自治州和设区的市政府地方立法能力建设，注重科学规划，严格刷选立法项目，加强引进和培养专门的立法人才队伍，提升地方立法质量。

关键词：云南省　地方立法　发展报告

一、云南省2017年度立法发展状况

（一）云南省2017年度立法状况总体评述

云南省的省级地方立法主体是云南省人大及其常委会和云南省人民政府，市级立法主体包括昆明、昭通、曲靖、玉溪、保山、文山、丽江、临沧8个设区的市以及楚雄州彝族自治州、红河哈尼族彝族自治州、怒江傈僳族自治州、德宏傣族景颇族自治州、大理白族自治州、西双版纳傣族自治州、文山壮族苗族自治州、迪庆藏族自治州8个自治州，云南省16个设区的市、州都拥有了地方立法权。另外，云南省地方立法主体还包括金平苗族瑶族傣族自治县、南涧彝族自治县等29个民族自治县地方立法主体。

2017年，在科学立法、民主立法、依法立法精神的指引下，云南省人大及其常委会做了大量卓有成效的立法工作，为云南省改革和发展提供有力的法制保障。

云南省人大及其常委会制定了《云南省澄江化石地世界自然遗产保护条例》等2件

[①]陈军，法学博士，韶关学院地方立法研究评估与咨询服务基地研究员，教授。研究方向：行政法、地方立法。

地方性法规,修改了《云南省安全生产条例》等4件地方性法规。

云南省人民政府制定了《云南省政府法律顾问工作规定》等4件地方政府规章,修改了《云南省政府投资建设项目审计办法》《云南省行政规范性文件制定和备案办法》等2件地方政府规章。

在设区的市人大立法方面,设区的市人大及其常委会共制定了《临沧市南汀河保护管理条例》等11件地方性法规,修改了《昆明市流动人口计划生育条例》等4件地方性法规。

在设区的市政府立法方面,设区的市人民政府制定了《昆明市预拌砂浆管理办法》等6件地方政府规章,修改了《昆明市牛羊屠宰管理办法》等5件地方政府规章,废止了《昆明市城市居民最低生活保障实施办法》等4件地方政府规章。

在民族自治地方立法方面,自治州和自治县制定了《云南省禄劝彝族苗族自治县文化遗产保护条例》等6件单行条例,修改了《云南省红河哈尼族彝族自治州异龙湖保护管理条例》《云南省西双版纳傣族自治州城乡规划建设管理条例》等2件自治条例。

总体而言,2017年,云南省地方立法坚持党对立法工作的领导,积极适应全面依法治国新形势新要求,紧紧抓住提高立法质量这个关键,坚持问题导向,突出地方特色,注重加强社会领域、生态保护领域的立法,回应民生、环境保护的立法需求,发挥立法引领和推动作用。设区的市依法有序开展地方立法工作,突出地方特点,完善机制体制,确保地方立法更好地护航地方经济社会发展。民族自治地方立法方面,云南省人大常委会首次开展民族自治地方优秀单行条例点评,总结民族立法经验,创新开展民族立法,推动民族立法工作上新水平。

(二)云南省2017年度人大立法发展状况

2017年度,在省级人大立法方面,云南省人大常委会制定了《云南省澄江化石地世界自然遗产保护条例》《云南省违法建筑处置规定》2件地方性法规,修改了《云南省农村扶贫开发条例》《云南省安全生产条例》《云南省信访条例》《云南省人民代表大会及其常务委员会立法条例》4件地方性法规。云南省人大常委会批准了《昆明市城乡规划条例》《昆明市气象灾害防御条例》《临沧市南汀河保护管理条例》《楚雄彝族自治州元谋土林保护管理条例》《玉溪市城镇绿化条例》《保山市昌宁田园城市保护条例》《曲靖市人民代表大会及其常务委员会立法条例》《昭通市人民代表大会及其常务委员会制定地方性法规条例》《丽江市城市管理条例》《大理白族自治州乡村清洁条例》《云南省红河哈尼族彝族自治州建水燕子洞风景名胜区保护管理条例》《云南省禄劝彝族苗族自治县文化遗产保护条例》《云南省孟连傣族拉祜族佤族自治县城乡规划建设管理条例》《云南省景东彝族自治县无量山哀牢山保护管理条例》《云南省江城哈尼族彝族自治县水资源条例》《云南省德宏傣族景颇族自治州艾滋病防治条例》《云南省屏边苗族自治县城市管理条例》《昆明市人民代表大会代表议案处理程序的规定》《昆明市机动车排气污染防治条例》《昆明市生猪屠宰管理条例》《昆明市流动人口计划生育条例》《云南省红河哈尼族彝族自治州异龙湖保护管理条例》《云南省西双版纳傣族自治州城乡规划建设管理条例》23件地方法规或自治条例。

2017年度，云南省人大常委会特别重视《云南省澄江化石地世界自然遗产保护条例》《云南省违法建筑处置规定》的制定以及《云南省农村扶贫开发条例》的修订。

2017年5月26日，云南省第十二届人大常委会第三十四次会议审议通过《云南省澄江化石地世界自然遗产保护条例》，7月1日正式实施。《云南省澄江化石地世界自然遗产保护条例》共5章35条，含总则、资源保护、资源利用、法律责任和附则五个部分。《云南省澄江化石地世界自然遗产保护条例》明确规定了澄江化石地的保护范围、保护原则和保护体制，细化了严格保护与合理利用的措施；明确规定了澄江化石地保护范围内一级保护区的七项禁止行为和二级保护区的五项禁止行为，强化了对澄江化石地保护范围内违法建设行为、开采磷矿行为和擅自发掘化石等行为的监督和查处等内容。

《云南省澄江化石地世界自然遗产保护条例》明确规定了玉溪市人民政府设立的澄江化石地管理机构为执法主体，具体负责澄江化石地的保护、管理和利用工作，并具体规定了该机构的工作职责，防止多头执法、相互推诿等内容，为保护澄江化石地世界自然遗产提供了法制的保障。

2017年3月31日，经云南省第十二届人大常委会第三十三次会议表决通过了《云南省违法建筑处置规定》。《云南省违法建筑处置规定》充分考虑了云南省各地经济社会发展差异大、少数民族地区多的实际，对城乡违法建筑应当拆除的情形、可暂缓拆除的情形以及可补办手续的情形等分别作了规定，既依法处置，又以人为本、尊重历史。

《云南省违法建筑处置规定》结合云南省当前违法建筑突出问题进行了细化和创新，呈现以下几个特点：①坚持原则性和灵活性相结合；②严格贯彻中共中央国务院关于依法保护产权的意见精神；③明确界定违法建筑的含义和适用范围；④明确各级政府和有关部门的职责；⑤完善了对违法建筑的日常监管措施。

云南省第十二届人民代表大会常务委员会第三十三次会议于2017年3月31日审议通过《云南省农村扶贫开发条例》的修改。《云南省农村扶贫开发条例》的修改是贯彻落实中央精准扶贫、精准脱贫新要求和巩固云南省脱贫攻坚成果及实践经验的重要举措。《云南省农村扶贫开发条例》的修改主要是对原条例中的扶贫开发范围、贫困退出机制、扶贫开发措施、项目资金管理、工作责任落实等方面进行修改完善。

设区的市人大立法方面，云南省16个自治州和设区的市全部享有地方立法权。因州、市获得地方立法权的时间上有差异，有些自治州和设区的市较早行使地方立法权，如昆明市，地方立法经验丰富。

2017年，昆明市人大常委会制定了《昆明市城乡规划条例》《昆明市气象灾害防御条例》，修改了《昆明市人民代表大会代表议案处理程序的规定》《昆明市机动车排气污染防治条例》《昆明市生猪屠宰管理条例》《昆明市流动人口计划生育条例》。其中，《昆明市城乡规划条例》最有特色，对加强昆明市城乡规划管理，统筹昆明市城乡空间布局，改善昆明市人居环境，促进昆明市城乡经济社会全面协调可持续发展有重要意义。

有些自治州和设区的市刚获得地方立法权，地方立法还处于刚起步摸索阶段，需不断完善地方立法机制和制度，多数自治州和设区的市人大及其常委会地方立法还属于突破性的。临沧市人大常委会制定了《临沧市南汀河保护管理条例》，楚雄彝族自治州人大及其常委会制定了《楚雄彝族自治州元谋土林保护管理条例》，玉溪市人大及其常委会制定了《玉溪市城镇绿化条例》，保山市人大及其常委会制定了《保山市昌宁田园城市保护条例》，曲靖市人大及其常委会制定了《曲靖市人民代表大会及其常务委员会立法条例》，昭通市人大及其常委会制定了《昭通市人民代表大会及其常务委员会制定地方性法规条例》，丽江市人大及其常委会制定了《丽江市城市管理条例》，大理白族自治州人大及其常委会制定了《云南省大理白族自治州乡村清洁条例》，红河哈尼族彝族自治州人大及其常委会制定了《云南省红河哈尼族彝族自治州建水燕子洞风景名胜区保护管理条例》。

红河哈尼族彝族自治州人民代表大会修改了《云南省红河哈尼族彝族自治州异龙湖保护管理条例》，西双版纳傣族自治州人民代表大会修改了《云南省西双版纳傣族自治州城乡规划建设管理条例》。

但整体而言，2017年自治州和设区的市人大及其常委会在授权立法权限范围内积极行使立法权，取得了丰硕成果，尤其是生态环境保护方面的立法凸显成效。

在民族自治地方立法方面，云南省自治州和自治县紧密围绕深化改革与经济发展中心工作，结合本地实际，注重地方特色，在单行条例制定上取得了一定的成果，制定了《云南省禄劝彝族苗族自治县文化遗产保护条例》《云南省孟连傣族拉祜族佤族自治县城乡规划建设管理条例》《云南省景东彝族自治县无量山哀牢山保护管理条例》《云南省江城哈尼族彝族自治县水资源条例》《云南省德宏傣族景颇族自治州艾滋病防治条例》《云南省屏边苗族自治县城市管理条例》6件单行条例，修改了《云南省红河哈尼族彝族自治州异龙湖保护管理条例》《云南省西双版纳傣族自治州城乡规划建设管理条例》2件单行条例。

（三）云南省2017年度政府立法发展状况

2017年，云南省人民政府制定了《云南省木材运输管理规定》《云南省高速铁路安全管理规定》《云南省政府法律顾问工作规定》《云南省国家档案馆管理办法》4件地方政府规章，修改了《云南省行政规范性文件制定和备案办法》《云南省政府投资建设项目审计办法》2件地方政府规章。其中，《云南省政府法律顾问工作规定》的制定和《云南省行政规范性文件制定和备案办法》的修改特别受云南省人民政府的重视。

党的十八届三中、四中全会决定提出"普遍建立法律顾问制度"和"积极推行政府法律顾问制度，建立政府法制机构人员为主体、吸收专家和律师参加的法律顾问队伍，保证法律顾问在制定重大行政决策、推进依法行政中发挥积极作用"。为加强和规范政府法律顾问工作，推进依法行政，建设法治政府，云南省出台了第一部规范政府法律顾问工作的政府规章，即《云南省政府法律顾问工作规定》，规范政府法律顾问制度。

《云南省政府法律顾问工作规定》具体从以下方面作了规定：①明确了地方政府及其相关部门的职责；②明确了法律顾问聘任和履职的条件、程序；③明确了聘任机关和法律顾问机构的职责；④明确了法律顾问助理的相关制度；⑤明确相关人员的法律责任。

《云南省政府法律顾问工作规定》从制度层面对政府法律顾问工作进行规范，在法律顾问的聘任与管理方面提出了具体要求，对进一步规范云南省全省的政府法律顾问工作，深入推进依法行政，加快法治政府建设具有重要意义，也必将有效推动云南省全省的政府法律顾问工作更上一层楼。

原来实行的《云南省行政机关规范性文件制定和备案办法》是2004年颁布实施的，它将规范性文件制定、审查、备案工作纳入法制轨道，具有时代进步意义。但随着党的十八大对依法治国提出更高的要求，政府法治建设的深入推进，原来的《云南省行政机关规范性文件制定和备案办法》已不能适应规范性文件管理工作的新形势、新要求，存在着规范性文件的含义不够明晰、难以界定，合法性审查制度不够严格，制定、公布程序和备案监督制度不够完善等问题，有必要修订以适应新形势的发展。

2017年，云南省人民政府第一百二十五次常务会议讨论通过修订的《云南省行政规范性文件制定和备案办法》。新修订的《云南省行政规范性文件制定和备案办法》共7章45条，主要内容包括总则、权限和范围、起草和审查、决定和公布、备案和监督、法律责任和附则。《云南省行政规范性文件制定和备案办法》明确地规定了规章名称、规范性文件定义、规范性文件制定主体、规范性文件制定程序、合法性审查制度等十项内容，把规范性文件制定、审查、备案工作纳入法制轨道，适应了新形势规范性文件管理工作的新要求，加强了对各级行政机关规范性文件的合法性监督，确保规范性文件的合法合规具有重要意义。

2017年，设区的市政府立法也取得骄人的成绩。昆明市政府制定了《昆明市预拌砂浆管理办法》《昆明市中青年学术和技术带头人及后备人选选拔培养考核办法》

2件政府规章，修改了《昆明市牛羊屠宰管理办法》《昆明市农贸市场管理办法（试行）》《昆明市公共餐饮具卫生监督管理办法》《昆明市餐厨废弃物管理办法》《昆明市户外广告设施设置管理办法》5件政府规章，废止了《昆明市城市居民最低生活保障实施办法》《昆明市筹集建筑业企业劳动者保障费管理办法》《昆明市国有建设用地使用权拍卖出让管理暂行办法》《昆明市按比例安排残疾人就业规定》4件政府规章。曲靖市人民政府制定了《曲靖市人民政府立法工作规定》《云南会泽黑颈鹤国家级自然保护区管理办法》2件政府规章。楚雄彝族自治州人民政府制定了《楚雄彝族自治州违法建筑处置办法》1件政府规章。红河州人民政府制定了《红河州人民政府规章制定办法》1件政府规章。

昆明市人民政府为维护法制统一，对现行规章和规范性文件进行清理，作出关于废止、修改部分规章和规范性文件的决定。这也标志着昆明市地方立法开始从注重立法数量向立法质量的转型，注重地方立法的"立改废"。

曲靖市人民政府通过的《曲靖市人民政府立法工作规定》是曲靖市人民政府取得地方立法权后公布实施的首部地方政府规章。《曲靖市人民政府立法工作规定》全面系统地对曲靖市人民政府制定地方政府规章和拟定地方性法规草案的程序作了具体规定，标志着曲靖市政府立法步入了正规化、制度化、法制化，对于曲靖市政府立法具有里程碑意义。

二、云南省2017年度地方立法的特色和亮点

（一）地方人大立法中的特色和亮点

1.科学规划，形成科学立法工作的新格局

云南省各级人大及其常委会地方立法按照党的十八届三中、四中全会决定及十九大精神的要求，在制定地方性法规的实践中努力推进科学立法、民主立法、依法立法，充分发挥好人大主导立法的作用，围绕省、自治州和设区的市委确定的发展战略，广纳民意、深入调研论证，科学编制2017年立法计划，报省、自治州和设区的市党委批准实施。云南省、自治州和设区的市人大及其常委会，如丽江市人大常委会、文山州人大常委会、保山市人大常委会等制定了2017年立法工作计划，还有些设区的市公布了2017—2021年地方立法规划，如楚雄彝族自治州人大常委会、文山州人大常委会、保山市人大常委会等，立法工作有序开展。

地方人大发挥立法的主导作用体现在立项、起草、调研、论证和审议的全过程。整个地方立法过程，云南省、自治州和设区的市人大及其常委会始终坚持开门立法，注重民主立法、科学立法、深入调研，强化登报、网上、书面征求意见，多次组织部门、人大代表、专家学者进行论证，广泛听取行政相对人的意见，确保了地方性法规

文本的质量及其科学性、可操作性。云南省、自治州和设区的市人大及其常委会地方立法切实形成党委领导、人大主导、政府依托、各方参与的科学立法工作格局。

2.结合云南实际，注重生态环境保护，精细化立法

党的十九大报告中指出，加快生态文明体制改革，建设美丽中国。云南省是生态环境比较脆弱敏感的地区，生态环境保护的任务很重。为深入贯彻落实党的十九大精神，响应"生态文明建设"号召，云南省、自治州和设区的市人大及其常委会注重生态环境保护，深入调查研究，针对生态环境保护管理的实际，确保地方立法的实效性和可行性。云南省、自治州和设区的市人大及其常委会通过地方立法增强公众生态环境保护意识，为大力推进生态文明建设、确保生态安全提供法律支撑和保障。

云南省、自治州和设区的市人大及其常委会针对生态环境保护和发展进程中新情况、新问题制定地方性法规，坚持原则性和灵活性，结合当前云南省自然保护区在保护管理中存在的违法行为突出的问题进行细化和创新。2017年度，云南省涉及环境保护的地方立法多部出台，如《临沧市南汀河保护管理条例》《玉溪市城镇绿化条例》《楚雄彝族自治州元谋土林保护管理条例》《保山市昌宁田园城市保护条例》《大理白族自治州乡村清洁条例》《云南省红河哈尼族彝族自治州建水燕子洞风景名胜区保护管理条例》等。

3. 自治州和设区的市人大及其常委会不断完善地方立法工作机制，提升立法质量

2017年，云南省设区市的人大及其常委会依据民主立法、科学立法的精神，认真落实推进立法精细化的改革要求，制定和修订了法规立项办法、立法技术规范、立法评估办法等8项制度规定，建立10个基层立法联系点，建成省立法研究会、立法咨询专家库、地方立法研究院"三位一体"的地方立法智库平台，开展优秀单行条例第三方点评，积极探索委托第三方起草法规草案的工作，着力提高立法质量。

自治州和设区的市人大及其常委会地方立法呈现三个特点：一是设区的市不断完善地方立法机制和立法制度与立法程序的完善，确保地方立法的针对性、可操作性。如《昭通市人民代表大会及其常务委员会制定地方性法规条例》《曲靖市人民代表大会及其常务委员会立法条例》《昆明市人民代表大会代表议案处理程序的规定》。二是注重地方性法规适应社会经济发展和深化改革的需要，如昆明市修改了《昆明市流动人口计划生育条例》《昆明市生猪屠宰管理条例》《昆明市机动车排气污染防治条例》3件地方性法规。三是多个自治州和设区的市地方性法规都有零的突破，如保山市的《保山市昌宁田园城市保护条例》、昭通市的《昭通市人民代表大会及其常务委员会制定地方性法规条例》等，都是设区的市首部地方性法规，推动了地方立法实现新突破，为推动地方经济社会跨越发展提供了坚实的法律支撑和制度保障。

4.云南省人大常委会首次开展民族自治地方优秀单行条例点评

云南省人大常委会为总结民族立法经验，创新开展民族立法，推动民族立法工作

上新水平，积极探索和尝试民族自治地方优秀单行条例点评。民族自治地方优秀单行条例点评是立法后评估的一项新举措，对改进民族立法工作和提高民族立法质量具有重要意义。民族自治地方优秀单行条例点评有利于总结和推广民族立法的成功经验，遵循民族立法规律，创新民族立法工作机制，积极探索新时期提高民族立法质量的新途径、新方法，推进民族立法健康发展。

2017年，云南省人大常委会充分发扬民主，先由8个自治州自评并评选出2件报省人大民族委员会，民族委员会再从推荐的16件单行条例中遴选8件，聘请8位全国民族法学会最权威的领导、专家、学者作为第三方进行点评。在此基础上，又邀请省人大及其常委会的有关专家、领导侧重于单行条例产生的具体环境和条例实施后对民族自治地方经济社会发展的作用和效果再次点评，总结经验做法，为今后各民族自治地方制定新的条例抛砖引玉，发挥典型示范作用。

2017年，云南省人大常委会开展的优秀单行条例点评体现了三个创新[1]：一是在组织形式上创新。这次点评主要由立法机关、批准机关和无利益关联的全国民族法学知名专家组成第三方，各自组织，各负其责，全方位推进优秀单行条例点评。二是在点评方式上创新。由立法机关、批准机关和全国民族法学知名专家，分别从不同的角度、不同的身份、不同的认知全面进行点评。三是在点评成果转化上创新。创新立法机制的目的是为转化成果，利用好成果，更好地推动民族立法工作科学发展。

（二）地方政府立法中的特色和亮点

1. 规范政府立法行为，提升政府立法质量

党的十八大以来，党中央对法治政府建设提出了新的工作要求，《中共中央关于全面深化改革若干重大问题的决定》中明确提出"完善规范性文件、重大决策合法审查机制"。2017年，云南省、自治州和设区的市政府积极落实中央和云南省依法行政的精神，深入推进科学立法、民主立法、依法立法，不断提高全市立法工作水平，以良法促进发展、保障善治，不断加强和改进地方立法工作。

云南省人民政府出台了《云南省政府法律顾问工作规定》《云南省行政规范性文件制定和备案办法》等规范政府立法行为，提升政府立法质量，完善法律顾问制度，加强规范性文件制定和备案审查政府规章。

昆明市政府出台了《昆明市人民政府重大行政决策程序规定》，落实《中共中央关于全面推进依法治国若干重大问题的决定》以及2016年施行的《云南省重大行政决策程序规定》的精神，推进法治政府建设，在新形势下进一步提高重大行政决策的科学化、民主化、法治化水平，提高决策质量和效率。

---

[1] 参见：《云南省人大常委会首次开展民族自治地方优秀单行条例点评》，云南网 http://news.hexun.com/201/-01-02/187584250.html，访问时间：2018年3月18日。

曲靖市人民政府制定的《曲靖市人民政府立法工作规定》是设区的市规范政府规章立法的典范。《曲靖市人民政府立法工作规定》全面系统地对曲靖市人民政府制定地方政府规章和拟定地方性法规草案的程序作了具体规定，将设区的市政府立法从一开始就纳入规范化、法制化的轨道，彰显科学立法、民主立法、依法立法的精神。

2. 及时修改和废止不合时宜的政府规章，保障政府立法的适应性

随着经济社会的发展，部分政府规章已不合时宜甚至严重滞后。对此，云南省各级人民政府及时开展对规章的修改和废止活动。2017年，云南省人民政府修改了《云南省政府投资建设项目审计办法》。在实践中，政府投资建设项目以审计结果作为建设工程竣工结算依据，为政府拖欠工程款制造合法理由。在中国建筑业协会的推动下，全国人大常委会明确函复应当予以纠正，地方政府不再直接规定以审计结果作为政府投资建设项目竣工结算的依据，不再直接干预政府投资建设项目工程结算中多计工程价款问题。根据全国人大常委会函复，云南省政府及时修改《云南省政府投资建设项目审计办法》，保证地方政府规章符合国家法律、政策，不与上位法的精神抵触。昆明市人民政府于2017年2月7日发布了《昆明市人民政府关于修改部分规章和规范性文件的决定》《昆明市人民政府关于废止部分规章和规范性文件的决定》，及时修改和废止不合时宜的政府规章，修改和废止了14件政府规章。

通过对政府规章的及时修改或废止，有助于促使地方政府规章更好地适应经济社会改革的需要，充分发挥地方政府立法对改革的引领、规范、保障和助推作用。

3. 地方政府关注民生和社会领域，立法引领和助推社会发展

2017年，云南省政府、自治州和设区的市政府注重加强社会领域立法，使改革发展成果更多更好地惠及广大人民群众，着力解决社会管理中遇到的突出矛盾和问题。云南省人民政府制定的《云南省高速铁路安全管理规定》《云南省木材运输管理规定》，昆明市制定的《昆明市预拌砂浆管理办法》，楚雄彝族自治州制定的《楚雄彝族自治州违法建筑处置办法》，这些都是社会管理方面的规章，与社会领域密切相关，旨在解决当前存在的涉及民生的现实矛盾和问题。

昆明市政府出台了《昆明市中青年学术和技术带头人及后备人选选拔培养考核办法》，规范和促进青年学术和技术带头人及后备人选选拔培养，立法引领和规范人才选拔。再者，针对云南生态环境比较脆弱，云南省政府和设区的市地方政府一直注重立法引领和助推环境保护方面立法。例如，曲靖市人民政府制定了《云南会泽黑颈鹤国家级自然保护区管理办法》，旨在加强云南会泽黑颈鹤国家级自然保护区的保护和管理，实现自然资源的有效保护和可持续利用。

三、云南省2017年度地方立法的不足与未来展望

（一）云南省2017年度地方立法的不足

1. 自治州和设区的市政府地方立法主体立法能力还有待提高

2017年，云南省16个自治州和设区的市全部获得了地方立法主体资格。但在云南省地方立法主体中，除云南省级和昆明市立法主体有多年立法经验外，其他自治州和设区的市立法主体地方立法都是处于起步阶段，立法经验积累不够。而且，自治州和设区的市立法主体自身建设基础薄弱，立法能力和立法技术水平不尽如人意。目前，自治州和设区的市立法主体在立法过程中碰到很多实际问题，如立法中存在照抄照搬，部分条款不适当、操作性不强、特色不够明显等问题，直接制约了地方立法的质量。

社会经济不断发展，改革向纵深推进，改革需要立法引领和保障。2017年，云南省各自治州和设区的市立法热情很高，立法工作积极，但由于立法人才短缺和立法经验不足，立法准备不够充分。全省设区的市除昆明市外，其他设区的市人大常委会无论是立法机构还是立法人员基本上都无法满足立法工作的需要，立法能力呈现立法热情高涨而干事力量不够的局面。新形势下，立法需求不断激增，地方立法能力的不足直接制约地方立法质量的提高。

2. 立法项目选题和立项还不够科学

云南省16个自治州和设区的市都开始行使地方立法权，面临立法主体多、立法任务繁重，而且立法任务所涉领域广泛，并缺乏不同领域的立法人才等问题。在立法项目的确定上，哪些项目要立法，哪些项目可以不立或缓立，缺少统一的、可操作的立项标准，实践中随意性较大，缺乏必要的规范和约束。甚至，有些部门提出立法建议、立法项目是基于部门利益考虑，只注重申报有利于维护部门利益的项目，而对关系到改革自身利益的项目缺少热情。

受地方行使立法权的能力不足和立法人才匮乏制约，有些立法建议、立法项目的征集来源民主性不够，甚至有可能是基于领导的指示而缺少深入调研，有些立法建议、立法项目是基于部门利益驱动，等等。这样的立法建议、立法项目可能导致立法项目选题和立项与地方经济社会发展的实际需要联系不够紧密、地方特色不够明显、问题导向不够突出、立项不够精准，直接制约了立法质量的提升和地方性法规的针对性、可操作性以及实效性。

3. 自治州和设区的市政府立法人才短缺，实践经验不足

立法是一项系统性工程，需要有一支政治站位高、专业性强、知识渊博、有一定行政工作经验和社会阅历的高素质立法人才队伍，这是由立法活动的特殊性所决定

的。立法活动是专业性强、程序要求高、需要多方合作进行的复杂劳动和集体行为，立法有严格的程序规定和行文规范，立法过程中还需要各部门间的沟通合作，这要求立法人员不仅要具备过硬的法律知识，还要具备充足的立法实践经验。立法队伍专业水平的高低和是否具备立法实践经验直接影响地方立法质量。

云南省自治州和设区的市共八州八市，除昆明外，其他的立法主体都刚刚开始行使《立法法》授予的地方立法权，立法工作是一项新任务，缺少立法人才储备，专门立法人才队伍建设基础薄弱。而且，地方立法任务重且涉及专业领域多，需要大量法律专业性人才，但专业性人才数量明显不足。在现有立法工作队伍中，引进的立法专业性人才主要来自高校法学专业毕业生，对刚离校门就走上立法工作岗位的法律专业毕业生来说，立法实践经验不足。

立法队伍水平参差不齐以及立法实践经验缺乏一直是地方立法工作的瓶颈问题，加快立法人才队伍建设是当前和以后一定时期内地方立法工作的一项重要内容。

（二）云南省地方立法的未来展望

1. 加强自治州和设区的市政府地方立法能力建设，推进立法质量不断提高

推进地方立法质量不断提高，提高立法能力和技术水平，需要加强地方立法主体的立法能力建设。首先，要强化领导干部的立法先行意识，培育立法法治观念和立法引领观念，打造一支高水平的立法工作队伍，按照规定设置立法工作机构，配备工作人员，加强业务培训。其次，加强立法制度建设，制定立法程序、立法技术规范等相关制度，建立健全立法项目征集、起草、调研、协调、评估、论证、审议等工作机制，为立法工作提供制度机制保障。再次，加强立法智库建设，整合好本地立法资源，扩大专家学者参与立法工作的路径，健全专家咨询制度，为地方立法提供有效的智力支持。最后，各级立法主体应重视发挥人大代表和政协委员在立法中的作用，推进人大代表参与立法工作；重视扩大社会主体参与立法工作的体制机制，推动社会公众立法参与。

在实际工作中，自治州和设区的市都在不断研究和探索如何加强地方立法能力，探讨和解决地方立法工作中存在的问题，提升地方立法质量。2017年4月14日，云南省16个设区的市、自治州人大常委会分管立法的领导，法制委、法工委主要负责人，以及省人大法制委、常委会法工委全体干部在昆明召开2017年州市立法工作座谈会。对于如何提高立法质量，法制委主任委员周云从四个方面指出："一是自觉坚持党对立法工作的领导，切实把握好地方立法的政治方向；二是准确把握好地方立法质量的判断标准，即合法性、合理性、执行性和技术性标准；三是认真发挥好人大在立法中的主导作用；四是加强沟通协调，上下配合，共同做好州市法规的报审工作。最后，他强调，要主动作为，推动地方立法工作不断向前发展。具体来说要做到四个加强：加

强立法能力建设，按照规定设置立法工作机构、配备工作人员开展业务培训；加强立法制度建设，制定立法程序、立法技术规范等相关制度，建立健全立法项目征集、起草、调研、协调、评估、论证、审议等工作机制，为立法工作提供制度机制保障；加强立法智库建设，整合好本地立法资源，发挥各方面的专长和积极性，为地方立法提供有效的智力支持；加强对州市立法工作的指导，在实际工作中研究和探索建立有效的指导工作机制。"①

2. 注重科学规划，严格刷选立法项目

地方立法要严格按照党的十九大精神及十八届三中、四中全会决定要求，在制定地方性法规的实践中努力推进科学立法、民主立法、依法立法。根据自治州和设区的市的立法权限，围绕党委确定的发展战略，深入调研论证、广纳民意，征集立法项目建议。立法项目建议要遵循一定的标准或原则，提出立法项目建议起码包含立法项目名称、立法依据、立法必要性和可行性、通过立法要解决的主要问题等方面。

立法项目立项前，需要对立法项目建议的必要性、可行性、合理性进行认真研究论证，通过调研、论证，筛选出符合实际、管用、可行的立法项目。立法项目建议的立项过程要考虑立法项目的针对性、实效性、可操作性，努力做到不抵触、可操作、有特色；立法项目立项要以问题为导向，以调研为基础，认真研究需要解决的问题。

立法项目立项要坚持科学立法、民主立法，严格按照程序依法听取各方面的意见建议。对地方立法项目的刷选，地方立法要始终坚持开门立法，组织相关部门、人大代表、专家学者进行论证，广泛听取行政相对人的意见，确保地方立法的质量及实效性、科学性、可操作性。

必须指出的是，立法项目要结合地方实际，从地方的具体情况和实际需要出发，紧密联系经济社会发展大局，需要什么就规定什么，使地方性法规具有针对性和可操作性，真正对地方的改革、发展、稳定工作起到促进和保障作用。

3. 加强地方立法人才队伍建设，学习借鉴立法经验

针对地方立法人才队伍，云南省各地方立法主体包括省级地方立法主体，应当不断加强自身立法机构完善、立法机制改进、立法队伍建设，加大吸收和培养高素质的立法人才队伍建设或立法团队建设。

首先，坚持公开、公平、竞争、择优的原则，建立有利于优秀立法人才脱颖而出的选人用人机制，要以完善立法人员工作业绩考核评价机制和竞争、轮岗制度为主要内容，健全向社会公开招考立法人员制度。目前，地方立法主体受行政编制总数额的限制，从事立法工作的人员编制不足，需要适时增加立法人才岗位的编制。

---

① 参见云南省人大常委会法制工作委员会：《2017年州市立法工作座谈会在昆明召开》，云南人大网http：//www.hhrd.gov.cn/showarticle.ospx?id=163，访问时间：2018年3月18日。

其次，抓好业务培训。一是制订科学合理的培训计划，提高现有地方立法工作机构中从事立法工作人员的综合素质和立法业务能力。比如，参加全国人大常委会的立法培训学习或由云南省人大常委会组织立法培训班，市人大常委会、市政府立法工作机构负责人及其工作人员主动参加立法培训，提升立法知识。二是组织外出考察学习，组织立法活动相关人员到外省市尤其沿海发达省份考察学习借鉴兄弟省市的立法经验。三是加大各立法主体间的交流，相互汲取立法经验，取人之长，补己之短，互助共进。四是自治州和设区的市立法机构亦可以通过派青年立法工作人员到省人大常委会或省政府法制机构跟班学习，提升自治州和设区的市立法机构立法经验。

再次，充分利用社会立法力量和智库。现代社会改革开放多年，沉淀了大量的法律人才可为地方立法主体利用。一是加大地方立法主体与高校、研究中心等法治研究机构、高级立法人才的合作、交流，建立地方立法机构与高等院校法学院合作的制度，使立法实践与立法理论做到紧密结合，充分利用高校法学院的法律智库；二是从省、市直相关单位，高等院校，法律服务机构中甄选出具有丰富法律实践经验或在本行业本领域具有突出贡献的专业人才，组建地方立法咨询专家库，为推进科学立法、民主立法、依法立法，切实提高立法质量奠定了坚实的智库基础；三是建立基层立法联系点并建立相关工作制度。

审稿：黄喆（广东外语外贸大学）

第二十七章　西藏自治区2017年度立法发展报告

陈　军[①]

摘要： 2017年，西藏自治区各级立法主体坚持党对立法的领导，坚持科学立法、民主立法、依法立法，紧紧围绕自治区改革和经济社会发展的实际，完善经济立法、注重社会立法、强化生态立法，加强和完善地方立法工作制度，地方立法取得了新的成效。西藏自治区人大及其常委会制定2件地方法规，修改3件地方性法规，自治区人民政府制定2件政府规章，修改3件政府规章，为自治区改革发展提供有力法制保障。设区的市地方立法也取得了阶段性成果。但自治区地方立法存在创制性立法相对较少，设区的市地方立法经验不足，立法信息公开和立法过程民主程度不够，立法人才短缺等不足。展望未来，西藏自治区地方立法应进一步提高立法工作的创新性，推进立法信息公开和社会参与，加强立法人才队伍建设，充分利用社会立法力量。

关键词： 西藏自治区　地方立法　发展报告

一、西藏自治区2017年度立法发展状况

（一）西藏自治区2017年度立法状况总体评述

西藏自治区省级地方立法主体是自治区人大及其常委会和自治区政府，市级立法主体包括拉萨市人大及其常委会和拉萨市人民政府、日喀则市人大及其常委会和日喀则市人民政府、昌都市人大及其常委会和昌都市人民政府、林芝市人大及其常委会和林芝市人民政府、山南市人大及其常委会和山南市人民政府。

2017年，西藏自治区人大常委会紧紧围绕党中央和区党委的重大决策部署，在科学立法、民主立法精神指引下，以推动法治西藏建设为目标，促使西藏地方立法迈出新步伐。2017年，西藏自治区人大常委会制定了《西藏自治区抗旱条例》《西藏自治区见义勇为人员表彰奖励和权益保障条例》2件地方性法规，修改通过了《西藏自治区立法条例》《西藏自治区实施〈中华人民共和国妇女权益保障法〉办法》《西藏自治区实施〈中华人民共和国消费者权益保护法〉办法》3件地方性法规。

[①] 陈军，法学博士，韶关学院地方立法研究评估与咨询服务基地研究员，教授。研究方向：行政法、地方法。

西藏自治区人民政府积极贯彻依法治国基本方略，全面推进依法治藏，扎实推进法治政府建设，依法治藏向纵深推进。2017年，西藏自治区人民政府制定了《西藏自治区行政执法人员资格认证和行政执法证》《西藏自治区电话用户真实身份信息登记管理办法》2件地方政府规章，修改通过了《西藏自治区政府投资建设项目审计监督办法》《西藏自治区实施〈中华人民共和国自然保护区条例〉办法》《西藏自治区生态环境保护监督管理办法》3件地方政府规章。

在设区的市人大立法方面，林芝市人大常委会制定了《林芝市地方立法条例》《林芝市城市市容和环境卫生管理条例》2件地方性法规。日喀则市人大常委会制定了《日喀则市人民代表大会常务委员会议事规则》1件地方性法规。

在设区的市政府立法方面，拉萨市人民政府制定了《拉萨市寄递安全管理办法》《拉萨市城市建筑垃圾和工程渣土管理办法》2件地方政府规章；日喀则市人民政府制定了《日喀则市禁止生产、销售和提供一次性不可降解塑料购物袋、塑料餐具管理办法》《日喀则市"门前三包"责任制管理办法》2件地方政府规章；昌都市人民政府制定《昌都市藏文社会用字管理办法》1件地方政府规章；林芝市人民政府制定《林芝市野生鱼类保护办法》1件地方政府规章。

总体而言，2017年度，西藏自治区人大及其常委会、西藏自治区人民政府紧紧围绕自治区改革和经济社会发展的实际，发挥立法的引领和推动作用，突出促进发展、生态环保、保障民生、社会治理等重点领域的立法，进一步健全和完善地方立法机制，保障各项立法活动顺利进行，切实提升立法质量。设区的市进一步加强科学立法、民主立法、依法立法，立法重点回应民生热点、生态环境保护和立法机制与立法程序完善等方面问题，注重增强法规的针对性、可操作性和可执行性，取得了可圈可点的新成效。

（二）西藏自治区2017年度人大立法发展状况

2017年度，西藏自治区人大及其常委会不断总结经验，制定了《西藏自治区抗旱条例》《西藏自治区见义勇为人员表彰奖励和权益保障条例》2件地方性法规，修订通过《西藏自治区立法条例》《西藏自治区实施〈中华人民共和国妇女权益保障法〉办法》《西藏自治区实施〈中华人民共和国消费者权益保护法〉办法》3件地方性法规。自治区人大常委会地方立法开始重视从数量向质量的转型，注重立法过程中的立法调研、起草、论证等程序制度，提高地方立法的质量。

2001年5月21日，西藏自治区第七届人民代表大会第四次会议通过的《西藏自治区立法条例》，时至今日已经十多年过去了。2015年，全国人大修改了《立法法》，《西藏自治区立法条例》在新的形势下已滞后于立法的发展，修改提上日程。为了确保国家法制统一，规范地方立法活动，完善地方立法程序，提高地方立法质量，根据国家修订的《立法法》要求，西藏自治区第十届人民代表大会于2017年1月15日第五次会议修订通过了《西藏自治区立法条例》。

《西藏自治区立法条例》适用于自治区人民代表大会及其常务委员会制定、修改、废止自治条例、单行条例和地方性法规。《西藏自治区立法条例》对地方立法的立法权限、立法规划、立法计划和法规草案起草、自治区人大及其常务委员会的立法程序、设区市的地方性法规的批准程序、地方性法规、自治条例、单行条例的解释等内容做了详尽的规定，把地方立法工作各个环节纳入科学化、民主化、法治化轨道。《西藏自治区立法条例》全面总结西藏地方立法工作的多年经验，内容全面、具体、可操作性强，其实施必将为自治区地方立法有序推进和法规质量的提高提供了重要法治保障。

2017年，自治区人大常委会注重社会领域立法，关注和回应社会热点问题。《西藏自治区抗旱条例》从旱灾预防、抗旱减灾、保障措施、法律责任等方面规范预防和减轻干旱灾害的活动，全面落实以抗旱行政首长负责制为核心的各项责任制。《西藏自治区抗旱条例》充分考虑西藏自治区高原自然资源生态薄弱的实际情况，对抗旱工作管理体制、机制、抗旱工程建设运营维护等方面提出了更具体明确的规定，对实践中的抗旱工作具指导性、操作性、规范性。《西藏自治区见义勇为人员表彰奖励和权益保障条例》从制度上规定了资金来源、申报流程、表彰与奖励、权益保障、法律责任等方面加强和规范见义勇为人员的奖励和保障，让健在英雄生活无忧，让身后的英雄幼有所育、老有所养。

西藏自治区人大常委会对保护妇女权益的立法工作尤为重视，健全相关法律体系的进度明显加快，2017年7月28日，西藏自治区第十届人民代表大会常务委员会第三十五次会议修订《西藏自治区实施〈中华人民共和国妇女权益保障法〉办法》。

《西藏自治区实施〈中华人民共和国妇女权益保障法〉办法》从法律制度层面保障妇女权益，落实促进男女平等的法规政策，切实维护妇女的各项合法权益。《西藏自治区实施〈中华人民共和国妇女权益保障法〉办法》从立法上引导广大妇女在推动西藏跨越式发展和长治久安的伟大进程中发挥重要作用，西藏是社会发展进步的体现。

2017年，拉萨市人大及其常委会坚持在市委领导下，恪守立法为民宗旨，不断探索完善立法工作机制，强化人大主导作用，着力提高立法质量，加快推进地方法治建设。拉萨市人大及其常委会坚持依法立法、慎立多修、"立改废"并举的原则，编制完成了《拉萨市人大及其常委会2017—2021年五年立法规划》和5个年度立法计划。拉萨市人大及其常委会注重科学立法和实事求是的态度，立法实现从追求数量向提升质量转型。《拉萨市村庄规划建设管理条例》虽列入拉萨市人大常委会2017年度立法计划，但经过调研、起草、论证，拉萨市人大常委会秉持审慎的态度，坚持时间服从质量，严格遵循"不抵触、有特色、可操作"的地方立法原则，为确保出台法规全覆盖、立得住，务求所立法规能够有效解决现实问题，研究决定将该条例推迟到2018年出台。

赋予设区的市级立法主体中，林芝市人大常委会制定通过了《林芝市地方立法条例》《林芝市城市市容和环境卫生管理条例》，日喀则市人大常委会制定通过了《日喀则市人民代表大会常务委员会议事规则》，设区的市地方立法取得明显成效，地方机制和立法程序制度不断健全。

（三）西藏自治区2017年度政府立法发展状况

2017年度，西藏自治区人民政府制定了《西藏自治区行政执法人员资格认证和行政执法证管理办法》《西藏自治区电话用户真实身份信息登记管理办法》2件地方政府规章，修改了《西藏自治区政府投资建设项目审计监督办法》《西藏自治区实施〈中华人民共和国自然保护区条例〉办法》《西藏自治区生态环境保护监督管理办法》3件地方政府规章。

为了加强行政执法人员管理，完善行政执法人员资格认证和持证上岗制度，促进严格规范公正文明执法，根据《中华人民共和国行政处罚法》等有关法律、法规的规定，结合自治区实际，2017年2月23日西藏自治区人民政府第六十八次常务会议通过《西藏自治区行政执法人员资格认证和行政执法证管理办法》。

《西藏自治区行政执法人员资格认证和行政执法证管理办法》对自治区行政执法人员资格条件、培训考试、证件申领使用管理等内容作出明确规定，为从源头上加强行政执法人员管理，预防违规持证违规执法等现象的发生，助推法治政府建设，促进依法行政提供制度支撑。《西藏自治区行政执法人员资格认证和行政执法证管理办法》的出台对规范行政执法行为，加强行政执法人员的管理、提高行政执法人员行政执法能力与水平奠定了良好基础。

2017年8月25日，西藏自治区人民政府通过关于修改《西藏自治区政府投资建设项目审计监督办法》的决定。在实践中，政府投资建设项目以审计结果作为建设工程竣工结算依据，为政府拖欠工程款制造合法理由。在中国建筑业协会的推动下，全国人大常委会明确函复应当予以纠正，地方政府不再直接规定以审计结果作为政府投资建设项目竣工结算的依据，不再直接干预政府投资建设项目工程结算中多计工程价款问题。根据全国人大常委会函复，西藏自治区修改《西藏自治区政府投资建设项目审计监督办法》，删除了《西藏自治区政府投资建设项目审计监督办法》第十八条中"建设项目工程价款结算中多计少计的工程款应当依据审计结果予以调整"的条款。

《西藏自治区实施〈中华人民共和国自然保护区条例〉办法》是2001年6月14日自治区人民政府第七次常务会议通过施行的，《西藏自治区生态环境保护监督管理办法》是2013年7月21日自治区人民政府第九次常务会议通过施行的。多年过去了，国家不断注重和加强生态环境保护，出台和修订了一批政策法规。为适应环境保护的上位法变化，西藏自治区政府修订了《西藏自治区实施〈中华人民共和国自然保护区条例〉办法》和《西藏自治区生态环境保护监督管理办法》，对引用上位法不全的问题进行了纠正。

2017年，设区的市制定地方政府规章方面：拉萨市人民政府制定了《拉萨市寄递安全管理办法》《拉萨市城市建筑垃圾和工程渣土管理办法》；日喀则市人民政府制定了《日喀则市禁止生产、销售和提供一次性不可降解塑料购物袋、塑料餐具管理办法》《日喀则市"门前三包"责任制管理办法》；昌都市人民政府制定《昌都市藏文社会用字管理办法》。

2017年，日喀则市人民政府出台了两部政府规章。《日喀则市禁止生产、销售和提供一次性不可降解塑料购物袋、塑料餐具管理办法》对涉及的部门，明确划分了他们的管理职责，保证各部门各司其职、相互配合；《日喀则市"门前三包"责任制管理办法》从包卫生环境、包绿化美化、包市容秩序三个方面按照一定原则确定责任人。

二、西藏自治区2017年度地方立法的特色和亮点

（一）地方人大立法中的特色和亮点

1.适时制定和修改地方立法条例，用法规保障地方立法的质量

2017年，西藏自治区人大常委会修改了《西藏自治区立法条例》，林芝市人大常委会制定了《林芝市地方立法条例》，日喀则市人大常委会制定了《日喀则市人民代表大会常务委员会议事规则》。西藏自治区地方立法主体通过对立法活动进行规范，提高立法质量，使各项立法活动有章可循，有据可依，从制度上保障依法立法、民主立法、科学立法。

西藏自治区人大常委会为了适应贯彻落实修改后的《立法法》的需要，2016年就开始启动了《西藏自治区立法条例》的修改工作，2017年，西藏自治区人民代表大会修订通过《西藏自治区立法条例》。《西藏自治区立法条例》围绕与《立法法》的修改相衔接，将已形成的民主法制领域改革成果和需要进行的改革举措在立法条例中确定下来，完善了人大在立项、起草、审议等立法环节中发挥主导作用的体制机制，以进一步加强和改进立法工作，提高立法质量。《西藏自治区立法条例》对地方立法权限、地方立法程序等作出了明确规定，对规范西藏自治区立法活动、完善立法程序、提高立法质量等方面发挥了重要作用。

制定地方立法条例是深入推进科学立法、民主立法，提高立法质量的根本途径。《林芝市地方立法条例》是该市首部规范地方立法的地方性法规，对林芝市人大及其

常委会制定、修改、废止法规及相关活动，以及立法准备、提案、审议、表决、报批与公布等立法程序作出的详细规定。《林芝市地方立法条例》充分体现了科学立法、民主立法的要求，为林芝市人大及地方立法工作提供了应当遵循的基本原则，保证地方立法在法治的程序轨道里运行，对于保证和提高立法质量必将发挥十分重要的作用。

《西藏自治区立法条例》和《林芝市地方立法条例》规定立法项目的确定，法规草案的组织起草，法规案的审议、表决，法规报批与公布等立法工作的各个环节，都由人大及其常委会统筹安排，有助于保障用法规保障人大在地方立法中的主导作用。

2. 保障和改善民生，注重社会领域立法

党的十八届四中全会指出要加快保障和改善民生法律制度建设。党的十八大以来，西藏自治区人大及其常委会坚持以人为本、立法为民、立法惠民的理念，以保障和改善民生为重点，加强社会建设、加紧建设对保障社会公平正义具有重大作用的制度。地方人大注重反映广大人民群众需求，不断加强社会领域立法工作，为构建和谐社会提供法律保障。在立法中渗透民生情怀，谋划民生幸福，按照实现经济与社会协调发展，着力加大社会领域立法力度，着力解决社会管理中遇到的突出矛盾和问题。

2017年，西藏自治区人大及其常委会重视加强社会建设和保障改善民生，解决人民群众关心的重大利益问题。西藏自治区人大常委会制定了《西藏自治区见义勇为人员表彰奖励和权益保障条例》，修改了《西藏自治区实施〈中华人民共和国妇女权益保障法〉办法》《西藏自治区实施〈中华人民共和国消费者权益保护法〉办法》，维护特殊群体合法权益；制定了《西藏自治区抗旱条例》，解决人民群众当前存在的现实问题，使改革发展成果更多更好地惠及广大人民群众。

3. 地方立法注重环境保护，强化生态环境领域立法

2017年，西藏自治区党委、政府深入贯彻落实以习近平同志为核心的党中央全面推进生态文明建设、实现绿色发展的重大决策部署，注重围绕宜居城市建设进行立法，坚持把生态文明建设作为地方立法的重要着力点，重视并加强生态环境保护方面的立法。设区的市积极贯彻落实党中央和西藏自治区党委的精神，注重环境保护领域立法。其中，林芝市人大常委会制定了地方性法规立法权以来的第一部地方性法规——《林芝市城市市容和环境卫生管理条例》。

（二）地方政府立法中的特色和亮点

1. 深入贯彻依法治国精神，严格依法行政

为深入贯彻落实中共中央国务院《法治政府建设实施纲要（2015—2020年）》和自治区党委政府《关于贯彻落实〈法治政府建设实施纲要（2015—2020年）〉的实施意见》，西藏自治区政府制定了《西藏自治区行政执法人员资格认证和行政执法证管理办法》，加强行政执法人员管理。

《西藏自治区行政执法人员资格认证和行政执法证管理办法》从执法的源头把关，严格落实行政执法人员持证上岗和资格管理制度，促进规范公正文明执法。《西藏自治区行政执法人员资格认证和行政执法证管理办法》对贯彻依法治国基本方略、全面推进依法治藏和建设法治西藏有重要法治意义。

2. 关注与环保密切相关的领域立法，提升人民生活质量

西藏自治区政府高度重视西藏生态环境保护工作，关注生态环境保护领域立法。西藏自治区政府修改了《西藏自治区实施〈中华人民共和国自然保护区条例〉办法》《西藏自治区生态环境保护监督管理办法》，拉萨市人民政府制定了《拉萨市城市建筑垃圾和工程渣土管理办法》，日喀则市人民政府制定了《日喀则市禁止生产、销售和提供一次性不可降解塑料购物袋、塑料餐具管理办法》和《日喀则市"门前三包"责任制管理办法》等，这些地方政府规章都是与人民生活密切相关的环境领域立法。这些地方政府规章的实施将会促进西藏生态环境的保护，改善当地居民生产生活条件，提升人民生活质量和幸福感。

3. 自治区政府立法关注重点领域，设区的市政府立法取得显著成效

自治区政府立法深入贯彻落实党的十八大以及十八届三中、四中、五中、六中全会精神和中央第六次西藏工作座谈会精神，贯彻落实习近平总书记系列重要讲话精神和治国理政新理念新思想新战略，特别是依法治国重要论述，按照自治区第九次党代会的总体部署和《中共西藏自治区委员会、西藏自治区人民政府关于贯彻落实〈法治政府建设实施纲要（2015—2020年）〉的实施意见》（藏党发〔2016〕18号）要求，紧紧围绕自治区党委、政府中心工作，重点就维护稳定、促进发展、生态环保、保障民生、社会治理、执法监督等重点领域，制订2017年度政府规章立法计划，开展立法活动，在环保领域和依法行政方面获得积极成效。

西藏自治区中设区的市除较早取得立法权的拉萨市外，日喀则、昌都、林芝市和山南市取得立法权时间不长。所以，设区的市中日喀则、昌都、林芝市、山南市政府立法工作都是刚刚起步，但都积极谋划做好地方立法工作，摸索立法规律和积累经验。其中，2017年，日喀则市人民政府制定了《日喀则市禁止生产、销售和提供一次性不可降解塑料购物袋、塑料餐具管理办法》和《日喀则市"门前三包"责任制管理办法》，取得显著成效。

三、西藏自治区2017年度地方立法的不足与未来展望

（一）西藏自治区2017年度地方立法的不足

1. 创制性立法相对较少，设区的市地方立法经验不足

2017年，西藏自治区人大常委会制定了《西藏自治区抗旱条例》《西藏自治区见

义勇为人员表彰奖励和权益保障条例》2件地方性法规，修订通过了《西藏自治区立法条例》《西藏自治区实施〈中华人民共和国妇女权益保障法〉办法》《西藏自治区实施〈中华人民共和国消费者权益保护法〉办法》3件地方性法规。西藏自治区人民政府制定了《西藏自治区行政执法人员资格认证和行政执法证管理办法》《西藏自治区电话用户真实身份信息登记管理办法》2件政府规章，修改《西藏自治区政府投资建设项目审计监督办法》《西藏自治区实施〈中华人民共和国自然保护区条例〉办法》《西藏自治区生态环境保护监督管理办法》3件政府规章。相对于其他省级行政区的地方立法工作来说，2017年西藏自治区的地方立法工作并不突出，尤其在法规和政府规章的创制性立法方面较为缺乏，立法缺乏创新性和活力。

设区的市地方立法刚刚起步，2017年，林芝市人大常委会制定通过了《林芝市城市市容和环境卫生管理条例》《林芝市地方立法条例》，地方立法取得突破，成绩可圈可点。但《林芝市城市市容和环境卫生管理条例》是该市的第一部地方性法规，立法经验尚处于起步摸索阶段，立法经验不足。近两年刚赋予立法权的设区的市，如山南市，尚未有地方立法成果的突破。

2. 立法信息公开和立法过程民主程度尚待提高

党的十八大和十八届四中全会，对科学立法、民主立法提出了更为具体、明确的要求。科学立法、民主立法要求立法过程公开，让群众积极参与，实现立法民主化。具体而言，就是采用公开征求立法建议、立法听证等方式，使民主立法延伸到最起始阶段，让民众的意志从立法之初就得到体现，从而提高立法的透明度，拓宽人民群众参与立法的渠道，使立法更好地集中民智、体现民意、符合民心。深入推进科学立法、民主立法，成为新形势下加强立法工作、提高立法质量的主要途径。特别是地方立法，增强立法的地方特色，就必须与社会实践相结合，只有尽可能地使社会公众参与到立法中去，才能使立法能够和现实结合起来，增强有用性。社会公众参与立法工作越充分，立法的质量也会越高，立法的科学性也会越强。

在查阅西藏自治区各级人大及其常委会和西藏自治区各级政府立法主体的官方网站与立法相关的法制相关信息时，会发现立法信息不及时、不全面，人民群众查阅不到相关信息。政府法治网站个别栏目内容空洞，立法动态信息更新滞后，一年内更新的信息数量甚至在个位数。政府网站发布的信息内容主要集中在机构设置、领导分工、人事任免、政策法规等方面，对与人民群众密切相关的立法信息未及时更新，关注度不够。而且，西藏法律网站信息数量不多，信息质量较低，参考价值和意义不大，不利于社会公众参与立法工作。

总体来看，西藏自治区地方立法信息公开和社会参与整体力度不够，不利于提升地方立法的科学性、民主性，制约了人民群众广泛参与地方立法的过程。

3.西藏自治区地方立法人才短缺和立法经验不足制约地方立法质量

西藏自治区设区的市除拉萨市外，日喀则、林芝等2016年获得立法权，山南市2017年才刚刚获得立法权，虽然各市人大常委会积极做好立法前期准备工作，为制定地方性法规打牢基础，但从目前来看，设区的市行使立法权存在的主要瓶颈是立法人才短缺和立法经验不足。

立法人才短缺和立法经验不足直接制约了地方立法质量的提高。首先，立法具有专业性、严谨性、细致性等特点，法规、规章的起草、评估和制定需要有专家、高层次法律人才作为支撑，一部地方性法规、规章的落地要经历众多环节，每一个环节，都考验着立法人才素质，要求立法人员具备非常高的立法信息组织和整合能力，接触非常多又有价值的专业意见，同时需要归纳梳理成明确的立法建议，整合与协调相关职能部门与专家之间意见。其次，立法活动是专业性强、程序要求高、需要多方合作进行的复杂劳动和集体行为，立法有严格的程序规定和行文规范，立法过程中还需要各部门间的沟通合作，这要求立法人员不仅要具备过硬的法律知识，还要具备充足的立法实践经验。

（二）西藏自治区地方立法的未来展望

1.加强立法工作的创新性，学习和借鉴国内其他省市的地方立法经验

针对2017年西藏自治区各级人大和政府在立法工作上缺乏创新性、创制性法规较少的情况，西藏自治区各级人大和政府要坚持在党的领导下，紧紧围绕自治区中心工作，结合西藏自治区社会经济发展的实际情况，坚持科学立法、民主立法、依法立法，广泛征集立法项目和立法建议，选取一批具有立法需求和急迫性的立法项目进行论证，成熟的立法项目纳入立法计划。对于纳入立法计划的立法项目，针对地方特点，进行充分的调查研究和数据分析，在保持一定立法数量的同时着重提高立法质量，加强立法创新，以期创制出符合地方发展情况的具有创新性、实用性、可操作性的地方立法成果。

针对地方立法经验不足，西藏自治区各级立法主体尤其是刚赋予立法权的设区的市地方立法主体，可以加强与其他省市特别是沿海发达省市的立法交流，开展或组织参与立法工作的人员外出学习、交流的活动，注重培养创新型立法人才，敢于打破固有思维方式和传统认识，以实现立法的及时性、实用性和创新性。

2.推进立法信息公开和社会参与

西藏自治区各级立法主体应加强立法信息公开和立法的社会参与，推进相关体制机制建设。

首先，积极搭建立法信息公开平台。通过网络、报刊、电视、电台等形式，向社会公开立法项目的立法背景、拟解决的主要问题及其制度设计，公开常委会审议法规

草案中的焦点、难点问题。建立人大和政府网站法治信息专人负责和维护制度，及时更新立法信息。

其次，建立立法信息公开工作机制，使相关工作人员知道何时需要公开立法信息、公开立法信息的范围和界限是什么，使社会公众知晓如何参与立法过程，途径、方式是什么，意见建议如何反馈等。

再次，积极拓展公众有序参与途径。通过召开座谈会、论证会、听证会等形式，广泛听取政府相关部门的意见以及不同行业、不同群体的意见和建议，尤其注意听取人大代表、专家学者和非政府组织人员的意见建议。

3. 加强立法人才队伍建设，充分利用社会立法力量

加强立法人才队伍建设，一要专门制定立法人才引进和培养规划，通过"引进""培养"充实当地立法人才队伍，把立法人才作为党政人才的重要组成部分，纳入全省人才发展规划。在实践中，增加人大常委会法治经验专职委员比例，争取编制，从学法律出身的年轻干部中抽调一些人，充实法工委的力量。二是创新立法人才交流机制，探索建立与高等院校法学院、立法研究机构以及律协等单位之间的双向交流机制。高等院校法学院、立法研究机构的专家具有丰富的立法理论，律师们所具备的司法实践经历和丰富的社会资源，统筹利用法律智力有助于开展立法工作。三是加强立法工作队伍的专业培训，大力培养立法人才。由自治区人大常委会举办立法培训班，对设区的市、自治州的立法工作者进行培训，支持地方人大加强立法工作队伍和能力建设，实现立法培训工作常态化。四是加强立法队伍的培训和指导的同时，还要加强对人大理论的研究。从本地院校入手强化高校法律专业，进一步推动校地合作，推动地方立法专业学科，甚至打造专门的立法专业人才培养体系，培养立法人才。五是借助高校法律专家的外力，尝试把法规的起草工作委托给专业院校，由法律专家全面负责法规的起草工作。起草环节由政府职能部门或者提出法规案的部门参与，由其提供切合实际、符合逻辑的法规框架内容，再辅以法律专家的专业知识，才能形成切实可行的法律条文。

审稿：黄喆（广东外语外贸大学）

第七编　西北地区立法发展报告

第二十八章　陕西省2017年度立法发展报告

何国强[①]

摘要：陕西省2017年度地方立法坚持以良法促发展，主动对接全省重大发展战略和重点改革举措，提高立法质量。全年陕西省人大及其常委会制定地方性法规4件、修改16件、废止1件、批准59件；陕西省政府制定政府规章12件、修改3件、废止8件。2017年度陕西省不断健全工作制度和体制机制，探索改进工作方法，坚持"立改废"并举，维护法制统一，立法工作取得新的成绩。但仍然存在科技创新类立法较为匮乏、设区的市立法能力有待加强、立法信息公开机制亟待完善等问题。陕西省在今后的地方立法工作中，要加大科技创新类立法，加强设区的市立法能力建设，进一步做好立法信息公开，以良法促善治。

关键词：陕西省　地方立法　发展报告

一、陕西省2017年度立法发展状况

（一）陕西省2017年度立法状况总体评述

陕西省有省人大、省政府2个省级立法主体，西安市人大、市人民政府2个省会城市立法主体，以及《立法法》修改后增加的宝鸡、咸阳、铜川、渭南、延安、榆林、汉中、安康和商洛9个设区的市人大和政府共18个市级立法主体。2017年，陕西省各级立法主体全面贯彻习近平新时代中国特色社会主义思想和党的十八大、十九大精神，按照"五位一体"总体布局和"四个全面"战略布局，积极开展立法探索实践。

陕西省人大及其常委会制定4件、修改16件、废止1件地方性法规，审查批准制定8件、批准修改50件，批准废止1件地方性法规；陕西省人民政府制定12件、修改 3件、废止8件政府规章。

设区的市人大立法方面，西安市人大常委会制定《西安市特种行业治安管理条

[①] 何国强，法学博士，广东警官学院法学研究所所长，法律系副教授。研究方向：民商法学、信访维稳法制。

例》《西安市不可移动文物保护条例》2件地方性法规、修改《西安市销售燃放烟花爆竹安全管理条例》1件地方性法规；榆林市人大及其常委会制定《榆林市城镇园林绿化条例》1件地方性法规；咸阳市人大及其常委会制定《咸阳市禁止露天焚烧农作物秸秆条例》1件地方性法规。

设区的市政府立法方面，西安市人民政府制定《西安市行政执法监督办法》等8件政府规章，修改《西安市殡葬管理实施办法》等53件政府规章，集中废止《西安市文物市场管理办法》等12件政府规章；榆林市人民政府制定《榆林市封山禁牧管理办法》1件政府规章；安康市人民政府制定《安康市人民政府规章制定程序规定》1件政府规章；汉中市人民政府制定《汉中市地方性法规草案和政府规章制定程序规定》1件政府规章。

总体来看，2017年度陕西省地方立法呈现出扎实推进的态势，凸显立法为民的理念，注重民生领域立法。新增设区的市立法主体开始发挥积极作用，全面制定了立法条例及政府规章制定程序，立法规范化建设迈出重要步伐。

（二）陕西省2017年度人大立法发展状况

2017年，陕西省人大及其常委会强化立法能力，主动对接全省重大发展战略和重点改革举措。加快"立改废"步伐，积极回应人民群众立法诉求，紧扣中心立良法。

在陕西省人大及其常委会立法方面，2017年，陕西省人大及其常委会制定了《陕西省地方各级人民代表大会常务委员会规范性文件备案审查规定》《陕西省地方政府规章设定罚款限额规定》《陕西省石峁遗址保护条例》《陕西省地质灾害防治条例》4件地方性法规，修改了《陕西省秦岭生态环境保护条例》《陕西省大气污染防治条例》《陕西省消费者权益保护条例》《陕西省促进科技成果转化条例》《陕西省安全生产条例》等16件地方性法规，废止了《陕西省经纪人条例》1件地方性法规，审查批准制定《西安市特种行业治安管理条例》《西安市不可移动文物保护条例》《宝鸡市市区餐厨废弃物管理条例》《咸阳市禁止露天焚烧农作物秸秆条例》《渭南市湿地保护条例》《延安市城市市容市貌管理条例》《榆林市城镇园林绿化条例》《商洛市住宅物业管理条例》8件地方性法规，批准修改《西安市销售燃放烟花爆竹安全管理条例》1件地方性法规，集中批准修改《西安市保护消费者合法权益条例》《西安市市政工程设施管理条例》《西安市中等职业技术教育条例》《西安市经纪人条例》《西安市城市市容和环境卫生管理条例》《西安市限制养犬条例》《西安市周丰镐、秦阿房宫、汉长安城和唐大明宫遗址保护管理条例》《西安市蔬菜基地管理条例》《西安市股份合作制企业条例》《西安市城市饮用水源污染防治管理条例》《西安市制止价格欺诈和牟取暴利条例》《西安市城市房屋租赁条例》《西安市涉案物品价格鉴证条例》《西安市统计管理条例》《西安市体育经营活动管理条例》《西安市户外广告设置管理条例》《西安市城乡建设档案管理条例》《西安市预算审查监督条例》《西安历史文化名城保护条例》《西安市开发区条例》《西安市社会急救医疗条例》《西安市土地储备条例》《西安市人民代表大会常务委员会讨论决定重大事项条例》《西安市建设工程勘察设计管理条例》《西安市旅游条例》《西安市黑河引水系统保护条例》《西安市档案管理条例》《西安市中小学生人身伤害事故预防与处理条例》《西安市气象灾害防御条例》《西安市流动人口计划生育条例》《西安市改革创新促进条例》《西安市散装水泥管理条例》《西安市授予荣誉市民称号规定》《西安市古树名木保护条例》《西安市机动车和非道路移动机械排气污染防治条例》《西安市城墙保护条例》《西安市城乡规划条例》《西安市城市轨道交通条例》《西安市村镇建设条例》《西安市建筑垃圾管理条例》《西安市城市污水处理和再生水利用条例》《西安市建筑装饰装修条例》《西安市燃气管理条例》《西安市秦岭生态环境保护条例》《西安市民用建筑节能条例》《西安市城市供水用水条例》《西安市道路交通安全条例》《西安市城市绿化条例》《西安市环境噪声污染防治条例》49件地方性法规，批准废止《西安市家畜家禽屠宰检疫条例》1件地方性法规。

陕西省十二届人大常委会第三十六次会议审议通过《陕西省石峁遗址保护条例》，是陕西省首部由省人大颁布的古城址条例，该条例对石峁遗址的保护与管理、展示与利用，以及法律责任等都作出了明确规定。石峁遗址被誉为21世纪中国最重要的考古发现之一，将我国城墙建筑的历史提前了二千年。随着经济社会高速发展和城市化进程的不断加快，石峁遗址保护面临的形势日益严峻，通过地方立法对石峁遗址进行有效保护刻不容缓。《陕西省石峁遗址保护条例》是陕西省同类条例中自发现、发掘遗址至立法保护用时最短的一部。

陕西省十二届人大常委会第三十二次会议对《陕西省秦岭生态环境保护条例》进行修改，在保护秦岭生态环境、维护水源涵养、水土保持功能、保护生物多样性、推进生态文明建设等方面发挥着积极作用。与2007年审议通过的秦岭保护条例相比，新修改的条例进一步理顺了管理体制，规定秦岭范围内的县级以上人民政府应将秦岭生态环境保护工作纳入对所属部门和下一级政府年度目标责任考核内容，实行自然资源离任审计和生态环境损害责任终身追究制度。

设区的市中，2017年，西安市人大及其常委会制定了《西安市特种行业治安管理条例》《西安市不可移动文物保护条例》2件地方性法规，修改了《西安市销售燃放烟花爆竹安全管理条例》1件地方性法规。

榆林市人大及其常委会制定了《榆林市城镇园林绿化条例》，咸阳市人大及其常委会制定了《咸阳市禁止露天焚烧农作物秸秆条例》，其他7个设区的市人大及其常委会2017年度未制定地方性法规。

西安市第十六届人民代表大会常务委员会第三次会议通过，陕西省第十二届人民代表大会常务委员会第二十六次会议批准的《西安市特种行业治安管理条例》是为了规范特种行业治安管理，维护社会治安秩序，促进特种行业健康发展，保护公民、法人和其他组织的合法权益，根据《中华人民共和国治安管理处罚法》等有关法律、法规，结合西安市实际情况而制定的。

西安市第十六届人民代表大会常务委员会第五次会议通过，陕西省第十二届人民代表大会常务委员会第三十七次会议批准的《西安市不可移动文物保护条例》明确了市、县、区政府的文物保护主体责任，形成了全面的政府主体责任体系。明确了不可移动文物登录制度，加强了考古工作中的文物保护，规定不可移动文物利用的原则，为西安市不可移动文物保护工作提供了坚强的法制保障。

榆林市第四届人民代表大会常务委员会第八次会议通过，陕西省第十二届人民代表大会常务委员会第三十四次会议批准的《榆林市城镇园林绿化条例》是榆林市第一部实体性地方法规，该条例明确了本市园林绿化的部门职责；对园林绿化建设项目的植物配置提出了总的要求；提出了城镇园林绿化应当坚持的基本原则；对立体绿化、开放式绿化以及旧城区绿化进行具体规定；列举了破坏园林绿化的行为，并规定了相应的法律责任。从有利于城市园林绿化建设发展出发，维护人民群众的切身利益，结合城市园林绿化工作的实际情况，为政府主管部门依法行政提供法律依据。

（三）陕西省2017年度政府立法发展状况

在省级政府规章制定方面，2017年，陕西省人民政府制定了《陕西省转变功能干线公路管理办法》《陕西省公路隧道安全保护办法》《陕西省企业信用监督管理办法》《陕西省电信设施建设和保护办法》《陕西省信访事项复查复核办法》《陕西省城市社区居务公开民主管理办法》《陕西省人民政府关于中国（陕西）自由贸易试验区实施部分省级管理事项的决定》《陕西省地图管理办法》《陕西省电梯安全监督管理办法》《中国（陕西）自由贸易试验区管理办法》《陕西省经营性服务价格管理办法》《陕西省实施女职工劳动保护特别规定》12件政府规章，修改了《陕西省居住证及流动人口服务管理办法》《陕西省渭河流域生态环境保护办法》《陕西省〈失业保险条例〉实施办法》3件政府规章，废止了《陕西省流动人口服务管理办法》《陕西省收费证管理办法》《陕西省统计登记管理办法》《陕西省农业机械事故处理办法》《陕西省农机安全监督管理办法》《陕西省果树种子苗木管理办法》《陕西省组织机构代码管理办法》《陕西省室内装饰管理规定》8件政府规章。

陕西省政府第二十二次常务会议通过的《中国（陕西）自由贸易试验区管理办法》建立"中国（陕西）自由贸易试验区"（以下简称自贸试验区）是党中央、国务院作出的重大决策，是新形势下全面深化改革、扩大开放和加快推进"一带一路"建设、深入推进西部大开发的重大举措。对陕西自贸试验区的管理体制、投资管理、贸易便利化、金融服务、"一带一路"经济合作与人文交流、推动西部大开发、综合管理与服务等进行了明确规定。

设区的市中，西安市人民政府制定了《西安市行政执法监督办法》《西安市电梯安全管理办法》《西安市城市地下综合管廊管理办法》《西安市森林资源保护发展责任制办法》《西安市停车场管理办法》《西安市应急避难场所管理办法》《西安市特种行业治安管理条例》《西安市旅游市场监督管理办法》8件政府规章，集中修改了《西安市殡葬管理实施办法》等53件政府规章，集中废止《西安市文物市场管理办法》等12件政府规章。

榆林市人民政府制定了《榆林市封山禁牧管理办法》，安康市人民政府制定了《安康市人民政府规章制定程序规定》，汉中市人民政府制定了《汉中市地方性法规草案和政府规章制定程序规定》。2015年新增9个设区的市立法主体后，截至2017年已有6个设区的市制定了本市人民政府起草和制定政府规章的程序规定，仍有咸阳、铜川、渭南3个设区的市没有制定相关规定。

西安市人民政府第一百六十三次常务会议审议通过的《西安市行政执法监督办法》对于贯彻落实党的十八届四中全会精神和《国务院法治政府建设实施纲要（2015—2020年）》，进一步规范政府行政权力、强化行政执法监督，促使行政权力授予有据、行使有规、监督有效，切实防止行政权力的缺失和滥用，确保行政机关严格、规范、公正、文明执法，具有重要的现实意义。

榆林市人民政府第九次常务会议审议通过的《榆林市封山禁牧管理办法》明确了封山禁牧工作的责任主体，保障了封山禁牧工作所需的经费，把封山禁牧工作纳入生态考核范围，保护封山禁牧工作人员的执法权益，同时，执行责任金扣减制度，对不尽职履责的相关责任人予以责任追究，使全市的林草植被得到了有效保护。为促进经济社会和生态环境协调发展及执法提供了有力的保障。

二、陕西省2017年度地方立法的特色和亮点

（一）地方人大立法中的特色和亮点

2017年，陕西省人大常委会发挥立法引领作用，以良法促善治，主动对接全省重大发展战略和重点改革举措，服务保障全省深化改革，切实保障人民群众的利益。

1. 服务创新驱动发展战略，促进科技成果转化

陕西省人大及其常委会围绕创新驱动发展战略，修改了《陕西省促进科技成果转化条例》。该条例规定，通过协议方式确定科技成果价格的，可由科技成果完成人主持公开询价，确定成交价格；鼓励设立各类科技成果转化专业服务机构，为科技成果转化提供科技成果信息的搜集、筛选、分析、加工、发布、交易代理、价值评估；县级以上人民政府应支持创办独立运营、市场化运作、中间试验与孵化育成相结合的

新型研究开发机构。该条例同时规定，县级以上人民政府及其有关部门应遵循市场导向和政府引导相结合的原则，综合运用政策激励、政府购买服务等措施，加强对科技成果转化专业服务机构的扶持；鼓励和支持企业通过科技成果转让、技术入股等方式，承接研究开发机构、高等院校等单位的科技成果并实施转化；对承接科技成果的企业，县级以上人民政府可按照技术合同成交额或技术入股出资额的一定比例给予补助；县级以上人民政府应支持创办独立运营、市场化运作、中间试验与孵化育成相结合的新型研究开发机构。

2. 推进省人大代表发挥立法主体作用，夯实服务群众建设基层立法联系点

一是推进省人大代表发挥立法主体作用，邀请省人大代表全程参加立法活动，发挥代表在立法中的主体作用。如将法规草案印发全体省人大代表征求意见，建立省人大代表有重点参与具体立法工作机制；邀请常委会组成人员参加立法调研；引导常委会组成人员进行深度审议，提高审议质量等。二是夯实服务群众建设基层立法联系点，确定18个基层立法联系点，深入基层倾听意见建议，努力夯实立法工作群众基础。基层立法联系点主要选择基层社区、农村和企业，兼顾陕北、陕南和关中不同地域和行业特点，将进一步发挥基层立法联系点联系群众、集中民智、反映民意的作用。同时，部分联系点也是所在设区的市人大常委会基层立法联系点，可对设区的市的立法工作起到一定的指导和带动作用。如西安市碑林区东关南街街道办事处古迹岭社区、西安市雁塔区小寨路街道办事处红专南路社区、西安市雁塔区长延堡街道办事处世家星城社区、陕西能源集团、宝鸡市宝钛集团有限公司等，选择基层社区、农村和企业，兼顾陕北、陕南和关中不同地域和行业特点，发挥基层立法联系点联系群众、集中民智、反映民意的作用。建立完善立法咨询论证、立法协商、立法协作等制度机制，把立法工作纳入法治化轨道。

3. 注重突出地方特色，依法开展创制性立法

在立法权限范围内积极探索，大胆创新，陕西省人大制定的《陕西省城市地下管线管理条例》《陕西省城市公共空间管理条例》和《陕西省建筑保护条例》均属全国首创，为解决城市道路反复开挖、架空线路无序搭建、城市公共空间随意占用以及破坏城市历史文化风貌等问题提供法律保障；《陕西省大气污染防治条例》是全国第一部大气污染防治地方性法规，被国家环保局推荐各省（区、市）借鉴；率先在全国出台《陕西省现代农业园区条例》，规范、促进现代农业园区科学发展，推动农业转型、农民增收。

（二）地方政府立法中的特色和亮点

1. 立法引领发展创新，全面推动自贸区建设

对接全省重大发展战略和重点改革举措开展立法工作，"把经济上社会上的要求

与立法活动联系起来，制定反映人民意志和愿望的法律"①。如制定《关于中国（陕西）自由贸易试验区实施部分省级管理事项的决定》《中国（陕西）自由贸易试验区管理办法》，对陕西自贸试验区的管理体制、投资管理、贸易便利化、金融服务、"一带一路"经济合作与人文交流、推动西部大开发、综合管理与服务等办法进行了明确；在投资管理方面，对外商投资实行准入前国民待遇加负面清单管理制度；贸易便利化方面，创新通关、查验、税收征管机制，依托电子口岸平台，建设国际贸易"单一窗口"；金融服务方面，自贸试验区内银行可按有关规定发放境外项目人民币贷款；对于推进自贸试验区建设提供了法律支持。

2. 积极主动开展民生领域立法修法，努力满足群众对幸福美好生活的向往

围绕社会热点，积极回应人民群众立法诉求。通过制定《陕西省城市社区居务公开民主管理办法》加强城市社区居务公开民主管理工作，保障城市社区居民的民主权益，办法中明确城市社区居民委员会应当按照县（市、区）人民政府民政部门制定的城市社区居务公开目录公开政务事项；规定的公开事项，应当至少每3个月公开1次，其中财务收支情况应当逐项逐笔公布，涉及居民切身利益的重大事项应当及时公布；涉及居民利益并需有关部门批准的事项，应当自收到批复后5日内公布。修改《陕西省实施女职工劳动保护特别规定》，完善了女职工在劳动过程中的特殊保护、"四期"保护、女职工劳动保护设施建设的内容，有利于保护女职工的平等就业、职业安全和生命健康；修改《陕西省居住证及流动人口服务管理办法》，办法明确规定了在陕西省建立居住登记和居住证制度，推进城镇基本公共服务和便利向常住人口全覆盖，为建立健全与居住年限等条件相挂钩的基本公共服务机制奠定了制度保障，这标志着陕西省对流动人口的服务、管理和权益保障有了新依据。

3. 与时俱进清理法规，统一法制服务改革

为及时全面清理现行有效的地方性法规、政府规章和文件，实现应改尽改、应废尽废，维护法制统一。陕西省人民政府印发《陕西省人民政府办公厅关于统筹推进地方性法规政府规章和文件清理工作的通知》，对2017年6月30日前制定发布且现行有效的276件地方性法规、251件省政府规章以及1254件规范性文件进行了全面清理。坚持"立改废"并举，以"放管服"改革、生态文明建设、环境保护等为重点，对部分内容与上位法的规定不符、与相关方针政策、改革要求不相适应、与改革决策不相适应、与生态文明建设和环境保护要求不相适应的予以修改；主要内容与上位法的规定不符、与有关方针政策、改革要求不符的予以废止；地方性法规之间就同一内容规定不一致的予以修改；制定依据已发生变化的予以修改或者废止；适用期已过、调整对象已消失的予以废止。及时跟进全面深化改革和民主法治建设要求，维护法制统一。

---

① ［美］约翰·亨利·梅利曼：《大陆法系》，顾培东、禄正平译，法律出版社，1984年，第94页。

三、陕西省2017年度地方立法的不足与未来展望

（一）陕西省2017年度地方立法的不足

1.科技创新综合立法体系尚未建立

科学技术是第一生产力，科技创新立法是鼓励创新、创业，推动科技成果转化的重要法制保障。2005年，根据《中华人民共和国促进科技成果转化法》，陕西省出台了《陕西省促进科技成果转化条例》。根据实践需要，2010年对该条例进行了第一次修订，2017年进行了第二次修订。2017年陕西省地方立法中除修改了《陕西省促进科技成果转化条例》外，没有其他科技创新类立法记录。随着陕西省创新型省份试点、国家知识产权运营军民融合特色试点平台建设等工作的推进，目前的科技立法尚未形成系统、动态的综合立法体系，还不能最大化地推动科学技术的创新，不利于地方经济的发展。

2.设区的市立法能力有待加强

2015年，陕西省9个设区的市均取得地方立法权。依法赋予设区的市地方立法权，有利于当地经济的发展，也利于地方政府依法行政，更利于国家依法治国。我国地方立法的重要功能之一即在于及时地将地方改革实践中涉及的新问题、新事项纳入法律调整的范围。①在三年的实践中，各设区的市认真实践，取得了一定的成效，各地已经制定了地方性法规和政府规章的有关规定。但由于设区的市立法工作尚处于起步阶段，立法能力建设还比较薄弱，未完全发挥地方立法的积极作用，结合地方经济社会发展的需求开展立法工作。2017年度仅制定了《榆林市城镇园林绿化条例》《咸阳市禁止露天焚烧农作物秸秆条例》2件地方性法规，《榆林市封山禁牧管理办法》《安康市人民政府规章制定程序规定》《汉中市地方性法规草案和政府规章制定程序规定》3件政府规章。

3.立法信息公开机制有待完善

陕西省立法信息公开工作仍有待改进。在省人大网站，2015年度及2016年度曾存在立法信息公开网站建设不力的问题，2017年依然存在，如省人大网站设置了"地方性法律法规检索系统"，当年度立法信息未及时更新，已公布的立法也存在基本信息不完善的情况，如通过时间、批准时间、生效时间、颁布文号等信息不够完善。在这方面，陕西省政府网站立法信息公布做得相对较好，例如在省政府的网站上可以查询到当年的立法信息，内容更新较及时。省人大网站信息公开不够及时、不够全面，不方便民众查询，不利于民众参与立法、了解立法和监督立法。

---

①参见郑泰安、郑文睿：《地方立法需求与社会经济变迁——兼论设区的市立法权限范围》，载《法学》2017年第2期。

（二）陕西省地方立法的未来展望

1. 建立科技创新综合立法体系

科技创新对社会的发展起着巨大的促进作用，地方科技立法要促进科技创新的发展必须遵循科技创新规律，符合科技进步的内在要求。依据地方科技发展需要进行立法，及时开展科技立法的废改立工作，关注科技立法的重点领域和薄弱环节。[1]科技创新带来的机遇和挑战都需要法律的确认和回应，构建科技立法体系是首要任务，从系统、动态的视角构建促进科技创新的综合型立法体系显得尤为重要。构建系统性综合型科技立法体系，要求使用标准化的科技立法技术，系统地、相互联系地构建科技立法体系，必须整体看待科技立法中的每个环节。在整个科技立法活动中，不仅注重立法调研计划、立法预备、草拟条文、颁布实施等立法中心活动，也要强调科技法律与科技政策的转化与对接，司法、执法及守法等法律的实施反馈等非中心立法、循环立法活动，使整个科技立法过程都体现联系、控制的理念，立法时信息高度通融，整个科技立法活动处于开放与闭合循环交换的状态。

2. 加强设区的市的立法能力建设

立法能力是行使立法权的前提，是保证立法质量、正确有效发挥立法作用的基础条件。加强立法能力建设，扎实推进设区的市依法有序开展地方立法工作。一方面要制订立法计划提升立法数量，保障地方经济社会发展各方面的需求。另一方面要科学论证保障立法质量，注意处理好加快立法步伐与提高立法质量的关系，实现质量与数量的统一。始终把立法能力建设摆在突出位置，在立法项目确定、法规草案起草、立法调研、基层立法联系点、立法公开、立法评估论证和听证、立法沟通协调、立法工作协商、立法咨询、审议等方面加强沟通联系，整合立法资源，为依法有效行使地方立法权创造更加有利的条件。

3. 进一步做好立法信息公开工作

主动向社会公开立法信息，建立集立法规划、起草、审议、修改、论证和听证等环节于一体的信息发布体系。加强"开门立法"的宣传工作，提高公众的参与能力，完善相关的保障机制、配套服务。一方面利用人大和政府网站，及时更新立法动态和陕西省人大常委会地方性法律法规系统信息；另一方面立法信息公开的内容应更详细具体，如通过时间、批准时间、颁布文号等信息。将立法工作做得更细，将立法信息及时、全面、准确地传递给社会，让社会各界能够参与到立法中，协调好社会各界利益，提升立法质量。

审稿：黄喆（广东外语外贸大学）

---

[1] 参见彭辉：《上海市科技创新立法市政研究》，载《地方立法研究》2017年第2期。

第二十九章　甘肃省2017年度立法发展报告

潘高峰[①]

摘要：2017年，甘肃省各级立法机关坚持问题导向，注重管用实效，深入推进科学立法、民主立法、依法立法，为以良法促进发展、保障善治而不懈努力，全面完成了各项立法任务。甘肃省人大和政府加强了农村生活垃圾管理、自然灾害救助、鼠疫预防和控制、生态环境保护等领域立法，制定、修改、批准23件地方性法规，制定、修改、废止34件政府规章。设区的市和州制定4件地方性法规，制定、修改、废止14件政府规章。2017年，甘肃省地方立法既有重视依法立法、重视生态环境保护立法、推进立法工作机制创新等特色和亮点，也有立法主动性意识不强、立法精细化有待进一步加强等不足。

关键词：甘肃省　地方立法　发展报告

一、甘肃省2017年度立法发展状况

（一）甘肃省2017年度立法状况总体评述

甘肃省有省人大、省政府2个省级立法主体，有兰州、酒泉、武威、张掖、金昌、平凉、庆阳、天水、白银、定西、陇南、嘉峪关等12个市以及临夏回族自治州、甘南藏族自治州的人大和政府等28个市级立法主体，同时有临夏回族自治州、甘南藏族自治州、天祝藏族自治县、肃北蒙古族自治县、东乡族自治县、张家川回族自治县、肃南裕固族自治县、阿克塞哈萨克族自治县、积石山保安族东乡族撒拉族自治县等9个民族自治地方的人民代表大会可以制定自治条例和单行条例。甘肃全省所有设区的市和民族自治地方都有立法权。

2017年，在科学立法、民主立法、依法立法精神指引下，甘肃省人大及其常委会积极开展立法工作，取得了较好成效。全年制定、修改、批准地方性法规和单行条例23件，其中，制定和修改地方性法规11件，批准设区的市或自治州地方性法规和单行

[①] 潘高峰，法学博士，广东外语外贸大学广东省地方立法研究评估与咨询服务基地研究员，副教授。研究方向：行政法、地方立法。

条例12件，为法治甘肃建设提供有力保障。

甘肃省人民政府共提请省人大常委会审定地方性法规6件，制定、修改《甘肃省自然灾害救助办法》等8件政府规章，废止《甘肃省城镇土地使用税暂行条例实施办法》等26件政府规章。

在设区的市人大立法方面，兰州市人大常委会制定通过了《兰州市城市公共汽车客运管理条例》《兰州市中小学生人身伤害事故预防与处理条例》2件地方性法规；定西市、庆阳市分别制定通过了《定西市物业管理条例》《庆阳市禁牧条例》2件地方性法规；其他设区的市州没有出台地方性法规。

在设区的市政府立法方面，兰州市人民政府全年制定、修改、废止7件政府规章；嘉峪关市全年制定通过了《嘉峪关市城市市容和环境卫生管理办法（试行）》《嘉峪关市重大行政执法决定法制审核办法》2件政府规章；定西市、白银市、天水市、酒泉市、甘南州人民政府各制定通过了1件政府规章；其他设区的市州没有出台政府规章。

在民族自治地方立法方面，2016年11月18日，甘南藏族自治州第十六届人民代表大会第一次会议审议通过的《甘肃省甘南藏族自治州草原管理办法》，在2017年7月28日甘肃省第十二届人大常委会第三十四次会议上获得批准通过；2016年11月1日临夏回族自治州第十五届人民代表大会第一次会议审议通过的《甘肃省临夏回族自治州旅游条例》，在2017年9月28日甘肃省第十二届人民代表大会常务委员会第三十五次会议获得批准通过。除此之外，甘肃省民族自治地方全年没有制定、修改自治条例和单行条例。

总体而言，2017年度甘肃省地方立法工作突出了自然资源和生态环境保护、城乡建设与管理立法，加强了脱贫攻坚领域立法，积极推进经济文化领域立法，促进了地方经济社会发展和生态文明建设。为积极适应全面深化改革和经济社会跨越式发展的需要，全省各级立法机关立足科学立法、民主立法、依法立法需要稳步推进立法工作，发挥了立法在地方经济和社会发展中的引领、推动和保障作用，为法治甘肃建设打下了坚实基础。

（二）甘肃省2017年度人大立法发展状况

2017年，甘肃省人大及其常委会共制定、修改、批准地方性法规和民族自治地方单行条例23件，分别为：制定《甘肃省地方立法条例》《甘肃炳灵寺石窟保护条例》《甘肃省鼠疫预防和控制条例》《甘肃省各级人大常委会审计整改工作监督办法》《甘肃省农村生活垃圾管理条例》《甘肃省建设工程质量和建设工程安全生产管理条例》等6件地方性法规，修改《甘肃省石油勘探开发生态环境保护条例》《甘肃省农村扶贫开发条例》《甘肃省技术市场条例》《甘肃省招标投标条例》《甘肃祁连山国家级自然保护区管理条例》5件地方性法规，批准《白银市人民代表大会及其常务委员会立法条例》《陇南市人民代表大会及其常务委员会立法程序规则》《定西市人民代表大会及其常务委员会立法程序规则》《平凉市地方立法条例》《张掖市立法条例》《嘉峪关市立法条例》《庆阳市禁牧条例》《甘肃省甘南藏族自治州草原管理办法》《定西市物业管理条例》《兰州市城市公共汽车客运管理条例》《兰州市中小学生人身伤害事故预防与处理条例》《甘肃省临夏回族自治州旅游条例》12件地方性法规或民族自治地方单行条例。

2017年，甘肃省人大常委会主要围绕鼠疫预防和控制、农村生活垃圾管理、建设工程质量和安全生产管理、文物遗址保护、农村扶贫开发、生态环境保护等领域开展精细立法，进一步增强了立法解决实际问题的针对性。《甘肃炳灵寺石窟保护条例》《甘肃省鼠疫预防和控制条例》《甘肃省农村生活垃圾管理条例》《甘肃省建设工程质量和建设工程安全生产管理条例》等法规是全年立法的重要成果。这些地方性法规对解决社会生产生活中的突出问题具有非常重要的意义。

《甘肃炳灵寺石窟保护条例》是2017年6月8日甘肃省十二届人大常委会第三十三次会议上审议通过的有关重要文化遗产地的地方性法规，是继《甘肃敦煌莫高窟保护条例》之后，针对单个重要文化遗产地制定的第二个专项法规，为进一步加强炳灵寺石窟的有效保护、科学管理、合理利用提供了坚实的法律保障。炳灵寺石窟保存有国内最早的墨书题记、精美造像和瑰丽壁画，是"丝绸之路"与"唐蕃古道"线路上重要的历史文化遗迹之一，是东方与西方、中原与少数民族地区文化交流、融合的重要见证，具有极高的历史价值、艺术价值和科学价值。《甘肃炳灵寺石窟保护条例》的出台，对更好地留住优秀历史文化的"金色名片"，传承和弘扬中华民族优秀传统文化，发挥炳灵寺石窟的社会效益具有积极的作用。该条例共27条。条文内容明确了炳灵寺石窟保护管理应当遵循有效保护、科学管理、合理利用的原则；保护范围分为重点保护区和一般保护区；对重点保护区作出了禁止爆破、钻探、挖掘、采沙、采石、取土以及其他可能改变地形地貌的活动；禁止放牧、砍伐树木、破坏植被；禁止露营、攀岩、野炊及焚烧树叶、荒草、垃圾等七大类禁止性规定。

《甘肃省鼠疫预防和控制条例》也是2017年6月8日甘肃省十二届人大常委会第三十三次会议上审议通过的全国第一部有关鼠疫防控的地方性法规。该条例共30条。条文内容对鼠疫防控的政府责任、部门职责、联防联控机制建设等内容做了明确规定，对做好鼠疫预防和控制工作进行了具体规范。该条例明确禁止非法猎捕、贩运、加工、贮存、销售旱獭和其他自然疫源地染疫动物及其制品。对非法猎捕、贩运、加工、贮存、销售旱獭的将由县级以上人民政府有关部门责令改正、采取补救措施，没收违法所得和动物、动物产品，并可处以五千元以上三万元以下的罚款。

《甘肃省农村生活垃圾管理条例》是2017年9月28日甘肃省第十二届人民代表大会常务委员会第三十五次会议审议通过的一部对农村生活垃圾管理进行规范的地方性法

规，该条例共8章37条。条文内容分别从总则，规划编制与设施建设，清扫、分类与投放，收集、运输与处理，保障措施，监督管理，法律责任，附则八个方面进行规定。《甘肃省农村生活垃圾管理条例》的出台，既是甘肃省人大常委会贯彻落实"创新、协调、绿色、开放、共享"发展理念的具体行动，也是回应群众呼声、维护群众利益的生动体现，同时也体现了地方立法工作要从大处着眼、从小处着手的基本要求。立法从生态环境保护这个大命题、大任务为出发点，同时又把视野放在对农村环境产生量最大、影响最直接最严重的生活垃圾为落脚点。这样，地方立法既符合了中央的决策部署、国家法律和方针政策，又符合了地方经济社会发展的重大任务和需要解决的重大问题。

《甘肃祁连山国家级自然保护区管理条例》是2017年11月30日由甘肃省第十二届人民代表大会常务委员会第三十六次会议修订通过。该条例是继2002年、2010年、2016年三次修订后的第四次修订。2017年7月20日《中共中央办公厅、国务院办公厅就甘肃祁连山国家级自然保护区生态环境问题发出通报》指出，《甘肃祁连山国家级自然保护区管理条例》历经三次修正，部分规定始终与《中华人民共和国自然保护区条例》不一致，将国家规定"禁止在自然保护区内进行砍伐、放牧、狩猎、捕捞、采药、开垦、烧荒、开矿、采石、挖沙"等十类活动，缩减为"禁止进行狩猎、垦荒、烧荒"等三类活动，导致下位法违反上位法，在立法层面为破坏生态行为"放水"，决定对相关责任单位和责任人进行严肃问责。因此，甘肃省人大常委会对《甘肃祁连山国家级自然保护区管理条例》第四次修订是非常谨慎的，该条例共34条，条文规定：未经国务院批准，不得改变保护区的性质和范围；禁止在保护区的缓冲区开展旅游和生产经营活动；在保护区的核心区和缓冲区内，不得建设任何生产设施。

在设区的市人大立法方面，兰州市人大常委会制定通过的《兰州市中小学生人身伤害事故预防与处理条例》是一个重要成果。近年来中小学生人身伤害危险事故时有发生，这类事故严重影响到中小学生身心健康发展。某些学校为避免学生发生意外事故和承担赔偿责任，随意减少甚至取消了学生的课外活动、校外社会实践活动以及各类必要的体育锻炼项目。同时在处理中小学生人身伤害事故中，也屡屡发生一些与"医闹"相似的"校闹"事件，这些事件让学校和教育部门都不堪重负。因此，对中小学生人身伤害事故进行预防和处理是地方立法需要解决的一个重要问题。《兰州市中小学生人身伤害事故预防与处理条例》的出台是对中小学生人身伤害事故预防与处理立法的成果。该条例突出预防为主，明确责任划分，规范处理程序，建立风险防范和风险分担机制，对于积极预防、妥善处理中小学生人身伤害事故，保障学校的安全稳定和正常的教育教学秩序，维护学校和学生的合法权益具有较强的针对性和可操作性。①

（三）甘肃省2017年度政府立法发展状况

2017年，甘肃省人民政府制定通过了《甘肃省自然灾害救助办法》《甘肃省尾矿库监督管理试行办法》《甘肃省行政复议和行政应诉若干规定》《甘肃省消防安全责任制实施办法》《甘肃省消防安全信用信息管理规定》5件政府规章，修订了《甘肃省生产经营单位安全生产主体责任规定》《甘肃省政府安全生产监督管理责任规定》《甘肃省城市居民最低生活保障办法》3件政府规章，分两批废止了《甘肃省城镇土地使用税暂行条例实施办法》《甘肃省建设工程竣工验收办法》《甘肃省实施〈河道管理条例〉办法》《甘肃省资源税若干问题的规定》《甘肃省制止牟取暴利实施办法》《甘肃省实施〈矿产资源补偿费征收管理规定〉办法》《甘肃省预算执行情况审计监督实施办法》《甘肃省边境管理规定》《甘肃省国家建设项目审计办法》《甘肃省组织机构代码管理办法》《甘肃省社会保险费征缴违章处罚暂行办法》《甘肃省地图编制出版管理办法》《甘肃省行政许可过错责任追究试行办法》《甘肃省石油天然气管道设施保护办法（试行）》《甘肃省人事争议仲裁办法》《甘肃省煤炭经营监督管理办法》《甘肃省部门统计管理规定》《甘肃省政府投资项目审批和专项资金拨付管理办法》《甘肃省扫除文盲办法》《甘肃省小型水利工程管理办法》《甘肃省实施〈医疗机构管理条例〉办法》《甘肃省发展散装水泥管理规定》《甘肃省新型墙体材料推广应用管理规定》《甘肃省融资性担保机构审批管理办法》《甘肃省环境保护监督管理责任规定》《甘肃省公路沿线非公路标志牌管理办法》26件政府规章。

2016年甘肃省人民政府出台的《甘肃省特困人员救助供养办法》《甘肃省重大行政执法决定法制审核办法》《甘肃省生产安全事故隐患排查治理办法》等规章，2017年甘肃省人民政府制定了《甘肃省自然灾害救助办法》《甘肃省行政复议和行政应诉若干规定》《甘肃省消防安全责任制实施办法》《甘肃省消防安全信用信息管理规定》，修订了《甘肃省城市居民最低生活保障办法》《甘肃省生产经营单位安全生产主体责任规定》《甘肃省政府安全生产监督管理责任规定》，甘肃省政府这两年立法是一脉相承的，立法重点继续注重民生保障、政府法治和安全生产方面。尤其《甘肃省自然灾害救助办法》《甘肃省城市居民最低生活保障办法》与《甘肃省特困人员救助供养办法》一样，都是侧重于特殊人员的救助保障立法。

《甘肃省自然灾害救助办法》是2017年9月26日甘肃省人民政府第一百六十五次常务会议审议通过的政府规章。该办法共7章37条，规定了灾害救助工作管理体制，明

---

①参见《为中小学生人身安全保驾护航〈兰州市中小学生人身伤害事故预防与处理条例〉出台》，甘肃省人大网http://www.gsrdw.gov.cn/html/2017/lfdt_1010/15903.html，访问时间：2018年5月20日。

确县级以上人民政府统一领导本行政区域内的灾害救助工作，设立减灾委组织协调本行政区域内的自然灾害救助工作，并将其纳入经济社会发展规划，各级财政列支灾害救助资金、物资采购资金和工作经费。乡镇（街道）负责灾害救助工作的具体实施，鼓励和引导社会力量依法参与灾害救助。该办法明确，受灾地区人民政府民政部门对灾害造成特别重大或者重大人员伤亡、财产损失的可越级上报。县级以上人民政府在自然灾害救助应急期间，可在本行政区域内紧急征用物资、设备、交通运输工具和场地，自然灾害救助应急工作结束后应当及时归还，按照国家有关规定给予补偿。受灾地区储备的救灾物资不能满足应急救助需求时，可报上级人民政府调拨救灾物资，或者由本级人民政府按照国家有关规定组织救灾物资紧急采购。

《甘肃省城市居民最低生活保障办法》是2017年9月26日甘肃省人民政府第一百六十五次常务会议审议通过的政府规章，该办法共6章35条，它是对2013年8月9日甘肃省人民政府第二十次常务会议通过的《甘肃省城市居民最低生活保障办法》进行的修订。2017年通过的"办法"与2013年通过的"办法"有了较大变化。主要体现为，一是将城市低保的方针由原来的"保基本、可持续、重公正、求实效"修改为"托底线、救急难、可持续"，并增加了县级以上人民政府的相关职责、居民委员会的协助职责和社会力量参与城市低保等内容。二是为了落实"符合条件应保尽保"的要求，删除了2013年"办法"中不予保障的情形。三是增加了不计入共同生活的家庭成员类别和家庭收入项目等内容，提出了对生活困难的成年无业重度残疾人的保障措施，并明确了申请审批环节的时限和具体要求。四是增加了县级以上人民政府的监督检查和责任追究职责，对相关部门和机构提出了信息共享方面的配合要求。同时，进一步明确了信息保密、档案管理、举报投诉、行政复议等制度。

在设区的市政府立法方面，兰州市人民政府制定了《兰州市文明行为促进办法》1件政府规章，修改了《兰州市建设领域农民工工资保证金管理暂行办法》《兰州市政府投资项目评审管理办法》《兰州市城市房屋使用安全管理办法》3件政府规章，废止了《兰州市国家建设项目审计监督办法》《兰州市全民义务植树办法实施细则》《兰州市城市绿线及绿地建设管理办法》3件政府规章；嘉峪关市人民政府制定了《嘉峪关市城市市容和环境卫生管理办法（试行）》《嘉峪关市重大行政执法决定法制审核办法》2件政府规章；定西市人民政府制定了《定西市采砂管理办法》1件政府规章，白银市人民政府制定了《白银市烟花爆竹安全管理办法》1件政府规章；天水市人民政府制定了《天水市烟花爆竹安全管理办法》1件政府规章；酒泉市人民政府制定了《酒泉市人民政府拟定地方性法规草案和制定政府规章程序规定》1件政府规章；甘南州人民政府制定了《甘南州行政规范性文件管理办法》1件政府规章。其他设区的市州没有出台政府规章。在设区的市政府立法中，其中《兰州市文明行为促进办法》《兰州市城市房屋使用安全管理办法》引起社会关注较多。

《兰州市城市房屋使用安全管理办法》于2017年8月3日经兰州市人民政府第十八次常务会议讨论通过，这是1999年兰州市人民政府制定的《兰州市城市危险房屋管理办法》基础上进行修改后的立法成果。该办法规定了适用范围，确定了安全责任，规范了安全鉴定，细化了危房治理，强调建筑幕墙安全管理。

《兰州市文明行为促进办法》于2017年9月27日经兰州市人民政府第二十四次常务会议讨论通过，共6章43条。该办法全面总结了兰州市近年来在加强文明行为养成方面的经验做法及法治成果，从公共秩序文明、交通出行文明、旅游文明、社区文明、诚信文明等方面对文明行为作出了规范。该办法的出台，使兰州市精神文明建设由过去单纯依靠教育倡导的"软引导"，向兼具依法治理的"硬约束"转变。该办法的实施，既有利于弘扬和保护市民的文明行为，也有利于惩戒各种不文明行为。

二、甘肃省2017年度地方立法的特色和亮点

（一）地方人大立法中的特色和亮点

1. 重视依法立法工作

为了推进依法立法工作，实现立法法治化，2017年1月13日甘肃省第十二届人民代表大会第六次会议通过了《甘肃省地方立法条例》，该条例旨在发挥立法的引领和推动作用，推进科学立法、民主立法，规范立法活动，提高立法质量。此外，2017年3月30日，甘肃省人大常委会批准了《白银市人民代表大会及其常务委员会立法条例》《陇南市人民代表大会及其常务委员会立法程序规则》《定西市人民代表大会及其常务委员会立法程序规则》《平凉市地方立法条例》《张掖市立法条例》《嘉峪关市立法条例》6件设区的市制定的地方性法规，意味着六市可以依据立法条例开展地方立法工作。至此，甘肃全省12个设区的市制定出台了立法条例或立法程序规则。立法条例或立法程序规则的出台符合地方实际需求，对规制立法机关立法行为，推进依法行使立法权具有极其重要的意义。

2. 重视生态环境保护立法

2017年，甘肃省人大常委会批准了《甘肃省临夏回族自治州旅游条例》《甘肃省甘南藏族自治州草原管理办法》和《庆阳市禁牧条例》，这三部法规都是设区的市针对自然资源和生态环境保护的立法。同时，甘肃省人大常委会制定了《甘肃炳灵寺石窟保护条例》《甘肃省农村生活垃圾管理条例》，修订了《甘肃省石油勘探开发生态环境保护条例》《甘肃祁连山国家级自然保护区管理条例》。这几部法规与保护历史文化资源、生态环境保护、生活垃圾管理直接相关，突出了对生态环境和自然资源的立法保护。不过需要强调的是，《甘肃祁连山国家级自然保护区管理条例》历经2002年、2010年、2016年三次修正，但部分规定始终与《中华人民共和国自然保护区

条例》不一致，将国家规定"禁止在自然保护区内进行砍伐、放牧、狩猎、捕捞、采药、开垦、烧荒、开矿、采石、挖沙"等十类活动，缩减为"禁止进行狩猎、垦荒、烧荒"等三类活动，而这三类都是近年来发生频次少、基本已得到控制的事项，其他七类恰恰是近年来频繁发生且对生态环境破坏明显的事项。2016年条例的修正为祁连山国家级自然保护区的生态环境破坏起到一定推波助澜的作用，因此，《甘肃祁连山国家级自然保护区管理条例》的立法问题也遭到中央的严肃追责。2017年，甘肃省人大常委会按照党中央和省委要求，把修订《甘肃祁连山国家级自然保护区管理条例》作为立法工作的重点来抓，严格依据上位法规定，对禁止性行为、审批制度等内容重点进行比照修改，明确政府和相关部门职责，提出保护区建设和治理举措，增强了条例的针对性和可操作性。这次修改是谨慎的、严肃的，是真正从保护自然保护区生态环境的角度来立法，是一次立法认识和环境保护认识的方向大扭转。同时，甘肃省人大常委会对涉及生态环境保护方面的地方性法规、自治条例、单行条例开展专项清理，对其中31件提出处理意见。

3. 积极推进立法工作机制创新

为了做好地方立法工作，甘肃省人大常委会和各设区的市人大常委会积极推进立法工作机制创新。各个人大立法机关始终坚持以习近平新时代中国特色社会主义思想为理论指导和行动指南，始终坚持党对立法工作的领导，积极发挥人大及其常委会在立法中的主导作用，推动政府发挥在地方立法中的重要作用。甘肃省人大常委会严格执行重要法规草案和立法工作重大问题及时提请省委研究制度，先后将农村扶贫开发条例等3件法规审议修改情况和相关重要事项提请省委研究，按照省委意见和要求及时审议修改。

甘肃省省市两级人大立法机关着重加强立法各环节机制创新和制度完善。省人大常委会积极改进立法计划规划编制，完善涉及立项、起草、审议、评估、清理以及公众参与等各环节的制度机制，推行法规文本起草开题会和前置评估制度，完善审议程序，充分发挥立法顾问、立法联系点、立法研究咨询基地作用。各地市人大积极开展立法调研、注重突出立法的地方特色、推进精细化立法、依法开展创制性立法、努力加强地方立法能力建设，建设一支忠诚可靠的立法工作队伍，积极提高立法队伍人员业务能力和水平，加强与省人大常委会工作联系，促进立法质量提高。

（二）地方政府立法中的特色和亮点

1. 继续推进法治政府建设，强化行政权行使立法控权

2015年度甘肃省人民政府制定了《甘肃省人民政府重大行政决策程序暂行规定》和修订了《甘肃省行政规范性文件管理办法》，对行政权的行使进行规范；2016年度甘肃省人民政府又制定了《甘肃省重大行政执法决定法制审核办法》《甘肃省生产安

全事故隐患排查治理办法》《甘肃省市场监督管理随机抽查办法》《甘肃省重大建设项目稽察办法》4件政府规章，修订了《甘肃省拟定法规草案和制定规章程序规定》1件政府规章，进一步对政府行使权力的领域如重大行政执法决定、重大建设项目、生产安全事故隐患排查等进行立法规制；2017年度甘肃省人民政府制定了《甘肃省行政复议和行政应诉若干规定》，修订了《甘肃省政府安全生产监督管理责任规定》，分别从政府开展行政复议和行政应诉以及履行安全生产监督管理责任进行规定，进一步明确了相关工作责任，强化了责任监督。应当说，甘肃省人民政府连续三年都在不同领域强化对行政权行使的监督，表明了要把权力装进"笼子里"、加强依法行政、建设法治政府的决心和强烈意愿。

2. 注重立法解决民生问题

政府立法的重心应集中于民生和社会热点问题的解决。对于这一点，甘肃省省市两级政府立法相对较为重视。2017年，甘肃省人民政府制定的《甘肃省自然灾害救助办法》《甘肃省消防安全责任制实施办法》《甘肃省消防安全信用信息管理规定》，修改的《甘肃省城市居民最低生活保障办法》；兰州市人民政府修改的《兰州市建设领域农民工工资保证金管理暂行办法》《兰州市城市房屋使用安全管理办法》；嘉峪关市人民政府制定的《嘉峪关市城市市容和环境卫生管理办法（试行）》；定西市人民政府制定的《定西市采砂管理办法》；白银市人民政府制定的《白银市烟花爆竹安全管理办法》；天水市人民政府制定的《天水市烟花爆竹安全管理办法》等，都是涉及民生问题的重点立法。这些立法从自然灾害救助办法、城市居民最低生活保障办法，到农民工工资保证金管理、烟花爆竹安全管理等方面，与民众的生产、生活有较大关系，体现了政府立法关注于社会管理立法的特点。

三、甘肃省2017年度地方立法的不足与未来展望

（一）甘肃省2017年度地方立法的不足

总体来看，2017年甘肃省各级立法机关紧跟形势需要，坚持科学立法、民主立法，充分发挥立法在社会发展中的引领和推动作用，在立法质量和立法数量上都取得了较好成绩。但与立法的实际需要相比，甘肃省地方立法还有不少改进的空间，需要进一步提升。不足具体体现为：

1. 人大科学立法主动性意识不强

甘肃省人大常委会2016年制定《甘肃祁连山国家级自然保护区管理条例》立法过程中片面为了发展经济而进行立法"放水"。立法不惜牺牲生态环境而为发展经济"大开绿灯"。其历经三次修正，但部分规定仍与《中华人民共和国自然保护区条例》的一些规定存在冲突，将国家规定"禁止在自然保护区内进行砍伐、放牧、狩

猎、捕捞、采药、开垦、烧荒、开矿、采石、挖沙"等十类活动，缩减为"禁止进行狩猎、垦荒、烧荒"等三类活动，而这三类的活动都是近年来发生频次较少、基本已得到遏制的活动，其他七类恰恰是近年来频繁发生且对生态环境破坏明显的活动。省政府法制办等部门在修正《甘肃祁连山国家级自然保护区管理条例》过程中，明知相关规定不符合中央要求和国家法律，但没有从严把关，致使该条例一路绿灯予以通过，而甘肃省人大常委会在审议该条例时也没有认真审议，一路"放水"，致使甘肃省人大常委会立法行为在2017年7月20日被全国通报。应当说，此次立法事件通报，是新中国立法发展史上的第一次。此次立法事件说明，甘肃省人大立法机关对科学立法、依法立法的认识还存在较大的不足，对立法引领社会发展的作用认识还存在一定程度的欠缺。对生态环境保护、经济发展以及立法间的关系的认识还有不少的偏差。通过这次立法事件，我们也应该认识到，人大立法主动权应在人大自身，即便省政府在草拟条例的过程中，让违法的立法草案一路绿灯通过，但如果人大立法机关认真行使立法职权，违法的草案在审议时会被发现能及时纠正。因此，我们更应当反思的是人大立法权的行使问题，而不是草案本身内容问题。如果人大立法机关严格坚持科学立法、依法立法，就不会有这次立法事件的发生。

　　2. 立法精细化有待进一步加强

　　地方立法速度在加快、数量在增加，质量问题也相伴而至。通过甘肃省人大立法我们可以看到，甘肃省人大及其常委会2017年6月8日制定通过《甘肃炳灵寺石窟保护条例》《甘肃省鼠疫预防和控制条例》2件地方性法规，批准通过《庆阳市禁牧条例》1件地方性法规；2017年7月28日制定通过《甘肃省各级人大常委会审计整改工作监督办法》1件地方性法规，修改通过《甘肃省石油勘探开发生态环境保护条例》《甘肃省农村扶贫开发条例》2件地方性法规，批准通过《甘肃省甘南藏族自治州草原管理办法》《定西市物业管理条例》《兰州市城市公共汽车客运管理条例》3件地方性法规；2017年9月28日制定通过《甘肃省农村生活垃圾管理条例》《甘肃省建设工程质量和建设工程安全生产管理条例》2件地方性法规，修改通过《甘肃省技术市场条例》《甘肃省招标投标条例》2件地方性法规，批准通过《兰州市中小学生人身伤害事故预防与处理条例》《甘肃省临夏回族自治州旅游条例》2件地方性法规。我们可以看出，甘肃省人大常委会6月8日审议通过了3件地方性法规，7月28日审议通过了6件地方性法规，9月28日审议通过了6件地方性法规。应当说，立法通过的数量确实提高了，但立法的质量却很难保障，所以，出现《甘肃祁连山国家级自然保护区管理条例》违法立法的现象也就不太奇怪了。因此，不管是立新法还是修旧法，或是作出授权决定，都一定要解决实际问题，要针对问题进行立法，要瞄准靶心立法，才能百发百中。当前，甘肃省地方立法应注意在立法的细化和具体化上下功夫，朝立法精细化方向努力。不能为了强调保持立法的速度，而忽视了立法的质量。

3.重点领域立法需要进一步加强

当前推进全面深化改革、发展特色经济、加强生态保护、保障民生和民主法治建设是地方立法的重点领域。在这些领域中，要重点推进相关改革立法，要通过立法建立决策实施机制规范改革程序，建立保障激励机制促进持续改革；要加强特色优势产业立法，支持特色产业发展，促进产业结构调整，推进扶贫开发；要加强生态环境和资源保护立法，促进生态文明建设，保持好、发展好绿水青山；加强社会领域立法，保障和改善民生，推进社会治理体制创新。应当说，甘肃省在非物质文化遗产保护、社会救助、农村饮用水供水管理、老年人权益保障、食品小作坊小经营店小摊点监督管理等方面进行了相关立法，但从当前地方经济社会发展对立法的需求来看，甘肃省地方立法在重点领域进行立法还没有形成良好的规划，缺乏系统性、条理性安排，还有很大的发展空间。

（二）甘肃省地方立法的未来展望

未来立法工作中，甘肃省地方各级立法机关应积极以党的十九大精神和习近平新时代中国特色社会主义思想为指导，完善地方立法工作机制，深入推进科学立法、民主立法、依法立法，加强重点领域立法，着力提高立法质量，为推进法治甘肃建设作出积极贡献。今后，甘肃省地方立法应重点抓好以下几方面工作：

1.着力发挥立法的引领、推动和保障作用，加强重点领域立法

立法工作是我国社会主义法治建设的重要内容，是国家治理体系的组成部分，担负着推动法律体系完善的重要任务。地方立法既可以对国家法律进行细化和补充，又可以在一些领域为国家立法先行积累经验，这对更好执行国家法律、促进地方改革发展具有不可替代的作用。加快法治甘肃建设，需要积极发挥甘肃地方立法的引领和推动作用。这不仅因为立法是实现法治的前提和基础，更在于立法为法治建设指明了方向和目标。加强地方立法是依法治省的应有之义，同样，依法治省也需要地方立法保驾护航。今后甘肃省各级立法机关应注意发挥立法的引领、推动和保障作用，积极推进法治甘肃早日到来。

在立法工作中，甘肃省应注重推进重点领域立法创新。一要发挥地方立法在保障和改善民生、推进社会体制改革、扩大公共服务、促进社会公平正义方面的重要作用；二要加强城乡规划、产业发展方面的法规建设，为破解制约科学发展的体制和机制障碍提供法规支持；三要通过立法深化行政管理体制改革，推动和保障政府职能转变，实现新型城镇化和乡村振兴等战略。

2.建立健全人大及其常委会主导立法工作机制

各级立法机关要通过人大在立项、制度设计和立法决策等各个环节的主导作用，进一步发挥立法在地方经济和社会发展中的引领和推动作用。要强化立法计划的编制

与执行，及时审议通过引领和推动本地方经济社会发展、关系人民群众切身利益、社会普遍关注的法规草案。应加大有关委员会、工作机构提前介入的力度，着力解决立法中涉及的重大问题，确保立法的引领和推动作用落到实处。同时，要进一步增强人大常委会组成人员的责任感，使组成人员更好地担负起立法审议任务。

甘肃省各级人大立法机关要开展经常性的执法检查，推动法规贯彻实施；要通过执法检查、代表视察、工作调研等方式，进行"立法回头看"，及时发现法规在实施中存在的问题，及时清理、修改和废止法规；要在法规立项、起草、评估、论证、审议等环节主动把握工作方向，使立法工作不能被行政机关、社会第三方机构驾驭。同时，人大立法机关要积极探索和完善专家起草、招标起草、公开征集起草等多种法规起草方式，充分调动立法者、执法者、专家学者和各界群众参与立法的积极性，全面提升立法质量。

3. 注重立法的质与量的平衡

随着改革进入深水区，一些深层次的矛盾和不同利益诉求会在立法中不断反映出来，通过立法解决社会矛盾、促进社会公平的要求越来越强烈。在抓好经济立法的同时，甘肃各级立法机关应把加强社会领域立法，充分发挥立法在促进社会公平、化解社会矛盾、维护社会稳定、促进经济社会协调发展中的重要作用。同时在甘肃文化大省、经济弱省、生态环境资源较为脆弱的大背景下，开展地方法律规范体系建设。既强调立法的数量、速度，更要关心立法的质量，使立法不能为了立而立，而是基于现实需要、社会需要而立，实现立法质和量的均衡发展。在保证立法质的前提下，甘肃各级立法机关应把突出立法的地方特色放在第一位，使立法围绕着特色而设计，围绕着特色来解决实际问题。同时，建立保证立法质量的体制机制，构建能够实现科学立法、民主立法、依法立法的各类平台，使立法工作真正成为立法机关专业性、常规性、技术性的工作。

审稿：黄喆（广东外语外贸大学）

第三十章　青海省2017年度立法发展报告

梁　晨[①]

摘要： 青海省2017年度深入推进科学立法、民主立法、依法立法，立足省情，围绕经济、文化、社会、生态领域相继出台了一批地方立法。全年青海省人大及其常委会共制定、修改了地方性法规7件，审查批准地方性法规和自治州、自治县单行条例5件；青海省政府制定、修改、废止10件政府规章。青海省2017年度地方立法注重以问题为导向，重视立法调研与借鉴立法经验，突出生态保护及促进绿色发展立法，强调立法的可操作性，坚持"立改废"并举，健全法规规章清理机制。但也存在新获立法权的设区的市、自治州立法工作相对薄弱，人大主导立法较少的不足之处。青海省在今后的地方立法工作中，还需进一步加强对市、州人大的立法指导工作，健全人大主导立法工作机制，提高自主立法比重，继续加强重点领域立法，建立和完善立法后评估机制，以切实提高立法质量，为建设富裕文明和谐美丽青海提供法律保障。

关键词： 青海省　地方立法　发展报告

一、青海省2017年度立法发展状况

（一）青海省2017年度立法状况总体评述

青海省的省级立法主体是青海省人大及其常委会、青海省人民政府。根据2015年修订后的《立法法》，2016年，青海省明确了海东市、海西蒙古族藏族自治州、海北藏族自治州、海南藏族自治州、黄南藏族自治州、玉树藏族自治州、果洛藏族自治州人民代表大会及其常务委员会制定地方性法规的立法权。自此，青海省有省人大、省政府2个省级立法主体，西宁市人大、政府2个省会城市立法主体，海东市人大、政府2个城市立法主体，还有海西、海南、海北、黄南、玉树、果洛6个民族自治州以及门源、互助、化隆、循化、河南、民和、大通7个民族自治县共13个民族自治地方可以制定自治条例和单行条例。

2017年，青海省各级立法机关坚持党的领导、人民当家作主，依法治国有机统

---

①梁晨，广东外语外贸大学法学院讲师。研究方向：民商法、国际法。

一，以"四个扎扎实实"重大要求为统领，以推动"四个转变"为着力点，依法行使立法权力，着力提高立法质量，深入推进科学立法、民主立法、依法立法，充分发挥了立法在经济、政治、文化、社会、生态领域的引导、推动及保障作用。

2017年，青海省人大及其常委会共制定、修改地方性法规7件，批准西宁市地方性法规和自治州自治县单行条例5件。[①]围绕建设生态大省、生态强省，青海省第十二届人民代表大会常务委员会第三十四次会议审议通过了《三江源国家公园条例（试行）》，为建设美丽青海提供法治保障。围绕促进经济和社会发展，青海省第十二届人民代表大会常务委员会第三十五次会议审议通过了《青海省公路路政条例》。围绕创建民族团结进步大省，青海省第十二届人民代表大会常务委员会第三十三次会议审议通过修订《青海省乡、民族乡、镇人民代表大会工作条例》，青海省第十二届人民代表大会常务委员会第三十五次会议及第三十六次会议先后审议通过了《青海省实施〈中华人民共和国献血法〉办法》《青海省实施〈中华人民共和国村民委员会组织法〉办法》。围绕积极融入国家战略，青海省第十二届人民代表大会常务委员会第三十七次会议审议通过了《青海省行政许可监督管理条例》，在法治轨道上推进"放管服"改革，助推打造行政审批事项最少、审批效率最高、创新创业环境最优省份。

2017年，青海省人民政府围绕落实"四个扎扎实实"重大要求，全年共制定、修改政府规章6件，废止政府规章4件。围绕推进经济持续健康发展，青海省人民政府制定了《青海省税收保障办法》《青海省安全生产监督管理办法》，修改了《青海省治理货运车辆超限超载办法》《青海省城镇土地使用税实施办法》；围绕扎扎实实推进生态环境保护，青海省人民政府制定了《青海省促进绿色建筑发展办法》《青海省非物质文化遗产保护办法》。

设区的市人大立法方面，西宁市人大及其常委会修改了《西宁市人民代表大会及其常务委员会立法程序规定》1件地方性法规。2016年新获得地方立法权的海东市人大及其常委会尚未开始行使地方立法权。自治州人大立法方面，海西蒙古族藏族自治州制定了《海西蒙古族藏族自治州城镇管理条例》，黄南藏族自治州制定了《黄南藏族自治州人民代表大会及其常务委员会立法程序规定》。

设区的市政府立法方面，西宁市人民政府重点围绕经济、社会、文化、民生等领域，共制定了5件、废止了2件政府规章。其中，制定的政府规章包括《西宁市"门前三包"区域责任制管理办法》《西宁市绿道管理办法》《西宁市绿色建筑管理办法》《西宁市安全生产办法》《西宁市生活饮用水二次供水管理办法》。2016年新获得地方立法权的海东市人民政府制定了《海东市人民政府规章制定办法》1件政府规章。

民族自治地方立法方面，玉树藏族自治州人民代表大会制定了《玉树藏族自治州

---

① 本数据与《青海省人民代表大会常务委员会工作报告（2018）》有差异，差异主要来自统计方法和标准不同。

民族团结进步条例》1件单行条例。

民族自治地方政府立法方面，果洛藏族自治州人民政府制定了《果洛藏族自治州人民政府制定规章程序规定》，海北藏族自治州人民政府制定了《海北藏族自治州民族团结进步条例实施办法》。

总体而言，2017年青海省地方立法立足省情，全面贯彻党的十八大和十八届三中、四中、五中、六中全会和习近平总书记系列重要讲话精神，聚焦"四个扎扎实实"重大要求，围绕省委"四个转变"新思路和"六个着力"新部署，坚持科学立法、民主立法，不断提高立法质量，为推动青海省经济社会发展提供更加有力的法制保障。

（二）青海省2017年度人大立法发展状况

2017年，青海省人大及其常委会共制定、修改、批准地方性法规和民族自治地方单行条例共12件。具体为：制定《三江源国家公园条例（试行）》《青海省公路路政条例》《青海省实施〈中华人民共和国献血法〉办法》《青海省实施〈中华人民共和国村民委员会组织法〉办法》《青海省行政许可监督管理条例》5件地方性法规，修改了《青海省乡、民族乡、镇人民代表大会工作条例》《青海省人民代表大会常务委员会决定重大事项的规定》2件地方性法规，批准通过了《西宁市人民代表大会及其常务委员会立法程序规定》《河南蒙古族自治县自治条例》《黄南藏族自治州人民代表大会及其常务委员会立法程序规定》《玉树藏族自治州民族团结进步条例》《海西蒙古族藏族自治州城镇管理条例》5件地方性法规及民族自治地方单行条例。

2017年6月2日，青海省第十二届人民代表大会第三十四次会议通过了《三江源国家公园条例（试行）》，自2017年8月1日起施行。党的十八大将生态文明建设纳入"五位一体"总体布局，把生态文明建设摆上了更加重要的战略位置。建立国家公园是党的十八届三中全会提出的一项重要生态制度设计，国家公园体制试点也是生态文明建设的重大实践安排。2015年1月，国家发改委等十三个部委发布《建立国家公园体制试点方案》，标志着我国国家公园体制试点改革正式启动。同年9月，中共中央、国务院印发了《生态文明体制改革总体方案》，对加快建立国家公园体制提出了具体要求。2016年3月5日，中共中央办公厅、国务院办公厅正式印发《三江源国家公园体制试点方案》。3月10日，习近平总书记在参加十二届全国人大第四次会议青海代表团审议时强调："在超过12万平方公里的三江源地区开展全新体制的国家公园试点，努力为改变'九龙治水'，实现'两个统一行使'闯出一条路子，体现了改革和担当精神。要把这个试点启动好、实施好，积累可复制可推广的保护管理经验，努力促进人与自然和谐发展。"因此，制定《三江源国家公园条例（试行）》是贯彻落实试点方案和青海省委办公厅、省政府办公厅《关于实施〈三江源国家公园体制试点方案〉的部署意见》，做好体制试点工作的重要举措。《三江源国家公园条例（试行）》以习近平总书记系列重要讲话，特别是以"3·10"讲话和"四个扎扎实实"重大要求为指导，以中共中央办公厅、国务院办公厅《三江源国家公园体制试点方案》为依据，以规范三江源国家公园保护、建设和管理活动、实现自然资源的持久保育和永续利用、保护国家重要生态安全屏障、促进生态文明建设为立法目的，坚持"保护优先、科学规划、社会参与、改善民生、永续利用"的原则，总结近年来三江源生态保护经验，既体现管理体制机制改革的要求，又体现山水林草湖一体化保护和管理要求，着力解决"九龙治水"、监管执法碎片化等突出问题。努力实现三江源重要自然资源国家所有、全民共享、世代传承，筑牢国家重要生态安全屏障。《三江源国家公园条例（试行）》共8章77条，分别是总则、管理体制、规划建设、资源保护、利用管理、社会参与、法律责任和附则。三江源国家公园立法，是充分发挥立法引领作用的一次有益实践，使三江源国家公园体制机制创新和改革有法可依，为三江源国家公园保护、建设和管理提供了有力的法制保障。

2017年7月27日，青海省十二届人大常委会第三十五次会议通过了《青海省实施〈中华人民共和国献血法〉办法》，自2017年9月1日起施行。近年来，青海省无偿献血工作虽然取得了较大成绩，但与全国其他省区市比较仍有较大差距。一些涉及献血工作体制机制的问题亟待解决，无偿献血与临床用血矛盾依然存在，个别地方血液供应紧张呈常态化趋势，临床用血储备量常年接近警戒线。因此，为形成推动献血工作的合力，缓解采供血矛盾，保证用血安全，制定《青海省实施〈中华人民共和国献血法〉办法》十分必要。该办法共30条，主要内容包括：明确了无偿献血工作原则，即遵循政府主导、部门协调、公民自愿、社会参与的原则；强调加强无偿献血的宣传教育，增强全社会支持参与无偿献血的意识；规定了对献血者的奖励措施，激励公民踊跃参与无偿献血；建立了无偿献血工作监管机制，保障献血者和用血者身体健康。该办法的公布实施是青海省血液管理工作中的一件大事，为加强采供血工作的监督管理提供了法律依据，标志着青海省血液工作逐步进入全面依法管理的新阶段。

2017年7月27日，青海省十二届人大常委会第三十五次会议通过了《青海省公路路政条例》，自2017年10月1日起施行，原2004年《青海省公路路政管理条例》同时废止。2004年制定的《青海省公路路政管理条例》为青海省公路事业健康、可持续发展提供了制度保障。但党的十八大以来，青海省公路事业出现了新的发展形势，因此，结合青海省公路路政管理的实际情况，对公路法、路政管理规定等法律、行政法规的规定加以具体化显得十分必要。该条例共7章48条，主要从总则、公路路产保护、公路建筑控制区、超限运输管理、监督检查、法律责任等方面进行规定，具有较强的时代性、前瞻性和可操作性。该条例的颁布全面总结了青海省公路路政管理工作经验，在运用法治思维和法治方式推进交通运输行政管理体制改革、切实保护公路路产、维护道路畅通等方面发挥了积极的引领作用。

2017年9月27日，青海省第十二届人民代表大会常务委员会第三十六次会议审议通过了《青海省实施〈中华人民共和国村民委员会组织法〉办法》，自2017年12月1日起施行。2010年10月，十一届全国人大常委会第十七次会议修订通过的《中华人民共和国村民委员会组织法》明确规定了各省、自治区、直辖市结合本行政区域实际，制定实施办法。新修订的村委会组织法施行后，青海省根据村民委员会组织法的规定，结合近年来村民委员会工作实践，制定了《青海省实施〈中华人民共和国村民委员会组织法〉办法》。该办法共7章45条，包括了总则、村民委员会的组成和职责、村民会议和村民代表会议、村民小组、民主管理、民主监督、附则。该实施办法的制定将为村民自治提供重要的制度依据，对于促进基层民主建设，保证村民行使民主权利将发挥重要作用。

为了规范和监督行政许可行为，2017年11月30日，青海省第十二届人民代表大会常务委员会第三十七次会议通过了《青海省行政许可监督管理条例》，自2018年1月1日起施行。该条例共6章32条，包括了总则、行政许可管理、行政许可服务、监督检查、责任追究及附则。该条例具体规范了行政许可行为，加强事中事后监管，推进政府职能转变。该条例的出台对青海省进一步推进依法行政，巩固行政审批制度改革成果，规范行政许可行为，为"放、管、服"工作提供制度支撑保障具有重要意义。

在民族自治地方立法方面，2017年2月24日，玉树藏族自治州第十三届人民代表大会第二次会议通过《玉树藏族自治州民族团结进步条例》。玉树州位于青海省三江源头，是以藏族为主体的少数民族地区，具有特殊的地理环境和文化影响力。玉树州的民族团结进步事业事关全省乃至全国藏区改革发展稳定大局。该条例共26条，规定了自治州的工作职责、权利责任、保障措施等。该条例的颁布对维护玉树社会稳定和长治久安，促进玉树民族团结进步示范区建设具有十分重要的意义。

（三）青海省2017年度政府立法发展状况

2017年，青海省人民政府制定了《青海省税收保障办法》《青海省促进绿色建筑发展办法》《青海省安全生产监督管理办法》《青海省非物质文化遗产保护办法》4件政府规章，修改了《青海省治理货运车辆超限超载办法》《青海省城镇土地使用税实施办法》2件政府规章，废止了《青海省矿产资源补偿费征收管理实施办法》《青海省赃物、没收物、无主财物、纠纷财物估价办法》《青海省行政事业性收费（基金）项目目录（第3批）》《青海省实施行政许可监督检查办法》4件政府规章。

为有效强化税源监控，提高征管质效，堵塞征管漏洞，进一步深化地方税收征管改革，提高税法遵从度和税收征收率，加强税收征管工作，保障税收收入，2017年7月9日，青海省人民政府第七十二次常务会议审议通过《青海省税收保障办法》，自2017

年3月1日起正式施行。该办法以《中华人民共和国税收征收管理法》等法律法规为依据，共29条，规范了税源监管、税收服务、税收协助、涉税信息交换与共享和法律责任等内容。该办法在税收服务方面，对税法宣传、纳税服务、政务公开等内容进行了规定，并对提供纳税服务收取费用或者增加纳税人负担的行为规定了相应的法律责任；在税收协助方面，对有关管理部门护税协税的法定职责、相关部门和单位的税收协助义务进行了明确规定；在涉税信息共享方面，要求建立全省涉税信息共享系统，并对涉税信息交换目录、交换要求、保密义务、信息共享等问题进行了详细规定。该办法的出台为规范税收征收和缴纳行为，公平税负、保护纳税人的合法权益，促进经济和社会发展，提供了可操作性、针对性强的法规依据。

为促进绿色建筑发展，节约资源，改善人居环境，推进生态文明建设，2017年1月9日，青海省人民政府第七十二次常务会议审议通过制定《青海省促进绿色建筑发展办法》，于2017年4月1日起正式施行。该办法是青海省乃至西部地区首部促进绿色建筑发展的政府规章，对绿色建筑等级、监管体系、公共建筑节能监管、绿色技术与建材的应用等做了具体规定。该办法明确规定青海省绿色建筑将按照国家绿色建筑评价标准，划分为一星、二星、三星三个等级；对绿色建筑建造全过程中的各环节作出明确监管要求；建立健全公共建筑节能监管机制，对公共建筑进行能耗动态监测和区别价格政策；规定绿色技术与建材的应用比例；合理安排节能资金的用途，确保资金用到实处；完善诚信管理制度，实行守信激励、失信惩戒的奖惩机制。该办法的出台有利于促进青海省从经济小省向生态大省、生态强省的转变，强力推进青海省生态文明建设和绿色可持续发展。

为进一步加强青海省安全生产工作，防止和减少生产安全事故，保障人民群众生命和财产安全，2017年1月9日，青海省人民政府第七十二次常务会议审议通过了《青海省安全生产监督管理办法》，并于2017年4月1日起施行。该办法共31条，主要明确了4个责任体系：即明确了各级政府属地监管责任，要求各级政府必须加强对安全生产工作的领导，支持、督促有关部门依法履行安全生产监督管理职责，建立健全安全生产工作协调机制；明确了部门监管责任，将安全生产监督管理部门和相关行业部门安全生产监督管理职责做了规定；明确了乡、镇人民政府以及街道办事处、开发区、工业园区等管理机构对管辖区域内安全生产监督管理的职责；明确了生产经营单位安全生产主体责任。要求企业对本单位安全生产和职业健康工作负全面责任，严格履行安全生产法定责任。

2017年12月5日，青海省人民政府第八十六次常务会议审议通过制定《青海省非物质文化遗产保护办法》，该办法明确了非物质文化遗产的定义，即各族人民世代相传并视为其文化遗产组成部分的各种传统文化表现形式，以及与传统文化表现形式相关的实物和场所。包括：传统口头文学以及作为其载体的语言；传统美术、书法、音乐、舞蹈、戏剧、曲艺和杂技；传统技艺、医药和历法；传统礼仪、节庆等民俗；传统体育和游艺；其他非物质文化遗产。该办法自2018年2月1日起施行，条文明确指出县级以上人民政府应当加强对本行政区域内非物质文化遗产保护工作的领导，将其纳入公共文化事业发展专项规划，并将非物质文化遗产保护、保存经费列入本级财政预算。县级以上人民政府应当建立健全文化新闻出版、发展改革、教育、民族宗教、财政、人力资源社会保障、住房城乡建设、卫生计生、旅游、广播电视、体育、扶贫等部门和有关组织参加的非物质文化遗产保护工作联系协调机制，推进非物质文化遗产保护工作有序开展。该办法的公布与实施对加强青海省非物质文化遗产保护、保存工作，继承和弘扬优秀传统文化，促进社会主义精神文明建设具有重大意义。

在设区市的政府立法方面，2017年西宁市人民政府共制定5件、废止2件政府规章，海东市人民政府制定1件政府规章。2017年12月28日，西宁市人民政府第十八次常务会议审议通过了《西宁市安全生产办法》，该办法设总则、生产经营单位的安全生产保障、从业人员的权利义务、安全生产的监督管理、生产安全事故的应急救援与调查处理、法律责任、附则共7章79条。该办法确立的一系列制度，对加强安全生产工作，防止和减少生产安全事故，保障人民群众生命和财产安全，促进西宁经济社会持续健康发展有着重要意义。此外，2017年，西宁市人民政府注重绿色发展理念，促进以效率、和谐、持续为目标的经济增长和社会发展方式，先后审议通过了《西宁市"门前三包"区域责任制管理办法》《西宁市绿道管理办法》《西宁市绿色建筑管理办法》《西宁市生活饮用水二次供水管理办法》4件政府规章，为建设绿色发展样板城市提供法制保障。此外，2016年新获得立法权的海东市人民政府行使了地方立法权，于2017年12月28日审议通过了《海东市人民政府规章制定办法》。

在民族自治地方政府立法方面，果洛藏族自治州人民政府审议通过《果洛藏族自治州人民政府制定规章程序规定》，该规定以政府令形式发布，是果洛藏族自治州自建政以来的第一份政府令，标志着果洛藏族自治州政府立法工作正式开始，具有深远的意义。《果洛藏族自治州人民政府制定规章程序规定》共7章44条，对规章的立项、起草、审查、决定、公布、解释、修改、废止、备案等程序做出了详细规定，内容完备，可操作性强，为今后自治州政府制定规章提供了程序依据。此外，2017年11月17日，海北藏族自治州人民政府第四次常务会议审议通过《海北藏族自治州民族团结进步条例实施办法》，对促进民族团结进步事业具有重大意义。

二、青海省2017年度地方立法的特色和亮点

（一）地方人大立法中的特色和亮点

1.注重问题为导向，立法针对性强

青海省地方人大立法注重针对问题立法，提高立法的针对性，保证立法的可操作性及有效实施。2017年，青海省人大制定的《三江源国家公园条例（试行）》，充分凸显了问题意识，力求通过立法解决三江源国家公园保护中存在的问题：围绕"九龙治水"的问题及政出多门、职能交叉、职责分割的管理体制弊端，《三江源国家公园条例》明确了三江源国家公园实行集中统一垂直管理体制。建立以三江源国家公园管理局为主体、管理委员会为支撑、保护管理站为基点，辐射到村的管理体系，实现了集中统一高效的保护管理和综合执法，为实现国家公园内自然资源资产、国土空间用途管制"两个统一行使"和三江源国家公园重要资源资产国家所有、全民共享、世代传承奠定了体制基础。围绕维护农牧民利益、处理好当地牧民群众全面发展与资源环境承载能力的关系的问题，《三江源国家公园条例（试行）》从不同的方面针对问题作了规定：一是进一步明确保持三江源国家公园内草原承包经营权不变，国家公园管理机构应当会同有关部门，依法建立健全草原承包经营权流转制度，并按照国家政策发展相关产业；二是完善三江源国家公园生态补偿机制，健全财政投入为主，流域协作、规范长效的生态补偿制度体系，建立以资金补偿为主，技术、实物、安排就业岗位等补偿为辅的生态补偿方式；三是针对野生动物致牧民人身、财产损害较多的情况，该条例规定要健全野生动物致人身、财产损害补偿制度，鼓励开展野生动物致人身、财产损害商业保险；四是在发展相关产业、增加农牧民收入方面，规定三江源国家公园草原的利用应当保护草原生态环境，创新牧民生产经营模式，完善生态畜牧业合作经营机制，提升发展生态畜牧业能力；国家公园管理机构应当会同所在地人民政府组织和引导园区内居民发展乡村旅游服务业、民族传统手工业等特色产业，开发具有当地特色的绿色产品，实现居民收入持续增长。同时还规定因保护需要确需迁出居民的，由国家公园所在地的县级人民政府妥善安置；居民自愿迁出的，应当给予补偿。

2.重视立法调研与借鉴立法经验，确保地方性法规的实施效果

在地方性立法制定过程中，青海省人大常委会严格立法程序，注重立法调研与论证，通过开展专题讨论会、走访调研、赴外省进行学习考察等方式，充分听取各方面意见和建议，以切实保证立法质量。在制定《青海省公路路政条例》的过程中，青海省人大首先就草案中的基本问题与省交通运输厅召开专题研讨会，并赴四川省、内蒙古自治区学习考察有关公路路政立法工作，赴海西蒙古族藏族自治州、黄南藏族自治州进行立法调研，广泛听取各方面意见建议，最后召开省政府有关部门座谈会和常委会法制咨询组专家论证会，并就有关公路路产赔补偿费的规定，召开有省财政厅、省

发改委、省国税局、省高院和省交通运输厅等七个部门参加的立法协调会。在充分做好理论研究与实地调研、组织协调与论证分析等工作的基础上，人大法工委数易其稿，按照立法程序的规定，提出了草案修改稿和审议结果的报告，提请常委会进行审议。常委会组成人员在基本满意草案修改稿的基础上，就明确公路建筑控制区内生态绿化、生态恢复主体责任，强化公路路政管理机构服务职能，对拆迁已有建筑应当依法给予补偿等方面的内容提出了修改意见。根据这些意见和建议，法制委认真研究修改，提出了草案表决稿，提请常委会进行表决，并于7月27日青海省第十二届人民代表大会常务委员会第三十五次会议上全票通过。在《青海省行政许可监督管理条例》的制定过程中，为学习借鉴外省好的立法经验，切实提高立法质量，7月31日至8月5日，青海省政府法制办、省编办、省人大内司委组成调研组，赴广东省、江苏省开展立法调研工作，学习兄弟省份在行政许可监督管理方面的先进经验和成熟做法。调研组通过座谈和实地查看等方式，详细了解了广东、江苏在制定条例、办法过程中对一些重点难点问题的考虑，并就该条例的调整范围、行政许可监管模式、行政许可标准化制度执行情况、行政许可服务、责任追究等方面和其他省份进行了深入探讨和交流。

（二）地方政府立法中的特色和亮点

1. 重视生态保护及促进绿色发展立法

2017年，青海省人民政府及西宁市人民政府充分发挥地方立法的引领、推动和保障作用，着力研究制定推进生态保护及促进绿色发展立法。青海省人民政府第七十二次常务会议审议通过《青海省促进绿色建筑发展办法》，西宁市政府2017年先后出台《西宁市"门前三包"区域责任制管理办法》《西宁市绿道管理办法》《西宁市绿色建筑管理办法》《西宁市生活饮用水二次供水管理办法》。这些地方政府法规的制定和出台为促进以效率、和谐、持续为目标的经济增长和社会发展方式提供了法律保障。

2. 重视立法的可操作性

2017年，青海省地方政府重视政府规章的可操作性，相较于上位法，更加明确具体，以保证法规的落实。评价一部地方性法规是否具有可操作性，至少包括以下几个方面的标准：调整对象和范围清晰、明确；法律主体的权力、义务、责任清晰明了；解决问题的措施具体可行；对上位法的原则、制度进一步细化；法规文字准确精练等。[①]以2017年12月5日青海省人民政府第八十六次常务会议审议通过的《青海省非物质文化遗产保护办法》为例，相较于《中华人民共和国非物质文化遗产保护法》，《青海省非物质文化遗产保护办法》更进一步明确了领导机构、经费保障、保护主体等规定，避免了法规执行中的推诿扯皮。针对青海省非物质文化遗产保护经费拮据及

[①] 李高协：《再议地方立法的不抵触、有特色、可操作原则》，载《人大研究》2015年第9期。

代表性传承人的认定、权利义务等问题，《青海省非物质文化遗产保护办法》做出了明确具体的规定，在上位法的基础上增强了地方性法规的可操作性。

3. 坚持"立改废"并举，健全法规规章清理机制

地方性法规、政府规章的清理工作是依法治国、依法行政的重要组成部分。2017年，青海省各级政府树立科学立法理念，以科学的立法体制、机制、方式和科学严谨的态度进行立法实践，确保制定的地方性法规、政府规章"立得住、行得通、真管用"，并根据青海省全面深化改革和经济社会发展需要，以及上位法的制定、修改、废止情况，全面开展法规、规章及规范性文件清理工作，健全法规规章清理机制，认真查找、梳理、解决与国家法律法规和改革措施不适应、不一致、不协调的问题，杜绝地方性法规规章存在的"故意防水"、降低标准、管控不严等问题。2017年，青海省人民政府修改《青海省治理货运车辆超限超载办法》《青海省城镇土地使用税实施办法》2件政府规章，废止《青海省矿产资源补偿费征收管理实施办法》《青海省赃物、没收物、无主财物、纠纷财物估价办法》《青海省行政事业性收费（基金）项目目录（第3批）》《青海省实施行政许可监督检查办法》4件政府规章；西宁市人民政府废止《西宁市旅游市场管理办法》《西宁市科学技术奖励办法》2件政府规章。

三、青海省2017年度地方立法的不足与未来展望

（一）青海省2017年度地方立法的不足

1. 新获立法权的设区的市、自治州立法工作相对薄弱

2016年，青海省人大常委会根据新修改的《立法法》及"成熟一批、批准一批"的原则，分两批落实了海东市和6个自治州的地方立法权。在青海省委、青海省政府的重视下，青海省人大常委会积极协调有关部门支持市、州人大常委会增设立法机关，配备立法工作人员，加强立法培训。目前，青海省所有市、州人大及其常委会均设立了法制委或常委会法工委。但2017年，新获得立法权的市、州中，黄南藏族自治州、海西蒙古族藏族自治州人大各制定了1件地方性法规，玉树藏族自治州人大制定了1件单行条例，海东市、海北藏族自治州、果洛藏族自治州人民政府各制定1件政府规章，海南藏族自治州及7个新获得立法权的自治县尚未行使立法权，反映出新获得立法权的市、州在立法能力、立法条件、立法基础上仍有较大差距，具体体现在：从法制机构设置情况看，截至目前，西宁市、海北藏族自治州、黄南藏族自治州人大单设了法制委员会，海东市人大设置了法制和内务司法委员会，海西蒙古族藏族自治州、玉树藏族自治州、海南藏族自治州人大设置了民族和法制委员会，果洛藏族自治州人大虽然设置了法制委员会，但法制委员会同时承担民族、内务司法方面的职能。玉树州、果洛州人大常委会尚未设立法制工作委员会；从立法专职人员配备情况来看，各市、

州配备的立法工作人员仍然不足，一人一委、两人一委的现象仍然普遍，有法律专业背景和立法工作经验、掌握一定立法技术的人员更是少之又少。因此，针对市、州人大立法工作面临的现实困境，青海省仍需进一步推进市、州立法工作，要加强立法指导，为地方立法提供智力支持，不断提升市、州人大立法能力和立法水平。

2. 人大主导立法比重较少

党的十九大报告提出，"发挥人大及其常委会在立法工作中的主导作用"，"推进科学立法、民主立法、依法立法，以良法促进发展、保障善治"。近年来，青海省具有立法权的各级人大及其常委会在发挥立法主导作用方面，做了大量有效工作，取得了显著成效，但2017年青海省人大通过的地方性法规中多数仍是由政府部门牵头起草，立法难免会有行政机关部门利益的色彩。青海省人大主导立法程度不够主要原因在于：一是立法机制不够完善，主导制度缺失。目前，青海省州、县人大绝大多数条例草案的起草和前期论证工作主要依靠政府部门，通常采取政府主管部门、政府法制工作机构、人大法制委员会各管一段的"接力式"工作模式，人大提前介入不够主动及时，存在"等米下锅"的现象，制约了立法主导作用的有效发挥和立法效率的提高。二是立法队伍不够有力，主导能力不足。一方面，青海省各级人大机关编制普遍紧缺，立法工作力量薄弱，人员配备与工作任务不相匹配；另一方面，青海省各级人大常委会普遍组成人员知识结构不够合理、专职组成人员比例偏低，比如黄南州人大常委会现有组成人员35人，其中法律专业人员仅有1人，占比不足3%，难以适应立法新任务新要求的形势需要。[1]

（二）青海省地方立法的未来展望

1. 加强对市、州人大的立法指导工作

为了适应《立法法》修改后地方立法主体增加的新形势，保证青海省设区的市、自治州人大及其常委会正确行使地方立法权，不断提高立法质量，省人大常委会应当切实加强对市、州人大立法的指导工作，具体工作应当包括：指导市、州人大加强对立法工作的组织协调，发挥在立法工作中的主导作用。立法是一项综合性很强的工作，法规项目从调研、论证、立项、起草到审议、修改，历经众多环节，往往需要相关方面的共同配合。市、州人大及其常委会作为地方立法机关，应当发挥好在立法中的主导作用，切实加强立法工作的组织协调；指导市、州人大处理好维护法制统一与体现地方特色的关系。地方立法不得与宪法、法律相冲突、相抵触，是实现社会主义法制统一的必然要求。同时，青海省地域辽阔，民族众多，各市、州之间自然环境、民族构成及经济社会发展水平皆不相同，地方人大在立法工作中应当在遵循国家法制

---

[1] 马伟：《进一步强化和完善人大主导立法制度——青海省发挥人大立法主导作用情况的调研》，载《人大研究》2018年第1期。

统一的前提下，认真调查研究，根据本行政区域的具体情况和实际需要，制定出具有鲜明个性和地方特色的法规；指导市、州人大准确理解和把握《立法法》内容，严格按照法律规定的立法主体和事项范围行使立法权。

2 健全人大主导立法工作机制，提高自主立法比重

青海省各级人大应当强化在立法工作中的主导作用，改变由地方政府牵头、负责起草立法的现象，以避免政府部门将部门利益凌驾于公共利益之上，偏离地方法规的立法宗旨。2018年，青海省人大应当进一步健全完善工作机制，注意把握立项、起草、审议等关键环节，加强对立法工作的组织协调，强化协同配合，真正建立起由人大主导、政府配合、各方协同的立项、调研、论证机制，充分发挥统筹协调作用，加强对立法中重大问题的协调，既要广泛听取各方意见，又要摒弃部门利益，防止和克服"行政权力部门化、部门权力利益化、部门利益法定化"的现象。

3.继续加强重点领域立法

在未来的立法工作中，青海省应当科学编制立法计划，继续加强重点领域立法。将立法工作放到经济社会发展的大局中筹划，放到改革发展稳定的全局中审视，围绕中央和省委中心工作，在编制立法规划、计划时，围绕"四个扎扎实实"重大要求、"四个转变"新思路和 "一个同步，四个更加"的目标，结合省情实际，因地制宜确定立法项目，切实加强经济增长、保障和改善民生、社会治理创新、生态环境保护、民族团结、传统文化保护等方面的重点领域立法。

4.建立和完善立法后评估机制，提高立法质量

地方性法规立法后评估是加强和改进立法工作、提高立法质量的重要举措，通过开展立法后评估，可以检验衡量法律法规制度执行效果，及时发现法律法规制度本身存在的问题，准确提出法律法规制度修改完善建议。 目前，青海省尚未建立立法后评估机制，在未来的立法工作中，青海省还需建立和完善立法后评估机制，制定地方性法规评估办法，使法规评估工作制度化、规范化和常态化，以创新立法工作机制，切实提高立法质量。

审稿：潘高峰（广东外语外贸大学）

第三十一章

宁夏回族自治区2017年度立法发展报告

潘高峰①

摘要：2017年，宁夏回族自治区各级立法机关深入推进科学立法、民主立法、依法立法，做了大量工作。自治区人大和政府立法机关加强了保障和改善民生、公共管理、生态环境保护等领域立法，制定、修改、废止、批准地方性法规29件，制定、修改、废止政府规章41件，设区的市人大制定、修改、废止地方性法规6件，设区的市政府只有银川市废止了7件政府规章。宁夏回族自治区地方立法既有注重实现科学立法、民主立法，加强重点领域立法，立法公众参与度不断提升等特色和亮点，也有立法精细化与科学性有待进一步提高、立法公开有待进一步加强等不足。

关键词：宁夏回族自治区　地方立法　发展报告

一、宁夏回族自治区2017年度立法发展状况

（一）宁夏回族自治区2017年度立法状况总体评述

宁夏回族自治区有自治区人民代表大会及其常务委员会、自治区人民政府2个自治区级立法主体，可以分别制定自治条例、单行条例和地方性法规、地方政府规章，有银川、石嘴山、吴忠、固原、中卫市人民代表大会及其常务委员会、人民政府10个设区的市立法主体，可以分别制定地方性法规和地方政府规章。

2017年，宁夏回族自治区两级立法机关从实际出发，适应经济社会发展和全面深化改革的要求，协调推进"五位一体""四个全面"战略布局，科学谋划，总体部署，深入推进科学立法、民主立法、依法立法，切实提高立法质量，确保以良法促进发展、保障善治。

2017年，宁夏回族自治区人大及其常委会立法工作成效显著，全年制定了《宁夏回族自治区城镇地下管线管理条例》《宁夏回族自治区大气污染防治条例》等4件地方

---

① 潘高峰，法学博士，广东外语外贸大学广东省地方立法研究评估与咨询服务基地研究员，副教授。研究方向：行政法、地方立法。

性法规，修改了《宁夏回族自治区清真食品管理条例》《宁夏回族自治区禁毒条例》等13件地方性法规，批准通过9件、废止1件地方性法规。

宁夏回族自治区人民政府制定了《宁夏回族自治区自然灾害救助办法》《宁夏回族自治区人民防空工程建设管理规定》等6件政府规章，修改了《宁夏回族自治区水上交通事故调查处理暂行办法》《宁夏回族自治区测量标志管理规定》等24件政府规章，废止了《宁夏回族自治区甘草资源保护管理办法》《宁夏回族自治区农业机械事故处理办法》等11件政府规章。

在设区的市人大立法方面，银川市人大常委会修改了《银川市停车场规划建设和车辆停放管理条例》1件地方性法规，废止了《银川市政府投资项目审计监督条例》1件地方性法规。石嘴山市人大常委会制定了《石嘴山市工业固体废物污染环境防治条例》1件地方性法规。吴忠市人大常委会制定了《吴忠市红色文化遗址保护条例》1件地方性法规。固原市人大常委会制定了《固原市须弥山石窟保护条例》1件地方性法规。中卫市人大常委会制定了《中卫市城乡居民饮用水安全保护条例》1件地方性法规。

在设区的市政府立法方面，银川市人民政府一次性废止了《银川市土地复垦规定》《银川市严禁用公车办婚事、钓鱼的规定》等7件政府规章，未发现出台修订后的政府规章。其他设区的市未发现有政府规章出台。

总体而言，2017年度宁夏回族自治区地方立法工作紧跟宁夏积极适应全面深化改革和经济社会跨越式发展的需要，围绕宁夏的经济社会发展和改革事项，抓住提高立法质量这个关键，坚持科学立法、民主立法、依法立法，突出重点领域立法，突出立法的宁夏特色，引领和推动了宁夏经济社会平稳健康发展。

（二）宁夏回族自治区2017年度人大立法发展状况

2017年，宁夏回族自治区人大常委会坚持以人为本、立法为民理念，科学立法、民主立法、依法立法，突出地方特色，提高立法质量，为全区经济社会发展提供了有力的法律支撑。全年制定了《宁夏回族自治区城镇地下管线管理条例》《宁夏回族自治区大气污染防治条例》《宁夏回族自治区农村公路条例》《宁夏回族自治区畜禽屠宰管理条例》等4件地方性法规，修改了《宁夏回族自治区人民代表大会议事规则》《宁夏回族自治区人民代表大会及其常务委员会立法程序规定》《宁夏回族自治区统计管理条例》《宁夏回族自治区岩画保护条例》《宁夏回族自治区空间规划条例》《宁夏回族自治区价格条例》《宁夏回族自治区审计监督条例》《宁夏回族自治区旅游条例》《宁夏回族自治区禁毒条例》《宁夏回族自治区法律援助条例》《宁夏回族自治区清真食品管理条例》《宁夏回族自治区食品生产加工小作坊小经营店和食品小摊点管理条例》《宁夏回族自治区六盘山、贺兰山、罗山国家级自然保护区条例》等

13件地方性法规。

2017年，宁夏回族自治区人大常委会特别重视《宁夏回族自治区畜禽屠宰管理条例》《宁夏回族自治区大气污染防治条例》的制定和《宁夏回族自治区清真食品管理条例》的修订工作。

2016年7月，习近平总书记在视察宁夏时指出，要加强制度建设，完善绿色发展长效机制、科学决策机制、政绩考核机制、责任追究机制，建设天蓝、地绿、水美的美丽宁夏。为贯彻落实习近平总书记的重要讲话精神，以及宁夏回族自治区第十二次党代会关于"深入实施蓝天、碧水、净土'三大行动'，加强自治区大气污染防治工作，保障公众健康，推进生态文明建设，促进经济社会可持续发展"，2017年9月28日，宁夏回族自治区第十一届人民代表大会常务委员会第三十三次会议通过了《宁夏回族自治区大气污染防治条例》，该条例共8章56条，明确了防治大气污染应当以改善大气环境质量为目标，强化了各级人民政府及其相关部门大气污染防治的监管责任，并建立了相应考核制度，明确了企业事业单位大气环境保护和污染防治主体责任。同时，从燃煤、工业、机动车、扬尘和农业等方面，细化了大气污染防治综合措施，确定多种措施协同共治。

为了加强畜禽屠宰管理，保证畜禽产品质量安全，保障人民身体健康，2017年11月30日，宁夏回族自治区第十一届人民代表大会常务委员会第三十四次会议通过了《宁夏回族自治区畜禽屠宰管理条例》，该条例共6章48条，明确了宁夏回族自治区从事畜禽屠宰及其监督管理，对畜禽定点屠宰、产品安全、监督等方面进行了细化，为实施畜禽屠宰行政许可和查处违法屠宰行为提供了法律依据。

为进一步规范清真食品管理，2017年11月30日，宁夏回族自治区第十一届人民代表大会常务委员会第三十四次会议修订了《宁夏回族自治区清真食品管理条例》。该条例共5章49条。此次修订有利于建立健全清真食品监督管理机制，有利于进一步推动清真食品生产、经营人才的培养工作，为支持开发具有地方特色的清真食品提供了保障。

在设区的市人大立法方面，2017年，银川市人大常委会修改了《银川市停车场规划建设和车辆停放管理条例》1件地方性法规，废止了《银川市政府投资项目审计监督条例》1件地方性法规。石嘴山、吴忠、固原、中卫四市人大常委会各制定了1件地方性法规。

为加强银川市的停车场规划建设和规范车辆停放的管理，保障城市交通协调发展，2017年7月7日，银川市第十五届人民代表大会常务委员会第五次会议通过了修订后的《银川市停车场规划建设和车辆停放管理条例》，2017年7月26日，宁夏回族自治区第十一届人民代表大会常务委员会第三十二次会议批准了该条例。随着经济的快速发展，社会情况出现了很多新的变化，机动车数量迅速增长，停车难的问题越来越突出，亟待通过修订条例来进一步规范停车场的规划建设和车辆停放管理工作。银川市通过修订《银川市停车场规划建设和车辆停放管理条例》，为新形势下处理好停车场规划建设和车辆停放管理等有关工作提供制度保障。

2017年10月27日，吴忠市第五届人民代表大会常务委员会第六次会议通过《吴忠市红色文化遗址保护条例》，2017年11月30日，宁夏回族自治区第十一届人民代表大会常务委员会第三十四次会议批准了这部吴忠市第一部关于红色文化方面的地方性法规。吴忠市作为中国工农红军长征、西征和中国人民解放军解放宁夏的主要活动地区之一，也是陕甘宁边区的重要组成部分，具有丰富的红色文化资源。《吴忠市红色文化遗址保护条例》的出台对加强吴忠市红色文化遗址的保护、有效促进红色文化资源的合理利用、传承红色基因、弘扬社会主义核心价值观具有重要意义。

2017年10月30日，固原市第四届人民代表大会常务委员会第七次会议通过《固原市须弥山石窟保护条例》，2017年11月30日，宁夏回族自治区第十一届人民代表大会常务委员会第三十四次会议批准了这部地方性法规。须弥山石窟是全国重点文物保护单位、国家4A级旅游景区、国家级风景名胜区，也是固原市列入"丝绸之路"申报世界文化遗产点之一，具有不可替代的历史、艺术、科学价值。为进一步加强须弥山石窟文物保护工作，更好地落实《保护世界文化与自然遗产公约》中"列入世界遗产名录的遗产必须有长期充分的立法性、规范性和契约性的保护措施"的要求，加快申遗工作进程，出台了该条例。该条例坚持保护和利用并重原则，明确了政府及部门职责，提出了须弥山石窟保护重点。

2017年10月24日，中卫市第四届人民代表大会常务委员会第五次会议通过《中卫市城乡居民饮用水安全保护条例》，2017年11月30日，宁夏回族自治区第十一届人大常委会第三十四次会议批准了这部中卫市第一部关于居民饮用水方面的地方性实体法规。该条例共8章50条，明确了政府、企业、群众对保护饮用水安全的责任，重点规范了水源地保护、水质检测、二次供水水质水压保障、农村供水工程保障、供水纠纷处理等问题。

（三）宁夏回族自治区2017年度政府立法发展状况

2017年，宁夏回族自治区人民政府坚持立法先行，制度引领，紧盯事关全区深化改革和经济社会发展的重大立法项目，积极开展地方政府立法工作，增强立法的及时性、系统性、针对性和有效性。全年开展区内外立法调研及召开立法论证会、征求意见会、座谈会200余场次，增强了立法工作的透明度，有效保障了公众对于立法工作的知情权和参与权。全年提请自治区人大制定、修改和废止地方性法规19件，提请自治区人民政府制定、修改和废止政府规章41件①。具体为：制定了《宁夏回族自治区气候资源开发利用和保护办法》《宁夏回族自治区政务服务办法》《宁夏回族自治区林业有害生物防治办法》《宁夏回族自治区人民防空工程建设管理规定》《宁夏回族自治区自然灾害救助办法》《宁夏回族自治区实施〈农田水利条例〉办法》等6件政府规章，一次性修改了《宁夏回族自治区水上交通事故调查处理暂行办法》《宁夏回族自治区测量标志管理规定》《宁夏回族自治区征收教育费附加的实施办法》《宁夏回族自治区城镇国有土地使用权出让和转让办法》《宁夏回族自治区旅游船舶安全管理办法》《宁夏回族自治区殡葬管理办法》《宁夏回族自治区失业保险办法》《宁夏回族自治区自然保护区管理办法》《宁夏回族自治区廉租住房和经济适用住房保障办法》《宁夏回族自治区有限空间作业安全生产监督管理办法》《宁夏回族自治区人工影响天气管理办法》《宁夏回族自治区水上交通安全管理办法》《宁夏回族自治区机动车维修管理办法》《宁夏回族自治区部门统计管理办法》《宁夏回族自治区政府投资项目审计办法》《宁夏回族自治区统一征地管理办法》《宁夏回族自治区禁止违法增加企业负担监督管理办法》《宁夏回族自治区行政事业性收费收缴分离规定》《宁夏回族自治区行政性事业性收费管理规定》《宁夏回族自治区服务价格管理办法》《宁夏回族自治区新型墙体材料推广应用管理规定》《宁夏回族自治区实施〈中华人民共和国政府信息公开条例〉办法》《宁夏回族自治区罚没财物和追回赃款赃物管理暂行办法》《宁夏回族自治区罚没收入实行罚缴分离办法》等24件政府规章，一次性废止了《宁夏回族自治区甘草资源保护管理办法》《宁夏回族自治区农业机械事故处理办法》《宁夏回族自治区农业机械驾驶操作人员违章处罚办法》《宁夏回族自治区农药管理办法》《宁夏回族自治区建设项目环境保护管理办法》《宁夏回族自治区太西煤资源保护办法》《宁夏回族自治区人事争议仲裁办法》《宁夏回族自治区地方税收保障办法》《宁夏回族自治区家禽屠宰管理办法》《宁夏回族自治区生猪屠宰管理办法》《宁夏回族自治区牛羊屠宰管理办法》等11件政府规章。

在制定的规章中，《宁夏回族自治区林业有害生物防治办法》《宁夏回族自治区人民防空工程建设管理规定》《宁夏回族自治区气候资源开发利用和保护办法》等规章引起社会较多关注。

《宁夏回族自治区林业有害生物防治办法》是2017年11月17日宁夏回族自治区人民政府常务会议审议通过的一件政府规章。该办法共6章39条，分别从总则、监测预防、检疫控制、灾害除治、法律责任、附则等方面进行规范。该办法明确开展林业有害生物防治工作机制是"政府主导、部门协作、社会参与"，责任制度是"谁经营、

---

① 参见宁夏回族自治区人民政府法制办：《宁夏回族自治区人民政府关于2017年度法治政府建设情况的报告》，宁夏回族自治区人民政府网站http://www.nx.gov.cn/zwgk/tzgg/201804/t20180402_729905.html，访问时间：2018年5月20日。

谁防治"。并强调，县级以上人民政府要建立健全林业有害生物防治体系，将重大林业有害生物防治目标完成情况列入政府考核评价指标体系，并将林业有害生物监测、检疫、防治和基础设施建设等资金纳入本级财政预算。该办法的颁布实施，会对保护和促进全区林业和生态建设发挥重要的法制保障作用。

《宁夏回族自治区气候资源开发利用和保护办法》是2017年1月4日自治区人民政府第八十二次常务会议讨论通过的宁夏首部规范气候资源开发、利用、保护和管理的政府规章。该办法共6章32条，分别从职责分工、气候资源探测调查与规划、气候资源开发利用、气候资源保护、气候可行性论证等方面进行规范。该办法强调，县级以上人民政府应当根据气候资源开发利用和保护的需要，加强气候资源探测基础设施和气候资源探测站（网）建设，为气候资源监测提供必要保障。

在设区的市政府立法方面，银川市人民政府全年没有制定、修改政府规章。2017年11月30日银川市人民政府第二十次常务会议讨论通过《银川市人民政府关于保留修改废止市人民政府规章的决定》，宣布对45件政府规章予以保留，对11件政府规章予以修改，对7件政府规章予以废止，这是继2016年银川市人民政府对政府规章进行大规模清理后的第二次大规模清理活动。银川市人民政府当即废止的规章有《银川市土地复垦规定》《银川市严禁用公车办婚事、钓鱼的规定》《银川市城镇国有土地使用权出让和转让暂行规定》《银川市划拨土地使用权管理暂行办法》《银川市预算外资金管理办法》《银川市劳动模范评选奖励管理办法》《银川市闲置土地处理办法》等7件。其他设区的市未发现有规章出台。

二、宁夏回族自治区2017年度地方立法的特色和亮点

（一）地方人大立法中的特色和亮点

1. 注重实现科学立法、民主立法

2017年，宁夏回族自治区人大常委会在地方立法工作中认真贯彻落实新修订的《立法法》，立足于本区社会和经济发展的实际情况，准确把握立法需求，科学立法、民主立法、依法立法，立法质量不断提高。在立法项目确定方面，把制定、修改与人民群众生活密切相关事项的地方性法规放在第一位，如城镇地下管线管理、畜禽屠宰管理等方面立法，都是围绕社会和经济发展大局，立足与本地实际，精选立法项目，注重人大对立法工作的主导，注重立法过程科学决策、公众参与，不断满足人民群众生产生活需要。人大立法机关在立法工作中坚持倾听民意，立社会所需之法，立群众所盼之法，立法质量有了较好提升。在立法工作中，人大立法机关邀请代表参与到立法的调研、论证、审议等环节，对于涉及公民切身利益的事项，通过立法沟通机制和立法协商机制，通过媒体报道、召开座谈会、立法联系点等形式广泛征集立法建

议，切实做到科学民主立法。

2. 聚焦民生，加强重点领域立法

为更好地促进社会建设，保障和改善民生，宁夏回族自治区人大及其常委会聚焦民生，加强了重点领域的立法工作。制定的地方性法规涵盖城镇地下管线管理、大气污染防治、农村公路建设和管理、畜禽屠宰管理等方面，立足长远发展，聚焦民生，必将促进宁夏回族自治区经济社会的良好快速发展。为了加强城镇地下管线管理，保障城镇地下管线的有序建设和安全运行，宁夏回族自治区第十一届人大常委会第三十二次会议通过了《宁夏回族自治区城镇地下管线管理条例》，对于城镇地下管线的规划管理、管线建设、综合管廊建设、运行维护、信息管理等方面作出了细致规定，对于人民群众反映强烈的为铺设地下管线而不断挖路修路现象予以立法规制。为保护和改善自治区的环境，有效防治大气污染，自治区人大常委会根据有关法律、行政法规的规定，结合宁夏的实际情况，通过了《宁夏回族自治区大气污染防治条例》，在燃煤和工业污染防治、机动车污染防治、扬尘污染防治、农业和其他污染防治、监督管理等方面作出了详细规定，《宁夏回族自治区大气污染防治条例》的出台，对于保障公众健康，推进生态文明建设，促进经济社会可持续发展具有重大意义。为了加强农村公路管理，保障农村公路完好、安全和畅通，促进农村经济社会发展，自治区人大常委会通过了《宁夏回族自治区农村公路条例》，对农村公路的规划与建设、公路养护、路政管理、公路运营、资金筹集与管理等方面进行了规定。该条例的出台，有助于理顺农村公路管理体制，提升农村公路的运营管理水平。同时，为加强畜禽屠宰管理，保证畜禽产品质量安全，保障人民身体健康，自治区第十一届人大常委会第三十四次会议通过了《宁夏回族自治区畜禽屠宰管理条例》，对于畜禽定点屠宰厂（场）的规划与设立、屠宰与检疫检验、监督管理等作了细致规定，该条例有助于进一步规范自治区内畜禽屠宰管理工作，同时为实施畜禽屠宰行政许可和查处违法屠宰行为提供了法律依据。

3. 加强审查指导，扎实推进设区的市立法工作

为扎实推进设区的市立法工作，宁夏回族自治区人大常委会在充分尊重设区的市人大及其常委会立法权的基础上，按照《立法法》的要求，本着"积极稳妥、依法开展"的原则，积极谋划、全力推进，依法明确了石嘴山、固原、中卫、吴忠四市人大及其常委会行使地方立法权的相关要求，切实推动落实赋予所有设区的市行使地方立法权。为了保障设区的市立法工作有序推进，自治区人大常委会完善了相关立法工作的体制机制，主动加强与各市人大常委会联系，提前介入，加强指导。为提升设区的市立法工作人员素质和业务素养，区人大常委会加强了立法人员的培训工作，使设区的市立法工作和立法技术逐步规范，扎实推进了设区的市立法工作的开展。

（二）地方政府立法中的特色和亮点

1. 巩固完善立法工作机制

2017年，宁夏回族自治区除了几个设区的市政府立法表现较差外，自治区人民政府立法整体表现不错。自治区人民政府法制办全年提请自治区人大制定、修改和废止地方性法规19件，提请自治区人民政府制定、修改和废止政府规章41件。政府立法的数量是比较多的。为充分发挥政府立法的引领和推动作用，宁夏回族自治区人民政府科学编制立法计划，在民生问题、生态环境保护、社会治理创新等领域加强立法，做到立法进程与改革进程相适应。同时不断加大立法调研论证力度，探索"互联网+"立法意见征集模式，通过网站、电邮等形式公开草案、征集意见，广泛听取社会各方面的建议，不断提高征求意见的专业性和针对性，全年开展立法调研及召开立法论证会、征求意见会、座谈会200余场次，增强了立法工作的透明度，有效地保障了公众对于立法工作的知情权和参与权，使所立之法更好地反映民意、汇集民智。[①]

宁夏回族自治区人民政府坚持党对政府立法工作的领导，不断加强和改进工作方式，自觉接受同级人民代表大会及其常委会的监督指导，加强政府法制机构在政府立法工作中的主导和协调作用，科学合理制定政府立法规划和立法计划，建立和完善政府规章修改、废止、定期清理和评估、公布制度，不断巩固完善立法工作机制，提高立法质量。

2. 依法明确立法权力边界

宁夏回族自治区人民政府明确政府立法权力边界，严把行政许可、行政处罚、行政强制和行政收费等措施的设定关。在立法工作中，充分发挥政府法制机构在立法中的主导和协调作用，强调重要的地方性法规、政府规章草案由政府法制机构牵头起草，有效防范部门利益和地方保护主义法制化。此外，自治区人民政府严格依照《立法法》规定开展立法工作，立足社会和经济发展的实际需求确定立法项目，依法规范立法事项，从全区和全体民众的整体利益出发，科学民主地开展立法工作。

3. 立法公众参与度不断提升

宁夏回族自治区政府坚持立法工作者、实际工作者和专家学者三结合的立法工作机制，深入基层一线开展立法调研，不断拓宽社会公众参与政府立法的渠道，加大力度推进科学民主立法，对重大或者关系人民群众切身利益的政府立法草案，在宁夏政府法制网、《宁夏日报》等媒体全文刊登，并召开座谈会、听证会、论证会等，让公众有序地参与到立法工作中，通过征求社会各界的意见，促进立法科学性和民主性不断提高。在立法调研过程中，主动邀请基层人大代表和政协委员参加立法座谈会，听

---

① 参见宁夏回族自治区人民政府法制办：《宁夏回族自治区人民政府关于2017年度法治政府建设情况的报告》，宁夏回族自治区人民政府网站http://www.nx.gov.cn/zwgk/tzgg/201804/t20180402_729905.html，访问时间：2018年5月20日。

取人大代表和政协委员对政府立法的意见建议，充分发挥人大代表、政协委员参与立法的作用，使所立之法能够汇集民智、体现民意。

三、宁夏回族自治区2017年度地方立法的不足与未来展望

（一）宁夏回族自治区2017年度地方立法的不足

1. 立法工作机构不健全，立法能力需进一步提升

宁夏回族自治区存在立法工作机构不健全的问题，立法工作人员的整体工作能力也有待进一步提高。完善的立法工作机构和高素质的立法工作队伍是立法工作有序推进的基础。宁夏回族自治区地处西北，社会和经济发展相对落后，法学人才不足是制约宁夏立法能力提升的瓶颈。人大法制工作机构、政府法制综合机构普遍存在着有法治实践经验或法学教育背景人数比例偏低、人员过少、立法人才缺乏、经验不足等问题。[1]

2. 立法项目缺少评价标准，立法项目选择水平需提高

宁夏回族自治区立法工作存在立法项目的选择重点不够突出、针对性不强的问题。自治区缺少科学合理的立法项目确定标准，对于众多需要进行立法的项目，缺少系统科学的评价标准来区分急需立法项目与非急需立法项目。宁夏回族自治区立法工作应建立一套完整的立法项目评价体系，通过科学评价对各项目的立法进程进行合理安排，有序推进立法工作。立法项目选择应服务于自治区的长远发展，通过发挥立法的引领和推动作用，促进对外开放和跨越式发展，保障经济发展，创新社会治理，发展文化事业，促进生态文明建设及保护资源环境。立法项目选择要突出地方特色，立足宁夏回族自治区的实际情况，围绕把宁夏建设成民族团结进步示范区、生态文明建设排头兵，在发挥立法的引领和推动作用上多做文章。确立立法议题需要广泛调研和社会参与、论证，确保立法服务于社会经济发展。

3. 立法精细化与科学性有待进一步提高

目前立法的精细化程度不够，有些立法项目前期准备工作不够扎实，必要性、可行性的论证不够充分，立法精准度有待进一步提高。有些立法对有关事项进行了比较原则性的规定，可操作性不强。要改变粗放型立法，推进立法精细化。立法能具体尽量具体，能明确尽量明确，以增强法律的可执行性和可操作性，用更精细化的立法调整、引领纷繁复杂的社会关系。[2]有的立法草案质量不高，缺少地方特色的制度措施；

---

[1]参见宁夏回族自治区人民政府法制办公室：《我区地方立法工作存在的问题及对策建议》，宁夏政府法制网http：//www.nxfzb.gov.cn/zflf/lfdt/121601.html，访问时间：2018年5月20日。

[2]参见张鸣起、袁曙宏等：《学习十九大报告重要法治论述笔谈》，载《中国法学》2017年第6期。

有的不按照规定征求意见或进行协商，有分歧意见的，没有认真进行研究协调，在送审时没有按照要求做出说明；有的部门对立法调研、征求意见等工作不够重视、不够广泛、不够深入等，立法的科学性还有待进一步提高。

4.立法公开有待进一步加强

在宁夏地方立法中，立法公开和社会参与方面仍有较大不足，法规草案虽向社会公布但在立法过程中，信息公开普遍不够主动、全面。听证会及论证会报告材料、立法过程中审议报告资料等未向社会公布。立法工作的透明度和公众参与度需要进一步提高。立法宣传重视不够，有的部门在法规规章通过后没有认真及时开展宣传工作，社会知晓度较低，影响到法规规章的有效实施。公众参与度仍有限，公众可以通过写信、电子邮件、传真的方式反馈意见，但是不能在官方网站对立法起草直接提出意见建议。网站建设不足，存在法律法规检索、名目杂乱，立法过程不清晰等问题，立法的公开性需进一步加强。五个设区的市人大和政府在立法信息公开和社会参与方面做得相对较差。没有发现吴忠市、中卫市人大有专门的网站，石嘴山市人大网站上立法信息较少，找不到公众参与立法的平台系统。

（二）宁夏回族自治区地方立法的未来展望

1.加强立法工作组织领导，着力完善立法工作机制

宁夏经济和社会发展很迅速，全面深化改革步伐不断加快，对于问题突出、社会发展急需、立法需求大的领域，要排除困难优先立法，这需要自治区各级立法机关加强立法工作的组织领导，协调缓急程度不同的立法，通过立法引领和推动相关领域的改革和发展，为自治区全面深化改革提供保障。加强地方立法工作的组织领导，首先要坚持党对立法工作的领导，对立法工作要通盘考虑，把握工作全局；其次要以人才为依托，不断提升立法能力，在机构设置方面给予支持，加强立法工作人员培训，重视法律人才的培养和储备，为立法工作提供智力支持。

提高立法质量，完善立法工作机制是关键。自治区在今后的立法工作中要着力完善立法工作机制，加强立法制度建设，包括加强立法项目征集制度建设，完善法规规章起草机制，完善立法调研机制，完善公众参与机制，建立和完善地方性法规和政府规章的修改、清理机制等。立法项目的确定是立法工作开展的前提，加强立法项目征集制度建设，要立足于自治区经济和社会发展现状，多渠道征集立法项目，广泛征求各界对选定的立法项目意见，并对立法中出现的问题进行深入研讨、综合考虑、科学论证，注意加强经济和社会发展急需项目和重点领域立法。法规和规章的起草工作是整个立法活动最基础的部分，完善法规起草机制是立法科学化和民主化的必然要求，要加强起草的多元化，邀请专家学者参与法规和规章草案的起草、论证工作，提高草案的专业性和科学性。通过完善公众参与机制，提高公众参与立法的积极性。随着经

济和社会的发展，有些法规、规章可能已经满足不了社会的需要，失去了应有的功能，这就需要建立和完善地方性法规和政府规章的修改、清理机制，使各领域地方性法规和政府规章能够与时俱进，积极发挥应有作用。

2. 全面统筹立法工作，加强重点领域立法

宁夏回族自治区2017年度立法中对已有法规、规章修改占较大比重，针对重点突出问题立法略显不足，这就需要全面统筹立法工作，加强重点领域立法，全面统筹立法工作。首先，要求自治区人大要对全区的立法工作统筹起来，哪些需要制定地方性法规，哪些需要制定政府规章，要有明确的规划和分工；其次，要制定科学的立法计划，根据社会需要程度、立法紧迫程度和立法工作进程等科学制定立法计划，合理安排立法资源。对重点领域立法要给予特别关注。综观2017年度自治区立法工作，在立法项目的选择上仍有不足，重点领域立法有待进一步加强，如改革创新、扩大开放、社会保障等方面立法应有新的突破。今后宁夏各级立法机关应当精选立法项目，关注和首先考虑重要性强、立法条件成熟的项目，为重点领域相关问题的解决提供法律规范支持，推动自治区经济和社会快速发展。

3. 建立立法后评估制度，加强立法后评估工作

在法规规章颁布实施一段时间后，针对法规规章取得的成效、存在的问题进行评估以检验立法的现实适应性。立法后评估的目的在于更好地实施、完善相关法规规章。宁夏回族自治区各级立法机关应当建立科学完善的立法后评估制度，通过开展立法后评估工作，定期对现有法规规章进行评估，根据实际情况发展变化，及时发现法规规章本身存在的问题，确保法规规章能够及时跟上现实发展需要，促进经济社会良性发展。

4. 推进设区的市政府立法工作，增强政府立法效用

根据连续两年的观察，宁夏回族自治区设区的五市政府立法似乎没有作为，这是五市都获得立法权后非常不正常的事情。银川市作为自治区首府，获得立法权较早，但2016年、2017年连续两年没有出台一件政府规章，政府立法两年只是对以往的规章进行了清理，作出了保留、修改和废止的决定。吴忠市、固原市、石嘴山市人民政府没有出台新的政府规章。我们在此不是强调设区的市政府一定要立法，但在长时间获得立法权之后却连一件规章都没有出台，显然是不太正常，也不是地方政府敢于、善于行使立法权的应有表现。接下来，宁夏回族自治区各设区的市政府应当加大政府立法力度，在立法工作中，紧扣法治政府建设主题，立足本地实际情况，重点围绕加快转变经济发展方式、促进自主创新、保障和改善民生、保护环境和生态建设等方面开展立法活动，切实发挥政府立法功效，推进地方法治化建设。

审稿：黄喆（广东外语外贸大学）

第三十二章

新疆维吾尔自治区2017年度立法发展报告

王荣珍[①]

摘要： 2017年度新疆维吾尔自治区人大和人民政府紧紧围绕科学立法、民主立法、依法立法的理念，自治区人大及其常委会全年制定、修改、批准地方性法规共21件，自治区人民政府制定政府规章共3件。新疆维吾尔自治区地方立法在维稳立法、生态立法、社会立法和经济立法等方面取得较为突出的成果，为推进依法治疆、团结稳疆、长期建疆提供了有力的保障。但同时仍存在不足，自治地方立法不足，各领域的立法不均匀，在生态保护领域立法比较突出，而经济建设的立法较少，无文化建设领域立法。今后，新疆维吾尔自治区应不断完善立法水平和立法机制，不断提高立法的科学化和民主化。

关键词： 新疆维吾尔自治区　地方立法　发展报告

一、新疆维吾尔自治区2017年度立法发展状况

（一）新疆维吾尔自治区2017年度立法状况总体评述

新疆维吾尔自治区有自治区人大及其常委会、自治区政府2个省级立法主体，分别享有地方性法规、自治条例、单行条例和地方政府规章的立法权，乌鲁木齐市人大、政府2个省会城市立法主体，有博尔塔拉蒙古自治州、巴音郭楞蒙古自治州、昌吉回族自治州、克孜勒苏柯尔克孜自治州、伊犁哈萨克自治州5个自治州和察布查尔锡伯自治县、和布克赛尔蒙古自治县、木垒哈萨克自治县、巴里坤哈萨克自治县、焉耆回族自治县、塔什库尔干塔吉克自治县6个自治县可以制定自治条例和单行条例。2016年3月31日，新疆维吾尔自治区第十二届人民代表大会常务委员会第二十一次会议批准《新疆维吾尔自治区人民代表大会常务委员会关于确定克拉玛依市、昌吉回族自治州人民代表大会及其常务委员会开始制定地方性法规的时间决定》，克拉玛依市和昌吉回族

---

① 王荣珍，法学博士，广东外语外贸大学法学院教授、硕士生导师。研究方向：民商法学、地方立法学。

自治州从决定公布之日起可以开始制定地方性法规。2017年1月25日，克拉玛依市制定了首部地方性法规《克拉玛依市制定地方性法规条例》，并于2017年3月29日获得自治区人大常委会批准。2017年1月3日，新疆维吾尔自治区第十二届人民代表大会常务委员会第二十六次会议批准《新疆维吾尔自治区人民代表大会常务委员会关于确定吐鲁番市人民代表大会及其常务委员会开始制定地方性法规的时间决定》，吐鲁番市自决定公布之日起可以开始制定地方性法规。吐鲁番市于2017年2月25日制定首部地方性法规《吐鲁番市林木保护管理条例》，并于2017年5月27日获自治区人大常委会批准。

2017年度，在新疆维吾尔自治区党委的正确领导下，各级立法主体深入学习贯彻党的十九大精神和习近平新时代中国特色社会主义思想，紧紧围绕社会稳定和长治久安的总目标，高悬法治利剑，把立法作为贯彻落实总目标的政治手段，全面履行宪法和法律赋予的职责，不等不靠，主动作为，积极主动完成各项立法工作，为推进依法治疆、团结稳疆、长期建疆，实现社会稳定和长治久安提供了有力的保障。

新疆维吾尔自治区人大及其常委会积极发挥立法的主导作用，较好地履行立法职能，全年制定并通过了《新疆维吾尔自治区去极端化条例》《新疆维吾尔自治区物业管理条例》《新疆维吾尔自治区卡拉麦里山有蹄类野生动物自然保护区管理条例》《新疆维吾尔自治区国家工作人员宪法宣誓办法》《新疆维吾尔自治区农业机械化促进条例》《新疆维吾尔自治区通信设施建设和保护条例》《霍尔果斯经济开发区条例》共7件地方性法规，修改了《新疆维吾尔自治区地下水资源管理条例》《新疆维吾尔自治区各级人民代表大会常务委员会规范性文件备案审查条例》《新疆维吾尔自治区人口与计划生育条例》共3件地方性法规，批准了《乌鲁木齐市公共文明行为条例》《克拉玛依市制定地方性法规条例》《吐鲁番市制定地方性法规条例》《昌吉回族自治州立法条例》《巴音郭楞蒙古自治州开都—孔雀河流域水环境保护及污染防治条例》《昌吉回族自治州全民参与公益活动条例》《伊犁哈萨克自治州立法条例》《伊犁河谷新疆黑蜂资源保护条例》《吐鲁番市林木保护管理条例》《库鲁斯台草原生态保护条例》《塔城市河流生态保护条例》共11件地方性法规。

新疆维吾尔自治区人民政府在党和人大的领导下，制定并通过了《新疆维吾尔自治区大型工程机械设备和车辆安全监督管理办法》《新疆维吾尔自治区煤田火区管理办法》《新疆维吾尔自治区水文管理办法》共3件地方政府规章。

在设区的市人大立法方面，吐鲁番市、昌吉回族自治州人大及其常委会各制定了2件地方性法规，克拉玛依市、巴音郭楞蒙古自治州人大及其常委会各制定了1件地方性法规，伊犁哈萨克自治州人大常委会制定了4件地方性法规。

在设区的市政府立法方面，乌鲁木齐市人民政府制定并通过了《乌鲁木齐市鼠疫防控管理办法》《乌鲁木齐市公园管理办法》《乌鲁木齐市商品房预售资金监督管理办法》共3件地方政府规章，修改了《乌鲁木齐市政府投资建设项目审计监督办法》

1件地方政府规章。未发现其他设区的市或自治州有政府规章出台。

在民族自治地方立法方面，2017年度全年未发现各个自治州和自治县出台新的自治条例和单行条例。

总体而言，新疆维吾尔自治区始终围绕党委中心工作，坚持以总目标统领地方立法工作，结合地方特色，在2017年度较好地完成了地方立法工作，生态环境保护和反恐维稳等重点领域的立法成效尤为突出。在自治区开展去极端化工作实践的基础上，将全疆好的经验和做法予以概括、提炼和规范，制定了《新疆维吾尔自治区去极端化条例》，此条例是一部没有上位法的地方性法规，这是新疆根据自己的情况和经验进行立法的首例，是其历史上未曾有过的立法探索，为促进社会稳定和长治久安、推动经济社会事业发展发挥着积极的作用。

（二）新疆维吾尔自治区2017年度人大立法发展状况

新疆维吾尔自治区人大及其常委会积极履行宪法和法律赋予它的立法职能，充分发挥其在地方立法中的主导作用，2017年全年共制定并通过7件地方性法规，修改3件地方性法规，审核批准了11件地方性法规，聚焦总目标，较好地完成了地方立法工作。

多年来宗教极端主义一直严重威胁着新疆地区的稳定团结，在新疆打着伊斯兰教旗号的宗教极端主义及其思想歪曲伊斯兰教教义，煽动宗教狂热，制造民族矛盾，制造暴恐、分裂事件。新疆维吾尔自治区人大及其政府全面贯彻党的宗教工作基本方针，坚持"保护合法、制止非法、遏制极端、抵御渗透、打击犯罪"，深入推进去极端化工作。2017年3月29日，新疆维吾尔自治区第十二届人民代表大会常务委员会第二十八次会议通过了《新疆维吾尔自治区去极端化管理条例》，这在新疆乃至全国都引起了巨大的反响，自该条例出台以后，各地纷纷开始组织去极端化思想的学习。该条例有很多创新的地方，亮点诸多：一是在全国范围内首次界定了"极端化"的定义；二是固化好经验，严格界定了15种极端化行为；三是明确了责任主体，各级政府及相关部门齐抓共管。该条例将去极端化工作纳入法治化、规范化和日常化的管理轨道，是一部具有地方特色和创见性的地方性法规，为新疆深入推进去极端化工作、依法治疆、建设法治新疆提供了法律保障。

在新疆维吾尔自治区人大及政府工作报告中着重强调加强生态环境的保护建设，牢固树立"保护生态环境就是保护生产力、改善生态环境就是发展生产力"的理念，坚定不移走生态优先、绿色发展之路。为了贯彻生态优先、绿色发展的理念，新疆维吾尔自治区2017年度在生态环境方面的立法取得较大的成就，伊犁哈萨克自治州人民政府制定《伊犁河谷新疆黑蜂资源保护条例》，并经新疆维吾尔自治区第十二届人民代表大会常务委员会第二十九次会议批准。该条例是我国首部蜂业管理条例，具有浓厚的地方特色，是新疆维吾尔自治区人大根据地方特色进行地方立法工作的具体表现。为了加强卡拉麦里山有蹄类野生动物自然保护区的管理，保护珍贵、濒危野生动物及其栖息地，维护生物多样性和区域生态安全，2017年5月27日，新疆维吾尔自治区第十二届人民代表大会常务委员会第二十九次会议通过《新疆维吾尔自治区卡拉麦里山有蹄类野生动物自然保护区管理条例》。为了保护河流域水环境，防治水污染，保障公众健康，改善生态环境，促进经济社会可持续发展，新疆维吾尔自治区人大批准了《巴音郭楞蒙古自治州开都—孔雀河流域水环境保护及污染防治条例》和《塔城市河流生态保护条例》。

2017年，新疆维吾尔自治区人大在民生工程方面的立法有《新疆维吾尔自治区物业管理条例》《新疆维吾尔自治区农业机械化促进条例》《新疆维吾尔自治区通信设施建设和保护条例》《乌鲁木齐市公共文明行为条例》《昌吉回族自治州全民参与公益活动条例》《新疆维吾尔自治区人口与计划生育条例》。

为规范物业管理活动，维护业主、物业服务企业合法权益，改善人居环境，促进和谐社区建设，结合自治区的实际情况，制定了《新疆维吾尔自治区物业管理条例》。该条例的制定充分体现立法的科学性和民主性，地方立法注重可操作性。该条例亮点诸多：一是首次提出将物业服务纳入社会管理机制中，即调解处理物业管理服务纠纷纳入社会治安综合治理的考核内容；二是明令禁止很多物业公司收不上费就断水断电的做法；三是首次将物业管理中部分违规行为纳入法律范畴，即建设单位、物业管理人等，一旦违规就将承担法律责任。

2017年度霍尔果斯制定了首部地方性法规《霍尔果斯经济开发区条例》，该条例自2016年就启动了起草工作，成立调研小组和起草小组深入调研，并广泛征求意见，先后数易其稿，形成条例草案，提请自治区人大常委会审议，并最终通过。该条例涉及总则、服务管理、开发建设、产业发展、投资促进、中哈霍尔果斯国际边境合作中心和附则共7个方面的问题。由于条例制定过程准备充分，发扬了立法的科学性和民主性，所以在实施的过程中见效很大，极大地促进了霍尔果斯经济开发区发展。

党的十八届五中全会提出："促进人口均衡发展，坚持计划生育的基本国策，全面实施一对夫妇可生育两个孩子的政策。"为确保人口与计划生育条例与新修订的《人口与计划生育法》相衔接，实现新疆社会和谐、各民族平等、区域安全和长治久安，新疆维吾尔自治区结合本地区的实际情况，在自治区十二届人大常委第三十次会议表决通过修订《新疆维吾尔自治区人口与计划生育条例》。修订后的条例取消了鼓励晚婚、晚育的相关条款，并新增了"公民有生育的权利和依法实行计划生育的义务，违法生育的，应当依法征收社会抚养费，并将违法生育及社会抚养费欠缴情况纳入征信系统"；规定城镇居民一对夫妻可生育两个子女，农村居民一对夫妻可生育三个子女，夫妻一方为城镇居民的，按照城镇计划生育规定生育；规定除国家规定的婚假外，增加婚假二十天等内容。

（三）新疆维吾尔自治区2017年度政府立法发展状况

2017年度新疆维吾尔自治区人民政府重视地方政府规章在依法行政，建设法治政府中的作用，积极开展政府立法工作，制定并通过了《新疆维吾尔自治区大型工程机械设备和车辆安全监督管理办法》《新疆维吾尔自治区煤田火区管理办法》《新疆维吾尔自治区水文管理办法》共3件地方政府规章。这些政府规章都是关乎人民群众的生产生活，与人民群众切身利益息息相关的，通过规定来保障民生，保护人民群众的生命财产安全。

为了加强大型工程机械设备和车辆安全监督管理工作，预防和减少事故，保障人民群众生命财产安全和公共安全，结合自治区实际而制定了《新疆维吾尔自治区大型工程机械设备和车辆安全监督管理办法》。该办法的实施对于交通安全的管制，减少交通事故，保障人民群众的生命财产安全有着至关重要的作用，进一步加大了对大型工程机械安全监管工作，对于规范和整顿工程机械行业市场也起到了一定的作用。

我国是世界上煤火灾害最严重的国家，其中尤以新疆的煤火灾害最为严重。新疆维吾尔自治区第四次煤田火区普查报告显示，火区共计46处，近年来新疆煤田火区呈加速发展趋势。为了保护煤炭资源和生态环境，加强煤田火区治理，促进煤炭生产安全可持续发展，结合自治区实际制定了《新疆维吾尔自治区煤田火区管理办法》。该办法进一步明确了煤田火区的治理原则、治理机构、领导责任、监督管理责任、违法责任等重大问题，是自治区人民政府高度重视煤田灭火工作的集中体现，为依法依规推进新疆煤田火区治理和管理提供了强有力保障。

对于水资源宝贵的新疆而言，加强水资源的管理和保护尤为重要。为了加强水文管理，更好地为水资源保护和防灾减灾服务，促进经济社会可持续发展，结合自治区实际，征求各方意见，制定了《新疆维吾尔自治区水文管理办法》。该办法明确了自治区行政区域内的水文站网规划和建设，水文监测与预报，水文监测资料汇交、保管和使用，水文设施与水文监测环境保护等内容，明确了各行政主管部门的职责，明晰了水文机构的工作内容，规定了在水文监测环境保护范围内，除《中华人民共和国水文条例》规定禁止从事的活动外，禁止实施网箱养殖、圈养家禽活动。

乌鲁木齐市作为新疆维吾尔自治区的首府，全疆政治、经济、文化、科教和交通的中心，也积极开展地方立法工作，用制度建设推进城市管理法制化。在2017年制定并通过了《乌鲁木齐市鼠疫防控管理办法》《乌鲁木齐市公园管理办法》《乌鲁木齐市商品房预售资金监督管理办法》共3件地方政府规章，修改了《乌鲁木齐市政府投资建设项目审计监督办法》1件地方政府规章。

为了有效预防、控制鼠疫疫情的发生与蔓延，加强鼠疫防控工作管理，保障人民群众的身体健康和生命安全，乌鲁木齐市在第十五届人民政府第三十五次常务会议上通过了《乌鲁木齐市鼠疫防控管理办法》，该办法明确了鼠疫疫源动物的种类，规定了鼠疫防控工作应该坚持政府负责、部门配合、属地管理、兵地联动、预防为主、科学防控、加强宣传、社会参与的原则，明确了区（县）卫生计生行政主管部门的职责。该办法的出台在一定程度上维护了社会的稳定，保障了人民群众的身体健康与生命安全，保障了人民群众生活环境卫生安全。

为加强商品房预售资金管理，维护预售商品房交易双方的合法权益，结合乌鲁木齐市实际，制定了《乌鲁木齐市商品房预售资金监督管理办法》。该办法对于规范乌鲁木齐市商品房预售资金的监督管理，确保商品房预售资金用于相关工程建设，防止"烂尾楼"出现将起到重要的作用。该办法明确乌鲁木齐市商品房预售资金实行全程监管，商品房预售资金分为重点监管资金和非重点监管资金。用于支付建筑安装、区内配套建设等费用的商品房预售资金为重点监管资金，其余为非重点监管资金。开发企业应当根据该商品房项目的工程建设进度，按照节点分期申请使用重点监管资金。开发企业可以申请使用非重点监管资金，优先用于该商品房项目工程有关建设。

全国人大常委会法工委在回复中国建筑业协会《关于对地方性法规中以审计结果作为政府投资建设项目竣工结算依据有关规定提出的审查建议的复函》中提出，地方性法规中直接以审计结果作为竣工结算依据和应当在招标文件中载明或者在合同中约定以审计结果作为竣工结算依据的规定，限制了民事权利，超越了地方立法权限，应当予以纠正。乌鲁木齐市根据《乌鲁木齐市政府规章制定程序规定》修改了《乌鲁木齐市政府投资建设项目审计监督办法》，删除了《乌鲁木齐市政府投资建设项目审计监督办法》（市人民政府令第122号）中的第十九条。

二、新疆维吾尔自治区2017年度地方立法的特色和亮点

（一）地方人大立法中的特色和亮点

新疆维吾尔自治区人大及其常委会坚决贯彻自治区党委"组合拳"，深入学习党的十九大精神和习近平新时代中国特色社会主义思想，深入学习贯彻习近平总书记关于新疆工作的重要讲话和重要指示精神，贯彻落实以习近平同志为核心的党中央治疆方略，坚持以总目标统领地方立法工作，把坚持突出地方特色，提高法规的可操作性摆在立法工作的突出位置。2017年度新疆维吾尔自治区人大立法中的特色和亮点主要表现在：

1. 根据本地区特色和治理经验，进行创制性立法

新疆民族分裂势力以宗教极端为思想基础、以暴力恐怖为主要手段、以民族分裂为主要目的，大肆策划实施分裂活动，严重影响新疆稳定和国家安全，自治区因为这

特定的区域情况做了大量的去极端化工作。新疆维吾尔自治区在开展去极端化工作实践经验的基础上，将全疆好的经验和做法予以概括、提炼和规范，整合、固化上升为地方性法规，制定出台了《新疆维吾尔自治区去极端化条例》，该条例是一部具有浓厚地方特色和创见性的地方性法规，是新疆去极端化工作的智慧结晶。此外，由于黑蜂是伊犁河谷独有的资源且被列入国家级畜禽遗传资源保护名录，为了加强伊犁河谷新疆黑蜂资源及蜜源植物的保护与管理，促进新疆黑蜂产业的持续健康发展，新疆维吾尔自治区创制了我国首部蜂业管理条例《伊犁河谷新疆黑蜂资源保护条例》，将地方特色具体地落实到地方立法工作中。2017年5月27日制定通过的《新疆维吾尔自治区物业管理条例》是新疆维吾尔自治区首个物业管理地方性法规，该条例是自2007年新疆废止《新疆维吾尔自治区城市住宅区物业管理办法》以来，首次就物业管理工作进行立法，填补了新疆物业管理立法的空白。

2.重视生态环境领域立法，加强环境保护

新疆维吾尔自治区人大及其常委会认真落实中央关于生态文明建设的新理念、新举措和新要求，牢固树立保护生态环境就是保护生产力、绿水青山就是金山银山的理念，把生态环保立法放在重点位置，制定了一系列生态环保的地方性法规。为了加强卡拉麦里山有蹄类野生动物自然保护区的管理，保护珍贵、濒危野生动物及其栖息地，新疆维吾尔自治区人大及其常委会制定了《新疆维吾尔自治区卡拉麦里山有蹄类野生动物自然保护区管理条例》。为加强河流生态环境的保护，防治水资源污染，制定批准了《巴音郭楞蒙古自治州开都—孔雀河流域水环境保护及污染防治条例》《塔城市河流生态保护条例》，并且修改了《新疆维吾尔自治区地下水资源管理条例》。林木资源是国家重要的战略资源，吐鲁番气候干燥、高温、降雨量少、风沙大、生态脆弱，林木保护具有更加突出的地位。为了保护和合理利用林木资源，维护生态平衡，保障林业的可持续发展，制定批准了《吐鲁番市林木保护管理条例》，建立林木保护长效机制。为了改善草原的生态环境，保护建设以及合理利用库鲁斯台草原，制定批准了《库鲁斯台草原生态保护条例》。

3.贯彻落实《立法法》，积极推进设区的市行使地方立法权

2015年修改的《立法法》规定："设区的市的人民代表大会和它们的常务委员会，在不同宪法、法律、行政法规和本省、自治区的地方性法规相抵触的前提下，可以依照法律规定制定地方性法规，报本省、自治区人民代表大会常务委员会批准后施行。"新疆维吾尔自治区人大贯彻落实《立法法》，积极有力地推动此项工作的进展。2017年1月3日，新疆维吾尔自治区第十二届人民代表大会常务委员会第二十六次会议批准《新疆维吾尔自治区人民代表大会常务委员会关于确定吐鲁番市人民代表大会及其常务委员会开始制定地方性法规的时间决定》。在设区的市和自治州依法可以行使地方立法权后，新疆维吾尔自治区人大及其常委会先后批准了《克拉玛依市制定

地方性法规条例》《吐鲁番市制定地方性法规条例》《昌吉回族自治州立法条例》《伊犁哈萨克自治州立法条例》等多部地方性法规，鼓励设区的市行使地方立法权。各个设区的市也积极进行立法调研，根据本地区自身实际制定有助于快速促进本地区发展的城乡建设与管理、环境保护、历史文化保护等方面的地方性法规。

4.回应社会热点，关注民生，社会立法力度加强

安全便民、生态环保、社会发展一直是民生关注的焦点，自治区人大及其常委会重视民生领域的立法，切实维护广大人民群众的利益。新疆维吾尔自治区人大常委会制定了《新疆维吾尔自治区物业管理条例》，该条例有许多内容和小区居民生活息息相关，如业主大会的召开、物业违规催缴费用行为、小区停车位优先权、处罚标准等，这些都是从人民群众的切身利益出发，努力改善居民的生活环境。为了贯彻党提出的"促进人口均衡发展，坚持计划生育"的基本国策，全面实行一对夫妇可生育两个孩子的政策，为了实现新疆社会和谐、各民族平等、区域安全和长治久安，自治区人大常委会修改了《新疆维吾尔自治区人口与计划生育条例》，修订后的《新疆维吾尔自治区人口与计划生育条例》取消了鼓励晚婚晚育的相关条款，对生育子女的个数也有新规定，关于备受关注的婚假、产假，修订后的《新疆维吾尔自治区人口与计划生育条例》规定"除国家规定的婚假外，增加婚假二十天。女职工符合规定生育子女的，除国家规定的产假外，增加产假六十天，给予男方护理假十五天"。为了规范促进与农民生活息息相关的农业生产问题，为了促进农业机械化，提高农业综合生产能力，建设现代农业，自治区人大常委会制定了《新疆维吾尔自治区农业机械化促进条例》。为了保护生态环境，促进人类的可持续健康发展，自治区人大常委会制定批准了《塔城市河流生态保护条例》等多件有关生态环保方面的地方性法规。

5.立法机制不断健全

新疆维吾尔自治区充分发挥人大在立法中的主导作用，立法项目的选择以常委会的立法规划为基础，重大立法项目成立专项小组强力推进，建立健全法规草案的起草小组制度，起草小组由立法工作组、实际工作组、专家学者组成，在法规草案的起草过程中进行调研、协调、论证、听证等工作。坚持科学立法、民主立法、依法立法，制定立法规划时，经常委会办公厅发布公告后，向社会公开征集立法项目和立法建议。为增强立法的可操作性，提高立法质量，对与人民群众切身利益息息相关的法规草案公开征求意见，建立重要法规草案公开征求意见制度。人民代表大会有关专门委员会或常委会有关工作机构对列入常委会会议议程的法规草案深入调查研究，充分发扬民主，广泛听取社会各界和有关部门的意见，建立立法调研制度，充分发挥立法咨询专家组在立法工作中的作用。召开地方立法工作座谈会，引领各级人大做好新时期立法工作，主动适应新形势对地方立法工作的需求，建立备案审查平台，完善备案审查制度。

（二）地方政府立法中的特色和亮点

1. 强化社会立法，保障公共安全和秩序

鼠疫是严重威胁人民生命健康安全的传染病，为了有效预防、控制鼠疫疫情的发生与蔓延，加强鼠疫防控工作管理，保障人民群众身体健康和生命安全，乌鲁木齐市制定了《乌鲁木齐市鼠疫防控管理办法》。公园是一个为人民群众提供休闲娱乐的公共基础设施，乌鲁木齐市人民政府为了保障公共秩序，加强公园规划、建设、保护和管理，促进公园事业发展，改善城市生态和人居环境，制定了《乌鲁木齐市公园管理办法》。道路交通安全一直是威胁人民群众生命财产安全的一大隐患，为了预防和减少事故，保障人民群众的生命财产安全和公共安全，全面加强大型工程机械设备安全监督管理工作，自治区人民政府制定了《新疆维吾尔自治区大型工程机械设备和车辆安全监督管理办法》。新疆是我国煤炭资源的富集区之一，也是全国煤田火灾发生的严重区域，这不仅造成煤炭资源的巨大损失，也严重破坏了自然生态环境，危及人民群众的生命财产安全，为此自治区人民政府制定了《新疆维吾尔自治区煤田火区管理办法》。综上，新疆维吾尔自治区地方政府的立法大多关注民生，重视保障人民群众的切身利益，维护社会安全和公共秩序。

2. 回应社会热点，对商品房领域进行监管

近年来，房地产开发企业与购房者间的纠纷层出不穷，一房多卖现象频发，很多开发企业收取了购房者的预售资金后又将房子卖给其他的购房者，购房者的利益无法得到保障。为了回应这一社会热点问题，乌鲁木齐市人民政府在立法领域作出努力，制定了《乌鲁木齐市商品房预售资金监督管理办法》，该办法明确对乌鲁木齐市商品房预售资金实行全程监管。该办法的出台对于规范乌鲁木齐市商品房预售资金的监督管理，确保商品房预售资金用于相关工程建设，防止"烂尾楼"出现起到至关重要的作用。

3. 及时修改规章，提高其可操作性

2017年6月5日，全国人大常委会法工委在回复中国建筑业协会《关于对地方性法规中以审计结果作为政府投资建设项目竣工结算依据有关规定提出的审查建议的复函》中提出："地方性法规中直接以审计结果作为竣工结算依据和应当在招标文件中载明或者在合同中约定以审计结果作为竣工结算依据的规定，限制了民事权利，超越了地方立法权限，应当予以纠正。"据此，乌鲁木齐市人民政府修改了《乌鲁木齐市政府投资建设项目审计监督办法》，删除了该办法中与上述复函要求相违背的第十九条。

三、新疆维吾尔自治区2017年度地方立法的不足与未来展望

（一）新疆维吾尔自治区2017年度地方立法的不足

2017年度新疆维吾尔自治区在维稳立法、经济立法、生态立法和社会立法等领域，虽然取得了一定的成效，但还存在一些不足与差距，具体表现在以下方面：

1.行使立法权的积极性有差别

新疆维吾尔自治区拥有立法权的主体较多，《立法法》修改后设区的市也有地方立法权，自治州、自治县可以根据本地区的民族特点制定自治条例和单行条例。然而，2017年度积极行使地方立法权的除了自治区人大和自治区人民政府，以及乌鲁木齐市人民政府以外，其他有地方立法权的设区的市和自治州、自治县在行使自己的地方立法权的积极性上还有所欠缺。2017年度，新疆维吾尔自治区全年没有制定一件自治条例和单行条例。造成这种立法积极性有差别的原因可能是参与立法的意识不强、立法水平有限、外部环境的影响等。

2.经济领域立法力度不够，较其他领域法规规章较少

新疆维吾尔自治区由于受地理位置和地理环境的影响，经济发展相对于其他地区而言比较落后，致力于经济发展，以经济带动本地区其他领域全面发展一直是新疆维吾尔自治区的重大发展战略，要保障经济的健康快速发展当然离不开法规规章的保障。然而，新疆维吾尔自治区2017年度在经济领域的立法比较匮乏，2017年度在经济领域只有《霍尔果斯经济开发区条例》1件地方性法规，这对于高度重视经济建设的新疆维吾尔自治区而言是远远不够的。

3.立法的民主化和科学化仍有待提高

地方立法直接影响当地广大人民群众的切身利益，为了能够使立法更加科学和民主化，必须确保广大人民群众参与到立法过程中，为立法建言献策，使法规规章能够充分地体现民意。新疆维吾尔自治区的地方立法工作公众的参与度不高，虽然在立法的实践中有公开征求公众意见，进行立法公示，有立法听证制，但这些大多数只是停留在表面的形式上，并未真正地实质意义上地落实到立法工作中，并未真正地体现在立法质量上，而且没有建立相应的立法评估机制，导致地方法规和规章的可操作性和可执行性不高。因此，新疆维吾尔自治区在地方立法工作中应当大力拓宽群众参与立法的渠道，扩大群众参与立法的覆盖面，简化其参与立法的方式，努力提高立法的科学化和民主化。

4.科教文卫领域的立法较薄弱

科教文卫领域的立法对社会主义法治建设有重要的作用，随着国家社会的进步发展，人民群众对教育、文化、科学、卫生、体育等领域的需求也不断提高。新疆维

吾尔自治区在科教文卫领域的立法较薄弱，2017年度新疆维吾尔自治区在科教文卫领域的立法仅表现在自治区人大常委会修改了《新疆维吾尔自治区人口与计划生育条例》。但没涉及教育、科学、文化、体育等领域的立法，这与促进人民群众身心健康发展的法制需求还有差距。

（二）新疆维吾尔自治区地方立法的未来展望

2017年度新疆的地方立法工作仍存在着一些不足，以及随着经济社会的不断发展，对立法水平的要求越来越高，新疆地区应不断改进自己的不足，加强本地区立法队伍的建设，以期在未来的立法工作中提升立法水平，提高立法质量，取得更大成就。

1.进一步提高立法积极性，制定自治条例、单行条例的立法计划

自治条例和单行条例是我国民族区域自治法律制度的重要组成部分，我国《宪法》《立法法》《民族区域自治法》均规定，民族自治地方的人民代表大会有权依照当地民族的政治、经济和文化的特点，制定自治条例和单行条例。自治条例和单行条例是针对本地区经济、政治、文化的具体情况而制定的，更具有可操作性和可执行性。而新疆地区2017年度的自治条例和单行条例极少，立法积极性不高，为了在立法工作中贯彻"民族经济利益原则"，协调好国家与民族地区的发展关系，用好宪法和法律赋予的地方立法权，新疆维吾尔自治区应该加快制定本地区的自治条例和单行条例的立法工作计划，为新疆民族法治建设的发展做出更大的贡献。各个享有立法权的立法主体应该积极发挥自己的立法权，加强本地区的立法调研，积极参与立法座谈会，提高自身的立法积极性和立法水平，制定符合本地区区域情况和地方特色的法规规章，服务本地区的经济文化建设。

2.配合新疆经济建设的发展战略，加强经济方面立法

新疆维吾尔自治区由于地理位置和地理环境的影响，经济发展程度较其他沿海城市还存在着较大的差距，推动经济结构调整和发展方式转变，做优做强优势特色产业，加快发展纺织服装产业、中小微企业、战略性新兴产业一直以来都是新疆经济发展的重要部署，经济的发展离不开政策的支持和法律的保障，因此，新疆维吾尔自治区应该针对产业结构的升级和调整，创制和修订相关的法规规章。新疆地处我国西部边缘地带，亚欧大陆腹地，五口通八国，一路连欧亚，是西部对外开发的桥头堡，是东部产业转移的承接地。早在汉代，就开始与西亚、欧洲保持着经济贸易的联系，边境贸易发展历史悠久，为了进一步发挥边缘优势，保护边贸投资发展利益，应该加强地方边贸的投资保护立法工作，消除影响边境贸易发展的各种体制性障碍，制定地方性的国外投资保护条例，保护本地投资企业在国外的投资利益。新疆是一个典型的农业区，资源丰富，高山与盆地相间分布，盆地边缘的山前平原和部分沿河地区分布着

众多绿洲，为农业生产提供了优良的基地，自治区应根据本地区实际情况，研究农业与农村经济发展，加强农业发展的法制建设。

3. 重视教科文卫领域地方立法

科教文卫领域的发展一向较依赖政策的扶持，近年来国家也大力扶持新疆地区的教科文卫事业的发展，如在一些师范类高校大力推进的西部支教计划，以及一些西部引进人才的计划等等，这都是国家政策对新疆地区科教文卫发展的支持，然而，仅仅依靠国家的政策扶持是远远不够的，教科文卫领域有较大的立法空间，地方应积极开展该领域的立法工作，根据本地区的科技、文化、教育、卫生的特色有针对性地立法，应将属于地方立法权限范围内的教科文卫行政管理的事项通过法规规章形式规定下来，使地方立法能取代一些越权制定的规范性文件，并且在立法中明确政府各级主体的责任义务，如将必要的经费投入、保障条件、优惠政策等在法规规章中明确，避免国家的支持、财政投入无法落到实处等问题。

审稿：黄喆（广东外语外贸大学）

全国（内地）各省区市2017年立法简况

北京市

地方性法规：

北京市人大及其常委会（制定2件、修改4件，共6件）

制定：《北京市旅游条例》（2017年5月26日）、《北京市人民代表大会常务委员会讨论、决定重大事项的规定》（2017年12月1日）

修改：《北京市全民健身条例》（2017年1月20日）、《北京市制定地方性法规条例》（2017年1月20日）、《北京市审计条例》（2017年9月22日）、《北京市烟花爆竹安全管理规定》（2017年12月1日）

政府规章：

北京市人民政府（修改2件，共2件）

修改：《北京市社会抚养费征收管理办法》（2017年6月15日）、《北京市小客车数量调控暂行规定》（2017年12月5日）

天津市

地方性法规：

天津市人大及其常委会（制定13件、修改14件，共27件）

制定：《天津市医院安全秩序管理条例》（2017年1月9日）、《天津市人民代表大会代表建议、批评和意见工作条例》（2017年1月20日）、《天津市人民代表大会关于农作物秸秆综合利用和露天禁烧的决定》（2017年1月20日）、《天津市促进科技成果转化条例》（2017年7月26日）、《天津市人工影响天气管理条例》（2017年7月26日）、《天津市人民代表大会常务委员会执法检查办法》（2017年9月27日）、《天津市市场和质量监督管理若干规定》（2017年9月27日）、《天津市见义勇为人员奖励和保护条例》（2017年11月28日）、《天津市禁毒条例》（2017年11月28日）、《天津市公共电信基础设施建设和保护条例》（2017年11月28日）、《天津市志愿服务条例》（2017年11月28日）、《天津市人民代表大会常务委员会关于禁止燃放烟花爆竹的决定》（2017年11月28日）、《天津市人民代表大会常务委员会关于天津市应税大

气污染物和水污染物具体适用环境保护税税额的决定》（2017年12月22日）

修改：《天津市实施〈中华人民共和国台湾同胞投资保护法〉办法》（2017年3月22日）、《天津市住房公积金管理条例》（2017年6月2日）、《天津市实施〈中华人民共和国母婴保健法〉办法》（2017年7月26日）、《天津市绿化条例》（2017年11月28日）、《天津市野生动物保护条例》（2017年11月28日）、《天津市道路交通安全管理若干规定》（2017年11月28日）、《天津市环境保护条例》（2017年11月28日）、《天津市人民代表大会常务委员会人事任免办法》（2017年12月22日）、《天津市实施宪法宣誓制度办法》（2017年12月22日）、《天津市公路管理条例》（2017年12月22日）、《天津市大气污染防治条例》（2017年12月22日）、《天津市水污染防治条例》（2017年12月22日）、《天津市清洁生产促进条例》（2017年12月22日）、《天津市海洋环境保护条例》（2017年12月22日）

政府规章：

天津市人民政府（制定1件、修改16件、废止3件，共20件）

制定：《天津市建设工程勘察设计管理规定》（2017年9月13日）

修改：《天津市墙体材料革新和建筑节能管理规定》（2017年11月23日）、《天津市水利工程建设管理办法》（2017年11月23日）、《天津市设定与实施行政许可规定》（2017年11月23日）、《天津市实施〈实验动物管理条例〉的办法》（2017年11月23日）、《天津市地热资源管理规定》（2017年11月23日）、《天津市殡葬管理条例实施办法》（2017年11月23日）、《天津市行业协会管理办法》（2017年11月23日）、《天津市发展散装水泥管理办法》（2017年11月23日）、《天津市重点建设项目审计规定》（2017年11月23日）、《天津市行政审批管理规定》（2017年11月23日）、《天津市生活废弃物管理规定》（2017年11月23日）、《天津市危险化学品安全管理办法》（2017年11月23日）、《天津市以宅基地换房建设示范小城镇管理办法》（2017年11月23日）、《天津市城市基础设施投资建设开发企业发展和风险防控规定》（2017年11月23日）、《天津市涉案财物价格鉴定管理办法》（2017年11月23日）、《天津市控制地面沉降管理办法》（2017年11月23日）

废止：《天津市矿产资源补偿费征收管理办法》（2017年11月23日）、《关于公布本市创设保留和取消的行政许可事项的决定》（2017年11月23日）、《天津市组织机构代码管理办法》（2017年11月23日）

河北省

地方性法规：

河北省人大及其常委会（制定7件、修改13件、废止3件、批准10件，共33件）

制定：《河北省妇女权益保障条例》（2017年7月28日）、《河北省道路运输条例》（2017年7月28日）、《河北省律师执业保障和规范条例》（2017年9月28日）、《河北省社会信用信息条例》（2017年9月28日）、《河北省地方金融监督管理条例》（2017年12月1日）、《河北省中医药条例》（2017年12月1日）、《河北省优化营商环境条例》（2017年12月1日）

修改：《河北省安全生产条例》（2017年1月12日）、《河北省节约能源条例》（2017年3月30日）、《河北省消费者权益保护条例》（2017年7月28日）、《河北省国家建设项目审计条例》（2017年9月28日）、《河北省地震安全性评价管理条例》（2017年9月28日）、《河北省爱国卫生条例》（2017年9月28日）、《河北省计量监督管理条例》（2017年9月28日）、《河北省城市市容和环境卫生条例》（2017年9月28日）、《河北省档案工作条例》（2017年9月28日）、《河北省实施〈中华人民共和国防洪法〉办法》（2017年9月28日）、《河北省专利条例》（2017年9月28日）、《河北省食盐加碘消除碘缺乏危害监督管理条例》（2017年9月28日）、《河北省实施〈中华人民共和国各级人民代表大会常务委员会监督法〉办法》（2017年9月28日）

废止：《河北省产品质量监督条例》（2017年9月28日）、《河北省减少污染物排放条例》（2017年12月1日）、《河北省著名商标认定和保护条例》（2017年12月1日）

批准：《保定市大气污染防治条例》（2017年1月5日）、《石家庄市轨道交通管理条例》（2017年3月30日）、《秦皇岛市停车场管理条例》（2017年3月30日）、《秦皇岛市环境噪声污染防治条例》（2017年5月26日）、《张家口市禁牧条例》（2017年9月28日）、《石家庄市城市供水用水管理条例》（2017年12月1日）、《石家庄市各级人民代表大会常务委员会规范性文件备案审查条例》（2017年12月1日）、《唐山市暂住人口管理条例》（2017年12月1日）、《邯郸市市政设施条例》（2017年12月1日）、《清东陵保护管理办法》（2017年12月1日）

石家庄市人大及其常委会（制定2件，共2件）

制定：《石家庄市城市供水用水管理条例》（2017年10月24日）、《石家庄市各级人民代表大会常务委员会规范性文件备案审查条例》（2017年10月24日）

唐山市人大及其常委会（修改1件、废止1件，共2件）

修改：《清东陵保护管理办法》（2017年9月6日）

废止：《唐山市暂住人口管理条例》（2017年9月6日）

邯郸市人大及其常委会（制定1件，共1件）

制定：《邯郸市市政设施条例》（2017年8月25日）

秦皇岛市人大及其常委会（制定1件，共1件）

制定：《秦皇岛市环境噪声污染防治条例》（2017年2月24日）

张家口市人大及其常委会（制定1件，共1件）

制定：《张家口市禁牧条例》（2017年8月1日）

政府规章：

河北省人民政府（制定3件、修改10件、废止16件，共29件）

制定：《河北省专业技术人员继续教育规定》（2017年10月15日）、《河北省自然灾害救助办法》（2017年12月7日）、《河北省地图管理办法》（2017年12月13日）

修改：《河北省盐业管理实施办法》（2017年12月27日）、《河北省昌黎黄金海岸国家级海洋类型自然保护区管理办法》（2017年12月27日）、《河北省环境监测管理办法》（2017年12月27日）、《河北省全民健身活动办法》（2017年12月27日）、《河北省防雷减灾管理办法》（2017年12月27日）、《河北省河道采砂管理规定》（2017年12月27日）、《河北省国家安全机关使用侦察证和车辆特别通行标志规定》（2017年12月27日）、《河北省人工影响天气管理规定》（2017年12月27日）、《河北省内河交通安全管理规定》（2017年12月27日）、《河北省城市园林绿化管理办法》（2017年12月27日）

废止：《河北省水生野生动物保护办法》（2017年12月27日）、《河北省城市临时建设和临时用地规划管理办法》（2017年12月27日）、《河北省预算执行情况审计监督实施办法》（2017年12月27日）、《河北省大中型水利水电工程水土保持办法》（2017年12月27日）、《河北省无线电管理规定》（2017年12月27日）、《河北省动物饲养场防疫管理办法》（2017年12月27日）、《河北省电影发行放映管理办法》（2017年12月27日）、《河北省实施〈农药管理条例〉办法》（2017年12月27日）、《河北省动物强制免疫管理办法》（2017年12月27日）、《河北省资源综合利用规定》（2017年12月27日）、《河北省农村电价管理办法》（2017年12月27日）、《河北省国家公务员培训规定》（2017年12月27日）、《河北省地籍测绘管理办法》（2017年12月27日）、《河北省热力价格管理办法》（2017年12月27日）、《河北省食品安全监督管理规定》（2017年12月27日）、《河北省湿地保护规定》（2017年12月27日）

石家庄市人民政府（废止22件，共22件）

废止：《石家庄市向职工出售公产住房试行办法实施细则》（2017年12月28日）、《石家庄市公产住房售后维修管理暂行办法》（2017年12月28日）、《石家庄市鼓励外商投资的实施规定》（2017年12月28日）、《石家庄市民兵预备役工作规定》（2017年12月28日）、《石家庄市军人抚恤优待实施细则》（2017年12月28日）、《石家庄市城市房屋权属登记管理办法》（2017年12月28日）、《石家庄市引进人才暂行办法》（2017年12月28日）、《石家庄市利用世界银行贷款管理办法》（2017年12月28日）、《石家庄市国有资产处置管理办法》（2017年12月28日）、

《石家庄市旅游业管理办法》（2017年12月28日）、《石家庄市国家公务员录用办法》（2017年12月28日）、《石家庄市技术市场管理暂行办法》（2017年12月28日）、《石家庄市建立石家庄高新技术产业开发区的规定》（2017年12月28日）、《石家庄市邮政通信管理实施办法》（2017年12月28日）、《石家庄市生猪定点屠宰管理实施细则》（2017年12月28日）、《石家庄市出租汽车客运管理办法》（2017年12月28日）、《石家庄市民心河管理暂行办法》（2017年12月28日）、《石家庄市河道管理办法》（2017年12月28日）、《石家庄市生活饮用水二次供水卫生监督管理办法》（2017年12月28日）、《石家庄市大气污染防治管理办法》（2017年12月28日）、《石家庄市城市规划管理条例实施细则》（2017年12月28日）、《石家庄市贯彻〈河北省计划生育条例〉实施办法》（2017年12月28日）

唐山市人民政府（废止8件，共8件）

废止：《唐山市政府投资建设项目审计监督办法》（2017年8月11日）、《唐山市城市维护建设资金管理办法（试行）》（2017年11月8日）、《唐山市殡葬管理办法》（2017年11月8日）、《唐山市市本级行政事业性收费票款分离暂行办法》（2017年11月8日）、《唐山市科学技术奖励办法》（2017年11月8日）、《唐山市财政性投资基本建设工程项目资金监督管理规定》（2017年11月8日）、《唐山市政府采购管理实施办法》（2017年11月8日）、《唐山市调味品生产销售管理实施办法》（2017年11月8日）

邯郸市人民政府（制定3件、修改1件、废止7件，共11件）

制定：《邯郸市行政调解办法》（2017年4月19日）、《邯郸市民用机场净空和电磁环境保护管理规定》（2017年10月10日）、《邯郸市城市河道管理办法》（2017年11月12日）

修改：《邯郸市规范性文件管理办法》（2017年11月12日）

废止：《邯郸市建设工程抗震设防要求管理办法》（2017年6月22日）、《邯郸市公路旅客运输管理办法》（2017年11月12日）、《邯郸市制止牟取暴利实施办法》（2017年11月12日）、《邯郸市城市房地产中介服务机构管理办法》（2017年11月12日）、《邯郸市节约能源监察办法》（2017年11月12日）、《邯郸市营业性演出管理暂行规定》（2017年11月12日）、《邯郸市餐饮服务从业人员健康检查管理办法》（2017年11月12日）

秦皇岛市人民政府（制定2件，共2件）

制定：《秦皇岛市养犬管理办法》（2017年6月30日）、《秦皇岛市公共安全技术防范管理办法》（2017年12月13日）

廊坊市人民政府（制定1件，共1件）

制定：《廊坊市烟花爆竹安全管理办法》（2017年12月26日）

邢台市人民政府（制定1件，共1件）

制定：《邢台市停车场管理办法》（2017年7月20日）

张家口市人民政府（制定2件，共2件）

制定：《张家口市居住证实施办法》（2017年12月28日）、《张家口市流动人口登记服务管理规定》（2017年12月28日）

沧州市政府（制定1件，共1件）

制定：《沧州市节约用水办法》（2017年6月19日）

山西省

地方性法规：

山西省人大及其常委会（制定7件、修改3件、批准35件、废止2件，共47件）

制定：《山西省汾河流域生态修复与保护条例》（2017年1月11日）、《山西省无线电管理条例》（2017年5月19日）、《山西省城乡环境综合治理条例》（2017年7月4日）、《山西省科技创新促进条例》（2017年9月29日）、《山西省农村扶贫开发条例》（2017年12月1日）、《山西省历史文化名城名镇名村保护条例》（2017年12月1日）、《山西省食品小作坊小经营店小摊点管理条例》（2017年12月1日）

修改：《山西省动物防疫条例》（2017年9月29日）、《山西省人民代表大会及其常务委员会讨论决定重大事项的规定》（2017年9月29日）、《山西省旅游条例》（2017年12月1日）

批准：《忻州市地方立法条例》（2017年1月11日）、《晋中市地方立法条例》（2017年1月11日）、《吕梁市柳林泉域水资源保护条例》（2017年1月11日）、《吕梁市城市绿化条例》（2017年1月11日）、《太原市物业管理条例》（2017年3月30日）、《太原市餐厨废弃物管理条例》（2017年3月30日）、《朔州市人民代表大会议事规则》（2017年5月19日）、《朔州市人民代表大会常务委员会议事规则》（2017年5月19日）、《长治市地方立法条例》（2017年5月19日）、《阳泉市地方立法条例》（2017年5月19日）、《临汾市地方立法条例》（2017年5月19日）、《运城市人民代表大会及其常务委员会立法条例》（2017年5月19日）、《朔州市地方立法条例》（2017年5月19日）、《大同市物业管理条例》（2017年9月29日）、《大同市机动车排气污染防治条例》（2017年9月29日）、《临汾市非物质文化遗产保护管理办法》（2017年9月29日）、《临汾市禁止燃放烟花爆竹规定》（2017年9月29日）、《吕梁市非物质文化遗产保护条例》（2017年9月29日）、《太原市价格调节基金管理条例》（2017年9月29日）、《太原市电动自行车管理条例》（2017年12月1日）、《太原市文明行为促进条例》（2017年12月1日）、《太原市晋祠保护条例》（2017年12

月1日）、《太原市艾滋病性病防治条例》（2017年12月1日）、《太原市晋阳古城遗址保护条例》（2017年12月1日）、《太原市流动人口服务管理条例》（2017年12月1日）、《太原市客运出租汽车服务管理条例》（2017年12月1日）、《太原市建筑废弃物管理条例》（2017年12月1日）、《大同市散装水泥和预拌混凝土管理条例》（2017年12月1日）、《忻州市电动车管理条例》（2017年12月1日）、《忻州市五台山风景名胜区条例》（2017年12月1日）、《晋中市电梯安全条例》（2017年12月1日）、《晋城市公共交通条例》（2017年12月1日）、《吕梁市扬尘污染防治条例》（2017年12月1日）、《临汾市旅游资源保护和开发办法》（2017年12月1日）、《临汾市燃煤污染防治规定》（2017年12月1日）

废止：《山西省促进旅游产业发展条例》（2017年12月1日）、《山西省食品生产加工小作坊和食品摊贩监督管理办法》（2017年12月1日）

太原市人大及其常委会（制定3件、修改5件、废止1件，共9件）

制定：《太原市文明行为促进条例》（2017年10月24日）、《太原市建筑废弃物管理条例》（2017年10月24日）、《太原市电动自行车管理条例》（2017年10月24日）

修改：《太原市晋祠保护条例》（2017年8月30日）、《太原市艾滋病性病防治条例》（2017年8月30日）、《太原市晋阳古城遗址保护条例》（2017年8月30日）、《太原市流动人口服务管理条例》（2017年8月30日）、《太原市客运出租汽车服务管理条例》（2017年8月30日）

废止：《太原市价格调节基金管理条例》（2017年8月7日）

大同市人大及其常委会（制定1件、修改3件，共4件）

制定：《大同市智慧城市促进条例》（2017年10月31日）

修改：《大同市物业管理条例》（2017年5月9日）、《大同市机动车排气污染防治条例》（2017年5月9日）、《大同市散装水泥和预拌混凝土管理条例》（2017年8月31日）

运城市人大及其常委会（制定1件，共1件）

制定：《运城市人民代表大会及其常务委员会立法条例》（2017年2月25日）

晋城市人大及其常委会（制定1件，共1件）

制定：《晋城市公共交通条例》（2017年10月24日）

忻州市人大及其常委会（制定2件，共2件）

制定：《忻州市电动车管理条例》（2017年10月19日）、《忻州市五台山风景名胜区条例》（2017年10月19日）

吕梁市人大及其常委会（制定2件，共2件）

制定：《吕梁市非物质文化遗产保护条例》（2017年8月9日）、《吕梁市扬尘污

染防治条例》（2017年10月18日）

晋中市人大及其常委会（制定1件，共1件）

制定：《晋中市电梯安全条例》（2017年8月30日）

长治市人大及其常委会（制定1件，共1件）

制定：《长治市地方立法条例》（2017年3月20日）

临汾市人大及其常委会（制定5件，共5件）

制定：《临汾市地方立法条例》（2017年2月24日）、《临汾市非物质文化遗产保护管理办法》（2017年6月27日）、《临汾市禁止燃放烟花爆竹规定》（2017年6月27日）、《临汾市旅游资源保护和开发办法》（2017年8月25日）、《临汾市燃煤污染防治规定》（2017年8月25日）

阳泉市人大及其常委会（制定1件，共1件）

制定：《阳泉市地方立法条例》（2017年3月11日）

朔州市人大及其常委会（制定3件，共3件）

制定：《朔州市人民代表大会常务委员会议事规则》（2017年2月19日）、《朔州市地方立法条例》（2017年2月25日）、《朔州市人民代表大会议事规则》（2017年2月25日）

政府规章：

山西省人民政府（制定6件、修改1件、废止19件，共26件）

制定：《山西省实施〈校车安全管理条例〉办法》（2017年1月3日）、《山西省实施〈工伤保险条例〉办法》（2017年4月13日）、《山西省著名商标认定和保护办法》（2017年7月14日）、《山西省医疗纠纷预防与处理办法》（2017年8月25日）、《山西省机关事务管理办法》（2017年11月17日）、《山西省税收保障办法》（2017年12月1日）

修改：《山西省水上交通安全管理办法》（2017年11月17日）

废止：《山西省开发建设河保偏地区水土保持实施办法》（2017年2月10日）、《山西省实施〈退伍义务兵安置条例〉细则》（2017年2月10日）、《山西省实施〈女职工劳动保护规定〉细则》（2017年2月10日）、《山西省农业机械安全监督管理办法》（2017年2月10日）、《山西省工程场地地震安全性评价管理规定》（2017年2月10日）、《山西省交通安全委员会组织管理办法》（2017年2月10日）、《山西省专利管理办法》（2017年2月10日）、《山西省人民政府关于向外国企业常驻代表机构提供中国雇员和办公食宿用房服务的管理规定》（2017年2月10日）、《山西省邮票和集邮票品管理办法》（2017年2月10日）、《山西省农机机械产品质量鉴定和日常监督管理办法》（2017年2月10日）、《山西省组织机构代码管理办法》（2017年2月10日）、《山西省煤矿安全生产监督管理规定》（2017年2月10日）、《山西省信件和具有信件性质的物品寄递管理办法》（2017年2月10日）、《山西省国家赔偿费用管理规定》（2017年2月10日）、《山西省公路车辆通行费收取办法》（2017年2月10日）、《山西省非法违法煤矿行政处罚规定》（2017年2月10日）、《山西省危险化学品安全管理办法》（2017年2月10日）、《山西省重点工业污染源治理办法》（2017年2月10日）、《山西省煤炭产量监控系统管理规定》（2017年2月10日）

阳泉市人民政府（制定1件，共1件）

制定：《阳泉市禁止燃放烟花爆竹规定》（2017年10月21日）

内蒙古自治区

地方性法规：

内蒙古自治区人大及其常委会（制定3件、修改4件、批准16件，共23件）

制定：《内蒙古自治区非物质文化遗产保护条例》（2017年5月26日）、《内蒙古自治区电信设施建设和保护条例》（2017年7月22日）、《内蒙古自治区饮用水水源保护条例》（2017年9月29日）

修改：《内蒙古自治区安全生产条例》（2017年5月26日）、《内蒙古自治区公共安全技术防范管理条例》（2017年7月22日）、《内蒙古自治区统计管理条例》（2017年7月22日）、《内蒙古自治区旅游条例》（2017年9月29日）

批准：《呼和浩特市人民代表大会及其常务委员会立法条例》（2017年3月30日）、《呼和浩特市国家建设项目审计办法》（2017年7月22日）、《呼和浩特市地名管理条例》（2017年9月29日）、《包头市人民代表大会及其常务委员会制定地方性法规条例》（2017年3月30日）、《包头市长城保护条例》（2017年7月22日）、包头市商业网点规划建设管理条例》（2017年9月29日）、《包头市城市房地产开发经营管理条例》（2017年9月29日）、《乌兰察布市水资源保护条例》（2017年3月30日）、《乌兰察布市城乡规划管理条例》（2017年5月26日）、《鄂尔多斯市城市园林绿化条例》（2017年11月10日）、《巴彦淖尔市河套灌区水利工程保护条例》（2017年7月22日）、《巴彦淖尔市乌梁素海自治区级湿地水禽自然保护区条例》（2017年11月10日）、《赤峰市禁牧休牧和草畜平衡条例》（2017年5月26日）、《鄂伦春自治旗鄂伦春族人口发展促进条例》（2017年7月22日）、《鄂温克族自治旗湿地保护条例》（2017年5月26日）、《莫力达瓦达斡尔族自治旗气象灾害防御条例》（2017年5月26日）

呼和浩特市人大及其常委会（修改3件，共3件）

修改：《呼和浩特市人民代表大会及其常务委员会立法条例》（2017年2月24日）、《呼和浩特市国家建设项目审计办法》（2017年4月19日）、《呼和浩特市地名管理条例》（2017年6月29日）

包头市人大及其常委会（制定1件、修改1件、废止2件，共4件）

制定：《包头市长城保护条例》（2017年4月28日）

修改：《包头市人民代表大会及其常务委员会制定地方性法规条例》（2017年2月19日）

废止：《包头市商业网点规划建设管理条例》（2017年6月28日）、《包头市城市房地产开发经营管理条例》（2017年6月28日）

乌兰察布市人大及其常委会（制定2件，共2件）

制定：《乌兰察布市城乡规划管理条例》（2017年1月22日）、《乌兰察布市岱海黄旗海保护条例》（2017年12月29日）

鄂尔多斯市人大及其常委会（制定1件，共1件）

制定：《鄂尔多斯市城市园林绿化条例》（2017年10月24日）

巴彦淖尔市人大及其常委会（制定2件，共2件）

制定：《巴彦淖尔市河套灌区水利工程保护条例》（2017年4月27日）、《巴彦淖尔市乌梁素海自治区级湿地水禽自然保护区条例》（2017年10月26日）

自治条例和单行条例：

鄂伦春自治旗人民代表大会（制定1件，共1件）

制定：《鄂伦春自治旗鄂伦春族人口发展促进条例》（2017年2月23日）

鄂温克族自治旗人民代表大会（制定1件，共1件）

制定：《鄂温克族自治旗湿地保护条例》（2017年3月29日）

莫力达瓦达斡尔族自治旗人民代表大会（制定1件，共1件）

制定：《莫力达瓦达斡尔族自治旗气象灾害防御条例》（2017年1月25日）

政府规章：

内蒙古自治区人民政府（制定3件、修改16件、废止17件，共36件）

制定：《内蒙古自治区法治政府建设考评办法》（2017年2月3日）、《内蒙古自治区法治政府建设指标体系》（2017年2月3日）、《内蒙古自治区石油和化工建设工程质量监督管理办法》（2017年11月29日）

修改：《内蒙古自治区矿山地质环境治理办法》（2017年1月17日）、《内蒙古自治区行政应诉规定》（2017年2月3日）、《内蒙古自治区城镇饮食娱乐服务业环境保护管理办法》（2017年11月29日）、《内蒙古自治区城镇污水处理厂运行监督管理办法》（2017年11月29日）、《内蒙古自治区草原野生植物采集收购管理办法》（2017年11月29日）、《内蒙古自治区粮食流通管理办法》（2017年11月29日）、《内蒙古自治区价格鉴证管理办法》（2017年11月29日）、《内蒙古自治区取水许可和水资源费征收管理实施办法》（2017年11月29日）、《内蒙古自治区地下水管理办法》（2017年11月29日）、《内蒙古自治区防雷减灾管理办法》（2017年11月29日）、

《内蒙古自治区人工影响天气管理办法》（2017年11月29日）、《内蒙古自治区气候资源开发利用和保护办法》（2017年11月29日）、《内蒙古自治区公益林管理办法》（2017年11月29日）、《内蒙古自治区民用机场管理办法》（2017年11月29日）、《内蒙古自治区房产税实施细则》（2017年12月25日）、《内蒙古自治区城镇土地使用税实施办法》（2017年12月25日）

废止：《内蒙古自治区劳动争议处理办法》（2017年5月17日）、《内蒙古自治区劳动者工资保障规定》（2017年5月17日）、《内蒙古自治区土地复垦实施办法》（2017年11月29日）、《内蒙古自治区统计违法行为查处办法》（2017年11月29日）、《内蒙古自治区促进散装水泥发展办法》（2017年11月29日）、《内蒙古自治区组织机构代码管理办法》（2017年11月29日）、《内蒙古自治区机动车排气污染防治办法》（2017年11月29日）、《内蒙古自治区饲料和饲料添加剂管理办法》（2017年11月29日）、《内蒙古自治区建设用地置换办法》（2017年11月29日）、《内蒙古自治区内部审计办法》（2017年11月29日）、《内蒙古自治区酒类管理办法》（2017年11月29日）、《内蒙古自治区烟花爆竹安全管理规定》（2017年11月29日）、《内蒙古自治区医疗器械监督管理实施办法》（2017年11月29日）、《内蒙古自治区退役士兵安置办法》（2017年11月29日）、《内蒙古自治区有线电视管理实施办法》（2017年11月29日）、《内蒙古自治区暂住人口管理办法》（2017年11月29日）、《内蒙古自治区保安服务管理办法》（2017年11月29日）

呼和浩特市人民政府（制定1件、修改1件、废止16件，共18件）

制定：《呼和浩特市高层建筑消防安全管理办法》（2017年9月18日）

修改：《呼和浩特市经济适用住房管理办法》（2017年3月4日）

废止：《呼和浩特市渔政管理办法》（2017年11月14日）、《呼和浩特市价格调节基金征集管理办法》（2017年11月14日）、《呼和浩特市实施〈内蒙古自治区爱国卫生条例〉办法》（2017年11月14日）、《呼和浩特市流动人口卫生防病管理暂行规定》（2017年11月14日）、《呼和浩特市建筑工程施工许可管理办法》（2017年11月14日）、《呼和浩特市微型厢式货运出租汽车运输管理暂行办法》（2017年11月14日）、《呼和浩特市大气污染防治管理条例实施细则》（2017年11月14日）、《呼和浩特市肉制品市场管理办法》（2017年11月14日）、《呼和浩特市城镇廉租住房管理办法》（2017年11月14日）、《呼和浩特市财政监督办法》（2017年11月14日）、《呼和浩特市政府非税收入征收管理办法》（2017年11月14日）、《呼和浩特市行政执法责任制规定》（2017年11月14日）、《呼和浩特市互联网上网服务营业场所管理办法》（2017年11月14日）、《呼和浩特市工伤保险条例实施办法》（2017年11月14日）、《呼和浩特市行政执法人员五条禁令》（2017年11月14日）、《呼和浩特市科学技术奖励办法》（2017年11月14日）

包头市人民政府（废止22件，共22件）

废止：《包头市防汛管理暂行规定》（2017年12月29日）、《包头市蒙古语文工作暂行规定》（2017年12月29日）、《包头市人才流动管理办法》（2017年12月29日）、《包头市城建档案管理规定》（2017年12月29日）、《包头市重奖有突出成就科技人员的暂行规定》（2017年12月29日）、《包头市老年人保护条例实施细则》（2017年12月29日）、《包头市幼儿园管理条例实施细则》（2017年12月29日）、《包头市医疗卫生计量管理办法》（2017年12月29日）、《包头市〈全民所有制工业企业转换经营机制条例〉实施细则（试行）》（2017年12月29日）、《包头市村民委员会选举办法》（2017年12月29日）、《包头市居民委员会选举办法》（2017年12月29日）、《包头市暂住人口管理办法》（2017年12月29日）、《包头市新产品技术引进标准化审查管理办法》（2017年12月29日）、《包头市行政执法监督规定》（2017年12月29日）、《包头市社会办医管理办法》（2017年12月29日）、《包头市文物古迹管理办法》（2017年12月29日）、《包头市城镇房屋所有权登记暂行办法》（2017年12月29日）、《包头市粮食行业管理办法》（2017年12月29日）、《包头市客运出租汽车管理办法》（2017年12月29日）、《包头市熟肉制品生产加工、批发、销售卫生管理办法》（2017年12月29日）、《包头市客运出租汽车治安管理办法》（2017年12月29日）、《包头市房屋租赁管理办法》（2017年12月29日）

辽宁省

地方性法规：

辽宁省人大及其常委会（制定7件、修改24件、废止3件、批准44件，共78件）

制定：《辽宁省学前教育条例》（2017年1月10日）、《辽宁省农产品质量安全条例》（2017年3月31日）、《辽宁省大气污染防治条例》（2017年5月25日）、《辽宁省东水济辽工程管理条例》（2017年9月28日）、《辽宁省生活饮用水卫生监督管理条例》（2017年11月30日）、《辽宁省志愿服务条例》（2017年11月30日）、《辽宁省机构和编制管理条例》（2017年11月30日）

修改：《辽宁省安全生产条例》（2017年1月10日）、《辽宁省实施〈中华人民共和国残疾人保障法〉办法》（2017年3月31日）、《辽宁省畜禽屠宰管理条例》（2017年7月27日）、《辽宁省机动车污染防治条例》（2017年7月27日）、《辽宁省道路运输管理条例》（2017年7月27日）、《辽宁省河道管理条例》（2017年7月27日）、《辽宁省文化市场管理条例》（2017年7月27日）、《辽宁省出版管理规定》（2017年7月27日）、《辽宁省全民健身条例》（2017年7月27日）、《辽宁省林木种子管理条例》（2017年7月27日）、《辽宁省物业管理条例》（2017年7月27日）、《辽宁省水文条例》（2017年7月27日）、《辽宁省统计管理条例》（2017年7月27日）、《辽宁省实施〈中华人民共和国防洪法〉办法》（2017年7月27日）、《辽宁省水土保持条例》（2017年7月27日）、《辽宁省档案条例》（2017年9月28日）、《辽宁省城镇绿化条例》（2017年9月28日）、《辽宁省河道管理条例》（2017年9月28日）、《辽宁省实施〈中华人民共和国水法〉办法》（2017年9月28日）、《辽宁省计量监督条例》（2017年9月28日）、《辽宁省旅游条例》（2017年9月28日）、《辽宁省煤矿安全生产监督管理条例》（2017年9月28日）、《辽宁省物业管理条例》（2017年11月30日）、《辽宁省环境保护条例》（2017年11月30日）

废止：《辽宁省广告监督管理条例》（2017年7月27日）、《辽宁省农业标准化管理条例》（2017年7月27日）、《辽宁省城乡集贸市场管理条例》（2017年9月28日）

批准：《丹东鸭绿江口湿地国家级自然保护区管理条例》（2017年1月10日）、《铁岭市城乡规划条例》（2017年1月10日）、《本溪市烟花爆竹燃放管理条例》（2017年2月27日）、《沈阳市制定地方性法规条例》（2017年3月31日）、《大连市医疗卫生设施规划建设条例》（2017年3月31日）、《大连市人民代表大会及其常务委员会立法条例》（2017年3月31日）、《大连市燃气管理条例》（2017年3月31日）、《抚顺市法治宣传教育条例》（2017年3月31日）、《阜新市人民代表大会及其常务委员会立法条例》（2017年3月31日）、《盘锦市湿地保护条例》（2017年3月31日）、《葫芦岛市饮用水水源保护条例》（2017年3月31日）、《葫芦岛市人民代表大会及其常务委员会立法条例》（2017年3月31日）、《清原满族自治县城市供水用水条例》（2017年3月31日）、《大连市特种海产品资源保护管理条例》（2017年5月25日）、《鞍山市城市房屋权属登记条例》（2017年5月25日）、《鞍山市特种设备安全监察条例》（2017年5月25日）、《宽甸满族自治县渔业管理条例》（2017年5月25日）、《沈阳市社会保险费征缴条例》（2017年7月27日）、《沈阳市防御雷电灾害条例》（2017年7月27日）、《大连市旅游条例》（2017年7月27日）、《鞍山市矿产资源保护条例》（2017年7月27日）、《朝阳市矿山生态环境恢复治理条例》（2017年7月27日）、《沈阳市城市道路管理条例》（2017年9月28日）、《沈阳市城市市容和环境卫生管理条例》（2017年9月28日）、《沈阳市绿化条例》（2017年9月28日）、《沈阳市地铁建设与运营管理条例》（2017年9月28日）、《大连市水资源管理条例》（2017年9月28日）、《抚顺市城市绿化管理条例》（2017年9月28日）、《抚顺市体育市场管理条例》（2017年9月28日）、《抚顺市建筑市场管理条例》（2017年9月28日）、《抚顺市城市排水管理条例》（2017年9月28日）、《抚顺市教育督导条例》（2017年9月28日）、《本溪市非税收入管理条例》（2017年9月28日）、《本溪市科学技术进步条例》（2017年9月28日）、《本溪市法律援助条例》（2017年9月28日）、《本溪市风景名胜资源保护管理条例》（2017年9月28日）、《本溪市产品质量监督条例》

（2017年9月28日）、《营口市城市供热条例》（2017年9月28日）、《本溪市人参产业发展条例》（2017年11月30日）、《辽阳市烟花爆竹销售燃放管理条例》（2017年11月30日）、《辽阳市文明行为促进条例》（2017年11月30日）、《葫芦岛市城市市容和环境卫生管理条例》（2017年11月30日）、《葫芦岛市殡葬管理条例》（2017年11月30日）、《桓仁满族自治县物业管理条例》（2017年11月30日）

沈阳市人大及其常委会（制定1件、修改5件、废止1件，共7件）

制定：《沈阳市地铁建设与运营管理条例》（2017年8月31日）

修改：《沈阳市制定地方性法规条例》（2017年1月12日）、《沈阳市防御雷电灾害条例》（2017年6月23日）、《沈阳市城市道路管理条例》（2017年8月31日）、《沈阳市城市市容和环境卫生管理条例》（2017年8月31日）、《沈阳市绿化条例》（2017年8月31日）

废止：《沈阳市社会保险费征缴条例》（2017年4月27日）

大连市人大及其常委会（制定1件、修改5件，共6件）

制定：《大连市旅游条例》（2017年6月27日）

修改：《大连市人民代表大会及其常务委员会立法条例》（2017年1月13日）、《大连市燃气管理条例》（2017年2月24日）、《大连市安全生产条例》（2017年4月25日）、《大连市特种海产品资源保护管理条例》（2017年4月25日）、《大连市水资源管理条例》（2017年8月30日）

鞍山市人大及其常委会（制定1件、废止2件，共3件）

制定：《鞍山市矿产资源保护条例》（2017年7月5日）

废止：《鞍山市城市房屋权属登记条例》（2017年4月28日）、《鞍山市特种设备安全监察条例》（2017年4月28日）

抚顺市人大及其常委会（修改3件、废止3件，共6件）

修改：《抚顺市法治宣传教育条例》（2017年2月27日）、《抚顺市城市绿化管理条例》（2017年6月20日）、《抚顺市体育市场管理条例》（2017年6月20日）

废止：《抚顺市建筑市场管理条例》（2017年6月20日）、《抚顺市城市排水管理条例》（2017年6月20日）、《抚顺市教育督导条例》（2017年6月20日）

本溪市人大及其常委会（制定1件、修改2件、废止3件，共6件）

制定：《本溪市人参产业发展条例》（2017年9月19日）

修改：《本溪市非税收入管理条例》（2017年7月28日）、《本溪市科学技术进步条例》（2017年7月28日）

废止：《本溪市法律援助条例》（2017年7月28日）、《本溪市风景名胜资源保护管理条例》（2017年7月28日）、《本溪市产品质量监督条例》（2017年7月28日）

丹东市人大及其常委会（修改1件，共1件）

修改：《丹东鸭绿江口湿地国家级自然保护区管理条例》（2017年11月29日）

锦州市人大及其常委会（制定2件，共2件）

制定：《锦州市海岸带保护与利用管理条例》（2017年11月20日）、《锦州市大气污染防治条例》（2017年12月25日）

营口市人大及其常委会（制定1件，共1件）

制定：《营口市城市供热条例》（2017年7月27日）

阜新市人大及其常委会（制定1件，共1件）

制定：《阜新市人民代表大会及其常务委员会立法条例》（2017年1月7日）

辽阳市人大及其常委会（制定2件，共2件）

制定：《辽阳市烟花爆竹销售燃放管理条例》（2017年9月27日）、《辽阳市文明行为促进条例》（2017年9月27日）

朝阳市人大及其常委会（制定1件，共1件）

制定：《朝阳市矿山生态环境恢复治理条例》（2017年6月16日）

盘锦市人大及其常委会（制定1件，共1件）

制定：《盘锦市城乡容貌和环境卫生管理条例》（2017年12月27日）

葫芦岛市人大及其常委会（制定3件，共3件）

制定：《葫芦岛市人民代表大会及其常务委员会立法条例》（2017年1月13日）、《葫芦岛市城市市容和环境卫生管理条例》（2017年10月27日）、《葫芦岛市殡葬管理条例》（2017年10月27日）

政府规章：

辽宁省人民政府（制定8件、修改26件、废止12件，共46件）

制定：《辽宁省不动产登记办法》（2017年2月27日）、《辽宁省森林资源流转办法》（2017年3月20日）、《辽宁省知识产权保护办法》（2017年12月13日）、《辽宁省水路运输管理规定》（2017年12月13日）、《辽宁省社会组织管理办法》（2017年12月13日）、《辽宁省建设项目安全设施监督管理办法》（2017年12月13日）、《辽宁省规范行政审批中介服务办法》（2017年12月13日）、《辽阳市渔政管理暂行办法》（2017年12月19日）

修改：《辽宁省公共机构节能管理办法》（2017年7月28日）、《辽宁省取水许可和水资源费征收管理实施办法》（2017年7月28日）、《辽宁省海洋环境保护办法》（2017年7月28日）、《辽宁省城镇企业职工生育保险规定》（2017年7月28日）、《辽宁省城市居民最低生活保障办法》（2017年7月28日）、《辽宁省农村居民最低生活保障办法》（2017年7月28日）、《辽宁省实验动物管理办法》（2017年8月16日）、《辽宁省政府规章制定办法》（2017年11月16日）、《辽宁省无障碍环境建设管理规定》（2017年11月16日）、《辽宁省发展散装水泥管理规定》（2017年11月

16日）、《辽宁省安全生产监督管理规定》（2017年11月16日）、《辽宁省企业安全生产主体责任规定》（2017年11月16日）、《辽宁省地质灾害防治管理办法》（2017年11月16日）、《辽宁省建设工程造价管理办法》（2017年11月16日）、《辽宁省污水处理厂运行监督管理规定》（2017年11月16日）、《辽宁省城市市容和环境卫生管理规定》（2017年11月16日）、《辽宁省建设工程抗震设防要求管理办法》（2017年11月16日）、《辽宁省农村集体经济审计办法》（2017年11月16日）、《辽宁省农业机械安全管理办法》（2017年11月16日）、《辽宁省促进普通高等学校毕业生就业规定》（2017年11月16日）、《辽宁省种畜禽生产经营管理办法》（2017年11月16日）、《辽宁省生态公益林管理办法》（2017年11月16日）、《辽宁省森林和野生动物类型自然保护区管理实施细则》（2017年11月16日）、《辽宁省草原管理实施办法》（2017年11月16日）、《辽宁省工伤保险实施办法》（2017年12月13日）、《辽宁省建设项目安全设施监督管理办法》（2017年12月13日）

废止：《辽宁省实施〈中华人民共和国保密法〉细则》（2017年11月16日）、《辽宁省幼儿园管理实施办法》（2017年11月16日）、《辽宁省工程勘察设计市场管理规定》（2017年11月16日）、《辽宁省城镇个体工商户及其从业人员基本养老保险办法》（2017年11月16日）、《辽宁省政府采购管理规定》（2017年11月16日）、《辽宁省机动车排气污染防治管理规定》（2017年11月16日）、《辽宁省小煤矿安全生产管理规定》（2017年11月16日）、《辽宁省法律援助实施办法》（2017年11月16日）、《辽宁省政府债务管理办法》（2017年11月16日）、《辽宁省工业锅炉节能管理办法》（2017年11月16日）、《辽宁省农产品质量安全管理办法》（2017年11月16日）、《辽宁省扬尘污染防治管理办法》（2017年11月16日）

沈阳市人民政府（制定2件、修改1件，共3件）

制定：《沈阳市餐厨垃圾管理办法》（2017年10月10日）、《沈阳市优化营商环境办法》（2017年11月14日）

修改：《沈阳市政府投资建设项目审计监督办法》（2017年8月22日）

大连市人民政府（制定2件、修改3件、废止42件，共47件）

制定：《大连市居住房屋租赁治安管理规定》（2017年4月19日）、《中国（辽宁）自由贸易试验区大连片区管理办法》（2017年9月7日）

修改：《大连市居住证暂行办法》（2017年11月16日）、《大连市急救医疗管理办法》（2017年11月16日）、《大连市人民政府制定地方性法规草案和规章程序规定》（2017年11月16日）

废止：《大连市公益广告管理规定》（2017年11月16日）、《大连市合同监督管理办法》（2017年11月16日）、《大连市著名商标认定与保护暂行办法》（2017年11月16日）、《大连市名牌农产品认定管理办法》（2017年11月16日）、《大连市城市中水设施建设管理办法》（2017年11月16日）、《大连市道路交通事故车辆、物品损失价格评估规定》（2017年11月16日）、《大连市涉案物品估价管理办法》（2017年11月16日）、《大连市一日游管理办法》（2017年11月16日）、《大连市机关事业单位女工作人员生育保险规定》（2017年11月16日）、《大连市民办职业培训机构管理办法》（2017年11月16日）、《大连市社会福利企业管理办法》（2017年11月16日）、《大连市行业协会管理办法》（2017年11月16日）、《大连市农村户口管理规定》（2017年11月16日）、《大连市二手手机交易治安管理规定》（2017年11月16日）、《大连市关于政府系统消防工作责任制的规定》（2017年11月16日）、《大连市职工教育管理规定》（2017年11月16日）、《大连市国际集装箱道路运输管理办法》（2017年11月16日）、《大连市国际集装箱内陆中转站、货运站管理办法》（2017年11月16日）、《大连市高速公路管理办法》（2017年11月16日）、《大连市交通工程质量监督管理办法》（2017年11月16日）、《大连市汽车租赁管理规定》（2017年11月16日）、《大连市道路货运市场管理规定》（2017年11月16日）、《大连市粮油饲料仓库进出库计重交接管理规定》（2017年11月16日）、《大连市港口岸线管理办法》（2017年11月16日）、《大连市环境保护管理处罚细则》（2017年11月16日）、《大连市机动车排气污染防治管理办法》（2017年11月16日）、《大连市燃气器具管理办法》（2017年11月16日）、《大连市液化石油气管理办法》（2017年11月16日）、《大连市人民防空设施管理规定》（2017年11月16日）、《大连市城镇房屋权属登记管理办法》（2017年11月16日）、《大连市城市住宅售后修缮资金计提及使用管理暂行规定》（2017年11月16日）、《大连市国有土地使用权出让和转让管理办法》（2017年11月16日）、《大连市野生动物保护管理办法》（2017年11月16日）、《大连市城市户外广告、牌匾设施管理办法》（2017年11月16日）、《大连市市区临时建筑及临时占用道路、空地审批和管理办法》（2017年11月16日）、《大连市城市排水设施管理办法》（2017年11月16日）、《大连市安全生产监督管理规定》（2017年11月16日）、《大连市铁路道口交通安全管理暂行规定》（2017年11月16日）、《大连市行政许可统计制度》（2017年11月16日）、《大连市行政许可决定中诉检举办法》（2017年11月16日）、《大连市按比例分散安置残疾人就业规定》（2017年11月16日）、《大连市工程建设场地地震安全性评价管理规定》（2017年11月16日）

鞍山市人民政府（修改6件、废止9件，共15件）

修改：《〈鞍山市城市市容和环境卫生管理条例〉实施办法》（2017年10月19日）、《鞍山市传染病病人收治管理办法》（2017年10月19日）、《鞍山市住宅专项维修资金管理办法》（2017年10月19日）、《鞍山市限制燃放烟花爆竹规定》（2017年10月19日）、《鞍山市河道管埋实施细则》（2017年10月19日）、《鞍山市城市房

屋设施拆改管理办法》（2017年10月19日）

废止：《鞍山市结核病防治管理办法》（2017年10月19日）、《鞍山市旅馆业治安管理实施细则》（2017年10月19日）、《鞍山市盐业管理办法》（2017年10月19日）、《鞍山市旅游管理规定》（2017年10月19日）、《鞍山市酒类管理办法》（2017年10月19日）、《鞍山市机动车排气污染综合防治管理办法》（2017年10月19日）、《鞍山市副食品价格调节基金征收管理办法》（2017年10月19日）、《鞍山市重大危险源安全监督管理办法》（2017年10月19日）、《鞍山市生猪产品流通管理办法》（2017年10月19日）

抚顺市人民政府（修改6件、废止9件，共15件）

修改：《抚顺市二手车流通管理办法》（2017年2月18日）、《抚顺市城镇企业职工生育保险暂行规定》（2017年8月6日）、《抚顺市体育市场稽查办法》（2017年8月6日）、《抚顺市城镇职工基本医疗保险管理办法》（2017年8月6日）、《抚顺市新型墙体材料开发应用和建筑节能管理规定》（2017年8月6日）、《抚顺市政府投资建设项目审计监督办法》（2017年8月6日）

废止：《抚顺市工程建设房地产交易及预算外资金管理执法监督暂行办法》（2017年2月18日）、《抚顺市公共场所禁止吸烟暂行规定》（2017年2月18日）、《抚顺市价格调节基金征管办法》（2017年2月18日）、《抚顺市村庄和集镇规划建设管理办法》（2017年2月18日）、《抚顺市建设收费集中管理规定》（2017年8月6日）、《抚顺市机关事业单位职工养老保险暂行办法》（2017年10月22日）、《抚顺市城镇企业职工基本养老保险个人账户实施办法》（2017年10月22日）、《抚顺市城市供热收费管理暂行规定》（2017年10月22日）、《抚顺市客运出租汽车治安管理规定》（2017年10月22日）

本溪市人民政府（制定1件、修改6件、废止16件，共23件）

制定：《本溪市机动车停车场管理办法》（2017年11月27日）

修改：《本溪市城镇职工生育保险办法》（2017年7月3日）、《本溪市城市房屋租赁管理办法》（2017年7月3日）、《本溪市机动车维修管理办法》（2017年7月3日）、《本溪市城市危险房屋管理办法》（2017年7月3日）、《本溪市煤矿安全生产管理办法》（2017年7月3日）、《本溪市气瓶安全管理办法》（2017年11月27日）

废止：《本溪市档案管理规定》（2017年7月3日）、《本溪市公路管理办法》（2017年7月3日）、《本溪市农业工程水费征收和使用管理办法》（2017年7月3日）、《本溪市产权交易管理暂行办法》（2017年7月3日）、《本溪市出租房屋房产税征收管理办法》（2017年7月3日）、《本溪市城市公共客运交通管理办法》（2017年7月3日）、《本溪市私营企业档案管理规定》（2017年7月3日）、《本溪市商品交易市场管理办法》（2017年7月3日）、《本溪市罚款决定与罚款收缴分离规定》

（2017年7月3日）、《本溪市畜禽屠宰管理办法》（2017年7月3日）、《本溪市劳动监察规定》（2017年7月3日）、《本溪市再生资源回收利用行业管理办法》（2017年7月3日）、《本溪市零工劳务市场管理规定》（2017年7月3日）、《本溪市机动车污染防治办法》（2017年7月3日）、《本溪市居住证管理办法》（2017年7月3日）、《本溪市公证办法》（2017年7月3日）

丹东市人民政府（制定1件，共1件）

制定：《丹东市人民政府规章制定程序规定》（2017年6月21日）

锦州市人民政府（制定4件，共4件）

制定：《锦州市森林防火实施办法》（2017年11月22日）、《锦州市湿地保护管理办法》（2017年11月22日）、《锦州市建筑物配建机动车停车设施规划管理暂行规定》（2017年11月22日）、《锦州市城市供水管理办法》（2017年11月30日）

营口市人民政府（制定2件，共2件）

制定：《营口市地名管理办法》（2017年8月28日）、《营口市再生资源回收管理办法》（2017年11月23日）

阜新市人民政府（制定1件，共1件）

制定：《阜新市政府规章制定程序规定》（2017年6月13日）

辽阳市人民政府（制定2件，共2件）

制定：《辽阳市水土保持管理办法》（2017年11月2日）、《辽阳市渔政管理暂行办法》（2017年12月19日）

铁岭市人民政府（制定1件，共1件）

制定：《铁岭市人民政府拟定地方性法规草案和制定规章程序规定》（2017年10月27日）

盘锦市人民政府（制定1件，共1件）

制定：《盘锦市人民政府地方性法规草案拟定和规章制定程序规定》（2017年6月19日）

吉林省

地方性法规：

吉林省人大及其常委会（制定9件、修改31件、废止6件、批准30件，共76件）

制定：《吉林省地方立法条例》（2017年1月19日）、《吉林省非物质文化遗产保护条例》（2017年3月24日）、《吉林省保健用品管理条例》（2017年6月2日）、《吉林省通信设施建设与保护条例》（2017年6月2日）、《吉林省实施〈中华人民共和国民族区域自治法〉办法》（2017年7月28日）、《吉林省全民阅读促进条例》（2017年

9月29日）、《吉林省企业工资集体协商条例》（2017年12月1日）、《吉林省促进中小企业发展条例》（2017年12月1日）、《吉林省专利条例》（2017年12月1日）

修改：《吉林省森林防火条例》（2017年3月24日）、《吉林省农业机械管理条例》（2017年3月24日）、《吉林省渔业管理条例》（2017年3月24日）、《吉林省河道管理条例》（修改两次，2017年3月24日、2017年12月1日）、《吉林省全民健身条例》（2017年3月24日）、《吉林省促进就业条例》（2017年3月24日）、《吉林省自然保护区条例》（2017年3月24日）、《吉林省文物保护条例》（2017年3月24日）、《吉林省建筑市场管理条例》（2017年3月24日）、《吉林省燃气管理条例》（2017年3月24日）、《吉林省统计管理条例》（2017年3月24日）、《吉林省实施〈中华人民共和国归侨侨眷权益保护法〉办法》（2017年3月24日）、《吉林省人民代表大会常务委员会关于政府制定规章设定罚款的限额的规定》（2017年3月24日）、《吉林省清真食品管理条例》（2017年3月24日）、《吉林省药品监督管理条例》（2017年3月24日）、《吉林省劳动合同条例》（2017年3月24日）、《吉林省城市公共客运管理条例》（2017年3月24日）、《吉林省畜禽屠宰管理条例》（2017年6月2日）、《吉林省著名商标认定和保护条例》（2017年6月2日）、《吉林省预算审查监督条例》（2017年6月2日）、《吉林省乡、民族乡、镇人民代表大会工作条例》（2017年7月28日）、《吉林省湿地保护条例》（2017年9月29日）、《吉林省安全生产条例》（2017年12月1日）、《吉林省森林管理条例》（2017年12月1日）、《吉林省实施〈中华人民共和国农业技术推广法〉办法》（2017年12月1日）、《吉林省防汛条例》（2017年12月1日）、《吉林省气象条例》（2017年12月1日）、《吉林省气象设施和气象探测环境保护条例》（2017年12月1日）、《吉林省气象灾害防御条例》（2017年12月1日）、《吉林省土地管理条例》（2017年12月1日）、《吉林省公证条例》（2017年12月1日）

废止：《吉林省人民政府关于国家行政机关工作人员奖惩暂行办法》（2017年3月24日）、《吉林省文化市场管理条例》（2017年3月24日）、《吉林省城乡集贸市场管理条例》（2017年3月24日）、《吉林省个体工商户条例》（2017年3月24日）、《吉林省外商投资企业私营企业工会条例》（2017年3月24日）、《吉林省土地登记条例》（2017年12月1日）

批准：《延边朝鲜族自治州立法规定》（2017年3月24日）、《白山市人民代表大会及其常务委员会立法条例》（2017年3月24日）、《前郭尔罗斯蒙古族自治县物业管理条例》（2017年3月24日）、《延边朝鲜族自治州气候资源开发利用和保护条例》（2017年6月2日）、《白山市西北岔水库饮用水水源保护条例》（2017年7月28日）、《长春市节约用水条例》（2017年9月29日）、《四平市爱国卫生条例》（2017年12月1日）、《通化市燃放烟花爆竹安全管理条例》（2017年12月1日）、《白山市城市环境卫生责任区管理条例》（2017年12月1日）、《长春市企业负担监督管理条例》（2017年3月24日）、《长春市城市客运出租汽车管理条例》（2017年3月24日）、《长春市预防和制止家庭暴力条例》（2017年7月28日）、《吉林市绿化管理条例》（2017年7月28日）、《吉林市城市节约用水管理条例》（2017年7月28日）、《吉林市水土保持条例》（2017年7月28日）、《吉林市中小学校校园校舍管理条例》（2017年7月28日）、《吉林市河道管理条例》（2017年7月28日）、《吉林市防洪条例》（2017年7月28日）、《吉林市烟草专卖管理若干规定》（2017年7月28日）、《吉林市市政设施管理条例》（2017年7月28日）、《延边朝鲜族自治州朝鲜语言文字工作条例》（2017年7月28日）、《延边朝鲜族自治州城市饮用水水源环境保护条例》（2017年12月1日）、《长春市大气污染防治管理办法》（2017年3月24日）、《长春市道路货物运输交易市场管理条例》（2017年3月24日）、《长春市信访工作若干规定》（2017年3月24日）、《延边朝鲜族自治州政府采购条例》（2017年6月2日）、《吉林市技术市场管理条例》（2017年7月28日）、《吉林市制止价格欺诈和牟取暴利行为的若干规定》（2017年7月28日）、《吉林市环境保护条例》（2017年7月28日）、《吉林市城市公共客运交通管理条例》（2017年7月28日）

长春市人大及其常委会（制定1件、修改1件，共2件）

制定：《长春市节约用水条例》（2017年8月29日）

修改：《长春市预防和制止家庭暴力条例》（2017年6月28日）

吉林市人大及其常委会（修改8件、废止4件，共12件）

修改：《吉林市绿化管理条例》（2017年7月28日）、《吉林市城市节约用水管理条例》（2017年7月28日）、《吉林市水土保持条例》（2017年7月28日）、《吉林市中小学校校园校舍管理条例》（2017年7月28日）、《吉林市河道管理条例》（2017年7月28日）、《吉林市防洪条例》（2017年7月28日）、《吉林市烟草专卖管理若干规定》（2017年7月28日）、《吉林市市政设施管理条例》（2017年7月28日）

废止：《吉林市技术市场管理条例》（2017年7月28日）、《吉林市制止价格欺诈和牟取暴利行为的若干规定》（2017年7月28日）、《吉林市环境保护条例》（2017年7月28日）、《吉林市城市公共客运交通管理条例》（2017年7月28日）

白山市人大及其常委会（制定3件，共3件）

制定：《白山市人民代表大会及其常务委员会立法条例》（2017年1月10日）、《白山市西北岔水库饮用水水源保护条例》（2017年5月12日）、《白山市城市环境卫生责任区管理条例》（2017年9月8日）

四平市人大及其常委会（制定1件，共1件）

制定：《四平市爱国卫生条例》（2017年9月22日）

通化市人大及其常委会（制定1件，共1件）

制定：《通化市燃放烟花爆竹安全管理条例》（2017年8月29日）

延边朝鲜族自治州人大及其常委会（制定2件，共2件）

制定：《延边朝鲜族自治州立法规定》（2017年1月11日）、《延边朝鲜族自治州气候资源开发利用和保护条例》（2017年1月11日）

自治条例和单行条例：

延边朝鲜族自治州人民代表大会（修改2件、废止1件，共3件）

修改：《延边朝鲜族自治州朝鲜语言文字工作条例》（2017年1月11日）、《延边朝鲜族自治州城市饮用水水源环境保护条例》（2017年1月11日）

废止：《延边朝鲜族自治州政府采购条例》（2017年1月11日）

政府规章：

吉林省人民政府（制定5件，共5件）

制定：《吉林省公安机关警务辅助人员管理办法》（2017年2月17日）、《吉林省气候资源保护和开发利用办法》（2017年6月29日）、《吉林省自然灾害救助办法》（2017年6月29日）、《吉林省排污许可管理办法》（2017年6月29日）、《吉林省教育督导规定》（2017年12月8日）

长春市人民政府（制定2件、修改13件、废止3件，共18件）

制定：《长春市城市公共交通基础设施管理办法》（2017年3月31日）、《长春市餐厨垃圾管理暂行办法》（2017年6月1日）

修改：《长春市政府投资建设项目审计监督办法》（2017年9月28日）、《长春市防雷减灾管理办法》（2017年10月24日）、《长春市公有住房提租和住房补贴管理办法》（2017年10月24日）、《长春市商品房预售资金监督管理办法》（2017年10月24日）、《长春市除四害管理办法》（2017年10月24日）、《长春市人民政府关于实施〈中华人民共和国人民防空法〉若干规定》（2017年10月24日）、《长春市城市基础设施配套费征收管理暂行办法》（2017年10月24日）、《长春市建（构）筑物拆除工程施工管理办法》（2017年10月24日）、《长春市发展应用新型墙体材料管理规定》（2017年10月24日）、《长春市城市清除冰雪管理办法》（2017年10月24日）、《长春市城市供热管理办法》（2017年10月24日）、《长春市科学技术奖励办法》（2017年10月24日）、《长春市展览业管理办法》（2017年10月24日）

废止：《长春市移动通信基站管理办法》（2017年10月24日）、《长春市发放住房补贴和交缴公积金计算基数的暂行规定》（2017年10月24日）、《长春市公有住房售后管理办法》（2017年10月24日）

吉林市人民政府（修改4件、废止5件，共9件）

修改：《吉林市散装水泥和预拌混凝土、预拌砂浆管理办法》（2017年12月28日）、《吉林市廉租住房配建管理办法》（2017年12月28日）、《吉林市城市夜景灯

饰建设管理办法》（2017年12月28日）、《吉林市再生资源回收管理办法》（2017年12月28日）

废止：《吉林市非机动车管理办法》（2017年12月28日）、《吉林市小汽车号牌竞价发放办法》（2017年12月28日）、《吉林市市政公用事业特许经营办法》（2017年12月28日）、《吉林市物业管理条例实施细则》（2017年12月28日）、《吉林市房地产交易和房屋登记管理规定》（2017年12月28日）

四平市人民政府（制定2件，共2件）

制定：《四平市人民政府规章制定程序规定》（2017年2月6日）、《四平市城市市容和环境卫生管理办法》（2017年2月6日）

通化市人民政府（制定1件，共1件）

制定：《通化市国有土地上房屋征收与补偿办法》（2017年11月13日）

辽源市人民政府（修改1件，共1件）

修改：《辽源市被征地农民基本养老保险实施办法》（2017年7月19日）

黑龙江省

地方性法规：

黑龙江省人大及其常委会（制定5件、修改5件、批准13件，共23件）

制定：《黑龙江省大气污染防治条例》（2017年1月20日）、《黑龙江省税收保障条例》（2017年4月7日）、《黑龙江省气象信息服务管理条例》（2017年10月13日）、《黑龙江省政府非税收入管理条例》（2017年10月13日）、《黑龙江省社会矛盾纠纷多元化解条例》（2017年10月13日）

修改：《黑龙江省人民代表大会专门委员会工作条例》（2017年1月20日）、《黑龙江省村民委员会选举办法》（2017年4月7日）、《黑龙江省禁毒条例》（2017年4月7日）、《黑龙江省老年人权益保障条例》（2017年10月13日）、《黑龙江省水土保持条例》（2017年12月27日）

批准：《哈尔滨市人民代表大会及其常务委员会立法条例》（2017年4月7日）、《哈尔滨市电梯安全管理条例》（2017年12月27日）、《哈尔滨市城市道路限制交通若干规定》（2017年12月27日）、《齐齐哈尔市城市供热管理规定》（2017年8月25日）、《牡丹江市住宅物业管理条例》（2017年10月13日）、《佳木斯市人民代表大会及其常务委员会立法条例》（2017年4月7日）、《绥化市人民代表大会及其常务委员会制定地方性法规条例》（2017年4月7日）、《大庆市人民代表大会及其常务委员会立法条例》（2017年4月7日）、《黑河市人民代表大会及其常务委员会立法条例》（2017年4月7日）、《双鸭山市人民代表大会及其常务委员会立法条例》（2017年4月

7日）、《鸡西市人民代表大会及其常务委员会制定地方性法规条例》（2017年4月7日）、《黑河市市容和环境卫生管理条例》（2017年10月13日）、《七台河市人民代表大会及其常务委员会立法条例》（2017年10月13日）

哈尔滨市人大及其常委会（制定2件、修改1件，共3件）

制定：《哈尔滨市电梯安全管理条例》（2017年10月26日）、《哈尔滨市城市道路限制交通若干规定》（2017年10月26日）

修改：《哈尔滨市人民代表大会及其常务委员会立法条例》（2017年1月25日）

齐齐哈尔市人大及其常委会（制定1件、修改1件，共2件）

制定：《齐齐哈尔市城市供热管理规定》（2017年5月31日）

修改：《齐齐哈尔市人民代表大会及其常务委员会立法条例》（2017年12月29日）

牡丹江市人大及其常委会（制定1件、修改1件，共2件）

制定：《牡丹江市住宅物业管理条例》（2017年9月15日）

修改：《牡丹江市人民代表大会及其常务委员会立法条例》（2017年12月28日）

佳木斯市人大及其常委会（制定1件，共1件）

制定：《佳木斯市人民代表大会及其常务委员会立法条例》（2017年1月11日）

绥化市人大及其常委会（制定1件，共1件）

制定：《绥化市人民代表大会及其常务委员会制定地方性法规条例》（2017年1月10日）

大庆市人大及其常委会（制定1件，共1件）

制定：《大庆市人民代表大会及其常务委员会立法条例》（2017年1月13日）

黑河市人大及其常委会（制定2件，共2件）

制定：《黑河市人民代表大会及其常务委员会立法条例》（2017年1月11日）、《黑河市市容和环境卫生管理条例》（2017年8月25日）

双鸭山市人大及其常委会（制定1件，共1件）

制定：《双鸭山市人民代表大会及其常务委员会立法条例》（2017年1月10日）

七台河市人大及其常委会（制定1件，共1件）

制定：《七台河市人民代表大会及其常务委员会立法条例》（2017年8月24日）

鸡西市人大及其常委会（制定1件，共1件）

制定：《鸡西市人民代表大会及其常务委员会制定地方性法规条例》（2017年1月12日）

政府规章：

黑龙江省人民政府（制定1件、修改1件，共2件）

制定：《黑龙江省行政执法责任制规定》（2017年11月21日）

修改：《黑龙江省政府规章制定办法》（2017年10月30日）

哈尔滨市人民政府（制定2件、修改18件、废止33件，共53件）

制定：《哈尔滨市城镇垃圾处理费征收办法》（2017年7月12日）、《哈尔滨市道路交通管理规定》（2017年10月25日）

修改：《哈尔滨市烟花爆竹安全管理办法》（2017年10月25日）、《哈尔滨市行政机关培训收费管理办法》（2017年10月26日）、《哈尔滨市工业节能监察办法》（2017年10月26日）、《哈尔滨市水土保持办法》（2017年10月26日）、《哈尔滨市城市内河管理办法》（2017年10月26日）、《哈尔滨市挖掘城市道路管理办法》（2017年10月26日）、《哈尔滨市建设工程勘察设计和施工图审查管理办法》（2017年10月26日）、《哈尔滨市城市房屋租赁管理办法》（2017年10月26日）、《哈尔滨市城市供热办法》（2017年10月26日）、《哈尔滨市档案征集办法》（2017年10月26日）、《哈尔滨市职工档案管理办法》（2017年10月26日）、《哈尔滨市专利管理办法》（2017年10月26日）、《哈尔滨市松花江湿地旅游管理办法》（2017年10月26日）、《哈尔滨市企业职工生育保险办法》（2017年10月26日）、《哈尔滨市城镇职工大额医疗救助金筹集使用暂行办法》（2017年10月26日）、《哈尔滨市城镇基本医疗保险暂行办法》（2017年10月26日）、《哈尔滨市失业保险办法》（2017年10月26日）、《哈尔滨市医疗保险特殊慢性病门诊治疗医疗费补贴暂行办法》（2017年10月26日）

废止：《哈尔滨市组织机构代码管理办法》（2017年7月13日）、《哈尔滨市建设工程抗震设防和抗震加固管理办法》（2017年7月13日）、《哈尔滨市城市道路货物运输服务管理办法》（2017年7月13日）、《哈尔滨市统计登记办法》（2017年7月13日）、《哈尔滨市贷款建设城市路桥车辆通行费征收管理办法》（2017年7月13日）、《哈尔滨市盐业管理办法》（2017年7月13日）、《哈尔滨市人民政府关于保留和取消行政许可项目的决定》（2017年7月13日）、《哈尔滨市人民政府关于公布行政许可实施主体的公告（第一号）》（2017年7月13日）、《哈尔滨市原煤散烧污染防治办法》（2017年7月13日）、《哈尔滨市超限运输车辆行驶农村公路管理办法》（2017年7月13日）、《哈尔滨市企业国有资产流失查处暂行办法》（2017年7月13日）、《哈尔滨市国家建设项目审计办法》（2017年7月13日）、《哈尔滨市建筑企业资质管理规定》（2017年7月13日）、《哈尔滨市建制镇规划建设管理办法》（2017年10月20日）、《哈尔滨市集镇和村屯规划建设管理办法》（2017年10月20日）、《哈尔滨市城市居民住宅安全防范设施建设管理规定》（2017年10月20日）、《哈尔滨市清除市区道路冰雪规定》（2017年10月20日）、《哈尔滨市城市污水处理费征收管理办法》（2017年10月20日）、《哈尔滨市行政效能监察规定》（2017年10月20日）、《哈尔滨市行政执法监督规定》（2017年10月20日）、《哈尔滨市节约能源办法》（2017年10月20日）、《哈尔滨市重大建设项目招标投标稽察暂行办法》（2017年10月20日）、《哈尔滨市房屋建筑和城市道路建设工程文明施工管理规定》（2017年10月20日）、《哈尔滨市城市居民最低生活保障办法》（2017年10月20日）、《哈尔滨市土地储备办法》（2017年10月20日）、《哈尔滨市固定资产投资项目审批核准备案办法》（2017年10月20日）、《哈尔滨市人才中介服务机构管理办法》（2017年10月20日）、《哈尔滨市餐饮业环境污染防治办法》（2017年10月20日）、《哈尔滨市行政效能投诉办法》（2017年10月20日）、《哈尔滨市工程建设领域行政机关公务员行政处分暂行规定》（2017年10月20日）、《哈尔滨市安全生产重点行业领域监督管理规定》（2017年10月20日）、《哈尔滨市城镇居民基本医疗保险暂行办法》（2017年10月26日）、《哈尔滨市新型农村合作医疗管理办法》（2017年10月26日）

齐齐哈尔市人民政府（制定1件、修改16件、废止2件，共19件）

制定：《齐齐哈尔市农村消防规定》（2017年12月28日）

修改：《齐齐哈尔市政府投资和以政府投资为主的建设项目审计办法》（2017年8月7日）、《齐齐哈尔市灌区涝区水利工程管理办法》（2017年9月21日）、《齐齐哈尔市犬类经营管理办法》（2017年9月21日）、《齐齐哈尔市优待老年人规定》（2017年9月21日）、《齐齐哈尔市市区污水处理费征收管理办法》（2017年9月21日）、《齐齐哈尔市城市公共客运交通管理办法》（2017年9月21日）、《齐齐哈尔市地下不明物及危险埋藏物安全管理规定》（2017年9月21日）、《齐齐哈尔市机动车驾驶人交通安全培训教育规定》（2017年9月21日）、《齐齐哈尔市农村消防规定》（2017年9月21日）、《齐齐哈尔市社区消防规定》（2017年9月21日）、《齐齐哈尔市新型墙体材料开发利用管理办法》（2017年9月21日）、《齐齐哈尔市残疾人评残发证管理办法》（2017年9月21日）、《齐齐哈尔市散装水泥管理办法》（2017年9月21日）、《齐齐哈尔市重大活动档案登记管理办法》（2017年9月21日）、《齐齐哈尔市城市客运出租汽车管理办法》（2017年9月21日）、《齐齐哈尔市非机动车管理暂行办法》（2017年9月21日）

废止：《齐齐哈尔市按比例安排残疾人就业办法》（2017年9月21日）、《齐齐哈尔市城市房产交易市场管理办法》（2017年9月21日）

大庆市人民政府（制定1件，共1件）

制定：《大庆市人民政府规章制定办法》（2017年12月14日）

黑河市人民政府（制定1件，共1件）

制定：《黑河市人民政府立法工作规定》（2017年12月15日）

绥化市人民政府（制定1件，共1件）

制定：《绥化市政府规章制定办法》（2017年12月8日）

上海市

地方性法规：

上海市人大及其常委会（制定8件、修改18件，共26件）

制定：《上海市食品安全条例》（2017年1月20日）、《上海市居民委员会工作条例》（2017年4月20日）、《上海市促进科技成果转化条例》（2017年4月20日）、《上海市社会信用条例》（2017年6月23日）、《上海市预算审查监督条例》（2017年6月23日）、《上海市农村集体资产监督管理条例》（2017年11月23日）、《上海市水资源管理若干规定》（2017年11月23日）、《上海市高等教育促进条例》（2017年12月28日）

修改：《上海市实施〈中华人民共和国村民委员会组织法〉办法》（2017年2月22日）、《上海市职工代表大会条例》（2017年11月23日）、《上海市绿化条例》（2017年11月23日）、《上海市公园管理条例》（2017年11月23日）、《上海市古树名木和古树后续资源保护条例》（2017年11月23日）、《上海市计量监督管理条例》（2017年11月23日）、《上海市实施〈中华人民共和国防震减灾法〉办法》（2017年11月23日）、《上海市档案条例》（2017年11月23日）、《上海市市民体育健身管理条例》（2017年11月23日）、《上海市防汛条例》（2017年11月23日）、《上海市河道管理条例》（2017年11月23日）、《上海市拆除违法建筑若干规定》（2017年11月23日）、《上海市审计条例》（2017年11月23日）、《上海市实施〈中华人民共和国残疾人保障法〉办法》（2017年11月23日）、《上海市环境保护条例》（2017年12月28日）、《上海市饮用水水源保护条例》（2017年12月28日）、《上海市大气污染防治条例》（2017年12月28日）、《上海市供水管理条例》（2017年12月28日）

政府规章：

上海市人民政府（制定9件、修改11件、废止12件，共32件）

制定：《上海市建设工程招标投标管理办法》（2017年1月3日）、《上海市气象灾害防御办法》（2017年1月3日）、《上海市政府效能建设管理试行办法》（2017年5月15日）、《上海市住宅物业消防安全管理办法》（2017年6月26日）、《上海市建筑垃圾处理管理规定》（2017年9月11日）、《上海市居住证管理办法》（2017年9月18日）、《上海市传染病防治管理办法》（2017年11月27日）、《上海市市场监督管理投诉举报处理程序规定》（2017年12月4日）、《上海市政府采购实施办法》（2017年12月25日）

修改：《上海市流动户外广告设置管理规定》（2017年6月12日）、《上海市户外广告设施管理办法》（2017年6月12日）、《上海市实有人口服务和管理若干规定》（2017年11月20日）、《上海市公墓管理办法》（2017年12月14日）、《上海市社会公用计量标准器具管理办法》（2017年12月14日）、《上海市印章刻制业治安管理办法》（2017年12月14日）、《上海市建设工程抗震设防管理办法》（2017年12月14日）、《上海市水闸管理办法》（2017年12月14日）、《上海市燃气管道设施保护办法》（2017年12月14日）、《上海市水文管理办法》（2017年12月14日）、《上海市取水许可和水资源费征收管理实施办法》（2017年12月14日）

废止：《上海市微生物菌剂使用环境安全管理办法》（2017年6月12日）、《上海市组织机构代码登记管理办法》（2017年7月24日）、《上海市散装水泥管理办法》（2017年12月14日）、《上海市政府系统非常设机构管理暂行规定》（2017年12月14日）、《上海市粉煤灰综合利用管理规定》（2017年12月14日）、《上海市城市电网建设和供电用电管理暂行规定》（2017年12月14日）、《上海市教育督导规定》（2017年12月14日）、《上海市一次性使用无菌医疗器械监督管理若干规定》（2017年12月14日）、《上海市个人信用征信管理试行办法》（2017年12月14日）、《上海市企业信用征信管理试行办法》（2017年12月14日）、《上海市建筑节能管理办法》（2017年12月14日）、《上海市设备监理管理办法》（2017年12月14日）

江苏省

地方性法规：

江苏省人大及其常委会（制定8件、修改31件、批准47件，共86件）

制定：《江苏省民用航空条例》（2017年1月18日）、《江苏省预防未成年人犯罪条例》（2017年3月30日）、《江苏省医疗纠纷预防与处理条例》（2017年3月30日）、《江苏省财政监督条例》（2017年7月21日）、《江苏省河道管理条例》（2017年9月24日）、《江苏省慈善条例》（2017年12月2日）、《江苏省水域治安管理条例》（2017年12月2日）、《苏南国家自主创新示范区条例》（2017年12月2日）

修改：《江苏省实施〈中华人民共和国农业技术推广法〉办法》（2017年1月18日）、《江苏省消费者权益保护条例》（2017年3月30日）、《江苏省固体废物污染环境防治条例》（2017年6月3日）、《江苏省统计条例》（2017年6月3日）、《江苏省档案管理条例》（2017年6月3日）、《江苏省防震减灾条例》（2017年6月3日）、《江苏省实施〈中华人民共和国人民防空法〉办法》（2017年6月3日）、《江苏省文物保护条例》（2017年6月3日）、《江苏省特种行业治安管理条例》（2017年6月3日）、《江苏省发展中医条例》（2017年6月3日）、《江苏省行业协会条例》（2017年6月3日）、《江苏省实施〈中华人民共和国职业教育法〉办法》（2017年6月3日）、《江苏省药品监督管理条例》（2017年6月3日）、《江苏省气候资源保护和开发利用条例》（2017年6月3日）、《江苏省气象灾害防御条例》（2017年6月3日）、

《江苏省动物防疫条例》（2017年6月3日）、《江苏省道路运输条例》（2017年6月3日）、《江苏省机动车维修管理条例》（2017年6月3日）、《江苏省内河交通管理条例》（2017年6月3日）、《江苏省水利工程管理条例》（2017年6月3日）、《江苏省防洪条例》（2017年6月3日）、《江苏省水资源管理条例》（2017年6月3日）、《江苏省水库管理条例》（2017年6月3日）、《江苏省水文条例》（2017年6月3日）、《江苏省水土保持条例》（2017年6月3日）、《江苏省生态公益林条例》（2017年6月3日）、《江苏省实施〈中华人民共和国森林法〉办法》（2017年6月3日）、《江苏省野生动物保护条例》（2017年6月3日）、《江苏省人民代表大会常务委员会讨论、决定重大事项的规定》（2017年7月21日）、《江苏省献血条例》（2017年7月21日）、《江苏省邮政条例》（2017年12月2日）

批准：《南京市清真食品管理条例》（2017年1月18日）、《徐州市港口条例》（2017年1月18日）、《徐州市市容和环境卫生管理条例》（2017年1月18日）、《常州市历史文化名城保护条例》（2017年1月18日）、《南京市院前医疗急救条例》（2017年3月30日）、《无锡市制定地方性法规条例》（2017年3月30日）、《苏州市制定地方性法规条例》（2017年3月30日）、《南通市城市建筑垃圾管理条例》（2017年3月30日）、《宿迁市制定地方性法规条例》（2017年3月30日）、《南京市院前医疗急救条例》（2017年6月3日）、《南京市法律援助条例》（2017年6月3日）、《南京市公路路政管理条例》（2017年7月21日）、《南京市城市道路设施管理条例》（2017年7月21日）、《南京市水环境保护条例》（2017年7月21日）、《南京市蔬菜基地管理条例》（2017年7月21日）、《南京市市容管理条例》（2017年7月21日）、《南京市促进技术转移条例》（2017年7月21日）、《南京市机动车排气污染防治条例》（2017年7月21日）、《南京市环境噪声污染防治条例》（2017年7月21日）、《南京市城乡规划条例》（2017年7月21日）、《南京市商品交易市场管理条例》（2017年7月21日）、《南京市国有企业法定代表人离任经济责任审计条例》（2017年7月21日）、《南京市爱国卫生管理条例》（2017年7月21日）、《南京市房屋使用安全管理条例》（2017年7月21日）、《南京市人民代表大会常务委员会关于南京江北新区行政管理事项的决定》（2017年7月21日）、《淮安市地下管线管理条例》（2017年7月21日）、《镇江市非物质文化遗产项目代表性传承人条例》（2017年7月21日）、《南通市水利工程管理条例》（2017年9月24日）、《连云港市市容和环境卫生管理条例》（2017年9月24日）、《扬州市公园条例》（2017年9月24日）、《泰州市绿化条例》（2017年9月24日）、《宿迁市户外广告设施和店招标牌管理条例》（2017年9月24日）、《南京市旅游条例》（2017年12月2日）、《南京市排水条例》（2017年12月2日）、《南京市献血条例》（2017年12月2日）、《无锡市安全生产条例》（2017年12月2日）、《徐州市旅游条例》（2017年12月2日）、《常州市天目湖保护条例》

（2017年12月2日）、《常州市电梯安全管理条例》（2017年12月2日）、《苏州国家历史文化名城保护条例》（2017年12月2日）、《苏州市古城墙保护条例》（2017年12月2日）、《连云港市滨海湿地保护条例》（2017年12月2日）、《淮安市文物保护条例》（2017年12月2日）、《盐城市城乡规划条例》（2017年12月2日）、《镇江市长江岸线资源保护条例》（2017年12月2日）、《泰州市道路交通安全条例》（2017年12月2日）、《宿迁市住宅物业管理条例》（2017年12月2日）

南京市人大及其常委会（制定5件、修改12件、废止2件，共19件）

制定：《南京市院前医疗急救条例》（2017年2月17日）、《南京市法律援助条例》（2017年4月28日）、《南京市房屋使用安全管理条例》（2017年6月27日）、《南京市人民代表大会常务委员会关于南京江北新区行政管理事项的决定》（2017年6月27日）、《南京市献血条例》（2017年10月20日）

修改：《南京市公路路政管理条例》（2017年6月27日）、《南京市城市道路设施管理条例》（2017年6月27日）、《南京市水环境保护条例》（2017年6月27日）、《南京市蔬菜基地管理条例》（2017年6月27日）、《南京市市容管理条例》（2017年6月27日）、《南京市促进技术转移条例》（2017年6月27日）、《南京市机动车排气污染防治条例》（2017年6月27日）、《南京市环境噪声污染防治条例》（2017年6月27日）、《南京市城乡规划条例》（2017年6月27日）、《南京市商品交易市场管理条例》（2017年6月27日）、《南京市旅游条例》（2017年10月20日）、《南京市排水条例》（2017年10月20日）

废止：《南京市国有企业法定代表人离任经济责任审计条例》（2017年6月27日）、《南京市爱国卫生管理条例》（2017年6月27日）

无锡市人大及其常委会（制定1件、修改1件，共2件）

制定：《无锡市安全生产条例》（2017年10月31日）

修改：《无锡市制定地方性法规条例》（2017年2月17日）

徐州市人大及其常委会（修改1件，共1件）

修改：《徐州市旅游条例》（2017年10月31日）

苏州市人大及其常委会（制定3件、修改9件、废止1件，共13件）

制定：《苏州市禁止燃放烟花爆竹条例》（2017年4月25日）、《苏州国家历史文化名城保护条例》（2017年10月23日）、《苏州市古城墙保护条例》（2017年10月23日）

修改：《苏州市制定地方性法规条例》（2017年1月19日）、《苏州市公共汽车客运管理条例》（2017年12月25日）、《苏州市内河交通安全管理条例》（2017年12月25日）、《苏州市道路运输条例》（2017年12月25日）、《苏州市集贸市场管理条例》（2017年12月25日）、《苏州市档案条例》（2017年12月25日）、《苏州市禁止猎捕陆生野生动物条例》（2017年12月25日）、《苏州市湿地保护条例》（2017年12月25日）、《苏州市阳澄湖水源水质保护条例》（2017年12月25日）

废止：《苏州市渔业管理条例》（2017年12月25日）

常州市人大及其常委会（制定2件，共2件）

制定：《常州市天目湖保护条例》（2017年10月31日）、《常州市电梯安全管理条例》（2017年10月31日）

南通市人大及其常委会（制定3件，共3件）

制定：《南通市城市建筑垃圾管理条例》（2017年1月23日）、《南通市水利工程管理条例》（2017年9月1日）、《南通市人才发展促进条例》（2017年12月25日）

盐城市人大及其常委会（制定2件，共2件）

制定：《盐城市城乡规划条例》（2017年9月28日）、《盐城市畜禽养殖污染防治条例》（2017年11月29日）

扬州市人大及其常委会（制定1件，共1件）

制定：《扬州市公园条例》（2017年7月26日）

镇江市人大及其常委会（制定2件，共2件）

制定：《镇江市非物质文化遗产项目代表性传承人条例》（2017年6月30日）、《镇江市长江岸线资源保护条例》（2017年10月31日）

泰州市人大及其常委会（制定3件，共3件）

制定：《泰州市绿化条例》（2017年8月25日）、《泰州市道路交通安全条例》（2017年10月31日）、《泰州市市区烟花爆竹燃放管理条例》（2017年12月26日）

连云港市人大及其常委会（制定2件，共2件）

制定：《连云港市市容和环境卫生管理条例》（2017年8月30日）、《连云港市滨海湿地保护条例》（2017年10月31日）

淮安市人大及其常委会（制定3件，共3件）

制定：《淮安市地下管线管理条例》（2017年6月26日）、《淮安市文物保护条例》（2017年10月31日）、《淮安市周恩来纪念地保护条例》（2017年12月19日）

宿迁市人大及其常委会（制定3件，共3件）

制定：《宿迁市制定地方性法规条例》（2017年1月22日）、《宿迁市户外广告设施和店招标牌管理条例》（2017年8月30日）、《宿迁市住宅物业管理条例》（2017年10月27日）

政府规章：

江苏省人民政府（制定4件，共4件）

制定：《江苏省内河水上游览经营活动安全管理办法》（2017年2月20日）、《江苏省港口岸线管理办法》（2017年9月1日）、《江苏省道路交通事故社会救助基金管

理办法》（2017年9月1日）、《江苏省传统村落保护办法》（2017年9月28日）

南京市人民政府（制定3件、修改25件、废止29件，共57件）

制定：《南京市国有土地上房屋征收与补偿办法》（2017年2月4日）、《南京市城市地下综合管廊管理暂行办法》（2017年4月24日）、《南京市防洪办法》（2017年10月27日）

修改：《南京市统计管理办法》（2017年10月27日）、《南京市殡葬管理办法》（2017年10月27日）、《南京市价格管理办法》（2017年10月27日）、《南京市人口与计划生育规定》（2017年10月27日）、《南京市学前教育管理办法》（2017年10月27日）、《南京市政府投资项目招投标监督管理办法》（2017年10月27日）、《南京市人民政府关于委托行政执法事项的规定》（2017年10月27日）、《南京市土地储备办法》（2017年10月27日）、《南京市建筑节能与墙体材料革新管理办法》（2017年10月27日）、《南京市城镇职工生育保险办法》（2017年10月27日）、《南京市城镇社会基本医疗保险办法》（2017年10月27日）、《南京市水利工程管理和保护办法》（2017年10月27日）、《南京市气象灾害防御管理办法》（2017年10月27日）、《南京市城市居民住宅二次供水管理办法》（2017年10月27日）、《南京市扬尘污染防治管理办法》（2017年10月27日）、《南京市人民防空工程建设管理办法》（2017年10月27日）、《南京市建筑市场管理若干规定》（2017年10月27日）、《南京市地下水资源保护管理办法》（2017年10月27日）、《南京市建设工程施工现场管理办法》（2017年10月27日）、《南京市计量监督管理办法》（2017年10月27日）、《南京市渣土运输管理办法》（2017年10月27日）、《南京市市政设施移交管理办法》（2017年10月27日）、《南京市店招标牌设置管理办法》（2017年10月27日）、《南京市餐饮具集中消毒监督管理办法》（2017年10月27日）、《南京市城市建筑物、公共设施、道路容貌管理规定》（2017年10月27日）

废止：《南京市内部审计管理办法》（2017年10月27日）、《南京市饮食娱乐服务企业环境保护管理办法》（2017年10月27日）、《南京市公共场所禁止吸烟暂行规定》（2017年10月27日）、《南京市国家安全机关工作人员使用侦察证暂行办法》（2017年10月27日）、《南京市水路运输管理办法》（2017年10月27日）、《南京市土地权属争议处理办法》（2017年10月27日）、《南京市教育督导暂行规定》（2017年10月27日）、《南京市行政处罚听证程序规定》（2017年10月27日）、《南京市涉案物品价格鉴定办法》（2017年10月27日）、《南京市商品条码管理办法》（2017年10月27日）、《南京市城市公厕管理办法》（2017年10月27日）、《南京市行政复议案件办理程序规定》（2017年10月27日）、《南京市献血办法》（2017年10月27日）、《南京市防洪办法》（2017年10月27日）、《南京市失业保险办法》（2017年10月27日）、《南京市城市管理相对集中行政处罚权试行办法》（2017年10

月27日）、《南京市财政监督办法》（2017年10月27日）、《南京市集体土地登记办法》（2017年10月27日）、《南京市锅炉压力容器压力管道安全监察与质量监督办法》（2017年10月27日）、《南京市突发公共卫生事件应急办法》（2017年10月27日）、《南京市价格监测管理暂行办法》（2017年10月27日）、《南京市农业标准化管理办法》（2017年10月27日）、《南京市无障碍设施建设管理办法》（2017年10月27日）、《南京市生鲜牛奶管理办法》（2017年10月27日）、《南京市行业协会管理办法》（2017年10月27日）、《南京市道路客货运输站场管理办法》（2017年10月27日）、《南京市工伤保险实施办法》（2017年10月27日）、《南京市村镇建设管理办法》（2017年10月27日）、《南京市促进清洁生产实施办法》（2017年10月27日）

无锡市人民政府（制定4件，共4件）

制定：《无锡市居民住宅二次供水管理办法》（2017年2月21日）、《无锡市特种设备安全管理办法》（2017年2月21日）、《无锡市机关事务管理办法》（2017年2月21日）、《无锡市民用无人驾驶航空器管理办法》（2017年7月25日）

徐州市人民政府（修改1件、废止22件，共23件）

修改：《徐州市计税价格认定办法》（2017年12月21日）

废止：《徐州市排放污染物许可证管理办法》（2017年10月23日）、《徐州市烟尘控制区管理办法》（2017年10月23日）、《徐州市垃圾管理办法》（2017年10月23日）、《徐州市中小学教学环境和秩序管理规定》（2017年10月23日）、《徐州市农村集体荒地使用权拍卖与租赁办法》（2017年10月23日）、《徐州市城市居民最低生活保障办法》（2017年10月23日）、《徐州市市区生活垃圾袋装管理办法》（2017年10月23日）、《徐州市城市住宅区物业管理暂行办法》（2017年10月23日）、《徐州市人事争议仲裁办法》（2017年10月23日）、《徐州市社区服务业管理办法》（2017年10月23日）、《徐州市城市房地产抵押办法》（2017年10月23日）、《徐州市引荐海外和台港澳资金奖励办法》（2017年10月23日）、《徐州市行政审批实施规定》（2017年10月23日）、《徐州市行政事业性收费管理监督办法》（2017年10月23日）、《徐州市城镇退役士兵安置办法》（2017年10月23日）、《徐州市城市管理相对集中行政处罚权试行办法》（2017年10月23日）、《徐州市户部山商贸城地区和彭城路步行街管理办法》（2017年10月23日）、《徐州市城市建筑垃圾和工程渣土管理办法》（2017年10月23日）、《徐州市医疗废弃物管理办法》（2017年10月23日）、《徐州市实施〈江苏省人口与计划生育条例〉办法》（2017年10月23日）、《徐州市城市二次供水管理办法》（2017年10月23日）、《徐州市道路货物运输服务业管理办法》（2017年10月23日）

苏州市人民政府（制定1件、修改2件、废止1件，共4件）

制定：《苏州市江南水乡古镇保护办法》（2017年12月26日）

修改：《苏州市地下管线管理办法》（2017年3月22日）、《苏州市人口与计划生育办法》（2017年7月24日）

废止：《苏州市政府信息公开规定》（2017年11月13日）

常州市人民政府（制定2件，共2件）

制定：《常州市非物质文化遗产保护办法》（2017年11月3日）、《常州市餐饮业污染防治管理办法》（2017年11月3日）

南通市人民政府（制定1件，共1件）

制定：《南通市人民政府重大行政决策程序规定》（2017年2月24日）

扬州市人民政府（制定1件、修改1件，共2件）

制定：《扬州古城历史建筑修缮管理办法》（2017年9月14日）

修改：《扬州市扬尘污染防治管理暂行办法》（2017年9月14日）

镇江市人民政府（制定3件，共3件）

制定：《镇江市古籍保护办法》（2017年4月28日）、《镇江市海绵城市管理办法》（2017年6月7日）、《镇江市内河交通安全管理办法》（2017年8月30日）

泰州市人民政府（制定5件，共5件）

制定：《泰州市地热资源和浅层地热能管理办法》（2017年1月6日）、《泰州市地理信息资源共享管理办法》（2017年1月6日）、《泰州市城市治理办法》（2017年1月22日）、《泰州市国有建设用地批后服务与监管办法》（2017年8月13日）、《〈泰州市房屋安全管理条例〉实施细则》（2017年12月4日）

连云港市人民政府（制定2件，共2件）

制定：《连云港市餐厨废弃物管理办法》（2017年8月5日）、《连云港市文物保护管理办法》（2017年9月18日）

淮安市人民政府（制定2件，共2件）

制定：《淮安市地下水资源管理办法》（2017年10月19日）、《淮安市非物质文化遗产保护实施办法》（2017年12月5日）

宿迁市人民政府（制定1件，共1件）

制定：《宿迁市人民政府规章制定程序规定》（2017年9月21日）

浙江省

地方性法规：

浙江省人大及其常委会（制定11件、修改34件、废止3件、批准26件，共74件）

制定：《浙江省气象灾害防御条例》（2017年3月29日）、《浙江省学前教育条例》（2017年5月26日）、《浙江省河长制规定》（2017年7月28日）、《浙江省房屋使用安全管理条例》（2017年7月28日）、《浙江省无线电管理条例》（2017年9月30日）、《浙江省公共信用信息管理条例》（2017年9月30日）、《浙江省工伤保险条例》（2017年9月30日）、《浙江省公共文化服务保障条例》（2017年11月30日）、《浙江省公益林和森林公园条例》（2017年11月30日）、《浙江省城市景观风貌条例》（2017年11月30日）、《中国（浙江）自由贸易试验区条例》（2017年12月27日）

修改：《浙江省促进科技成果转化条例》（2017年3月30日）、《浙江省实施〈中华人民共和国消费者权益保护法〉办法》（2017年3月30日）、《浙江省钱塘江管理条例》（2017年5月26日）、《浙江省台湾同胞投资保障条例》（2017年9月30日）、《浙江省水土保持条例》（2017年9月30日）、《浙江省河道管理条例》（2017年9月30日）、《浙江省固体废物污染环境防治条例》（2017年9月30日）、《浙江省城市市容和环境卫生管理条例》（2017年9月30日）、《浙江省海洋环境保护条例》（2017年9月30日）、《浙江省海域使用管理条例》（2017年9月30日）、《浙江省气象条例》（2017年9月30日）、《浙江省社会治安综合治理条例》（2017年11月30日）、《浙江省南麂列岛国家级海洋自然保护区管理条例》（2017年11月30日）、《浙江省水污染防治条例》（2017年11月30日）、《浙江省曹娥江流域水环境保护条例》（2017年11月30日）、《浙江省水资源管理条例》（2017年11月30日）、《浙江省动物防疫条例》（2017年11月30日）、《浙江省农业机械化促进条例》（2017年11月30日）、《浙江省公路路政管理条例》（2017年11月30日）、《浙江省航道管理条例》（2017年11月30日）、《浙江省防震减灾条例》（2017年11月30日）、《浙江省实施〈中华人民共和国档案法〉办法》（2017年11月30日）、《浙江省旅游条例》（2017年11月30日）、《浙江省发展新型墙体材料条例》（2017年11月30日）、《浙江省促进散装水泥发展和应用条例》（2017年11月30日）、《浙江省审计条例》（2017年11月30日）、《浙江省森林管理条例》（2017年11月30日）、《浙江省松材线虫病防治条例》（2017年11月30日）、《浙江省机动车排气污染防治条例》（2017年11月30日）、《浙江省实施〈中华人民共和国节约能源法〉办法》（2017年11月30日）、《浙江省绿色建筑条例》（2017年11月30日）、《浙江省建设工程勘察设计管理条例》（2017年11月30日）、《浙江省建设工程质量管理条例》（2017年11月30日）、《浙江省消防条例》（2017年11月30日）

废止：《浙江省核电厂辐射环境保护条例》（2017年11月30日）、《浙江省水路运输管理条例》（2017年11月30日）、《浙江省著名商标认定和保护条例》（2017年11月30日）

批准：《杭州市大运河世界文化遗产保护条例》（2017年3月30日）、《杭州市大江东产业集聚区管理条例》（2017年3月30日）、《宁波市文明行为促进条例》（2017

年3月30日）、《温州市物业管理条例》（2017年3月30日）、《嘉兴市南湖保护条例》（2017年3月30日）、《宁波市制定地方性法规条例》（2017年5月26日）、《宁波市气候资源开发利用和保护条例》（2017年5月26日）、《杭州市道路交通安全管理条例》（2017年7月28日）、《杭州市会展业促进条例》（2017年9月30日）、《湖州市禁止销售燃放烟花爆竹规定》（2017年9月30日）、《绍兴市文明行为促进条例》（2017年9月30日）、《绍兴市市容和环境卫生管理规定》（2017年9月30日）、《金华市电梯安全条例》（2017年9月30日）、《台州府城墙保护条例》（2017年9月30日）、《杭州市城乡规划条例》（2017年11月30日）、《杭州市机动车驾驶员培训管理条例》（2017年11月30日）、《宁波市荣誉市民条例》（2017年11月30日）、《宁波市城市绿化条例》（2017年11月30日）、《宁波市韭山列岛海洋生态自然保护区条例》（2017年11月30日）、《温州市城市绿化条例》（2017年11月30日）、《温州市危险住宅处置规定》（2017年11月30日）、《衢州市城市绿化条例》（2017年11月30日）、《衢州市信安湖保护条例》（2017年11月30日）、《舟山市文明行为促进条例》（2017年11月30日）、《台州市电梯安全管理规定》（2017年11月30日）、《丽水市饮用水水源保护条例》（2017年11月30日）

杭州市人大及其常委会（制定1件、修改3件，共4件）

制定：《杭州市会展业促进条例》（2017年8月24日）

修改：《杭州市道路交通安全管理条例》（2017年6月28日）、《杭州市城乡规划条例》（2017年10月30日）、《杭州市机动车驾驶员培训管理条例》（2017年10月30日）

宁波市人大及其常委会（制定3件、修改3件，共6件）

制定：《宁波市文明行为促进条例》（2017年3月9日）、《宁波市气候资源开发利用和保护条例》（2017年4月14日）、《宁波市荣誉市民条例》（2017年10月24日）

修改：《宁波市制定地方性法规条例》（2017年4月14日）、《宁波市城市绿化条例》（2017年10月24日）、《宁波市韭山列岛海洋生态自然保护区条例》（2017年10月24日）

温州市人大及其常委会（制定2件，共2件）

制定：《温州市城市绿化条例》（2017年10月31日）、《温州市危险住宅处置规定》（2017年10月31日）

嘉兴市人大及其常委会（制定1件，共1件）

制定：《嘉兴市南湖保护条例》（2017年3月30日）

湖州市人大及其常委会（制定1件，共1件）

制定：《湖州市禁止销售燃放烟花爆竹规定》（2017年8月30日）

绍兴市人大及其常委会（制定2件，共2件）

制定：《绍兴市文明行为促进条例》（2017年8月31日）、《绍兴市市容和环境卫生管理规定》（2017年8月31日）

金华市人大及其常委会（制定1件，共1件）

制定：《金华市电梯安全条例》（2017年8月25日）

衢州市人大及其常委会（制定2件，共2件）

制定：《衢州市城市绿化条例》（2017年10月13日）、《衢州市信安湖保护条例》（2017年10月13日）

舟山市人大及其常委会（制定1件，共1件）

制定：《舟山市文明行为促进条例》（2017年9月29日）

台州市人大及其常委会（制定2件，共2件）

制定：《台州府城墙保护条例》（2017年8月29日）、《台州市电梯安全管理规定》（2017年10月30日）

丽水市人大及其常委会（制定1件，共1件）

制定：《丽水市饮用水水源保护条例》（2017年9月29日）

政府规章：

浙江省人民政府（制定5件、修改13件、废止5件，共23件）

制定：《浙江省取水许可和水资源费征收管理办法》（2017年2月23日）、《浙江省公共数据和电子政务管理办法》（2017年2月23日）、《浙江省古树名木保护办法》（2017年6月23日）、《浙江省地理国情监测管理办法》（2017年12月4日）、《浙江省体育赛事管理办法》（2017年12月14日）

修改：《浙江省企业工资支付管理办法》（2017年2月23日）、《浙江省女职工劳动保护办法》（2017年3月31日）、《浙江省最低生活保障办法》（2017年9月15日）、《浙江省农业废弃物处理与利用促进办法》（2017年9月15日）、《浙江省无居民海岛开发利用管理办法》（2017年9月15日）、《浙江省自然保护区管理办法》（2017年9月15日）、《浙江省实施〈公共机构节能条例〉办法》（2017年9月15日）、《浙江省印章刻制治安管理办法》（2017年9月15日）、《浙江省地图管理办法》（2017年9月15日）、《浙江省基础测绘管理办法》（2017年9月15日）、《浙江省城市绿化管理办法》（2017年9月15日）、《浙江省收费公路管理办法》（2017年9月15日）、《浙江省实验动物管理办法》（2017年9月15日）

废止：《浙江省国家建设项目审计办法》（2017年9月15日）、《浙江省地震安全性评价管理办法》（2017年9月15日）、《浙江省环境污染监督管理办法》（2017年9月15日）、《浙江省福利企业管理办法》（2017年9月15日）、《浙江省排污费征收使用管理办法》（2017年9月15日）

杭州市人民政府（制定2件、修改8件、废止8件，共18件）

制定：《杭州市地下空间开发利用管理办法》（2017年5月12日）、《杭州市市场监督管理行政处罚程序规定》（2017年8月2日）

修改：《杭州市国家建设项目审计办法》（2017年8月2日）、《杭州市人民防空工程管理规定》（2017年8月2日）、《杭州市城市照明管理办法》（2017年11月15日）、《杭州市城市绿化管理条例实施细则》（2017年11月27日）、《杭州市商品混凝土管理办法》（2017年11月27日）、《杭州市建设工程渣土管理办法》（2017年11月27日）、《杭州市钱塘江防潮安全管理办法》（2017年12月27日）、《杭州市社会保险费征缴办法》（2017年12月27日）

废止：《杭州市有害固体废物管理暂行办法》（2017年9月28日）、《杭州市客运出租汽车经营权有偿使用管理办法》（2017年9月28日）、《杭州市强制性清洁生产实施办法》（2017年9月28日）、《杭州市组织机构代码管理办法》（2017年11月27日）、《杭州市户外广告管理办法》（2017年11月27日）、《杭州市个体私营经济权益保护办法》（2017年11月27日）、《杭州市建设工程质量监督管理办法》（2017年11月27日）、《杭州市区国有土地上房屋登记办法》（2017年11月27日）

宁波市人民政府（制定2件、修改15件、废止16件，共33件）

制定：《宁波市城市房屋建筑幕墙安全管理办法》（2017年3月3日）、《宁波市人民防空工程管理办法》（2017年3月3日）

修改：《宁波市最低生活保障办法》（2017年3月14日）、《宁波市市区城市河道管理办法》（2017年3月14日）、《宁波市政府投资项目审计监督办法》（2017年9月11日）、《宁波市政府投资项目管理办法》（2017年12月4日）、《宁波市政府核准投资项目管理办法》（2017年12月4日）、《宁波市消火栓管理办法》（2017年12月4日）、《宁波市物业专项维修资金管理办法》（2017年12月4日）、《宁波市危险化学品道路运输安全管理规定》（2017年12月4日）、《宁波市生猪屠宰管理办法》（2017年12月4日）、《宁波市建设工程文明施工管理规定》（2017年12月4日）、《宁波市户外广告设施设置管理办法》（2017年12月4日）、《宁波市公共机构节能办法》（2017年12月4日）、《宁波市电梯安全管理办法》（2017年12月4日）、《宁波市大运河遗产保护办法》（2017年12月4日）、《宁波市城乡规划实施规定》（2017年12月4日）

废止：《宁波市全民所有制小型零售商业、饮食服务企业租赁经营管理规定》（2017年12月4日）、《宁波市农村集体资产管理暂行规定》（2017年12月4日）、《宁波市建筑施工工地治安管理暂行办法》（2017年12月4日）、《宁波市饮食娱乐服务企业环境保护管理办法》（2017年12月4日）、《宁波市城市建设档案管理规定》（2017年12月4日）、《宁波市培训机构管理办法》（2017年12月4日）、《宁波市政府信息资源共享管理办法》（2017年12月4日）、《宁波市小型客车特殊号牌号码有偿使用管理试行办法》（2017年12月4日）、《宁波市社会福利企业管理办法》（2017年12月4日）、《宁波市三轮非机动车、手拉车管理办法》（2017年12月4日）、《宁波市古树名木保护管理办法》（2017年12月4日）、《宁波市除四害工作管理规定》（2017年12月4日）、《宁波市预拌混凝土管理规定》（2017年12月4日）、《宁波市损害经济发展环境行为处分处理试行办法》（2017年12月4日）、《宁波市重大安全事故行政责任追究规定（试行）》（2017年12月4日）、《宁波市行政电子监察管理办法》（2017年12月4日）

温州市人民政府（制定1件，共1件）

制定：《温州市区国有土地上房屋征收与补偿办法》（2017年1月23日）

湖州市人民政府（制定1件，共1件）

制定：《湖州市人民政府规章制定程序规定》（2017年12月12日）

金华市人民政府（制定1件，共1件）

制定：《金华市扬尘污染防治管理办法》（2017年11月3日）

舟山市人民政府（制定1件，共1件）

制定：《舟山市国家级海洋特别保护区海钓管理暂行办法》（2017年5月12日）

台州市人民政府（制定1件，共1件）

制定：《台州市公共汽车客运管理办法》（2017年2月14日）

安徽省

地方性法规：

安徽省人大及其常委会（制定6件、修改26件、废止3件、批准32件，共67件）

制定：《安徽省促进战略性新兴产业集聚发展条例》（2017年5月27日）、《安徽省食品安全条例》（2017年7月28日）、《安徽省湖泊管理保护条例》（2017年7月28日）、《安徽省林业有害生物防治条例》（2017年9月29日）、《安徽省非税收入管理条例》（2017年11月17日）、《安徽省司法鉴定管理条例》（2017年11月17日）

修改：《安徽省拥军优属条例》（2017年3月31日）、《安徽省旅游条例》（2017年3月31日）、《安徽省禁毒条例》（2017年5月27日）、《安徽省水路运输条例》（2017年5月27日）、《安徽省实施〈中华人民共和国森林法〉办法》（2017年7月28日）、《安徽省实施〈中华人民共和国烟草专卖法〉办法》（2017年7月28日）、《安徽省气象管理条例》（2017年7月28日）、《安徽省水文条例》（2017年7月28日）、《安徽省计量监督管理条例》（2017年7月28日）、《安徽省农作物种子管理条例》（2017年7月28日）、《安徽省农产品质量安全条例》（2017年7月28日）、《安徽省畜产品质量安全管理条例》（2017年7月28日）、《安徽省审计监督条例》（2017年7

月28日）、《安徽省人民代表大会常务委员会讨论、决定重大事项的规定》（2017年7月28日）、《安徽省乡镇人民代表大会工作条例》（2017年7月28日）、《安徽省各级人民代表大会常务委员会实行规范性文件备案审查的规定》（2017年7月28日）、《安徽省安全生产条例》（2017年9月29日）、《安徽省人民代表大会常务委员会议事规则》（2017年9月29日）、《安徽省各级人民代表大会常务委员会监督条例》（2017年9月29日）、《安徽省办理人民代表大会代表建议、批评和意见的规定》（2017年9月29日）、《安徽省人民代表大会常务委员会组成人员守则》（2017年11月17日）、《安徽省环境保护条例》（2017年11月17日）、《安徽省档案条例》（2017年11月17日）、《安徽省广播电视管理条例》（2017年11月17日）、《安徽省特种行业治安管理条例》（2017年11月17日）、《安徽省实施〈中华人民共和国义务教育法〉办法》（2017年11月17日）

废止：《安徽省人民代表大会常务委员会工作条例》（2017年7月28日）、《安徽省人民代表大会常务委员会关于加强同省人民代表大会代表联系的办法》（2017年9月29日）、《安徽省城乡集市贸易市场管理条例》（2017年11月17日）

批准：《安庆市城市管理条例》（2017年3月31日）、《宿州市人民代表大会及其常务委员会立法程序规定》（2017年3月31日）、《淮南市文明行为促进条例》（2017年3月31日）、《马鞍山市人民代表大会及其常务委员会立法程序规定》（2017年3月31日）、《马鞍山市非物质文化遗产条例》（2017年3月31日）、《六安市人民代表大会及其常务委员会立法程序规定》（2017年3月31日）、《黄山市人民代表大会及其常务委员会立法程序规定》（2017年3月31日）、《滁州市琅琊山风景名胜区条例》（2017年5月27日）、《合肥市绿色建筑发展条例》（2017年7月28日）、《安庆市燃放烟花爆竹管理条例》（2017年7月28日）、《宣城市青弋江灌区管理条例》（2017年7月28日）、《蚌埠市城市管理条例》（2017年7月28日）、《合肥市烟花爆竹管理条例》（2017年9月29日）、《合肥市文物保护办法》（2017年9月29日）、《铜陵市住宅电梯安全管理条例》（2017年9月29日）、《铜陵市工业遗产保护与利用条例》（2017年9月29日）、《宿州市采石场修复条例》（2017年9月29日）、《滁州市非物质文化遗产保护条例》（2017年9月29日）、《齐云山风景名胜区保护管理条例》（2017年9月29日）、《淮南市公园管理条例》（2017年11月17日）、《淮南市寿州古城保护条例》（2017年11月17日）、《淮南市煤炭市场管理条例》（2017年11月17日）、《淮南市淮河水域保护条例》（2017年11月17日）、《淮南市预防小煤矿生产安全事故规定》（2017年11月17日）、《阜阳市城市排水与污水处理条例》（2017年11月17日）、《淮北市绿化条例》（2017年11月17日）、《芜湖市城市管理条例》（2017年11月17日）、《芜湖市建筑垃圾管理条例》（2017年11月17日）、《亳州国家历史文化名城保护条例》（2017年11月17日）、《六安市饮用水水源环境保护条例》（2017年11月17日）、《黄山市徽州古建筑保护条例》（2017年12月20日）、《蚌埠市城市管理执法条例》（2017年12月20日）

合肥市人大及其常委会（制定1件、修改2件，共3件）

制定：《合肥市绿色建筑发展条例》（2017年6月21日）

修改：《合肥市烟花爆竹管理条例》（2017年8月31日）、《合肥市文物保护办法》（2017年8月31日）

淮南市人大及其常委会（制定2件、废止3件，共5件）

制定：《淮南市公园管理条例》（2017年10月24日）、《淮南市寿州古城保护条例》（2017年10月24日）

废止：《淮南市煤炭市场管理条例》（2017年10月24日）、《淮南市淮河水域保护条例》（2017年10月24日）、《淮南市预防小煤矿生产安全事故规定》（2017年10月24日）

宿州市人大及其常委会（制定2件，共2件）

制定：《宿州市人民代表大会及其常务委员会立法程序规定》（2017年1月13日）、《宿州市采石场修复条例》（2017年7月26日）

蚌埠市人大及其常委会（制定2件，共2件）

制定：《蚌埠市城市管理条例》（2017年6月27日）、《蚌埠市城市管理执法条例》（2017年12月4日）

阜阳市人大及其常委会（制定1件，共1件）

制定：《阜阳市城市排水与污水处理条例》（2017年11月1日）

宣城市人大及其常委会（制定2件，共2件）

制定：《宣城市青弋江灌区管理条例》（2017年5月26日）、《宣纸保护和发展条例》（2017年12月26日）

池州市人大及其常委会（制定1件，共1件）

制定：《池州市河道采砂管理条例》（2017年12月14日）

安庆市人大及其常委会（制定2件，共2件）

制定：《安庆市城市管理条例》（2017年2月22日）、《安庆市燃放烟花爆竹管理条例》（2017年6月29日）

滁州市人大及其常委会（制定2件，共2件）

制定：《滁州市琅琊山风景名胜区条例》（2017年4月27日）、《滁州市非物质文化遗产保护条例》（2017年8月25日）

芜湖市人大及其常委会（制定2件，共2件）

制定：《芜湖市城市管理条例》（2017年10月13日）、《芜湖市建筑垃圾管理条例》（2017年10月13日）

铜陵市人大及其常委会（制定2件，共2件）

制定：《铜陵市住宅电梯安全管理条例》（2017年8月24日）、《铜陵市工业遗产保护与利用条例》（2017年8月24日）

淮北市人大及其常委会（制定1件，共1件）

制定：《淮北市绿化条例》（2017年10月30日）

亳州市人大及其常委会（制定1件，共1件）

制定：《亳州国家历史文化名城保护条例》（2017年10月31日）

六安市人大及其常委会（制定2件，共2件）

制定：《六安市人民代表大会及其常务委员会立法程序规定》（2017年2月9日）、《六安市饮用水水源环境保护条例》（2017年9月29日）

马鞍山市人大及其常委会（制定1件，共1件）

制定：《马鞍山市人民代表大会及其常务委员会立法程序规定》（2017年1月9日）

黄山市人大及其常委会（制定3件，共3件）

制定：《黄山市人民代表大会及其常务委员会立法程序规定》（2017年1月25日）、《齐云山风景名胜区保护管理条例》（2017年8月31日）、《黄山市徽州古建筑保护条例》（2017年11月20日）

政府规章：

安徽省人民政府（制定7件、修改12件、废止10件，共29件）

制定：《安徽省行政执法人员管理办法》（2017年1月5日）、《安徽省电信设施建设和保护办法》（2017年3月17日）、《安徽省历史文化名城名镇名村保护办法》（2017年6月7日）、《安徽省医疗纠纷预防与处置办法》（2017年6月7日）、《安徽省互联网政务服务办法》（2017年11月22日）、《安徽省税收保障办法》（2017年12月14日）、《安徽省消防安全责任制规定》（2017年12月14日）

修改：《安徽省政府投资建设项目审计监督办法》（2017年9月1日）、《安徽省实施〈中华人民共和国河道管理条例〉办法》（2017年11月22日）、《安徽省殡葬管理办法》（2017年11月22日）、《安徽省实施〈医疗机构管理条例〉办法》（2017年11月22日）、《安徽省计算机信息系统安全保护办法》（2017年11月22日）、《安徽省建筑工程招标投标管理办法》（2017年11月22日）、《安徽省小型快速客船交通安全管理暂行办法》（2017年11月22日）、《安徽省行政机关规范性文件制定程序规定》（2017年11月22日）、《安徽省防雷减灾管理办法》（2017年11月22日）、《安徽省取水许可和水资源费征收管理实施办法》（2017年11月22日）、《安徽省河道采砂管理办法》（2017年11月22日）、《安徽省生产安全事故报告和调查处理办法》（2017年11月22日）

废止：《安徽省长江岸线资源开发利用管理办法》（2017年9月13日）、《安徽省职业技能培训管理办法》（2017年11月22日）、《安徽省矿产资源补偿费征收管理实施办法》（2017年11月22日）、《安徽省户外广告监督管理办法》（2017年11月22日）、《安徽省组织机构代码管理办法》（2017年11月22日）、《安徽省经纪人管理暂行办法》（2017年11月22日）、《安徽省经营性服务收费管理办法》（2017年11月22日）、《安徽省邮政管理办法》（2017年11月22日）、《安徽省城市公共客运交通管理办法》（2017年11月22日）、《安徽省体育经营监督管理办法》（2017年11月22日）

合肥市人民政府（制定2件、修改5件、废止4件，共11件）

制定：《合肥市活禽交易管理办法》（2017年12月2日）、《合肥市推进依法行政办法》（2017年12月21日）

修改：《合肥市建筑垃圾管理办法》（2017年2月9日）、《合肥市机动车停车场管理办法》（2017年2月26日）、《合肥市居住证管理办法》（2017年8月31日）、《合肥市专业技术人员继续教育暂行规定》（2017年9月30日）、《合肥市殡葬管理办法》（2017年10月17日）

废止：《合肥市城市居民最低生活保障暂行办法》（2017年9月30日）、《合肥市城镇职工社会保险费征缴暂行规定》（2017年9月30日）、《合肥市促进民办教育发展若干规定》（2017年9月30日）、《合肥市机关事业单位工作人员基本养老保险规定》（2017年12月21日）

淮南市人民政府（废止12件，共12件）

废止：《淮南市劳动监察规定》（2017年11月6日）、《淮南市城市建设档案管理办法》（2017年11月6日）、《淮南市城市户外广告管理办法》（2017年11月6日）、《淮南市土地利用总体规划实施办法》（2017年11月6日）、《淮南市动物防疫管理办法》（2017年11月6日）、《淮南市产品质量监督检查规定》（2017年11月6日）、《淮南市医疗机构医疗器械监督管理办法》（2017年11月6日）、《淮南市房地产权属登记办法》（2017年11月6日）、《淮南市闲置土地处置办法》（2017年11月6日）、《淮南市城市公园管理办法》（2017年11月6日）、《淮南市机动车排气污染防治办法》（2017年11月6日）、《淮南市畜禽养殖污染防治管理办法》（2017年11月6日）

安庆市人民政府（制定1件，共1件）

制定：《安庆市政府规章制定程序规定》（2017年12月27日）

宿州市人民政府（制定2件，共2件）

制定：《宿州市城乡规划管理办法》（2017年2月23日）、《宿州市新汴河风景区管理办法》（2017年12月21日）

蚌埠市人民政府（制定3件，共3件）

制定：《蚌埠市爱国卫生工作管理办法》（2017年10月26日）、《蚌埠市烟花爆竹燃放管理规定》（2017年10月26日）、《蚌埠市行政程序规定》（2017年12月1日）

阜阳市人民政府（制定2件，共2件）

制定：《阜阳市房屋建筑和市政基础设施工程质量管理办法》（2017年12月20日）、《阜阳市人民政府规章制定程序规定》（2017年12月20日）

滁州市人民政府（制定2件，共2件）

制定：《滁州市人民政府规章制定程序规定》（2017年11月27日）、《滁州市城镇排水管理办法》（2017年12月18日）

黄山市人民政府（制定2件，共2件）

制定：《黄山市城市市容和环境卫生管理规定》（2017年6月7日）、《黄山市实施〈黄山风景名胜区管理条例〉办法》（2017年9月26日）

福建省

地方性法规：

福建省人大及其常委会（制定13件、修改3件、批准10件，共26件）

制定：《福建省老年人权益保障条例》（2017年1月22日）、《福建省历史文化名城名镇名村和传统村落保护条例》（2017年3月31日）、《福建省教育督导条例》（2017年3月31日）、《福建省水资源条例》（2017年7月21日）、《福建省食品安全条例》（2017年7月21日）、《福建省城乡供水条例》（2017年7月21日）、《福建省工会劳动法律监督条例》（2017年7月21日）、《福建省海岸带保护与利用管理条例》（2017年9月30日）、《福建省行政事业性收费管理条例》（2017年9月30日）、《福建省违法建设处置若干规定》（2017年11月24日）、《福建省法治宣传教育条例》（2017年11月24日）、《福建省多元化解纠纷条例》（2017年11月24日）、《武夷山国家公园条例（试行）》（2017年11月24日）

修改：《福建省森林和野生动物类型自然保护区管理条例》（2017年11月24日）、《福建省人口与计划生育条例》（2017年11月24日）、《福建省促进科技成果转化条例》（2017年11月24日）

批准：《漳州市市容和环境卫生"门前三包"责任区管理若干规定》（2017年5月25日）、《宁德市畲族文化保护条例》（2017年5月25日）、《南平市朱子文化遗存保护条例》（2017年7月21日）、《泉州市市区内沟河保护管理条例》（2017年9月29日）、《南平市容和环境卫生管理办法》（2017年9月29日）、《三明市万寿岩遗址保护条例》（2017年9月29日）、《福州市闽菜技艺文化保护规定》（2017年11月24日）、《福州市闽江河口湿地自然保护区管理办法》（2017年11月24日）、《厦门市海上交通安全条例》（2017年11月24日）、《龙岩市红色文化遗存保护条例》（2017年11月24日）

福州市人大及其常委会（制定1件、修改1件，共2件）

制定：《福州市闽菜技艺文化保护规定》（2017年11月1日）

修改：《福州市闽江河口湿地自然保护区管理办法》（2017年11月1日）

厦门市人大及其常委会（制定3件、修改2件，共5件）

制定：《厦门经济特区城市地下综合管廊管理办法》（2017年7月27日）、《厦门经济特区生活垃圾分类管理办法》（2017年8月25日）、《厦门经济特区促进社会文明若干规定》（2017年8月25日）

修改：《厦门市海上交通安全条例》（2017年10月31日）、《厦门大屿岛白鹭自然保护区管理办法》（2017年10月31日）

漳州市人大及其常委会（制定1件，共1件）

制定：《漳州市市容和环境卫生"门前三包"责任区管理若干规定》（2017年4月26日）

泉州市人大及其常委会（制定1件，共1件）

制定：《泉州市市区内沟河保护管理条例》（2017年8月31日）

三明市人大及其常委会（制定1件，共1件）

制定：《三明市万寿岩遗址保护条例》（2017年6月28日）

南平市人大及其常委会（制定2件，共2件）

制定：《南平市朱子文化遗存保护条例》（2017年3月28日）、《南平市市容和环境卫生管理办法》（2017年7月25日）

龙岩市人大及其常委会（制定1件，共1件）

制定：《龙岩市红色文化遗存保护条例》（2017年9月26日）

宁德市人大及其常委会（制定1件，共1件）

制定：《宁德市畲族文化保护条例》（2017年3月9日）

政府规章：

福建省人民政府（制定8件、修改8件、废止11件，共27件）

制定：《福建省散装汽油购销安全管理办法》（2017年1月5日）、《福建省行政应诉办法》（2017年1月5日）、《福建省农村扶贫开发办法》（2017年5月3日）、《福建省射钉器射钉弹安全管理暂行规定》（2017年6月30日）、《福建省自然灾害防范与救助管理办法》（2017年8月24日）、《福建省国有林场管理办法》（2017年9月30日）、《福建省数字档案共享管理办法》（2017年11月28日）、《福建省食品安全信息追溯管理办法》（2017年12月22日）

修改：《福建省科学技术奖励办法》（2017年4月24日）、《福建省促进快递行业发展办法》（2017年5月3日）、《福建武夷山国家级自然保护区管理办法》（2017年11月21日）、《福建省殡葬管理办法》（2017年11月21日）、《福建省粮食流通管理办法》（2017年11月21日）、《福建省森林公园管理办法》（2017年11月21日）、《福建省无障碍设施建设和使用管理办法》（2017年11月21日）、《福建省公共游泳场所管理办法》（2017年11月21日）

废止：《福建省矿产资源补偿费征收管理实施办法》（2017年11月21日）、《福建省计算机信息系统安全管理办法》（2017年11月21日）、《福建省风景名胜区管理规定》（2017年11月21日）、《福建省预算外资金管理办法》（2017年11月21日）、《福建省农药管理办法》（2017年11月21日）、《福建省城市居民最低生活保障实施办法》（2017年11月21日）、《福建省"福建土楼"文化遗产保护管理办法》（2017年11月21日）、《福建省地震安全性评价管理办法》（2017年11月21日）、《福建省食品生产加工小作坊监督管理办法》（2017年11月21日）、《福建省信息系统工程建设市场监督管理办法》（2017年11月21日）、《平潭综合实验区商事登记管理办法》（2017年11月21日）

福州市人民政府（制定4件，共4件）

制定：《"海上丝绸之路·福州史迹"文化遗产保护管理办法》（2017年1月18日）、《福州市户外临时性广告设置管理办法》（2017年5月24日）、《福州市建筑垃圾处置管理办法》（2017年6月8日）、《福州市公共信用信息管理暂行办法》（2017年11月6日）

厦门市人民政府（制定2件、修改5件、废止3件，共10件）

制定：《厦门市流动人口信息采集暂行办法》（2017年1月6日）、《厦门市城乡建设档案管理办法》（2017年11月13日）

修改：《厦门市商品条码管理办法》（2017年10月12日）、《厦门市建筑市场管理若干暂行规定》（2017年10月12日）、《厦门市水利工程建设与管理若干规定》（2017年10月12日）、《厦门市建设工程材料使用管理办法》（2017年10月12日）、《厦门市非税收入管理办法》（2017年10月12日）

废止：《厦门市水政监察规定》（2017年10月12日）、《厦门市计算机信息系统安全保护暂行办法》（2017年10月12日）、《厦门市城市综合管廊管理办法》（2017年10月12日）

泉州市人民政府（制定1件，共1件）

制定：《泉州市人民政府法规草案和政府规章制定程序规定》（2017年12月18日）

三明市人民政府（制定4件，共4件）

制定：《三明市人民政府拟定法规草案和制定规章程序规定》（2017年1月23日）、《三明市红色文化遗址保护管理办法》（2017年1月23日）、《三明市市区文明行为促进办法》（2017年7月19日）、《三明市建筑工程施工扬尘防治管理办法》（2017年11月29日）

宁德市人民政府（制定1件，共1件）

制定：《宁德市中心城区建筑垃圾管理办法》（2017年11月2日）

江西省

地方性法规：

江西省人大及其常委会（制定5件、修改4件、批准13件，共22件）

制定：《江西省交通建设工程质量与安全生产监督管理条例》（2017年3月21日）、《江西省农业生态环境保护条例》（2017年3月21日）、《江西省工会劳动法律监督条例》（2017年5月25日）、《江西省社会科学普及条例》（2017年11月30日）、《江西省特种设备安全条例》（2017年11月30日）

修改：《江西省征兵工作条例》（2017年3月21日）、《江西省安全生产条例》（2017年7月26日）、《江西省道路运输条例》（2017年9月29日）、《江西省林木种子条例》（2017年11月30日）

批准：《赣州市立法条例》（2017年3月21日）、《吉安市立法条例》（2017年3月21日）、《抚州市立法条例》（2017年3月21日）、《新余市立法条例》（2017年3月21日）、《鹰潭市立法条例》（2017年5月25日）、《萍乡市立法条例》（2017年5月25日）、《上饶市立法条例》（2017年5月25日）、《景德镇市市容和环境卫生管理条例》（2017年7月26日）、《赣州市城市管理条例》（2017年11月30日）、《南昌市历史文化名城保护条例》（2017年11月30日）、《九江市城市市容管理条例》（2017年11月30日）、《上饶市城市管理条例》（2017年11月30日）、《吉安市城市市容和环境卫生管理条例》（2017年11月30日）

南昌市人大及其常委会（制定1件，共1件）

制定：《南昌市历史文化名城保护条例》（2017年10月30日）

九江市人大及其常委会（制定1件，共1件）

制定：《九江市城市市容管理条例》（2017年11月10日）

景德镇市人大及其常委会（制定1件，共1件）

制定：《景德镇市市容和环境卫生管理条例》（2017年5月24日）

赣州市人大及其常委会（制定1件，共1件）

制定：《赣州市城市管理条例》（2017年10月20日）

上饶市人大及其常委会（制定3件，共3件）

制定：《上饶市立法条例》（2017年3月9日）、《上饶市城市管理条例》（2017年11月7日）、《上饶市农村居民住房建设管理条例》（2017年12月29日）

吉安市人大及其常委会（制定1件，共1件）

制定：《吉安市城市市容和环境卫生管理条例》（2017年11月8日）

抚州市人大及其常委会（制定1件，共1件）

制定：《抚州市立法条例》（2017年1月13日）

萍乡市人大及其常委会（制定1件，共1件）

制定：《萍乡市立法条例》（2017年2月24日）

新余市人大及其常委会（制定1件，共1件）

制定：《新余市立法条例》（2017年1月13日）

鹰潭市人大及其常委会（制定1件，共1件）

制定：《鹰潭市立法条例》（2017年2月16日）

政府规章：

江西省人民政府（制定4件、修改11件、废止13件，共28件）

制定：《江西省女职工劳动保护特别规定》（2017年5月12日）、《江西省无障碍环境建设办法》（2017年12月1日）、《江西省货物运输车辆超限超载治理办法》（2017年12月21日）、《江西省地理信息数据管理办法》（2017年12月21日）

修改：《江西省植物检疫办法》（2017年12月1日）、《江西省粮食收购资格许可管理办法》（2017年12月1日）、《江西省木材运输监督管理办法》（2017年12月1日）、《江西省民用机场净空和民用航空电磁环境保护办法》（2017年12月1日）、《江西省船舶建造、监督检验管理规定》（2017年12月1日）、《江西省雷电灾害防御办法》（2017年12月1日）、《江西省国防信息动员办法》（2017年12月1日）、《江西省残疾人就业办法》（2017年12月1日）、《江西省取水许可和水资源费征收管理办法》（2017年12月1日）、《江西省烟花爆竹安全管理办法》（2017年12月1日）、《江西省工资支付规定》（2017年12月1日）

废止：《江西省生活饮用水水源污染防治办法》（2017年12月1日）、《江西省组织机构代码管理办法》（2017年12月1日）、《江西省水路运输管理办法》（2017年12月1日）、《江西省菜地、精养鱼塘开发基金使用管理办法》（2017年12月1日）、《江西省矿产资源补偿费征收管理实施办法》（2017年12月1日）、《江西省重点建设项目招标投标管理办法》（2017年12月1日）、《江西省基础设施建设项目质量管理规定》（2017年12月1日）、《江西省企业投资项目核准暂行办法》（2017年12月1日）、《江西省企业投资项目备案办法》（2017年12月1日）、《江西省合理化建议和技术改进活动组织办法》（2017年12月1日）、《江西省犬类管理试行办法》（2017年12月1日）、《江西省平垸行洪退田还湖移民建镇若干规定》（2017年12月1日）、《江西省九江开放开发区管理办法》（2017年12月1日）

南昌市人民政府（制定1件、修改16件、废止17件，共34件）

制定：《南昌市城市道路交通安全设施管理办法》（2017年12月1日）

修改：《南昌市病媒生物预防控制管理办法》（2017年9月22日）、《南昌市城市绿化管理规定实施细则》（2017年9月22日）、《南昌市土地储备管理办法》（2017年9月22日）、《南昌市建设工程文明施工管理办法》（2017年9月22日）、《南昌市专利促进和保护办法》（2017年9月22日）、《南昌市市政公用设施配套费征收管理办法》（2017年9月22日）、《南昌市城市地下空间开发利用管理办法》（2017年9月22日）、《南昌市无障碍设施建设管理办法》（2017年9月22日）、《南昌市八一广场管理规定》（2017年9月22日）、《南昌市城市公厕管理办法》（2017年9月22日）、《南昌市餐厨垃圾管理办法》（2017年9月22日）、《南昌市机动车交通噪声污染防治办法》（2017年9月22日）、《南昌市非机动车交通管理办法》（2017年9月22日）、《南昌市行政执法办法》（2017年9月22日）、《南昌市开发区行政执法若干规定》（2017年9月22日）、《南昌市城市道路交通安全设施管理办法》（2017年9月22日）

废止：《南昌市科学技术奖励办法》（2017年7月28日）、《南昌市实施义务教育若干规定》（2017年9月22日）、《南昌市市区四湖管理规定》（2017年9月22日）、《南昌市沙石管理规定》（2017年9月22日）、《南昌市农村社会养老保险暂行办法》（2017年9月22日）、《南昌市家畜违禁药物监督管理办法》（2017年9月22日）、《南昌市城市房屋白蚁防治管理办法》（2017年9月22日）、《南昌市固定资产投资项目节能评估和审查办法》（2017年9月22日）、《南昌市港口管理规定》（2017年9月22日）、《南昌市水库管理若干规定》（2017年9月22日）、《南昌市河道堤防管理若干规定》（2017年9月22日）、《南昌市预算外资金管理办法》（2017年9月22日）、《南昌市行政事业性收费管理办法》（2017年9月22日）、《南昌市价格调节基金征集管理办法》（2017年9月22日）、《南昌市实施〈民兵工作条例〉细则》（2017年9月22日）、《南昌市城市污水处理费征收管理办法》（2017年9月22日）、《南昌市重大行政执法决定备案办法》（2017年9月22日）

赣州市人民政府（制定1件，共1件）

制定：《赣州市农村村民住房建设管理办法》（2017年9月14日）

吉安市人民政府（制定1件，共1件）

制定：《吉安市人民政府规章制定程序规定》（2017年8月1日）

山东省

地方性法规：

山东省人大及其常委会（制定11件、修改16件、废止1件、批准42件，共70件）

制定：《山东省食品小作坊小餐饮和食品摊点管理条例》（2017年1月18日）、《山东省地方立法条例》（2017年2月11日）、《山东省地方政府规章设定罚款限额规定》（2017年7月28日）、《山东省劳动人事争议调解仲裁条例》（2017年7月28日）、《山东省建设工程抗震设防条例》（2017年9月30日）、《山东省水资源条例》（2017年9月30日）、《山东省法治宣传教育条例》（2017年9月30日）、《山东省禁毒条例》（2017年12月1日）、《山东省全民健身条例》（2017年12月1日）、《山东省企业技术改造条例》（2017年12月1日）、《山东省青岛西海岸新区条例》（2017年12月1日）

修改：《山东省动物防疫条例》（2017年1月18日）、《山东省安全生产条例》（2017年1月18日）、《山东省消费者权益保护条例》（2017年3月29日）、《山东省实施〈中华人民共和国残疾人保障法〉办法》（2017年3月29日）、《山东省风景名胜区条例》（2017年5月19日）、《山东省人民代表大会代表建议、批评和意见办理工作条例》（2017年5月19日）、《山东省各级人民代表大会常务委员会规范性文件备案审查规定》（2017年7月28日）、《山东省实施〈中华人民共和国煤炭法〉办法》（2017年9月30日）、《山东省节约能源条例》（2017年9月30日）、《山东省农业机械化促进条例》（2017年9月30日）、《山东省文物保护条例》（2017年9月30日）、《山东省统计管理条例》（2017年9月30日）、《山东省审计监督条例》（2017年9月30日）、《山东省实施〈中华人民共和国防洪法〉办法》（2017年9月30日）、《山东省水土保持条例》（2017年9月30日）、《山东省促进科技成果转化条例》（2017年12月1日）

废止：《山东省城乡集贸市场管理条例》（2017年9月30日）

批准：《威海市居民养老服务保障条例》（2017年1月18日）、《聊城市道路交通安全条例》（2017年1月18日）、《烟台市饮用水水源保护条例》（2017年1月18日）、《烟台市燃放烟花爆竹管理条例》（2017年1月18日）、《济宁市智慧城市促进条例》（2017年1月18日）、《莱芜市城市市容管理条例》（2017年1月18日）、《菏泽市煤炭清洁生产使用监督管理条例》（2017年1月18日）、《济南市名泉保护条例》（2017年3月29日）、《济南市城乡规划条例》（2017年3月29日）、《日照市制定地方性法规条例》（2017年3月29日）、《淄博市制定地方性法规条例》（2017年3月29日）、《淄博市煤炭清洁利用监督管理条例》（2017年3月29日）、《山东黄河三角洲国家级自然保护区条例》（2017年3月29日）、《聊城市制定地方性法规条例》（2017年3月29日）、《枣庄市制定地方性法规条例》（2017年3月29日）、《德州市制定地方性法规条例》（2017年3月29日）、《济南市科学技术进步条例》（2017年7月28日）、《青岛市国有土地上房屋征收与补偿条例》（2017年7月28日）、《淄博市城市房地产交易管理办法》（2017年7月28日）、《威海市节约用水条例》（2017年7月28日）、《滨州市文明行为促进条例》（2017年7月28日）、《日照市城市管理条例》（2017年7月28日）、《东营市养犬管理条例》（2017年8月31日）、《青岛市审计监督条例》（2017年9月30日）、《威海市饮用水水源地保护条例》（2017年9月30日）、《滨州市城乡规划条例》（2017年9月30日）、《临沂市供热条例》（2017年9月30日）、《日照市物业管理条例》（2017年9月30日）、《济南市禁止燃放烟花爆竹的规定》（2017年9月30日）、《济南市山体保护办法》（2017年12月1日）、《青岛市突发事件应对条例》（2017年12月1日）、《青岛市市容和环境卫生管理条例》（2017年12月1日）、《关于修改〈青岛市古树名木保护管理办法〉的决定》（2017年12月1日）、《淄博市房地产开发经营管理条例》（2017年12月1日）、《山东黄河三角洲国家级自然保护区条例》（2017年12月1日）、《东营市城乡规划条例》（2017年12月1日）、《滨州市渤海老区革命遗址遗迹保护条例》（2017年12月1日）、《枣庄市山体保护条例》（2017年12月1日）、《济宁市烟花爆竹燃放管理条例》（2017年12月1日）、《莱芜市既有多层住宅增设电梯规定》（2017年12月1日）、《莱芜市文物保护与利用条例》（2017年12月1日）、《菏泽市供热条例》（2017年12月1日）

济南市人大及其常委会（制定1件、修改3件、废止1件，共5件）

制定：《济南市山体保护办法》（2017年10月25日）

修改：《济南市城乡规划条例》（2017年1月5日）、《济南市名泉保护条例》（2017年2月27日）、《济南市禁止燃放烟花爆竹的规定》（2017年8月25日）

废止：《济南市科学技术进步条例》（2017年6月28日）

青岛市人大及其常委会（制定2件、修改14件，共16件）

制定：《青岛市突发事件应对条例》（2017年10月27日）、《青岛市市容和环境卫生管理条例》（2017年10月27日）

修改：《青岛市国有土地上房屋征收与补偿条例》（2017年6月30日）、《青岛市审计监督条例》（2017年8月25日）、《青岛市古树名木保护管理办法》（2017年10月27日）、《青岛市市政工程设施管理办法》（2017年10月27日）、《青岛市实施〈中华人民共和国水法〉若干规定》（2017年10月27日）、《青岛市出租汽车客运管理条例》（2017年10月27日）、《青岛市城市供水条例》（2017年10月27日）、《青岛市实施〈中华人民共和国民办教育促进法〉办法》（2017年10月27日）、《青岛市森林公园管理条例》（2017年10月27日）、《青岛市城市排水条例》（2017年10月27日）、《青岛市城乡规划条例》（2017年10月27日）、《青岛市城市绿化条例》（2017年10月27日）、《青岛市建筑废弃物资源化利用条例》（2017年10月27日）、《青岛市供热条例》（2017年10月27日）

淄博市人大及其常委会（制定3件、废止1件，共4件）

制定：《淄博市煤炭清洁利用监督管理条例》（2017年1月24日）、《淄博市制定地方性法规条例》（2017年2月27日）、《淄博市房地产开发经营管理条例》（2017年11月1日）

废止：《淄博市城市房地产交易管理办法》（2017年6月29日）

东营市人大及其常委会（制定3件、修改1件，共4件）

制定：《山东黄河三角洲国家级自然保护区条例》（2017年3月10日）、《东营市养犬管理条例》（2017年8月31日）、《东营市城乡规划条例》（2017年10月24日）

修改：《山东黄河三角洲国家级自然保护区条例》（2017年10月24日）

威海市人大及其常委会（制定2件，共2件）

制定：《威海市节约用水条例》（2017年6月28日）、《威海市饮用水水源地保护条例》（2017年8月24日）

聊城市人大及其常委会（制定1件，共1件）

制定：《聊城市制定地方性法规条例》（2017年2月26日）

滨州市人大及其常委会（制定3件，共3件）

制定：《滨州市文明行为促进条例》（2017年6月22日）、《滨州市城乡规划条例》（2017年8月25日）、《滨州市渤海老区革命遗址遗迹保护条例》（2017年10月25日）

临沂市人大及其常委会（制定1件，共1件）

制定：《临沂市供热条例》（2017年8月25日）

日照市人大及其常委会（制定 3件，共3件）

制定：《日照市制定地方性法规条例》（2017年2月28日）、《日照市城市管理条例》（2017年6月28日）、《日照市物业管理条例》（2017年8月25日）

枣庄市人大及其常委会（制定2件，共2件）

制定：《枣庄市制定地方性法规条例》（2017年2月23日）、《枣庄市山体保护条例》（2017年10月30日）

德州市人大及其常委会（制定1件，共1件）

制定：《德州市制定地方性法规条例》（2017年2月26日）

济宁市人大及其常委会（制定1件，共1件）

制定：《济宁市烟花爆竹燃放管理条例》（2017年10月31日）

莱芜市人大及其常委会（制定2件，共2件）

制定：《莱芜市既有多层住宅增设电梯规定》（2017年10月31日）、《莱芜市文物保护与利用条例》（2017年10月31日）

菏泽市人大及其常委会（制定2件，共2件）

制定：《菏泽市供热条例》（2017年12月1日）、《菏泽市物业管理条例》（2017年12月25日）

政府规章：

山东省人民政府（制定4件，共4件）

制定：《山东省工程建设标准化管理办法》（2017年4月12日）、《山东省房屋建筑和市政工程质量监督管理办法》（2017年4月12日）、《山东省危险化学品安全管理办法》（2017年4月12日）、《山东省自然灾害救助办法》（2017年11月17日）

济南市人民政府（制定4件、废止27件，共31件）

制定：《济南市房屋安全鉴定管理办法》（2017年1月10日）、《济南市生活饮用水卫生监督管理办法》（2017年1月10日）、《济南市人民政府关于委托市南部山区管委会行使有关行政执法权的决定》（2017年7月10日）、《济南市气象灾害预警信号发布与传播管理办法》（2017年12月15日）

废止：《济南市关于在市区实行义务植树登记制度的规定》（2017年12月27日）、《济南市矿产资源管理办法》（2017年12月27日）、《济南市行政执法监督暂行规定》（2017年12月27日）、《济南市人民政府关于禁止向企业乱收费、乱罚款和各种摊派的若干规定》（2017年12月27日）、《济南市医疗机构使用药品管理办法》（2017年12月27日）、《实施〈济南市预算外资金管理办法〉的规定》（2017年12月27日）、《济南市旅游投诉规定》（2017年12月27日）、《济南市建设工程监理管理规定》（2017年12月27日）、《济南市行政执法投诉办法》（2017年12月27日）、《济南市建筑企业劳动保险费用管理暂行规定》（2017年12月27日）、《济南市生猪屠宰管理办法》（2017年12月27日）、《济南市人民政府关于实行罚款决定与罚款收缴分离的通告》（2017年12月27日）、《济南市人民政府关于加强泉城广场管理的通告》（2017年12月27日）、《济南市殡葬管理办法》（2017年12月27日）、《济南市人民政府关于加强建筑安全生产管理工作的通告》（2017年12月27日）、《济南市城市集中供热管理条例实施细则》（2017年12月27日）、《济南市建设工程地震灾害预防管理规定》（2017年12月27日）、《济南市地方税收征收管理若干规定》（2017年12月27日）、《济南市幼儿园管理规定》（2017年12月27日）、《济南市行政审批制度改革若干规定》（2017年12月27日）、《济南市村镇房屋权属登记管理办法》（2017年12月27日）、《济南市出租汽车货运管理办法》（2017年12月27日）、《济南市电力线路设施保护若干规定》（2017年12月27日）、《济南市医疗器械使用管理若干规定》（2017年12月27日）、《济南市人民政府关于公布继续实施的市级行政审批事项的决定》（2017年12月27日）、《济南市人民政府关于公布市级行政处罚事项梳理和规范结果的决定》（2017年12月27日）、《济南市粮食流通管理办法》（2017年12月27日）

青岛市人民政府（制定1件、修改28件、废止63件，共92件）

制定：《青岛市轨道交通保护区施工作业管理办法》（2017年10月23日）

修改：《青岛市电梯安全监督管理办法》（2017年10月29日）、《青岛市平时使用人防工程管理和收费的实施办法》（2017年12月13日）、《青岛市旅馆业治安管理细则》（2017年12月13日）、《青岛市取水许可制度实施办法》（2017年12月13

日）、《青岛市城市雕塑设置规划管理办法》（2017年12月13日）、《青岛市建设项目预防性卫生监督管理办法》（2017年12月13日）、《青岛市社会用字管理暂行规定》（2017年12月13日）、《青岛市白蚁防治管理办法》（2017年12月13日）、《青岛市妇女儿童保健管理暂行规定》（2017年12月13日）、《青岛市航空口岸管理办法》（2017年12月13日）、《青岛市与外国城市建立友好关系的规定》（2017年12月13日）、《青岛市地震安全性评价管理办法》（2017年12月13日）、《青岛市防雷减灾管理规定》（2017年12月13日）、《青岛市实施〈中华人民共和国防洪法〉若干规定》（2017年12月13日）、《青岛市防治城市扬尘污染管理规定》（2017年12月13日）、《青岛市防震减灾管理规定》（2017年12月13日）、《青岛市人民防空工程建设管理办法》（2017年12月13日）、《青岛市人口与计划生育工作若干规定》（2017年12月13日）、《青岛市生态公益林建设和保护办法》（2017年12月13日）、《青岛市合同格式条款监督办法》（2017年12月13日）、《青岛市水资源费征收使用管理办法》（2017年12月13日）、《青岛市政府投资项目管理暂行办法》（2017年12月13日）、《青岛市科学技术奖励办法》（2017年12月13日）、《青岛市建筑工程管理办法》（2017年12月13日）、《青岛市交通工程质量和安全生产监督管理办法》（2017年12月13日）、《青岛市人民政府规范性文件制定程序规定》（2017年12月13日）、《青岛市测绘地理信息管理办法》（2017年12月13日）、《青岛市餐饮服务业环境污染防治监督管理办法》（2017年12月13日）

废止：《青岛市城市供水设施管理办法》（2017年12月13日）、《青岛市城市建设档案管理办法》（2017年12月13日）、《青岛市淡水渔业管理规定》（2017年12月13日）、《青岛市城市房屋互换管理暂行办法》（2017年12月13日）、《青岛市农村机械维修点管理办法》（2017年12月13日）、《青岛市崂山风景区管理暂行办法》（2017年12月13日）、《青岛市人民政府关于地方性法规具体应用解释和规章解释工作的试行规定》（2017年12月13日）、《青岛市城市道路管线工程规划管理办法》（2017年12月13日）、《青岛市非正常死亡尸体火化规定》（2017年12月13日）、《青岛市城市危险房屋管理规定》（2017年12月13日）、《青岛市预算外资金管理办法》（2017年12月13日）、《青岛市建筑工程质量监督办法》（2017年12月13日）、《青岛市废金属回收利用管理暂行规定》（2017年12月13日）、《青岛市建设监理暂行办法》（2017年12月13日）、《青岛市能源利用监测管理办法》（2017年12月13日）、《青岛市水土保持设施补偿费和水土流失防治费收取使用管理暂行办法》（2017年12月13日）、《青岛市城镇退伍义务兵接收安置办法》（2017年12月13日）、《青岛市行政执法和行政执法监督规定》（2017年12月13日）、《青岛市农村社会养老保险暂行规定》（2017年12月13日）、《青岛市行政机关委托其他组织实施行政处罚工作暂行规定》（2017年12月13日）、《青岛市崂山旅游汽车客运管理暂行办法》（2017年12月13日）、《青岛市消防供水设施管理办法》（2017年12月13日）、《青岛市城市房屋再装修管理暂行规定》（2017年12月13日）、《青岛市行政执法错案责任追究试行办法》（2017年12月13日）、《青岛市海域使用金征收管理暂行规定》（2017年12月13日）、《青岛市行政执法证件管理实施办法》（2017年12月13日）、《青岛市实施〈中华人民共和国传染病防治法〉办法》（2017年12月13日）、《青岛市外商投资企业投诉受理及处理办法》（2017年12月13日）、《青岛市涉外建设项目国家安全事项审查规定》（2017年12月13日）、《青岛市行政监察机关执法监察工作办法》（2017年12月13日）、《青岛市城市房屋屋面管理规定》（2017年12月13日）、《青岛市人民政府关于修改〈青岛市消防供水设施管理办法〉的决定》（2017年12月13日）、《青岛市社会专职消防组织管理规定》（2017年12月13日）、《青岛市城市房产中介服务管理规定》（2017年12月13日）、《青岛市科技成果转化风险基金使用管理暂行办法》（2017年12月13日）、《青岛市促进科技成果转化若干规定》（2017年12月13日）、《青岛市养老服务机构管理办法》（2017年12月13日）、《青岛市机动车维修及配件销售行业管理规定》（2017年12月13日）、《青岛市贫困家庭子女就学费用保障办法》（2017年12月13日）、《青岛市禁止非法占用城市道路等公共场地从事经营活动的规定》（2017年12月13日）、《青岛市信息化建设管理暂行规定》（2017年12月13日）、《青岛市行政奖励表彰试行规定》（2017年12月13日）、《青岛市个人住房置业贷款担保暂行办法》（2017年12月13日）、《青岛市职业介绍管理规定》（2017年12月13日）、《青岛市国有土地租赁暂行办法》（2017年12月13日）、《青岛市货运出租汽车营运管理规定》（2017年12月13日）、《青岛市出租汽车客运企业监督管理规定》（2017年12月13日）、《青岛市行政审批暂行规定》（2017年12月13日）、《青岛市水上旅游客运管理规定》（2017年12月13日）、《青岛市禁止乱贴乱画广告规定》（2017年12月13日）、《青岛市社会福利企业管理规定》（2017年12月13日）、《青岛市高等院校与科研机构转化高新技术成果奖励办法》（2017年12月13日）、《青岛市体育竞赛管理办法》（2017年12月13日）、《青岛市城市污水排放管理办法》（2017年12月13日）、《青岛市鼓励风险资本投资高新技术产业规定》（2017年12月13日）、《青岛市征用集体土地房屋拆迁补偿暂行规定》（2017年12月13日）、《青岛市行政执法评议考核办法》（2017年12月13日）、《青岛市行政机关工作人员行政过错责任追究暂行办法》（2017年12月13日）、《青岛市行政机关规范性文件管理办法》（2017年12月13日）、《青岛市养犬管理办法》（2017年12月13日）、《青岛市新型墙体材料应用与建筑节能管理规定》（2017年12月13日）、《青岛市安全生产隐患举报查处奖励试行办法》（2017年12月13日）、《青岛市小型农田水利管理办法》（2017年12月13日）

淄博市人民政府（制定2件、修改6件、废止10件，共18件）

制定：《淄博市快递网点管理办法》（2017年12月29日）、《淄博市煤炭安全生产管理办法》（2017年12月29日）

修改：《淄博市政府投资建设项目审计办法》（2017年7月29日）、《淄博市重大行政决策程序规定》（2017年11月26日）、《淄博市禁止乱贴乱画乱挂规定》（2017年11月26日）、《淄博市黄河河道管理办法》（2017年11月26日）、《淄博市医药工作人员健康检查管理办法》（2017年11月26日）、《淄博市矿产资源开采监督管理办法》（2017年11月26日）

废止：《淄博市预算外资金管理办法》（2017年11月26日）、《淄博市机关事业单位工作人员社会养老保险暂行办法》（2017年11月26日）、《淄博市城市管线工程档案管理办法》（2017年11月26日）、《淄博市电力设施保护办法》（2017年11月26日）、《淄博市行政许可监督规定》（2017年11月26日）、《淄博市重大行政处罚决定备案办法》（2017年11月26日）、《淄博市医疗机构医疗器械管理办法》（2017年11月26日）、《淄博市建筑市场管理若干规定》（2017年11月26日）、《淄博市危险化学品运输违法行为举报奖励办法》（2017年11月26日）、《淄博市地下管线建设管理办法》（2017年11月26日）

东营市人民政府（制定2件，共2件）

制定：《东营市建筑垃圾管理办法》（2017年9月19日）、《东营市城市绿化管理办法》（2017年12月23日）

威海市人民政府（制定5件，共5件）

制定：《威海市人民政府规章制定程序规定》（2017年6月6日）、《威海市建筑垃圾管理办法》（2017年10月13日）、《威海市饮食业油烟污染防治办法》（2017年10月28日）、《威海市户外广告设置管理办法》（2017年12月1日）、《威海市公共体育服务办法》（2017年12月15日）

烟台市人民政府（制定3件，共3件）

制定：《烟台市房屋使用安全管理规定》（2017年1月22日）、《烟台市地下空间国有建设用地使用权管理办法》（2017年12月22日）、《烟台市煤炭清洁利用管理办法》（2017年12月30日）

聊城市人民政府（制定3件，共3件）

制定：《聊城市停车场建设和管理办法》（2017年7月10日）、《聊城市城市供水管理办法》（2017年11月2日）、《聊城市燃气管理办法》（2017年12月12日）

滨州市人民政府（制定2件，共2件）

制定：《滨州市政府规章制定程序规定》（2017年6月9日）、《滨州市户外广告设置管理办法》（2017年8月28日）

日照市人民政府（制定1件，共1件）

制定：《日照市政府规章制定程序规定》（2017年11月30日）

枣庄市人民政府（制定2件，共2件）

制定：《枣庄市城市地下管线管理办法》（2017年3月10日）、《枣庄市文物保护管理办法》（2017年10月27日）

济宁市人民政府（制定2件，共2件）

制定：《济宁市餐厨废弃物管理办法》（2017年12月6日）、《济宁市城市河道管理办法》（2017年12月14日）

临沂市人民政府（制定1件，共1件）

制定：《临沂市城市停车设施管理办法》（2017年12月22日）

菏泽市人民政府（制定1件，共1件）

制定：《菏泽市政府规章制定程序规定》（2017年12月11日）

河南省

地方性法规：

河南省人大及其常委会（制定4件、修改3件、批准23件，共30件）

制定：《河南省扶贫开发条例》（2017年12月1日）、《河南省见义勇为人员奖励和保障条例》（2017年12月1日）、《河南省职业培训条例》（2017年12月1日）、《河南省大气污染防治条例》（2017年12月1日）

修改：《河南省物业管理条例》（2017年9月29日）、《河南省节约能源条例》（2017年12月1日）、《河南省食品小作坊、小经营店和小摊点管理条例》（2017年12月1日）

批准：《濮阳市地方立法条例》（2017年3月30日）、《南阳市白河水系水环境保护条例》（2017年3月30日）、《焦作市地方立法条例》（2017年3月30日）、《开封市城市饮用水水源保护条例》（2017年3月30日）、《驻马店市饮用水水源保护条例》（2017年3月30日）、《鹤壁市地方立法条例》（2017年5月26日）、《郑州市湿地保护条例》（2017年5月26日）、《漯河市沙澧河风景名胜区条例》（2017年5月26日）、《安阳市城市管理综合执法条例》（2017年5月26日）、《郑州市户外广告和招牌设置管理条例》（2017年7月28日）、《濮阳市戚城遗址保护条例》（2017年7月28日）、《信阳市鲇鱼山水库饮用水水源保护条例》（2017年7月28日）、《洛阳市洛浦公园管理条例》（2017年9月29日）、《南阳市城市绿化条例》（2017年9月29日）、《焦作市城市市容和环境卫生管理条例》（2017年9月29日）、《开封市城市绿化条例》（2017年9月29日）、《驻马店市城市市容和环境卫生管理条例》（2017年9月29日）、《漯河市城市市容和环境卫生管理条例》（2017年9月29日）、《新乡市中小学校幼儿园规划建设条例》（2017年7月28日）、《三门峡市白天鹅及其栖息地保护条例》（2017年9月29日）、《商丘市城市市容和环境卫生管理条例》（2017年9月29日）、《周口市城市市容和环境卫生管理条例》（2017年9月29日）、《信阳市城市市容和环境卫生管理条例》（2017年9月29日）

郑州市人大及其常委会（制定3件，共3件）

制定：《郑州市湿地保护条例》（2017年4月28日）、《郑州市户外广告和招牌设置管理条例》（2017年6月28日）、《郑州市文明行为促进条例》（2017年12月21日）

洛阳市人大及其常委会（制定2件、修改1件，共3件）

制定：《洛阳市人民代表大会代表履职档案管理办法》（2017年4月21日）、《洛阳市城市绿线管理条例》（2017年12月28日）

修改：《洛阳市洛浦公园管理条例》（2017年8月25日）

南阳市人大及其常委会（制定2件，共2件）

制定：《南阳市白河水系水环境保护条例》（2017年3月30日）、《南阳市城市绿化条例》（2017年8月31日）

焦作市人大及其常委会（制定1件，共1件）

制定：《焦作市城市市容和环境卫生管理条例》（2017年8月23日）

开封市人大及其常委会（制定1件，共1件）

制定：《开封市城市绿化条例》（2017年8月25日）

安阳市人大及其常委会（制定2件，共2件）

制定：《安阳市城市绿化条例》（2017年8月31日）、《安阳市城市管理综合执法条例》（2017年4月26日）

鹤壁市人大及其常委会（制定2件，共2件）

制定：《鹤壁市地方立法条例》（2017年3月3日）、《鹤壁市城市市容和环境卫生管理条例》（2017年10月31日）

驻马店市人大及其常委会（制定1件，共1件）

制定：《驻马店市城市市容和环境卫生管理条例》（2017年8月17日）

漯河市人大及其常委会（制定2件，共2件）

制定：《漯河市沙澧河风景名胜区条例》（2017年4月26日）、《漯河市城市市容和环境卫生管理条例》（2017年9月1日）

新乡市人大及其常委会（制定2件，共2件）

制定：《新乡市中小学校幼儿园规划建设条例》（2017年6月28日）、《新乡市城市绿化条例》（2017年12月15日）

濮阳市人大及其常委会（制定2件，共2件）

制定：《濮阳市地方立法条例》（2017年1月12日）、《濮阳市戚城遗址保护条

例》（2017年6月29日）

三门峡市人大及其常委会（制定1件，共1件）

制定：《三门峡市白天鹅及其栖息地保护条例》（2017年8月10日）

商丘市人大及其常委会（制定1件，共1件）

制定：《商丘市城市市容和环境卫生管理条例》（2017年8月31日）

周口市人大及其常委会（制定1件，共1件）

制定：《周口市城市市容和环境卫生管理条例》（2017年8月31日）

信阳市人大及其常委会（制定2件，共2件）

制定：《信阳市鲇鱼山水库饮用水水源保护条例》（2017年6月20日）、《信阳市城市市容和环境卫生管理条例》（2017年9月8日）

政府规章：

河南省人民政府（制定4件、修改16件、废止39件，共59件）

制定：《中国（河南）自由贸易试验区管理试行办法》（2017年2月21日）、《河南省行政执法证件管理办法》（2017年5月10日）、《河南省实施〈中华人民共和国石油天然气管道保护法〉办法》（2017年6月14日）、《河南省集中供热管理试行办法》（2017年11月8日）

修改：《河南省征收教育费附加实施办法》（2017年3月16日）、《河南省森林和野生动物类型自然保护区管理细则》（2017年3月16日）、《河南省农村宅基地用地管理办法》（2017年3月16日）、《河南省〈河道管理条例〉实施办法》（2017年3月16日）、《河南省城市供水管理办法》（2017年3月16日）、《河南省城市绿化实施办法》（2017年3月16日）、《河南省铝粘土生产经营行业管理办法》（2017年3月16日）、《河南省市政设施管理办法》（2017年3月16日）、《河南省建筑消防设施管理规定》（2017年3月16日）、《河南省实施〈粮食流通管理条例〉办法》（2017年3月16日）、《河南省〈耕地占用税暂行条例〉实施办法》（2017年3月16日）、《河南省气象设施和气象探测环境保护办法》（2017年3月16日）、《河南省浮桥管理办法》（2017年3月16日）、《河南省环境污染防治设施监督管理办法》（2017年3月16日）、《河南省城镇燃气管理办法》（2017年3月16日）、《河南省〈民用爆炸物品安全管理条例〉实施办法》（2017年3月16日）

废止：《河南省〈水路运输管理条例〉实施办法》（2017年3月16日）、《河南省国家储备物资仓库安全管理暂行规定》（2017年3月16日）、《河南省〈扫除文盲工作条例〉实施办法》（2017年3月16日）、《河南省油气田保护暂行规定》（2017年3月16日）、《河南省〈女职工劳动保护规定〉实施办法》（2017年3月16日）、《郑州机场口岸管理试行办法》（2017年3月16日）、《河南省性病防治暂行办法》（2017年3月16日）、《河南省统计报表管理办法》（2017年3月16日）、《河南省治安联防工作暂行规定》（2017年3月16日）、《河南省鼓励出国留学人员来我省工作的暂行规定》（2017年3月16日）、《河南省外商投资有形资产鉴定试行办法》（2017年3月16日）、《河南省〈土地复垦规定〉实施办法》（2017年3月16日）、《河南省行政事业性收费许可证管理办法》（2017年3月16日）、《河南省污染源限期治理管理办法》（2017年3月16日）、《河南省人民政府奖励有突出贡献科技人员暂行规定》（2017年3月16日）、《河南省减免占用基本农田保护区耕地造地费暂行办法》（2017年3月16日）、《河南省道路旅客运输管理办法》（2017年3月16日）、《河南省社会保安服务管理办法》（2017年3月16日）、《河南省乡镇企业负担监督管理办法》（2017年3月16日）、《河南省建设工程监理管理规定》（2017年3月16日）、《河南省农药管理办法》（2017年3月16日）、《河南省人事争议处理暂行办法》（2017年3月16日）、《河南省人民政府关于〈河南省人事争议仲裁委员会组织规则（试行）〉的批复》（2017年3月16日）、《河南省公路路政管理规定》（2017年3月16日）、《河南省〈生猪屠宰管理条例〉实施办法》（2017年3月16日）、《河南省含金物料经营管理办法》（2017年3月16日）、《河南省社会福利机构管理规定》（2017年3月16日）、《河南省政府采购管理暂行办法》（2017年3月16日）、《河南省环境监测管理办法》（2017年3月16日）、《河南省组织机构代码管理办法》（2017年3月16日）、《河南省安全技术防范管理规定》（2017年3月16日）、《河南省人民政府关于切实加强非典型肺炎防治工作的通告》（2017年3月16日）、《河南省人口与计划生育条例实施细则》（2017年3月16日）、《河南省流通环节食品质量安全监督管理办法》（2017年3月16日）、《河南省企业国有产权转让监督管理办法》（2017年3月16日）、《河南省重大危险源监督管理办法》（2017年3月16日）、《河南省发展应用新型墙体材料管理办法》（2017年3月16日）、《河南省行政效能监察办法》（2017年3月16日）、《河南省流动人口计划生育工作规定》（2017年3月16日）

郑州市人民政府（制定3件，共3件）

制定：《郑州市城市雕塑管理办法》（2017年11月2日）、《郑州市地方志工作规定》（2017年11月2日）、《郑州市餐厨废弃物管理办法》（2017年12月13日）

开封市人民政府（制定1件，共1件）

制定：《开封市电梯安全管理办法》（2017年9月7日）

洛阳市人民政府（制定1件、修改1件、废止8件，共10件）

制定：《洛阳市行政规范性文件管理办法》（2017年6月23日）

修改：《洛阳市房屋专项维修资金管理办法》（2017年7月24日）

废止：《洛阳市房屋租赁管理办法》（2017年10月14日）、《洛阳市公共场所禁止吸烟规定》（2017年10月14日）、《洛阳市暂住人口管理办法》（2017年10月14日）、《洛阳市建设工程施工现场管理规定》（2017年10月14日）、《洛阳市城市古树名木保护管理办法》（2017年10月14日）、《洛阳市财政监督检查办法》（2017年10月14日）、《洛阳市行政事业性收费管理办法》（2017年10月14日）、《洛阳市城市绿线及绿地建设管理办法》（2017年10月14日）

安阳市人民政府（制定2件，共2件）

制定：《安阳市燃煤污染防治办法》（2017年10月10日）、《安阳市南海泉域水资源保护办法》（2017年12月19日）

商丘市人民政府（制定1件，共1件）

制定：《商丘市人民政府拟定地方性法规草案和制定政府规章程序规定》（2017年10月23日）

湖北省

地方性法规：

湖北省人大及其常委会（制定3件、修改48件、废止2件、批准18件，共71件）

制定：《湖北省社会信用信息管理条例》（2017年3月30日）、《湖北省专利条例》（2017年5月24日）、《神农架国家公园保护条例》（2017年11月29日）

修改：《湖北省公路路政管理条例》（2017年5月24日）、《湖北省安全生产条例》（2017年5月24日）、《湖北省实施〈中华人民共和国老年人权益保障法〉办法》（2017年9月29日）、《湖北省各级人民代表大会常务委员会讨论、决定重大事项的规定》（2017年9月29日）、《湖北省劳动力市场管理条例》（2017年11月29日）、《湖北省实施〈中华人民共和国道路交通安全法〉办法》（2017年11月29日）、《湖北省城市商业网点建设管理条例》（2017年11月29日）、《湖北省实施〈中华人民共和国广告法〉办法》（2017年11月29日）、《湖北省实施〈中华人民共和国节约能源法〉办法》（2017年11月29日）、《湖北省盐业管理条例》（2017年11月29日）、《湖北省电子电器产品维修服务条例》（2017年11月29日）、《湖北省信息化条例》（2017年11月29日）、《湖北省涉案财物价格鉴证条例》（2017年11月29日）、《湖北省邮政条例》（2017年11月29日）、《湖北省实施〈中华人民共和国母婴保健法〉办法》（2017年11月29日）、《湖北省档案管理条例》（2017年11月29日）、《湖北省实验动物管理条例》（2017年11月29日）、《湖北省实施〈中华人民共和国文物保护法〉办法》（2017年11月29日）、《湖北省侨属企业条例》（2017年11月29日）、《湖北省旅游条例》（2017年11月29日）、《湖北省宗教事务条例》（2017年11月29日）、《湖北省林业管理办法》（2017年11月29日）、《湖北省实施〈中华人民共和国水法〉办法》（2017年11月29日）、《湖北省实施〈中华人民共和国水土保持法〉办法》（2017年11月29日）、《湖北省农村集体资产管理条例》（2017年11月29

日）、《湖北省森林采伐管理办法》（2017年11月29日）、《湖北省林地管理条例》（2017年11月29日）、《湖北省实施〈中华人民共和国防洪法〉办法》（2017年11月29日）、《湖北省木材流通管理条例》（2017年11月29日）、《湖北省实施〈中华人民共和国气象法〉办法》（2017年11月29日）、《湖北省雷电灾害防御条例》（2017年11月29日）、《湖北省农业生态环境保护条例》（2017年11月29日）、《湖北省植物保护条例》（2017年11月29日）、《湖北省动物防疫条例》（2017年11月29日）、《湖北省气象灾害防御条例》（2017年11月29日）、《湖北省森林资源流转条例》（2017年11月29日）、《湖北省建筑市场管理条例》（2017年11月29日）、《湖北省城市环境噪声管理条例》（2017年11月29日）、《湖北省地质矿产勘查管理条例》（2017年11月29日）、《湖北省物业服务和管理条例》（2017年11月29日）、《湖北省实施〈中华人民共和国会计法〉办法》（2017年11月29日）、《湖北省统计管理条例》（2017年11月29日）、《湖北省技术市场管理条例》（2017年11月29日）、《湖北省神农架自然资源保护条例》（2017年11月29日）、《湖北省林业管理办法》（2017年11月29日）、《湖北省实施〈中华人民共和国野生动物保护法〉办法》（2017年11月29日）、《湖北省林地管理条例》（2017年11月29日）、《湖北省城市环境噪声管理条例》（2017年11月29日）

废止：《湖北省集贸市场管理条例》（2017年11月29日）、《湖北省著名商标认定和促进条例》（2017年11月29日）

批准：《荆州古城保护条例》（2017年1月5日）、《孝感市城乡规划条例》（2017年1月5日）、《武汉市促进革命老区发展办法》（2017年3月30日）、《恩施土家族苗族自治州人口与计划生育条例》（2017年3月30日）、《黄石市商业网点规划建设管理条例》（2017年3月30日）、《宜昌市城区建筑物外立面管理条例》（2017年3月30日）、《武汉市爱国卫生促进条例》（2017年5月24日）、《武汉市城市桥梁隧道安全管理条例》（2017年5月24日）、《十堰市武当山古建筑群保护条例》（2017年7月27日）、《荆门市生态环境保护条例》（2017年7月27日）、《孝感市城市综合管理条例》（2017年7月27日）、《荆州市文明行为促进条例》（2017年9月29日）、《黄冈市革命遗址遗迹保护条例》（2017年9月29日）、《咸宁市禁止燃放烟花爆竹条例》（2017年9月29日）、《宜昌市黄柏河流域保护条例》（2017年11月29日）、《武汉市禁止生产销售使用含磷洗涤用品规定》（2017年11月29日）、《武汉市未成年人保护条例》（2017年11月29日）、《襄阳市农村生活垃圾治理条例》（2017年11月29日）

武汉市人大及其常委会（制定3件、修改1件，共4件）

制定：《武汉市城市桥梁隧道安全管理条例》（2017年4月18日）、《武汉市爱国卫生促进条例》（2017年4月18日）、《武汉市禁止生产销售使用含磷洗涤用品规定》（2017年9月19日）

修改：《武汉市未成年人保护条例》（2017年9月19日）

黄石市人大及其常委会（制定1件，共1件）

制定：《黄石市房屋安全管理条例》（2017年10月25日）

十堰市人大及其常委会（制定1件，共1件）

制定：《十堰市武当山古建筑群保护条例》（2017年6月23日）

襄阳市人大及其常委会（制定1件，共1件）

制定：《襄阳市农村生活垃圾治理条例》（2017年10月27日）

宜昌市人大及其常委会（制定1件，共1件）

制定：《宜昌市黄柏河流域保护条例》（2017年9月18日）

荆州市人大及其常委会（制定1件，共1件）

制定：《荆州市文明行为促进条例》（2017年8月25日）

荆门市人大及其常委会（制定1件，共1件）

制定：《荆门市生态环境保护条例》（2017年6月28日）

鄂州市人大及其常委会（制定1件，共1件）

制定：《鄂州市文明行为促进条例》（2017年8月23日）

孝感市人大及其常委会（制定2件，共2件）

制定：《孝感市城市综合管理条例》（2017年6月30日）、《孝感市城市绿化条例》（2017年10月31日）

黄冈市人大及其常委会（制定2件，共2件）

制定：《黄冈市革命遗址遗迹保护条例》（2017年8月25日）、《黄冈市违法建设治理条例》（2017年10月25日）

咸宁市人大及其常委会（制定1件，共1件）

制定：《咸宁市禁止燃放烟花爆竹条例》（2017年8月31日）

自治条例和单行条例：

恩施土家族苗族自治州人民代表大会（废止1件，共1件）

废止：《恩施土家族苗族自治州人口与计划生育条例》（2017年1月10日）

政府规章：

湖北省人民政府（制定5件，共5件）

制定：《湖北省国家安全技术保卫办法》（2017年2月6日）、《中国（湖北）自由贸易试验区建设管理办法》（2017年4月10日）、《湖北省铁路安全管理办法》（2017年11月6日）、《湖北省社会保险基金监督办法》（2017年11月6日）、《湖北省文物安全管理办法》（2017年11月21日）

武汉市人民政府（制定4件、修改27件、废止14件，共45件）

制定：《武汉市公共资源交易监督管理办法》（2017年2月27日）、《武汉市行政处罚委托办法》（2017年4月24日）、《武汉市人民政府规章制定程序规定》（2017年8月15日）、《武汉市行政调解暂行办法》（2017年11月13日）

修改：《武汉市印铸刻字业治安管理规定》（2017年10月26日）、《武汉市城市生活垃圾管理办法》（2017年10月26日）、《武汉市土地储备管理办法》（2017年10月26日）、《武汉市统计管理办法》（2017年10月26日）、《武汉市湖泊保护条例实施细则》（2017年10月26日）、《武汉市扶助残疾人若干规定》（2017年10月26日）、《武汉市地下水管理办法》（2017年10月26日）、《武汉市城市房屋白蚁防治管理办法》（2017年10月26日）、《武汉市机动车停车场管理办法（试行）》（2017年10月26日）、《武汉市个人建设住宅管理规定》（2017年10月26日）、《武汉市火车站地区综合管理规定》（2017年10月26日）、《武汉市城市客运出租汽车营运管理实施办法》（2017年10月26日）、《武汉市湖泊整治管理办法》（2017年10月26日）、《武汉市预拌混凝土和预拌砂浆管理办法》（2017年10月26日）、《武汉市湖泊水库水上交通安全管理规定》（2017年10月26日）、《武汉市城市管线管理办法》（2017年10月26日）、《武汉市长江隧道管理暂行办法》（2017年10月26日）、《武汉市道路运输管理规定》（2017年10月26日）、《武汉市建设工程安全生产管理办法》（2017年10月26日）、《武汉市社会办养老福利机构管理办法》（2017年10月26日）、《武汉市农村饮水安全管理办法》（2017年10月26日）、《武汉化学工业区管理办法》（2017年10月26日）、《武汉市学前教育管理办法》（2017年10月26日）、《武汉市城市居民住宅二次供水管理办法》（2017年10月26日）、《武汉市建设工程项目配套绿地面积审核管理办法》（2017年10月26日）、《武汉市电梯安全管理办法》（2017年10月26日）、《武汉市实施临时救助暂行办法》（2017年10月26日）

废止：《武汉市房屋安全管理办法》（2017年10月26日）、《武汉市散装水泥管理办法》（2017年10月26日）、《武汉市东湖水域保护管理办法》（2017年10月26日）、《武汉市罚没财物管理办法》（2017年10月26日）、《武汉市散装水泥管理办法》（2017年10月26日）、《武汉市政府信息公开暂行规定》（2017年10月26日）、《武汉市房屋建筑和市政基础设施施工分包管理办法》（2017年10月26日）、《武汉市城市房屋拆迁管理实施办法》（2017年10月26日）、《武汉市实施〈湖北省爱国卫生条例〉办法》（2017年10月26日）、《武汉市促进知识产权工作若干规定》（2017年10月26日）、《武汉市基本生态控制线管理规定》（2017年10月26日）、《武汉市科学技术奖励办法》（2017年10月26日）、《武汉市贷款建设的城市道路桥梁隧道车辆通行费征收管理办法》（2017年10月26日）、《武汉市贷款建设的城市道路桥梁隧道车辆通行费征收管理办法》（2017年10月26日）

十堰市人民政府（制定1件，共1件）

制定：《十堰市政府规章制定程序规定》（2017年8月25日）

襄阳市人民政府（制定2件，共2件）

制定：《襄阳市市区公共租赁住房管理办法》（2017年4月24日）、《襄阳市防控和查处违法建设办法》（2017年12月15日）

宜昌市人民政府（制定2件，共2件）

制定：《宜昌市市容环境卫生责任区管理办法》（2017年3月7日）、《宜昌市城区建筑垃圾管理办法》（2017年11月10日）

鄂州市人民政府（制定4件，共4件）

制定：《鄂州市农贸市场管理办法》（2017年5月4日）、《鄂州市养犬管理办法》（2017年9月28日）、《鄂州市建筑垃圾管理办法》（2017年12月22日）、《鄂州市污水处理管理暂行办法》（2017年12月22日）

孝感市人民政府（制定1件，共1件）

制定：《孝感市扬尘污染防治管理办法》（2017年9月19日）

黄冈市人民政府（制定1件，共1件）

制定：《黄冈市天然林保护办法》（2017年8月21日）

咸宁市人民政府（制定1件，共1件）

制定：《咸宁市城乡个人住宅规划建设管理办法》（2017年3月3日）

恩施土家族苗族自治州人民政府（制定2件，共2件）

制定：《恩施土家族苗族自治州地名管理办法》（2017年4月10日）、《恩施土家族苗族自治州城市规划管理技术规定》（2017年8月23日）

湖南省

地方性法规：

湖南人大及其常委会（制定5件、修改7件、批准19件，共31件）

制定：《湖南省大气污染防治条例》（2017年3月31日）、《湖南省城市管理综合条例》（2017年5月27日）、《湖南省水上交通安全条例》（2017年11月30日）、《湖南省森林公园条例》（2017年11月30日）、《湖南省饮用水水源保护条例》（2017年11月30日）

修改：《湖南省学校人身伤害事故预防和处理条例》（2017年4月1日）、《湖南省通信条例》（2017年5月27日）、《湖南省实施〈中华人民共和国残疾人保障法〉办法》（2017年5月27日）、《湖南省电力设施保护和供用电秩序维护条例》（2017年5月27日）、《湖南省统计管理条例》（2017年5月27日）、《湖南省消费者权益保护条例》（2017年5月27日）、《湖南省散居少数民族工作条例》（2017年11月30日）

批准：《常德市饮水水源环境保护条例》（2017年1月24日）、《湘西土家族苗族自治州酉水河保护条例》（2017年3月31日）、《岳阳历史文化名城保护条例》（2017年3月31日）、《永州市公园广场管理条例》（2017年3月31日）、《长沙市大围山区域生态和人文资源保护条例》（2017年4月18日）、《常德市城市河湖环境保护条例》（2017年5月27日）、《长沙市沩山风景名胜区条例》（2017年7月28日）、《株洲市城市综合管理条例》（2017年9月29日）、《怀化市城市市容和环境卫生管理条例》（2017年9月29日）、《娄底市孙水河保护条例》（2017年9月29日）、《张家界市扬尘污染防治条例》（2017年9月29日）、《邵阳市城市公园广场管理条例》（2017年9月29日）、《郴州市房屋安全管理条例》（2017年9月29日）、《湘西土家族苗族自治州浦市历史文化名镇保护管理条例》（2017年11月30日）、《湘潭市历史建筑和历史文化街区保护条例》（2017年11月30日）、《衡阳市城市市容和环境卫生管理条例》（2017年11月30日）、《益阳市安化黑茶文化遗产保护条例》（2017年11月30日）、《岳阳市城市规划区山体水体保护条例》（2017年11月30日）、《永州市城市市容和环境卫生管理条例》（2017年11月30日）

长沙市人大及其常委会（制定2件，共2件）

制定：《长沙市大围山区域生态和人文资源保护条例》（2017年2月24日）、《长沙市沩山风景名胜区条例》（2017年6月30日）

湘西土家族苗族自治州人大及其常委会（制定2件，共2件）

制定：《湘西土家族苗族自治州酉水河保护条例》（2017年1月9日）、《湘西土家族苗族自治州浦市历史文化名镇保护管理条例》（2017年10月30日）

郴州市人大及其常委会（制定1件，共1件）

制定：《郴州市房屋安全管理条例》（2017年8月25日）

湘潭市人大及其常委会（制定1件，共1件）

制定：《湘潭市历史建筑和历史文化街区保护条例》（2017年9月26日）

株洲市人大及其常委会（制定1件，共1件）

制定：《株洲市城市综合管理条例》（2017年9月8日）

衡阳市人大及其常委会（制定1件，共1件）

制定：《衡阳市城市市容和环境卫生管理条例》（2017年10月31日）

益阳市人大及其常委会（制定1件，共1件）

制定：《益阳市安化黑茶文化遗产保护条例》（2017年10月31日）

常德市人大及其常委会（制定3件，共3件）

制定：《常德市城市河湖环境保护条例》（2017年4月26日）、《常德市人民代表大会及其常务委员会制定地方性法规条例》（2017年12月30日）、《常德市饮用水源环境保护条例》（2017年1月10日）

岳阳市人大及其常委会（制定2件，共2件）

制定：《岳阳市城市规划区山体水体保护条例》（2017年9月22日）、《岳阳市历史文化名城保护条例》（2017年3月31日）

永州市人大及其常委会（制定1件，共1件）

制定：《永州市城市市容和环境卫生管理条例》（2017年10月27日）

怀化市人大及其常委会（制定1件，共1件）

制定：《怀化市城市市容和环境卫生管理条例》（2017年8月25日）

娄底市人大及其常委会（制定1件，共1件）

制定：《娄底市孙水河保护条例》（2017年9月8日）

张家界市人大及其常委会（制定1件，共1件）

制定：《张家界市扬尘污染防治条例》（2017年8月30日）

邵阳市人大及其常委会（制定1件，共1件）

制定：《邵阳市城市公园广场管理条例》（2017年8月22日）

政府规章：

湖南省人民政府（制定7件、修改17件、废止37件，共61件）

制定：《湖南省行政执法人员和行政执法辅助人员管理办法》（2017年1月9日）、《湖南省地理空间数据管理办法》（2017年1月9日）、《湖南省事业单位登记管理服务规定》（2017年9月5日）、《湖南省电梯安全监督管理办法》（2017年11月6日）、《湖南省重点建设项目管理规定》（2017年12月5日）、《湖南省生产经营单位安全生产主体责任规定》（2017年12月25日）、《湖南省基本医疗保险监督管理办法》（2017年12月25日）

修改：《湖南省实施〈工伤保险条例〉办法》（2017年12月25日）、《湖南省最低工资规定》（2017年12月25日）、《湖南省实施〈殡葬管理条例〉办法》（2017年12月25日）、《湖南省行业协会管理办法》（2017年12月25日）、《湖南省农村专业经济协会促进办法》（2017年12月25日）、《湖南省国家安全机关侦察证和车辆特别通行标志使用办法》（2017年12月25日）、《湖南省实施〈粮食流通管理条例〉办法》（2017年12月25日）、《湖南省地方储备粮管理办法》（2017年12月25日）、《湖南省公共游泳场所管理办法》（2017年12月25日）、《湖南省烟草专卖管理办法》（2017年12月25日）、《湖南省渔船渔港安全监督管理办法》（2017年12月25日）、《湖南省地图编制出版管理办法》（2017年12月25日）、《湖南省矿产资源开采登记条件规定》（2017年12月25日）、《湖南省地质灾害防治管理办法》（2017年12月25日）、《湖南省取水许可和水资源费征收管理办法》（2017年12月25日）、《湖南省森林资源流转办法》（2017年12月25日）、《湖南省全民义务植树实施细则》（2017年12月25日）

废止：《湖南省气象台站观测环境保护规定》（2017年9月18日）、《湖南省工业产品采用国际标准暂行规定》（2017年9月18日）、《湖南省城市维护建设资金管理暂行办法》（2017年9月18日）、《湖南省农村合作经济承包合同管理办法》（2017年9月18日）、《湖南省能源利用监测暂行规定》（2017年9月18日）、《湖南省森林防火实施办法》（2017年9月18日）、《湖南省盐业管理实施办法》（2017年9月18日）、《湖南省城市市政公用设施管理办法》（2017年9月18日）、《湖南省土地复垦实施办法》（2017年9月18日）、《湖南省实施〈农民承担费用和劳务管理条例〉细则》（2017年9月18日）、《湖南省实施〈卫星电视广播地面接收设施管理规定〉办法》（2017年9月18日）、《湖南省矿产资源补偿费征收管理实施办法》（2017年9月18日）、《湖南省饲料管理办法》（2017年9月18日）、《湖南省预算执行情况审计监督实施办法》（2017年9月18日）、《湖南省计量计费监督管理办法》（2017年9月18日）、《湖南省行政机关奖励管理办法》（2017年9月18日）、《湖南省土地登记办法》（2017年9月18日）、《湖南省耕地保养管理办法》（2017年9月18日）、《湖南省锅炉压力容器安全监察办法》（2017年9月18日）、《湖南省水库和灌区工程管理办法》（2017年9月18日）、《湖南省指定医院医学鉴定管理规定（试行）》（2017年9月18日）、《湖南省道路客货运输站场管理办法》（2017年9月18日）、《湖南省无线电管理办法》（2017年9月18日）、《湖南省机动车排气污染防治办法》（2017年9月18日）、《湖南省散装水泥管理办法》（2017年9月18日）、《湖南省科技咨询管理办法》（2017年9月18日）、《湖南省组织机构代码管理办法》（2017年9月18日）、《湖南省国家公务员录用办法》（2017年9月18日）、《湖南省城市公共客运管理办法》（2017年9月18日）、《湖南省流动人口计划生育管理办法》（2017年9月18日）、《湖南省机动车驾驶员培训管理办法》（2017年9月18日）、《湖南省机动车维修管理办法》（2017年9月18日）、《湖南省国家建设项目审计监督办法》（2017年9月18日）、《湖南省建设项目环境保护管理办法》（2017年12月25日）、《湖南省经纪人管理办法》（2017年12月25日）、《湖南省信用信息管理办法》（2017年12月25日）、《湖南省重大建设工程和可能发生严重次生灾害建设工程地震安全性评价管理办法》（2017年12月25日）

长沙市人民政府（制定4件，共4件）

制定：《长沙市人民政府关于下放市级经济管理权限的决定》（2017年5月24日）、《长沙市人民政府关于赋予湖南湘江新区市级经济管理权限的决定》（2017年5月24日）、《长沙市2018年度在职职工医疗互助活动实施办法》（2017年11月16日）、《长沙市人民政府拟定地方性法规草案和制定规章办法》（2017年11月27日）

郴州市人民政府（制定1件，共1件）

制定：《郴州市古民居保护办法》（2017年6月29日）

株洲市人民政府（制定1件，共1件）

制定：《株洲市农村村庄规划建设管理条例实施细则》（2017年10月10日）

岳阳市人民政府（制定1件，共1件）

制定：《岳阳市城区禁止燃放烟花爆竹管理办法》（2017年7月10日）

常德市人民政府（制定1件，共1件）

制定：《城头山遗址保护办法》（2017年11月2日）

益阳市人民政府（制定1件，共1件）

制定：《益阳市不可移动文物保护办法》（2017年12月4日）

广东省

地方性法规：

广东省人大及其常委会（制定9件、修改8件、批准31件，共48件）

制定：《广东省西江水系水质保护条例》（2017年1月13日）、《广东省荔枝产业保护条例》（2017年1月13日）、《广东省供用电条例》（2017年3月29日）、《广东省水产品质量安全条例》（2017年6月2日）、《广东省森林防火条例》（2017年6月2日）、《广东省旅游条例》（2017年7月27日）、《广东省实施〈中华人民共和国律师法〉办法》（2017年7月27日）、《广东省社会救助条例》（2017年7月27日）、《广东省气瓶安全条例》（2017年11月30日）

修改：《广东省流动人口服务管理条例》（2017年7月27日）、《广东省港口管理条例》（2017年7月27日）、《广东省建设工程质量管理条例》（2017年7月27日）、《广东省企业和企业经营者权益保护条例》（2017年9月28日）、《广东省防震减灾条例》（2017年9月28日）、《广东省老年人权益保障条例》（2017年9月28日）、《广东省乡镇人民代表大会工作条例》（2017年9月28日）、《广东省安全生产条例》（2017年11月30日）

批准：《梅州市森林火源管理条例》（2017年1月13日）、《潮州市韩江流域水环境保护条例》（2017年1月13日）、《揭阳市扬尘污染防治条例》（2017年1月13日）、《广州市生态公益林条例》（2017年3月29日）、《深圳市会计条例》（2017年3月29日）、《珠海市环境保护条例》（2017年3月29日）、《佛山市治理货物运输车辆超限超载条例》（2017年3月29日）、《河源市制定地方性法规条例》（2017年3月29日）、《汕尾市制定地方性法规条例》（2017年3月29日）、《江门市市区山体保护条例》（2017年3月29日）、《茂名市制定地方性法规条例》（2017年3月29日）、《肇庆古城墙保护条例》（2017年3月29日）、《广州市非机动车和摩托车管理规定》（2017年6月2日）、《广州市博物馆规定》（2017年7月27日）、《湛江市城区市容和环境卫生管理条例》（2017年7月27日）、《连南瑶族自治县村镇规划建设管理条例》（2017年7月27日）、《广州市义务兵征集优待和退伍安置规定》（2017年9月28日）、《广州市涉案物价格鉴定管理条例》（2017年9月28日）、《广州市水路货物运输管理规定》（2017年9月28日）、《汕尾市品清湖环境保护条例》（2017年9月28日）、《中山市电力设施保护条例》（2017年9月28日）、《江门市城市市容和环境卫生管理条例》（2017年9月28日）、《潮州市历史文化名城保护条例》（2017年9月28日）、《广州市湿地保护规定》（2017年11月30日）、《深圳市节约用水条例》（2017年11月30日）、《深圳市燃气条例》（2017年11月30日）、《深圳市排水条例》（2017年11月30日）、《佛山市扬尘污染防治条例》（2017年11月30日）、《梅州市客家围龙屋保护条例》（2017年11月30日）、《清远市城市市容与环境卫生管理条例》（2017年11月30日）、《连南瑶族自治县民族文化遗产保护条例》（2017年11月30日）

广州市人大及其常委会（制定5件、废止3件，共8件）

制定：《广州市非机动车和摩托车管理规定》（2017年3月29日）、《广州市博物馆规定》（2017年6月30日）、《广州市湿地保护规定》（2017年10月25日）、《广州市生活垃圾分类管理条例》（2017年12月27日）、《广州市停车场条例》（2017年12月27日）

废止：《广州市义务兵征集优待和退伍安置规定》（2017年7月25日）、《广州市涉案物价格鉴定管理条例》（2017年7月25日）、《广州市水路货物运输管理规定》（2017年7月25日）

深圳市人大及其常委会（制定3件、修改16件、废止1件，共20件）

制定：《深圳经济特区质量条例》（2017年4月27日）、《深圳经济特区警务辅助人员条例》（2017年8月17日）、《深圳经济特区人才工作条例》（2017年8月17日）

修改：《深圳市节约用水条例》（2017年4月27日）、《深圳市燃气条例》（2017年4月27日）、《深圳市排水条例》（2017年4月27日）、《深圳经济特区规划土地监察条例》（2017年4月27日）、《深圳经济特区人才市场条例》（2017年4月27日）、《深圳经济特区水资源管理条例》（2017年4月27日）、《深圳经济特区注册会计师条例》（2017年4月27日）、《深圳经济特区档案与文件收集利用条例》（2017年4月27日）、《深圳经济特区公证条例》（2017年4月27日）、《深圳经济特区机动车排气污染防治条例》（2017年4月27日）、《深圳经济特区建筑节能条例》（2017年4月27日）、《深圳经济特区环境保护条例》（2017年4月27日）、《深圳经济特区城市供水用水条例》（2017年4月27日）、《深圳经济特区建设项目环境保护条例》（2017年4月27日）、《深圳经济特区水土保持条例》（2017年4月27日）、《深圳经济特区消防条例》（2017年10月17日）

废止：《深圳经济特区人口与计划生育条例》（2017年3月21日）

珠海市人大及其常委会（制定1件、修改1件、废止1件，共3件）

制定：《珠海经济特区物业管理条例》（2017年11月22日）

修改：《珠海经济特区政府投资项目管理条例》（2017年7月26日）

废止：《珠海市物业管理条例》（2017年11月22日）

汕头市人大及其常委会（制定2件、废止1件，共3件）

制定：《汕头经济特区征地补偿条例》（2017年12月29日）、《汕头经济特区政府投资项目管理条例》（2017年12月29日）

废止：《汕头经济特区旅游业条例》（2017年10月30日）

佛山市人大及其常委会（制定1件，共1件）

制定：《佛山市扬尘污染防治条例》（2017年11月6日）

河源市人大及其常委会（制定1件，共1件）

制定：《河源市制定地方性法规条例》（2017年1月9日）

梅州市人大及其常委会（制定1件，共1件）

制定：《梅州市客家围龙屋保护条例》（2017年10月11日）

惠州市人大及其常委会（制定1件，共1件）

制定：《惠州市罗浮山风景名胜区条例》（2017年12月29日）

汕尾市人大及其常委会（制定2件，共2件）

制定：《汕尾市制定地方性法规条例》（2017年1月12日）、《汕尾市品清湖环境保护条例》（2017年9月7日）

东莞市人大及其常委会（制定1件，共1件）

制定：《东莞市饮用水源水质保护条例》（2017年12月29日）

中山市人大及其常委会（制定1件，共1件）

制定：《中山市电力设施保护条例》（2017年5月31日）

江门市人大及其常委会（制定1件，共1件）

制定：《江门市城市市容和环境卫生管理条例》（2017年8月30日）

湛江市人大及其常委会（制定1件，共1件）

制定：《湛江市城区市容和环境卫生管理条例》（2017年6月28日）

茂名市人大及其常委会（制定1件，共1件）

制定：《茂名市制定地方性法规条例》（2017年1月10日）

清远市人大及其常委会（制定1件，共1件）

制定：《清远市城市市容与环境卫生管理条例》（2017年11月1日）

潮州市人大及其常委会（制定1件，共1件）

制定：《潮州市历史文化名城保护条例》（2017年8月28日）

政府规章：

广东省人民政府（制定11件、修改15件、废止59件，共85件）

制定：《广东省食品相关产品生产加工监督管理办法》（2017年1月15日）、《广东省森林和陆生野生动物类型自然保护区管理办法》（2017年2月8日）、《广东省劳动人事争议处理办法》（2017年2月26日）、《广东省粤剧保护传承规定》（2017年4月1日）、《广东省节约用水办法》（2017年4月1日）、《广东省安全技术防范管理实施办法》（2017年4月13日）、《广东省实施〈中华人民共和国献血法〉办法》（2017年8月25日）、《广东省林地林木流转办法》（2017年9月21日）、《广东省出租汽车经营管理办法》（2017年9月21日）、《广东省自然灾害救助办法》（2017年11月1日）、《广东省侨批档案保护管理办法》（2017年12月8日）

修改：《广东省民办社会福利机构管理规定》（2017年2月17日）、《广东省群众治安联防组织的规定》（2017年5月17日）、《广东省医疗卫生计量器具管理办法》（2017年5月17日）、《广东省水库大坝安全管理实施细则》（2017年5月17日）、《广东省禁止电、炸、毒鱼规定》（2017年5月17日）、《广东省地震重点监视防御区防震减灾工作管理办法》（2017年5月17日）、《广东省植物检疫实施办法》（2017年5月17日）、《广东省进出境货运车辆检查场管理规定》（2017年5月17日）、《广东省政府规章立法后评估规定》（2017年5月17日）、《广东省政府规章清理工作规定》（2017年5月17日）、《广东省外国人管理服务暂行规定》（2017年5月17日）、《广东省东江流域新丰江枫树坝白盆珠水库库区水资源保护办法》（2017年5月17日）、《广东省医疗纠纷预防与处理办法》（2017年5月17日）、《广东省快递市场管理办法》（2017年5月17日）、《广东省教育督导规定》（2017年8月25日）

废止：《广东省发展小水电暂行办法》（2017年5月17日）、《广东省公路渡口管理办法》（2017年5月17日）、《广东省耕地占用税征收管理实施办法》（2017年5月17日）、《广东省乡（镇）运输船舶安全管理规定》（2017年5月17日）、《广东省水路运输管理实施办法》（2017年5月17日）、《广东省能源利用监测管理办法》（2017年5月17日）、《广东省林业基金管理办法》（2017年5月17日）、《广东省维护水库移民土地山林房产权属的若干规定》（2017年5月17日）、《广东省退伍义务兵安置实施细则》（2017年5月17日）、《广东省工人技术业务培训管理办法》（2017年5月17日）、《广东省工人技术业务考核办法》（2017年5月17日）、《广东省建筑安装企业跨地区施工管理办法》（2017年5月17日）、《广东省义务消防队组织办法》（2017年5月17日）、《广东省水路运输服务业管理办法》（2017年5月17日）、《广东省城镇国有土地使用权出让和转让实施办法》（2017年5月17日）、《广东省水利工程水费核订、计收和管理办法》（2017年5月17日）、《广东省军队离休退休干部安置建房工作暂行规定》（2017年5月17日）、《广东省社会性、群众性自然保护小区暂行规定》

（2017年5月17日）、《广东省文物商业管理办法》（2017年5月17日）、《广东省社会团体登记管理实施细则》（2017年5月17日）、《广东省城市房屋拆迁管理规定》（2017年5月17日）、《广东省医疗收费管理办法》（2017年5月17日）、《广东省劳动合同管理规定》（2017年5月17日）、《广东省取水许可制度与水资源费征收管理办法》（2017年5月17日）、《广东省土地增值税征收管理办法》（2017年5月17日）、《广东省飞来峡水利工程移民安置办法》（2017年5月17日）、《广东省工程建设场地地震安全性评价工作管理规定》（2017年5月17日）、《广东省邮电通信管理条例实施细则》（2017年5月17日）、《广东省海域使用管理规定》（2017年5月17日）、《广东省水文管理办法》（2017年5月17日）、《广东省机关、事业单位工资基金管理实施细则》（2017年5月17日）、《广东省爆破工程劳动安全管理规定》（2017年5月17日）、《广东省县级旅游行业管理暂行规定》（2017年5月17日）、《广东省核电厂环境保护管理规定》（2017年5月17日）、《广东省体育市场管理暂行规定》（2017年5月17日）、《广东省旅游事故处理暂行规定》（2017年5月17日）、《广东省国家公务员培训暂行办法》（2017年5月17日）、《广东省经营服务性收费管理规定》（2017年5月17日）、《广东省实施〈水产品批发市场管理办法〉细则》（2017年5月17日）、《广东省国有企业财务监督办法》（2017年5月17日）、《广东省海滨游泳场安全管理规定》（2017年5月17日）、《广东省见义勇为人员奖励和保障规定》（2017年5月17日）、《广东省地价管理规定》（2017年5月17日）、《广东省预算外资金管理办法》（2017年5月17日）、《广东省船舶、排筏过闸费征收和使用办法》（2017年5月17日）、《广东省城市市容和环境卫生管理规定》（2017年5月17日）、《广东省组织机构代码管理办法》（2017年5月17日）、《广东省保安服务管理条例实施细则》（2017年5月17日）、《广东省资源综合利用管理办法》（2017年5月17日）、《广东省注册安全主任管理规定》（2017年5月17日）、《广东省机动车安全技术检验机构行政许可实施办法》（2017年5月17日）、《广东省森林林木林地权属争议调解处理办法》（2017年5月17日）、《广东省实施〈信访条例〉办法》（2017年5月17日）、《广东省民用机场电磁环境保护规定》（2017年5月17日）、《广东省行政审批管理监督办法》（2017年5月17日）、《广东省著名商标认定和管理规定》（2017年5月17日）、《广东省严控废物处理行政许可实施办法》（2017年5月17日）、《广东省食用农产品标识管理规定》（2017年5月17日）、《广东省反走私综合治理工作规定》（2017年5月17日）

广州市人民政府（制定6件、修改20件、废止22件，共48件）

制定：《广州市建筑玻璃幕墙管理办法》（2017年5月4日）、《广州市危险化学品安全管理规定》（2017年5月15日）、《广州市南沙新区产业园区开发建设管理局设立和运行规定》（2017年7月17日）、《广州市南沙新区明珠湾开发建设管理局设立和运行规定》（2017年7月17日）、《广州市民用运输机场管理办法》（2017年8月18日）、《广州市地下管线管理办法》（2017年10月11日）

修改：《广州市门楼号牌管理规定》（2017年2月13日）、《广州空港经济区管理试行办法》（2017年8月18日）、《广州市人口与计划生育服务和管理规定》（2017年8月18日）、《广州市公共安全视频系统管理规定》（2017年10月18日）、《广州市城市道路临时占用管理办法》（2017年10月18日）、《广州市城市道路挖掘管理办法》（2017年10月18日）、《广州市保守工作秘密规定》（2017年10月18日）、《广州市发展应用新型墙体材料管理规定》（2017年10月18日）、《广州市公共安全视频系统管理规定》（2017年10月18日）、《广州市机动车维修管理规定》（2017年10月18日）、《广州市政府投资项目审计办法》（2017年10月18日）、《广州市建设工程文明施工管理规定》（2017年10月18日）、《广州市户外广告和招牌设置管理办法》（2017年10月18日）、《广州市物业管理暂行办法》（2017年10月18日）、《广州市职业卫生监督管理规定》（2017年10月18日）、《广州市供电与用电管理规定》（2017年10月18日）、《广州市最低生活保障办法》（2017年10月18日）、《广州市居住区配套公共服务设施管理暂行规定》（2017年10月18日）、《广州市城乡规划技术规定》（2017年10月18日）、《广州市餐饮场所污染防治管理办法》（2017年10月18日）

废止：《广州市除四害管理规定》（2017年10月18日）、《广州市村镇渡口安全管理办法》（2017年10月18日）、《广州市优抚对象入学入托和升学优待办法》（2017年10月18日）、《广州市劳动争议仲裁办法》（2017年10月18日）、《广州市人民防空警报设施建设管理规定》（2017年10月18日）、《广州市按比例安排残疾人就业办法实施细则》（2017年10月18日）、《广州市村镇建设管理规定》（2017年10月18日）、《广州市农村村民住宅建设用地管理规定》（2017年10月18日）、《广州市残疾人专用机动车管理办法》（2017年10月18日）、《广州市摩托车报废管理规定》（2017年10月18日）、《广州市清真食品管理办法》（2017年10月18日）、《广州市行政复议规定》（2017年10月18日）、《广州市小型客运船舶运输管理办法》（2017年10月18日）、《广州市依申请公开政府信息办法》（2017年10月18日）、《广州市流动人员管理规定》（2017年10月18日）、《广州市接受华侨港澳同胞捐赠兴办公益事业规定》（2017年10月18日）、《广州市新菜地开发建设基金征收办法》（2017年10月18日）、《广州市专利奖励办法》（2017年10月18日）、《关于明确中新广州知识城管理委员会管理权限的决定》（2017年10月18日）、《广州市扩大区县级市管理权限规定》（2017年10月18日）、《广州市城市路桥隧道车辆通行费年票制办法》（2017年10月18日）、《广州市科学技术奖励办法》（2017年10月18日）

深圳市人民政府（制定6件、修改7件、废止4件，共17件）

制定：《深圳市地下综合管廊管理办法（试行）》（2017年4月14日）、《深圳市公共信用信息管理办法》（2017年5月12日）、《深圳仲裁委员会管理办法》（2017年8月4日）、《深圳市龙华现代有轨电车运营管理暂行办法》（2017年8月7日）、《深圳市计划生育若干规定》（2017年9月18日）、《深圳市大鹏新区管理规定》（2017年9月18日）

修改：《深圳市房地产市场监管办法》（2017年2月8日）、《深圳经济特区城市雕塑管理规定》（2017年2月8日）、《深圳经济特区生活饮用水二次供水管理规定》（2017年2月8日）、《深圳市计划用水办法》（2017年2月8日）、《深圳经济特区在用机动车排气污染检测与强制维护实施办法》（2017年2月8日）、《深圳市绿色建筑促进办法》（2017年2月8日）、《深圳市实施〈校车安全管理条例〉若干规定》（2017年2月13日）

废止：《深圳市坪山新区管理暂行规定》（2017年9月4日）、《〈深圳经济特区房屋租赁条例〉实施细则》（2017年12月28日）、《深圳经济特区维修行业管理办法》（2017年12月28日）、《深圳经济特区服务行业环境保护管理办法》（2017年12月28日）

珠海市人民政府（制定5件、废止1件，共6件）

制定：《珠海经济特区餐厨垃圾管理办法》（2017年1月5日）、《珠海经济特区促进横琴休闲旅游业发展办法》（2017年4月19日）、《珠海经济特区牛羊定点屠宰管理办法》（2017年7月13日）、《珠海经济特区建设工程招标投标管理办法》（2017年10月10日）、《珠海经济特区绿色建筑管理办法》（2017年10月30日）

废止：《珠海市小型客运船舶管理规定》（2017年10月30日）

汕头市人民政府（制定7件、废止1件，共8件）

制定：《汕头经济特区储备土地管护和临时利用办法》（2017年4月10日）、《汕头市污水处理费征收使用管理办法》（2017年5月2日）、《汕头经济特区现代产业用地供应办法》（2017年5月15日）、《汕头经济特区城镇公租房保障办法》（2017年6月16日）、《汕头经济特区行政机关规范性文件管理规定》（2017年12月26日）、《汕头经济特区社会组织登记管理办法》（2017年12月26日）、《汕头市规范涉企行政执法检查行为规定》（2017年12月26日）

废止：《汕头经济特区机动车辆路桥通行费征收管理规定》（2017年8月24日）

佛山市人民政府（制定2件，共2件）

制定：《佛山市寄递物流安全管理办法》（2017年4月1日）、《佛山市违法建设查处暂行办法》（2017年11月24日）

韶关市人民政府（制定2件，共2件）

制定：《韶关市历史文化名城保护办法》（2017年1月4日）、《韶关市人民政府

起草地方性法规草案和制定政府规章程序规定》（2017年7月26日）

河源市人民政府（制定1件，共1件）

制定：《河源市政府规章制定程序规定》（2017年7月21日）

梅州市人民政府（制定1件，共1件）

制定：《梅州市房屋使用安全管理办法》（2017年11月24日）

惠州市人民政府（制定2件，共2件）

制定：《惠州市人民政府拟定地方性法规草案和制定政府规章程序规定》（2017年1月4日）、《惠州市非物质文化遗产保护管理办法》（2017年7月4日）

东莞市人民政府（制定2件，共2件）

制定：《东莞市燃气管理办法》（2017年5月9日）、《东莞市新建改建居住区配套教育设施规划建设管理办法》（2017年12月15日）

中山市人民政府（制定1件，共1件）

制定：《中山市群众自发性聚集活动安全管理规定》（2017年2月29日）

江门市人民政府（制定1件，共1件）

制定：《江门市消防水源管理办法》（2017年1月25日）

湛江市人民政府（制定2件，共2件）

制定：《广东湛江红树林国家级自然保护区管理办法》（2017年12月19日）、《湛江市专职消防队建设管理规定》（2017年12月19日）

茂名市人民政府（制定1件，共1件）

制定：《茂名市户外广告设施和招牌设置管理规定》（2017年5月3日）

肇庆市人民政府（制定2件，共2件）

制定：《肇庆市人民政府起草地方性法规草案和制定政府规章程序规定》（2017年10月30日）、《肇庆市消防安全管理规定》（2017年12月18日）

清远市人民政府（制定1件，共1件）

制定：《清远市教育设施规划建设管理规定》（2017年11月14日）

潮州市人民政府（制定2件，共2件）

制定：《潮州市人民政府拟定地方性法规草案和制定政府规章程序规定》（2017年6月28日）、《潮州市古城区消防安全管理办法》（2017年12月20日）

云浮市人民政府（制定1件，共1件）

制定：《云浮市城市公园和广场管理办法》（2017年12月27日）

广西壮族自治区

地方性法规：

广西壮族自治区人大及其常委会（制定10件、修改4件、批准14件，共28件）

制定：《广西壮族自治区饮用水水源保护条例》（2017年1月18日）、《广西壮族自治区农业机械化促进条例》（2017年3月29日）、《广西壮族自治区古树名木保护条例》（2017年3月29日）、《广西壮族自治区食品小作坊小餐饮和食品摊贩管理条例》（2017年3月29日）、《广西壮族自治区抗旱条例》（2017年5月25日）、《广西壮族自治区边防治安管理条例》（2017年5月25日）、《广西壮族自治区实施〈中华人民共和国老年人权益保障法〉办法》（2017年5月25日）、《广西壮族自治区税收保障条例》（2017年7月28日）、《广西壮族自治区社会科学普及条例》（2017年7月28日）、《中国—马来西亚钦州产业园区条例》（2017年7月28日）。

修改：《广西壮族自治区实施〈中华人民共和国未成年人保护法〉办法》（2017年9月21日）、《广西壮族自治区各级人民代表大会常务委员会讨论决定重大事项的规定》（2017年12月1日）、《广西壮族自治区消费者权益保护条例》（2017年12月1日）、《广西壮族自治区扶贫开发条例》（2017年12月1日）。

批准：《钦州市坭兴陶土资源保护条例》（2017年3月29日）、《梧州市城市市容和环境卫生管理条例》（2017年3月29日）、《北海市城市市容和环境卫生管理条例（2017年5月25日）、《大化瑶族自治县自治条例》（2017年5月25日）、《融水苗族自治县自治条例》（2017年5月25日）、《贺州市黄姚古镇保护条例》（2017年7月28日）、《玉林市九洲江流域水质保护条例》（2017年9月21日）、《河池市非物质文化遗产保护条例》（2017年9月21日）、《贵港市太平天国金田起义遗址保护条例》（2017年9月21日）、《桂林市城市市容和环境卫生管理条例》（2017年12月1日）、《来宾市忻城土司文化遗产保护条例》（2017年12月1日）、《防城港市城市市容和环境卫生管理条例》（2017年12月1日）、《百色市澄碧河水库水质保护条例》（2017年12月1日）、《百色市农贸市场管理条例》（2017年12月1日）。

桂林市人大及其常委会（制定1件，共1件）

制定：《桂林市城市市容和环境卫生管理条例》（2017年10月31日）

梧州市人大及其常委会（制定1件，共1件）

制定：《梧州市停车场建设和管理条例》（2017年12月21日）

北海市人大及其常委会（制定1件，共1件）

制定：《北海市城市市容和环境卫生管理条例》（2017年4月19日）

防城港市人大及其常委会（制定1件，共1件）

制定：《防城港市城市市容和环境卫生管理条例》（2017年8月29日）

钦州市人大及其常委会（制定1件，共1件）

制定：《钦州市饮用水水源保护条例》（2017年12月28日）

贵港市人大及其常委会（制定1件，共1件）

制定：《贵港市太平天国金田起义遗址保护条例》（2017年8月31日）

玉林市人大及其常委会（制定1件，共1件）

制定：《玉林市九洲江流域水质保护条例》（2017年6月26日）

百色市人大及其常委会（制定2件，共2件）

制定：《百色市澄碧河水库水质保护条例》（2017年8月24日）、《百色市农贸市场管理条例》（2017年8月24日）

贺州市人大及其常委会（制定1件，共1件）

制定：《贺州市黄姚古镇保护条例》（2017年7月4日）

河池市人大及其常委会（制定1件，共1件）

制定：《河池市非物质文化遗产保护条例》（2017年8月31日）

来宾市人大及其常委会（制定1件，共1件）

制定：《来宾市忻城土司文化遗产保护条例》（2017年9月29日）

自治条例和单行条例：

大化瑶族自治县人民代表大会（修改1件，共1件）

修改：《大化瑶族自治县自治条例》（2017年2月28日）

融水苗族自治县人民代表大会（修改1件，共1件）

修改：《融水苗族自治县自治条例》（2017年1月18日）

政府规章：

广西壮族自治区人民政府（制定4件、废止2件，共6件）

制定：《广西壮族自治区机关事务管理办法》（2017年9月30日）、《广西壮族自治区乡村医生从业管理办法》（2017年12月6日）、《广西壮族自治区消防水源管理规定》（2017年12月6日）、《广西壮族自治区退役士兵安置办法》（2017年12月6日）

废止：《广西壮族自治区组织机构代码管理办法》（2017年1月23日）、《广西壮族自治区新建住宅区供配电设施建设维护管理办法》（2017年1月23日）

南宁市人民政府（制定3件、修改2件、废止4件，共9件）

制定：《南宁市人民防空管理办法》（2017年3月18日）、《南宁市安全生产监督管理办法》（2017年4月10日）、《南宁市公共租赁住房保障办法》（2017年12月28日）

修改：《南宁市规章制定办法》（2017年1月6日）、《南宁市已购公有住房上市出售管理办法》（2017年12月28日）

废止：《南宁市建设工程地震安全性评价管理规定》（2017年12月28日）、《南宁市食用农产品质量安全管理办法》（2017年12月28日）、《南宁市分散按比例安排残疾人就业规定》（2017年12月28日）、《南宁市盲人保健按摩管理暂行规定》（2017年12月28日）

梧州市人民政府（制定1件，共1件）

制定：《梧州市人民政府拟定地方性法规草案和制定政府规章程序规定》（2017年12月4日）

桂林市人民政府（制定1件，共1件）

制定：《桂林市人民政府规章立法后评估办法》（2017年12月7日）

百色市人民政府（制定1件，共1件）

制定：《百色市人民政府规章制定办法》（2017年9月1日）

海南省

地方性法规：

海南省人大及其常委会（制定3件、修改17件、批准6件，共26件）

制定：《海南省实施〈中华人民共和国人民调解法〉办法》（2017年7月21日）、《海南省水污染防治条例》（2017年11月30日）、《海南省人民代表大会常务委员会任免海南省监察委员会副主任、委员暂行办法》（2017年12月22日）

修改：《海南省实施〈中华人民共和国老年人权益保障法〉若干规定》（2017年7月21日）、《海南省劳动保障监察若干规定》（2017年7月21日）、《海南省环境保护条例》（2017年7月21日）、《海南省松涛水库生态环境保护规定》（2017年9月27日）、《海南经济特区水条例》（2017年9月27日）、《海南省万泉河流域生态环境保护规定》（2017年9月27日）、《海南省南渡江生态环境保护规定》（2017年9月27日）、《海南省审计监督条例》（2017年9月27日）、《海南省城乡容貌和环境卫生管理条例》（2017年9月27日）、《海南省饮用水水源保护条例》（2017年11月30日）、《海南省无规定动物疫病区管理条例》（2017年11月30日）、《海南省实施〈中华人民共和国水土保持法〉办法》（2017年11月30日）、《海南省节约能源条例》（2017年11月30日）、《海南省环境保护条例》（2017年11月30日）、《海南省红树林保护规定》（2017年11月30日）、《海南省城镇园林绿化条例》（2017年11月30日）、《海南经济特区农药管理若干规定》（2017年11月30日）

批准：《海口市城市管理综合行政执法条例》（2017年1月19日）、《海口市制定地方性法规条例》（2017年3月29日）、《三亚市制定地方性法规条例》（2017年3月29日）、《海口市扬尘污染防治办法》（2017年6月1日）、《海口市美舍河保护管理规定》（2017年9月27日）、《海口市城市黄线管理办法》（2017年9月27日）

海口市人大及其常委会（制定4件，共4件）

制定：《海口市制定地方性法规条例》（2017年1月22日）、《海口市扬尘污染防治办法》（2017年5月2日）、《海口市美舍河保护管理规定》（2017年9月1日）、《海口市城市黄线管理办法》（2017年9月1日）

三亚市人大及其常委会（制定1件，共1件）

制定：《三亚市制定地方性法规条例》（2017年1月20日）

政府规章：

海南省人民政府（制定5件、修改5件、废止28件，共38件）

制定：《海南省食品摊贩监督管理办法（试行）》（2017年2月9日）、《海南省重点项目管理办法》（2017年2月9日）、《琼州海峡轮渡运输管理规定》（2017年6月19日）、《海南省基础测绘管理办法》（2017年8月14日）、《海南省消防安全责任制规定》（2017年12月7日）

修改：《海南省植物检疫实施办法》（2017年9月27日）、《海南省社会保险费征缴若干规定》（2017年9月27日）、《海南省海洋渔船安全生产管理规定》（2017年9月27日）、《海南省木材管理办法》（2017年9月27日）、《海南省城镇饮用水卫生监督管理规定》（2017年9月27日）

废止：《海南省取水许可制度若干规定》（2017年9月10日）、《海南省建设项目环境保护管理规定》（2017年9月10日）、《海南省水利工程管理办法》（2017年9月10日）、《海南省流动人口管理规定》（2017年9月27日）、《海南省流动人口计划生育管理实施细则》（2017年9月27日）、《海南经济特区企业法人年度检验办法》（2017年9月27日）、《海南省企业固定资产投资项目备案管理办法》（2017年9月27日）、《海南省企业国有产权转让管理若干规定》（2017年9月27日）、《海南省公共场所消防安全管理规定》（2017年11月8日）、《海南省事业单位登记管理办法》（2017年11月8日）、《海南经济特区企业法定代表人离任审计规定》（2017年11月8日）、《海南经济特区企业审计规定》（2017年11月8日）、《海南省各级预算执行情况审计监督办法》（2017年11月8日）、《海南省审计结论办理规定》（2017年11月8日）、《海南省重点建设项目审计规定》（2017年11月8日）、《海南省人民政府关于建立旅游市场监督管理长效机制的若干规定》（2017年11月8日）、《海南省工程场地地震安全性评价管理办法》（2017年11月8日）、《海南省渡口渡船管理规定》（2017年11月8日）、《海南省非税收入管理办法》（2017年11月8日）、《海南省劳动就业管理规定》（2017年11月8日）、《海南经济特区组织机构代码管理办法》（2017年11月8日）、《海南省饲料和饲料添加剂管理办法》（2017年11月8日）、《海南省海口保税区管理办法》（2017年11月8日）、《海南省建设工程招标投标管理办法》（2017年11月8日）、《琼州海峡轮渡运输安全管理规定》（2017年11月8日）、《海南省地质勘查管理暂行规定》（2017年11月8日）、《海南省粮食收购许可管理若干规定》（2017年11月8日）、《海南省城镇污水处理费征收使用管理办法》（2017年11月8日）。

海口市人民政府（修改2件、废止12件，共13件）

修改：《海口市规章制定程序规定》（2017年2月6日）、《海口市旅行社开发客源市场奖励办法》（2017年1月25日）

废止：《海口市市政建设规划管理办法》（2017年11月6日）、《海口市科学技术投入暂行办法》（2017年11月6日）、《海口市土地违法行为处罚规定》（2017年11月6日）、《海口市生活饮用水二次供水卫生监督管理办法》（2017年11月6日）、《海口市退伍义务兵安置办法》（2017年11月6日）、《海口市生猪交易屠宰和销售管理暂行规定》（2017年11月6日）、《海口市管道燃气管理办法》（2017年11月6日）、《海口市处置闲置土地若干规定》（2017年11月6日）、《海口市地震安全性评价管理办法》（2017年11月6日）、《海口市烟草专卖管理办法》（2017年11月6日）、《海口市划拨土地收益征收规定》（2017年11月6日）、《海口市土地交易管理办法》（2017年11月6日）

三亚市人民政府（制定2件，共2件）

制定：《三亚市政府规章制定程序规定》（2017年11月17日）、《三亚市洗涤业管理规定》（2017年12月16日）

重庆市

地方性法规：

重庆市人大及其常委会（制定3件、修改5件，共8件）

制定：《重庆市大足石刻保护条例》（2017年3月29日）、《重庆市大气污染防治条例》（2017年3月29日）、《重庆市人民代表大会代表建议批评和意见工作条例》（2017年11月30日）

修改：《重庆市地方立法条例》（2017年1月19日）、《重庆市环境保护条例》（2017年3月29日）、《重庆市气象灾害防御条例》（2017年9月29日）、《重庆市老年人权益保障条例》（2017年11月30日）、《重庆市献血条例》（2017年11月30日）

政府规章：

重庆市人民政府（制定5件、修改3件、废止16件，共24件）

制定：《重庆市公益林管理办法》（2017年1月5日）、《重庆市民用无人驾驶航空器管理暂行办法》（2017年6月23日）、《重庆市税收征管保障办法》（2017年8月1日）、《重庆市地方标准管理办法》（2017年12月21日）、《重庆市公共投资建设项

目审计办法》（2017年12月21日）

修改：《重庆市个人住房房产税征收管理实施细则》（2017年1月13日）、《重庆市关于开展对部分个人住房征收房产税改革试点的暂行办法》（2017年1月13日）、《重庆市城市规划管理技术规定》（2017年12月13日）

废止：《重庆市控制燃煤二氧化硫污染管理办法》（2017年1月5日）、《重庆市城市维护建设税征收管理办法》（2017年1月5日）、《重庆市耕地开垦费、耕地闲置费、土地复垦费收取与使用管理办法》（2017年1月5日）、《重庆市资产评估机构管理办法》（2017年1月5日）、《重庆市营业性演出管理办法》（2017年1月5日）、《重庆市统一代码管理办法》（2017年1月5日）、《重庆市教育督导规定》（2017年1月5日）、《重庆市建设用地监管若干规定》（2017年1月5日）、《重庆市事业单位工作人员申诉控告暂行办法》（2017年1月5日）、《重庆市无规定动物疫病区管理办法》（2017年1月5日）、《重庆市消防安全责任制实施办法》（2017年1月5日）、《重庆市出租汽车顶灯和计价器使用暂行规定》（2017年1月5日）、《重庆市出租汽车客运管理暂行办法》（2017年1月5日）、《重庆市企业国有产权转让管理办法》（2017年1月5日）、《重庆市食品安全管理办法》（2017年1月5日）、《重庆市主城区路桥通行费征收管理办法》（2017年10月9日）

四川省

地方性法规：

四川省人大及其常委会（制定4件、修改7件、废止1件、批准31件，共43件）

制定：《四川省散装水泥管理条例》（2017年3月29日）、《四川省非物质文化遗产条例》（2017年6月3日）、《四川省农村公路条例》（2017年7月27日）、《四川省就业创业促进条例》（2017年9月22日）

修改：《四川省水利工程管理条例》（2017年6月3日）、《四川省农村能源条例》（2017年7月27日）、《四川省人民代表大会常务委员会关于政府规章设定罚款限额的规定》（2017年7月27日）、《四川省环境保护条例》（2017年9月22日）、《四川省计量监督管理条例》（2017年9月22日）、《四川省人民代表大会常务委员会讨论决定重大事项的规定》（2017年9月22日）、《四川省政府投资建设项目审计条例》（2017年12月1日）

废止：《四川省专业技术人员继续教育条例》（2017年9月22日）

批准：《德阳市地方立法条例》（2017年3月29日）、《广元市人民代表大会及其常务委员会立法条例》（2017年3月29日）、《乐山市人民代表大会及其常务委员会立法条例》（2017年3月29日）、《宜宾市地方立法条例》（2017年3月29日）、

《广安市制定地方性法规条例》（2017年3月29日）、《成都市城市轨道交通管理条例》（2017年3月29日）、《成都市市容和环境卫生管理条例》（2017年3月29日）、《泸州市违法建设治理条例》（2017年3月29日）、《雅安市新村聚居点管理条例》（2017年3月29日）、《成都市燃气管理条例》（2017年6月3日）、《成都市城乡规划条例》（2017年6月3日）、《成都市历史建筑和历史文化街区保护条例》（2017年6月3日）、《达州市集中式饮用水水源保护管理条例》（2017年6月3日）、《凉山彝族自治州立法条例》（2017年6月3日）、《成都市科学技术进步条例》（2017年7月27日）、《南充市城镇环境卫生管理条例》（2017年7月27日）、《广安市集中式饮用水安全管理条例》（2017年9月22日）、《达州市城市公共汽车客运条例》（2017年9月22日）、《成都市城市管理综合行政执法条例》（2017年9月22日）、《乐山市中心城区绿心保护条例》（2017年9月22日）、《自贡市物业管理条例》（2017年9月22日）、《泸州市物业管理条例》（2017年9月22日）、《泸州市市容和环境卫生管理条例》（2017年9月22日）、《甘孜藏族自治州生态环境保护条例》（2017年9月22日）、《巴中市红军文物保护条例》（2017年12月1日）、《巴中市城市道路交通秩序管理条例》（2017年12月1日）、《攀枝花市城市绿化条例》（2017年12月1日）、《达州市传统村落保护与利用条例》（2017年12月1日）、《宜宾市翠屏山保护条例》（2017年12月1日）、《眉山市集中式饮用水水源地保护条例》（2017年12月1日）、《内江市甜城湖保护条例》（2017年12月1日）

成都市人大及其常委会（制定2件、修改3件，共5件）

制定：《成都市历史建筑和历史文化街区保护条例》（2017年4月19日）、《成都市城市管理综合行政执法条例》（2017年6月22日）

修改：《成都市燃气管理条例》（2017年2月24日）、《成都市城乡规划条例》（2017年2月24日）、《成都市科学技术进步条例》（2017年6月22日）

自贡市人大及其常委会（制定1件，共1件）

制定：《自贡市物业管理条例》（2017年8月25日）

攀枝花市人大及其常委会（制定1件，共1件）

制定：《攀枝花市城市绿化条例》（2017年10月9日）

泸州市人大及其常委会（制定2件，共2件）

制定：《泸州市物业管理条例》（2017年6月22日）、《泸州市市容和环境卫生管理条例》（2017年8月25日）

德阳市人大及其常委会（制定1件，共1件）

制定：《德阳市地方立法条例》（2017年1月12日）

广元市人大及其常委会（制定1件，共1件）

制定：《广元市人民代表大会及其常务委员会立法条例》（2017年2月9日）

内江市人大及其常委会（制定1件，共1件）

制定：《内江市甜城湖保护条例》（2017年10月12日）

乐山市人大及其常委会（制定1件，共1件）

制定：《乐山市中心城区绿心保护条例》（2017年8月30日）

南充市人大及其常委会（制定1件，共1件）

制定：《南充市城镇环境卫生管理条例》（2017年4月27日）

宜宾市人大及其常委会（制定2件，共2件）

制定：《宜宾市地方立法条例》（2017年1月11日）、《宜宾市翠屏山保护条例》（2017年10月20日）

广安市人大及其常委会（制定2件，共2件）

制定：《广安市制定地方性法规条例》（2017年1月7日）、《广安市集中式饮用水安全管理条例》（2017年8月23日）

达州市人大及其常委会（制定4件，共4件）

制定：《达州市集中式饮用水水源保护管理条例》（2017年4月27日）、《达州市城市公共汽车客运条例》（2017年8月18日）、《达州市人民代表大会常务委员会讨论决定重大事项的规定》（2017年10月17日）、《达州市传统村落保护与利用条例》（2017年10月17日）

巴中市人大及其常委会（制定2件，共2件）

制定：《巴中市城市道路交通秩序管理条例》（2017年10月17日）、《巴中市红军文物保护条例》（2017年8月29日）

雅安市人大及其常委会（制定1件，共1件）

制定：《雅安市新村聚居点管理条例》（2017年1月8日）

眉山市人大及其常委会（制定1件，共1件）

制定：《眉山市集中式饮用水水源地保护条例》（2017年10月26日）

凉山彝族自治州人大及其常委会（制定1件，共1件）

制定：《凉山彝族自治州立法条例》（2017年2月18日）

自治条例和单行条例：

甘孜藏族自治州人大常委会（制定1件，共1件）

制定：《甘孜藏族自治州生态环境保护条例》（2017年4月25日）

政府规章：

四川省人民政府（制定7件、修改13件、废止5件，共25件）

制定：《四川省农村住房建设管理办法》（2017年1月9日）、《四川省行政处罚听证程序规定》（2017年1月9日）、《四川省地理信息交换共享管理办法》（2017年1月18日）、《中国（四川）自由贸易试验区管理办法》（2017年7月25日）、《四川省民用无人驾驶航空器安全管理暂行规定》（2017年8月7日）、《四川省行政机构设置和编制管理规定》（2017年12月4日）、《四川省行政规范性文件管理办法》（2017年12月21日）

修改：《四川省公共场所卫生管理办法》（2017年10月27日）、《四川省娱乐场所管理办法》（2017年10月27日）、《四川省道路旅客运输管理办法》（2017年11月16日）、《四川省压缩天然气汽车安全管理办法》（2017年11月16日）、《四川省防伪技术产品管理办法》（2017年11月16日）、《四川省升空气球和系留气球灌充施放安全管理办法》（2017年11月16日）、《四川省雷电灾害防御管理规定》（2017年11月16日）、《四川省城市房屋白蚁防治办法》（2017年11月16日）、《四川省旅馆业治安管理办法》（2017年11月16日）、《四川省取水许可和水资源费征收管理办法》（2017年11月16日）、《四川省工程建设场地地震安全性评价管理规定》（2017年11月16日）、《四川省粮食流通管理条例实施办法》（2017年12月21日）、《四川省机动车驾驶员培训管理办法》（2017年12月25日）

废止：《四川省企业产品标准备案与执行标准登记管理办法》（2017年10月27日）、《四川省建设项目安全设施监督管理办法》（2017年10月27日）、《四川省城市住宅物业管理暂行办法》（2017年10月27日）、《四川省结核病防治管理办法》（2017年10月27日）、《四川省放射性污染防治管理办法》（2017年10月27日）

成都市人民政府（制定3件、修改1件、废止4件，共8件）

制定：《成都市机动车和非道路移动机械排气污染防治办法》（2017年9月30日）、《成都市住宅专项维修资金管理办法》（2017年12月8日）、《成都市检查井盖管理办法》（2017年12月29日）

修改：《成都市科学技术奖励办法》（2017年1月22日）

废止：《成都市国家建设项目审计办法》（2017年7月31日）、《成都市工程建设场地地震安全性评价管理规定》（2017年11月14日）、《成都市组织机构代码管理办法》（2017年11月14日）、《成都市城乡规划监督规定》（2017年11月14日）

德阳市人民政府（制定1件，共1件）

制定：《德阳市人民政府拟定地方性法规草案和制定规章程序规定》（2017年6月5日）

广元市人民政府（制定1件，共1件）

制定：《广元市人民政府拟定地方性法规草案和制定规章程序规定》（2017年5月19日）

南充市人民政府（制定1件，共1件）

制定：《南充市人民政府拟定地方性法规草案和制定规章程序规定》（2017年12月7日）

广安市人民政府（制定1件，共1件）

制定：《广安市人民政府规章制定程序规定》（2017年1月10日）

巴中市人民政府（制定2件，共2件）

制定：《巴中市人民政府拟定地方性法规草案和制定政府规章程序规定》（2017年2月20日）、《巴中市社会稳定风险评估实施细则》（2017年7月10日）

资阳市人民政府（制定1件，共1件）

制定：《资阳市人民政府拟定地方性法规草案和制定规章程序规定》（2017年6月9日）

阿坝藏族羌族自治州人民政府（制定1件，共1件）

制定：《阿坝藏族羌族自治州政府规章制定程序规定》（2017年6月7日）

贵州省

地方性法规：

贵州省人大及其常委会（制定14件、修改26件、批准42件，共82件）

制定：《贵州省食品安全条例》（2017年1月5日）、《贵州省预算审查监督条例》（2017年3月30日）、《贵州省统计管理条例》（2017年3月30日）、《贵州省民族乡保护和发展条例》（2017年6月2日）、《贵州省未成年人家庭教育促进条例》（2017年8月3日）、《贵州省古茶树保护条例》（2017年8月3日）、《贵州省文明行为促进条例》（2017年8月3日）、《贵州省传统村落保护和发展条例》（2017年8月3日）、《贵州省环境噪声污染防治条例》（2017年9月30日）、《贵州省人工影响天气条例》（2017年9月30日）、《贵州省安全生产条例》（2017年11月30日）、《贵州省促进科技成果转化条例》（2017年11月30日）、《贵州省水污染防治条例》（2017年11月30日）、《贵州省动物防疫条例》（2017年11月30日）

修改：《贵州省外来投资服务和保障条例》（2017年9月30日）、《贵州省建筑市场管理条例》（2017年11月30日）、《贵州省风景名胜区条例》（2017年11月30日）、《贵州省城乡规划条例》（2017年11月30日）、《贵州省合同监督条例》（2017年11月30日）、《贵州省信息化条例》（2017年11月30日）、《贵州省水路交通管理条例》（2017年11月30日）、《贵州省节约能源条例》（2017年11月30日）、《贵州省政府投资建设项目审计监督条例》（2017年11月30日）、《贵州省食盐管理条例》（2017年11月30日）、《贵州省人民防空条例》（2017年11月30日）、《贵州省殡葬管理条例》（2017年11月30日）、《贵州省安全技术防范管理条例》（2017年11月30日）、《贵州省文物保护条例》（2017年11月30日）、《贵州省体育条例》（2017年11月30日）、《贵州省档案条例》（2017年11月30日）、《贵州省森林条例》（2017年11月30日）、《贵州省森林公园管理条例》（2017年11月30日）、《贵州省土地整治条例》（2017年11月30日）、《贵州省地质环境管理条例》（2017年11月30日）、《贵州省土地管理条例》（2017年11月30日）、《贵州省防震减灾条例》（2017年11月30日）、《贵州省防洪条例》（2017年11月30日）、《贵州省实施〈中华人民共和国水法〉办法》（2017年11月30日）、《贵州省农产品质量安全条例》（2017年11月30日）、《贵州省气候资源开发利用和保护条例》（2017年11月30日）

批准：《毕节市饮用水水源保护条例》（2017年3月30日）、《黔东南苗族侗族自治州立法条例》（2017年3月30日）、《六盘水市水城河保护条例》（2017年4月28日）、《贵阳市预防职务犯罪工作规定》（2017年6月2日）、《贵阳市城镇养犬规定》（2017年6月2日）、《贵阳市烟花爆竹安全管理办法》（2017年6月2日）、《贵阳市市政设施管理办法》（2017年6月2日）、《贵阳市环境噪声污染防治规定》（2017年6月2日）、《贵阳市水污染防治规定》（2017年6月2日）、《贵阳市城市市容和环境卫生管理办法》（2017年6月2日）、《贵阳市城乡规划条例》（2017年6月2日）、《贵阳市房屋使用安全管理条例》（2017年6月2日）、《贵阳市保护中学小学教育用地规定》（2017年6月2日）、《贵阳市捐献遗体和角膜办法》（2017年6月2日）、《贵阳市档案管理规定》（2017年6月2日）、《贵阳市禁止选择性终止妊娠规定》（2017年6月2日）、《贵阳市住宅小区人口和计划生育管理服务规定》（2017年6月2日）、《贵阳市水库管理办法》（2017年6月2日）、《贵阳市南明河保护管理办法》（2017年6月2日）、《贵阳市阿哈水库水资源环境保护条例》（2017年6月2日）、《贵阳市绿化条例》（2017年6月2日）、《贵阳市环城林带建设保护办法》（2017年6月2日）、《贵阳市产品质量监督管理办法》（2017年6月2日）、《贵阳市价格监督检查条例》（2017年6月2日）、《贵阳市促进非公有制经济发展办法》（2017年6月2日）、《贵阳市企业国有产权交易管理办法》（2017年6月2日）、《贵阳市建设循环经济生态城市条例》（2017年6月2日）、《贵阳市城市房地产管理办法》（2017年6月2日）、《贵阳市建筑市场管理办法》（2017年6月2日）、《贵阳市村镇规划建设管理办法》（2017年6月2日）、《贵阳市房屋拆迁管理办法》（2017年6月2日）、《贵阳市房屋登记条例》（2017年6月2日）、《贵阳市职业教育规定》（2017年6月2日）、《贵阳市科技成果作价出资与提成办法》（2017年6月2日）、《贵阳市中小学生人身伤害事故预防与处理条例》（2017年6月2日）、《贵阳市道路货物运输管理办法》（2017年6月2日）、《贵阳市防雷减灾办法》（2017年6月2日）、《贵阳市劳动力市场管理规定》（2017年6月2日）、《黔东南苗族侗族自治州农村消防条例》（2017年8月3日）、《安顺市虹山湖公园管理条例》（2017年8月3日）、《铜仁市锦江流域保护条例》（2017年8月3日）、《黔西南布依族苗族自治州古茶树资源保护条例》（2017年9月30日）

贵阳市人大及其常委会（制定2件，共2件）

制定：《贵阳市政府数据共享开放条例》（2017年1月24日）、《贵阳市大气污染

防治办法》（2017年6月30日）

安顺市人大及其常委会（制定1件，共1件）

制定：《安顺市虹山湖公园管理条例》（2017年4月28日）

铜仁市人大及其常委会（制定1件，共1件）

制定：《铜仁市锦江流域保护条例》（2017年4月28日）

黔东南苗族侗族自治州人大及其常委会（制定1件，共1件）

制定：《黔东南苗族侗族自治州立法条例》（2017年2月18日）

自治条例和单行条例：

黔东南苗族侗族自治州人大及其常委会（修改1件，共1件）

修改：《黔东南苗族侗族自治州农村消防条例》（2017年2月18日）

政府规章：

贵州省人民政府（制定8件、修改6件、废止1件，共15件）

制定：《贵州省人民政府起草地方性法规草案和制定省政府规章程序规定》（2017年1月6日）、《贵州省石油天然气管道建设和保护办法》（2017年1月23日）、《贵州省新建住宅区供配电设施建设维护管理办法》（2017年9月12日）、《贵州省高速铁路安全管理规定》（2017年9月29日）、《贵州省行政执法监督办法》（2017年11月28日）、《贵州省消防设施管理规定》（2017年11月28日）、《贵州省政府立法第三方起草和评估办法》（2017年12月15日）、《贵州省通航设施管理办法》（2017年12月15日）

修改：《贵州省人民政府起草地方性法规草案和制定省政府规章程序规定》（2017年1月6日）、《贵州省城市绿化管理办法》（2017年6月15日）、《贵州省无线电管理办法》（2017年6月15日）、《贵州省电力设施保护办法》（2017年6月15日）、《贵州省污染物排放申报登记及污染物排放许可证管理办法》（2017年6月15日）、《贵州省新建住宅区供配电设施建设维护管理办法》（2017年9月12日）

废止：《贵州省水能资源使用权有偿出让办法》（2017年6月15日）

贵阳市人民政府（制定5件，共5件）

制定：《贵阳市禽类交易管理办法》（2017年4月11日）、《贵阳市综合行政执法办法》（2017年11月11日）、《贵阳市政府数据资源管理办法》（2017年11月11日）、《贵阳市政府数据共享开放实施办法》（2017年12月22日）、《贵阳市新建小区污水处理设施建设维护管理办法》（2017年12月22日）

遵义市人民政府（制定1件，共1件）

制定：《遵义市装饰装修管理办法》（2017年6月22日）

安顺市人民政府（制定1件，共1件）

制定：《安顺市人民政府起草地方性法规草案和制定市政府规章程序规定》（2017年11月14日）

云南省

地方性法规：

云南省人大及其常委会（制定2件、修改4件、批准23件，共29件）

制定：《云南省违法建筑处置规定》（2017年3月31日）、《云南省澄江化石地世界自然遗产保护条例》（2017年5月26日）

修改：《云南省人民代表大会及其常务委员会立法条例》（2017年1月21日）、《云南省农村扶贫开发条例》（2017年3月31日）、《云南省信访条例》（2017年9月28日）、《云南省安全生产条例》（2017年11月30日）

批准：《云南省红河哈尼族彝族自治州异龙湖保护管理条例》（2017年2月25日）、《云南省西双版纳傣族自治州城乡规划建设管理条例》（2017年3月26日）、《曲靖市人民代表大会及其常务委员会立法条例》（2017年3月31日）、《丽江市城市管理条例》（2017年3月31日）、《大理白族自治州乡村清洁条例》（2017年3月31日）、《云南省红河哈尼族彝族自治州建水燕子洞风景名胜区保护管理条例》（2017年3月31日）、《云南省屏边苗族自治县城市管理条例》（2017年3月31日）、《昭通市人民代表大会及其常务委员会制定地方性法规条例》（2017年5月26日）、《云南省禄劝彝族苗族自治县文化遗产保护条例》（2017年5月26日）、《云南省孟连傣族拉祜族佤族自治县城乡规划建设管理条例》（2017年5月26日）、《云南省景东彝族自治县无量山哀牢山保护管理条例》（2017年5月26日）、《云南省江城哈尼族彝族自治县水资源条例》（2017年5月26日）、《云南省德宏傣族景颇族自治州艾滋病防治条例》（2017年5月26日）、《昆明市机动车排气污染防治条例》（2017年6月29日）、《昆明市生猪屠宰管理条例》（2017年6月29日）、《昆明市流动人口计划生育条例》（2017年6月29日）、《昆明市人民代表大会代表议案处理程序的规定》（2017年7月27日）、《保山市昌宁田园城市保护条例》（2017年10月13日）、《昆明市城乡规划条例》（2017年11月30日）、《昆明市气象灾害防御条例》（2017年11月30日）、《临沧市南汀河保护管理条例》（2017年11月30日）、《楚雄彝族自治州元谋土林保护管理条例》（2017年11月30日）、《玉溪市城镇绿化条例》（2017年11月30日）

昆明市人大及其常委会（制定2件、修改4件，共6件）

制定：《昆明市城乡规划条例》（2017年10月31日）、《昆明市气象灾害防御条例》（2017年10月31日）

修改：《昆明市人民代表大会代表议案处理程序的规定》（2017年6月29日）、《昆明市机动车排气污染防治条例》（2017年6月29日）、《昆明市生猪屠宰管理条例》（2017年6月29日）、《昆明市流动人口计划生育条例》（2017年6月29日）

临沧市人大及其常委会（制定1件，共1件）

制定：《临沧市南汀河保护管理条例》（2017年9月26日）

楚雄彝族自治州人大及其常委会（制定1件，共1件）

制定：《楚雄彝族自治州元谋土林保护管理条例》（2017年10月24日）

玉溪市人大及其常委会（制定1件，共1件）

制定：《玉溪市城镇绿化条例》（2017年10月28日）

保山市人大及其常委会（制定1件，共1件）

制定：《保山市昌宁田园城市保护条例》（2017年8月30日）

曲靖市人大及其常委会（制定1件，共1件）

制定：《曲靖市人民代表大会及其常务委员会立法条例》（2017年1月14日）

昭通市人大及其常委会（制定1件，共1件）

制定：《昭通市人民代表大会及其常务委员会制定地方性法规条例》（2017年3月24日）

丽江市人大及其常委会（制定1件，共1件）

制定：《丽江市城市管理条例》（2017年2月22日）

大理白族自治州人大及其常委会（制定1件，共1件）

制定：《云南省大理白族自治州乡村清洁条例》（2017年2月19日）

红河哈尼族彝族自治州人大及其常委会（制定1件，共1件）

制定：《云南省红河哈尼族彝族自治州建水燕子洞风景名胜区保护管理条例》（2017年2月25日）

自治条例和单行条例：

红河哈尼族彝族自治州人民代表大会（修改1件，共1件）

修改：《云南省红河哈尼族彝族自治州异龙湖保护管理条例》（2017年2月25日）

西双版纳傣族自治州人民代表大会（修改1件，共1件）

修改：《云南省西双版纳傣族自治州城乡规划建设管理条例》（2017年3月26日）

禄劝彝族苗族自治县人民代表大会（制定1件，共1件）

制定：《云南省禄劝彝族苗族自治县文化遗产保护条例》（2017年2月27日）

孟连傣族拉祜族佤族自治县人民代表大会（制定1件，共1件）

制定：《云南省孟连傣族拉祜族佤族自治县城乡规划建设管理条例》（2017年2月18日）

景东彝族自治县人民代表大会（制定1件，共1件）

制定：《云南省景东彝族自治县无量山哀牢山保护管理条例》（2017年2月15日）

江城哈尼族彝族自治县人民代表大会（制定1件，共1件）

制定：《云南省江城哈尼族彝族自治县水资源条例》（2017年2月16日）

德宏傣族景颇族自治州人民代表大会（制定1件，共1件）

制定：《云南省德宏傣族景颇族自治州艾滋病防治条例》（2017年1月13日）

屏边苗族自治县人民代表大会（制定1件，共1件）

制定：《云南省屏边苗族自治县城市管理条例》（2017年1月13日）

政府规章：

云南省人民政府（制定4件、修改2件，共6件）

制定：《云南省木材运输管理规定》（2017年1月11日）、《云南省高速铁路安全管理规定》（2017年2月17日）、《云南省政府法律顾问工作规定》（2017年5月2日）、《云南省国家档案馆管理办法》（2017年11月6日）

修改：《云南省行政规范性文件制定和备案办法》（2017年10月30日）、《云南省政府投资建设项目审计办法》（2017年11月20日）

昆明市人民政府（制定2件、修改5件、废止4件，共11件）

制定：《昆明市预拌砂浆管理办法》（2017年4月25日）、《昆明市中青年学术和技术带头人及后备人选选拔培养考核办法》（2017年9月1日）

修改：《昆明市牛羊屠宰管理办法》（2017年1月12日）、《昆明市农贸市场管理办法（试行）》（2017年1月12日）、《昆明市公共餐饮具卫生监督管理办法》（2017年1月12日）、《昆明市餐厨废弃物管理办法》（2017年1月12日）、《昆明市户外广告设施设置管理办法》（2017年1月12日）

废止：《昆明市城市居民最低生活保障实施办法》（2017年1月12日）、《昆明市筹集建筑业企业劳动者保障费管理办法》（2017年1月12日）、《昆明市国有建设用地使用权拍卖出让管理暂行办法》（2017年1月12日）、《昆明市按比例安排残疾人就业规定》（2017年1月12日）

曲靖市人民政府（制定2件，共2件）

制定：《曲靖市人民政府立法工作规定》（2017年8月25日）、《云南会泽黑颈鹤国家级自然保护区管理办法》（2017年10月19日）

楚雄彝族自治州人民政府（制定1件，共1件）

制定：《楚雄彝族自治州违法建筑处置办法》（2017年9月13日）

红河州人民政府（制定1件，共1件）

制定：《红河州人民政府规章制定办法》（2017年12月19日）

西藏自治区

地方性法规：

西藏自治区人大及其常委会（制定2件、修改3件、批准5件，共10件）

制定：《西藏自治区抗旱条例》（2017年5月26日）、《西藏自治区见义勇为人员

表彰奖励和权益保障条例》（2017年5月26日）

修改：《西藏自治区立法条例》（2017年1月14日）、《西藏自治区实施〈中华人民共和国妇女权益保障法〉办法》（2017年7月28日）、《西藏自治区实施〈中华人民共和国消费者权益保护法〉办法》（2017年7月28日）

批准：《日喀则市制定地方性法规条例》（2017年3月28日）、《林芝市地方立法条例》（2017年5月26日）、《昌都市爱国卫生管理条例》（2017年5月26日）、《林芝市城市市容和环境卫生管理条例》（2017年9月27日）、《日喀则市人民代表大会常务委员会议事规则》（2017年9月27日）

林芝市人大及其常委会（制定2件，共2件）

制定：《林芝市地方立法条例》（2017年1月24日）、《林芝市城市市容和环境卫生管理条例》（2017年9月27日）

日喀则市人大及其常委会（制定1件，共1件）

制定：《日喀则市人民代表大会常务委员会议事规则》（2017年8月22日）

政府规章：

西藏自治区人民政府（制定2件、修改3件，共5件）

制定：《西藏自治区行政执法人员资格认证和行政执法证管理办法》（2017年2月23日）、《西藏自治区电话用户真实身份信息登记管理办法》（2017年11月29日）

修改：《西藏自治区政府投资建设项目审计监督办法》（2017年7月31日）、《西藏自治区实施〈中华人民共和国自然保护区条例〉办法》（2017年9月1日）、《西藏自治区生态环境保护监督管理办法》（2017年9月1日）

拉萨市人民政府（制定2件，共2件）

制定：《拉萨市城市建筑垃圾和工程渣土管理办法》（2017年8月3日）、《拉萨市寄递安全管理办法》（2017年4月6日）

日喀则市人民政府（制定2件，共2件）

制定：《日喀则市禁止生产、销售和提供一次性不可降解塑料购物袋、塑料餐具管理办法》（2017年3月17日）、《日喀则市"门前三包"责任制管理办法》（2017年3月17日）

昌都市人民政府（制定1件，共1件）

制定：《昌都市藏文社会用字管理办法》（2017年4月20日）

林芝市人民政府（制定1件，共1件）

制定：《林芝市野生鱼类保护办法》

陕西省

地方性法规：

陕西省人大及其常委会（制定4件、修改16件、废止1件、批准59件，共80件）

制定：《陕西省地方各级人民代表大会常务委员会规范性文件备案审查规定》（2017年3月30日）、《陕西省地方政府规章设定罚款限额规定》（2017年3月30日）、《陕西省石峁遗址保护条例》（2017年7月27日）、《陕西省地质灾害防治条例》（2017年9月29日）

修改：《陕西省秦岭生态环境保护条例》（2017年1月5日）、《陕西省大气污染防治条例》（2017年7月27日）、《陕西省价格条例》（2017年7月27日）、《陕西省科学技术进步条例》（2017年7月27日）、《陕西省水路交通管理条例》（2017年7月27日）、《陕西省行政事业性收费管理条例》（2017年7月27日）、《陕西省旅游条例》（2017年7月27日）、《陕西省文物保护条例》（2017年7月27日）、《陕西省消费者权益保护条例》（2017年7月27日）、《陕西省促进科技成果转化条例》（2017年9月29日）、《陕西省安全生产条例》（2017年9月29日）、《陕西省人民代表大会常务委员会讨论决定重大事项规定》（2017年9月29日）、《陕西省档案条例》（2017年11月30日）、《陕西省防震减灾条例》（2017年11月30日）、《陕西省艾滋病防治条例》（2017年11月30日）、《陕西省计量监督管理条例》（2017年11月30日）

废止：《陕西省经纪人条例》（2017年11月30日）

批准：《宝鸡市市区餐厨废弃物管理条例》（2017年1月5日）、《渭南市湿地保护条例》（2017年1月5日）、《商洛市住宅物业管理条例》（2017年3月30日）、《延安市城市市容市貌管理条例》（2017年3月30日）、《西安市保护消费者合法权益条例》（2017年3月30日）、《西安市市政工程设施管理条例》（2017年3月30日）、《西安市中等职业技术教育条例》（2017年3月30日）、《西安市经纪人条例》（2017年3月30日）、《西安市城市市容和环境卫生管理条例》（2017年3月30日）、《西安市限制养犬条例》（2017年3月30日）、《西安市周丰镐、秦阿房宫、汉长安城和唐大明宫遗址保护管理条例》（2017年3月30日）、《西安市蔬菜基地管理条例》（2017年3月30日）、《西安市股份合作制企业条例》（2017年3月30日）、《西安市城市饮用水源污染防治管理条例》（2017年3月30日）、《西安市制止价格欺诈和牟取暴利条例》（2017年3月30日）、《西安市城市房屋租赁条例》（2017年3月30日）、《西安市涉案物品价格鉴证条例》（2017年3月30日）、《西安市统计管理条例》（2017年3月30日）、《西安市体育经营活动管理条例》（2017年3月30日）、《西安市户外广告设置管理条例》（2017年3月30日）、《西安市城乡建设档案管理条例》（2017年3月30日）、《西安市预算审查监督条例》（2017年3月30日）、《西安历史文化名城保护条例》（2017年3月30日）、《西安市开发区条例》（2017年3月30日）、《西安市社会急救医疗条例》（2017年3月30日）、《西安市土地储备条例》（2017年3月30日）、《西安市人民代表大会常务委员会讨论决定重大事项条例》（2017年3月30日）、《西安市建设工程勘察设计管理条例》（2017年3月30日）、《西安市旅游条例》（2017年3月30日）、《西安市黑河引水系统保护条例》（2017年3月30日）、《西安市档案管理条例》（2017年3月30日）、《西安市中小学生人身伤害事故预防与处理条例》（2017年3月30日）、《西安市气象灾害防御条例》（2017年3月30日）、《西安市流动人口计划生育条例》（2017年3月30日）、《西安市改革创新促进条例》（2017年3月30日）、《西安市散装水泥管理条例》（2017年3月30日）、《西安市授予荣誉市民称号规定》（2017年3月30日）、《西安市古树名木保护条例》（2017年3月30日）、《西安市机动车和非道路移动机械排气污染防治条例》（2017年3月30日）、《西安市城墙保护条例》（2017年3月30日）、《西安市城乡规划条例》（2017年3月30日）、《西安市城市轨道交通条例》（2017年3月30日）、《西安市村镇建设条例》（2017年3月30日）、《西安市建筑垃圾管理条例》（2017年3月30日）、《西安市城市污水处理和再生水利用条例》（2017年3月30日）、《西安市建筑装饰装修条例》（2017年3月30日）、《西安市燃气管理条例》（2017年3月30日）、《西安市秦岭生态环境保护条例》（2017年3月30日）、《西安市民用建筑节能条例》（2017年3月30日）、《西安市城市供水用水条例》（2017年3月30日）、《西安市道路交通安全条例》（2017年3月30日）、《西安市城市绿化条例》（2017年3月30日）、《西安市环境噪声污染防治条例》（2017年3月30日）、《西安市家畜家禽屠宰检疫条例》（2017年3月30日）、《榆林市城镇园林绿化条例》（2017年5月25日）、《咸阳市禁止露天焚烧农作物秸秆条例》（2017年5月25日）、《西安市特种行业治安管理条例》（2017年7月27日）、《西安市不可移动文物保护条例》（2017年9月29日）、《西安市销售燃放烟花爆竹安全管理条例》（2017年9月29日）

西安市人大及其常委会（制定2件、修改1件，共3件）

制定：《西安市特种行业治安管理条例》（2017年6月28日）、《西安市不可移动文物保护条例》（2017年8月30日）

修改：《西安市销售燃放烟花爆竹安全管理条例》（2017年8月30日）

榆林市人大及其常委会（制定1件，共1件）

制定：《榆林市城镇园林绿化条例》（2017年4月28日）

咸阳市人大及其常委会（制定1件，共1件）

制定：《咸阳市禁止露天焚烧农作物秸秆条例》（2017年3月7日）

政府规章：

陕西省人民政府（制定12件、修改3件、废止8件，共23件）

制定：《陕西省人民政府关于中国（陕西）自由贸易试验区实施部分省级管理事项的决定》（2017年1月3日）、《陕西省转变功能干线公路管理办法》（2017年2月4日）、《陕西省公路隧道安全保护办法》（2017年2月4日）、《陕西省企业信用监督管理办法》（2017年3月20日）、《陕西省电信设施建设和保护办法》（2017年4月24日）、《陕西省信访事项复查复核办法》（2017年5月22日）、《陕西省城市社区居务公开民主管理办法》（2017年6月5日）、《陕西省地图管理办法》（2017年9月11日）、《陕西省电梯安全监督管理办法》（2017年11月27日）、《中国（陕西）自由贸易试验区管理办法》（2017年11月27日）、《陕西省经营性服务价格管理办法》（2017年12月11日）、《陕西省实施女职工劳动保护特别规定》（2017年12月26日）

修改：《陕西省居住证及流动人口服务管理办法》（2017年1月3日）、《陕西省渭河流域生态环境保护办法》（2017年12月26日）、《陕西省〈失业保险条例〉实施办法》（2017年12月26日）

废止：《陕西省流动人口服务管理办法》（2017年1月3日）、《陕西省收费证管理办法》（2017年12月26日）、《陕西省统计登记管理办法》（2017年12月26日）、《陕西省农业机械事故处理办法》（2017年12月26日）、《陕西省农机安全监督管理办法》（2017年12月26日）、《陕西省果树种子苗木管理办法》（2017年12月26日）、《陕西省组织机构代码管理办法》（2017年12月26日）、《陕西省室内装饰管理规定》（2017年12月26日）

西安市人民政府（制定8件、修改53件、废止12件，共73件）

制定：《西安市行政执法监督办法》（2017年1月16日）、《西安市电梯安全管理办法》（2017年1月16日）、《西安市城市地下综合管廊管理办法》（2017年1月16日）、《西安市森林资源保护发展责任制办法》（2017年1月16日）、《西安市停车场管理办法》（2017年6月6日）、《西安市特种行业治安管理条例》（2017年6月28日）、《西安市应急避难场所管理办法》（2017年8月21日）、《西安市旅游市场监督管理办法》（2017年12月25日）

修改：《西安市殡葬管理实施办法》（2017年11月29日）、《关于在对外公务中赠送和接受礼品的规定》（2017年11月29日）、《西安市建筑业劳动保险基金行业统筹管理办法》（2017年11月29日）、《西安市城市建设综合开发项目管理暂行办法》（2017年11月29日）、《西安市建筑市场管理办法》（2017年11月29日）、《西安市城镇居民最低生活保障制度实施办法》（2017年11月29日）、《西安市建设工程预拌商品混凝土管理办法》（2017年11月29日）、《西安市地质环境管理办法》（2017年11月29日）、《西安市储备粮管理办法》（2017年11月29日）、《西安市农村五保供养办法》（2017年11月29日）、《西安市丝绸之路历史文化遗产保护管理办法》（2017年11月29日）、《西安市兴教寺塔保护管理办法》（2017年11月29

日）、《西安市小雁塔保护管理办法》（2017年11月29日）、《西安市大雁塔保护管理办法》（2017年11月29日）、《西安市大明宫遗址保护管理办法》（2017年11月29日）、《西安市汉长安城未央宫遗址保护管理办法》（2017年11月29日）、《西安市民办医疗机构促进与管理办法》（2017年11月29日）、《西安市实施〈中华人民共和国献血法〉办法》（2017年11月29日）、《西安市计量监督管理办法》（2017年11月29日）、《西安市优秀近现代建筑保护管理办法》（2017年11月29日）、《西安市秦岭生态环境保护管理办法》（2017年11月29日）、《西安市机动车维修行业管理办法》（2017年11月29日）、《西安市冬季清除积雪积冰规定》（2017年11月29日）、《西安市生活饮用水二次供水管理和卫生监督规定》（2017年11月29日）、《西安市小型零担货物快捷车运输管理办法》（2017年11月29日）、《西安市河道管理实施办法》（2017年11月29日）、《西安市城市生活垃圾袋装收集管理办法》（2017年11月29日）、《西安市黑河引水管渠保护管理办法》（2017年11月29日）、《西安市实施〈中华人民共和国水土保持法〉办法》（2017年11月29日）、《西安市汽车客运站场管理办法》（2017年11月29日）、《西安市水资源管理办法》（2017年11月29日）、《西安市城市机动车辆清洗管理办法》（2017年11月29日）、《西安市市容环境卫生门前"三包"责任制管理办法》（2017年11月29日）、《西安市禁止乱张贴乱涂写规定》（2017年11月29日）、《西安市国家通用语言文字管理规定》（2017年11月29日）、《西安市河道采砂管理办法》（2017年11月29日）、《西安市机动车驾驶员培训管理办法》（2017年11月29日）、《西安市城市道路架空线缆落地管理办法》（2017年11月29日）、《西安市城市地下管线管理办法》（2017年11月29日）、《西安市城市夜景照明管理办法》（2017年11月29日）、《西安市城市环境卫生设施建设管理办法》（2017年11月29日）、《西安市校车安全管理办法》（2017年11月29日）、《西安市节能监察办法》（2017年11月29日）、《西安市禁止运送有毒化学物品车辆经108国道黑河流域段通行规定》（2017年11月29日）、《西安市收治严重危害社会安全精神障碍患者办法》（2017年11月29日）、《西安市鼓励引荐外商投资奖励办法》（2017年11月29日）、《西安市节约能源管理办法》（2017年11月29日）、《西安市国有土地上房屋征收与补偿办法》（2017年11月29日）、《西安市气象灾害监测预警办法》（2017年11月29日）、《西安市工伤保险实施办法》（2017年11月29日）、《西安市地方志管理办法》（2017年11月29日）、《西安市人工影响天气管理办法》（2017年11月29日）、《西安市防雷减灾管理办法》（2017年11月29日）

废止：《西安市文物市场管理办法》（2017年11月29日）、《西安市实施〈中华人民共和国反不正当竞争法〉办法》（2017年11月29日）、《西安市保障老年人权益办法》（2017年11月29日）、《西安市闲置土地处理办法》（2017年11月29日）、《西安市工程建设场地地震安全性评价管理规定》（2017年11月29日）、《西安市按比例安排残疾人就业实施办法》（2017年11月29日）、《西安市关于违反房改政策的处罚办法》（2017年11月29日）、《西安市城镇廉租住房管理办法》（2017年11月29日）、《西安市无障碍设施建设管理规定》（2017年11月29日）、《西安市设立大型商业网点听证办法》（2017年11月29日）、《西安市电力设施和电能保护办法》（2017年11月29日）、《西安市雷电灾害风险评估管理办法》（2017年11月29日）

榆林市人民政府（制定1件，共1件）

制定：《榆林市封山禁牧管理办法》（2017年9月13日）

安康市人民政府（制定1件，共1件）

制定：《安康市人民政府规章制定程序规定》（2017年8月29日）

汉中市人民政府（制定1件，共1件）

制定：《汉中市地方性法规草案和政府规章制定程序规定》（2017年10月9日）

甘肃省

地方性法规：

甘肃省人大及其常委会（制定6件、修改5件、批准12件，共23件）

制定：《甘肃省地方立法条例》（2017年1月13日）、《甘肃炳灵寺石窟保护条例》（2017年6月8日）、《甘肃省鼠疫预防和控制条例》（2017年6月8日）、《甘肃省各级人大常委会审计整改工作监督办法》（2017年7月28日）、《甘肃省农村生活垃圾管理条例》（2017年9月28日）、《甘肃省建设工程质量和建设工程安全生产管理条例》（2017年9月28日）

修改：《甘肃省石油勘探开发生态环境保护条例》（2017年7月28日）、《甘肃省农村扶贫开发条例》（2017年7月28日）、《甘肃省技术市场条例》（2017年9月28日）、《甘肃省招标投标条例》（2017年9月28日）、《甘肃祁连山国家级自然保护区管理条例》（2017年11月30日）

批准：《白银市人民代表大会及其常务委员会立法条例》（2017年3月30日）、《陇南市人民代表大会及其常务委员会立法程序规则》（2017年3月30日）、《定西市人民代表大会及其常务委员会立法程序规则》（2017年3月30日）、《平凉市地方立法条例》（2017年3月30日）、《张掖市立法条例》（2017年3月30日）、《嘉峪关市立法条例》（2017年3月30日）、《庆阳市禁牧条例》（2017年6月8日）、《甘肃省甘南藏族自治州草原管理办法》（2017年7月28日）、《定西市物业管理条例》（2017年7月28日）、《兰州市城市公共汽车客运管理条例》（2017年7月28日）、《兰州市中小学生人身伤害事故预防与处理条例》（2017年9月28日）、《甘肃省临夏回族自治州旅游条例》（2017年9月28日）

兰州市人大及其常委会（制定2件，共2件）

制定：《兰州市城市公共汽车客运管理条例》（2017年4月27日）、《兰州市中小学生人身伤害事故预防与处理条例》（2017年6月28日）

定西市人大及其常委会（制定1件，共1件）

制定：《定西市物业管理条例》（2017年4月21日）

庆阳市人大及其常委会（制定1件，共1件）

制定：《庆阳市禁牧条例》（2017年5月24日）

政府规章：

甘肃省人民政府（制定5件、修改3件、废止26件，共34件）

制定：《甘肃省自然灾害救助办法》（2017年9月26日）、《甘肃省尾矿库监督管理试行办法》（2017年10月9日）、《甘肃省行政复议和行政应诉若干规定》（2017年10月9日）、《甘肃省消防安全责任制实施办法》（2017年12月25日）、《甘肃省消防安全信用信息管理规定》（2017年12月25日）

修改：《甘肃省生产经营单位安全生产主体责任规定》（2017年9月18日）、《甘肃省政府安全生产监督管理责任规定》（2017年9月18日）、《甘肃省城市居民最低生活保障办法》（2017年9月26日）

废止：《甘肃省城镇土地使用税暂行条例实施办法》（2017年8月1日）、《甘肃省建设工程竣工验收办法》（2017年8月1日）、《甘肃省实施〈河道管理条例〉办法》（2017年8月1日）、《甘肃省资源税若干问题的规定》（2017年8月1日）、《甘肃省制止牟取暴利实施办法》（2017年8月1日）、《甘肃省实施〈矿产资源补偿费征收管理规定〉办法》（2017年8月1日）、《甘肃省预算执行情况审计监督实施办法》（2017年8月1日）、《甘肃省边境管理规定》（2017年8月1日）、《甘肃省国家建设项目审计办法》（2017年8月1日）、《甘肃省组织机构代码管理办法》（2017年8月1日）、《甘肃省社会保险费征缴违章处罚暂行办法》（2017年8月1日）、《甘肃省地图编制出版管理办法》（2017年8月1日）、《甘肃省行政许可过错责任追究试行办法》（2017年8月1日）、《甘肃省石油天然气管道设施保护办法（试行）》（2017年8月1日）、《甘肃省人事争议仲裁办法》（2017年8月1日）、《甘肃省煤炭经营监督管理办法》（2017年8月1日）、《甘肃省部门统计管理规定》（2017年8月1日）、《甘肃省政府投资项目审批和专项资金拨付管理办法》（2017年8月1日）、《甘肃省扫除文盲办法》（2017年11月20日）、《甘肃省小型水利工程管理办法》（2017年11月20日）、《甘肃省实施〈医疗机构管理条例〉办法》（2017年11月20日）、《甘肃省发展散装水泥管理规定》（2017年11月20日）、《甘肃省新型墙体材料推广应用管理规定》（2017年11月20日）、《甘肃省融资性担保机构审批管理办法》（2017年11月20日）、《甘肃省环境保护监督管理责任规定》（2017年11月20日）、《甘肃省公路沿

线非公路标志牌管理办法》（2017年11月20日）

兰州市人民政府（制定1件、修改3件、废止3件，共7件）

制定：《兰州市文明行为促进办法》（2017年9月27日）

修改：《兰州市建设领域农民工工资保证金管理暂行办法》（2017年1月6日）、《兰州市政府投资项目评审管理办法》（2017年8月3日）、《兰州市城市房屋使用安全管理办法》（2017年8月3日）

废止：《兰州市国家建设项目审计监督办法》（2017年4月24日）、《兰州市全民义务植树办法实施细则》（2017年8月3日）、《兰州市城市绿线及绿地建设管理办法》（2017年8月3日）

嘉峪关市人民政府（制定2件，共2件）

制定：《嘉峪关市城市市容和环境卫生管理办法（试行）》（2017年10月8日）、《嘉峪关市重大行政执法决定法制审核办法》（2017年11月22日）

定西市人民政府（制定1件，共1件）

制定：《定西市采砂管理办法》（2017年3月8日）

白银市人民政府（制定1件，共1件）

制定：《白银市烟花爆竹安全管理办法》（2017年2月6日）

天水市人民政府（制定1件，共1件）

制定：《天水市烟花爆竹安全管理办法》（2017年11月24日）

酒泉市人民政府（制定1件，共1件）

制定：《酒泉市人民政府拟定地方性法规草案和制定政府规章程序规定》（2017年12月22日）

甘南藏族自治州人民政府（制定1件，共1件）

制定：《甘南州行政规范性文件管理办法》（2017年12月11日）

青海省

地方性法规：

青海省人大及其常委会（制定5件、修改2件、批准5件，共12件）

制定：《三江源国家公园条例（试行）》（2017年6月2日）、《青海省公路路政条例》（2017年7月27日）、《青海省实施〈中华人民共和国献血法〉办法》（2017年7月27日）、《青海省实施〈中华人民共和国村民委员会组织法〉办法》（2017年9月27日）、《青海省行政许可监督管理条例》（2017年11月30日）

修改：《青海省乡、民族乡、镇人民代表大会工作条例》（2017年3月31日）、《青海省人民代表大会常务委员会决定重大事项的规定》（2017年9月27日）

批准：《河南蒙古族自治县自治条例》（2017年3月31日）、《黄南藏族自治州人民代表大会及其常务委员会立法程序规定》（2017年3月31日）、《西宁市人民代表大会及其常务委员会立法程序规定》（2017年6月2日）、《玉树藏族自治州民族团结进步条例》（2017年6月2日）、《海西蒙古族藏族自治州城镇管理条例》（2017年9月27日）

西宁市人大及其常委会（修改1件，共1件）

修改：《西宁市人民代表大会及其常务委员会立法程序规定》（2017年4月25日）

黄南藏族自治州人大及其常委会（制定1件，共1件）

制定：《黄南藏族自治州人民代表大会及其常务委员会立法程序规定》（2017年2月17日）

海西蒙古族藏族自治州人大及其常委会（制定1件，共1件）

制定：《海西蒙古族藏族自治州城镇管理条例》（2017年6月27日）

自治条例和单行条例：

玉树藏族自治州人民代表大会（制定1件，共1件）

制定：《玉树藏族自治州民族团结进步条例》（2017年2月24日）

政府规章：

青海省人民政府（制定4件、修改2件、废止4件，共10件）

制定：《青海省税收保障办法》（2017年1月9日）、《青海省促进绿色建筑发展办法》（2017年1月9日）、《青海省安全生产监督管理办法》（2017年1月9日）、《青海省非物质文化遗产保护办法》（2017年12月5日）

修改：《青海省治理货运车辆超限超载办法》（2017年11月3日）、《青海省城镇土地使用税实施办法》（2017年11月3日）

废止：《青海省矿产资源补偿费征收管理实施办法》（2017年11月3日）、《青海省赃物、没收物、无主财物、纠纷财物估价办法》（2017年11月3日）、《青海省行政事业性收费（基金）项目目录（第3批）》（2017年11月3日）、《青海省实施行政许可监督检查办法》（2017年11月3日）

西宁市人民政府（制定5件、废止2件，共7件）

制定：《西宁市"门前三包"区域责任制管理办法》（2017年6月17日）、《西宁市绿道管理办法》（2017年6月23日）、《西宁市绿色建筑管理办法》（2017年10月18日）、《西宁市安全生产办法》（2017年12月28日）、《西宁市生活饮用水二次供水管理办法》（2017年12月28日）

废止：《西宁市旅游市场管理办法》（2017年10月18日）、《西宁市科学技术奖励办法》（2017年10月18日）

海东市人民政府（制定1件，共1件）

制定：《海东市人民政府规章制定办法》（2017年12月28日）

果洛藏族自治州人民政府（制定1件，共1件）

制定：《果洛藏族自治州人民政府制定规章程序规定》（2017年10月15日）

海北藏族自治州人民政府（制定1件，共1件）

制定：《海北藏族自治州民族团结进步条例实施办法》（2017年11月17日）

宁夏回族自治区

地方性法规：

宁夏回族自治区人大及其常委会（制定4件、修改13件、废止2件、批准10件，共29件）

制定：《宁夏回族自治区城镇地下管线管理条例》（2017年7月26日）、《宁夏回族自治区大气污染防治条例》（2017年9月28日）、《宁夏回族自治区农村公路条例》（2017年9月28日）、《宁夏回族自治区畜禽屠宰管理条例》（2017年11月30日）

修改：《宁夏回族自治区人民代表大会议事规则》（2017年1月14日）、《宁夏回族自治区人民代表大会及其常务委员会立法程序规定》（2017年3月30日）、《宁夏回族自治区统计管理条例》（2017年3月30日）、《宁夏回族自治区岩画保护条例》（2017年3月30日）、《宁夏回族自治区空间规划条例》（2017年5月25日）、《宁夏回族自治区价格条例》（2017年7月26日）、《宁夏回族自治区审计监督条例》（2017年7月26日）、《宁夏回族自治区旅游条例》（2017年9月28日）、《宁夏回族自治区禁毒条例》（2017年9月28日）、《宁夏回族自治区法律援助条例》（2017年9月28日）、《宁夏回族自治区清真食品管理条例》（2017年11月30日）、《宁夏回族自治区食品生产加工小作坊小经营店和食品小摊点管理条例》（2017年11月30日）、《宁夏回族自治区六盘山、贺兰山、罗山国家级自然保护区条例》（2017年11月30日）

废止：《宁夏回族自治区个体工商户条例》（2017年3月30日）、《宁夏回族自治区户外广告管理条例》（2017年3月30日）

批准：《中卫市人民代表大会及其常务委员会立法程序规定》（2017年3月30日）、《吴忠市人民代表大会及其常务委员会立法程序规定》（2017年3月30日）、《固原市人民代表大会及其常务委员会立法程序规定》（2017年3月30日）、《石嘴山市市容和环境卫生管理条例》（2017年3月30日）、《银川市停车场规划建设和车辆停放管理条例》（2017年7月26日）、《固原市须弥山石窟保护条例》（2017年10月30日）、《吴忠市红色文化遗址保护条例》（2017年11月30日）、《中卫市城乡居民饮用水安全保护条例》（2017年11月30日）、《银川市政府投资项目审计监督条例（废止）》（2017年11月30日）、石嘴山市工业固体废物污染环境防治条例（2017年11月

30日）

银川市人大及其常委会（修改1件、废止1件，共2件）

修改：《银川市停车场规划建设和车辆停放管理条例》（2017年7月7日）

废止：《银川市政府投资项目审计监督条例》（2017年10月24日）

石嘴山市人大及其常委会（制定1件，共1件）

制定：《石嘴山市工业固体废物污染环境防治条例》（2017年9月28日）

吴忠市人大及其常委会（制定1件，共1件）

制定：《吴忠市红色文化遗址保护条例》（2017年10月27日）

固原市人大及其常委会（制定1件，共1件）

制定：《固原市须弥山石窟保护条例》（2017年10月30日）

中卫市人大及其常委会（制定1件，共1件）

制定：《中卫市城乡居民饮用水安全保护条例》（2017年10月24日）

政府规章：

宁夏回族自治区人民政府（制定6件、修改24件、废止11件，共41件）

制定：《宁夏回族自治区气候资源开发利用和保护办法》（2017年1月4日）、《宁夏回族自治区政务服务办法》（2017年1月12日）、《宁夏回族自治区林业有害生物防治办法》（2017年11月17日）、《宁夏回族自治区人民防空工程建设管理规定》（2017年11月29日）、《宁夏回族自治区自然灾害救助办法》（2017年12月21日）、《宁夏回族自治区实施〈农田水利条例〉办法》（2017年12月21日）

修改：《宁夏回族自治区水上交通事故调查处理暂行办法》（2017年10月9日）、《宁夏回族自治区测量标志管理规定》（2017年10月9日）、《宁夏回族自治区征收教育费附加的实施办法》（2017年10月9日）、《宁夏回族自治区城镇国有土地使用权出让和转让办法》（2017年10月9日）、《宁夏回族自治区旅游船舶安全管理办法》（2017年10月9日）、《宁夏回族自治区殡葬管理办法》（2017年10月9日）、《宁夏回族自治区失业保险办法》（2017年10月9日）、《宁夏回族自治区自然保护区管理办法》（2017年10月9日）、《宁夏回族自治区廉租住房和经济适用住房保障办法》（2017年10月9日）、《宁夏回族自治区有限空间作业安全生产监督管理办法》（2017年10月9日）、《宁夏回族自治区人工影响天气管理办法》（2017年10月9日）、《宁夏回族自治区水上交通安全管理办法》（2017年10月9日）、《宁夏回族自治区机动车维修管理办法》（2017年10月9日）、《宁夏回族自治区部门统计管理办法》（2017年10月9日）、《宁夏回族自治区政府投资项目审计办法》（2017年10月9日）、《宁夏回族自治区统一征地管理办法》（2017年10月9日）、《宁夏回族自治区禁止违法增加企业负担监督管理办法》（2017年10月9日）、《宁夏回族自治区行政事业性收费收缴分离规定》（2017年10月9日）、《宁夏回族自治区行政性事业性收费管理规定》

（2017年10月9日）、《宁夏回族自治区服务价格管理办法》（2017年10月9日）、《宁夏回族自治区新型墙体材料推广应用管理规定》（2017年10月9日）、《宁夏回族自治区实施〈中华人民共和国政府信息公开条例〉办法》（2017年10月9日）、《宁夏回族自治区罚没财物和追回赃款赃物管理暂行办法》（2017年10月9日）、《宁夏回族自治区罚没收入实行罚缴分离办法》（2017年10月9日）

废止：《宁夏回族自治区甘草资源保护管理办法》（2017年10月9日）、《宁夏回族自治区农业机械事故处理办法》（2017年10月9日）、《宁夏回族自治区农业机械驾驶操作人员违章处罚办法》（2017年10月9日）、《宁夏回族自治区农药管理办法》（2017年10月9日）、《宁夏回族自治区建设项目环境保护管理办法》（2017年10月9日）、《宁夏回族自治区太西煤资源保护办法》（2017年10月9日）、《宁夏回族自治区人事争议仲裁办法》（2017年10月9日）、《宁夏回族自治区地方税收保障办法》（2017年10月9日）、《宁夏回族自治区牛羊屠宰管理办法》（2017年10月9日）、《宁夏回族自治区家禽屠宰管理办法》（2017年10月9日）、《宁夏回族自治区生猪屠宰管理办法》（2017年10月9日）

银川市人民政府（废止7件，共7件）

废止：《银川市土地复垦规定》（2017年11月30日）、《银川市严禁用公车办婚事、钓鱼的规定》（2017年11月30日）、《银川市城镇国有土地使用权出让和转让暂行规定》（2017年11月30日）、《银川市划拨土地使用权管理暂行办法》（2017年11月30日）、《银川市预算外资金管理办法》（2017年11月30日）、《银川市劳动模范评选奖励管理办法》（2017年11月30日）、《银川市闲置土地处理办法》（2017年11月30日）

新疆维吾尔自治区

地方性法规：

新疆维吾尔自治区人大及其常委会（制定7件、修改3件、批准11件，共21件）

制定：《新疆维吾尔自治区去极端化条例》（2017年3月29日）、《新疆维吾尔自治区物业管理条例》（2017年5月27日）、《新疆维吾尔自治区卡拉麦里山有蹄类野生动物自然保护区管理条例》（2017年5月27日）、《新疆维吾尔自治区国家工作人员宪法宣誓办法》（2017年8月1日）、《新疆维吾尔自治区农业机械化促进条例》（2017年9月27日）、《新疆维吾尔自治区通信设施建设和保护条例》（2017年9月27日）、《霍尔果斯经济开发区条例》（2017年11月29日）

修改：《新疆维吾尔自治区地下水资源管理条例》（2017年5月27日）、《新疆维吾尔自治区各级人民代表大会常务委员会规范性文件备案审查条例》（2017年5月27

日）、《新疆维吾尔自治区人口与计划生育条例》（2017年7月28日）

批准：《乌鲁木齐市公共文明行为条例》（2017年1月3日）、《克拉玛依市制定地方性法规条例》（2017年3月29日）、《吐鲁番市制定地方性法规条例》（2017年3月29日）、《昌吉回族自治州立法条例》（2017年3月29日）、《巴音郭楞蒙古自治州开都—孔雀河流域水环境保护及污染防治条例》（2017年3月29日）、《昌吉回族自治州全民参与公益活动条例》（2017年5月27日）、《伊犁哈萨克自治州立法条例》（2017年5月27日）、《伊犁河谷新疆黑蜂资源保护条例》（2017年5月27日）、《吐鲁番市林木保护管理条例》（2017年5月27日）、《库鲁斯台草原生态保护条例》（2017年7月28日）、《塔城市河流生态保护条例》（2017年7月28日）

吐鲁番市人大及其常委会（制定2件，共2件）

制定：《吐鲁番市林木保护管理条例》（2017年2月25日）、《吐鲁番市制定地方性法规条例》（2017年2月27日）

克拉玛依市人大及其常委会（制定1件，共1件）

制定：《克拉玛依市制定地方性法规条例》（2017年1月5日）

昌吉回族自治州人大及其常委会（制定2件，共2件）

制定：《昌吉回族自治州立法条例》（2017年1月7日）、《昌吉回族自治州全民参与公益活动条例》（2017年3月6日）

巴音郭楞蒙古自治州人大及其常委会（制定1件，共1件）

制定：《巴音郭楞蒙古自治州开都—孔雀河流域水环境保护及污染防治条例》（2017年1月21日）

伊犁哈萨克自治州人大及其常委会（制定4件，共4件）

制定：《伊犁哈萨克自治州立法条例》（2017年2月20日）、《伊犁河谷新疆黑蜂资源保护条例》（2017年2月20日）、《库鲁斯台草原生态保护条例》（2017年4月25日）、《塔城市河流生态保护条例》（2017年4月25日）

政府规章：

新疆维吾尔自治区人民政府（制定3件，共3件）

制定：《新疆维吾尔自治区大型工程机械设备和车辆安全监督管理办法》（2017年5月12日）、《新疆维吾尔自治区煤田火区管理办法》（2017年7月5日）、《新疆维吾尔自治区水文管理办法》（2017年7月5日）

乌鲁木齐市人民政府（制定3件、修改1件，共4件）

制定：《乌鲁木齐市鼠疫防控管理办法》（2017年1月7日）、《乌鲁木齐市公园管理办法》（2017年5月11日）、《乌鲁木齐市商品房预售资金监督管理办法》（2017年7月28日）

修改：《乌鲁木齐市政府投资建设项目审计监督办法》（2017年7月28日）

注：本表所列的地方性法规、政府规章和自治条例、单行条例是立法机关在2017年1月1日至2017年12月31日制定、修改、废止、批准的。数据与人大、政府工作报告有差异，主要是由于与人大、政府工作报告数据截止的时间和统计方法不同引起的。本表所有数据都是通过网络收集到的反复经过核实的数据，不包括立法机关未公开的个别数据。

参考文献

1. 中共中央文献研究室编：《十八大以来重要文献选编》，中央文献出版社，2014年。

2. 习近平：《习近平谈治国理政》，外文出版社，2014年。

3. 石佑启、潘高峰、朱最新：《中国地方立法发展报告（2015）》，广东教育出版社，2016年。

4. 袁明圣：《我国地方立法权的整合问题研究》，中国政法大学出版社，2016年。

5. 全国人大常委会法工委主编：《中华人民共和国立法法释义》，法律出版社，2015年。

6. 黄龙云主编：《广东地方立法实践与探索》，广东人民出版社，2015年。

7. 胡戎恩：《中国地方立法研究》，法律出版社，2018年。

8. 张显伟：《地方立法科学化实践的思考》，法律出版社，2017年。

9. 武钦殿：《地方立法专题研究——以我国设区的市地方立法为视角》，中国法制出版社，2018年。

10. 刘小妹：《省级地方立法研究报告——地方立法双重功能的实现》，中国社会科学出版社，2016年。

11. 朱力宇、叶传星：《立法学》，中国人民大学出版社，2015年。

12. 夏正林、王胜坤、林木明：《地方立法评估制度研究》，法律出版社，2017年。

13. 石佑启：《地方立法学》，广东教育出版社，2015年。

14. 侯东德：《我国地方立法协商的理论与实践》，法律出版社，2015年。

15. 陈俊：《区域一体化进程中的地方立法协调机制研究》，法律出版社，2013年。

16. 史建三：《地方立法后评估的理论与实践》，法律出版社，2012年。

17. 莫于川：《行政立法后评估制度研究》，广东人民出版社，2012年。

18. 王成宇：《地方立法质量研究》，武汉大学出版社，2007年。

19. 姜明安主编：《行政程序研究》，北京大学出版社，2006年。

20. 陈公雨：《地方立法十三讲》，中国法制出版社，2015年。

21. 阎锐：《地方立法参与主体研究》，上海人民出版社，2014年。

22. 汪全胜：《立法后评估研究》，人民出版社，2012年。

23. 李林：《立法过程中的公众参与》，中国社会科学出版社，2009年。

24. 朱力宇、张曙光主编：《立法学》，中国人民大学出版社，2009年。

25. 叶必丰、徐向华：《我国立法制度实践观察》，法律出版社，2011年。

26. 李适时：《不断完善以宪法为核心的中国特色社会主义法律体系》，《中国法律评论》2016年第1期。

27. 武增：《2015年〈立法法〉修改背景和主要内容解读》，《中国法律评论》2015年第1期。

28. 王燕玲：《设区市地方立法权的取得与行使》，《中共山西省委党校学报》2015年第6期。

29. 杨晓飞：《论地方政府立法的科学化》，《山西大同大学学报》2016年第5期。

30. 王华梅：《山西立法后评估的实践与思考》，《前进论坛》2017年第5期。

31. 章志远：《地方政府规章立法后评估实证研究》，《中国法律评论》2017年第4期。

32. 黄信瑜、石东坡：《立法博弈的规制及其程序表现》，《法学杂志》2017年第2期。

33. 丁延龄、赵庆娟：《论设区市地方立法规范体系的评估》，《西部法学评论》2017年第2期。

34. 莫于川：《依法行使地方立法权与充分发挥地方主动性》，《苏州大学学报（哲学社会科学版）》2017年第5期。

35. 李鹏章：《新获得地方立法权的市提高立法质量探析——以河源市立法工作实践为视角》，《地方立法研究》2018年第1期。

36. 胡敏：《行政立法公众参与问题研究》，《学理论》2017年第1期。

37. 谢天：《完善立法后评估制度的若干建议》，《人大研究》2017年第3期。

38. 秦丛丛：《设区的市行使地方立法权研究——以滨州市为例》，《大连海事大学学报（社会科学版）》2017年第4期 。

39. 方益权、金渊：《地方立法过程中的公众参与及其优化路径研究》，《法治社会》2017年第6期。

40. 李明桓：《地方立法积极性的动因分析及引导》，《中国石油大学胜利学院学报》2017年第2期。

41. 陈书笋、王天品：《新形势下地方政府规章立法权限的困境和出路》，《江西社会科学》2018年第1期。

42. 石佑启：《论地方特色：地方立法的永恒主题》，《学术研究》2017年第9期。

43. 袁峻：《探索广东特色水质保护新思路——〈广东省西江水系水质保护条例〉解读》，《人民之声》2017年第5期。

44. 丁爱萍：《突出地方特色创新　促进民族区域自治——"一州两县"民族立法工作回眸》，《楚天主人》2014年第9期。

45. 白龙：《升级法治中国的"立法引擎"》，《人民日报》2015年3月11日。

46. 王陛佳：《依法治国必须全面推进依法行政》，《北京日报》2014年11月18日。

47. 齐静：《地方立法遇人才难题》，《大众日报》2015年10月11日。

48. 温斯琪：《确保城市公共交通得以优先发展》，《长春日报》2017年4月20日。

49. 孟凌云、纪洋：《省十二届人大常委会37次会议通过〈吉林省全民阅读促进条例〉》，《吉林日报》2017年10月1日。

50. 张淑秋：《吉林省长春市人大常委会修订〈长春预防和制止家庭暴力条例〉》，《法制日报》2017年9月26日。

51. 南方日报评论员：《以高质量立法力推深化改革》，《南方日报》2014年3月12日。

52. 《实现立法和改革决策相衔接——六论学习贯彻十八届四中全会精神推动法治惠州建设取得更大成效》，《惠州日报》2014年11月10日。

53. 赵迎辉：《走向立法精细化》，《学习时报》2016年3月3日。

54. 赵志芸：《铲除极端主义犯罪土壤》，《新疆日报》2017年3月31日。